教科書ガイド

東京書籍 版

精選古典探究
古文編Ⅱ部

TEXT BOOK GUIDE

JN087853

あすとろ出版

左の二次元コードに接続すると、教科書と同じシミュレーションの資料を見ることができます。

品詞分類表や活用表で古典文法の確認ができ、内容の理解が深まります。

品詞分解の略符号

1 品詞名

名＝名詞　代＝代名詞　動＝動詞　補動＝補助動詞
形＝形容詞　形動＝形容動詞　副＝副詞　接＝接続詞
連＝連体詞　感＝感動詞　助動＝助動詞

2 助詞の分類

格助＝格助詞　副助＝副助詞　接助＝接続助詞
係助＝係助詞　終助＝終助詞　間助＝間投助詞

3 用言の活用

動詞…四＝四段活用　上一＝上一段活用
上二＝上二段活用　下一＝下一段活用
下二＝下二段活用　カ変＝カ行変格活用
サ変＝サ行変格活用　ナ変＝ナ行変格活用
ラ変＝ラ行変格活用
形容詞…ク＝ク活用　シク＝シク活用
形容動詞…ナリ＝ナリ活用　タリ＝タリ活用

4 活用形

未＝未然形　用＝連用形　終＝終止形
体＝連体形　已＝已然形　命＝命令形

5 助動詞の意味

受＝受身　尊＝尊敬　自＝自発　可＝可能
使＝使役　消＝打消　過＝過去　嘆＝詠嘆
完＝完了　強＝強意　並＝並列　存＝存続
推＝推量　意＝意志　適＝適当　勧＝勧誘
仮＝仮定　婉＝婉曲　当＝当然　命＝命令
丁＝丁寧　定＝推定　禁＝禁止　伝＝伝聞
希＝希望　断＝断定　在＝存在　比＝比況
例＝例示　不可＝不可能　不適＝不適当
現推＝現在推量　原推＝原因推量
消推＝打消推量　消意＝打消意志
消当＝打消当然　過推＝過去推量
過伝＝過去の伝聞　過婉＝過去の婉曲
過定＝過去の推定　過原推＝過去の原因推量
反仮＝反実仮想　意志＝ためらいの意志
反希＝反実希望（実現不可能な希望）

はじめに

古典を理解するには、地道な予習・復習を続けることが大切です。本書は、教科書の予習・復習をする時に、その手助けをする効率的な自習書として編集されたものです。次の構成・特色をよく読んで、古典の学習に役立ててください。

◆本書は、東京書籍版『精選古典探究 古文編』の「Ⅱ部」を扱っております。「Ⅰ部」につきましては、『教科書ガイド 精選古典探究 古文編 Ⅰ部』をご利用ください。

■本書の構成・特色

※本書では、「古文の窓」は扱っておりません。

■各単元で、冒頭にその単元で学習する目標を示しています。

■文章教材では次のような項目を設けて、その教材の内容を詳しく解説しています。

大意 教材文のあらすじや要旨を簡潔にまとめてあります。

段意 教材文が長い場合には、いくつかの段落に区切り、各段落の内容を要約してあります。

現代語訳・品詞分解 教材文をそのまま掲載したうえで、その右側には原文に即した現代語訳を、左側には品詞分解をそれぞれ示してあります。

語釈・文法 難解な語句や表現、文法事項を取り上げ、本文に即した意味や解釈を掲げて、分かりやすく解説してあります。なお、教科書に＊で示された「古文重要語句」は全て取り上げています。

鑑賞 教材文に対する理解を深められるように、作品の文学的な位置や味わい方などを解説してあります。

教科書の問題（解答・解説） 教科書の本文下や教材末に示された問題について、解答や分かりやすい解説を示してあります。

■作（編）者や出典については、『源氏物語』のように複数の教材が掲載されている原典は最終の教材末に、それ以外は教材末に項目を設け、作（編）者の経歴や業績・著作など、出典の成立年代や成立事情、概要などをそれぞれ解説してあります。

■和歌教材では、掲載歌ごとに「**品詞分解**」「**語釈・文法**」「**現代語訳**」「**鑑賞**」の項目を設けて、内容を解説しています。

目次

■精選古典探究 古文編 Ⅱ部

1 説話2

●説話を多面的・多角的な視点から読み、考えを深める。
●説話に表れているものの見方、感じ方、考え方を踏まえて、考えを深める。

宇治拾遺物語《うじしゅうい》

伴大納言《ばんだいなごん》、応天門《おうてんもん》を焼くこと〔第百十四話〕

教科書 一四八〜一五三ページ

大意 清和《せいわ》天皇の時代に、応天門が放火で焼けた。伴大納言（伴善男《とものよしお》）が、それは信《まこと》の大臣《おとど》（源信《みなもとのまこと》）の仕業だと朝廷に報告したため、信の大臣は処罰されそうになった。しかし、このことを聞いた忠仁公《ちゅうじんこう》（藤原良房《ふじわらのよしふさ》）の進言もあって、信の大臣は許された。実は事件当夜、右兵衛《うひょうえ》府の舎人《とねり》が、応天門から走り去る伴大納言親子らを目撃していたが、自分からは口外せずにいた。ところが九月頃、この舎人の子と伴大納言の出納《しゅつのう》の子がけんかをした時、出納は舎人の子を死ぬほど踏みつけたうえに、主人の伴大納言の権威を笠《かさ》に着て、抗議した舎人をも侮辱した。腹の立った舎人は、伴大納言が無事でいられるのは自分が真相を黙っているからだと言った。これが世間に広まり、天皇の耳にも入る。舎人は朝廷に召し出されて真実を話し、その後、伴大納言も尋問されて真相が明らかとなり、伴大納言親子は流罪となった。

■**第一段落**（初め〜一四九・6）

段意 清和天皇の時代に、何者かが応天門に放火した。伴大納言が、この放火は信の大臣の仕業だと朝廷に申し出たので、信の大臣は処罰されそうになった。このことを耳にした忠仁公は、隠居先から急いで天皇のもとに駆けつけ、「嘘《うそ》か本当かよく調べてから処罰を行うべきです。」と進言した。この進言に従ってよく調べると、確実な証拠もなかったため、信の大臣を許すという宣旨《せんじ》（天皇の命令）が下り、忠仁公は帰ったのだった。

現代語訳・品詞分解

今は昔、水尾の帝（清和天皇）の御代に、応天門が焼けた。
今は昔、水尾の帝の御時に、応天門焼けぬ。
名　係助　名　名　格助　名　格助　名　動・下二・用　助動・完・終

人が（火を）付けたのであった。それを、
人の付けたるになむありける。それを、
名　格助　動・下二・用　助動・完・体　助動・断・用　係助　補動・ラ変・用　助動・過・体　代　格助

伴善男という大納言が、「これは、信の大臣（源信）の仕業です。」
伴善男といふ大納言、「これは、信の大臣の仕業
名　格助　動・四・体　名　代　係助　名　格助　名

と朝廷に申したので、（天皇が）その大臣（信の大
なり。」とおほやけに申しければ、その大臣を
助動・断・終　格助　名　格助　動・四・用　助動・過・已　接助　代　名　格助

臣）を処罰しようとなさったところ、忠仁公（藤
罪せむとせさせ給ひけるに、忠仁公、
動・サ変・未　助動・意・終　格助　動・サ変・未　助動・尊・用　補動・四・用　助動・過・体　接助　名

原良房）が、（当時は既に）国政は弟君の西三条の右大臣（藤原良相）に譲って、白川に
世の政は御弟の西三条の右大臣に譲りて、白川
名　格助　名　係助　名　格助　名　格助　動・四・用　接助　名

引きこもっていらっしゃる時で（あったが）、このことを聞いて驚きなさ
にこもりゐ給へる時にて、このことを
格助　動・上一・用　補動・四・命　助動・存・体　名　助動・断・用　接助　代　格助　名　格助

って、御烏帽子、直衣姿のままで控えの馬にお乗りに
聞きおどろき給ひて、御烏帽子、直衣ながら移しの
動・四・用　動・四・用　補動・四・用　接助　名　名　接助　名　格助

なって、（馬に）乗ったまま北の陣までお越しになって、
馬に乗り給ひて、乗りながら北の陣までおはし
名　格助　動・四・用　補動・四・用　接助　動・四・用　接助　名　副助　動・サ変・用

（天皇の）御前に参上なさって、「この（信の大臣が放火したという）ことは、申し
て、御前に参り給ひて、「このこと、申す人の
接助　名　格助　動・四・用　補動・四・用　接助　代　格助　名　動・四・体　名　格助

語釈・文法

水尾《みずのお》の帝《みかど》　清和天皇。水尾山に葬られたため、このように呼ばれる。

人《ひと》の付《つ》けたるになむありける　人が（火を）付けたのであった。「の」は主格を表す。文末の「ける」は過去の助動詞「けり」の連体形で、係助詞「なむ」の結び。

おほ《オ》やけに申《もう》しければ　朝廷に申したので。已《い》然《ぜん》形＋「ば」で、順接の確定条件（原因・理由）を表し、…ので、…だから、の意を表す。

罪《つみ》せむとせさせ給《たま》ひ《イ》けるに　処罰しようとなさったところ。「させ給ひ」は、尊敬の助動詞「さす」と尊敬の補助動詞「給ふ」を重ねた二重敬語（最高敬語）。「罪せむとす」の主体は、朝廷の長である天皇なので、きわめて高い敬意を表している。

このことを聞《き》き　「このこと」とは、「その大臣を罪せむとせさせ給ひける」を指す。

御烏帽子《おんえぼし》、直衣《のうし》ながら　「ながら」はここでは状態が継続していることを表し、…まま、の意。平服のまま天皇のもとに参上しようとする様子に、信の大臣が処罰されると聞いた忠仁公の驚き慌てた様子がうかがえる。

御前《おまえ》に参《まい》り給《たま》ひ《イ》て　（忠仁公が）天皇の御前に参上なさって。「参り」は謙譲語で、動作の

上げる人の讒言でもございましょう。
讒言 名 / に 助動・断・用 / も 係助 / 侍ら 補動・ラ変・未 / む。助動・推・終

(大臣を罰するという)重大な事柄になさ
大事 名 / に 格助 / なさ 動・四・未 / せ 助動・尊・用

れることは、
給ふ 補動・四・体 / こと、名

とても異常なことです。
いと 副 / 異様 名 / の 格助 / こと 名 / なり。助動・断・終

このようなことは(事の次第を)何度も十分に調べて、
かかる 動・ラ変・体 / こと 名 / は 係助 / かへすがへす 副 / よく 副 / 糺し 動・四・用 / て、接助

真実と、
まこと、名

嘘とをはっきりさせて、
そらごと 名 / 顕し 動・四・用 / て、接助

(処罰を)指図なさるべきです。」
行は 動・四・未 / せ 助動・尊・用 / 給ふ 補動・四・終 / べき 助動・当・体 / なり。」助動・断・終

と奏上なさったので、
と 格助 / 奏し 動・四・用 / 給ひ 補動・四・用 / けれ 助動・過・已 / ば、接助

(天皇も)そのとおりだとお思いになって、
まことに 副 / も 係助 / と 格助 / 思し召し 動・四・用 / て、接助

(よく)お調べになったところ、
糺さ 動・四・未 / せ 助動・尊・用 / 給ふ 補動・四・体 / に、接助

確実なこともないので、
一定 名 / も 係助 / なき 形・ク・体 / こと 名 / なれ 助動・断・已 / ば、接助

「(信の大臣を)お許しになる旨を言いつけよ。」
「許し 動・四・用 / 給ふ 補動・四・体 / よし 名 / 仰せよ。」動・下二・命

と書かれた宣旨をいただいて、
と 格助 / ある 動・ラ変・体 / 宣旨 名 / 承り 動・四・用 / て 接助 / ぞ、係助

大臣(忠仁公)はお帰りになった。
大臣 名 / は 係助 / 帰り 動・四・用 / 給ひ 補動・四・用 / ける。助動・過・体

■第二段落(一四九・7〜一五〇・1)

段意

信の大臣は無実の罪を悲しみ嘆き、神に訴えていたところ、天皇の使者・頭中将《とうのちゅうじょう》から許しの宣旨が伝えられ、一家の者は喜びの涙を流した。しかし、これ以降、信の大臣は宮仕えをすることはなかった。

現代語訳・品詞分解

(一方で)左大臣(信の大臣)は、(これまで)過ちを犯したこともないのに、
左の大臣 名 / は、係助 / 過ぐし 動・四・用 / たる 助動・完・体 / こと 名 / も 係助 / なき 形・ク・体 / に、接助

このよう
かかる 動・ラ変・体

受け手である天皇への敬意を表す。「給ひ」は尊敬語で、動作の主体である忠仁公への敬意を表す。二方面への敬語。

このこと、申《もう》す人《ひと》の讒言《ざんげん》 「讒言」は、人を陥れるために、事実に反する悪口を言うこと、いつわりの告げ口、中傷。忠仁公は、伴大納言が嘘をついて、信の大臣を陥れようとしていると言っている。

糺《ただ》す 罪の有無を明らかにするために調べる。

行《おこな》は《ワ》せ給《たま》ふ《ウ》べきなり (処罰を)指図なさるべきである。「行ふ」は、ここでは、処理する、指図する、の意。

まことにも そのとおりだ。「まことに、然り」(本当にそうだ)の「然り」が省略されている形。係助詞の「も」は、語調のうえで用いられたもので、訳す必要はない。

一定《いちじょう》 確かにそれと定まっていること、確実なこと。

語釈・文法

左《ひだり》の大臣《おとど》 左大臣。信の大臣を指す。

過《す》ぐしたること 「過ぐす」は、①年月を送る、

な道理に合わない罪に直面するのを、悲しみお嘆きになって、束帯を着て（正装し）、
横ざま　の　罪　に　当たる　を、　思し嘆き　て、　日の装束　し
名　格助　名　格助　動・四・体　格助　動・四・用　接助　名　動・サ変・用

庭にむしろを敷いて、（そこに）出て、天道（神）に訴え申しなさっ
て、　庭　に　荒薦　を　敷き　て、　出で　て、　天道　に　訴へ
接助　名　格助　名　格助　動・四・用　接助　動・下二・用　接助　名　格助　動・下二・用

ていた時に、（信の大臣を）お許しなさる（という天皇の命令を伝える）
申し　給ひ　ける　に、　許し　給ふ　御使ひ　に、　頭中将、
補動・四・用　補動・四・用　助動・過・体　格助　動・四・用　補動・四・体　名　格助　名

御使者として、頭中将が、馬に乗ったまま駆けつけて参ったので、（これはきっと）急い
馬　に　乗り　ながら　馳せまうで　けれ　ば、　急ぎ　罪せ
名　格助　動・四・用　接助　動・下二・用　助動・過・已　接助　動・四・用　動・サ変・未

で罰せられる（ことを伝えに来た）使者だと理解して、（信の大臣の）家中の者が泣き騒いでいると、
らるる　使ひ　ぞ　と　心得　て、　一家　泣きののしる　に、　許し
助動・受・体　名　係助　格助　動・下二・用　接助　名　動・四・体　接助　動・四・用

（頭中将は）お許しになる旨の言葉をおかけになって帰ったので、今度は、（家中の者が）
給ふ　よし　仰せかけ　て　帰り　ぬれ　ば、　また、　喜び泣き
補動・四・体　名　動・下二・用　接助　動・四・用　助動・完・已　接助　副　名

喜んで泣くことがはなはだしかった。（信の大臣は）許されなさったけれども、
おびたたしかり　けり。　許さ　れ　給ひ　に　けれ
形・シク・用　助動・過・終　動・四・未　助動・受・用　補動・四・用　助動・完・用　助動・過・已

「朝廷にお仕え申し上げていては、道理に合わない（無実の）
ど、　「おほやけ　に　つかうまつり　て　は、　横ざま　の　罪
接助　名　格助　動・四・用　接助　係助　名　格助　名

罪が当然出てくるはずであるよ。」と言って、特にもとのように宮仕
出で来　ぬ　べかり　ける。」　と　言ひ　て、　殊に　もと　の
動・カ変・用　助動・強・終　助動・当・用　助動・嘆・体　格助　動・四・用　接助　副　名　格助

えもなさらなかった。
やうに　宮仕へ　も　し　給は　ざり　けり。
助動・比・用　名　係助　動・サ変・用　補動・四・未　助動・消・用　助動・過・終

---

②そのままにしておく、③（物事を）終わらせる、④年をとる、⑤程度を超える、過失を犯す、などの意を表す。ここは⑤の意。

横《よこ》ざま　古くは「よこしま」といった。①横向きなこと、横の方向、②道理に合わないこと、異常なこと。ここは②の意。

罪《つみ》に当《あ》たる　「当たる」は、①ぶつかる、②出会う、直面する、③命中する、的中する、④当てはまる、などの意味を表す。ここは②の意。

思《おぼ》し嘆《なげ》く　「思ひ嘆く」の尊敬語。

天道《てんとう》に訴《うった》へ《エ》申《もう》し給《たま》ひ《イ》けるに　「申し」は訴えを受ける天道（神）に対する敬意を表す謙譲語で、「給ひ」は訴える主体である左大臣（信の大臣）への敬意を表す尊敬語。自らの無実を神に訴え、疑いが晴れることを祈っている。

仰《おお》せかけて　「仰せかく（掛く）」は、「言ひ掛く」の尊敬語。ここでは、天皇からの命令として、言葉で伝えることを意味している。

つかう《コウ》まつりては　「つかうまつる」は、「仕ふ」+「まつる」（謙譲の補助動詞）が変化した語。

出《い》で来《き》ぬべかりける　出てくるはずであるよ。会話文や和歌の末尾の助動詞「けり」は、詠嘆を表すことが多い。連体形で文を終止することで、余韻、余情を残している。

■第三段落（一五〇・2〜16）

段意

話は、事件が起こった頃に遡る。右兵衛府の舎人が家に帰ろうと応天門の前を通りかかった。ひそひそと話す気配がしたので隠れて見ていると、伴大納言親子と従者の三人が柱から下りてきて、すごい勢いで走り去って行った。舎人が家の方へ行くと、人々が「大内裏の方で火事だ。」と騒いでいたので、来た道を走って帰ると応天門の上半分が燃えていた。舎人は、伴大納言親子たちが放火したのだと分かったが、決して口外しなかった。

現代語訳・品詞分解

このことは（次のような話もある）、過ぎた秋の頃、
このことは、過ぎにし秋のころ、
代 格助 名 係助 動・上二・用 助動・完・用 助動・過・体 名 格助 名

右兵衛府の舎人である者が、（京の）東の七条に住んでいたが、
右兵衛の舎人なる者、東の七条に住みける
名 格助 名 助動・断・体 名 名 格助 名 格助 動・四・用 助動・過・体

役所（右兵衛府）に参上して、夜が更けて家に帰ろうとして、
が、司に参りて、夜更けて家に帰るとて、
接助 名 格助 動・四・用 接助 名 動・下二・用 接助 名 格助 動・四・終 格助

応天門の前を通ったところ、人の気配がしてひそひそと話してい
応天門の前を通りけるに、人のけはひし
名 格助 名 格助 動・四・用 助動・過・体 接助 名 格助 名 動・サ変・用

る。（応天門の周りの）廊下の脇に隠れ立って見ていると、柱
てささめく。廊の脇に隠れ立ちて見れば、柱
接助 動・四・終 名 格助 名 格助 動・四・用 接助 動・上一・已 接助 名

からすがりついて下りる者がいる。不審に思って見ると、
よりかかぐり下るる者あり。あやしくて見れば、
格助 動・上二・体 名 動・ラ変・終 形・シク・用 接助 動・上一・已 接助

伴大納言である。次に子である人（伴中庸）が（柱から）下りる。また次に雑色のと
伴大納言なり。次に子なる人下る。また次に
名 助動・断・終 名 格助 名 助動・断・体 名 動・上二・終 副 名 格助

よ清という者が下りる。何をして下りるのであろうかと、
雑色とよ清といふ者下る。何わざして下るる
名 名 格助 動・四・体 名 動・上二・終 名 動・サ変・用 接助 動・上二・体

語釈・文法

このことは、過《す》ぎにし秋《あき》のころ 放火事件が秋に起こったように読めるが、教科書脚注にあるように事件は閏《うるう》三月十日のことである。伴大納言への処罰が下ったのが九月なので、それに引かれての誤りとも考えられる。

右兵衛《うひょうえ》の舎人《とねり》 兵衛府は左右二府あり、宮中の警護や行幸の警備などを担う役所。舎人は、その下級役人。

何《なに》わざして下《お》るるにかあらむ 何をして下りるのであろうか。「に」は断定の助動詞「なり」の連用形。「に」＋「あり」で断定の意を表すが、そこに、疑問の係助詞「か」と推量の助動詞「む」の係り結びが加わっている。

つゆ心《こころ》も得《え》で 少しも理解できないで。「つゆ」は、下に打消の語を伴って、少しも（…ない）、全然（…ない）の意。ここでは、打消の接続助詞「で」を伴っている。

走《はし》ること限《かぎ》りなし 「限りなし」は、①際限が

に　か　あら　む　と、つゆ　心　も　得　で
助動・断・用　係助　補動・ラ変・未　助動・推・体　格助　副　名　係助　動・下二・未　接助
少しも理解できないで見ると、

見る　に、この　三人　下り果つる　まま　に、走る　こと
動・上一・体　接助　代　格助　名　動・下二・体　名　格助　動・四・体　名
この三人は下り終わるやいなや、猛然と走る。

限りなし。南　の　朱雀門ざま　に　走り　て　いぬれ　ば、こ
形・ク・終　名　格助　名　格助　動・四・用　接助　動・ナ変・已　接助　代
（大内裏の）南側の朱雀門の方へ走って行ってしまうので、こ

の　舎人　も　家ざま　に　行く　ほどに、二条堀川　の　ほど
格助　名　係助　名　格助　動・四・体　接助　名　格助　名
の舎人も家の方に行くうちに、二条堀川の辺りを通ると、

行く　に、「大内　の　方　に　火　あり。」とて　大路　ののしる。
動・四・体　接助　名　格助　名　格助　名　動・ラ変・終　格助　名　動・四・終
「大内裏の方で火事になっている。」と言って大通りでは（人々が）大

見返り　て　見れ　ば、内裏　の　方　と　見ゆ。走り帰り
動・四・用　接助　動・上一・已　接助　名　格助　名　格助　動・下二・終　動・四・用
騒ぎをしている。（舎人が）振り返って見ると、（火事は）内裏の方と見える。走り帰った

たれ　ば、応天門　の　上　の　半ら　ばかり　燃え　たる
助動・完・已　接助　名　格助　名　格助　名　副助　動・下二・用　助動・存・体
ところ、応天門の上の半分ほどが燃えているのだった。

なり　けり。この　あり　つる　人ども　は、この　火
助動・断・用　助動・過・終　代　格助　動・ラ変・用　助動・完・体　名　係助　代　格助　名
先ほどいた人たちは、この火を付けよ

付くる　とて、登り　たり　ける　なり　と　心得　て
動・下二・体　格助　動・四・用　助動・完・用　助動・過・体　助動・断・終　格助　動・下二・用　接助
うとして、（応天門に）登ったのだと納得がいったけれども、

あれ　ども、人　の　きはめたる　大事　なれ　ば、あへて
補動・ラ変・已　接助　名　格助　連　名　助動・断・已　接助　副
人の（地位などが失われかねない）このうえなく重大な事件なので、決して

口　より　ほか　に　出ださ　ず。その　後、左の大臣　の
名　格助　名　格助　動・四・未　助動・消・終　代　格助　名　名　格助
口から外には出さない。その後、左大臣（信の大臣）の

ない、果てしない、②（多くは「…こと限りなし」の形で）程度がこのうえない、はなはだしい、という意で、ここは②の意。走る程度がこのうえない、つまり、勢いよく走るということ。

いぬれば　行ってしまうので。「いぬ（往ぬ・去ぬ）」は、どこかへ行ってしまう、立ち去る、の意。

ののしる　ここでは、大声で騒ぐという意。良い意味では評判が高いこと、悪い意味では相手を罵倒することを表す。中世以降は、罵倒する、悪口を言うという意が主流となる。

人《ひと》ども　「ども」は接尾語で、①（体言の下に付いて）同類の者が複数あることを表す、②（人を表す名詞の下に付いて）相手を見下したり、親近感を添えたりする、③（自分や自分の側の者を表す体言の下に付いて）謙譲の意を表す。ここは①の意。

人《ひと》のきは《ワ》めたる大事《だいじ》　人にとってのこのうえない大事。人の人生を大きく変えてしまうほどの重大事だということ。「人」は、伴大納言を指す。「きはめたる」は、このうえない、はなはだしい、の意。

あへ《エ》て口《くち》よりほかに出《い》ださず　「あへて」は、下に打消の語を伴って、決して（…ない）、

なさったことだといって、　「(信の大臣は)罪をお受けになるだ
し　給へ　る　こと　とて、「罪　かうぶり　給ふ
動・サ変・用　補動・尊・命　助動・完・体　名　格助　名　動・四・用　補動・四・終

ろう。」　と(人々は)盛んにうわさをする。　ああ、　(放火を)した人が(ほかに)いるのに、
べし。」　と　言ひののしる。　あはれ、　し　たる　人　の
助動・推・終　格助　動・四・終　感　動・サ変・用　助動・完・体　名　格助

とではないので、　ひどいことだなあと(舎人は)思うけれど、　言い出すべきこ
ある　ものを、　いみじき　こと　かな　と　思へ　ど、　言ひ出だす
動・ラ変・体　接助　形・シク・体　名　終助　格助　動・四・已　接助　動・四・終

気の毒だと思い続けていると、
べき　こと　なら　ね　ば、　いとほし　と　思ひ歩く　に、
助動・適・体　名　助動・断・未　助動・消・已　接助　形・シク・終　格助　動・四・体　接助

大臣が許されたと聞いたので、　罪のないことは、
大臣　許さ　れ　ぬ　と　聞け　ば、　罪　なき　こと　は、
名　動・四・未　助動・受・用　助動・完・終　格助　動・四・已　接助　名　形・ク・体　名　係助

最後には(罪を)逃れるものであるなあと思った。
つひに　逃るる　もの　なり　けり　と　なむ　思ひ　ける。
副　動・下二・体　名　助動・断・用　助動・嘆・終　格助　係助　動・四・用　助動・過・体

少しも（…ない）、全く（…ない）の意を表す。ここでは、三人の放火犯を目撃したことを、決して他言しないという舎人の強い決意を示している。

したる人《ひと》のあるものを　した人がいるのに。サ変動詞「す」は、ここでは「火付く」の意を表している。「ものを」は、逆接の確定条件を表す接続助詞。

いとほ《オ》しと思《おも》ひ《イ》歩《あり》くに　「いとほし」は、もと「いたはる」（苦労する）、「いたはし」（苦しい、大切にしたい、気の毒だ）と関係のある語とされ、心を痛める意が原義。ここでは、真犯人を知る舎人が、罪を着せられた信の大臣の不運に心を痛めている。「歩く」は、動詞の連用形（ここでは「思ひ」）に付いて、（時間的に）…し続ける、の意を表す。

第四段落（一五一・1～一五二・8）

段意

やがて九月頃になった。ある時、伴大納言家の出納の幼い子と、舎人の子がけんかをした。舎人がけんかを止めようと外に出ると、出納も出てきて自分の子を家に入れ、舎人の子を地面に打ち伏せて、死ぬほど踏みつけた。腹を立てた舎人が抗議すると、出納は主人である伴大納言の威光を笠に着て、舎人を侮辱した。これに腹を立てた舎人は、伴大納言が人間らしくいられるのは自分が真相を黙っているおかげだとほのめかす。

現代語訳・品詞分解

こうして、　九月頃になった。　こうしているうちに、
かくて、　九月　ばかり　に　なり　ぬ。　かかる　ほどに、
接　名　副助　格助　動・四・用　助動・完・終　動・ラ変・体　接助

語釈・文法

舎人《とねり》が小童《こわらわ》　「が」は連体修飾格を表す。「童」は、十歳前後の子どもを指すので、「小童」はそ

伴大納言の出納の家の幼い子と、舎人の子とがけんかを

伴大納言 の 出納 の 家 の 幼き 子 と、舎人 が 小童

名 格助 名 格助 名 格助 形・ク・体 名 格助 名 格助 名

して、 出納の子が騒ぎたてるので、（舎人が）出てい

と いさかひ を し て、出納 ののしれ ば、出で て

格助 名 格助 動・サ変・用 接助 名 動・四・已 接助 動・下二・用 接助

ってやめさせようとすると、 この出納も、 同じように（外に）出

取りさへ む と する に、この 出納、同じく 出で

動・下二・未 助動・意・終 格助 動・サ変・体 接助 代 格助 名 形・シク・用 動・下二・用

て、（舎人が様子を）見ていると、（出納が）近寄って（子ども二人を）引き放して、自分の子を家に入

て、見る に、寄り て 引き放ち て、わ が 子 を ば

接助 動・上一・体 接助 動・四・用 接助 動・四・用 接助 代 格助 名 格助 係助

れて、 この舎人の子の髪をつかんで、

家 に 入れ て、この 舎人 が 子 の 髪 を 取り

名 格助 動・下二・用 接助 代 格助 名 格助 名 格助 名 格助 動・四・用

打ち伏せて、 死ぬほど踏みつける。 舎人が思うには、

て、打ち伏せ て、死ぬ ばかり 踏む。舎人 思ふ やう、

接助 動・下二・用 接助 動・ナ変・終 副助 動・四・終 名 動・四・体 名

自分の子も人の子も、 ともに子どものけんかである、（それなのに）

わ が 子 も 人 の 子 も、とも に 童部いさかひ なり、

代 格助 名 係助 名 格助 名 係助 名 格助 名 助動・断・終

ただ、 そのままにはしないで、 私の子をこのように薄情に踏むのは、

ただ、さては あら で、わ が 子 を しも かく

副 副 動・ラ変・未 接助 代 格助 名 格助 副助 副

とても悪いことだと腹立たしくて、

情けなく 踏む は、いと 悪しき こと なり と 腹立たしう

形・ク・用 動・四・体 係助 副 形・シク・体 名 助動・断・終 格助 形・シク・用

「あなたは、 どうして薄情に、 幼い者をこのようにするのか。」

て、「まうと は、いかで 情けなく、幼き 者 を かく は

接助 代 係助 副 形・ク・用 形・ク・体 名 格助 副 係助

と言うと、 出納が言うには 「おまえは何を言うのか。

する ぞ。」と 言へ ば、出納 言ふ やう 「おれ は 何ごと

動・サ変・体 終助 格助 動・四・已 接助 名 動・四・体 名 代 係助 代

れより幼い年齢の子と考えられる。

死《し》ぬばかり　死ぬほど。副助詞「ばかり」は、①…だけ（限定）、②…くらい、…ほど（程度）の意を表す。ここは②の意。

さてはあらで　そのままにはしないで。子どもどうしのこととして放っておかず、出納が手を出してきたことをいう。「さては」は、副詞「然《さ》て」に係助詞「は」が付いたもの。そのままでは、そのような状態では、というように、今の状態が続くことを表す。

わが子《こ》をしも　「しも」は、副助詞「し」に係助詞「も」が付いて一語化したもの。強調の意。

まう《モウ》と　「まひと（真人）」のウ音便形で、相手を尊敬して言う言葉。舎人は、相手が伴大納言家の出納ということもあり、礼儀をもって抗議しようとしている。その後、呼び方が「おれ（おまえ）」〔一五二・3〕と変化していることから、舎人の怒り具合が読み取れる。

いかで情《なさ》けなく、幼《おさな》き者《もの》をかくはするぞ　「幼き者」とは舎人の子。「かく」は、「髪を取りて、打ち伏せて、死ぬばかり踏む」ことを指す。終助詞「ぞ」は、前にある疑問を表す語（ここでは副詞の「いかで」）と呼応して、相手に強く問いかける意を表す。

舎人《とねり》だつるおればかりのおほ《オ》やけ人《びと》　「おほや

言ふ　ぞ。　舎人だつる　おれ　ばかり　の　おほやけ人　を、わ
動・四・体　終助　動・下二・体　代　副助　格助　名　格助　代
舎人ぶっているおまえ程度の(下級な)役人を、私

が　打ち　たら　む　に、何ごと　の　ある　べき　ぞ。
格助　動・四・用　助動・完・未　助動・仮・体　格助　代　格助　動・ラ変・体　助動・推・体　終助
が打ったとしても、何ごとがあるだろうか。

わ　が　君、大納言殿　の　おはしませ　ば、いみじき　過ち　を
代　格助　名　名　格助　動・四・已　接助　形・シク・体　名　格助
私の主人、大納言殿がいらっしゃるので、(たとえ私が)ひどい過ちを

し　たり　とも、何ごと　の　出で来　べき　ぞ。
動・サ変・用　助動・完・終　接助　代　格助　動・カ変・終　助動・推・体　終助
したとしても、何ごとが起こるだろうか。

しれごと　言ふ　かたゐ　かな。」と　言ふ　に、舎人、大きに
名　動・四・体　名　終助　格助　動・四・体　接助　名　形動・ナリ・用
ばかげたことを言う愚か者め。」と言うと、舎人は、とても腹

腹立ち　て、「おれ　は　何ごと　言ふ　ぞ。わ　が　主　の
動・四・用　接助　代　係助　代　動・四・体　終助　代　格助　名　格助
が立って、「おまえは何を言うのか。自分の主人の大納言を頼

大納言　を　高家　に　思ふ　か。おの　が　主　は　わ　が　口
名　格助　名　格助　動・四・体　係助　代　格助　名　係助　代　格助　名
みとする権威に思うのか。おまえの主人は私の口(が放火事件のことを黙っ

に　より　て　人　にて　も　おはする　は、知ら　ぬ　か。
格助　動・四・用　接助　名　格助　係助　動・サ変・体　係助　動・四・未　助動・消・体　係助
ていること)によって(地位のある)人として過ごしていらっしゃることは、知らないのか。

わ　が　口　開け　て　は、おの　が　主　は　人　にて　は
代　格助　名　動・下二・用　接助　係助　代　格助　名　係助　名　格助　係助
私が口を開けば、おまえの主人は人として過ごしていられるだろうか。

あり　な　む　や。」と　言ひ　けれ　ば、出納　は
動・ラ変・用　助動・強・未　助動・推・終　係助　格助　動・四・用　助動・過・已　接助　名　係助
(いや、いられない。)」と言ったので、出納は腹を立

腹立ちさし　て、家　に　這ひ入り　に　けり。
動・四・用　接助　名　格助　動・四・用　助動・完・用　助動・過・終
てるのをやめて、家に這うように(こそこそと)入ってしまった。

け人」とは、朝廷に仕えている人、官吏、役人。「舎人だつ」「おればかり」は、出納が舎人を見下している言葉。

何《なに》ごとのあるべきぞ　何ごとがあるだろうか。「あるはずがない」という確信を持って述べている、反語的な表現。

わが君《きみ》、大納言殿《だいなごんどの》のおはしませば　「わが君」と「大納言殿」は同格。「おはします」は、「あり」の尊敬語で、出納から主人の伴大納言への敬意を表す。「おはしませば」は、已然形＋「ば」で、順接の確定条件（原因・理由）を表す。

過《あやま》ちをしたりとも　（たとえ）過ちを犯したとしても。「とも」は、逆接の仮定条件を表す接続助詞。

出《い》で来《く》　①出てくる、②起こる、生じる、③できあがる、などの意があり、ここは②の意。

わが口開《くちあ》けては　ここでの「口開く」とは、舎人が目撃した事実を話すことをいう。

腹立《はらだ》ちさして、家《いえ》に這《は》ひ入《い》りにけり　「さす（止す）」は、動詞の連用形に付き、その動作を途中で止める意を表す。「おのが主《しゅう》はわが口によりて…人にてはありなむや。」という舎人の言葉に、出納はただならぬものを感じてばつが悪くなり、怒るのをやめて這うようにこそこそと家の中に入ったのである。

■第五段落（一五二・9〜一五三・2）

段意

けんかを見ていた大勢の人から舎人の発言は世に広まり、天皇にも届いた。舎人は天皇に呼ばれて問いただされ、真実を話した。その後、伴大納言も尋問されて放火事件の真相が明らかとなり、伴大納言親子は流罪となった。

現代語訳・品詞分解

この争いを見ようとして、隣近所の人が、大勢集ま
こ（代）の（格助）いさかひ（名）を（格助）見る（動・上一・終）とて（格助）、里隣（名）の（格助）人（名）、市（名）を（格助）

って聞いていたので、（舎人の言ったことは）どのように（意味を込めて）
なし（動・四・用）て（接助）聞き（動・四・用）けれ（助動・過・已）ば（接助）、いかに（副）言ふ（動・四・体）こと（名）に（助動・断・用）か（係助）

言うことであろうかと思って、ある者は妻子に語り、
あら（補動・ラ変・未）む（助動・推・体）と（格助）思ひ（動・四・用）て（接助）、ある（動・ラ変・体）は（係助）妻子（名）に（格助）語り（動・四・用）、

（また）ある者は次々に語り散らして、あれこれ言って騒いだので、（舎人の言
ある（動・ラ変・体）は（係助）次々（副）語り散らし（動・四・用）て（接助）、言ひ騒ぎ（動・四・用）けれ（助動・過・已）ば（接助）、世（名）に（格助）

葉が）世の中に広まって、（ついには）天皇までお聞きになって、舎人をお呼びになって問いた
広ごり（動・四・用）て（接助）、おほやけ（名）まで（副助）聞こし召し（動・四・用）て（接助）、舎人（名）を（格助）召し（動・四・用）て（接助）

だしなさったところ、（舎人は）最初は（知らないと）否定していたけれども、自
問は（動・四・未）れ（助動・尊・用）けれ（助動・過・已）ば（接助）、初め（名）は（係助）あらがひ（動・四・用）けれ（助動・過・已）ども（接助）、我（代）

分もきっと罰を受けてしまいそうに（厳しく）問いつめられたので、
も（係助）罪（名）かうぶり（動・四・用）ぬ（助動・強・終）べく（助動・推・用）問は（動・四・未）れ（助動・受・用）けれ（助動・過・已）ば（接助）、

以前の一件のことを申し上げた。その後、
あり（名）の（格助）くだり（名）の（格助）こと（名）を（格助）申し（動・四・用）て（助動・完・用）けり（助動・過・終）。そ（代）の（格助）

大納言も問いつめられるなどして、事件（の真相）が露
後（名）、大納言（名）も（係助）問は（動・四・未）れ（助動・受・用）など（副助）し（動・サ変・用）て（接助）、こと（名）顕れ（動・下二・用）

語釈・文法

市《いち》をなして　「市」とは、市場や、人が多く集まるにぎやかな場所のこと。ここでは、舎人と出納のけんか騒ぎで、近隣の人々が群がり集まった様子を表している。

あるは妻子《めこ》に語《かた》り、あるは次々《つぎつぎ》語《かた》り散《ち》らして　「あるは」は、ある者は、の意。「あるは…、あるは…」の形で、並列的に用いられることが多い。

聞《き》こし召《め》す　「聞く」の尊敬語。

あらがひ《イ》けれども　「あらがふ」は、①言い争う、反論する、否定する、②（かけ事で）張り合う、主張する、などの意味がある。ここは①の意。

我《われ》も罪《つみ》かう《コウ》ぶりぬべく問《と》は《ワ》れければ　「罪」は、犯した罪に対して与えられる罰も意味する。「かうぶる」は、「かうむる」ともいい、ここでは受ける、という意味。不穏なうわさを広めた罪で罰するぞなどと脅されて、厳しく尋問されたと考えられる。

ありのくだり　以前の一件。ありのままのこと。

顕《あらわ》れて　事件の当日に舎人が見たことを指す。「顕る」は、ここでは隠していたこと

見して後に流罪にされた。
て　の　後　なむ　流さ　れ　ける。
接助　格助　名　係助　動・四・未　助動・受・用　助動・過・体

が明るみに出る、露見する、ばれる、という意。

段意

■ 第六段落（一五三・3～終わり）

伴大納言は応天門に放火し、その罪を信の大臣に着せて処罰させ、首席の大納言である自分が大臣の座に就こうと計画していた。しかし、結局は自分が処罰されることになったのは、たいそう悔しかっただろう。

現代語訳・品詞分解

(伴大納言は)応天門を焼いて、信の大臣に(罪を)負わせて、その大臣
応天門　を　焼き　て、信の大臣　に　負ほせ　て、かの
名　格助　動・四・用　接助　名　格助　動・下二・用　接助　代　格助

を処罰させて、(自分が)首席の大納言なので、(次の)大臣に
大臣　を　罪せ　させ　て、一の大納言　なれ　ば、大臣　に
名　格助　動・サ変・未　助動・使・用　接助　名　助動・断・已　接助　名　格助

なろうとたくらんでいたことが、反対に自分の身が罰せられ
なら　む　と　構へ　ける　こと　の、かへりて　わ　が
動・四・未　助動・意・終　格助　動・下二・用　助動・過・体　名　格助　副　代　格助

たとかいうのは、どんなにか(たいそう)悔しかっただろう。
身　罪せ　られ　けむ、いかに　悔しかり　けむ。
名　動・サ変・未　助動・受・用　助動・過伝・体　副　形・シク・用　助動・過推・体

語釈・文法

構《かま》へ《エ》ること　「構ふ」は文脈によってさまざまな意味を表すが、ここでは、たくらむ、計画する、という意。伴大納言が、放火事件を起こして信の大臣に罪を着せ、大臣の座を奪おうと計画していたことを指す。

いかに　どんなにか。「いかに」は形容動詞「いかなり」が副詞化したもの。本来は疑問の意を表すが、ここでは程度のはなはだしいことを表す。

鑑賞

本話は、歴史上有名な「応天門の変」の始まりから結末までを描いており、起承転結が非常に整っている。疑いをかけられた源信が証拠不十分で罪を免れ、事件の真相は不明のまま終わるように思われたが、子どものけんかというささいな出来事から、うわさが瞬く間に世間に広まるなど、意外性のある展開におもしろみがあり、読者を退屈させない。

伴善男は、抜群の実務能力を持ち、藤原良房に認められて大納言の地位まで昇進した人物だったようだが、権力に固執するあまり策略家で短絡的な一面もあったようだ。一方、源信は、文武両道で、弓や馬に長《た》けた家来を多く抱えていたため、伴善男は放火事件以前から、源信の力を封じようと圧力をかけていたらしい。歴史的には良房が、応天門の変を契機に、伴善男と源信を政界から追放したという話もあるようである。(→本書二〇ページ「言語活動」の項参照)

教科書の問題（解答・解説）

教科書　一五三ページ

教科書本文下に示された問題

❓「大事になさせ給ふこと」とは、どういうことか。（p.一四九）

解答　天皇が、左大臣である源信（信の大臣）を、応天門に放火した犯人として処罰してしまうこと。

［解説］　大臣という要職にある人物が処罰されるという異例の事態を「大事」といっている。

❓「人のきはめたる大事」とは、どういうことか。（p.一五〇）

解答　伴大納言たちにとっては、地位などが失われかねない、このうえなく重大な事件、ということ。

［解説］　放火事件そのものの重大さ、さらには舎人の証言がもたらす影響の大きさを「大事」といっている。

❓「出でて取りさへむ」「見るに」「寄りて引き放ちて」の主語はそれぞれ誰か。（p.一五一）

解答　「出でて取りさへむ」＝舎人　「見るに」＝舎人　「寄りて引き放ちて」＝出納

❓「いかに言ふことにかあらむ」とは、どういうことか。（p.一五二）

解答　舎人が「わが口開けては、おのが主は人にてはありなむや。」（一五二・6）などと言ったのは、どういう意味だったのだろうか、ということ。

［解説］　舎人の発言は、「大納言」の身の上を左右するような重大な秘密を舎人が知っていることを示唆するものである。意味深長な発言が、人々の興味をかきたてた。

❓「ありのくだりのこと」とは、どういうことか。（p.一五二）

解答　舎人が事件の当日に目撃したこと。

［解説］　具体的には、応天門の火事が発覚する直前に、応天門から伴大納言たち三人が下りてきて走り去ったこと。

学習の手引き

❶この話をいくつかの場面に分けたうえで、全体の構成の特徴を考えよう。

［解説］　本文は六つの形式段落からなるが、大きく四つの場面に分けることができる。

・場面⑴…応天門の変の経緯（第一・二段落）

応天門の放火事件が発生。伴大納言の訴えによって、信の大臣が処罰されそうになるが、証拠不十分で許されたという経緯が語られる。

・場面⑵…事件当日と後日の出来事（第三・四段落）

事件当日に遡り、舎人が目撃した真相が描かれる。後日、子どものけんかから、舎人が事件に関わることを口走ってしまったことが、新たな展開のきっかけとなる。

・場面(3)…事件の結末（第五段落）
舎人の発言が世に広がり、尋問された舎人が真相を告白したことで、伴大納言親子は流罪となる。
・場面(4)…編者の評（第六段落）
思わぬきっかけでたくらみが失敗した伴大納言の心中を、編者が推察する。

以上のように、応天門の放火事件について、(1)客観的な視点からの事実の描写→(2)舎人の視点からの描写→(3)再び客観的視点からの事件の新たな展開の描写→編者視点での締め、というように、視点が切り替わったり時間が戻ったりする構成となっている。

❷「信の大臣」「右兵衛の舎人」はどのような人物として描かれているか。それぞれの心情や行動に注目しながら、考えよう。

解答 ・信の大臣＝信心深く、気弱で用心深い人物。
・右兵衛の舎人＝立場をわきまえ慎重に行動する人物。
［解説］ 信の大臣は、無実の罪で処罰されそうになった際、正装である束帯に着替え、神事に用いるむしろを敷いて、天地を支配する神に無実であることを訴えていることから、常日頃から信心深いと考えられる。そして、無罪の判断が下った後も、「おほやけにつかうまつりては、横ざまの罪出で来《き》ぬべかりける。」〔一四九・15〕として宮仕えを辞していることからも、その慎重さがうかがえる。
舎人は、無実の罪で処罰されそうな信の大臣を気の毒に思いながらも、事の重大さや下級役人という自身の立場を踏まえ、かたくなに口を閉ざしている様子が描かれている。また、子どものけんかの場面でも、感情を抑えて理性的に対処しようとしていることがうかがえる。

❸「伴大納言絵巻」の掲載箇所がどの場面を描いたものか確認し、表現上の特徴やその効果について話し合おう。

［解説］ 人物の服装や表情、行動にも着目してみよう。絵巻の全体像を知りたい場合は、「国立国会図書館デジタルコレクション」のサイトで資料を閲覧するとよい。

（https://dl.ndl.go.jp/info:ndljp/pid/2609797）

一枚目（p.一四八～一四九）＝応天門が炎上する様子。
・炎を、複数の色を用いて重層的に描いている。なびく炎や黒煙から、炎の勢いや熱風までもが感じられる。日本の絵画における三大火炎表現の一つと呼ばれている。
・人々は風上で火災を遠巻きにして見ている。走って逃げる者などもいて、現場の混乱ぶりが活写されている。
二枚目（p.一五一）＝出納の子と舎人の子のけんか。
・一連の経過を一枚の絵に描く、「異時同図法」と呼ばれる技法が使われている。①取っ組み合いをする子どもたち（水玉模様の着物が舎人の子、白い着物が出納の子）

↓②家から飛び出してくる出納（拳を握り、怒りの表情）
↓③舎人の子を蹴り飛ばす出納↓④我が子を家に連れ戻す出納の妻といった場面が、つながるかたちで描かれ、動画を見るような効果をもたらしている。

・構図の左には、このけんかの見物人たちが描かれている。舎人の子の悲鳴などが聞こえたせいか、振り返っている人が多く、出納の仕打ちにあきれるような表情も見える。

・この場面には舎人もいるはずだが、絵の中にそれらしき人物は見当たらない。

三枚目（p.一五二）＝うわさを広める世間の人々。

・舎人の意味深長な言葉が人から人へと伝えられていく様子が描かれている。道行く人々に向かって大声で話している男女（右上）、数人で寄り集まって話す者たち（左上）などが見える。服装はさまざまで、いろいろな身分の人々が描かれているようである。

・画面中央には、馬に乗り冠をかぶった貴人らしき人物が描かれ、大声で話す男女に目を向けている。こうした人物がうわさを聞きつけたことで、うわさが朝廷にまで届くことになったと考えられる。

四枚目（p.一五三）＝朝廷に呼ばれ、尋問される舎人。

・地面に正座して背中を丸めてうつむく舎人と、険しい表情で尋問する人物の描写の対比から、真実を言わなければ舎人自身が罰せられるという緊迫感が伝わってくる。

■語句と表現

①「許し給ふよし仰せよ。」〔一四九・5〕に用いられている敬語の特徴を説明しよう。

解答　「許し給ふよし仰せよ。」は天皇の命令を伝える宣旨の内容なので、この文言を発したのは天皇であり、「許す」の主体は天皇である。尊敬の補助動詞「給ふ」は、動作の主体への敬意を表すが、この場合、天皇が自らの行為に敬語を用いていることになる。このような敬語を自尊敬語（自敬表現）という。

［解説］「仰す」は中世以降は「言ふ」の尊敬語にもなるが、ここは「言いつけよ」の意で、敬語ではない。

②次の部分を品詞分解し、文法的に説明しよう。

解答　(1)　①出で来《き》／②ぬ／③べかり／④ける。＝①カ行変格活用動詞「出で来《く》」の連用形　②強意の助動詞「ぬ」の終止形　③当然の助動詞「べし」の連用形　④詠嘆の助動詞「けり」の連体形（終止形でなく連体形で文を終えて、余情、余韻を残している。）

(2)　①つゆ／②心／③も／④得／⑤で＝①副詞「つゆ」　②名詞「心」　③強意の係助詞「も」　④ア行下二段活用動詞「得《う》」の未然形　⑤打消の接続助詞「で」

言語活動

1 応天門の変の歴史的経緯について調べ、本話「伴大納言、応天門を焼くこと」の内容と比較して、考えたことを発表しよう。

［解説］ 本話では、応天門の放火は、信の大臣を陥れるために伴大納言が実行したことになっているが、歴史的には、藤原良房（忠仁公）らの策略だったという説がある。

本話に出てくる清和天皇は、良房の娘と文徳《もんとく》天皇の間に生まれた子である。良房は、自分の孫にあたるその皇子を生後八か月で皇太子の座に据え、文徳天皇が没して九歳の清和天皇が即位すると、天皇の外祖父として太政大臣の任務を遂行し、政権を掌握した。応天門の変が起こったのは、清和天皇が元服した翌々年の八六六年。藤原良房らが、源信や伴善男を政界から追放するために応天門の炎上を巧みに利用して、初めは伴善男らを動かして源信を引退に追い込み、後には伴善男らを罪人として政界から駆逐したとみる説がある。実際にこの事件の後、良房は人臣初の摂政となった。このことが、摂政・関白として巨大な権力を握る、藤原氏一族の栄華へとつながっていく。

本話における良房は、無実の罪で罰せられそうな信の大臣を救った公正な人物だが、歴史的には一番の黒幕だったとされている。人間にはさまざまな面があることを感じさせられる。

出典・編者

出典 『宇治拾遺《うじしゅうい》物語』 鎌倉時代初期に成立した説話集。序文に「源隆国《みなもとのたかくに》が聞き書きした『宇治大納言《だいなごん》物語』が侍従俊貞《としさだ》に伝わり、その後、これに漏れた説話を集めて『宇治拾遺物語』ができたが、書名は宇治に遺《のこ》った話を拾った意か、侍従の唐名を拾遺というからかはっきりしない。」という内容の記述がある。

全部で百九十七編の説話を収めるが、『今昔《こんじゃく》物語集』『古本《こほん》説話集』『古事談《こじだん》』などと重複する話も多い。『今昔物語集』のような内容による分類はなく、仏教霊験譚《れいげんたん》から和歌説話、笑話、民間説話に及ぶさまざまな話が順不同に並んでいる。収録されている説話は、物語としてのおもしろさ、珍しさが中心になっていて、権威ある人間をも笑い、弱い人間への理解を示すところに編者の人柄を感じさせる。編者はことさら教訓や批判の言葉は記さない。文体は和文体で、会話文を多く取り入れてあり、口承説話の語り口をとどめている。世俗説話には現実感覚があふれ、庶民の心情も写し出しており、親しみやすく、長く読み継がれていった。

編者 未詳。

発心集《ほっしんしゅう》

蓮花城《れんげじょう》、入水《じゅすい》のこと〔第三〕

鴨長明《かものちょうめい》

教科書　一五四～一五六ページ

大意　蓮花城という聖《ひじり》が、死期が近いと悟り入水を決心した。親交のあった登蓮法師《とうれんほうし》は制止したが、本人の決意が固いと分かり協力することにした。蓮花城は多くの人々が見守る中で入水して果てた。ところが数日後、登蓮法師のもとに蓮花城の霊が現れた。彼は死ぬ間際になって後悔し、無念のうちに死んだために極楽往生できなかったのだった。

第一段落（初め～一五四・10）

段意　蓮花城という聖が、親しくしていた登蓮法師に、自分は死期が近づいており、安らかな心で死ぬために入水するつもりだと話す。登蓮法師はやめるよう言ったが、蓮花城の決意は揺るがなかったため協力することにした。

現代語訳・品詞分解

近年、蓮花城といって、人に知られている（有名な）聖がいた。
近き（形・ク・体）ころ、（名）蓮花城（名）と（格助）いひ（動・四・用）て、（接助）人（名）に（格助）知ら（動・四・未）れ（助動・受・用）たる（助動・存・体）聖（名）あり（動・ラ変・用）き。（助動・過・終）

登蓮法師が親しく交際していて、何かにつけて、面倒を見て時が過ぎていったうちに、
登蓮法師（名）相知り（動・四・用）て、（接助）こと（名）に（格助）ふれ、（動・下二・用）情け（名）を（格助）かけ（動・下二・用）つつ（接助）過ぎ（動・上二・用）ける（助動・過・体）ほどに、（接助）

数年たって、この聖が言うことには、
年ごろ（名）あり（動・ラ変・用）て、（接助）こ（代）の（格助）聖（名）の（格助）言ひ（動・四・用）ける（助動・過・体）やう（名）は、（係助）

語釈・文法

聖《ひじり》　徳の高い僧。
相知《あいし》りて　親しく交際していて。
情《なさ》けをかけつつ　面倒を見て。「情け」は、思いやり、人情。
過《す》ぎけるほどに　過ぎていったうちに。「ほどに」は、時間の経過を表す接続助詞。
年《とし》ごろ　数年。長年。
年《とし》に添《そ》へ《エ》つつ　年を取るにつれて。
弱《よわ》くなりまかれば　弱くなって参りましたので。「なりまかる」は「なりゆく」の丁寧語。次

「今 は 年 に 添へ つつ 弱く なりまかれ ば、
名 係助 名 格助 動・下二・用 接助 形・ク・用 動・四・已 接助
「今は年を取るにつれて弱くなって参りましたので、

死期 の 近づく こと、 疑ふ べから ず。 終はり 正念
名 格助 動・四・体 名 動・四・終 助動・当・未 助動・消・終 名 名
死期が近づいていることは、疑うべくもありません。臨終の際に雑念を

にて まかり隠れ む こと、 極まれ る 望み に
格助 動・下二・未 助動・婉・体 名 動・四・命 助動・存・体 名 助動・断・用
払った安らかな心で死にますことが、このうえない望みでございますので、

て 侍る を、 心 の 澄む 時、 入水 を し て
接助 補動・ラ変・体 接助 名 格助 動・四・体 名 名 格助 動・サ変・用 接助
心が澄みきった時に、入水して死のうと思っております。」

終はり 取ら む と 侍る。」 と 言ふ。 登蓮 聞き
名 動・四・未 助動・意・終 格助 動・ラ変・体 格助 動・四・終 名 動・四・用
と言う。登蓮は(これを)聞

おどろき て、「ある べき こと に も あら ず。 いま
動・四・用 接助 動・ラ変・体 助動・当・体 名 助動・断・用 係助 補動・ラ変・未 助動・消・終 副
いて驚き、「とんでもないことです。もう

一日 なり とも、 念仏 の 功 を 積ま む と こそ
名 助動・断・終 接助 名 格助 名 格助 動・四・未 助動・意・終 格助 係助
一日であっても、念仏の功徳を積もうと祈願なさるべきです。

願は る べけれ。 さやう の 行 は、 愚痴なる 人 の
動・四・未 助動・尊・終 助動・当・已 名 格助 名 係助 形動・ナリ・体 名 格助
その(入水の)ような修行は、仏法の道理を知らない愚か

する 業 なり。」 と 言ひ て いさめ けれ ど、 さらに
動・サ変・体 名 助動・断・終 格助 動・四・用 接助 動・下二・用 助動・過・已 接助 副
な人のすることです。」と言って止めたけれど、(蓮花城は)

ゆるぎ なく 思ひ堅め たる こと と 見え けれ ば、
名 形・ク・用 動・下二・用 助動・存・体 名 格助 動・下二・用 助動・過・已 接助
少しも揺るぐことなく(しっかりと)決意を固めていることと見えたので、

「かく、 これ ほど 思ひ取ら れ たら む に
副 代 名 動・四・未 助動・尊・用 助動・存・未 助動・婉・体 格助
「このように、それほど固く決心なさっているからには、

第にそうなっていく意を表す。

まかり隠《かく》れむこと　死ぬこと。「まかる」と「隠る」は、ともに「死ぬ」の婉曲《えんきょく》表現。

極《きわ》まれる　このうえない。連体詞とみることもできる。

終《お》は《ワ》り取《と》らむと侍《はべ》る　死を遂げようと思っております。「…と侍る」は「…と思ひ侍る」に同じ。

あるべきことにもあらず　当然あるはずのことではない。とんでもないことだ。「入水をして終はり取らむ」という蓮花城の考えを登蓮法師は否定している。

さやう《ヨウ》の行《ぎょう》　そのような修行。「行」は僧や修験者などが悟りを得るために実践する仏道の修行。ここでは、蓮花城が入水しようとしていることを指す。ただし、登蓮法師は「さやうの行は、愚痴なる人のする業なり。」と言っているので、入水を、仏法にかなった修行だとは認めていないことが分かる。

さらに　①改めて。新たに。②重ねて。ますます。いっそう。③(下に打消の語を伴って)決して(…ない)。全く(…ない)。少しも(…ない)。ここは③の意。

ゆるぎなく　「ゆるぎなし」で、揺るぐことがない、確固としているという意味を表す。

至り て は、 とどむる に 及ば ず。 さるべき
(私も)止めることはできません。 そうなるは
動・四・用　接助　係助　動・下二・体　格助　動・四・未　助動・消・終　連

に こそ あら め。」 とて、 その ほど の 用意
ず(の前世からの宿縁)なのでしょう。」 と言って、その(入水の)時の用意などについて、
助動・断・用　係助　補動・ラ変・未　助動・推・已　格助　代　格助　名　格助　名

なんど、 力 を 分け て、 もろともに 沙汰し けり。
力を貸して、 (蓮花城と)いっしょに手配をした。
副助　名　格助　動・下二・用　接助　副　動・サ変・用　助動・過・終

とどむるに及《およ》ばず　制止することはできない。蓮花城が入水するのを登蓮法師が止めることはできないということ。「…に及ばず」は、…できない、…する必要がない、の意。

さるべき　そうなる運命の。この世での運命は全て前世からの宿縁で決まっているという思想に基づく。「さるべき」は、①しかるべき、そうなるにふさわしい、②そうなるのが当然な、そうなる運命の、③りっぱな、れっきとした、などの意の連体詞。ここは②の意。

そのほどの用意《ようい》なんど　「そのほど」は、蓮花城が入水する時。

■第二段落（一五四・11〜一五五・3）

段意

入水の日、蓮花城は念仏を唱えた後、桂《かつら》川に身を沈めた。うわさを聞きつけた多くの人々がその様子をあがめ悲しみ、登蓮法師は長年親しんだ友の死に涙した。

現代語訳・品詞分解

つひに、 桂川 の 深き 所 に 至り て、 念仏 高く
(入水の日を迎え)最後に、(蓮花城は)桂川の深い所に行き着いて、 念仏を高らかにお
副　名　格助　形・ク・体　名　格助　動・四・用　接助　名　形・ク・用

申し、 時 経 て 水 の 底 に 沈み ぬ。 その
唱えし、 しばらくして水の底に沈んでしまった。 その時、
動・四・用　名　動・下二・用　接助　名　格助　名　格助　動・四・用　助動・完・終　代　格助

時、 聞き及ぶ 人、 市 の ごとく 集まり て、 しばらく は
(蓮花城が入水すると)伝え聞いた人が、 市場のように(大勢)集まって、 しばらくは(蓮花城
名　動・四・体　名　名　格助　助動・比・用　動・四・用　接助　副　係助

語釈・文法

聞《き》き及《およ》ぶ人《ひと》、市《いち》のごとく集《あつ》まりて　蓮花城が入水することを伝え聞いた人々が、大勢集まってきて、まるで市場のような人だかりとなった。

を）あがめ重んじて（その死を）悲しむことこのうえない。登蓮は、長年親しく交わっていたのになあ、

貴み（動・四・用）悲しぶ（動・四・体）こと（名）限りなし。（形・ク・終）登蓮（名）は、（係助）年ごろ（名）見慣れ（動・下二・用）たり（助動・存・用）

としみじみと感じ入って、涙をこらえながら帰っていった。

つる（助動・完・体）ものを、（終助）と（格助）あはれに（形動・ナリ・用）おぼえ（動・下二・用）て、（接助）涙（名）を（格助）押さへ（動・下二・用）つつ（接助）帰り（動・四・用）に（助動・完・用）けり。（助動・過・終）

■第三段落（一五五・4〜終わり）

段意

それから数日後、登蓮法師のもとに蓮花城と名乗る霊が現れた。いぶかしむ登蓮法師に対し、その霊は、死ぬ間際になって急に後悔したのだが、多くの人々が見守っている中、自分で中断することはできず、登蓮法師に止めてもらいたかったが思いは通じず、その恨めしさから極楽往生できなかったのだと事情を語った。

現代語訳・品詞分解

そして、何日かたつうちに、登蓮は、物の怪が取りついたらしい病気になった。近くの人が不思議に思って、

かくて、（接）日ごろ（名）経る（動・下二・体）まま（名）に、（格助）登蓮、（名）物の怪めかしき（形・シク・体）病（名）を（格助）す。（動・サ変・終）あたり（名）の（格助）人（名）あやしく（形・シク・用）思ひ（動・四・用）て、（接助）

大変なことだと言っているうちに、霊が現れて、「今は亡き蓮花城です。」と名乗ったので、「これは、納得できません。

事（名）と（格助）し（動・サ変・用）ける（助動・過・体）ほどに、（接助）霊（名）現れ（動・下二・用）て、（接助）「ありし（連）蓮花城。」（名）と（格助）名のり（動・四・用）けれ（助動・過・已）ば、（接助）「こ（代）の（格助）こと、（名）げに（副）と（格助）おぼえ（動・下二・未）ず。（助動・消・終）

長年親しく付き合って、最後まで少しも恨まれるはずのことはあり

年ごろ（名）相知り（動・四・用）て、（接助）終はり（名）まで（副助）さらに（副）恨み（動・上二・未）

貴《たふと》み悲《かな》しぶ　蓮花城の入水を、尊い仏道修行としてあがめ重んじるとともに、その死を悲しむ。「貴む」は「貴ぶ」に同じ。

年《とし》ごろ見《み》慣《な》れたりつるものを　長年親しく交際していたのに。「見慣る」は、親しく交わる。「ものを」は詠嘆の終助詞。ここでは、…のになあ、と残念な気持ちを込めている。

語釈・文法

物《もの》の怪《け》めかしき病《やまい》　物の怪が取りついたらしい病気。死霊や生き霊が人に取りついて病気や災いを起こすと考えられていた。「めかし」は、名詞や形容詞の語幹などに付いて、…らしい、の意を表す形容詞を作る接尾語。

事《こと》としけるほどに　大変なことだと言っているうちに。「事」は特別な出来事。一大事。

ありし　今は亡き。生前の。以前の。動詞「あり」の連用形＋過去の助動詞「き」の連体形から成る。「ありし」が比較的遠い過去を指すのに対し、「ありつる」は近い過去を指して、ついさっき、先述の、といった意味を表す。

ません。
らる　べき　こと　なし。　いはむや、　発心　の　さま、
助動・受・終　助動・当・体　名　形・ク・終　副　名　格助　名
ましてや、（あなたの）発心のさまは、

いいかげんでなく、りっぱにお亡くなりになったではありませんか。
なほざりなら　ず、　貴く　て　終はり　給ひ　し　に
形動・ナリ・未　助動・消・用　形・ク・用　接助　動・四・用　補動・四・用　助動・過・体　助動・断・用

いずれにしても、どういう理由で、（物の怪
あら　ず　や。　かたがた、　何　の　ゆゑ　に　や、　思は
補動・ラ変・未　助動・消・終　係助　副　代　格助　名　格助　係助　動・四・未

のような）思いがけない姿で（ここに）やって来たのでしょうか。」と言う。物の怪が言うこと
ぬ　さま　にて　来たる　らむ。」　と　言ふ。　物の怪　の
助動・消・体　名　格助　動・四・終　助動・原推・体　格助　動・四・終　名　格助

には、「そのことです。（あなたは）適切にも（入水を）制止してくだ
言ふ　やう、　「そ　の　こと　なり。　よく　制し　給ひ　し
動・四・体　名　代　格助　名　助動・断・終　形・ク・用　動・サ変・用　補動・四・用　助動・過・体

さったのに、（私は）自分の心のありさまを知らないで、どうしようもない
ものを、　わ　が　心　の　ほど　を　知ら　で、　いひがひなき
接助　代　格助　名　格助　名　格助　動・四・未　接助　形・ク・体

死に方をしてしまいました。それほど、人のためにしたことでもないので、
死に　を　し　て　侍り。　さばかり、　人　の　ため　の　こと
名　格助　動・サ変・用　接助　補動・ラ変・終　副　名　格助　名　格助　名

その（死の）間際に考え直すことがあろうと
に　も　あら　ね　ば、　そ　の　際　にて　思ひ返す
助動・断・用　係助　補動・ラ変・未　助動・消・已　接助　代　格助　名　格助　動・四・終

は思ってもいませんでしたが、どんな天魔の仕業だったので
べし　と　も　おぼえ　ざり　しか　ど、　いかなる　天魔　の
助動・推・終　格助　係助　動・下二・未　助動・消・用　助動・過・已　接助　形動・ナリ・体　名　格助

しょうか、まさに水に入ろうとした時、
仕業　に　て　あり　けむ、　まさしく　水　に　入ら
名　助動・断・用　接助　補動・ラ変・用　助動・過原推・体　形・シク・用　名　格助　動・四・未

にわかに悔やむ気持ちがわいてまいりました。
む　と　せ　し　時、　たちまちに　悔しく　なむ　なり
助動・意・終　格助　動・サ変・用　助動・過・体　名　副　形・シク・用　係助　動・四・用

げにとおぼえず　納得できない。「げに」は、なるほど。他人の言動を妥当なものとして納得する意を表す。登蓮法師は自分に取りついた霊が蓮花城と名乗ったことに納得できなかったのである。その理由は続く二文で述べられている。一つは、長年親しく付き合って恨まれる覚えはないから。もう一つは、蓮花城はりっぱに入水を遂げて極楽往生したはずだから。

さらに恨《うら》みらるべきことなし　全く恨まれるはずのことはない。「恨み」は「恨む」の未然形。古語では上二段活用である。

発心《ほっしん》のさま、なほざり《オ》ならず　発心の様子は、いいかげんでなく。「発心」は、悟りを得ようとする心を起こすこと。

何《なん》のゆゑ《エ》にや、思《おも》は《ワ》ぬさまにて来《き》たるらむ　どういう理由で、（物の怪のような）思いがけない姿でやって来たのだろうか。登蓮法師は、蓮花城が霊となって自分のもとに現れた理由が思い当たらないので、このように尋ねた。「ゆゑ」は、原因、理由、事情、の意。

わが心《こころ》のほどを知《し》らで　（私が）自分の心のありさまを知らないで。主語は蓮花城。「わがの心のほど」とは、死の間際に急に考えが変わり悔やむ気持ちがわいてきたことをいう。つ

けれども、　あれほど（多く）の人がいる中で、　どうして
て　侍り　し。　されども、　さばかり　の　人中　に、　いかに
接助　補動・ラ変・用　助動・過・体　接　副　格助　名　格助　副

自分の判断で考え直すことができましょうか。（いや、できません。）　ああ、　今すぐ
し　て　わ　が　心と　思ひ返さ　む。　あはれ、　ただ今
動・サ変・用　接助　代　格助　副　動・四・未　助動・意・体　感　副

（私の入水を）止めてくださいませよ、と思って（あなたと）目を合わせたのに、
制し　給へ　かし、　と　思ひ　て　目　を　見合はせ　たり
動・サ変・用　補動・四・命　終助　格助　動・四・用　接助　名　格助　動・下二・用　助動・完・用

（あなたは）知らん顔で、『今はもう早く早く。』　とせきたてて（私は
しか　ど、　知らぬ顔に　て、　『今　は　疾く　疾く。』　と　もよほし
助動・過・已　接助　形動・ナリ・用　接助　名　係助　形・ク・用　形・ク・用　格助　動・四・用

水に）沈んでしまった恨めしさのせいで、　少しも往生のことなど思い浮かびませ
て　沈み　て　む　恨めしさ　に、　何　の　往生　の　こと　も
接助　動・四・用　助動・完・未　助動・婉・体　名　格助　代　格助　名　格助　名　係助

んでした。　（それで）思いがけない道に入ったのでございます。
おぼえ　ず。　すずろなる　道　に　入り　て　侍る　なり。
動・下二・未　助動・消・終　形動・ナリ・体　名　格助　動・四・用　接助　補動・ラ変・体　助動・断・終

このことは、　自分が愚かだった罰なので、　人をお恨み
こ　の　こと、　わ　が　おろかなる　咎　なれ　ば、　人　を
代　格助　名　代　格助　形動・ナリ・体　名　助動・断・已　接助　名　格助

すべきではありませんが、　死に際に残念だと思った一
恨み　申す　べき　なら　ね　ど、　最期　に　口惜し
動・上二・用　補動・四・終　助動・当・体　助動・断・未　助動・消・已　接助　名　格助　形・シク・終

念によって、　こうして参ったのです。」
と　思ひ　し　一念　に　より　て、　かく　まうで来　たる
格助　動・四・用　助動・過・体　名　格助　動・四・用　接助　副　動・カ変・用　助動・完・体

と言った。
なり。」　と　言ひ　ける。
助動・断・終　格助　動・四・用　助動・過・体

まり、死を安らかに受け入れられるほど心が定まってはいなかったということ。

いひ《イ》がひ《イ》なき死《し》に　どうしようもない死に方。「いひがひなし」は「いふかひなし」に同じ。

いかなる天魔《てんま》の仕業《しわざ》にてありけむ　どんな天魔の仕業だったのだろうか。急に自分の気持ちが変化した原因を、天魔に心を乱されたためではないかと推測している。

あはれ《ワ》、ただ今制《いませい》し給《たま》へ《エ》かし　蓮花城が心の中で登蓮法師に呼びかけた言葉。自分から中止を言い出すことができない蓮花城は登蓮法師に望みをかけたのである。

知《し》らぬ顔《がお》にて　登蓮法師は蓮花城の心境の変化に気づくはずもないが、蓮花城にしてみれば無慈悲な表情に見えたのだろう。

往生《おうじょう》　死後、阿弥陀仏のいる極楽浄土に生まれ変わる「極楽往生」のこと。

すずろなる道《みち》　思いがけない道。ここでは、極楽往生とは正反対の地獄道などを指す。「すずろなり」は自分の意志とは関係なく事態が進んでいくさまを表す。

最期《さいご》に口惜《くちお》しと思《おも》ひ《イ》し一念《いちねん》　死に際に残念だと思った一念。登蓮法師に入水を止めてほしいと願った思いが通じず、逆に早く入水するようせきたてられた無念を指す。蓮花城として

は、登蓮法師を恨むつもりはないが、この気持ちだけは伝えておきたかったのである。「口惜し」は、残念だ、不本意だ、の意。期待や希望が満たされないことを惜しむ気持ちを表す。

かくまう《モウ》で来《き》たるなり　こうして参ったのです。「まうで来《く》」は、「まうづ」＋「来」の複合動詞で、ここでは「来」の謙譲語。「まうづ」には、①参上する、伺う、②参詣する、の意がある。

鑑賞

教科書本文は『発心集』第三―八「蓮花城、入水のこと」の前半に書かれている説話で、編者はこれを末世に生きる人々への教訓として示している。

この説話に続けて、編者は、「焼身自殺や入水をすれば極楽往生できると思い込む人がいるが、とんでもない誤りだ。それは外道（仏教以外の諸宗教）の苦行であって、当然耐えがたい苦しみを伴い、心安らかでいられるはずがない」と述べ、安易に入水という手段をとることを戒めている。そして、「修行というのは、自ら勤行し、自ら悟るべきものである。いくら仏道修行のために身を捨てたとしても、身の不安を恐れ命を惜しむ心があったならば、仏の加護が得られるとは限らない。信仰心が浅いまま仏の加護を頼りにするのは危ういことだ」という考えを示している。これらは、蓮花城の入水を制止した登蓮法師の主張と一致する。

蓮花城は、「人に知られたる聖」であり、入水の決意も確かなものと思われたが、死の間際に後悔の念を抱いた。つまり、身を捨てるほどの信仰心はなかったことになる。人の心というものは、そのように計り知れないものである。だからこそ、自分の心と向き合う修行が大切だと編者は言う。

「人の心」という点では、入水を後悔した後の蓮花城の心の動きにも着目しておきたい。この時、状況は後戻りできないものとなっていたが、中止する余地が全くなかったわけではない。しかし、蓮花城は自分で判断することを避けて登蓮法師にすがろうとし、思いが通じなかったため「恨めしさ」

を抱く。身勝手な話で、本人も「わがおろかなる咎《とが》なれば、人を恨み申すべきならねど」と分かってはいるが、物の怪となって現れるほど、その一念は強かったわけである。こうしたことも、土壇場になって露呈した「本心」なのであろう。

教科書の問題（解答・解説）

教科書 一五六ページ

◆教科書本文下に示された問題

?「さやうの行」とは何を指すか。（p.一五四）

解答　入水。極楽往生を願い、水中へ捨身《しゃしん》して命を絶つこと。

［解説］　蓮花城の「入水をして終はり取らむと侍る。」という発言を受けている。入水は修行の一つとされていた。

?「よく制し」とは、どういうことを指しているのか。（p.一五五）

解答　登蓮法師が、蓮花城に対して入水するのをやめるよう説得したこと。

［解説］　「制す」は「やめさせる・制止する」の意。「『あるべきことにもあらず。…愚痴なる人のする業なり。』と言ひていさめけれ」〔一五四・6〕という行動を指す。

■学習の手引き

❶蓮花城の霊が現れたことに対して、登蓮法師が「このこと、げにとおぼえず。」〔一五五・6〕と言ったのはなぜか。

解答　登蓮法師は長年蓮花城と親しく交わり、最後まで全く恨まれるようなことはしていないし、蓮花城は本気で発心を考え、りっぱな最期を遂げて極楽往生したはずであり、霊となって現れる理由が思い当たらないから。

［解説］　蓮花城の霊が現れた理由としてまず考えられるのは、登蓮法師への恨みだが、「年ごろ相知りて…恨みらるべきことなし。」とあるように、登蓮法師は恨まれるようなことはしていない。そもそも霊となって現れるのは極楽往生できていないからだが、「発心のさま、なほざりならず、貴くて終はり給ひしにあらずや。」とあるように、蓮花城は安らかな澄んだ心で死ぬことを理想として入水することを選び、それを成し遂げたのだから、極楽往生しているはずである。このように、考えうる理由はいずれも否定されるため、登蓮法師は事態を納得できなかった。

❷蓮花城はなぜ途中で入水を中止することができなかったのか、考えよう。

［解説］　「まさしく水に入らむとせし時…」以降に語られる蓮花城の心の動きを読み取る。まず、「さばかりの人中に、いかにしてわが心と思ひ返さむ。」とあるように、

多くの人々が見ている中、自分の決意を覆す勇気がなかった。ここで中止すれば、蓮花城に向けられていた尊敬のまなざしは、軽蔑や嘲笑に変わるにちがいないからだ。そこで蓮花城は登蓮法師が止めてくれることを期待したのだが、むしろ早く入水するよう促されてしまった。登蓮法師にしてみれば、入水などやめるよう説得したものの本人の決意が固いため断念した経緯があり、まさかその決意が揺らいでいるとは夢にも思わなかったのである。こうして蓮花城は見物の人々や登蓮法師に後押しされる形で、入水への道を突き進むしかなくなった。もしも蓮花城が誰にも告げずに一人で入水を試み、急にやめたくなったとしたら、中止できたのかもしれない。

■語句と表現

①次の傍線部の意味を調べよう。

解答 (1)「さらにゆるぎなく思ひ堅めたることと見えければ」、(2)「さらに恨みらるべきことなし」のどちらも、打消表現と呼応して、決して（…ない）、全く（…ない）、少しも（…ない）、という意味を表す。

[解説] (1)は「（ゆるぎ）なく」、(2)は文末の「なし」と呼応している。

②「市のごとく集まりて」〔一五五・1〕**とは、どのようなことを表現しているのか。**

解答 蓮花城の入水の様子を見ようと多くの人々が集まり、まるで市場のような人だかりになっていること。

[解説] 「市」は人々が物を売り買いするために集まる場所であり、活気に満ちたにぎやかな場である。蓮花城が入水することを伝え聞いた人々が貴い聖の最期を見届けようと次々に集まり、人だかりができているのである。

出典・編者

出典 『発心集《ほっしんしゅう》』 鎌倉時代初期（十三世紀初め）に成立した仏教説話集。出家、遁世《とんせい》、往生についての説話を百余話収める。霊験《れいげん》だけでなく、人間の内面を描き、編者の批評や評論なども記述している。

編者 鴨長明《かものちょうめい》〔一一五五？—一二一六〕 京都の賀茂御祖《かもみおや》神社（下鴨《しもがも》神社）の神官の次男として生まれた。七歳頃に父方の祖母の家を継ぐが、十九歳頃に父を亡くし、三十歳頃には祖母の家を出て不遇な生活を送った。和歌や琵琶《びわ》に優れ、四十代後半に、後鳥羽《ごとば》院が設置した和歌所《わかどころ》の寄人《よりゅうど》に任命されて活躍した。その頃、念願としていた賀茂河合社《ただすのやしろ》の神官の地位を得ることを、同族の反対によって阻まれ、絶望のあまり失踪《しっそう》した。五十歳頃、出家して大原に籠もり、その後、日野《ひの》山《やま》に庵《いおり》を結び、随筆『方丈記《ほうじょうき》』を執筆した。歌論書に『無名抄《むみょうしょう》』、家集に『鴨長明集』がある。

2 日記2

●さまざまな日記を読み、作品の内容や特色について理解する。
●日記を多面的・多角的な視点から捉え、考えを深める。

紫式部日記《むらさきしきぶにっき》

紫式部

女郎花《おみなえし》

教科書 一五八～一五九ページ

大意 早朝、渡殿《わたどの》の戸口の局《つぼね》で外を眺めていると、殿（藤原道長《ふじわらのみちなが》）が今を盛りと咲く女郎花を手にして私（紫式部）の部屋を訪問された。その花にちなんで、盛りを過ぎた我が身を嘆く歌を詠んだところ、殿から、美しさはあなたのお心次第だ、と返歌があった。夕暮れ時には、殿の長男である三位《さんみ》の君（藤原頼通《よりみち》）が私の局に立ち寄られた。年のわりに大人びていて、男女の間についての世間話をする様子は、まだ幼いなどと侮ることはできないほどりっぱである。「多かる野辺に」と口ずさんで帰るさまは、まるで物語に出てくる理想的な男性のようだった。こんなささいなことがふと思い出されたり、その時は興味深いと思ったことを忘れたりするのはどういうことなのかと思う。

■**第一段落**（初め～一五八・10）

段意 早朝、渡殿の戸口の局で外を眺めていると、殿（藤原道長）が庭を歩き回られ、御随身《みずいじん》を呼んで遣水《やりみず》をきれいに払わせなさる。殿は、今を盛りと咲いている女郎花を一枝折って、几帳《きちょう》越しにその花をかざしながら顔を出されたが、この殿のりっぱな様子に引きかえ、自分の起きぬけの顔が思い知られて、殿が「この花の歌が遅くなってはまずいだろう。」とおっしゃるのにかこつけて、硯《すずり》のほうへ寄り、盛りを過ぎた我が身が思い知られます、と歌に詠んだ。殿はほほ笑み、美しさはあなたのお心次第だ、と返歌された。

現代語訳・品詞分解

渡殿の戸口にある女房の居室で外を眺めると、うっすらと霧のかかっている朝
渡殿 の 戸口 の 局 に 見出だせ ば、 ほのうち霧り たる
名 格助 名 格助 名 格助 動・四・已 接助 動・四・用 助動・存・体

の露もまだ(葉末から)落ちない頃に、殿が、(庭を)歩き回りなさっ
朝 の 露 も まだ 落ち ぬ に、 殿、 歩か せ
名 格助 名 係助 副 動・上二・未 助動・消・体 格助 名 動・四・未 助動・尊・用

て、御随身をお呼びになって、遣水(に落ちた木の葉など)を払わせなさる。
給ひ て、 御随身 召し て、 遣水 はらは せ 給ふ。
補動・四・用 接助 名 動・四・用 接助 名 動・四・未 助動・使・用 補動・四・終

橋廊の南にある女郎花でたいそう盛りであるのを、一枝お
橋 の 南 なる 女郎花 の いみじう 盛りなる を、 一枝
名 格助 名 助動・在・体 名 格助 形・シク・用 形動・ナリ・体 格助 名

折りになって(それを差しかざしながら)、几帳の上からちょっと顔を出しなさっている(殿の)ご様子
折ら せ 給ひ て、 几帳 の 上 より さしのぞか せ
動・四・未 助動・尊・用 補動・四・用 接助 名 格助 名 格助 動・四・未 助動・尊・用

が、とてもごりっぱであるものだから、私の朝起き
給へ る 御さま の、 いと 恥づかしげなる に、 わ が
補動・四・命 助動・存・体 名 格助 副 形動・ナリ・体 接助 代 格助

たばかりの、化粧をしていない顔(の見苦しさ)が思い知られるので「これ(この花を詠む歌)が、遅く
朝顔 の 思ひ知ら るれ ば、 「これ、 遅く て は わろから
名 格助 動・四・未 助動・自・已 接助 代 形・ク・用 接助 係助 形・ク・未

なってはよくないだろう。」と(殿が)おっしゃるのにかこつけて、(私は)硯のそばへにじり寄っ
む。」 と のたまはする に ことつけ て、 硯 の もと に
助動・推・終 格助 動・下二・体 格助 動・下二・用 接助 名 格助 名 格助

た。
寄り ぬ。
動・四・用 助動・完・終

(露が美しく染めた)女郎花の今を盛りの花の色を見たばかりに、露が分け隔てをして恵みを与
女郎花 盛り の 色 を 見る からに 露 の わき
名 名 格助 名 格助 動・上一・体 接助 名 格助 動・四・用

語釈・文法

渡殿《わたどの》 寝殿《しんでん》造りで建物と建物をつなぐ、屋根のある廊下。ほぼ現代の渡り廊下に近い。

局《つぼね》 女房の居室。作者は、出産のため父道長の邸《やしき》に里下がりしていた中宮彰子《しょうし》に仕えるため、同邸内に部屋を与えられ、暮らしていた。

見出《みい》だせば 眺めると。「見出だす」は、中から外を見る、の意。対義語は「見入る」。

召《め》す 「呼ぶ」「呼び寄す」の尊敬語。お呼びになる、の意。

女郎花《おみなえし》のいみじう《ジュウ》盛《さか》りなるを 女郎花でたいそう盛りであるのを。「の」は同格の格助詞。「いみじう」は「いみじく」のウ音便。「いみじ」は、良くも悪くも程度の甚だしいさまを表す。

几帳《きちょう》 作者の居室に立ててある几帳。

さしのぞかせ給《たま》へ《エ》る 道長が几帳越しに女郎花をかざしながら、ちょっと顔を出したことをいう。

恥《は》づ《ズ》かしげなり ①相手がりっぱすぎて気後れする。きまりが悪い。②こちらが気後れするほどりっぱだ。ここは②の意。形容詞「恥づかし」に、いかにも…の様子だ、…らしく見える、の意を表す接尾語「げ」が付いて形容動詞化した語。

これ、遅《おそ》くてはわろからむ この女郎花に寄せて早く歌を詠め、という意。道長の発言。

のたまは《ワ》す 「言ふ」の尊敬語。「のたまふ」よ

えてくれない我が身が思い知られます。

ける 身 こそ 知ら るれ

助動・過・体 名 係助 動・四・未 助動・自・已

(殿は)「ああ(これは)早い。」とほほ笑んで、硯をお取り寄せになる。

「あな 疾。」 と ほほ笑み て、 硯 召し出づ。

感 形・ク・語幹 格助 動・四・用 接助 名 動・下二・終

白露は(女郎花とあなたとを)分け隔てして置くわけでもあるまい。女郎花は(美しくなろうとする)自分の心によって美しい色に染まるのだろう。(あなたもお心次第だ。)

白露 は わき て も おか じ 女郎花 心 から

名 係助 動・四・用 接助 係助 動・四・未 助動・消推・終 名 名 格助

に や 色 の 染む らむ

助動・断・用 係助 名 格助 動・四・終 助動・原推・体

■第二段落(一五八・11〜一五九・5)

段意

しんみりとした夕暮れ時、宰相《さいしょう》の君(豊子《ほうし》)と二人で話をしていると、殿の長男の三位の君(藤原頼通)が私の局に現れた。彼は年のわりには大人びていて、男女の間についての世間話をする様子は、幼いなどと侮ることはできないほどりっぱである。「多かる野辺に」と口ずさんで帰られたが、まるで物語の中の理想的な男性のようだった。

現代語訳・品詞分解

しんみりとした感じの夕暮れに、宰相の君と二人で、話をして座っていると、

しめやかなる 夕暮れ に、 宰相の君 と 二人、 物語 し て

形動・ナリ・体 名 格助 名 格助 名 名 動・サ変・用 接助

殿の(長男の)三位の君が、簾の端を引き上げて(長押に)お座りになる。

ゐ たる に、 殿 の 三位の君、 簾 の つま 引き上げ

動・上一・用 助動・存・体 接助 名 格助 名 名 格助 名 動・下二・用

て ゐ 給ふ。

接助 動・上一・用 補動・四・終

年のわりにはとても大人びていて、

年 の ほど より は いと おとなしく、

名 格助 名 格助 係助 副 形・シク・用

奥ゆかしい様子をして、「女の人はやはり、気立てというのが難しい(=よく

心にくき さま し て、 「人 は なほ、 心ばへ こそ 難き

形・ク・体 名 動・サ変・用 接助 名 係助 副 名 係助 形・ク・体

り高い敬意を表し、天皇・皇后などに用いる。

ことつく 口実にする。かこつける。「ことづく」ともいう。

見《み》るからに 「からに」は、①…ので、…から、②…によって、…ばかりに、の意を表す接続助詞。ここは②の意。

わく ①区別する。差別する。②理解する。判別する。ここは①の意。

あな (形容詞の語幹・終止形などを伴って)ああ。

語釈・文法

しめやかなり 静かで落ち着いているさま。しんみりしているさま。

簾《すだれ》のつま引《ひ》き上《あ》げてゐ《イ》給《たま》ふ《ウ》 頼通が渡殿を通りかかって二人の話し声を聞き、ちょっと立ち寄ろうと、作者の局の簾を引き上げ、長押《なげし》(柱と柱の間の板)に座ったのである。

おとなし 大人びている。落ち着いている。

心《こころ》にくし 奥ゆかしい。心がひかれる。

心《こころ》ばへ《エ》 気立て。心遣い。

難《かた》きものなめれ 「難し」は、難しい、めったに

心遣いができる人は、めったにいない）もののようです。」などと、男女の間についての世間話をしんみ

もの な めれ。」など、世 の 物語 しめじめと し て

名 助動・断・体 助動・定・已 副助 名 格助 名 副 動・サ変・用 接助

りとしていらっしゃる様子は、（まだ）幼いと人々が軽んじ申し上げるのは不適当だと、

おはする けはひ、幼し と 人 の あなづり 聞こゆる こそ

補動・サ変・体 名 形・ク・終 格助 名 格助 動・四・用 補動・下二・体 係助

こちらが気後れするほどりっぱに見える。（あまり）なれなれしくない程度

悪しけれ と、恥づかしげに 見ゆ。 うちとけ ぬ ほど

形・シク・已 格助 形動・ナリ・用 動・下二・終 動・下二・未 助動・消・体 名

のところで、「多かる野辺に」と口ずさんでお立ちになっ（て帰られ）た様子は、

にて、「多かる 野辺 に」と うち誦じ て 立ち 給ひ に

格助 形・ク・体 名 格助 格助 動・サ変・用 接助 動・四・用 補動・四・用 助動・完・用

（まるで）物語の中で褒めている（理想的な）男性のような気がしま

し さま こそ、物語 に 褒め たる 男 の 心地

助動・過・体 名 係助 名 格助 動・下二・用 助動・存・体 名 格助 名

した。

し 侍り しか。

動・サ変・用 補動・ラ変・用 助動・過・已

■第三段落（一五九・6～終わり）

段意

こんなたわいないことがふと思い出されたり、その時は興味深いと思ったことを忘れたりするのは、どういうことなのかと思う。

現代語訳・品詞分解

この程度の（ちょっとした）ことで、 ふと思い出されることもあり、

かばかり なる こと の、うち思ひ出で らるる も あり、

副 助動・断・体 名 格助 動・下二・未 助動・自・体 係助 動・ラ変・用

その時は興味深い（と思った）ことで、 （時が）過ぎてしまうと忘れることもあるの

その 折 は をかしき こと の、過ぎ ぬれ ば 忘るる

代 格助 名 係助 形・シク・体 名 格助 動・上二・用 助動・完・已 接助 動・下二・体

ない、の意。「なめれ」は「なるめれ」の撥《はつ》音便「なんめれ」の撥音無表記の形。「ン」を補って読む。

世《よ》の物語《ものがたり》 「人はなほ…」といった男女の間についての世間話。「世」は、男女の仲、の意。

おは《ワ》するけはひ《ワイ》 「おはす」は尊敬の補助動詞。…ていらっしゃる、の意。「けはひ」は、様子。

聞《き》こゆ 謙譲の補助動詞。…申し上げる、の意。

多《おお》かる野辺《のべ》に（歌） 歌意は、「女という名を持つ女郎花が多く咲く野原に泊まれば、いわれもない浮き名が立ってしまうだろう。」である。

うち誦《ず》ず 口ずさむ。「うち」は接頭語。

物語《ものがたり》に褒《ほ》めたる男《おとこ》 典型的・理想的な男性像。

侍《はべ》りしか 「侍り」は丁寧の補助動詞。「しか」は過去の助動詞「き」の已然《いぜん》形で、係助詞「こそ」の結び。

語釈・文法

かばかり これほど。これぐらい。

を《オ》かし ここでは、興味深い、おもしろい、の意。

は、どういうことなのか。

も ある は、 いかなる ぞ。
係助 動・ラ変・体 係助 形動・ナリ・体 終助

いかなるぞ　どういうことなのか。人間の記憶の在り方を不思議に思う気持ちを表している。

鑑賞

作者が一条天皇の中宮彰子に仕え、彰子の父道長の邸土御門殿《つちみかどどの》で暮らしていた頃の出来事を記したものである。

ある朝、朝霧の中を散歩をしていた道長が、今を盛りと咲いている女郎花を一枝折って、几帳越しに外を眺めていた作者のもとを訪れる。その時の道長の様子は実にりっぱで、思わずこちらが気後れしそうなほどである。対する作者は起きぬけの素顔のままであるが、急ぐ返事にかこつけて、硯に向かい筆をとる。「女郎花…」の歌は、今を盛りと美しく咲く女郎花の花の色と、盛りを過ぎた自らの容色の衰えを対比させたものである。「露のわきける」とは、露が女郎花には美しい恵みを与え、私にはその美しい恵みを与えてくれないということ。それを恨めしいと嘆くのである。

これに対して道長は、「あな疾《と》。」とほほ笑む。当時、歌は即興性が重んじられていて、ふだんから作者の才能を認めていた道長が、ここでも手早く歌を詠むことを催促し、それに作者はみごと応えたのである。道長が返した「白露は…」の歌は、露は分け隔てをしない、女郎花は自分で美しくなろうとしているのだから、あなたもお心次第と応じたもの。若くない者どうし、分かり合っていることが伝わる贈答歌である。

さて、これも同日と思われるが、しめやかな夕暮れ、作者が宰相の君と世間話をしていると、道長の長男頼通が現れる。頼通は後年関白になる男であり、十七歳の若さながら、言うことなすことが大人びていて、ここでも作者たちを前に男女の間についていっぱしに語りだす。おそらく頼通は、有名な『源氏《げんじ》物語』の作者紫式部と話をしてみたくなったのではないだろうか。作者としてもそうした物言いをする頼通を、幼い、子どもっぽいと軽んずることはできないと思い、実にりっぱだと感心する。さらに頼通は、あまりなれなれしくならないうちに「多かる野辺に」と口ずさんで出ていく。「多かる野辺に」の歌は、女郎花を女性に託した代表的な古歌で、女の多い所にいると思わぬ浮き名が立ってしまうという趣旨の歌である。歌といい、その振る舞いといい、いかにも老成しており、あたかも物語中の理想的な男性像を見るがごときであった。

こうした二つの出来事が、前半の〈早朝・初老（道長も作者も）・贈答歌〉と、後半の〈夕暮れ・若者（頼通）・古歌〉という対照的な構成で、女郎花を巡って語られているのは実にみごとである。

教科書の問題（解答・解説）

◆教科書本文下に示された問題

◆「ことつけて」という表現が使われているのはなぜか。（p.一五八）

解答 硯のそばへ寄ったのは、殿（道長）から早く歌を詠むよう催促されたからだが、作者にとっては、化粧をしていない寝起きの顔を隠すことが真の目的だったから。

[解説] あからさまに顔をそむけるのでなく、道長の催促に応える動作によって、さりげなく顔を隠したのである。

◆「うちとけぬほどにて」とはどのような態度か。（p.一五九）

解答 なれなれしくない程度で、節度を守った態度。

■学習の手引き

❶「女郎花…」〔一五八・8〕**の歌には、作者のどのような気持ちが込められているか。**

解答 今を盛りに咲く女郎花に対して、年を取り、「朝顔」（寝起きで化粧もしていない顔）である自らの容色の衰えを嘆く気持ち。

❷「殿の三位の君」は、どのような気持ちから「多かる野辺に」〔一五九・4〕**と「うち誦じ」たのか。**

解答 女性のもとに長居をすると浮き名が立つという歌の意を踏まえて、風流さを出しつつも、節度を守ってその場を立ち去ろうとする気持ち。

教科書 一五九ページ

❸作者は最後の二行でどのようなことをいおうとしたのか、話し合おう。

[解説] ささいな出来事でも、折にふれてふと思い出すことがある一方で、たいへん印象深かったことでも、時が過ぎるとすっかり忘れてしまうこともある。こうした人間の記憶の不思議さを、作者は冷静に、客観的に見つめている。同様の経験は誰にもあることだろう。自らの経験をもとに作者の思いを想像してみるとよいだろう。

■語句と表現

①次の傍線部の助動詞「せ」の違いを説明しよう。

解答 (1) 歩《あり》かせ給ひて＝尊敬の助動詞「す」の連用形。

(2) 遣水はらはせ給ふ。＝使役の助動詞「す」の連用形。

[解説] 助動詞「す」は、下に尊敬を表す語（ここは「給ふ」）が付いている場合は、動作をさせる対象が示されていれば使役、示されていなければ尊敬を表す。(1)は使役対象が示されていないので尊敬。「歩く」は「殿」の動作で、助動詞「す」と補助動詞「給ふ」により二重敬語となる。(2)は使役対象として「御随身」があるので使役。「はらふ」は「御随身」の動作である。

日本紀《にほんぎ》の御局《みつぼね》

教科書 一六〇〜一六一ページ

大意

左衛門《さいも》の内侍《ないし》という人が、私（紫式部）を快く思わず、陰口を言うのが耳に入ってくる。内の上（一条天皇）が『源氏《げんじ》物語』をお聞きになって「この作者は『日本書紀』などをお読みになるのだろう。」とおっしゃったのを、その人が聞きつけて、私に学識があると言いふらし、「日本紀の御局」とあだ名まで付けた。私は子どもの頃、弟が漢籍を読むのを聞いて弟よりも早く理解したので、親はいつも「男の子だったらよかったのに。」と残念がっていた。だが宮中では、漢字も漢籍も知らぬふりをしている。実は中宮（彰子《しょうし》）様に『白氏《はくし》文集』の「楽府《がふ》」二巻を講義申し上げ、殿（道長《みちなが》）も一条天皇もご存じである。これをあの内侍が知ったら、悪口を言うだろうと思うと、世の中とは煩わしいものだ。

■第一段落（初め〜一六〇・2）

段意 左衛門の内侍という人が、私をわけもなく快からず思っていて、その不愉快な陰口がたくさん耳に入ってきた。

現代語訳・品詞分解

左衛門の内侍という人がいます。
左衛門の内侍（名）／と（格助）／いふ（動・四・体）／人（名）／侍り。（動・ラ変・終）

（その人が私のことを）妙にわけもなく快からず思っていた（のだが）、
あやしう（形・シク・用）／すずろに（形動・ナリ・用）／よから（形・ク・未）／ず（助動・消・用）／思ひ（動・四・用）／ける（助動・過・体）／も、（係助）

理解することもできません（ような）不愉快な陰口が、
え（副）／知り（動・四・用）／侍ら（補動・ラ変・未）／ぬ（助動・消・体）／心憂き（形・ク・体）／後う言（名）／の、（格助）

たくさん耳に入ってきました。
多う（形・ク・用）／聞こえ（動・下二・用）／侍り（補動・ラ変・用）／し。（助動・過・体）

語釈・文法

あやしう《シュウ》　妙に。「あやしく」のウ音便。「あやし」は「怪し」「奇し」と書き、①不思議だ、②異様だ、③不審だ、④不都合だ、などの意を表す。ここは①の意。

すずろなり　①何ということもない、わけもない、②無関係だ、③予想外だ、④むやみやたらに、などの意を表す。ここは①の意。

え知《し》り侍《はべ》らぬ　理解できない。身に覚えがない。「心憂き後《しり》う言《ごと》」にかかる。

心憂《こころう》し ①情けない、つらい、②不愉快だ、いやだ、などの意を表す。ここは②の意。

後《しり》う言《ごと》 陰でする悪口。陰口。

聞《き》こえ侍《はべ》りし 「し」は過去の助動詞「き」の連体形。余情を込める連体形止めの用法。

■第二段落（一六〇・3〜7）

段意

内の上（一条天皇）が『源氏物語』をお聞きになって「この物語の作者は『日本書紀』などをお読みになるのだろう。本当に学識がある。」とおっしゃったのを聞いて、左衛門の内侍が当て推量で、「紫式部はたいそう学識がある。」と言いふらし、さらには「日本紀の御局」とあだ名を付けたことは、実にばかげている。私は実家の侍女の前でさえ漢籍を読むことをはばかっているのに、まして宮中でひけらかすようなことをするはずがない。

現代語訳・品詞分解

一条天皇が、源氏の物語を、人に読ませなさってはお聞きになっていた時に、

内の上（名） の、（格助） 源氏の物語、（名） 人（名） に（格助） 読ま（動・四・未） せ（助動・使・用） 給ひ（補動・四・用） つつ（接助）

「この（物語を書いた）人は、『日本書紀』（などの、漢文体で書かれた歴史書）をお読みになるのだろう。本当に学識があるにちがいない。」とおっしゃったのを、

聞こし召し（動・四・用） ける（助動・過・体） に、（格助） 「こ（代） の（格助） 人（名） は、（係助） 日本紀（名） を（格助） こそ（係助） 読み（動・四・用） 給ふ（補動・四・終） べけれ。（助動・推・已） まことに（副） 才（名） ある（動・ラ変・体） べし。」（助動・推・終） と（格助） のたまはせ（動・下二・用）

（この内侍が聞いて）すぐ当て推量で、「（紫式部は）たいそう学識がある。」と、

ける（助動・過・体） を、（格助） ふと（副） 推し量り（名） に、（格助） 「いみじう（形・シク・用） なむ（係助） 才（名） ある。」（動・ラ変・体） と、（格助）

殿上人などに言いふらして、（私に）日本紀の御局と（あだ名を）付けたのは、

殿上人（名） など（副助） に（格助） 言ひ散らし（動・四・用） て、（接助） 日本紀の御局（名） と（格助） ぞ（係助） つけ（動・下二・用）

語釈・文法

内《うち》の上《うえ》 天皇。帝《みかど》。ここは一条天皇を指す。

読《よ》ませ給《たま》ひつつ聞《き》こし召《め》しける 読ませなさってはお聞きになっていた。「つつ」は、反復・継続を表す接続助詞。「聞こし召す」は、ここでは「聞く」の尊敬語で、お聞きになる、の意。「聞こす」より高い敬意を表す。

読《よ》み給《たまう》ふべけれ お読みになるのだろう。「読む」を、書物を人に読んで教える、の意にとり、講義なさるのがよい、と解釈する説もある。

才《ざえ》 学問、特に漢学についての教養、学識。

ふと ①たやすく。②すばやく。③不意に。ここは②の意。

推《お》し量《はか》り 当て推量。推測。

本当に滑稽でございます。

たり（助動・完・用）ける、（助動・過・体）いと（副）をかしく（形・シク・用）ぞ（係助）侍る。（補動・ラ変・体）

私の実家の侍女の前でさえ（漢籍を読むことを）はばかっておりますのに、そのような（宮中のような公的な）所で、学識をひけらかしたりしましょうか。

この（代）の（格助）ふるさと（名）の（格助）女（名）の（格助）前（名）にて（格助）だに（副助）つつみ（動・四・用）侍る（補動・ラ変・体）ものを、（接助）さる（動・ラ変・体）所（名）にて、（格助）才（名）さかし出で（動・下二・用）侍ら（補動・ラ変・未）む（助動・推・終）よ。（間助）

■第三段落（一六〇・8~11）

段意

式部丞《しきぶのじょう》（弟の藤原惟規《ふじわらののぶのり》）が子どもだった頃、漢籍を読んでいるのを、私はそばで聞き習い、弟よりも早く理解したので、親は「この子を男の子として持たなかったのが不運なことだ。」といつも嘆いていた。

現代語訳・品詞分解

私の家の式部丞という人が、（まだ）子どもで漢籍を読んでいました時、

この（代）の（格助）式部丞（名）と（格助）いふ（動・四・体）人（名）の、（格助）童（名）に（助動・断・用）て（接助）書（名）読み（動・四・用）侍り（補動・ラ変・用）し（助動・過・体）時、（名）

（私はそれをそばでいつも）聞き習いながら、その人（式部丞）はなかなか読み取らず、忘れるところをも、（私は）不思議なくらい理解が早くございましたので、

聞き習ひ（動・四・用）つつ、（接助）か（代）の（格助）人（名）は（係助）遅う（形・ク・用）読み取り、（動・四・用）忘るる（動・下二・体）ところ（名）を（格助）も、（係助）あやしき（形・シク・体）まで（副助）ぞ（係助）さとく（形・ク・用）侍り（補動・ラ変・用）

殿上人《てんじょうびと》　昇殿を許された位の高い貴族や蔵人《くろうど》。

日本紀《にほんぎ》の御局《みつぼね》とぞつけたりける、いとを《オ》かしくぞ侍《はべ》る　「ぞ—ける」「ぞ—侍る」はそれぞれ係り結び。「をかし」は、ここでは、滑稽だ、の意。

ふるさとの女《おんな》の前《まえ》にてだに　「女」は、ここでは侍女を指す。「だに」は、①（類推）…さえ、…でも、②（限定）せめて…だけでも、の意を表す副助詞。ここは①の意。

つつみ侍《はべ》るものを　「つつむ」は「慎む」と書き、遠慮する、はばかる、の意。または、「包む」と書き、隠す、秘める、の意ともとれる。「ものを」は逆接の確定条件を表す接続助詞。

語釈・文法

式部丞《しきぶのじょう》といふ《ウ》人《ひと》の　「の」は主格の格助詞。

書《ふみ》　ここでは漢文で書かれた書物、漢籍を指す。

あやしきまでぞさとく侍《はべ》りしかば　「さとし」は、賢い、理解が早い、の意。係助詞「ぞ」を受けて結びが「侍りし」となるはずだが、接続助詞「ば」を伴い下に続いているため、結びが消滅して（流れて）いる。

口《くち》惜《お》しう《シュウ》　残念なことだ。「口惜しく」のウ音便。

漢籍に熱心だった親は、
しかば、書に心入れたる親は、「口惜しう。男子にて
助動・過・已　接助　名　格助　動・下二・用　助動・存・体　名　係助　形・シク・用　名　格助

「残念なことだ。（この娘を）男の子として持っていないことこそ運のないことだなあ。」と、いつも嘆いていらっしゃいました。
持たらぬこそ幸ひなかりけれ。」とぞ、常に嘆か
動・ラ変・未　助動・消・体　係助　名　形・ク・用　助動・嘆・已　格助　係助　副　動・四・未
れ侍りし。
助動・尊・用　補動・ラ変・用　助動・過・体

■第四段落（一六〇・12～終わり）

段意

「男でさえ学識をひけらかすのはよくない。」と聞いて、漢字も漢籍も知らぬふりをしていたのに、左衛門の内侍の件を聞いて、ますます屏風《びょうぶ》の字さえ読めないふりをしている。けれど、中宮（彰子）様のご希望で『白氏文集』の「楽府」二巻をお教え申し上げていて、人目につかないようにはしているが、道長様も一条天皇もお察しになっている。このことをあの内侍が知ったらどんなに悪口を言うだろうと思うと、世の中は煩わしいものだ。

現代語訳・品詞分解

それなのに、「男でさえ、学識をひけらかした人はどうだろうか。（感心したことではない。）
それを、「男だに、才がりぬる人はいかにぞや。
接　名　副助　動・四・用　助動・完・体　名　係助　副　終助　係助

（そのような人は）栄えることなく終わるだけのようですよ。」と、次第に人の言うの
はなやかならずのみ侍るめるよ。」と、やうやう人
形動・ナリ・未　助動・消・用　副助　補動・ラ変・体　助動・定・体　間助　格助　副　名

も聞きとめた後は、一という（簡単な漢字の）文字をさえ最後まで
の言ふも聞きとめて後、一といふ文字をだに
格助　動・四・体　係助　動・下二・用　接助　名　名　格助　動・四・体　名　格助　副助

書きませんし、とても（漢字に）不調法で驚きあきれるほどでございます。
書きわたし侍らず、いと手づつにあさましく侍り。
動・四・用　補動・ラ変・未　助動・消・用　副　形動・ナリ・用　形・シク・用　補動・ラ変・終

（以前に）読んだ漢籍などといったようなものは、目にもとめなくなっておりま
読みし書などいひけむもの、目にもとどめ
動・四・用　助動・過・体　名　副助　動・四・用　助動・過婉・体　名　名　格助　係助　動・下二・未

「口惜しうこそあれ」の省略されたもの。「口惜し」は、①残念だ、②つまらない、③劣っている、などの意を表す。ここは①の意。

男子《おのこご》にて持《も》たらぬ　「にて」は状態・資格を表す格助詞。「持たら」は動詞「持たり」（動詞「持つ」の連用形＋動詞「あり」の変化した語）の未然形。「持たり」は、持っている、の意。

語釈・文法

それを　逆接の接続詞。それなのに、の意。

男《おとこ》だに　男でさえ。「女はまして」の意を含む。

才《ざえ》がる　学識をひけらかす。「がる」は、…のように振る舞う、の意を表す接尾語。

いかにぞや　どんなものだろうか。どうだろうか。不満・非難・不審などの気持ちを表す。「や」は疑問の係助詞。後に「ある（あらむ）」などの結びの語句が省略されている。

やうやう《ヨウヨウ》　だんだん。次第に。

書《か》きわたす　最後まで書く。「わたす」は動詞の連用形の下に付いて、ずっと…する、あまねく…する、おのおの…する、の意を表す。

したのに、
ますますこのようなことを聞きましたので、
ず なりて 侍り し に、 いよいよ かかる こと 聞き
助動・消・用　動・四・用　接助　補動・ラ変・用　助動・過・体　接助　副　動・ラ変・体　名　動・四・用

どんなにか（ほかの）人も伝え聞いて（私を）憎んでいるだろうと、
侍り しか ば、 いかに 人 も 伝へ聞き て 憎む らむ と、
補動・ラ変・用　助動・過・已　接助　副　名　係助　動・四・用　接助　動・四・終　助動・現推・体　格助

恥ずかしさのために、
御屏風の（絵の）上部に書き添えられている漢詩文をさえ読まないふりをして
恥づかしさ に、 御屏風 の 上 に 書き たる こと を だに
名　格助　名　格助　名　格助　動・四・用　助動・存・体　名　格助　副助

おりましたのに、
中宮様が、御前で、
読ま ぬ 顔 を し 侍り し を、 宮 の、 御前 にて、
動・四・未　助動・消・体　名　格助　動・サ変・用　補動・ラ変・用　助動・過・体　接助　名　格助　名　格助

『白氏文集』のところどころを（私に）読ませなさるなどして、
文集 の ところどころ 読ま せ 給ひ など し て、
名　格助　名　動・四・未　助動・使・用　補動・四・用　副助　動・サ変・用　接助

そういう（漢詩文の）方面のことをお知りになりたそうに思っていらっしゃったので、
さる さま の こと 知ろし召さ まほしげに 思い たり しか
動・ラ変・体　名　格助　名　動・四・未　（連語）　動・四・用　助動・存・用　助動・過・已

たいそう人目を避けて、
（ほかの）人がお仕えしていない合間合間に、
ば、 いと 忍び て、 人 の 候は ぬ もの の ひまひま に、
接助　副　動・上二・用　接助　名　格助　動・四・未　助動・消・体　名　格助　名　格助

一昨年の夏頃から、
（『白氏文集』の中の）「楽府」という書物二巻を、
一昨年 の 夏ごろ より、 楽府 と いふ 書 二巻 を ぞ、
名　格助　名　格助　名　格助　動・四・体　名　名　格助　係助

大雑把にではあるがお教え申し上げております。
（私もそのことを）隠
しどけな ながら 教へたて 聞こえさせ て 侍る。 隠し 侍り、
形・ク・語幹　接助　動・下二・用　補動・下二・用　接助　補動・ラ変・体　動・四・用　補動・ラ変・用

しておりますし、中宮様も秘密にしていらっしゃったが、
殿も一条天皇も（その）様子にお
宮 も 忍び させ 給ひ しか ど、 殿 も 内 も 気色
名　係助　動・上二・未　助動・尊・用　補動・四・用　助動・過・已　接助　名　係助　名　係助　名

気づきになって、
（殿が書家に）漢籍などをすばらしくお書かせになって、
を 知ら せ 給ひ て、 御書ども を めでたう 書か せ
格助　動・四・未　助動・尊・用　補動・四・用　接助　名　格助　形・ク・用　動・四・未　助動・使・用

手《て》づ《ズ》つなり　不器用だ。不調法だ。

あさまし　①驚きあきれることだ、②興ざめだ、情けない、などの意を表す。ここは①の意。

かかること　第二段落にある、左衛門の内侍が作者のことを学識があると言いふらし、「日本紀の御局」とあだ名を付けたことを指す。

宮《みや》の、御前《おまへ》にて…読《よ》ませ給《たま》ひ《イ》　「宮の」の「の」は主格の格助詞。中宮が自分の前で作者（紫式部）に『白氏文集』を読ませたということ。「せ」は使役の助動詞「す」の連用形。

知《し》ろし召《め》さまほしげに思《おぼ》いたりしかば　「知ろし召す」は「知る」の尊敬語。「まほしげなり」は希望の助動詞「まほし」＋接尾語「げ」＋断定の助動詞「なり」から成り、一語の助動詞のように用いられる。「思《おぼ》い」は「思し」のイ音便。

忍《しの》ぶ　①人目につかないようにする。秘密にする。②我慢する。ここは①の意。

候《さぶら》ふ《ウ》　「仕ふ」の謙譲語。お仕えする、の意。

しどけなながら　大雑把にではあるが。「しどけなし」は、①しまりがない、秩序がない、雑然としている、②無造作だ、くつろいでいる、③頼りない、などの意を表す。ここは①の意で、書物の内容を大雑把にではあるがお教えしている、ということ。「ながら」は逆

殿は（それを中宮様に）差し上げなさる。本当にこのように（中宮様が私

給ひ　て　ぞ、殿　は　奉ら　せ　給ふ。まことに　かう　読ま

補動・四・用　接助　係助　名　係助　動・四・未　助動・尊・用　補動・四・体　副　副　動・四・未

に漢籍を）読ませなさるなどすることを、きっと、あの口さがない内侍は、

せ　給ひ　など　する　こと、はた、か　の　もの言ひ　の

助動・使・用　補動・四・用　副助　動・サ変・体　名　副　代　格助　名　格助

聞きつけることはないでしょう。もし知ったならば、どんなに

内侍　は、え　聞か　ざる　べし。知り　たら　ば、いかに

名　係助　副　動・四・未　助動・消・体　助動・推・終　動・四・用　助動・完・未　接助　副

か悪口を言うことでしょうにと（思うと）、およそ世の中には出来事や人のすること

そしり　侍ら　む　もの　と、すべて　世の中　ことわざ

動・四・用　補動・ラ変・未　助動・推・体　名　格助　副　名　名

が（多くて）煩わしく、いやなものでございますよ。

しげく、憂き　もの　に　侍り　けり。

形・ク・用　形・ク・体　名　助動・断・用　補動・ラ変・用　助動・嘆・終

接の確定条件を表す接続助詞。

教《おし》へ《エ》たて聞《き》こえさせて　お教え申し上げて。「たつ」は動詞の連用形の下に付いて、意味を強める語。「聞こえさす」は、①「言ふ」の謙譲語、②謙譲の補助動詞、の意を表す。ここは②で、…申し上げる、の意。

気《け》色《しき》　視覚的に捉えた様子、情景。

めでた《ト》う《ウ》　すばらしく。「めでたく」のウ音便。

奉《たてまつ》る　①「与ふ」の謙譲語、②「食ふ」「着る」「乗る」の尊敬語、③謙譲の補助動詞、などの意を表す。ここは①で、差し上げる、の意。作者の中宮に対する敬意を表す。

はた　（下に打消の語を伴って）きっと。すっかり。

もの言《い》ひ《イ》　ここでは、口さがない人、の意。

鑑賞

『紫式部日記』には、敦成《あつひら》親王（一条天皇と彰子の子）誕生の前後の様子・諸行事などを詳述した記録的部分と、女房批評や自己の内省を述べた「消息文《しょうそこぶみ》」と呼ばれる随想的・手紙文的部分が併存していて、本文はその後者に属する。

ここで作者は、自分に「日本紀の御局」とあだ名を付けた左衛門の内侍に対する不快感を示す。自分は幼い頃から弟よりも漢学の才能があり、漢詩文・漢籍の素養を身につけてきたことは否定しないが、努めてそれを隠し通してきたと主張する。実際、作者が人前で才能をひけらかすことをよしとしない価値観の持ち主であったことは、『紫式部日記』の別の段で、清少納言《せいしょうなごん》について「得意顔で利口ぶって漢字を書き散らしているが、その学識は足りない点が多い」と厳しく批判していることからも分かる。作者にとって、左衛門の内侍の陰口は身に覚えのない中傷で、やりきれない思いだったであろう。一方で、中宮に『白氏文集』を講義していることを述べているあたりは、自身の学才に対する強い自負も感じられる。

なお本文は、『源氏物語』の作者が紫式部であることを証するという点で、貴重な段でもある。

教科書の問題（解答・解説）

教科書 一六一ページ

❓教科書本文下に示された問題

❓「一といふ文字をだに書きわたし侍らず」とは、何のための配慮か。（p.一六〇）

解答　学才を人に知られないようにするための配慮。

［解説］　漢詩文・漢籍に通じていた作者だが、学識をひけらかしていると非難されないよう、その才を隠していた。

■学習の手引き

❶作者は、「左衛門の内侍」のどのような言動を不愉快に思っているのか。

解答　作者の身に覚えのない陰口を言い、事実を知りもしないのに、ただ当て推量で、作者に学識があると殿上人らに言いふらし、作者に「日本紀の御局」というあだ名まで付けるような言動。

［解説］　憶測で人を悪く言い、作者があえて隠している学識の高さについても喧伝《けんでん》した点が不愉快なのである。

❷作者と「親」や「宮」とのやり取りは、それぞれどのようなものであったか。

解答　・作者と「親」＝作者が弟よりも漢籍を早く理解して覚えたので、漢籍に熱心だった父親の藤原為時《ふじわらのためとき》は作者のことを男の子だったらよかったのに、と嘆いた。

・作者と「宮」＝漢詩文に興味を持つ中宮彰子に対し、作者は『白氏文集』を読んで差し上げたり、人目を避けて同書の「楽府」二巻について講義をして差し上げたりしている。

❸「知りたらば…侍りけり。」（一六一・9）**とあるが、ここからうかがわれる作者のものの考え方について話し合おう。**

［解説］　直前に「かのもの言ひの内侍は、え聞かざるべし。」とあるように、作者は、自分に「日本紀の局」とあだ名を付けて言いふらした左衛門の内侍のことを念頭に置きながら、こんな様子を知られたら、どんなに悪口を言うだろうかと憂慮している。しかし、それは左衛門の内侍に限ったことではなく、「世の中」とは、とかく無責任な悪口が横行するものであり、煩わしいものだと締めくくっている。世間一般に対する不信感がうかがわれる。

■語句と表現

①「女郎花《おみなえし》」と「日本紀の御局」の文体の相違について考えよう。

［解説］　「日本紀の御局」の文体として最も特徴的な点は、「女郎花」と違い、丁寧の補助動詞「侍り」が多用されている点である。これは読み手を意識した話し言葉の文体である。「鑑賞」で挙げたように、『紫式部日記』は、

内容的・体裁的に、大きく二つの部分に分けることができるが、「女郎花」は記録的部分であるのに対し、「日本紀の御局」は随想的・手紙文的部分であり、そのため話し言葉のような文体となっている。こうした部分は、手紙が紛れ込んだものとするなど、さまざまな論議がなされてきたが、近年では、意識的手法として書かれたものとする説が有力である。

②次の傍線部の「侍り」の違いを説明しよう。

解答　(1)　左衛門の内侍といふ人侍り。＝丁寧の本動詞「侍り」の終止形。「をり」「あり」の丁寧語で、おります、あります、ございます、の意。
(2)　多う聞こえ侍りし。＝丁寧の補助動詞「侍り」の連用形。…でございます、…ます、の意。
[解説]　(1)は本動詞、(2)は補助動詞というのが大きな違い。敬意を含まない言い方にした場合、(1)は「人あり」となるが、(2)は「聞こえし」となり、補助動詞はなくなる。

出典・作者

出典　『紫式部《むらさきしきぶ》日記』　平安時代中期の日記文学。寛弘《かんこう》七年〔一〇一〇〕頃の成立。紫式部が夫宣孝《のぶたか》と死別した後、一条天皇の中宮彰子に仕えた時の宮廷生活を書きつづった日記で、寛弘五年〔一〇〇八〕秋から寛弘七年〔一〇一〇〕正月までの記述が見られる。彰子の皇子出産に伴う諸行事を中心に、華やかな生活の様子が描かれた記録的部分と、女房たちの容姿や性格、さらには和泉《いずみ》式部、清少納言などに対する人物批評と、自己の生き方に対する内省を述べた「消息文」と呼ばれる部分とから成る。特色として周囲の様子を克明に記録しようとする客観的な視点が挙げられ、それはまた、自己の内面にも厳しく向けられることで、紫式部の精神世界を映し出している。宮廷社会の行事、服飾、調度などや、彰子や道長ら貴族たちの様子を知る資料としても貴重である。

作者　紫式部《むらさきしきぶ》〔生没年未詳〕　藤原為時の娘。父方母方とも歴代歌道・詩文の道に優れ、幼時より聡明《そうめい》であった紫式部は、父の蔵書を次々に読んで向学心を満足させたという。この時に身につけた和漢の素養が『源氏物語』の構想、文章の的確さ、漢籍の豊富な引用におのずと影響を与えたものと考えられる。長徳《ちょうとく》四年〔九九八〕頃、藤原宣孝と結婚し、賢子《けんし》（後の大弐三位《だいにのさんみ》・歌人）をもうけたが、三年余りで宣孝と死別した。その後の寡居の間に『源氏物語』の初めの部分を書き上げ、一躍物語作家として名を知られ、その文名によって藤原道長に見いだされたとされる。寛弘二年〔一〇〇五〕か三年頃、道長の娘で一条天皇の中宮であった彰子に出仕。宮仕え後も物語の執筆は精力的に続けたらしい。家集に『紫式部集』がある。

和泉式部《いずみしきぶ》日記

夢よりもはかなき世の中を

和泉式部

教科書 一六二～一六四ページ

大意 恋人であった故宮《こみや》（為尊《ためたか》親王）の追憶に沈み、悲しみ嘆きながら初夏の日々を送る女（和泉式部）のもとを、故宮に仕えていた小舎人童《こどねりわらわ》が訪れた。今は弟の帥宮《そちのみや》（敦道《あつみち》親王）に仕えていて、帥宮の使いで橘《たちばな》の花を届けにきたのだった。女は橘の花に「昔の人の」という古歌の意味が込められていると読み取り、故宮をしのびつつ、「薫る香に…」と歌で返事をする。帥宮はそれに対して「同じ枝《え》に…」と返歌をし、童に二人のやり取りを口外するなと告げる。

第一段落（初め～一六二・4）

段意 女（和泉式部）が、故宮（為尊親王）とのはかない仲を嘆き悲しんで日々を暮らすうち、宮が亡くなった夏がまた近づく。青々と茂る草をしみじみと見て物思いにふけっていると、故宮に仕えていた小舎人童が訪ねてきた。

現代語訳・品詞分解

（はかないものとしてたとえられる）夢よりもあっけない男女の仲（故宮との恋）を、嘆き悲しんで

夢	より	も	はかなき	世の中	を、	嘆きわび	つつ
名	格助	係助	形・ク・体	名	格助	動・上二・用	接助

は日々を過ごすうちに、陰暦四月十日過ぎにもなったので、

明かし暮らす	ほどに、	四月十余日	に	も	なり	ぬれ	ば、
動・四・体	接助	名	格助	係助	動・四・用	助動・完・已	接助

（木々が生い茂って）木の下が次第に暗くなっていく。土塀の上の草が青々としているのも、

木の下	暗がりもてゆく。	築地	の	上	の	草	青やかなる	も、
名	動・四・終	名	格助	名	格助	名	形動・ナリ・体	係助

（ほかの）人はことさらに目もとめないのだが、（女は亡き宮様を思って）しみじみと

人	は	ことに	目	も	とどめ	ぬ	を、	あはれ	と	ながむる
名	係助	副	名	係助	動・下二・未	助動・消・体	接助	形動・ナリ・語幹	格助	動・下二・体

語釈・文法

はかなし　頼りにならない、あっけない。

世《よ》の中《なか》　ここでは、男女の仲の意。ほかに世間、現世、浮き世などの意味がある。

嘆《なげ》きわびつつ　嘆き悲しんでは。「嘆きわぶ」は、嘆き悲しむ、思い悩んで憂える、の意を表す。「つつ」は反復・継続を表す接続助詞。

木《こ》の下暗《したくら》がりもてゆく　（木々が生い茂って）木の下が次第に暗くなっていく。「暗がる」は、暗くなる、の意。「もてゆく」は、次第に…て

感じながら物思いにふけっていると、近くの透垣のそばに人の気配がするので、

ほどに、	近き	透垣	の	もと	に	人	の	けはひ	すれ	ば、
接助	形・ク・体	名	格助	名	格助	名	格助	名	動・サ変・已	接助

誰だろうと思っていると、（それは）亡き宮様にお仕えしていた

誰	なら	む	と	思ふ	ほどに、	故宮	に	候ひ	し
代	助動・断・未	助動・推・終	格助	動・四・体	接助	名	格助	動・四・用	助動・過・体

小舎人童であったよ。

小舎人童	なり	けり。
名	助動・断・用	助動・嘆・終

第二段落（一六二・5〜一六三・7）

段意

久しぶりの小舎人童の訪問に、女は懐かしがって近況を尋ねる。すると童は、山寺などを歩き回り、今は故宮の弟の帥宮（敦道親王）にお仕えしている、と答え、帥宮からことづかってきたと橘の花を差し出す。女はそれが「昔の人の」という歌を踏まえた「あなたも故宮をしのんでいますか。」の意であると解し、橘の枝でほととぎすが鳴く様子になぞらえて「亡き宮様と同じあなたの声を聞きたい。」と歌を詠んで返事をした。

現代語訳・品詞分解

しみじみと物思いのされる時に（小舎人童が）やって来たので、

あはれに	もの	の	おぼゆる	ほど	に	来	たれ	ば、
形動・ナリ・用	名	格助	動・下二・体	名	格助	動・カ変・用	助動・完・已	接助

「どうして長い間来なかったのか。

「などか	久しく	見え	ざり	つる。
副	形・シク・用	動・下二・未	助動・消・用	助動・完・体

遠ざかっていく（亡き宮様との）昔の名残

遠ざかる	昔	の	名残
動・四・体	名	格助	名

思い出をしのぶ形見とも（あなたを）思っているのに。」などと（取り次ぎの侍女に）言わせると、（童は）「これ

に	も	思ふ	を。」	など	言は	すれ	ば、	「そ	の	こと
格助	係助	動・四・体	接助	副助	動・四・未	助動・使・已	接助	代	格助	名

いく、…続ける、の意を表す。自然界の生気とは対照的に沈みゆく女の心象を表している。

あは《ワ》れ　形容動詞「あはれなり」の語幹用法。感動表現となる。

ながむ　物思いにふける。ぼんやりと見やる。

候《さぶら》ひ《イ》し　お仕えしていた。「候ふ」は「仕ふ」の謙譲語で、貴人のそばにお仕えする、の意。作者の故宮に対する敬意を表す。

小舎人童《こどねりわらわ》なりけり　「けり」は、今改めて気がついたという驚きや感動を表す用法。

語釈・文法

などか　①（疑問）どうして…か。②（反語）どうして…か。（いや、…ない。）ここは①の意。結びの語は連体形となる。

そのことと候《さぶら》は《ワ》では　これといった用事がございませんことには。「候ふ」は本動詞で、「あり」の丁寧語。「で」は打消の接続を表す。

なれなれしきさまにや　「や」の後に「あらむ」などの結びの語句が省略されている。

といった用事がございませんことには、（お伺いするのは）なれなれしい様子であろうかと、遠慮して
と　候は　では、なれなれしき　さま　に　や　と、つつましう
格助　動・四・未　接助　係助　形・シク・体　名　助動・断・用　係助　格助　形・シク・用

おりますうちに、　このところは山寺詣でに歩き回って（参上できずに）おりました。
候ふ　うち　に、日ごろ　は　山寺　に　まかり歩き　て　なむ。
補動・四・体　名　格助　名　係助　名　格助　動・四・用　接助　係助

たいして頼みにできるものもなく、所在なく思われますので、
いと　たより　なく、つれづれに　思ひ　給う　らるれ　ば、
副　名　形・ク・用　形動・ナリ・用　動・四・用　補動・下二・未　助動・自・已　接助

（亡き宮様の）御代わりにも見申し上げようと、　（今は）帥宮様
御代はり　に　も　見　奉ら　む　とて　なむ、帥宮　に
名　格助　係助　動・上一・用　補動・四・未　助動・意・終　格助　係助　名　格助

のもとに伺って（お仕えして）います。」と語る。（女が）「（それは）とてもよいことでしょうね。
参り　て　候ふ。」と　語る。「いと　よき　こと　に　こそ
動・四・用　接助　補動・四・体　格助　動・四・終　副　形・ク・体　名　助動・断・用　係助

その宮様は、　とても上品でよそよそしくていらっしゃ
あ　なれ。その　宮　は、いと　あてに　けけしう
補動・ラ変・体　助動・定・已　代　格助　名　係助　副　形動・ナリ・用　形・シク・用

るそうですね。　（亡き宮様にお仕えしていた）昔のようにはとても（お仕えする
おはします　なる　は。昔　の　やうに　は　え　しも　あら
補動・四・終　助動・伝・体　終助　名　格助　助動・比・用　係助　副　副助　動・ラ変・未

ことが）できないでしょう。」などと言うと、「そうではいらっしゃいますが、　（私には）とても親し
じ。」など　言へ　ば、「しか　おはしませ　ど、いと　気近く
助動・消推・終　副助　動・四・已　接助　副　動・四・已　接助　副　形・ク・用

みやすくていらっしゃって、（私に）『（あの方の所へ）いつも伺うのか。』とお尋ねになって、
おはしまし　て、『常に　参る　や。』と　問は　せ　おはしまし
補動・四・用　接助　副　動・四・終　係助　格助　動・四・未　助動・尊・用　補動・四・用

（私が）『伺います。』と申し上げましたところ、『これを
て、『参り　侍り。』と　申し　候ひ　つれ　ば、『これ
接助　動・四・用　補動・ラ変・終　格助　動・四・用　補動・四・用　助動・完・已　接助　代

持って伺って、　どのようにご覧になりますかと申し上げて差し上げよ。』と
持て参り　て、いかが　見　給ふ　とて　奉らせよ。』と
動・四・用　接助　副　動・上一・用　補動・四・体　格助　動・下二・命　格助

つつましう《シュウ》候《さぶら》ふ《ウ》うちに　遠慮しておりますうちに。「つつましう」は「つつましく」のウ音便。「つつまし」は、気がひける、遠慮される、の意。「候ふ」は丁寧の補助動詞。

まかり歩《あり》きてなむ　「まかり歩く」は「歩く」の謙譲語で、歩き回る、の意。「なむ」の後に「候ふ」などの結びの語句が省略されている。

たより　①頼みにできるもの。②頼れる人。縁故。③便宜。④機会。ついで。ここは①の意。

思《おも》ひ《イ》給《たま》うらるれば　思われますので。「給う」は謙譲の補助動詞「給ふ」の未然形「給へ」のウ音便。小舎人童の女に対する敬意を表す。

見奉《みたてまつ》らむとてなむ…候《さぶら》ふ《ウ》　「奉る」は謙譲の補助動詞で、…申し上げる、の意。「候ふ」は丁寧の補助動詞。「なむ—候ふ」は係り結び。

よきことにこそあなれ　よいことでしょうね。「あなれ」は「あるなれ」の撥《はつ》音便「あんなれ」の撥音無表記の形。「こそ—なれ」は係り結び。

あてなり　①身分が高い。高貴だ。②上品だ。優雅だ。ここは②の意。

けけしう《シュウ》おは《ワ》しますなるは　「けけしう」は「けけしく」のウ音便。「おはします」は、ここでは尊敬の補助動詞。…ていらっしゃる、お…になる、の意。「なる」は伝聞の助動詞「なり」の連体形。「は」は詠嘆の終助詞。

おっしゃいました。」と言って、橘の花を取り出したので、
のたまはせ つる。」とて、橘 の 花 を 取り出で たれ ば、
動・下二・用 助動・完・体 格助 名 格助 名 格助 動・下二・用 助動・完・已 接助

（女は）「昔の人の」と（いう古歌が）自然と口に出て、（童が）「それでは（そろそろ帥宮様のもとへ）参りましょう。（帥宮様へは）どのように（お返事を）申し上げればよいでしょうか。」と言うので、文章で申し上げるのもきまりが悪くて、なあに、（帥宮様は）浮ついた評判もまだ立っていらっしゃらないので、とりとめのない和歌でも（差し上げよう）、と思って、
「昔 の 人 の」 と 言は れ て、 「さらば 参り な む。」 いかが 聞こえさす べき。」 と 言へ ば、 言葉 にて 聞こえさせ む も かたはらいたく て、 何 かは、 あだあだしく も まだ 聞こえ 給は ぬ を、 はかなき こと を も、 と 思ひ て、
名 格助 名 格助 格助 動・四・未 助動・自・用 接助 接 動・四・用 助動・強・未 助動・意・終 副 動・下二・終 助動・適・体 格助 動・四・已 接助 名 格助 動・下二・未 助動・婉・体 係助 形・ク・用 接助 副 係助 形・シク・用 係助 副 動・下二・用 補動・四・未 助動・消・体 接助 形・ク・体 名 格助 係助 格助 動・四・用 接助

（橘の花の）薫る香りにかこつける（＝昔を思い亡き宮様をおしのびする）よりは、ほととぎすの声（＝あなたのお声）を聞きたいものです。（亡き宮様と）同じ声をしているかと。
薫る 香 に よそふる より は ほととぎす 聞か ばや 同じ 声 や し たる と
動・四・体 名 格助 動・下二・体 格助 係助 名 動・四・未 終助 形・シク・終 名 係助 動・サ変・用 助動・存・体 格助

と（お返事を）申し上げた。
と 聞こえさせ たり。
格助 動・下二・用 助動・完・終

昔《むかし》　故宮に仕えていた時を指す。

えしもあらじ　とても…できないだろう。「え」は下に打消・反語の語を伴って、不可能を表す副詞。ここでは打消推量の助動詞「じ」と呼応している。「しも」は強意の副助詞。

気近《けぢか》し　身近である。親しみやすい。

いかが見《み》給《たま》ふ《ウ》　どのようにご覧になるか。「いかが」は、①（疑問）どのように…か、②（反語）どうして…か（いや、…ない）、などの意を表す副詞。ここは①の意。結びの語は連体形。

橘《たちばな》　初夏に香り高い白い花を咲かせる。昔を思い出すものの象徴として歌に多く詠まれる。

さらば参《まい》りなむ　それでは（そろそろ帥宮のもとへ）帰参しよう、という意。

聞《き》こえさす　①「言ふ」の謙譲語。②謙譲の補助動詞。ここは①の意。

かたは《ワ》らいたし　①（はたで見ていて）みっともない、気の毒だ、②（はたから見られて）恥ずかしい、きまりが悪い、などの意を表す。ここは②の意。女は、歌以外の文章で返事をするのは、世に知られた歌人として、きまりが悪いと考えたのである。

何《なに》かは　（感動詞的に用いて）なあに。なんの。

あだあだしくもまだ聞《き》こえ給《たま》は《ワ》ぬを　「あだあだし」は、誠実でない、浮気だ、の意。「聞

こゆ」は、ここでは、評判になる、の意。

ほととぎす　橘と同様、初夏の風物として歌に多く詠まれる。

聞《き》かばや　聞きたい。「ばや」は自己の願望を表す終助詞。

聞《き》こえさせたり　この「聞こえさす」は、「言ふ」の謙譲語「聞こゆ」＋使役の助動詞「さす」とする説もある。

■第三段落（一六三・8〜終わり）

段意

帥宮は小舎人童が持ち帰った女からの手紙を見て、「兄弟なのだから、私も兄宮と同じ声ですよ。」と返歌をし、童には、うわさが立つのを恐れ、女と歌を交わしたことの口外を禁じた。

現代語訳・品詞分解

まだ（帥宮が）縁先にいらっしゃった時に、この童が、物陰で（帰ってきた

まだ	端	に	おはしまし	ける	に、	こ	の	童、	隠れ	の	方
副	名	格助	動・四・用	助動・過・体	格助	代	格助	名	名	格助	名

ことを）それとなく知らせた（その）様子を、（帥宮が）見つけなさって、「どうであったか。」と

に	気色ばみ	ける	けはひ	を、	御覧じつけ	て、	「いかに。」	と
格助	動・四・用	助動・過・体	名	格助	動・下二・用	接助	副	格助

お尋ねになったので、（童が女からの）お手紙を差し出したところ、

問は	せ	給ふ	に、	御文	を	さし出で	たれ	ば、
動・四・未	助動・尊・用	補動・四・体	接助	名	格助	動・下二・用	助動・完・已	接助

（帥宮は）ご覧になって、

御覧じ	て、
動・サ変・用	接助

同じ枝で鳴いていたほととぎすのようなものです。（私の）声は（亡き兄の声と）変わらないもの

同じ	枝	に	鳴き	つつ	をり	し	ほととぎす	声
形・シク・終	名	格助	動・四・用	接助	動・ラ変・用	助動・過・体	名	名

語釈・文法

端《はし》　家の中の、外側に近い所。寝殿造りの建物では廂《ひさし》の外側にある縁側、簀子《すのこ》などを指す。

おはします　ここでは「あり」「居《を》り」の尊敬語。

気色《けしき》ばみける　「気色ばむ」は、思いや気配が外に現れる、の意。「ばむ」は、そのような状態や性質になる、の意を表す接尾語。

御覧《ごらん》じつけて　見つけなさって。「御覧じつく」は「見つく」の尊敬語。見つけなさる、の意。作者の帥宮に対する敬意を表す。

同《おな》じ枝《え》に　故宮と帥宮が同じ母から生まれた兄弟であることを踏まえた表現。

賜《たま》ふとて　お与えになろうとして。「賜ふ」は

だとご存じないでしょうか。（それならば確かめてみてください。）
は変はらぬものと知らずや
係助　動・四・未　助動・消・体　名　格助　動・四・未　助動・消・終　係助

とお書きになって、（童に）お与えになろうとして、「このようなこ
と書かせ給ひて、賜ふとて、「かかること、
格助　動・四・未　助動・尊・用　補動・四・用　接助　動・四・終　格助　動・ラ変・体　名

とを、決して人に言うな。好色らしく見えてしまう（から）。」と言っ
ゆめ人に言ふな。すきがましきやうなり。」とて、
副　名　格助　動・四・終　終助　形・シク・体　助動・比・終　格助

て、（奥へ）お入りになった。
入らせ給ひぬ。
動・四・未　助動・尊・用　補動・四・用　助動・完・終

「与ふ」の尊敬語。

ゆめ人《ひと》に言《い》ふな　決して人に言うな。「ゆめ」は、①（禁止の語を伴って）決して、絶対に、②（下に打消の語を伴って）全く、少しも、の意を表す副詞。ここは①の意で、「ゆめ…な」で、決して…（する）な、の意。

すきがまし　好色らしい。「がまし」は、…に似ている、…の傾向がある、…のようだ、の意を表す接尾語。

鑑賞

『和泉式部日記』の冒頭部分である。長保《ちょうほう》五年（一〇〇三）四月、女（この部分の本文中にはないが、全体として「女」という三人称が主体となっている。和泉式部のことであり、作者本人とみられている。）が亡き恋人の為尊親王をしのび、嘆き暮らす場面から始まる。為尊親王は冷泉《れいぜい》天皇の第三皇子で、長保四年（一〇〇二）六月に亡くなった。和泉式部とは同年代で、その関係は一年ほどだったようである。

「夢よりもはかなき」という書き出しは、「夢よりもはかなきものは夏の夜の暁方《あかつきがた》の別れなりけり」（『後撰《ごせん》和歌集』夏　壬生忠岑《みぶのただみね》）を踏まえていると考えられるが、恋の情感を詠んだこの歌に比べ、本文は暗く重い無常観を漂わせる。続いて語られる初夏の草木の生気あふれる情景にも、女の沈鬱な心象が浮き彫りになるばかりである。その女のもとへ、故親王に仕えていた小舎人童が訪れ、親王の弟である帥宮（敦道親王）からことづかったという橘の花を差し出す。女は故親王への追慕に沈みながらも、帥宮の気遣いに心ひかれ、とりとめのない、かつ情感豊かな返歌を帥宮に贈る。これを機に帥宮と女との歌の応酬が始まると、次第に二人の仲は進展し、以後二人の贈答歌を中心とした恋愛模様がつづられていく。

和泉式部は最初の夫と離縁した後、為尊・敦道親王と恋愛遍歴を重ねたこともあり、恋多き女という風評にさらされていた。日記の「つれづれ」「はかなし」という言葉には、苦しい人生の中で、恋も歌も慰めの遊戯にすぎず、ただ受け身に流されたままでだとする弁明の声を読み取ることもできる。恋愛渦中の心情を描きながら、そうした自身の姿を俯瞰《ふかん》する目も持ち合わせていたと考えられるのである。

教科書の問題（解答・解説）

❓教科書本文下に示された問題

❓「遠ざかる昔の名残」とはどういうことか。（p.一六二）

解答 時がたつにつれて遠ざかっていく昔の、故宮（為尊親王）との恋の思い出をしのぶ形見。

［解説］「昔」は、ここでは故宮（為尊親王）との恋の思い出のこと。「名残」は、後に残る余情、故人の形見などを表す。故宮に仕えていた小舎人童を見て、故宮との思い出をしのぶ、ということ。

❓「おはしましける」の主語は誰か。（p.一六二）

解答 帥宮（敦道親王）

［解説］小舎人童が帰り着いた先でのことであり、女からの手紙を渡す相手である。また、この場面において地の文で語られる動作に尊敬語が用いられているのは、帥宮だけである。

■学習の手引き

❶次の箇所は、誰のどのような心情を表しているか。

解答 (1) あはれとながむるほどに ＝女（和泉式部）の、物思いにふけりながら、しみじみと故宮（為尊親王）を追慕する心情。

(2) 「昔の人の」と言はれて ＝女の、故宮を強く意識して追慕する心情。

［解説］(1) 初夏の草の生命力あふれる様子を見るにつけても、故宮の命のはかなさが思い起こされ、しみじみと悲しく思っている。故宮が亡くなったのは前年六月であり、夏という季節がそれを思い出させる面もあると考えられる。

(2) 帥宮から贈られた「橘の花」を受け取って、「五月《さつき》待つ花橘の香をかげば昔の人の袖の香ぞする」の歌が連想され、自身の「昔の人（昔の恋人）」である故宮のことをよりいっそう強く意識した。また、橘の花に託された帥宮の気持ちを察し、その心遣いに感謝したり、親しみを感じたりもしたことだろう。

❷帥宮が橘の花を贈ったのはなぜか、話し合おう。

［解説］帥宮は、亡き兄宮の恋人だった女（和泉式部）が、悲しみに沈んでいるのではないかと思いやり、自分も亡き人のことを思っている、というメッセージを伝えようとしたのであろう。また、古歌などを典拠にして草花などを贈るというのは、機知に富んだ返答や、その後に続く風雅なやり取りを期待するものでもある。兄宮の元恋人で名高い歌人でもある和泉式部に対し、自らの存在を

示して興味を引こうとしたとも考えられる。

❸二首の歌は、それぞれどのような心情を歌ったものか。

解答　・「薫る香に…」の歌＝帥宮の心遣いをうれしく思い、帥宮に会ってみたい気持ち。

・「同じ枝に…」の歌＝女の気持ちを受け止め、兄宮と同じように女を大切に思う気持ち。

[解説]　『古今《こきん》和歌集』の「いそのかみ古き都の時鳥《ほととぎす》声ばかりこそ昔なりけれ」（古都ではほととぎすの鳴く声だけが昔のままであったよ。）などの先行歌を踏まえ、「ほととぎす」も「橘の花」と同様に、和歌では昔を思い出すよすがとして使われる。さらにこの二首では、「ほととぎす」が暗に「帥宮（敦道親王）」を表している。表面的には夏の風物を詠んだだけのように見えるが、そこには歌を贈り合った二人にしか分からない意味が込められている。女は、あなたの声を聞きたい、つまりは会ってみたいという気持ちを伝え、帥宮もそんな女の気持ちを受け止めようとする意思を伝えている。

■語句と表現

①次の傍線部の助動詞の活用形と意味を確かめよう。

解答　(1)　言はすれば＝已然《いぜん》形・使役

(2)　思ひ給うらるれば＝已然形・自発

(3)　「昔の人の」と言はれて＝連用形・自発

[解説]　(1)　助動詞「す」は、下に尊敬を表す語が付いていない場合は使役の意。取り次ぎの者に言わせた、ということ。

(2)　助動詞「らる」は受身・尊敬・自発・可能の意を表す。自発（自然に…れる）の意は、知覚・心情を表す語（「思ふ」「知る」「驚く」など）とともに使われることが多い。

(3)　橘の花を見て、橘の花を詠んだ有名な和歌が自然と思い出されたという文脈から、自発の意と捉える。

②次の傍線部の敬語について、その種類と、誰の誰に対する敬意かを確かめよう。

解答　(1)　帥宮に参りて候ふ。＝「参る」は「行く」の謙譲語で、小舎人童の帥宮に対する敬意を表す。「候ふ」は丁寧の補助動詞で、小舎人童の女に対する敬意を表す。

(2)　言葉にて聞こえさせむ＝「聞こえさす」は「言ふ」の謙譲語で、作者の帥宮に対する敬意を表す。

(3)　「いかに。」と問はせ給ふに＝「す」は尊敬の助動詞で、作者の帥宮に対する敬意を表す。「給ふ」は尊敬の補助動詞で、作者の帥宮に対する敬意を表す。

[解説]　(1)は会話文なので、会話主からの敬意。(2)(3)は地の文なので作者からの敬意。本文では、地の文の敬語はいずれも帥宮への敬意を表すものである。

有明《ありあけ》の月に

教科書 一六五〜一六六ページ

大意 陰暦九月二十日過ぎ頃の明け方、帥宮《そちのみや》（敦道親王《あつみち》）は有明の月に心ひかれ、女（和泉《いずみ》式部）の家を訪れた。女は目を覚ましていて物思いにふけっているところだったので、門をたたく音に気づいて侍女を起こすが、慌て騒いでいるうちに、門の音はやんでしまう。女は、無粋な女だと思われたのではないか、誰だったのだろう、と案ずる。女が眠らずに夜を明かし、早起きをしての心境などを書き付けていると、帥宮から歌が届き、来訪者は帥宮だったと知る。女は、折節の情趣を見逃さない帥宮の行為に心ひかれ、先ほど書いていたものをそのまま結び文にして差し上げた。

■第一段落（初め〜一六五・14）

段意 陰暦九月二十日過ぎ頃の、有明の月が残る夜明けに、帥宮（敦道親王）は目を覚まし、あの人も月を見ているだろうかと、小舎人童《こどねりわらわ》をお供に女（和泉式部）の家を訪れた。女は目を覚ましていて物思いにふけっているところだった。門をたたく音に気づいて侍女を起こそうとするが、なかなか起きず、起きても慌て騒いでいるうちに、門の音はやんでしまった。女は、寝坊で物思いのない女だと思われたのではないか、いったい誰だったのだろう、と思う。召し使いの男もやっとのことで起きてきたが、「誰もいない。人騒がせな女房方だ。」と言ってまた寝てしまった。

現代語訳・品詞分解

陰暦九月二十日過ぎ頃の有明の月（が残る夜明け）に（帥宮は）お目覚めになって、

九月二十日あまり	ばかり	の	有明の月	に	御目	覚まし	て、
名	副	格助	名	格助	名	動・四・用	接助

ひどく久しぶりになってしまったことだ、ああ、（今

いみじう	久しう	も	なり	に	ける	かな、	あはれ、	こ
形・シク・用	形・シク・用	係助	動・四・用	助動・完・用	助動・嘆・体	終助	感	代

語釈・文法

有明《ありあけ》の月《つき》 陰暦の毎月十六日以後の、夜が明けても空に残っている月。

いみじう《ジュウ》久しう《ひさシュウ》もなりにけるかな ひどく久しぶりになってしまったことだ。ここから「人やあるらむ」まで、帥宮の心内語。

この月《つき》は見《み》るらむかし （今頃はあの人も）こ

頃はあの人も)この月を見ているだろうよ、　誰か(ほかの男)が来ているだろうか、と
の 月 は 見る らむ かし、 人 や ある らむ、 と
格助 名 係助 動・上一・終 助動・現推・終 終助 名 係助 動・ラ変・体 助動・現推・体 格助

お思いになるが、いつものように小舎人童だけをお供として(連れて、女の家に)おいでになって、
思せ ど、 例 の 童 ばかり を 御供 にて おはしまし て、
動・四・已 接助 名 格助 名 副助 格助 名 格助 動・四・用 接助

(童に)門をたたかせなさると、　女は、目を覚ましていて、
門 を たたか せ 給ふ に、 女、 目 を 覚まし て、
名 格助 動・四・未 助動・使・用 補動・四・体 接助 名 名 格助 動・四・用 接助

さまざまのことを思い続けながら横になっている時であった。　総じてこ
よろづ 思ひ続け 臥し たる ほど なり けり。 すべて
名 動・下二・用 動・四・用 助動・存・体 名 助動・断・用 助動・過・終 副

の頃は、　(秋の終わりという)時節だからであろうか、なんとなく心細く、いつもより
このごろ は、 折から に や、 もの心細く、 常 より も
名 係助 名 助動・断・用 係助 形・ク・用 名 格助 係助

しみじみと思われて、　物思いにふけっていたのであった。　おかしい、
あはれに おぼえ て、 ながめ て ぞ あり ける。 あやし、
形動・ナリ・用 動・下二・用 接助 動・下二・用 接助 係助 動・ラ変・用 助動・過・体 形・シク・終

誰だろうと思って、　(自分の)前に(寝て)いる侍女を起こして尋ね
誰 なら む と 思ひ て、 前 なる 人 を 起こし て
代 助動・断・未 助動・推・終 格助 動・四・用 接助 名 助動・在・体 名 格助 動・四・用 接助

させようとするけれど、　すぐには目を覚まさない。
問は せ む と すれ ど、 とみに も 起き ず。
動・四・未 助動・使・未 助動・意・終 格助 動・サ変・已 接助 副 係助 動・上二・未 助動・消・終

やっとのことで起こしても、　あちこちの物にぶつかり慌て騒ぐうちに、
からうして 起こし て も、 ここかしこ の 物 に 当たり 騒ぐ
副 動・四・用 接助 係助 代 格助 名 格助 動・四・用 動・四・体

(門を)たたくのがやんでしまった。帰ってしまったのだろうか、
ほどに、 たたきやみ ぬ。 帰り ぬる に や あら
接助 動・四・用 助動・完・終 動・四・用 助動・完・体 助動・断・用 係助 補動・ラ変・未

(私のことを)寝坊だとお思いになったにちがいない(が、それでは)、　(私が)いかに
む、 いぎたなし と 思さ れ ぬる に こそ、 もの思は
助動・推・体 形・ク・終 格助 動・四・未 助動・自・用 助動・完・体 助動・断・用 係助 動・四・未

の月を見ているだろうよ。「かし」は念押しの終助詞。

人《ひと》やあるらむ　ほかの男がいるだろうか。自分は長く訪れていないうえ、女には多情だという世評もあるため、このように疑っている。

思《おぼ》せど　お思いになるが。「思す」は「思ふ」の尊敬語。作者の帥宮に対する敬意を表す。

例《れい》の　①(体言を修飾して)いつもの。②(用言を修飾して)いつものように。ここは②の意で、後の「おはしまし」にかかる。

おは《ワ》します　ここでは「行く」「来《く》」の尊敬語。

門《かど》をたたかせ給《たま》ふに　門をたたかせなさると。「せ」は使役の助動詞「す」の連用形。

折《おり》からにや　「折から」は「折柄」と書き、まさにその時、の意。ここでは、秋の終わりというもの悲しい季節である、ということ。「や」は疑問の係助詞。後に「あらむ」などの結びの語句が省略されている。

あやし、誰《たれ》ならむ　女の心内語。

前《まえ》なる人《ひと》　(自分の)前に(寝て)いる侍女。「なる」は存在の助動詞「なり」の連体形で、…にいる、の意。

問《と》は《ワ》せむ　尋ねさせよう。「せ」は使役の助動詞「す」の未然形。

とみに　(多く下に打消の語を伴って)急には。

も物思いのない女のようだ、(それにしても私と)同じ思いでまだ寝なかった人なのだなあ、

ぬ さま なれ、 同じ 心 に まだ 寝 ざり ける

助動・消・体 名 助動・断・已 形・シク・終 名 格助 副 動・下二・未 助動・消・用 助動・過・体

誰だろう、と思う。(召し使いの男が)やっと起きて、

人 かな、 誰 なら む、 と 思ふ。 からうして 起き て、

名 終助 代 助動・断・未 助動・推・終 格助 動・四・終 副 動・上二・用 接助

「誰もいないことよ。幻聴をお聞きになって、

「人 も なかり けり。 そら耳 を こそ 聞き おはさうじ て、

名 係助 形・ク・用 助動・嘆・終 名 格助 係助 動・四・用 補動・サ変・用 接助

夜中に混乱させなさる。人騒がせなお屋敷の女房方だな

夜 の ほどろ に 惑はかさ るる。 騒がし の 殿 の

名 格助 名 格助 動・四・未 助動・尊・体 形・シク・終 格助 名 格助

あ。」と言って、再び寝てしまった。

おもとたち や。」 とて、 また 寝 ぬ。

名 間助 格助 副 動・下二・用 助動・完・終

すぐには。

帰《かえ》りぬるにや…誰《たれ》ならむ　女の心内語。

いぎたなし　ぐっすりと眠っている、寝坊だ、の意。名詞「寝《い》」＋形容詞「きたなし」から成り、一語の形容詞となったもの。

そら耳《みみ》をこそ聞《き》きおは《ワ》さう《ソウ》じて　幻聴をお聞きになって。「そら耳」は、幻聴。「おはさうず」は「おはさひす」(動詞「おはさふ」の連用形＋動詞「す」)の変化した語。複数の動作主に対する尊敬を表し、①「あり」の尊敬語、②「行く」「来《く》」の尊敬語、③尊敬の補助動詞、の意を表す。ここは③の意。係助詞「こそ」を受けて結びが「おはさうずれ」となるはずだが、接続助詞「て」を伴い下に続いているため、結びが消滅して(流れて)いる。

惑《まど》は《ワ》かさるる　混乱させなさる。「惑はかす」は「惑はす」と同義。「かす」は動詞を他動詞化する接尾語。「るる」は尊敬の助動詞「る」の連体形。余情を込める連体形止めの用法。

騒《さわ》がしの　人騒がせな。形容詞の語幹用法で、語幹(シク活用は終止形)に格助詞「の」が付いて連体修飾語となったもの。

寝《ね》ぬ　寝てしまった。「寝《い》ぬ」で一語の動詞ともとれるが、ここは完了の意味を表すため、動詞「寝《ぬ》」の連用形＋完了の助動詞「ぬ」ととる。

■第二段落（一六六・1～終わり）

段意

女が眠らずに夜を明かし、早起きをしての思いなどを書き付けていると、帥宮から残念さを訴える歌が届いた。女は、つまらない女だと思われたと嘆くとともに、風情のある空の情景を、帥宮が自分と同じように見ていたのだと思うと、興味深くて、先ほど書いていたものをそのまま結び文にして差し上げた。

現代語訳・品詞分解

女は寝ないで、そのまま夜を明かした。ひどく霧が立ち込めて
女（名）　は（係助）　寝（動・下二・未）　で、（接助）　やがて（副）　明かし（動・四・用）　つ。（助動・完・終）　いみじう（形・シク・用）　霧り（動・四・用）

いる空をぼんやりと眺めて（いるうちに）、明るくなってきたので、この夜明
たる（助動・存・体）　空（名）　を（格助）　ながめ（動・下二・用）　つつ、（接助）　明かく（形・ク・用）　なり（動・四・用）　ぬれ（助動・完・已）　ば、（接助）　こ（代）　の（格助）

け前に起きた時のこと（思い）などを、紙に書き付けているうちに、
暁起き（名）　の（格助）　ほど（名）　の（格助）　ことども（名）　を、（格助）　もの（名）　に（格助）　書きつくる（動・下二・体）

いつものようにお手紙がある。ただこのように（書いてあった）、
ほどに（接助）　ぞ、（係助）　例（名）　の（格助）　御文（名）　ある。（動・ラ変・体）　ただ（副）　かく（副）　ぞ、（係助）

秋の夜の有明の月が沈んで朝になるまで、じっと外にたたずんでいることもできなくて、帰っ
秋（名）　の（格助）　夜（名）　の（格助）　有明の月（名）　の（格助）　入る（動・四・体）　まで（副助）　に（格助）　やすらひかね（動・下二・用）

てしまいましたよ。
て（接助）　帰り（動・四・用）　に（助動・完・用）　し（助動・過・体）　かな（終助）

（女は）いやもう本当に、（帥宮様が自分のことを）どんなにかつまらない女にお思いになってしまった
いでや（感）　げに、（副）　いかに（副）　口惜しき（形・シク・体）　もの（名）　に（格助）　思し（動・四・用）　つ（助動・完・終）　らむ、（助動・現推・体）

であろう、と思うと同時に、（帥宮様は）やはりその時々の情趣はお見逃しにならなかったのだよ、
と（格助）　思ふ（動・四・体）　より（格助）　も、（係助）　なほ（副）　折ふし（名）　は（係助）　過ぐし（動・四・用）　給は（補動・四・未）　ず（助動・消・終）

語釈・文法

やがて　①そのまま。②すぐに。③しばらくして。ここは①の意。後の「やがて引き結びて」の「やがて」は、①②いずれの意にもとれる。

霧《き》りたる　霧が立ち込めている。「霧る」はラ行四段活用動詞。①霧や霞《かすみ》がかかる、かすむ、②涙で目が曇る、の意を表す。ここは①の意。

暁《あかつき》起《お》き　夜明け前に起きること。起きていること。

やすらひ《イ》かねて　たたずんでいることもできなくて。「やすらふ」は、①たたずむ、②ためらう、などの意を表す。ここは①の意。「かぬ」は、…ことができない、の意を表す接尾語。

帰《かえ》りにしかな　帰ってしまいましたよ。「にし」は完了の助動詞「ぬ」の連用形＋過去の助動詞「き」の連体形。「かな」は詠嘆の終助詞。文意から、自己の願望を表す終助詞「にしかな（にしがな）」と識別する。

いでや　いやもう。いやいや。感動詞「いで」＋間投助詞「や」から成り、一語の感動詞となったもので、「いで」を強めた語。

口《くち》惜《お》しきものに　つまらない女であると。「口

かし、げに あはれなり つる 空 の 気色 を 見 給ひ
（終助／副／形動・ナリ・用／助動・完・体／名／格助／名／格助／動・上一・用／補動・四・用）
本当にしみじみと風情のある空の情景をご覧になったのだなあ、

ける、と 思ふ に、をかしう て、こ の 手習ひ の やうに
（助動・嘆・体／格助／動・四・体／接助／形・シク・用／接助／代／格助／名／格助／助動・比・用）
と思うと、興味深くて、この（先ほど）手習いのように（思いつくま

書きゐ たる を、やがて 引き結び て 奉る。
（動・上一・用／助動・完・体／格助／副／動・四・用／接助／動・四・終）
ま）書いたのを、そのまま（すぐに）結び文にして（帥宮様に）差し上げる。

惜し」は、残念だ、つまらない、などの意。「もの」は、ここでは女自身のことを指す。

思《おぼ》しつらむ 「思す」は「思ふ」の尊敬語。ここは女の心内語なので、女の帥宮に対する敬意を表す。「つらむ」は完了の助動詞「つ」＋現在推量の助動詞「らむ」から成り、…てしまっただろう、の意。

思《おも》ふ《ウ》より 思うと同時に。「より」は、…とすぐに、の意を表す格助詞。

手習《てなら》ひ《イ》 ①文字を書く練習。習字。②歌などを思いつくままに書くこと。ここは②の意。

鑑賞

『和泉式部日記』冒頭の四月の出会い以来、帥宮と女（和泉式部）は手紙を交わすようになり、やがて結ばれる。

本文は、九月に帥宮が有明の月をきっかけとして久々に女のもとを訪れる場面である。訪れは実に七月以来であった。帥宮は身分や立場上、忍び歩きが難しく、乳母《めのと》からも、女の身分の低さや多くの男が通っているといううわさを理由に、交際を止められていた。また、帥宮自身、会えば女への思いが募る一方で、女が時折見せるそっけない態度や、女の家にとめられた男の車（実際は姉妹のもとへ来ていた）に、女の浮気を疑い、揺れ動いてもいたのである。「人やあるらむ」という言葉には、そんなぬぐいきれない女への疑心が表れている。

しかし女は、実際に言い寄る男は多かったものの、どれも相手にせず、帥宮の訪れの間遠さを嘆き、不安にうち沈む日々を過ごしていた。この時も早くに目を覚まし、一人物思いにふけっていたのである。それとなく帥宮の訪れを期待していたようで、帥宮の文に急ぎ返すところには、自分と「同じ心」でいてくれたことへの素直な喜びが表れている。

数々の誤解やすれ違いを重ねる二人をつなぎとめていたのは、この、季節の風物が織りなす情趣に感じ入るという「同じ心」であったといえる。趣深い折ごとに手紙や歌を贈り合うことで、離れていきそうな気持ちを取り戻し、絆《きずな》を深めていったのである。

教科書の問題（解答・解説）

❓教科書本文下に示された問題

❓「人やあるらむ」とは、誰が誰について、どのようなことを推量しているのか。（p.一六五）

解答　帥宮が、女について、自分以外の男とも恋愛関係にあるということを推量している。

[解説]　「や」は疑問の係助詞、「らむ」は現在推量の助動詞で、今頃は…ているだろうか、の意を表す。帥宮は、女がほかの男を通わせているのではないかと疑っている。

❓「この」が指し示す内容は何か。（p.一六六）

解答　夜明け前に起きた時の思いなどを、思いつくままに紙に書き付けたもの。

[解説]　「この暁起きのほどのことどもを、ものに書きつくる」〔一六六・2〕を受けている。

■学習の手引き

❶「同じ心」〔一六五・12〕**とは、どういう心か。**

解答　晩秋の有明の月の風情ある情景に感じ入り、恋人に思いをはせる心。

[解説]　「女、目を覚まして、…ながめてぞありける。」〔一六五・6〜8〕の時の女の心と同じ心、ということである。歌にも「長月（陰暦九月）の有明の月」という語は多く詠まれ、晩秋の有明の月は情趣の深い、重要な風物であった。また、夜明けは恋人たちが別れを惜しむ時分でもある。

❷「手習ひのやうに書きゐたるを、やがて引き結びて奉る。」〔一六六・7〕**ということをしたのはなぜか。**

解答　帥宮への失礼を詫《わ》び、自分も同じように有明の情趣を感じていたことをいち早く伝えたかったから。

[解説]　帥宮の歌を見て、門をたたいた人がやはり帥宮であったと知った女は、迎え入れることができなかったことを悔やむとともに、帥宮が自分と同じく趣深い時節を見逃さずにいたことをうれしく思った。その思いをすぐに伝えるために、先ほど書き付けていたものをそのまま贈ろうと考えたのである。手紙の返事は早いほどよいとされていたことも理由の一つと考えられる。なお、本文の後には、「（帥宮が）御覧ずれば」とあり、この時の文の内容が示されている。そこには女が、激しい風、そぼ降る雨、庭の草葉、雁《かり》の声、有明の月と霧立ち込める空の情景、暁の鐘の音や鳥の声、といった風物を前に、物思いにふける様子が、四首の歌を交えつつ書かれている。

❸この日記を物語だと考える立場がある。どのような点からそう考えられるのか、話し合おう。

［解説］　物語であるとする理由には、「女」という三人称の叙述が多いこと、帥宮の行動など和泉式部には見聞きできないはずのことまで描かれていること、実際の事件の記述が少なく、二人の歌を中心とした歌物語的性格を持つことなどが挙げられる。しかし、これらは意図的になされたものとも考えられ、深く描かれているのは「女」側の心情に限られることや、歌とそれを補う地の文・手紙文などの関係の絶妙さが当事者のみ可能であったと考えられることなどから、現在では日記であり自作であるとする説が有力である。恋多き女としてのうわさが立ち、宮廷では周囲からの好奇の目にさらされたであろう和泉式部が、自らの恋のやむにやまれぬいきさつを語ったものと考えられ、そこには、苦悩と沈思の自省的内面が細やかに描かれている。

■語句と表現

①次の傍線部の「らむ」を文法的に説明しよう。

解答　(1)　この月は見るらむかし＝現在推量の助動詞「らむ」の終止形。

(2)　誰ならむ＝断定の助動詞「なり」の未然形「なら」の一部＋推量の助動詞「む」の終止形。

出典・作者

出典　『和泉式部《いずみしきぶ》日記』　平安時代中期の日記文学。一巻。十一世紀初め頃の成立。長保《ちょうほう》五年〔一〇〇三〕四月、亡き恋人為尊《ためたか》親王への追慕に沈む「女」と帥宮敦道親王との出会いから、同年十二月に帥宮邸に迎えられ、翌年一月帥宮の北の方が宮邸を去るまでの約十か月の恋の成り行きが、百四十首余りの贈答歌を中心に描かれている。平安時代の仮名文学のなかでも高く評価される作品である。

古くから『和泉式部物語』と『和泉式部日記』の二つの書名が伝わっているように、物語性と日記性の両面を併せ持ち、作者も他作説と自作説がある。

作者　和泉式部《いずみしきぶ》〔生没年未詳〕　大江雅致《おおえのまさむね》の娘。平安時代中期の歌人。橘道貞《たちばなのみちさだ》と結婚し、夫が和泉守《いずみのかみ》となったことから和泉式部と呼ばれた。娘の小式部内侍《こしきぶのないし》を産むが、夫との不和により別居する。冷泉《れいぜい》天皇第三皇子、為尊親王の寵愛《ちょうあい》を受けたが長保四年〔一〇〇二〕に死別、ほどなくその弟、帥宮敦道親王の求愛を受けるが、寛弘《かんこう》四年〔一〇〇七〕親王が病死。後に一条天皇の中宮彰子《しょうし》に仕え、藤原道長《ふじわらのみちなが》の家司《けいし》の藤原保昌《やすまさ》と再婚する。万寿《まんじゅ》二年〔一〇二五〕に小式部内侍に先立たれているが、自身の晩年は不明である。恋の哀歓など心情を率直に詠んだ歌に優れ、『拾遺《しゅうい》和歌集』などの勅撰《ちょくせん》和歌集に多数入集《にっしゅう》している。家集に『和泉式部集』がある。

十六夜《いざよい》日記

駿河路《するがじ》

阿仏尼《あぶつに》

教科書　一六七～一六九ページ

大意

都から鎌倉へ向かい、陰暦十月二十五日に大井川《おおいがわ》を渡ることになった。水量が多いと聞いていた大井川だが、この日は水量も少なくて難なく渡ることができた。大井川の広い川原を見ると、水があふれる様子も想像できる。さらに進んで宇津《うつ》の山を越えようとすると、息子の阿闍梨《あざり》の知り合いである山伏《やまぶし》に出会い、『伊勢《いせ》物語』の一場面をまねたような状況に感慨を深くする。急いでいるという山伏に、都にいる娘への手紙をことづけた。さらに進んで富士《ふじ》山を見ると、煙が立っていない。以前は確かに煙が見えていたのに、いつから煙が絶えたのかを確かに知っている人もいない。『古今《こきん》和歌集』の仮名序の言葉も思い出して、和歌を詠む。

■第一段落（初め～一六七・6）

段意

陰暦十月二十五日に大井川を渡ることになった。聞いていた話とは違って水量も少なくて、苦労なく渡ることができたが、広い川原を見て、水があふれる様子が想像された。

現代語訳・品詞分解

二十五日（名）、菊川（名）を（格助）出で（動・下二・用）て（接助）、今日（名）は（係助）大井川（名）と（格助）いふ（動・四・体）川（名）を（格助）渡る（動・四・終）。

二十五日、菊川を出発して、今日は大井川という川を渡る。

水（名）いと（副）あせ（動・下二・用）て（接助）、聞き（動・四・用）し（助動・過・体）に（格助）は（係助）違ひ（動・四・用）て（接助）、わづらひ（名）なし（形・ク・終）。

水がひどく浅くなっていて、（うわさに）聞いていた話とは違って、（渡るのに）苦労はない。

川原（名）幾里（名）と（格助）か（係助）や（間助）、いと（副）

川原は何里もあるとかいう（ように）、たいそ

語釈・文法

水《みず》いとあせて　川の水はたいそう浅くなっていて。「あせ」は「浅《あ》す」の連用形で、浅くなる、干上がる、の意。

わづ《ズ》らひ《ィ》なし　渡るのに苦労はない。「わづらひ」は、苦しむ、病む、苦労する、の意の動詞「わづらふ」の連用形が名詞化したもの。

川原幾里《かわらいくり》とかや　川原は何里もあるとかいうよ

う遠くまで続いている。水が(川原へあふれ)出たような場合の光景が、自然と想像

はるかなり。 水 の 出で たら む 面影、 推し量ら

形動・ナリ・終 名 格助 動・下二・用 助動・完・未 助動・婉・体 名 動・四・未

される。

る。

助動・自・終

思い出す都のことは多く、この大井川に幾つもある浅瀬の石の数も、それには及ばないだろう。

思ひ出づる 都 の こと は 大井川 幾瀬 の 石 の 数

動・下二・体 名 格助 名 係助 名 名 格助 名 格助 名

も 及ば じ

係助 動・四・未 助動・消推・終

うに。「幾里」は数里、何里、の意。「里」は距離の単位で、「一里」は約四キロメートル。「とかや」の後に「いふ」などの語が省略されている。

水《みず》の出《い》でたらむ面影《おもかげ》 もし水が出たらどうなるだろうかと、その光景を想像していることから、「む」は仮定の意ともとれる。

推《お》し量《はか》らる 自然と想像される。「る」は自発。

思《おも》ひ《イ》出《い》づ《ズ》る…(歌) 「(思い出す都のことが)多い」の意を「大井川」の「大井」の部分に掛けている。

幾瀬《いくせ》 たくさんの浅瀬。

■第二段落（一六七・7～一六八・2）

段意

宇津の山を越えようとすると、息子の阿闍梨の知り合いである山伏に出会い、『伊勢物語』の一場面をまねたような状況に感慨を深くする。急いでいるという山伏に、都にいる娘への手紙をことづけた。

現代語訳・品詞分解

宇津の山を越えるちょうどその時に、阿闍梨が顔を見知っている山伏が、

宇津の山 越ゆる ほど に しも、 阿闍梨 の 見知り たる

名 動・下二・体 名 格助 副助 名 格助 動・四・用 助動・存・体

(やって来て私たちに)出くわした。(『伊勢物語』に)「夢にも人を」などとあるが、その昔を

山伏、 行きあひ たり。 「夢 に も 人 を」 など、 昔 を

名 動・四・用 助動・完・終 名 格助 係助 名 格助 副助 名 格助

わざとまねているような気持ちがして、たいそう

わざと まねび たら む 心地 し て、 いと

副 動・四・用 助動・存・未 助動・婉・体 名 動・サ変・用 接助 副

う珍しく、おもしろくも、しみじみとした風情にも、優雅にも思われる。

めづらかに、 をかしく も、 あはれに も、 やさしく も おぼゆ。

形動・ナリ・用 形・シク・用 係助 形動・ナリ・用 係助 形・シク・用 係助 動・下二・終

語釈・文法

しも 「しも」は強意の副助詞。副助詞「し」+係助詞「も」が一語化したもの。

山伏《やまぶし》 山野に住んで仏道修行をする僧。

夢《ゆめ》にも人《ひと》を 『伊勢物語』の中の「駿河《するが》なる宇津の山辺のうつつにも夢にも人にあはぬなりけり」という和歌を指している。

まねびたらむ 「まねぶ」は、①まねる、②口伝えする、③習う、の意で、ここは①の意。

やさし ①つらい。②恥ずかしい。③慎み深い。

（山伏が）「先を急ぐ旅です。」と言うので、（都へことづけたい）手紙もたくさんは書くことができず、ただ尊い方一人だけにお便りを差し上げた。

「急ぐ　道　なり。」と　言へ　ば、　文　も　あまた　は　え　書か
動・四・体　名　助動・断・終　格助　動・四・已　接助　名　係助　副　係助　副　動・四・未

ず、　ただ　やむごとなき　所　一つ　に　ぞ　おとづれ　聞こゆる。
助動・消・用　副　形・ク・体　名　名　格助　係助　名　動・下二・体

私の心は（ぼんやりとして）正気ではない感じです。ここ宇津の山でも、夢の中でさえ遠い都を恋しく思って。

わ　が　心　うつつ　と　も　なし　宇津の山　夢路　も
代　格助　名　名　格助　係助　形・ク・終　名　名　係助

遠き　都　恋ふ　とて
形・ク・体　名　動・上二・終　格助

（時雨で紅葉するという）蔦や楓に時雨が降っていない間でも、この宇津の山では、（私が都恋しさで流す血の）涙のために袖が赤く染まっています。

蔦　楓　しぐれ　ぬ　隙　も　宇津の山　涙　に　袖　の
名　名　動・下二・未　助動・消・体　名　係助　名　名　格助　名　格助

色　ぞ　こがるる
名　係助　動・下二・体

④優雅だ。⑤感心だ。ここは④の意。

文《ふみ》もあまたはえ書《か》かず　「文」は、①書物、②手紙、③学問（特に漢学）、の意があり、ここは②の意。「あまた」は、数多く、たくさん、の意。山伏に都への手紙を託そうとしたが、山伏が急いでいるというので、手紙を出したい相手はたくさんいるものの、何通もの手紙を書く時間がないということ。

やむごとなし　①捨てておけない。②高貴だ。③学識がある。④格別だ。ここは②の意。

うつつ　①（夢に対して）現実。②生きている身。③正気。④夢か現実か分からない状態。ここは③の意。後に出てくる「宇津の山」の「宇津」と同音の繰り返しになっている。

夢路《ゆめじ》も遠《とお》き都《みやこ》　夢の中でさえ遠い都。現実で遠いのはもちろん、夢の中でさえ自由に行き来できないことが暗示されている。

しぐれぬ隙《ひま》も　「しぐる」は時雨が降る、の意の動詞。蔦《つた》や楓《かえで》は時雨に降られて紅葉する。

涙《なみだ》に袖《そで》の色《いろ》ぞこがるる　「涙」は作者が都を思って流す悲しみの涙。「こがる」は、ここでは色が変わる、の意。蔦や楓が紅葉することにちなんで、作者の血の涙によって袖が赤く染まることを言っている。「血の涙」は、ひどい悲しみのために流す涙のこと。

■第三段落（一六八・3〜終わり）

段意

富士山を見ると、煙が立っていない。以前浜松《はままつ》まで来た時には確かに煙が見えていたのに、いつから煙が絶えたのかを確かに知っている人もいない。『古今和歌集』の仮名序の言葉も思い出して、和歌を詠む。

現代語訳・品詞分解

富士山を見ると、煙が立っていない。昔、父の朝臣に
富士の山 を 見れ ば、 煙 立た ず。 昔、 父 の
名 格助 動・上一・已 接助 名 動・四・未 助動・消・終 名 名 格助

連れられて（浜松まで旅をして）、「いかに鳴海の浦なれば」などと歌を詠んだ頃、
朝臣 に 誘は れ て、 「いかに 鳴海の浦 なれ ば」 など
名 格助 動・四・未 助動・受・用 接助 副 名 助動・断・已 接助 副助

遠江国までは見たが、（その
詠み し ころ、 遠江国 まで は 見 しか ば、 富士
動・四・用 助動・過・体 名 名 副助 係助 動・上一・用 助動・過・已 接助 名

時は）富士山の煙の昇っていく先も、朝夕確かに見えたのに、
の 煙 の 末 も、 朝夕 たしかに 見え し ものを、
格助 名 格助 名 係助 名 形動・ナリ・用 動・下二・用 助動・過・体 接助

「いつの年から（煙は）絶えたのか。」と尋ねると、
「いつ の 年 より か 絶え し。」 と 問へ ば、
代 格助 名 格助 係助 動・下二・用 助動・過・体 格助 動・四・已 接助

（いつと）はっきり答える人さえいない。
さだかに 答ふる 人 だに なし。
形動・ナリ・用 動・下二・体 名 副助 形・ク・終

いったい誰の方へすっかりなびいてしまったために、富士山の煙の行く末は見えなくなってい
誰 が 方 に なびき果て て か 富士の嶺 の 煙 の 末
代 格助 名 格助 動・下二・用 接助 係助 名 格助 名 格助 名

るのだろうか。
の 見え ず なる らむ
格助 動・下二・未 助動・消・用 動・四・終 助動・原推・体

『古今和歌集』の序の言葉だという句が、思い出されて、
古今 の 序 の 言葉 とて、 思ひ出で られ て、
名 格助 名 格助 名 格助 動・下二・未 助動・自・用 接助

語釈・文法

昔《むかし》、父《ちち》の朝臣《あそん》に誘《さそ》は《ワ》れて…見《み》しかば　作者が若い頃、義理の父である平度繁《たいらののりしげ》の誘いで、度繁の所領があった浜松に旅をしたことを指している。「見しかば」の「しか」は直接体験した過去を表す助動詞「き」の已然《いぜん》形。作者が実際に遠近国《とおとうみの》（今の静岡県西部）浜松まで行って見物したことを表す。「いかに鳴海《なるみ》の浦なれば」の歌意は、「ここが、それでは、どのようになる我が身かも分からないという言葉を持つ鳴海の浦だから、私が心を寄せる都の方からは遠ざかっていくのだなあ。」である。

さだかに答《こた》ふ《ウ》る人《ひと》だになし　はっきりと答える人さえいない。「だに」は、程度の軽いものを挙げて、より程度の重いものを類推させる用法。煙が絶えた年を知る人さえおらず、ましてその原因など誰も知らないということ。

誰《た》が方《かた》になびき果《は》ててか　「なびき果つ」は、「なびく」に、すっかり…する、の意の「果つ」が付いた複合動詞。「なびく」は、①風で横に傾いて揺れる、②心を寄せる、の意があり、ここは「煙」について言っているので、①の

いつの時代の麓の塵が（積もり積もって）、富士山を雪までも高く積もるような高い山としたのだろうか。

いつ の 世 の 麓 の 塵 か 富士の嶺 の 雪 さへ 高き 山 と なし けむ

代 格助 名 格助 名 格助 名 係助 名 格助 名 副助 形・ク・体 名 格助 動・四・用 助動・過原推・体

すっかり腐ってなくなった長柄の橋を（新しく）造りたいものだ。富士山の煙も立たなくなってしまったならば。

朽ち果て し 長柄の橋 を 造ら ばや 富士 の 煙 も 立た ず なり な ば

動・下二・用 助動・過・体 名 格助 動・四・未 終助 名 格助 名 係助 動・四・未 助動・消・用 動・四・用 助動・完・未 接助

意ととるのが普通だが、「誰が方に」と表現することで煙を擬人化し、煙が誰に心を寄せて流れていってしまったのかという意味を含ませている。

見《み》えずなるらむ 「らむ」は原因推量の助動詞の連体形で、係助詞「か」の結び。富士山の煙が見えなくなった原因を推量している。

立《た》たずなりなば 「なば」は、完了の助動詞「ぬ」の未然形＋順接の仮定条件を表す接続助詞「ば」。もし…してしまったならば、の意。歌の上の句と下の句が倒置になっている。

鑑賞

「和歌の道を発展させよ、子どもたちを養育せよ。」という夫の遺言を守るため、作者は、領地を我が子にとの裁定を勝ち取るべく、鎌倉への旅を決意した。出発は陰暦十月十六日。『伊勢物語』の「東下《あずま》り」の段をたどるかのように東海道を旅し、十日後の十月二十五日、東海道随一の難所とされる大井川を渡る。大井川は、『更級《さらしな》日記』でも流れが急な川として描かれており、作者も大量の水が勢いよく流れる恐ろしい川と思っていただろうが、作者が渡った時は「聞きしには違《たが》ひて」水が少なくなっていて苦労せず渡ることができた。

大井川を渡ると、本当に『伊勢物語』とそっくりな出来事が起きる。宇津の山で、同行した息子の知り合いの山伏に出会ったのである。そして作者は『伊勢物語』の主人公と同様に、山伏に都への手紙を託すのであった。作者はその様子を、「東下り」の段を強く意識した表現を用いて書きつづっている。歌人としての教養を備えていた作者は、鎌倉へのつらい旅路でも各地の風物や名所に心を動かされ、先人の残した和歌や文章を想起しては心を慰めたことだろう。そんな中で『伊勢物語』の主人公と同様の体験をしたのである。その時の感想を作者は、「いとめづらかに、をかしくも、あはれにも、やさしくも」と、いくつもの言葉を並べて記している。作者の興奮はどれほどであっただろうかと想像される。

参考

東《あずま》下り

（『伊勢《いせ》物語』第九段）

教科書 一六九ページ

大意

東国に安住の地を求めて都を出た男は、さらに進んで駿河国《するがのくに》宇津《うつ》の山に至った。暗くて細い道を分け入ってとても心細く思っていたところ、偶然にも知り合いの修行者に会ったので、都の人に宛てた手紙をことづけた。その後、夏でも雪をいただく富士山を見て歌を詠んだ。

現代語訳

（東へと）どんどん進んで行って、駿河国に着いた。宇津の山まで行って、（これから）自分が分け入ろうとする（道を見ると、その）道は、たいそう暗くて細いうえに、つた、かえでが茂り、なんとなく心細く、思いがけない（つらい）目に遭うことだなあと思っていると、修行者が（向こうからやってきて男の一行に）出会った。「（あなた方は）このような道に、どうしていらっしゃるのですか。」と言うのを見ると、（その修行者は）なんと（都で）見知っていた人であった。（そこで）都にいる、あの（いとしい）方のお手元にと思って、手紙を書いてことづける。

行き行きて、 駿河国に 至りぬ。 宇津の山に 至りて、 わが入らむとする 道は、 いと 暗う 細きに、 つた、 かへでは 茂り、 もの心細く、 すずろなる めを 見る ことと 思ふに、 修行者《すぎょうざ》 あひたり。 「かかる 道は、 いかでか いまする。」 と言ふを 見れば、 見し 人なりけり。 京に、 その人の 御《おおん》もとに とて、 文《ふみ》 書きて つく。

こうして駿河にある宇津の山の辺りまで来ましたが、「うつ」といえば、本当に「うつつ」（現実）にも夢にも恋しいと思うあなたに会わないことですねえ。（それは、あなたが私のことをすっかり忘れてしまったからでしょうか。）

駿河なる 宇津の 山辺の うつつにも 夢にも 人に あはぬなりけり

語釈・文法

修行者《すぎょうざ》 仏道修行のために諸国を巡り歩く僧。

かかる道《みち》 このような道。都から遠く離れた山道をいう。

その人《ひと》 京に残してきた妻をいうが、物語の中ではあえて曖昧にしている。

駿河《するが》なる宇津《うつ》の山辺《やまべ》の 「宇津」と同音の「うつ」を導き出す序詞《じょことば》。

うつつ ここでは夢に対する現実。

富士山を見ると、（今や夏たけなわの）五月の末に、雪がたいそう白く降り積もっている。

富士の山を　見れば、　五月《さつき》の　つごもりに、　雪　いと　白う降れり。

時節をわきまえない山は、この富士の嶺だ。いったい今をいつと思って子鹿の毛の白い斑点のようにまだらに雪が降っているのだろうか。

時　知らぬ　山は　富士の嶺《ね》　いつとてか　鹿《か》の子まだらに　雪の
降るらむ

その（富士の）山は、ここ都にたとえてみるならば、比叡山を二十ほど積み重ねたくらいの高さで、形は塩尻のようであった。

その山は、　ここに　たとへば、　比叡《ひえ》の山を　二十《はたち》ばかり　重ね上げたらむほどして、　なりは　塩尻のやうになむ　ありける。

鹿《か》の子《こ》まだら　子鹿の毛色の、茶色に白い斑点があるさま。ここでは、富士山の茶色の山肌に雪が点々と白く残っているさまをいう。

比叡《ひえ》の山《やま》　今の京都府と滋賀県との境にある山。都の人にとっては「山」といえば比叡山《ひえいざん》だった。

塩尻《しおじり》　海水から塩を採るために、砂を円錐《えんすい》形に積み上げたもの。

鑑賞

『伊勢物語』は、在原業平《ありわらのなりひら》とおぼしき「昔男」の一代記の形を取った歌物語である。第九段に収められた「東下り」の文章は、「男」が都での居場所を失い、東国へと下っていく話である。「男」の一行は東国に安住の地を求めて下っていくが、都のことをきっぱりと思い切ったわけではなく、常に旅のつらさを思い、望郷の念を抱きながら旅をしている。教科書に掲載された部分では、「わが入らむとする道は、いと暗う細きに、つた、かへでは茂り」と、「男」たちの前途への不安を暗示するかのような鬱蒼《うっそう》とした暗い山道が描写され、旅の憂いを感じさせている。

この「東下り」の文章は、後の多くの教養人に読み継がれ、この影響を受けた和歌や文章も数多く残されている。『十六夜日記』よりも半世紀ほど前に書かれた『東関《とうかん》紀行』には「宇津の山を越ゆれば、蔦《つた》かづらは茂りて、昔の跡絶えず。かの業平が、修行者にことづてしけんほど、いづくなるらんと見ゆくほどに…」という記述があり、『十六夜日記』の作者阿仏尼の息子である藤原為相《ふじわらのためすけ》は、「聞きおきし昔には似ぬ宇津の山真葛《まくず》や蔦に生《お》ひかはるらん」（『伊勢物語』で聞き知っていた昔とは似ていない宇津の山よ。どうして真葛が蔦に替わって生えているのだろうか。）という和歌を詠んでいる。同様に、『十六夜日記』「駿河路」でも、「東下り」の文章を意識した表現が用いられている。

教科書の問題（解答・解説）

教科書 一六九ページ

❓ 教科書本文下に示された問題

❓「思ひ出づる…」の歌の掛詞《かけことば》を指摘しよう。（p.一六七）

解答 「大井川」の「大井」に「多い」の意を掛けている。

［解説］ 思い出す都のあれこれが多いので、大井川に幾つもある浅瀬の中の石の数も、私の思い出す都のあれこれの数には及ばないだろう、という歌意を捉える。

■学習の手引き

❶各地で詠まれた歌の内容と表現の特徴を整理しよう。

解答 ・「思ひ出づる…」の歌＝【内容】大井川にたくさんある浅瀬の石の数よりももっと多く、私は都のことを思い出すのです。【表現の特徴】「大井川」の「おおい」の音や、川原の石の数で「多い」ことを表している。

・「わが心…」の歌＝【内容】宇津の山までやって来た私の心は、夢の中でも遠い都を恋しく思って正気ではないようです。【表現の特徴】『伊勢物語』の「東下り」の段の和歌「駿河なる宇津の山辺のうつつにも夢にも人にあはぬなりけり」を意識し、『伊勢物語』の和歌の言葉を借りている。また、「うつつ」と「宇津」が同音の繰り返しになっている。

・「蔦楓…」の歌＝【内容】蔦や楓を紅葉させる時雨が降っていない間も、宇津の山では私が都を思う悲しみの血涙で袖が赤く染まっています。【表現の特徴】蔦や楓の紅葉から赤い色を連想させ、作者の悲しみを、血の涙で袖が赤く染まるという比喩を用いて誇張している。「蔦楓」は、『伊勢物語』の中の「つた、かへでは茂り」を意識しているとも考えられる。

・「誰が方に…」の歌＝【内容】いったい誰の方になびいてしまって富士山の煙の行く末が見えなくなってしまったのだろうか。【表現の特徴】「誰が方になびき果て」が、煙を擬人化した表現になっている。

・「いつの世の…」の歌＝【内容】いつの時代の塵が積もり積もって富士山を雪までが高く積もるような大きな山にしたのだろうか。【表現の特徴】『古今和歌集』仮名序の「高き山も、麓の塵泥《ちりひじ》より成《な》りて、天雲たなびくまで生《お》ひ上れるごとくに」を踏まえた表現。

・「朽ち果てし…」の歌＝【内容】古くからある富士山の煙が立たなくなってしまったのならば、同じく古い、すっかり腐ってしまった長柄《ながら》の橋を新しく造りたいものだ。【表現の特徴】『古今和歌集』仮名序の「今は、富士の山も煙立たずなり、長柄の橋もつくるなり」を踏まえた表現。

■語句と表現

①次の傍線部の「し」の違いを文法的に説明しよう。

解答　(1)　聞きしには違ひて＝過去の助動詞「き」の連体形。

(2)　宇津の山越ゆるほどにしも＝強意の副助詞「しも」の一部。（「しも」は、副助詞「し」＋係助詞「も」が一語化した副助詞。）

(3)　まねびたらむ心地して＝サ行変格活用動詞「す」の連用形。

［解説］　(1)連体形の下の体言が省略された用法であり、「聞いていたこと」のように訳す。(2)「しも」は強意を表す助詞なので、省いても文意に変わりはない。

言語活動

1　『伊勢物語』「東下り」の「行き行きて…」〔一六九・1〕**の場面と、「富士の山を…」**〔一六九・6〕**の場面を、それぞれ「駿河路」本文と読み比べよう。**

［解説］　・「行き行きて…」の場面＝「駿河路」の第二段落と同じ宇津の山での出来事が描かれている。偶然知り合いの修行者に会い、都への手紙を託すエピソードも同じで、「駿河路」では、それを「東下り」の表現に似せて書いてある。和歌も「宇津の山」「うつつ」「夢」の語を用い、「東下り」の歌を意識したものとなっている。

・「富士の山を…」の場面＝「駿河路」の第三段落と同じ富士山を見ての感慨がつづられている。「東下り」では、夏でも雪をいただく富士山の姿や、その大きさ、形が描かれているが、「駿河路」では、過去に見たのと異なり富士山から煙が出ていないことへの驚きが記されている。

出典・作者

出典　『十六夜《いざよい》日記』　鎌倉時代中期の日記文学。一巻。弘安《こうあん》五年〔一二八二〕頃の成立。作者の阿仏尼《あぶつに》が、夫の死後、領地の相続に関する訴訟のために幕府のある鎌倉へ下った際の体験をつづっている。内容は、①訴訟を決意した経緯、②都から鎌倉までの道中記、③鎌倉での滞在記、などに分けられる。道中記では、旅愁や望郷の思いを抱きつつも街道の風物に心を動かされている様子が描かれ、滞在記では、都の人々との和歌のやり取りや、都に残してきた息子たちの和歌の上達ぶりを喜ぶ様子が描かれている。

作者　阿仏尼《あぶつに》〔一二二五？―一二八三〕　歌人。藤原為家《ためいえ》の側室で、為家との間に三人の息子を産んだ（教科書本文に出てくる阿闍梨《あざり》や娘は、為家の子ではない）。為家の嫡男為《ため》氏《うじ》と領地の相続について争い、鎌倉での訴訟に及んだ。

3 作り物語2

●作り物語を多面的・多角的な視点から読み、考えを深める。
●設定などに着目しながら登場人物の心情を捉え、作品についての理解を深める。

源氏物語《げんじ》（二） 紫式部《むらさきしきぶ》

なにがしの院 〔夕顔〕

教科書 一七二～一七六ページ

大意

なにがしの院で、光源氏《ひかるげんじ》は美しい女が夕顔に取りつく夢を見てうなされる。目を覚ますと灯火は消えており、夕顔は正気を失っていた。侍女の右近《うこん》が怖がるので、光源氏が自ら従者を呼ぶために外へ出ると、外の灯火も消えていた。光源氏は従者を起こし、明かりの用意と魔よけや警護を命じる。腹心の部下である惟光《これみつ》の動向を尋ねると、一度来ていたが帰ってしまい、朝に再び参上するという。光源氏は宮中のことを思い浮かべて現在のおおよその時刻を推測するが、まだ夜も更けていない。部屋に帰ると夕顔は息絶えており、明かりを寄せると物の怪《もののけ》の女の幻影が一瞬現れ、気味悪く感じる。光源氏は夕顔に寄り添って蘇生《そせい》を願うが、体は冷たくなっていく。頼れる人もおらず、取り乱す右近をいさめて気丈に振る舞うものの、あまりに急な展開に途方に暮れてしまう。

第一段落（初め～一七四・2）

段意

光源氏は、美しい女が自分への恨み言を述べ、夕顔を引き起こそうとする夢を見る。うなされて目覚めると、灯火が消えていた。夕顔の侍女である右近を起こして従者を呼ぶよう命じるが、右近は怖がって動けない。光源氏は手をたたいて従者を呼ぶが、誰も来る様子がなく、こだまが響いて不気味である。夕顔はおびえ切って、正気を失っている。光源氏は夕顔を右近に任せ、自ら人を呼ぶために外に出るが、渡殿《わたどの》の灯火も消えてしまっていた。

現代語訳・品詞分解

宵を過ぎる頃、(光源氏が)少しお眠りになっていると、御枕元に
宵 過ぐる ほど、 少し 寝入り 給へ る に、 御枕上
名 動・上二・体 名 副 動・四・用 補動・四・命 助動・存・体 接助 名

とても美しい感じの女が座って、「私がたいそうすばらしい
に いと をかしげなる 女 ゐ て、 「おの が いと
格助 副 形動・ナリ・体 名 動・上一・用 接助 代 格助 副

お方だと(あなたのことを)思い申し上げている(のに)その私を訪ねようともお思いにならないで、こ
めでたし と 見 奉る を ば 尋ね 思ほさ で、 かく
形・ク・終 格助 動・上一・用 補動・四・体 格助 係助 動・下二・用 動・四・未 接助 副

ういう格別にすぐれていることもない人を連れていらっしゃって、特別にかわ
ことなる こと なき 人 を 率 て おはし て、 時めかし
形動・ナリ・体 名 形・ク・体 名 格助 動・上一・用 接助 補動・サ変・用 接助 動・四・用

いがりなさるのは、とても不愉快で耐えがたいことです。」と言って、このおそばの人(夕顔)
給ふ こそ、 いと めざましく つらけれ。」 とて、 こ の 御傍ら
補動・四・体 係助 副 形・シク・用 形・ク・已 格助 代 格助 名

を引き起こそうとするというような状況を(光源氏は夢に)ご覧になる。
の 人 を かき起こさ む と す と 見 給ふ。
格助 名 格助 動・四・未 助動・意・終 格助 動・サ変・終 格助 動・上一・用 補動・四・終

何かに襲われるような気持ちがして、お目覚めになったところ、
物 に 襲は るる 心地 し て、 おどろき 給へ
名 格助 動・四・未 助動・受・体 名 動・サ変・用 接助 動・四・用 補動・四・命

灯火も消えてしまっていた。気味が悪くお感じに
れ ば、 灯 も 消え に けり。 うたて 思さ
助動・完・已 接助 名 係助 動・下二・用 助動・完・用 助動・過・終 副 動・四・未

なるので、太刀を引き抜いて、お置きになって、右近
るれ ば、 太刀 を 引き抜き て、 うち置き 給ひ て、 右近
助動・自・已 接助 名 格助 動・四・用 接助 動・四・用 補動・四・用 接助 名

をお起こしになる。これ(右近)も恐ろしいと思っている様子で、
を 起こし 給ふ。 これ も 恐ろし と 思ひ たる さま
格助 動・四・用 補動・四・終 代 係助 形・シク・終 格助 動・四・用 助動・存・体 名

語釈・文法

宵《よい》　日没後、夜中までの間。

寝入《ねい》り給《たま》へ《エ》る　尊敬語が用いられていることから、主語は光源氏である。

いとを《オ》かしげなる女《おんな》　物の怪と考えられるが、光源氏はこの直前に愛人である六条《ろくじょう》の御息所《みやすどころ》のことを考えており、彼女の生き霊と捉えることもできる。「をかしげなり」は、かわいらしい様子だ、美しい感じだ、の意。

時《とき》めかす　特別にかわいがる、寵愛《ちょうあい》する。

めざましく　不愉快で。「めざまし」は、①目が覚めるほどすばらしい、②気に食わない、の意。ここは②の意。上位の者が下位の者の言動を見下す際に用いられることが多い。

つらけれ　「つらし」は、①薄情だ、冷淡だ、②耐えがたい、つらい、の意。ここは②の意。物の怪の女は、光源氏が夕顔を寵愛するのを耐えがたいと感じているのである。

御傍《おおんかたわ》らの人《ひと》　おそばの人。夕顔を指す。「御」は光源氏に対する敬意を表す。

物《もの》に襲《おそ》は《ワ》るる　ここでの「物」は物の怪など、霊的なものを表す。

おどろき給《たま》へ《エ》れば　「おどろく」は、①目が覚める、②びっくりする、③はっと気づく、の意を表す。ここは①の意。

おそばに寄ってきた。（光源氏が）「渡殿にいる宿直人を起こして、
にて、参り寄れり。「渡殿なる宿直人起こして、
助動・断・用 接助 動・四・命 助動・完・終 名 助動・在・体 名 動・四・用 接助

紙燭をつけて参上せよと言いなさい。」とおっしゃると、（右近が）
紙燭さして参れと言へ。」とのたまへば、「いかで
名 動・四・用 接助 動・四・命 格助 動・四・命 格助 動・四・已 接助 副

「どうして参れましょうか。暗くて（参れません）。」と言うので、「おやまあなんと子ども
かまからむ、暗うて。」と言へば、「あな若々し。」
係助 動・四・未 助動・推・体 形・ク・用 接助 格助 動・四・已 接助 感 形・シク・終

っぽい。」とお笑いになって、（人を呼ぶため）手をたたきなさると、こだまの返っ
とうち笑ひ給ひて、手をたたき給へば、山彦の
格助 動・四・用 補動・四・用 接助 名 格助 動・四・用 補動・四・已 接助 名 格助

てくる音がとても気味が悪い。誰も聞きつけることができず参上しないでいると、
答ふる声いとうとまし。人え聞きつけで参らぬ
動・下二・体 名 副 形・シク・終 名 副 動・下二・未 接助 動・四・未 助動・消・体

この女君（夕顔）はひどく震えておびえ、どのようにしよ
に、この女君いみじくわななき惑ひて、いかさまに
接助 代 格助 名 形・シク・用 動・四・用 接助 形動・ナリ・用

うかと思っている。汗もびっしょりとなって、
せむと思へり。汗もしとどになりて、
動・サ変・未 助動・意・体 格助 動・四・命 助動・存・終 名 係助 副 動・四・用 接助

正気を失っている状態である。「（このお方は）何かを怖がることを、むやみになさる性格で、
我かの気色なり。「もの怖ぢをなむ、わりなくせ
代 係助 格助 名 助動・断・終 名 格助 係助 形・ク・用 動・サ変・未

どんなに怖く思っていらっしゃるか。」
させ給ふ本性にて、いかに思さるるに
助動・尊・用 補動・四・体 名 助動・断・用 接助 副 動・四・未 助動・自・体 助動・断・用

と、右近も申し上げる。（夕顔は）たいそうか弱くて、昼も空ばかり見ていた
か。」と、右近も聞こゆ。いとか弱くて、昼も空を
係助 格助 名 係助 動・下二・終 副 形・ク・用 接助 名 係助 名 格助

のに（こんな怖いめに遭い）、かわいそうだと（光源氏は）お思いになって、「私が、
のみ見つるものを、いとほしと思して、「我、人
副助 動・上一・用 助動・完・体 接助 形・シク・終 格助 動・四・用 接助 代 名

うたて ①ますますひどく、②情けなく、③気味が悪く、などの意を表す。ここは③の意。物の怪の夢を見たうえ、灯火が消えて暗くなっていることを気味悪がっている。

これも恐《おそ》ろしと 「これ」は右近を指す。

若々《わかわか》し ①若くて世間知らずだ、②子どもっぽい、幼稚だ、の意を表す。ここは②の意。

手《て》をたたき 主語は光源氏。右近が動けないので、管理人を呼ぶために手をたたいている。

山彦《やまびこ》の答《こた》ふる声《こえ》いとうとまし 人気もなく、手をたたいても暗闇にこだまが響くばかりなので、不気味に感じている。

人《ひと》え聞《き》きつけで 誰も聞きつけることができず。「え」は打消の語を伴い、不可能の意を表す。

いかさまにせむ どのようにしようか。どうしたらよいか分からなくて困惑している。

我《われ》かの気色《けしき》 自分か他人か分からないほど正気を失っている状態。「我か人か」の「人か」が省略されたもの。「気色」は、表情や顔色などの気持ちが外に表れた様子などを表す。

わりなく むやみに。はなはだしく。

せさせ給《たまう》ふ サ変動詞「す」の未然形＋尊敬の助動詞「さす」の連用形＋尊敬の補助動詞「給ふ」の二重敬語。右近から夕顔への高い敬意を表している。

誰かを起こしてこよう。
を　起こさ　む。
格助　動・四・未　助動・意・終

手をたたけばこだまが返るのが、実に
手　たたけ　ば　山彦　の　答ふる、　いと
名　動・四・已　接助　名　格助　動・下二・体　副

うっとうしい。ここに、しばらく、(夕顔の)近くに(いなさい)。」と言って、右近をお
うるさし。　ここ　に、　しばし、　近く。」　とて、　右近　を　引き寄せ
形・ク・終　代　格助　副　形・ク・用　格助　名　格助　動・下二・用

引き寄せになって、西の妻戸に出て、戸を押し開けなさったとこ
給ひ　て、　西　の　妻戸　に　出で　て、　戸　を　押し開け
補動・四・用　接助　名　格助　名　格助　動・下二・用　接助　名　格助　動・下二・用

ろ、渡殿の灯火も消えてしまっていた。
給へ　れ　ば、　渡殿　の　灯　も　消え　に　けり。
補動・四・命　助動・完・已　接助　名　格助　名　係助　動・下二・用　助動・完・用　助動・過・終

昼《ひる》も空《そら》をのみ見《み》つるものを　これより前の場面で、夕顔は昼間から何かにおびえていた。

いとほし《オ》　①かわいそうだ、②かわいい、③いやだ、の意を表す。ここは①の意。身近な者を気の毒だと思う気持ち。

ここに、しばし、近《ちか》く　短い語を重ねることで右近をせかす様子を表し、この場面の緊迫感を表している。

渡殿《わたどの》の灯《ひ》も消《き》えにけり　室内の灯火だけでなくなぜか外の灯火も消えており、真っ暗で不気味な様子である。

■第二段落（一七四・3〜12）

段意

光源氏は眠っていた管理人の子を起こして、明かりの調達と魔よけを命じる。惟光は退出しており、朝にまた来るという。光源氏は宮中のことを思い浮かべながら今の時刻を推測するが、まだ夜は更けたばかりである。

現代語訳・品詞分解

風が少し吹いているうえ、人は少なくて、お仕え
風　少し　うち吹き　たる　に、　人　は　少なく　て、　候ふ
名　副　動・四・用　助動・存・体　接助　名　係助　形・ク・用　接助　動・四・体

する者たちはみな寝ている。この邸宅の管理人の子で、
限り　みな　寝　たり。　こ　の　院　の　預かり　の　子、
名　名　動・下二・用　助動・存・終　代　格助　名　格助　名　格助　名

親しくお使いになっている若い男と、ほかに殿上童が一人と、いつもの
むつましく　使ひ　給ふ　若き　男、　また　上童　一人、　例　の
形・シク・用　動・四・用　補動・四・体　形・ク・体　名　副　名　名　名　格助

随身だけがいた。(光源氏が)お呼びになると、(管理人の子が)ご
随身　ばかり　ぞ　あり　ける。　召せ　ば、　御答へ　し　て
名　副助　係助　動・ラ変・用　助動・過・体　動・四・已　接助　名　動・サ変・用　接助

語釈・文法

候《さぶら》ふ《ウ》限《かぎ》り　お仕えする者たちはみな。

むつましく　親しく。親密に。

御答《おおこた》へ《エ》して起《お》きたれば　主語は管理人の子。この場面ではほかに殿上童《てんじょうわらわ》、随身《ずいじん》が登場しているが、光源氏が随身への命令を伝えていることや、後の「このかう申す者は、滝口なりければ」から、管理人の子と推測できる。

仰《おお》せよ　命じなさい。

返事をして起きたので、「紙燭をつけて(持って)参れ。 随身も弦打ちをして、
起き たれ ば、「紙燭 さし て 参れ。 随身 も 弦打ち
動・上二・用 助動・完・已 接助 名 動・四・用 接助 動・四・命 名 係助 名

絶えず(警戒の)声をたてよ、と命じなさい。 人家から離れている(人気の
し て、絶えず 声づくれ、と 仰せよ。 人離れ たる 所
動・サ変・用 接助 副 動・四・命 格助 動・下二・命 動・下二・用 助動・存・体 名

ない)所で、(このように)気を許して寝るものだろうか。 惟光朝臣が来ていたようだが(彼は、どうし
に、心とけ て 寝ぬる ものか。 惟光朝臣 の 来たり つ
格助 動・下二・用 接助 動・下二・体 終助 名 格助 動・四・用 助動・完・終

たのか)。」 とお尋ねになると、 「参っておりましたが、
らむ は。」と 問は せ 給へ ば、「候ひ つれ ど、
助動・現推・体 係助 格助 動・四・未 助動・尊・用 補動・四・已 接助 動・四・用 助動・完・已 接助

(光源氏様の)ご命令もない、 明け方にお迎えに参上しようという旨を申して、
仰せ言 も なし、暁 に 御迎へ に 参る べき よし
名 係助 形・ク・終 名 格助 名 格助 動・四・終 助動・意・体 名

退出いたしました。」 と申し上げる。 このよう
申し て なむ、まかで 侍り ぬる。」と 聞こゆ。こ の
動・四・用 接助 係助 動・下二・用 補動・ラ変・用 助動・完・体 格助 動・下二・終 代 格助

に申すこの者(管理人の子)は、 滝口の武士であったので、 弓の弦をたいそ
かう 申す 者 は、滝口 なり けれ ば、弓弦 いと
副 動・四・体 名 係助 名 助動・断・用 助動・過・已 接助 名 副

うふさわしく鳴らして、 「火の用心。」 と言いながら、
つきづきしく うち鳴らし て、「火 危ふし。」と 言ふ 言ふ、
形・シク・用 動・四・用 接助 名 形・ク・終 格助 動・四・終 動・四・終

管理人の部屋の方へ去っていくようである。 (光源氏は)宮中をお思い
預かり が 曹司 の 方 に いぬ なり。内 を 思しやり
名 格助 名 格助 名 格助 動・ナ変・終 助動・定・終 名 格助 動・四・用

やりになって、名対面の時間は過ぎただろう、 滝口の宿直奏しが今頃だろう、
て、名対面 は 過ぎ ぬ らむ、滝口 の 宿直奏し 今
接助 名 係助 動・上二・用 助動・強・終 助動・現推・終 名 格助 名 名

とご推測なさるのは、 まだあまり夜が更けていないからであろう。
こそ、と 推し量り 給ふ は、まだ いたう 更け ぬ
係助 格助 動・四・用 補動・四・体 係助 副 副 動・下二・未 助動・消・体

心《こころ》とけて寝《い》ぬるものか 「ものか」は反問・非難を表す終助詞。このような人気《ひとけ》のない所で気を許して寝るものではないぞ、という気持ちを込め、管理人の子をとがめている。

惟光朝臣《これみつのあそん》 光源氏の腹心の部下。「朝臣」は五位以上の貴族の姓や名に付ける敬称。

候《さぶら》ひ《イ》つれど 参っておりましたが。

仰《おお》せ言《ごと》 ご命令。

まかで侍《はべ》りぬる 退出いたしました。「まかづ」は、①退出するという意の謙譲語、②参りますという意の丁寧語。ここは①の意。

つきづきしく ふさわしく。滝口の武士は警護で弦《つる》打《う》ちすることが多いため、弦をこの場にふさわしく鳴らすことができたのである。

預《あず》かりが曹司《ぞうし》 管理人の部屋。

いぬなり 去っていくようである。終止形に接続する「なり」は伝聞・推定の助動詞。光源氏は管理人の子の声を聞いて、去っていくのを感じている。

内《うち》 宮中。

過《す》ぎぬらむ 過ぎただろう。「ぬ」は強意の助動詞「ぬ」の終止形。

推《お》し量《はか》り給《たま》ふ《ウ》 ご推測なさる。光源氏は現在の時刻を、宮中では「滝口の宿直奏《とのいもう》し」が行われる頃(午後九時過ぎ)だろうと推測している。

に　こそ　は。
助動・断・用　係助　係助

■第三段落（一七四・13〜終わり）

段意

光源氏が部屋に帰ると、夕顔と右近は恐怖でうつ伏していた。「私がいるから大丈夫だ。」と勇気づけるが、夕顔はぐったりしていて息もない。管理人の子を呼び寄せ、明かりで夕顔を照らすと、夢で見た女の幻が見えたが消え去った。夕顔は冷たくなっていき、光源氏は、取り乱して泣きわめく右近に対しては心強くいさめるものの、急なりゆきに自分も呆然《ぼうぜん》とする。

現代語訳・品詞分解

（光源氏が部屋に）帰って入ってお探りになると、女君はそのまま横たわっており、
帰り入り　て　探り　給へ　ば、　女君　は　さながら　臥し
動・四・用　接助　動・四・用　補動・四・已　接助　名　係助　副　動・四・用

右近はそばにうつぶせになって横になっている。（光源氏は）「これはどうし
て、　右近　は　傍ら　に　うつ伏し臥し　たり。　「こ　は　な　ぞ、
接助　名　係助　名　格助　動・四・用　助動・存・終　代　係助　代　係助

たことだ、なんと正気を失った怖がりようだな。荒れている所は、狐
あな　もの狂ほし　の　もの怖ぢ　や。　荒れ　たる　所　は、　狐
感　形・シク・終　格助　名　間助　動・下二・用　助動・存・体　名　係助　名

などのようなものが、人を怖がらせようとして、
など　やう　の　もの　の、　人　おびやかさ　む　とて、
副助　名　格助　名　格助　名　動・四・未　助動・意・終　格助

薄気味悪く思わせるのだろう。私がいるのだから、
け恐ろしう　思は　する　なら　む。　まろ　あれ　ば、
形・シク・用　動・四・未　助動・使・体　助動・断・未　助動・推・終　代　動・ラ変・已　接助

（おまえも）そのようなものには脅されはしないだろう。」と言っ
さやう　の　もの　に　は　おどさ　れ　じ。」　とて
名　格助　名　格助　係助　動・四・未　助動・受・未　助動・消推・終　格助

て（右近を）引き起こしなさる。（右近が）「とても気味が悪く、気分が悪うございますので、
引き起こし　給ふ。　「いと　うたて、　乱り心地　の　悪しう　侍れ
動・四・用　補動・四・終　副　副　名　格助　形・シク・用　補動・ラ変・已

更《ふ》けぬにこそは　後に「あらめ」（「こそ」の結びで已然《いぜん》形）などが省略されている。

語釈・文法

探《さぐ》り給《たまエ》へば　お探りになると。明かりがないので、暗い中を手探りしているのである。

さながら　そのまま。元のまま。

こはなぞ　「こ」は、夕顔と右近が横たわっていることを指す。「なぞ」は「なんぞ」の「ん」を表記しない形。

あなもの狂《ぐるオ》ほしの　なんと正気を失った。

狐《きつね》などやう《ヨウ》のもの　狐などのようなもの。

け恐《おそ》ろしう《シュウ》　薄気味悪く。「け恐ろしく」のウ音便。「け」は接頭語で、「なんとなく…だ、…の感じだ」の意を添える。

まろあれば、…おどされじ　私がいるのだから、（おまえも）そのようなものには脅されはしないだろう。「まろ」は一人称。当時、優れた人物には物の怪の怪異も及ばないとされていた。

乱《みだ》り心地《ここち》　気分が悪いこと。

うつぶせになっているのでございますよ。 あのお方のほうが耐えがたくお思いに
ば、うつ伏し臥し て 侍る や。 御前 に こそ わりなく
接助 動・四・用 接助 補動・ラ変・体 間助 名 格助 係助 形・ク・用

なっているでしょう。」 と言うと、 （光源氏は）「そうそう、なぜこのよう
思さ る らめ。」 と 言へ ば、「そよ、 など かう は。」
動・四・未 助動・自・終 助動・現推・已 格助 動・四・已 接助 感 副 副 係助

に（怖がるのか）。」とおっしゃって、お探りになると、（夕顔は）息もしていない。 揺り動かしなさ
とて、 かい探り 給ふ に、 息 も せ ず。 引き動かし
格助 動・四・用 補動・四・体 接助 名 係助 動・サ変・未 助動・消・終 動・四・用

るが、 ぐったりとして、 意識を失っている様子なので、
給へ ど、 なよなよと し て、 我 に も あら
補動・四・已 接助 副 動・サ変・用 接助 代 助動・断・用 係助 補動・ラ変・未

たいそうひどく子どもっぽい人で、
ぬ さま なれ ば、 いと いたく 若び たる 人
助動・消・体 名 助動・断・已 接助 副 副 動・上二・用 助動・存・体 名

物の怪に魂を奪い取られてしまったのだろうと、
に て、 物 に けどら れ ぬる な めり と、
助動・断・用 接助 名 格助 動・四・未 助動・受・用 助動・完・体 助動・断・体 助動・定・終 格助

どうしようもないお気持ちになられる。 （管理人の子が）紙燭を持って参上した。 右近
せむ方なき 心地 し 給ふ。 紙燭 持て参れ り。 右近
形・ク・体 名 動・サ変・用 補動・四・終 名 動・四・命 助動・完・終 名

も動ける様子でもないので、 （光源氏
も 動く べき さま に も あら ね ば、 近き
係助 動・四・終 助動・可・体 名 助動・断・用 係助 補動・ラ変・未 助動・消・已 接助 形・ク・体

は）近くの御几帳を引き寄せて、 「もっと（近くに）持って参れ。」とおっしゃる。 （管
御几帳 を 引き寄せ て、「なほ 持て参れ。」 と のたまふ。 例
名 格助 動・下二・用 接助 副 動・四・命 格助 動・四・終 名

理人の子は）ふだんと違うことなので、 おそば近くにも参上することができない遠
なら ぬ こと に て、 御前 近く も え 参ら
助動・断・未 助動・消・体 名 助動・断・用 接助 名 形・ク・用 係助 副 動・四・未

慮のために、 長押（敷居）にも上ることができない。 （光源氏
ぬ つつましさ に、 長押 に も え 上ら ず。「なほ
助動・消・体 名 格助 名 格助 係助 副 動・四・未 助動・消・終 副

わりなく　耐えがたく。

そよ、などかう《コウ》は　そうそう、なぜこのように。「そよ」は、右近の言葉に対する相づち。「かう」は夕顔の異常な怖がりようを指す。

我《われ》にもあらぬさま　意識を失っている様子。

若《わか》びたる人《ひと》　子どもっぽい人。「び」は名詞や形容詞に付く「ぶ」の連用形で、「…のような状態」を表す。夕顔は十九歳だが当時は十分に大人であり、特に高貴な女性には落ち着いた振る舞いが求められていた。

紙燭《しそく》持て参《まい》れり　「紙燭さして参れ。」の命令に応じたもので、主語は管理人の子。

なほ持《も》て参《まい》れ　もっと（夕顔の近くに）持って参れ。光源氏の自敬表現。

例《れい》ならぬこと　通常、主人と女性がいる寝室に、従者が呼び入れられることはない。今が異常な状況であることが分かる。

御前近《おまえちか》くもえ参《まい》らぬ　おそば近くにも参上することができない。

長押《なげし》にもえ上《のぼ》らず　部屋の入り口には段差があり、長押から内が高くなっている。光源氏の命令とはいえあまりに異例のことで、管理人の子は長押に上ることもできなかったのである。

召《め》し寄《よ》せて見《み》給《たま》へ《エ》ば　（管理人の子を）呼び寄せて（夕顔を）ご覧になると。

が）「もっと（近くに）持って来いよ。（遠慮も）場所に応じてこそだ。」と言って、呼び寄せてご覧にな
持て来 や。所 に 従ひ て こそ。」 とて、召し寄せ て
動・カ変・命 間助 名 格助 動・四・用 接助 係助 格助 動・下二・用 接助
ると、　ちょうどこの枕元に、　夢に見えた容貌をして
見 給へ ば、ただ こ の 枕上 に、夢 に 見え
動・上一・用 補動・四・已 接助 副 代 格助 名 格助 名 格助 動・下二・用
いる女が、　幻のように見えて、　すぐに
つる かたち し たる 女、面影 に 見え て、ふと
助動・完・体 名 動・サ変・用 助動・存・体 名 名 格助 動・下二・用 接助 副
消え失せてしまった。　昔の物語などにはこのようなことを聞くが、
消え失せ ぬ。昔物語 など に こそ かかる こと は
動・下二・用 助動・完・終 名 副助 格助 係助 動・ラ変・体 名 係助
とたいそう珍しく気味が悪いが、　まず、　この人（夕
聞け、と いと めづらかに むくつけけれ ど、まづ、こ の
動・四・已 格助 副 形動・ナリ・用 形・ク・已 接助 副 代 格助
顔）がどうなってしまったのかとお思いになる胸騒ぎがするので、　我が身の
人 いかに なり ぬる ぞ と 思ほす 心騒ぎ に、身 の
名 副 動・四・用 助動・完・体 終助 格助 動・四・体 名 格助 名 格助
危険もお考えにならず寄り添って、　「これこれ。」
上 も 知ら れ 給は ず 添ひ臥し て、「やや。」
名 係助 動・四・未 助動・自・用 補動・四・未 助動・消・用 動・四・用 接助 感
と、　お起こしになるが、　（夕顔の体は）ただひたすら冷たくなっていき、　息
と、おどろかし 給へ ど、ただ 冷え に 冷え入り て、息
格助 動・四・用 補動・四・已 接助 副 動・下二・用 格助 動・四・用 接助 名
は既に絶え果ててしまっていた。　（光源氏は）何とも言いようがない。
は 疾く 絶え果て に けり。いは む 方 なし。
係助 副 動・下二・用 助動・完・用 助動・過・終 動・四・未 助動・婉・体 名 形・ク・終
頼りになり、　どうすればよいかとご相談なさることができる人もいない。
頼もしく、いかに と 言ひふれ 給ふ べき 人 も なし。
形・シク・用 副 格助 動・下二・用 補動・四・終 助動・可・体 名 係助 形・ク・終
法師などをこそ、　このような場合の頼りになる者とはお思いになるはずだ
法師 など を こそ は、かかる 方 の 頼もしき もの に
名 副助 格助 係助 係助 動・ラ変・体 名 格助 形・シク・体 名 格助

この枕上《まくらがみ》　夕顔の枕元を指す。
夢《ゆめ》に見《み》えつるかたち　夢に見えた容貌。「つる」は完了の助動詞「つ」の連体形。
面影《おもかげ》　①顔つき、②幻、の意があるが、ここは②の意。紙燭の明かりで幻が見えたのである。
ふと消《き》え失《う》せぬ　物の怪の女が夕顔に取りついていたが、明かりに照らされたので消えてしまったと考えられる。
昔物語《むかしものがたり》などにこそかかることは聞《き》け　昔の物語などにはこのようなことを聞くが。自分が実際に体験するとは思わなかった、という意が言外にある。「かかること」は、物の怪が現れて人を襲うことを指している。
めづ《ズ》らかに　珍しく。「めづらかなり」はめったにない、珍しいの意。
むくつけけれど　「むくつけし」は、①不気味だ、②恐ろしい感じだ、③無骨だ、の意を表す。ここは①の意。
いかになりぬるぞ　どうなってしまったのか。終助詞「ぞ」は疑問の「いかに」とともに用いられ、強い問いかけを表している。
心騒《こころさわ》ぎ　不安や恐怖で動揺している心情。
やや　これこれ。呼びかけの語。
疾《と》く　既に。とっくに。
いは《ワ》む方《かた》なし　何とも言いようがない。

が(そのような者もいない)。　そのように強がりなさるが、　年若いお心で、
は 思す べけれ ど。 さ こそ 強がり 給へ ど、 若き 御心
係助 動・四・終 助動・当・已 接助 副 係助 動・四・用 補動・四・已 接助 形・ク・体 名

(夕顔が)亡くなってしまったのをご覧になると、
に て、 いふかひなく なり ぬる を 見 給ふ に、
助動・断・用 接助 形・ク・用 動・四・用 助動・完・体 格助 動・上一・用 補動・四・体 接助

どうしようもなくなって、　ひしと抱きしめて、　「いとしの君よ、　生き返って
やる 方 なく て、 つと 抱き て、 「あ が 君、 生き出で
動・四・体 名 形・ク・用 接助 副 動・四・用 接助 代 格助 名 動・下二・用

ください。　たいそう悲しい目を見させないでください。」　と
給へ。 いと いみじき 目 な 見せ 給ひ そ。」 と
補動・四・命 副 形・シク・体 名 副 動・下二・用 補動・四・用 終助 格助

おっしゃるが、　(夕顔の体は)冷え切ってしまったので、　(夕顔の)様子は生きていると
のたまへ ど、 冷え入り に たれ ば、 けはひ ものうとく
動・四・已 接助 動・四・用 助動・完・用 助動・完・已 接助 名 形・ク・用

いう感じがだんだんなくなってゆく。　右近は、ただもう気味が悪いと思っていた気持ちがすっかり消
なりゆく。 右近 は、 ただ あな むつかし と 思ひ ける
動・四・終 名 係助 副 感 形・シク・終 格助 動・四・用 助動・過・体

えて、　泣きわめく様子はたいそうひどいものである。　(光源
心地 みな さめ て、 泣き惑ふ さま いと いみじ。 南殿
名 副 動・下二・用 接助 動・四・体 名 副 形・シク・終 名

氏は)南殿の鬼が、　何とかいう大臣を脅かした例を思い出しなさって、
の 鬼 の、 なにがし の 大臣 おびやかし ける たとひ を
格助 名 格助 名 格助 名 動・四・用 助動・過・体 名 格助

心強く、　「そうであっても、亡くなってしまわれることはないだろう。
思し出で て、 心強く、 「さりとも、 いたづらに なり果て 給は
動・下二・用 接助 形・ク・用 接 形動・ナリ・用 動・下二・用 補動・四・未

夜中の泣き声は大げさに聞こえる。　静かに。」　と
じ。 夜 の 声 は おどろおどろし。 あな かま。」 と
助動・消推・終 名 格助 名 係助 形・シク・終 感 形・シク・語幹 格助

おいさめになって、　たいそう慌ただしいことなので、　途方に暮れているお気持ちに
いさめ 給ひ て、 いと あわたたしき に、 あきれ たる 心地
動・下二・用 補動・四・用 接助 副 形・シク・体 接助 動・下二・用 助動・存・体 名

いかに　後に「せむ」などが省略されている。

思《おぼ》すべけれど　お思いになるはずだが。「べけれ」は当然の助動詞「べし」の已然形。

さこそ強《つよ》がり給《たま》へ《エ》ど　「さ」は、前の光源氏の発言「まろあれば、さやうのものにはおどされじ。」を指す。

若《わか》き御心《みこころ》　年若いお心。光源氏は十七歳である。

いふ《ウ》かひ《イ》なくなりぬる　「いふかひなくなる」は、言ってもしかたがない状態になる意から、「死ぬ」の婉曲《えんきょく》な表現である。

あが君《きみ》　いとしの君。「我が君」に同じ。親しみを込めた呼びかけ。

いみじき目《め》　悲しい目。「いみじ」は忌み避けたいほど程度がはなはだしい意を表す。ここでは、ひどい、悲しい、の意。

な見《み》せ給《たま》ひ《イ》そ　見させないでください。「な…そ」は懇願的な禁止を表す。

けは《ワ》ひ《イ》　様子。「気色」が視覚的に物事を捉えるのに対し、「けはひ」は聴覚を中心にさまざまな感覚で捉えるものである。

むつかし　気味が悪い。

さりとも　そうであっても。光源氏は南殿《なんでん》の鬼の例を思い出し、物の怪が夕顔に取りついたとしても(死にはしない)、と考えている。

いたづ《ズ》らになり果《は》て給《たま》は《ワ》じ　「いたづらになる」

なられる。

し 動・サ変・用　給ふ。 補動・四・終

は「死ぬ」の婉曲な表現。

おどろおどろし　①大げさだ、仰々しい、②気味が悪い、などの意を表す。ここは①の意。夜中は静かなので泣き声が大げさに聞こえるのである。

あなかま　静かに。感動詞「あな」に形容詞「かまし」の語幹が付いた呼びかけ。「かまし」はシク活用の語だが、「あな」の下に付く形容詞が語幹になるのはク活用のみであるとして、ク活用として扱う見方もある。

あきれたる心地《ここち》　途方に暮れる気持ち。「あきる」は、予想外のことが起こって途方に暮れる、呆然とする、の意。

鑑賞

光源氏の恋人、夕顔が物の怪に取り殺されるという怪異が描かれている。物の怪の正体については明記されておらず、廃院である「なにがしの院」にすむ霊など、諸説がある。しかし、「おのがいとめでたしと見奉るをば尋ね思ほさで」と述べていること、中流とはいえ貴族である夕顔を「かくことなることなき人」と評していることから、光源氏と関係があり、身分の高い「六条の御息所」（教科書一七二ページに「六条に住む女性」とある人物）の姿が写し出されているとみるのが自然であろう。あるいは、本文の直前で光源氏が御息所と疎遠になっているのを後ろめたく思い出していることから、光源氏自身が夕顔との逢瀬《おうせ》に罪悪感を覚えて、この物の怪の姿を御息所の生き霊に重ねてしまったと考えることもできる。

当時、病気や災害は物の怪の仕業であるとされており、右近や夕顔のように恐れおののくのは無理もないことであった。本文では物の怪への恐怖や不気味な情景、光源氏の素早い対応、夕顔の急変が次々と写実的に描写され、緊迫した状況が感じられる。また、夕顔の容態が刻一刻と悪化していく中、暗闇の明かりに浮かび上がって消える物の怪の女の姿は圧巻である。この場面は『源氏物語』の一部でありながら、迫力ある怪談としても読ませる展開になっている。

教科書の問題（解答・解説）

教科書 一七六ページ

教科書本文下に示された問題

❓「かくことなることなき人」とは、誰のことか。（p.一七三）

解答 夕顔

[解説]「ことなる」は格別にすぐれているの意。物の怪の女が、光源氏のそばにいた夕顔を指し、「こういう格別にすぐれていることもない人」と見下している。

❓「見給ふ。」とあるが、誰が、何を、どのように見たのか。（p.一七三）

解答 光源氏が、物の怪の女が夕顔を引き起こそうとするような状況を、夢で見た。

[解説]「見給ふ」は尊敬語なので、主語は光源氏。文の初めに「寝入り給へるに」とあり、次の文に「おどろき給へれば」とあるので、眠っている間に見た夢だと分かる。

❓「御前」とは、誰のことか。（p.一七五）

解答 夕顔

[解説]「御前」は他人を尊敬する呼び方。光源氏の「これはどうしたことだ。」の問いに対して右近が自分の心情を述べ、続けて「あのお方のほうが耐えがたくお思いになっているでしょう。」と答えているので、右近にとっての主人である夕顔を指している。

❓「所に従ひてこそ。」とは、どういうことか。（p.一七五）

解答 遠慮は、場所や状況に合わせてするものだということ。

[解説] 管理人の子が遠慮して室内に入れずにいるので、今は遠慮するような状況ではないとたしなめている。

❓「かかる方」とは、どういうことか。（p.一七六）

解答 物の怪に取りつかれ命が危うい場合、ということ。

[解説]「かかる」は、夕顔の状態を指している。前後で、法師などをこのような場合の頼りになる者と表現しているように、当時、物の怪による病気には、まず法師の加持祈禱《きとう》に頼るのが通常であった。

■学習の手引き

❶光源氏の言動やそのときの心情を整理しよう。

解答 ・第一段落…物の怪の女の夢を見て起き、警戒して太刀を抜いて枕元に置く。右近に人を呼ぶように命じる。手をたたいて人を呼ぶが来ず、状況を不気味に感じる。自ら人を起こしに行くため外へ出る。

・第二段落…管理人の子を起こして、明かりの用意や魔よけを命じる。惟光は退出して朝まで来ないと知り、夜の長さを思い、心細く感じる。

・**第三段落**…部屋に戻り、自分がいるから大丈夫だと右近や自分自身を勇気づける。明かりで夕顔を照らすと物の怪の女の幻影が見え、気味悪く感じる。夕顔が息絶え、我が身の危険を顧みず必死に蘇生を願うが、かなわない。取り乱す右近に対しては心強くいさめるが、急なりゆきに自分も呆然とする。

［解説］ 物の怪の出現を不気味に感じながらも、それを追い払うため適切に対応しようとする光源氏の姿が読み取れる。一方で腹心の部下の不在に心細さを感じていることも分かる。後半では夕顔の死に直面し嘆き悲しむ様子や、目下の者には気丈に振る舞いつつも、事態の急変になすすべもなく呆然とする様子が描かれている。

❷「夕顔」の巻の続きを、現代語訳や注釈書などで読み、その内容を確認しよう。

解答　夕顔の死後、光源氏は惟光の助けを借りて内密に葬儀を行った。その後右近から、夕顔がかつて頭中将《とうのちゅうじょう》に愛されていたことや、幼い娘（玉鬘《たまかずら》）がいることを聞く。そして、「雨夜《あまよ》の品定め」（教科書一七二ページ参照・「帚木《ははきぎ》」の巻）の折に頭中将が自らの体験談として語っていた女性は、夕顔であったのだと思い至る。光源氏は夕顔の娘を引き取りたいと願うが、右近が消息を絶ったので、その行方は分からぬままであった。

［解説］ 当時、十七歳の光源氏は六条の御息所のもとに通っていたが、気位の高い御息所の嫉妬深さに悩まされていた。そんな折、ふと知り合った夕顔の素直さに心ひかれたのである。本文中でも「若びたる」と表現されているように、幼さの見える女性だったが、実は十九歳だったと後に明かされている。光源氏は彼女の死後も長年思い続け、ついには忘れ形見である玉鬘と巡り合う（「玉鬘」の巻）。この時、光源氏は三十五歳、玉鬘は二十一歳であった。

■語句と表現

①「いかでかまからむ」〔一七三・11〕、**「来たりつらむは。」**〔一七四・7〕**を、文法的に説明しよう。**

解答　・副詞「いかで」＋反語の係助詞「か」＋ラ行四段活用動詞「まかる」の未然形＋推量の助動詞「む」の連体形（係り結び）。
・ラ行四段活用動詞「来たる」の連用形＋完了の助動詞「つ」の終止形＋現在推量の助動詞「らむ」の連体形＋係助詞「は」。

［解説］ 前者は反語で「どうして行けましょうか（いや、行けません）」の意。後者は後に「いかがせしぞ」などが省略されている。「（惟光が）来ていたようだが（彼は、どうしたのか）。」の意。

野宮《ののみや》の別れ

〔賢木《さかき》〕

教科書 一七七〜一八〇ページ

大意

光源氏《ひかるげんじ》は、伊勢《いせ》に下向する六条《ろくじょう》の御息所《みやすどころ》に会うため嵯峨野《さがの》を訪れる。晩秋の荒涼たる風景、虫の声、かすかに聞こえる琴の音や松風にしみじみと優美な風情を感じた光源氏は、御息所のもとをたびたび訪問しなかったことを後悔する。聖域である野宮には簡素な小柴垣《こしばがき》や板屋、黒木《くろき》の鳥居《とりい》などがあり、厳かで恋愛ごとがはばかられる雰囲気である。光源氏は都から遠いこの地で長い月日を過ごしてきた御息所のことを思い、いたわしく感じる。夕月夜《ゆうづくよ》、久しぶりに御息所と対面すると、これまでの疎遠を弁明するのもきまりが悪く、光源氏は古い和歌を引用して変わらぬ思いを伝えるが、御息所はつれない歌を詠む。光源氏はこれまで御息所との安定した関係に慢心していたことや疎遠になっていたことを悔やみ、下向をやめるよう説得する。御息所は光源氏への未練を断ち切ったつもりだったが、やはり心が揺れ、下向への決心が鈍ってしまう。これまで苦労や不本意なことに思い悩むことばかりであった二人が、この優艶な庭で何を話していたか、語り伝えるすべもない。明け方、秋の空や虫の声など、別れの場にふさわしい雰囲気の中で、二人は最後の後朝《きぬぎぬ》の和歌を詠み交わす。心を残しながらも光源氏は立ち去り、御息所は別れの余韻の中で物思いにふける。

■第一段落（初め〜一七七・15）

段意 野宮の御息所のもとへ向かう光源氏は、嵯峨野の荒涼たる風景や虫の声、松風に優美な風情を感じる。

現代語訳・品詞分解

はるかに広がる野辺に分け入りなさるとすぐに、いかに

はるけき（形・ク・体） 野辺（名） を（格助） 分け入り（動・四・用） 給ふ（補動・四・体） より（格助）、 いと（副）

もしみじみとした趣が感じられる。秋の花はみなしおれて、浅茅が原も

ものあはれなり（形動・ナリ・終）。 秋（名） の（格助） 花（名） みな（名） おとろへ（動・下二・用） つつ（接助）、 浅茅が原（名）

語釈・文法

ものあは《ワ》れなり　しみじみとした趣が感じられる。「もの」は「なんとなく」の意。

秋《あき》の花《はな》みなおとろへ《エ》つつ　花もしおれた晩秋の景色に、光源氏の心象を重ねている。

枯れて(そこから聞こえる)鳴きからした虫の声に、松風がひどく寂しく調子を合わせるように吹いて、何の曲とも聞き分けられないくらいに、楽器(琴)の音が絶え絶えに聞こえてくるのは、本当に優艶である。

も　かれがれなる　虫　の　音　に、　松風　すごく　吹きあはせ　て、
係助　形動・ナリ・体　名　格助　名　格助　名　形・ク・用　動・下二・用　接助

そ　の　こと　と　も　聞きわか　れ　ぬ　ほど　に、　物
代　格助　名　格助　係助　動・四・未　助動・可・未　助動・消・体　名　格助　名

の　音ども　絶え絶え　聞こえ　たる、　いと　艶なり。
格助　名　副　動・下二・用　助動・存・体　副　形動・ナリ・終

■第二段落（一七八・1〜10）

段意

従者は目立たない服装だが、光源氏は身なりを整えている。お供している風流な者も野宮という場所柄に感じ入り、光源氏はたびたび通わなかったことを後悔する。野宮には簡素な小柴垣や板屋、黒木の鳥居があり、神聖で恋愛ごとがはばかられる雰囲気である。光源氏は俗世から離れて過ごしてきた御息所を思い、いたわしく感じる。

現代語訳・品詞分解

気心の知れた御前駆の者十余人ばかり、御随身も仰々しい姿でなく、たいそうお忍びでいらっしゃるが、格別に身なりを整えていらっしゃるご様子がとてもごりっぱにお見えになるので、お供の風流な者たちは、場所柄まで身にしみて感じ入っている。(光源氏の)お心にも、どうして今までたびたび通

むつましき　御前　十余人　ばかり、　御随身　ことごとしき　姿
形・シク・体　名　名　副助　名　形・シク・体　名

なら　で、　いたう　忍び　給へ　れ　ど、　ことに
助動・断・未　接助　副　動・上二・用　補動・四・命　助動・存・已　接助　副

ひきつくろひ　給へ　る　御用意　いと　めでたく　見え
動・四・用　補動・四・命　助動・存・体　名　副　形・ク・用　動・下二・用

給へ　ば、　御供　なる　すき者ども、　所がら　さへ　身　に
補動・四・已　接助　名　助動・断・体　名　名　副助　名　格助

しみ　て　思へ　り。　御心　に　も、　などて　今　まで
動・四・用　接助　動・四・命　助動・存・終　名　格助　係助　副　名　副助

かれがれなる　浅茅《あさぢ》が原《はら》が「枯れ枯れ」と、虫の鳴く声が「かれがれ」とを掛けている。

すごく　ひどく寂しく。「すごし」は本来、自然現象や風景の寒々しさから受ける、ぞっとする感じを表す語。

聞《き》きわかれぬ　琴の音が、聞き分けられないほどかすかにしか聞こえないのである。

艶《えん》なり　優美で風情がある。

語釈・文法

ことごとしき姿《すがた》ならで　仰々しい姿でなく。「ことごとし」は大げさだ、仰々しいの意。

いたう《トウ》　たいそう。副詞「いたく」のウ音便。

ことにひきつくろひ《イ》給《たま》へ《エ》る御用意《おんようい》　格別に身なりを整えていらっしゃるご様子。従者には目立たない格好をさせてお忍びで来ているが、御息所に会う最後の機会なので、光源氏自身はりっぱな服装なのである。

すき者《もの》ども　風流な者たち。「すき」は「数奇」の漢字を当て、和歌、音楽などの芸術に心を寄せることを指す。

わなかったのだろうかと、　過ぎ去った日々が悔やまれる
立ちならさ　ざり　つ　らむ　と、　過ぎ　ぬる　方
動・四・未　助動・消・用　助動・完・終　助動・原推・体　格助　動・上二・用　助動・完・体　名

ようにお思いになってくる。　たいしたこともない小柴垣を外回りの垣として、
悔しう　思さ　る。　ものはかなげなる　小柴垣　を　大垣　にて、
形・シク・用　動・四・未　助動・自・終　形動・ナリ・体　名　格助　名　格助

板屋がいくつもあちらこちらにあり、　いかにも間に合わせのようである。　黒木の鳥居の
板屋ども　あたりあたり、　いと　かりそめな　めり。　黒木　の
名　名　副　形動・ナリ・体　助動・定・終　名　格助

いくつかは、　そうはいってもやはり神々しく見渡されて、
鳥居ども　は、　さすがに　神々しう　見渡さ　れ　て、
名　係助　副　形・シク・用　動・四・未　助動・自・用　接助

(恋人を訪ねるのが)はばかられる眺めであるうえ、神官たちが、　あちらこちらで
わづらはしき　気色　なる　に、　神官　の　者ども、　ここかしこ
形・シク・体　名　助動・断・体　接助　名　格助　名　代

せき払いをして、　仲間どうしで何か話している様子なども、
に　うちしはぶき　て、　おのがどち　もの　うち言ひ　たる
格助　動・四・用　接助　名　名　動・四・用　助動・存・体

よそとは様子が異なって見える。
けはひ　など　も、　ほか　に　は　さま　変はり　て　見ゆ。
名　副助　係助　名　格助　係助　名　動・四・用　接助　動・下二・終

火焼き屋がかすかに光って、　人気も少なくしんみりとしていて、
火焼き屋　かすかに　光り　て、　人げ　少なく　しめじめと　し
名　形動・ナリ・用　動・四・用　接助　名　形・ク・用　副　動・サ変・用

ここに物思いに沈んでいる人が、　長い月日を世間から離れて過ごしてこ
て、　ここ　に　もの思はしき　人　の、　月日　を　隔て　給へ
接助　代　格助　形・シク・体　名　格助　名　格助　動・下二・用　補動・四・命

られた(その)時間をご想像なさると、　たいそうたまらなくしみ
ら　む　ほど　を　思しやる　に、　いと　いみじう
助動・存・未　助動・婉・体　名　格助　動・四・体　接助　副　形・シク・用

じみといたわしい。
あはれに　心苦し。
形動・ナリ・用　形・シク・終

所《ところ》がらさへ《エ》　場所柄まで。「さへ」は添加を表す。第一段落にあるように嵯峨野は優美な場所だが、光源氏の姿がそれをさらに引き立てる。

ものはかなげなる　たいしたこともない。

かりそめなめり　小柴垣を外の垣代わりにしていることや、板葺《ぶ》きの質素な建物の造りを、間に合わせのようだと感じている。「かりそめなるめり」の撥《はつ》音便「かりそめなんめり」の撥音無表記の形。

さすがに　そうはいってもやはり。

気色《けしき》　視覚的に捉えた景色や様子を表す。

うちしは《ワ》ぶきて　せき払いをして。光源氏は、恋人に会いに来たことが神域にふさわしくないと、とがめられているように感じている。

おのがどち　仲間どうしで。自分たちどうしで。「どち」は、同士・仲間、の意。

けは《ワ》ひ《イ》　聴覚を中心に、さまざまな感覚によって捉えた雰囲気を表す。

光《ひか》りて　火《ひ》焼《た》き屋《や》の篝火《かがりび》が光っている。

もの思《おも》は《ワ》しき人《ひと》　物思いに沈んでいる人。御息所を指す。

思《おぼ》しやるに　御息所が長い月日を過ごしたことを思いやっているので、主語は光源氏。

あは《ワ》れに心苦《こころぐる》し　しみじみといたわしい。光源氏の、御息所に対する心情。

■第三段落（一七八・13～一七九・7）

段意

月の出ている夜、久しぶりに対面すると、これまでの疎遠を弁明するのもきまりが悪く、光源氏は榊《さかき》に託して自分の変わらぬ思いを伝える。御息所は歌を詠むが、光源氏を呼び寄せたわけではないとつれない内容である。

現代語訳・品詞分解

明るくさし出た夕月の光に、(光源氏の)立ち振る
はなやかに　さし出で　たる　夕月夜　に、　うち振る舞ひ
形動・ナリ・用　動・下二・用　助動・完・体　名　格助　動・四・用

舞われるご様子(が映えて)、(その)美しさは、似るものがなくすばらしい。
給へ　る　さま、　にほひ、　似る　もの　なく　めでたし。
補動・四・命　助動・存・体　名　名　動・上一・体　名　形・ク・用　形・ク・終

幾月もの(途絶えの)積み重ねを、もっともらしく言い訳を申し上げなさるのも、
月ごろ　の　積もり　を、　つきづきしう　聞こえ　給は　む
名　格助　名　格助　形・シク・用　動・下二・用　補動・四・未　助動・婉・体

きまり悪いほどになってしまったので、榊を少し折
も、　まばゆき　ほど　に　なり　に　けれ　ば、　榊　を
係助　形・ク・体　名　格助　動・四・用　助動・完・用　助動・過・已　接助　名　格助

って持っていらっしゃったのを差し入れて、
いささか　折り　て　持　給へ　り　ける　を　さし入れ
副　動・四・用　接助　動・四・用　補動・四・命　助動・存・用　助動・過・体　格助　動・下二・用

「変わらない愛情を道しるべとして(それに導かれて)、斎垣も越えて
て、　「変はら　ぬ　色　を　しるべ　にて　こそ、　斎垣　も
接助　動・四・未　助動・消・体　名　格助　名　格助　係助　名　係助

参ったのです。(それなのにあなたは)このように情けなく
越え　侍り　に　けれ。　さも　心憂く。」　と　聞こえ
動・下二・用　補動・ラ変・用　助動・完・用　助動・過・已　副　形・ク・用　格助　動・下二・用

(なさる)。」と申し上げなさると、
給へ　ば、
補動・四・已　接助

神垣には人の訪れる目印の杉もないのに、どう間違えてお折りになった榊なのでしょうか。
神垣　は　しるし　の　杉　も　なき　ものを　いかに　まがへ
名　係助　名　格助　名　係助　形・ク・体　接助　副　動・下二・用

語釈・文法

夕月夜《ゆうづくよ》　上旬の月が夕方から出ている夜。また、その月。恋の場面でよく用いられる景色。

うち振《ふ》る舞《ま》ひ《イ》給《たま》へ《エ》るさま　月光に照らされて姿が見えているという描写であり、訪問してきた光源氏の様子である。

にほ《オ》ひ《イ》　①色つや、②はなやかな魅力、③栄華、④香り、などの意を表す。ここは②の意。源氏物語では、光源氏の魅力の表現として「にほふ」「にほひ」が多用されている。

つきづきしう《シュウ》聞《き》こえ…なりにければ　「つきづきし」はもっともらしいの意。「まばゆし」はきまりが悪いの意。光源氏は御息所と長く疎遠だったことについて、今さらもっともらしく弁明するのもきまり悪く感じ、この後は和歌を引用しながら会話するのである。

斎垣《いがき》も越《こ》え侍《はべ》りにけれ　斎垣より内側は神域である。教科書脚注「ちはやぶる…」の歌は、恋のために神域を越える決意を表したもの。光源氏も、御息所への強い思いによって斎垣を越えて来たと言っているのである。

さも心憂《こころう》く　このように情けなく。

て 折れ る 榊 ぞ
（接助 動・四・命 助動・完・体 名 終助）

と（御息所がご返事を）申し上げなさるので、

と 聞こえ 給へ ば、
（格助 動・下二・用 補動・四・已 接助）

神に仕える少女がいるあたりだと思うと榊葉の香りが慕わしいので、探し求めて折ったのです。

少女子 が あたり と 思へ ば 榊葉 の 香 を
（名 格助 名 格助 動・四・已 接助 名 格助 名 格助）

なつかし み とめ て こそ 折れ
（形・シク・終 （接尾） 動・下二・用 接助 係助 動・四・已）

（光源氏は）周囲の様子がはばかられるが、 御簾だけを引きかぶって（上

おほかた の けはひ わづらはしけれ ど、 御簾 ばかり は
（名 格助 名 形・シク・已 接助 名 副助 係助）

半身を室内に入れて）、長押に寄りかかって座っていらっしゃる。

引き着 て、 長押 に おしかかり て ゐ 給へ り。
（動・上一・用 接助 名 格助 動・四・用 接助 動・上一・用 補動・四・命 助動・存・終）

神垣《かみがき》は…（歌） 御息所による歌。榊を折るという行為は、道中の榊を折ってまで、光源氏が御息所のもとへ来たことを表す。自分は光源氏を呼んでいないのに、なぜ来たのかと問う歌である。

少女子《おとめご》が…（歌） 光源氏による歌。「なつかしみ」の「み」は接尾語。形容詞の語幹（シク活用は終止形）に付いて、…ので、…だから、などの意味を添える。ここでは、あなたのいる所だと思えば榊の葉の香りが慕わしいので、の意。「とむ（尋む）」は、探す、の意。

おほ《オ》かたのけはひ《ワイ》わづ《ズ》らは《ワ》しけれど 周囲の様子がはばかられるが。野宮は神聖な場所であり恋愛は禁忌なので、光源氏はあたりをはばかる気持ちなのである。

長押《なげし》におしかかりて 光源氏は室内との境で、長押に寄りかかっている。

■第四段落（一七九・8〜16）

段意

光源氏はこれまで御息所との関係に安心しきっており、生き霊事件などで愛情が冷めていたが、対面して昔のことを思い出すとしみじみした思いがこみ上げる。御息所も光源氏への未練を見せまいとするものの、こらえきれないようである。光源氏が下向を取りやめるように説得すると、御息所の決意は揺れ、かえって悩んでしまう。

現代語訳・品詞分解

そのつもりになればいつでも（御息所に）お会い申し上げることができ、 御息所も

心 に まかせ て 見 奉り つ べく、 人 も
（名 格助 動・下二・用 接助 動・上一・用 補動・四・用 助動・強・終 助動・可・用 名 係助）

語釈・文法

人《ひと》も慕《した》ひ《イ》ざまに 御息所が（光源氏を）お慕いのように。「人」は御息所を指す。

(自分を)お慕いのようにお思いになっていた年月には、　のんびりとしたご慢心から、
慕ひざまに　思し　たり　つる　年月　は、　のどかなり　つる
形動・ナリ・用　動・四・用　助動・存・用　助動・完・体　名　係助　形動・ナリ・用　助動・完・体

それほど(熱心には)お思いにならなかった。　また心の中で、
御心おごり　に、　さしも　思さ　れ　ざり　き。　また　心
名　格助　副　動・四・未　助動・自・未　助動・消・用　助動・過・終　接　名

いかがなものか、　(御息所には)欠点があるとお思い申し上げなさっ
の　うち　に、　いかに　ぞ　や、　疵　あり　て　思ひ　聞こえ
格助　名　格助　副　終助　係助　名　動・ラ変・用　接助　動・四・用　補動・下二・用

た後は、　やはり、　愛情も冷めていき、
給ひ　に　し　後、　はた、　あはれ　も　さめ　つつ、
補動・四・用　助動・完・用　助動・過・体　名　副　名　係助　動・下二・用　接助

このように御仲も離れてしまったのだが、　久しぶりのご対面が昔のことを思い出させ
かく　御仲　も　隔たり　ぬる　を、　めづらしき　御対面　の　昔
副　名　係助　動・四・用　助動・完・体　接助　形・シク・体　名　格助　名

るので、　しみじみと思い悩む気持ちが限りなくこみあげてくる。
おぼえ　たる　に、　あはれ　と　思し乱るる　こと　限りなし。
動・下二・用　助動・存・体　接助　形動・ナリ・語幹　格助　動・下二・体　名　形・ク・終

これまでのことやこの先のことが自然にお思い続けられなさって、(光源氏は)心弱くお泣きになった。
来し方　行く先　思し続け　られ　て、　心弱く　泣き　給ひ
名　名　動・下二・未　助動・自・用　接助　形・ク・用　動・四・用　補動・四・用

女(御息所)は、そうは見せまいとお気持ちを隠しておられるようだが、
ぬ。　女　は、　さしも　見え　じ　と　思しつつむ　めれ
助動・完・終　名　係助　副　動・下二・未　助動・消意・終　格助　動・四・終　助動・定・已

我慢がおできにならないご様子を、　(光源氏は)いよいよいたわし
ど、　え　忍び　給は　ぬ　御気色　を、　いよいよ　心苦しう、
接助　副　動・上二・用　補動・四・未　助動・消・体　名　格助　副　形・シク・用

く思い、やはり(伊勢への下向を)お思いとどまるように申し上げなさるようである。
なほ　思しとまる　べき　さま　に　ぞ　聞こえ　給ふ　める。
副　動・四・終　助動・適・体　名　格助　係助　動・下二・用　補動・四・終　助動・定・体

月も(山の端に)入ったのだろうか、　(光源氏が)しみじみと趣深い空を物思いに
月　も　入り　ぬる　に　や、　あはれなる　空　を　ながめ
名　係助　動・四・用　助動・完・体　助動・断・用　係助　形動・ナリ・体　名　格助　動・下二・用

のどかなりつる御心《おおんこころ》おごりに　のんびりとしたご慢心から。光源氏が、御息所との関係に安心していい気になっていたことを指す。

心《こころ》のうちに　光源氏の内心。

いかにぞ《ズ》や　いかがなものか。強い非難。

めづらしき　久しぶりの。「めづらし」は、めったにない、の意。

昔《むかし》おぼえたる　昔を思い出させる。「おぼゆ」は、積極的に思うのではなく、思い出されるなど、おのずと思われる意味である。

女《おんな》　御息所を指す。ここでは恋愛関係に重点を置いているので、身分などを付けず、単に「女」と表している。

思《おぼ》しつつむめれど　御息所はその身分の高さや誇りから素直になれず、光源氏への未練に気づかれたくないと意地を張っている。

え忍《しの》び給《たま》はぬ　我慢がおできにならない。「忍ぶ」は、①人目につかないようにする、②我慢する、の意を表す。ここは②の意。

いよいよ心苦《こころぐる》しう《シュウ》　いよいよいたわしく思い。

聞《き》こえ給《たま》ふ《ウ》める　申し上げなさるようである。光源氏の、御息所に対する心情。「める」は推定の助動詞「めり」の連体形（係助詞「ぞ」の結び）。作者による推定を表す。

月《つき》も入《い》りぬる　時刻は、上旬の月が沈んだ夜半。

ふけって見ながら恨み言を申し上げなさると、（御息所は、光源氏のために）数多く重ね

つつ　恨み　聞こえ　給ふ　に、　ここら　思ひ集め　給へ
接助　動・上二・用　補動・下二・用　補動・四・体　接助　副　動・下二・用　補動・四・命

ていらっしゃったつらい思いもきっと消えてしまうだろう。（御息所は）ようやく今度こそは

る　つらさ　も　消え　ぬ　べし。　やうやう　今　は　と
助動・存・体　名　係助　動・下二・用　助動・強・終　助動・推・終　副　名　係助　格助

と未練を断ち切っていらっしゃったのに、やはり思っていたとおりだと、かえって心が揺れ

思ひ離れ　給へ　る　に、　され　ば　よ　と、　なかなか　心
動・下二・用　補動・四・命　助動・完・体　接助　動・ラ変・已　接助　間助　格助　副　名

てお悩みになる。

動き　て　思し乱る。
動・四・用　接助　動・下二・終

■第五段落（一八〇・1〜3）

段意　風情のある庭で、思い悩みの限りを尽くした間柄の二人が語り合った内容は、語り伝えるすべもない。

現代語訳・品詞分解

殿上人の若い君達などが連れだって来て、何かと立ち去りがたく思うとい

殿上　の　若君達　など　うち連れ　て、　とかく　立ちわづらふ
名　格助　名　副助　動・下二・用　接助　副　動・四・終

う庭の様子も、いかにも優艶な所として、申し分のな

なる　庭　の　たたずまひ　も、　げに　艶なる　方　に、　うけばり
助動・伝・体　名　格助　名　係助　副　形動・ナリ・体　名　格助　動・四・用

い風情である。思い悩みの限りをお尽くしになった（お二人の）御間柄なの

たる　ありさま　なり。　思ほし残す　こと　なき　御仲らひ　に、
助動・存・体　名　助動・断・終　動・四・体　名　形・ク・体　名　格助

で、お語り合いになられた内容は、そのまま語り伝えるすべもない。

聞こえかはし　給ふ　ことども、　まねびやら　む　方　なし。
動・四・用　補動・四・体　名　動・四・未　助動・婉・体　名　形・ク・終

恨《うら》み聞《き》こえ給《たま》ふ《ウ》　恨み言を申し上げなさる。「恨む」は恋愛の場では、相手が自分の思いに応えてくれず薄情だと非難することを指す。光源氏は自分の思いのほうが強いと訴えて御息所の心を解きほぐそうとしている。

消《き》えぬべし　「べし」は作者による推量。

やうやう《ヨウヨウ》今《いま》はと思《おも》ひ《イ》離《はな》れ給《たま》へ《エ》る　御息所が、ようやく今度こそは光源氏への未練を断とうと決心していたことを指す。

語釈・文法

殿上《てんじょう》　「殿上人」の略。清涼殿の殿上の間に昇殿することを許された者。

うち連《つ》れて　連れだって来て。

立《た》ちわづ《ズ》らふ《ウ》　庭の様子が、立ち去りがたいほどすばらしいのである。

艶《えん》なる方《かた》　優美な場所。ここでは、恋の語らいにふさわしい趣があるということ。

思《おも》ほ《オ》し残《のこ》すことなき御仲《おおんなか》らひ《イ》　「思ほし残すことなし」は、現代語の「思い残すことがない」とは異なり、物思いや悩みの限りを尽くすという意味。「仲らひ」は人と人との関係。御息所の嫉妬や生き霊事件など、二人の関係が不本意で苦悩が多かったことを指す。

■第六段落（一八〇・4～終わり）

段意　明け方の空、冷たい風や松虫の声など、悲しみにふさわしい雰囲気の中で二人は別れの和歌を詠み交わす。光源氏は帰りがたく思いながらも去っていく。御息所も別れの余韻にしみじみと物思いにふける。

現代語訳・品詞分解

次第に明けていく空の様子は、特別に作り出したかのようである。

やうやう（副）　明けゆく（動・四・体）　空（名）　の（格助）　気色、（名）　ことさらに（形動・ナリ・用）　作り出で（動・下二・用）　たら（助動・完・未）　む（助動・婉・体）　やうなり。（助動・比・終）

夜明け前の別れはいつも露が多く涙にも濡れていましたが、今朝の別れは今までに経験したこともないほど悲しい秋の空ですね。

暁（名）　の（格助）　別れ（名）　は（係助）　いつも（副）　露けき（形・ク・体）　を（接助）　こ（代）　は（係助）　世（名）　に（格助）　知ら（動・四・未）　ぬ（助動・消・体）　秋（名）　の（格助）　空（名）　かな（終助）

（光源氏が）帰ることができず、（御息所の）お手を取ってためらっていらっしゃるのは、とても魅力的である。

出で（動・下二・用）　がてに、（連語）　御手（名）　を（格助）　とらへ（動・下二・用）　て（接助）　やすらひ（動・四・用）　給へ（補動・四・命）　る、（助動・存・体）　いみじう（形・シク・用）　なつかし。（形・シク・終）

風がたいそう冷たく吹いて、松虫が鳴きからしている声も、

風（名）　いと（副）　冷ややかに（形動・ナリ・用）　吹き（動・四・用）　て、（接助）　松虫（名）　の（格助）　鳴きからし（動・四・用）　たる（助動・存・体）　声（名）　も（係助）

（別れという）場面を心得ているかのようなので、それほど物思いのない者でさえ聞き過ごしがたい様子なのに、

折知り顔（名）　なる（助動・断・体）　を、（接助）　さして（副）　思ふ（動・四・体）　こと（名）　なき（形・ク・体）　だに（副助）　聞き過ぐし難げなる（形動・ナリ・体）　に、（接助）

まして（お二人は）どうしようもなく乱れるお気持ちのために、かえって事もはかどらないのであろうか。

まして（副）　わりなき（形・ク・体）　御心惑ひども（名）　に、（格助）　なかなか（副）　こと（名）　も（係助）　ゆか（動・四・未）　ぬ（助動・消・体）　に（助動・断・用）　や。（係助）

語釈・文法

やうやう《ヨウヨウ》明《あ》けゆく　夜明けは男女が別れる時。

暁《あかつき》の別《わか》れは…（歌）　光源氏による後朝の歌。御息所が伊勢に下向するため、この「暁の別れ」は通常の後朝と異なり、今生の別れを意味する。「こは世に知らぬ」はもう会えないことを詠んだもの。「露けし」は野に露が多いことと、涙で濡《ぬ》れることを指す。

出《い》でがてに　帰ることができず。「…がてに」は、…ことができないで、の意。

やすらひ《イ》給《たま》へ《エ》る　ためらっていらっしゃる。

なつかし　魅力的である。

松虫《まつむし》　「まつ」に「待つ」を掛けている。本心では光源氏の訪れを待っていた御息所の心情を重ねて表している。

折知《おりし》り顔《がお》なる　別れという場面を心得ているかのようだ。「折」は機会、場面の意。

さして思《おも》ふ《ウ》こと　「さ」は、光源氏や御息所の深い物思いを指している。

わりなき御心惑《おおんこころまど》ひ《イ》ども　どうしようもなく乱れるお気持ち。「ども」は複数を表し、光源氏と御息所両者の気持ちを指す。

ただでさえ秋の別れは悲しいものなのに、さらに鳴き声を添えて(悲しませて)くれるな、野辺の松虫よ。

おほかた（名） の（格助） 秋（名） の（格助） 別れ（名） も（係助） かなしき（形・シク・体） に（接助） 鳴く（動・四・体） 音（名） な（副） 添へ（動・下二・用） そ（終助） 野辺（名） の（格助） 松虫（名）

心残りなことが多いが、しかたがないので、明けていく空も体裁が悪くてお帰りになる、(その)道中はたいそう露(と涙)に濡れている。女も気持ちを強く持っていられず、(別れの)余韻にしみじみと物思いにふけっていらっしゃる。

悔しき（形・シク・体） こと（名） 多かれ（形・ク・已） ど、（接助） かひなけれ（形・ク・已） ば、（接助） 明けゆく（動・四・体） 空（名） も（係助） はしたなう（形・ク・用） て（接助） 出で（動・下二・用） 給ふ、（補動・四・体） 道（名） の（格助） ほど（名） いと（副） 露けし。（形・ク・終） 女（名） も（係助） え（副） 心強から（形・ク・未） ず、（助動・消・用） 名残（名） あはれに（形動・ナリ・用） て（接助） ながめ（動・下二・用） 給ふ。（補動・四・終）

おほ《オ》かたの…（歌） 御息所による歌。秋はもの悲しい別れの季節だが、松虫が鳴く野辺での光源氏との別れは格別に悲しいものだという感情が込められている。「鳴く音な添へそ」の「な…そ」は禁止を表す。

悔《くや》しきこと 御息所と疎遠だったことや、伊勢への下向を止められなかったことへの後悔。

かひ《イ》なければ しかたがないので。

はしたな《ノ》う《ウ》て 体裁が悪くて。夜が明けた後に男が帰るのは体裁が悪いとされていた。

ながめ給《たま》ふ《ウ》 「ながむ」は、①物思いにふける、②ぼんやりと見る、③遠くを見る、の意を表す。ここは①の意。

鑑賞

光源氏と六条の御息所との今生の別れの場面である。二人の仲は冷え切っており、半ば儀礼的に嵯峨野を訪れた光源氏だったが、その情景に心情が一変している。冒頭ではまず秋枯れの荒涼たる風景が、御息所の心象を表すように視覚的に描かれている。その中を進むうちに、虫の声や秋風という聴覚に意識が移る。そして琴の音がかすかに聞こえてくるのを捉えると、自然の風景からそこで暮らす御息所へと意識が移り、御息所の心の中へ一気に引き込まれていく。この冒頭は、源氏物語の中でも名文とうたわれる文章である。

また、本文では和歌のやり取りの変化にも注目したい。第三段落で久しぶりの再会を果たした二人は、和歌によってぎこちなく会話を交わす。いずれも教科書脚注にあるように引き歌が用いられ、あくまで形式的な和歌である。しかし、最終段落での和歌には引き歌はなく、技巧も凝らされていない。「こは世に知らぬ」「かなしきに」と、あふれ出る心情だけが胸を打つ。第三段落では御息所のほうから歌を詠みかけていたが、ここで光源氏から初めて贈歌を詠まれたことで御息所の心は報われ、万感胸に迫る別れとなったのである。

教科書の問題（解答・解説）

教科書本文下に示された問題

❓「わづらはしき」とあるが、なぜか。（p.一七八）

解答　黒木の鳥居が神々しく、神域であることが強く感じられ、恋人を訪ねるのがはばかられたから。

［解説］　神域での恋愛は禁じられているので、光源氏は恋人を訪ねる自分を後ろめたく感じたのである。

❓「変はらぬ色をしるべにて」とは、どういう気持ちか。（p.一七八）

解答　榊の色のように変わらない御息所への恋心に導かれたから、ここまで来ることができたという気持ち。

［解説］　実際は疎遠になっていたにもかかわらず常緑樹である榊の色に自分の思いをたとえている。野宮まで訪ねて来たことを御息所に弁明しているのである。

❓「さしも思されざりき。」とは、どういうことか。（p.一七九）

解答　御息所に対して、それほど愛情を感じなかったということ。

［解説］　直前の「御心おごり」と合わせて考える。過去の助動詞「き」が用いられていることにも注意。御息所にはいつでも会える安定した関係だと思っていたので、慢心し、あまり愛情を感じていなかったのである。

教科書　一八〇ページ

❓「さればよ」とは、どういうことか。（p.一八〇）

解答　予想していたとおり、光源氏への未練を断ち切れないということ。

［解説］　光源氏が「なほ思しとまるべきさまに」説得したことから考える。御息所は、光源氏に会えば伊勢への下向の決心が鈍ると予想していた。そして実際に会うと、まさにその予想どおりに思い迷ったのである。

■学習の手引き

❶光源氏と御息所の心情を、順を追って整理しよう。

解答

(1)光源氏

・以前は御息所との安定した関係に安心しきっており、それほど愛情がなかったうえ、生き霊事件で御息所への愛情が冷めていた。
・野宮に来て、御息所と疎遠だったことを後悔している。
・神域の様子から、長く俗世から離れて過ごした御息所を想像し、いたわしく感じる。
・久しぶりの対面で昔を思い出し、しみじみとした思いがこみあげる。
・御息所をいたわしく思い、下向をやめるよう説得する。

・夜が明けても立ち去りがたく思う。

(2)御息所

・光源氏と会えば、下向への決意が鈍り、迷うだろうと予想していた。
・御息所を思う心は変わらないと言う光源氏に、自分は会うつもりはなかったと意地を張る。
・光源氏には未練を見せまいとするが、こらえきれない。
・下向をとりやめるよう説得する光源氏の言葉に、これまでのつらい思いも消える。
・予想どおりに下向の決意が鈍り、思い悩む。
・人を「待つ」という松虫の鳴き声に、別れをいっそう悲しく感じる。
・光源氏との別れの余韻に、しみじみと物思いにふける。

[解説] 本文中では、この場面以前の心情も表現されている。まず、書かれている心情を全て挙げ、時系列で並べ替えて整理すると心の動きを理解しやすくなる。

また、主語の省略が多いので注意する。特に、第三段落以降〔一七八・13〜終わり〕は一文の中で主語が入れ替わることも多いので、「御息所をいたわしく思い、下向を引き止めたい」光源氏と、「未練を光源氏に見せまいとしているが、説得され心が揺れる」御息所、どちらの心情か、丁寧に確認して読み進めよう。

■語句と表現

①この場面の舞台が野宮であることは、どのような効果を出しているか。

解答 野宮には簡素な小柴垣や板屋、神々しい黒木の鳥居、神官たち、火焼き屋の明かりや榊の深い緑色など、神域の厳かな雰囲気がある。作者は、恋愛が禁忌とされる神聖な場所を舞台に二人の別れを語ることで、この別れが特別なものだと感じさせている。

[解説] 第二段落の、神域独特の描写を押さえる。簡素でもの寂しい様子を見て、光源氏が御息所のつらい境遇に思いをはせ、同情を感じていることにも着目したい。また、神域が舞台だからこそ、男女の別れという場面でありながら浮き世離れしたような優美な歌のやり取り（第三段落）が行われたといえる。

須磨《すま》の秋　〔須磨〕

教科書　一八一～一八四ページ

大意

須磨では、物思いを誘う「心づくしの秋風」が吹く季節となった。ある夜、ひとり目覚めた光源氏《ひかるげんじ》は、吹き荒れる浦風の音に聞き入り、都恋しさに涙をあふれさせる。慰めに琴をかき鳴らし、歌を口ずさむと、供人も皆起きだして、ともに望郷の涙を流すのであった。（光源氏は、供人の心中を気遣い、昼は書や画《え》をかいたり、供人と雑談をしたりして過ごしていた。）庭先の花が咲き乱れ、趣深い夕暮れ、海の見渡せる廊にたたずむ光源氏の姿は、この世のものとは思えないほど美しい。沖の舟人の歌声や、初雁《はつかり》の声を聞きながら、光源氏は供人と望郷の思いに堪えず歌を詠み合う。八月十五夜の中秋の名月には、光源氏は月を眺めて、殿上《てんじょう》の管弦の遊びや都の人々に思いをはせ、「二千里《じせんり》の外《ほか》の故人《こじん》の心《こころ》」という詩句を口ずさむ。入道の宮（藤壺《ふじつぼ》の宮）との折々のことも恋しくて涙にくれ、また、帝《みかど》（兄の朱雀《すざく》帝で、後の朱雀院）のことも思い出されて、菅原道真《すがわらのみちざね》が配所で詠んだという詩の一節「恩賜の御衣《ぎょい》は今此《ここ》に在り」を口ずさんでしのぶのであった。

第一段落（初め～一八一・11）

段意

須磨は物思いを誘う「心づくしの秋風」が吹く季節となり、行平《ゆきひら》の中納言（在原《ありわらの》行平）が「関吹き越ゆる」と詠んだ浦波の音が、毎夜すぐ近くに聞こえてくるのだった。

現代語訳・品詞分解

須磨では、いっそう物思いを誘う秋風によって、海は少し遠いけれども、行平の中納言が「関吹き越ゆる」と詠んだという

須磨（名）　に（格助）　は（係助）、いとど（副）　心づくし（名）　の（格助）　秋風（名）　に（格助）、海（名）　は（係助）　少し（副）　遠けれ（形・ク・已）　ど（接助）、行平の中納言（名）　の（格助）　「関（名）　吹き越ゆる（動・下二・体）」　と（格助）　言ひ（動・四・用）

語釈・文法

いとど　いっそう。ただでさえ秋は物思いを感じさせる時なのに、この須磨の地ではなおいっそう、の意が込められている。

心《こころ》づくしの秋風《あきかぜ》に　物思いを誘う秋風によって。

浦風に砕ける波音が、毎晩打ち寄せてきて（その音が）なるほど（行平が詠んだとおり）す
けむ　浦波、夜々　は　げに　いと　近く　聞こえ　て、またなく
助動・過伝・体　名　名　係助　副　副　形・ク・用　動・下二・用　接助　形・ク・用

ぐ近くに聞こえて、またとなくしみじみと心にしみるものは、こういう土地の秋なのであった。
あはれなる　もの　は、かかる　所　の　秋　なり　けり。
形動・ナリ・体　名　係助　動・ラ変・体　名　格助　名　助動・断・用　助動・嘆・終

後の「いと近く聞こえて」にかかる。「心づくし」は、さまざまに物思いをすること。気をもむこと。

げに　なるほど。行平が「関吹き越ゆる」と詠んだとおり、の意。

かかる所《ところ》の秋《あき》なりけり　「けり」は、今改めて気づいたという驚きや感動を表す用法。

■第二段落（一八一・12〜一八二・4）

段意

ある夜、光源氏はひとり目覚めて、吹き荒れる浦風の音に聞き入り、都恋しさに涙をとめどなく流す。慰めに琴をかき鳴らし、歌を口ずさむと、供人たちも起きだし、ともに望郷の思いに堪えかねてすすり泣くのであった。

現代語訳・品詞分解

御前に（お仕えする）人も本当に少なくて、（その供人たちも）皆寝静まっている時に、
御前　に　いと　人少なに　て、うち休みわたれ　る　に、
名　格助　副　形動・ナリ・用　接助　動・四・命　助動・存・体　格助

（光源氏は）ひとり目を覚まして、枕を傾けて頭を高くして（耳を澄ませて）四方の激しい風
独り　目　を　覚まし　て、枕　を　そばだて　て　四方　の　嵐
名　名　格助　動・四・用　接助　名　格助　動・下二・用　接助　名　格助　名

の音をお聞きになっていると、波がただもうすぐそばまで打ち寄せてくるような心持ちがして、
を　聞き　給ふ　に、波　ただ　ここもと　に　立ち来る　心地
格助　動・四・用　補動・四・体　接助　名　副　代　格助　動・カ変・体　名

涙がこぼれているとも気がつかないのに（涙のために）枕が浮くほどになってし
し　て、涙　落つ　と　も　おぼえ　ぬ　に　枕　浮く
動・サ変・用　接助　名　動・上二・終　格助　係助　動・下二・未　助動・消・体　接助　名　動・四・体

まった。琴を少しかき鳴らしなさったその音が、
ばかり　に　なり　に　けり。琴　を　少し　搔き鳴らし
副助　格助　動・四・用　助動・完・用　助動・過・終　名　格助　副　動・四・用

我ながらとてももの寂しく聞こえるので、
給へ　る　が、我　ながら　いと　すごう　聞こゆれ　ば、
補動・四・命　助動・完・体　格助　代　接助　副　形・ク・用　動・下二・已　接助

語釈・文法

うち休《やす》みわたれるに　皆寝静まっている時に。「うち」は接頭語。「わたる」は動詞の連用形に付いて、一面に…する、の意を表す。「に」は接続助詞とする説もあり、その場合は逆接の確定条件を表し、…のに、の意となる。

枕《まくら》をそばだてて　安眠のための動作。頭が持ち上がることで耳を澄まして聞く形にもなる。

ここもと　すぐそば。自分の枕もとをいう。

枕《まくら》浮《う》くばかりになりにけり　涙がたくさん流れる様子を表し、そのために枕が浮き上がるくらいになってしまった、という誇張表現。

琴《きん》　琴《きん》の琴《こと》。七弦の琴のこと。

すごう　「すごく」のウ音便。「すごし」は、恐ろしいほどにもの寂しい、の意。

弾くのを途中でおやめになって、

弾きさし 給ひ て、
動・四・用 補動・四・用 接助

恋しさに堪えかねて泣く声によく似ている浦波の音というのは、私のことを恋しく思っている

恋ひわび て なく 音 に まがふ 浦波 は 思ふ
動・上二・用 接助 動・四・体 名 格助 動・四・体 名 係助 動・四・体

人たちのいる都の方角から風が吹いてくるから(そのように聞こえるの)であろうか。

かた より 風 や 吹く らむ
名 格助 名 係助 動・四・終 助動・原推・体

とお歌いになっていると、供人たちは目覚めて、(その声を)す

と うたひ 給へ る に、 人々 おどろき て、 めでたう
格助 動・四・用 補動・四・命 助動・存・体 接助 名 動・四・用 接助 形・ク・用

ばらしいと思うにつけても(悲しさや寂しさを)こらえきれず、わけもなく起き直っては、(涙

おぼゆる に 忍ば れ で、 あいなう 起きゐ つつ、 鼻
動・下二・体 接助 動・四・未 助動・可・未 接助 形・ク・用 動・上一・用 接助 名

に詰まる)鼻をおのおのそっとかむ。

を 忍びやかに かみわたす。
格助 形動・ナリ・用 動・四・終

弾《ひ》きさし給《たま》ひ《イ》て　弾くのを途中でおやめになって。「さす」は、途中でやめる、の意を表す接尾語。

恋《こ》ひ《イ》わびて…（歌）　「なく」「思ふ」の主語は、都の人とする説と、光源氏とする説がある。

恋《こ》ひ《イ》わぶ　恋に悩む。恋しさに堪えかねる。

まがふ《ウ》　区別がつかないほどよく似ている。泣き声と浦波の音とが、ということ。

おどろきて　ここでは、目が覚めて、の意。

めでた《ト》う《ウ》　すばらしく。「めでたく」のウ音便。「めでたし」は、すばらしい、りっぱだ、優れている、の意。

忍《しの》ばれで　（悲しさや寂しさを）こらえきれず。「で」は打消接続の接続助詞。

あいな《ノ》う《ウ》　わけもなく。「あいなく」のウ音便。「あいなし」は、筋が通らない、気に入らない、つまらない、などの意を表すほか、連用形を副詞的に用いて、むやみに、わけもなく、の意を表す。

かみわたす　「わたす」は動詞の連用形の下に付いて、ここでは、おのおの…する、の意を表す。

■第三段落（一八二・7〜一八三・10）

段意　庭先の花が咲き乱れ、趣深い夕暮れ、海の見渡せる廊にたたずむ光源氏の姿は、この世のものとは思えないほど美しい。くつろいだ姿で経を読む声も尊く聞こえ、涙を払う手つきは優美で供人たちの心を慰める。光源氏と供人たちは、沖の舟人の歌声や、初雁の声を聞きながら、望郷の念にかられて歌を唱和する。

現代語訳・品詞分解

庭先の花が色とりどりに咲き乱れて、趣のある夕暮れに、海

前栽（名） の（格助） 花（名） いろいろ（副） 咲き乱れ、（動・下二・用） おもしろき（形・ク・体） 夕暮れ（名） に、（格助） 海（名）

が見渡される廊にお出ましになって、たたずんでいらっしゃる

見やら（動・四・未） るる（助動・自・体） 廊（名） に（格助） 出で（動・下二・用） 給ひ（補動・四・用） て、（接助） たたずみ（動・四・用） 給ふ（補動・四・体）

（光源氏の）お姿が不吉なまでにお美しいことは、（須磨という）場所柄いっそうこの世

御さま（名） の（格助） ゆゆしう（形・シク・用） 清らなる（形動・ナリ・体） こと、（名） 所がら（名） は（係助） まして（副） こ（代）

のものとはお見えにならない。白い綾織物の単

の（格助） 世（名） の（格助） もの（名） と（格助） 見え（動・下二・用） 給は（補動・四・未） ず。（助動・消・終） 白き（形・ク・体） 綾（名）

で柔らかなものに、紫苑色（の指貫）などをお召しになって、濃い縹色の御直衣

の（格助） なよよかなる、（形動・ナリ・体） 紫苑色（名） など（副） 奉り（動・四・用） て、（接助） こまやかなる（形動・ナリ・体）

に、帯を無造作にしてくつろぎなさっているお姿で、

御直衣、（名） 帯（名） しどけなく（形・ク・用） うち乱れ（動・下二・用） 給へ（補動・四・命） る（助動・存・体） 御さま（名） に（助動・断・用）

「釈迦牟尼仏の弟子」と名のってゆっくりと（お経を）お読みになっているお声も、

て、（接助） 「釈迦牟尼仏弟子」（名） と（格助） 名のり（動・四・用） て（接助） ゆるるかに（形動・ナリ・用） 誦み（動・四・用） 給へ（補動・四・命）

同様にこの世のものとも思われないほどに（尊く）聞こえる。沖を通っていくつもの舟が

る、（助動・存・体） また（副） 世（名） に（格助） 知ら（動・四・未） ず（助動・消・用） 聞こゆ。（動・下二・終） 沖（名） より（格助） 舟ども（名）

（舟歌を）大声で歌って漕いでいく声なども聞こえる。（舟の影が）かす

の（格助） うたひののしり（動・四・用） て（接助） 漕ぎ行く（動・四・体） など（副） も（係助） 聞こゆ。（動・下二・終） ほのかに、（形動・ナリ・用）

かに、まるで小さい鳥が浮かんでいるかのように（遠く）見えるのも心細い感じであるうえに、

ただ（副） 小さき（形・ク・体） 鳥（名） の（格助） 浮かべ（動・四・命） る（助動・存・体） と（格助） 見やら（動・四・未） るる（助動・自・体） も（係助）

語釈・文法

前栽《せんざい》　庭先に植えた草木。

いろいろ　色とりどりに。

見《み》やらるる　見渡される。「見やる」は、遠くのほうを見る、の意。「るる」は自発の助動詞「る」の連体形。可能とする説もある。

ゆゆしう《シュウ》清《きよ》らなること　不吉なほど美しいこと。あまりに美しい人は、神に魅入られたり早死にしたりするといわれた。「ゆゆし」は、①神聖で恐れ多い、②不吉だ、縁起が悪い、③程度が甚だしい、などの意を表す。ここは②の意。

所《ところ》がら　場所柄。「所から」ともいう。

白《しろ》き綾《あや》のなよよかなる　白い綾織物の単《ひとえ》で柔らかなもの。「単（単衣《ひとえぎぬ》）」は裏地のない衣服。「の」は同格の格助詞。「なよよかなり」は、衣服などが柔らかくしなやかな様子をいう。

奉《たてまつ》りて　お召しになって。「奉る」は、①「与ふ」の謙譲語、②「食ふ」「着る」「乗る」の尊敬語、③謙譲の補助動詞、などの意を表す。ここは②の意で、「着る」の尊敬語。

こまやかなり　①細かい、詳しい、②情が厚い、③上品で洗練されている、④色が濃い、などの意を表す。ここは④の意。

しどけなくうち乱《みだ》れ　「しどけなし」は、無造作だ、「うち乱る」は、くつろぐ、の意。気が緩み、

雁が列をなして（飛びながら）鳴く声が、（舟を漕ぐ）楫の音によ
心細げなる　に、　雁　の　連ね　て　鳴く　声、　楫　の　音　に
形動・ナリ・体　接助　名　格助　動・下二・用　接助　動・四・体　名　名　格助　名　格助

く似ているのを、　物思いにふけってぼんやりとご覧になって、涙がこぼれるのをお払
まがへ　る　を、　うちながめ　給ひ　て、　涙　の　こぼるる
動・四・命　助動・存・体　格助　動・下二・用　補動・四・用　接助　名　格助　動・下二・体

いになっているお手つきが、　黒い御数珠に（美しく）映えて
を　かき払ひ　給へ　る　御手つき、　黒き　御数珠　に
格助　動・四・用　補動・四・命　助動・存・体　名　形・ク・体　名　格助

いらっしゃるそのご様子には、　故郷（都）の女を恋しく思う供人たちは、
映え　給へ　る　は、　ふるさと　の　女　恋しき　人々
動・下二・用　補動・四・命　助動・存・体　係助　名　格助　名　形・シク・体　名

心がすっかり安らいだのであった。
の、　心　みな　慰み　に　けり。
格助　名　副　動・四・用　助動・完・用　助動・過・終

初雁は都にいる恋しい人の仲間なのだろうか、旅の空を飛ぶ声が悲しく聞こえてくるよ。
初雁　は　恋しき　人　の　列　なれ　や　旅　の　空
名　係助　形・シク・体　名　格助　名　助動・断・已　係助　名　格助　名
飛ぶ　声　の　悲しき
動・四・体　名　格助　形・シク・体

と（光源氏が）おっしゃると、　良清は、
と　のたまへ　ば、　良清、
格助　動・四・已　接助　名

（連なって飛ぶ雁の声を聞いていると、）次々と昔のことが思い出されます。雁は都にいたその当
かき連ね　昔　の　こと　ぞ　思ほゆる　雁　は　その
動・下二・用　名　格助　名　係助　動・下二・体　名　係助　代　格助

時の友ではありませんが。
世　の　友　なら　ね　ども
名　格助　名　助動・断・未　助動・消・已　接助

民部大輔（惟光）は、
民部大輔、
名

服装や髪が少し乱れているのである。

世《よ》に知《し》らず聞《き》こゆ　この世のものとも思われないほど（尊く）聞こえる。

沖《おき》より　沖を通って。「より」は、経由する場所を示す格助詞。…を通って、の意。

うたひ《イ》ののしりて　（舟歌を）大声で歌って。

ほのかに　かすかに。「見やらるる」にかかる。

雁《かり》の…まがへ《エ》るを　雁が列をなして鳴く声が（舟を漕《こ》ぐ）楫《かじ》の音によく似ているのを。「楫」は、櫓《ろ》や櫂《かい》などの、舟を漕ぐ道具。

うちながむ　物思いにふける。ぼんやりと見やる。「うち」は接頭語。

黒《くろ》き御《おん》数《ず》珠《ず》に映《は》え給《たま》へ《エ》る　光源氏の白い手が、黒檀《こくたん》製の黒い数珠に引き立ってより美しく見える様子をいう。

ふるさと　故郷。以前住んでいた所。ここでは、京の都を指す。

心《こころ》みな慰《なぐさ》みにけり　光源氏の女性的な優美さを見て、供人たちは心が安らいだ。「慰む」は、心が晴れる、気が紛れる、などの意。

初雁《はつかり》　北方からその秋初めて渡ってきた雁。

列《つら》なれや　仲間なのだろうか。

旅《たび》の空《そら》　北方から渡来してきた雁にとって、この場は旅先であることを表している。

かき連《つら》ぬ　次々と連なる。次々と並べる。雁が

自分の意志で（ふるさとの）常世の国を捨てて鳴いている雁を、（今までは）雲のかなたのよそごとと思っていたことでした。

心 から 常世 を 捨て て なく 雁 を 雲 の よそ に も 思ひ ける かな

名 格助 名 格助 動・下二・用 接助 動・四・体 名 格助 名 格助 名 格助 係助 動・四・用 助動・嘆・体 終助

前右近将監は、

前右近将監、

名

「（ふるさとの）常世の国を出て旅の空にいる雁も、仲間に後れないで（いっしょに）いる間は心が安らぎます。

「常世 出で て 旅 の 空 なる かりがね も 列 に おくれ ぬ ほど ぞ 慰む

名 動・下二・用 接助 名 格助 名 助動・在・体 名 係助 名 格助 動・下二・未 助動・消・体 名 係助 動・四・体

友を見失っては、どのようでございましょうか。（きっと心細いでしょうに。）」と言う。

友 惑はし て は、 いかに 侍ら まし。」 と 言ふ。

名 動・四・用 接助 係助 副 動・ラ変・未 助動・反仮・体 格助 動・四・終

（この人は）父が常陸介になって（任国に）下ったのにも心をひかれ（ついて行か）ないで、

親 の 常陸 に なり て 下り し に も 誘は れ で、

名 格助 名 格助 動・四・用 接助 動・四・用 助動・過・体 格助 係助 動・四・未 助動・受・未 接助

（光源氏のお供をして須磨に）参っているのであった。

参れ る なり けり。

動・四・命 助動・存・体 助動・断・用 助動・過・終

内心では思い悩んでいるにちがいないようであるが、

下 に は 思ひくだく べか めれ ど、

名 格助 係助 動・四・終 助動・推・体 助動・定・已 接助

（表面では）得意げに振る舞って、平気な様子で日々を過ごしている。

誇りかに もてなし て、 つれなき さま に し歩く。

形動・ナリ・用 動・四・用 接助 形・ク・体 名 格助 動・四・終

連なって飛ぶ様子と、次々と思い出す様子とを表している。「かき」は接頭語。

昔《むかし》のこと　ここでは、都でのよき時代を指す。

その世《よ》　その当時。都にいた当時。

心《こころ》から　自分の心から。自分の意志で。

雲《くも》のよそ　雲のかなた。遠く離れた所。自分とは無関係のもの、の意を掛ける。ふるさとを離れ鳴く雁を他人事と思っていた、自分が須磨に流離して同じ境遇になるとは思っていなかった、ということ。

かりがね　雁の鳴き声。転じて、雁をいう。

列《つら》におくれぬほど　仲間に後れないで（いっしょに）いる間。光源氏ともども皆といっしょにいられる間、の意を込めている。

友惑《ともまど》は《ワ》しては　友を見失っては。雁の友のことをいいながら、自分たちの仲間をいう。

いかに侍《はべ》らまし　「侍り」は「あり」「居《を》り」の丁寧語。「まし」は反実仮想の助動詞。

誘《さそ》は《ワ》れで　心をひかれないで。

下《した》には　内心では。心の中では。

思《おも》ひ《イ》くだく　さまざまに思い悩む。

べかめれ　「べかるめれ」の撥《はつ》音便「べかんめれ」の撥音無表記の形。

誇《ほこ》りかにもてなして　得意げに振る舞って。「もてなす」は、振る舞う、の意。

し歩《あり》く　何かをしながら日々を過ごす。

■**第四段落**（一八三・11〜一八四・1）

段意　陰暦八月十五日の夜、中秋の名月を眺めて、光源氏は、殿上の管弦の遊びや都の人々に思いをはせ、「二千里の外の故人の心」という詩句を口ずさむ。また、入道の宮（藤壺の宮）との歌の唱和などを思い出して涙にくれる。

現代語訳・品詞分解

月がとても美しく輝いて出てきたので、（光源氏は）今

月	の	いと	はなやかに	さし出で	たる	に、	今宵	は
名	格助	副	形動・ナリ・用	動・下二・用	助動・完・体	接助	名	係助

宵は（陰暦八月の）十五夜だったのだと思い出しなさって、殿上の管弦の御遊びが恋しく

十五夜	なり	けり	と	思し出で	て、	殿上	の	御遊び
名	助動・断・用	助動・嘆・終	格助	動・下二・用	接助	名	格助	名

なり、都にいる、光源氏と交渉の深かった女性方も（今頃この月を）眺めて物思いにふけっていらっ

恋しく、	ところどころ	ながめ	給ふ	らむ	かし	と、
形・シク・用	名	動・下二・用	補動・四・終	助動・現推・終	終助	格助

しゃることであろうよと、思いをはせなさるにつけても、月の面ばかりを自然とお見つめになって

思ひやり	給ふ	に	つけ	て	も、	月	の	顔	のみ	まもら
動・四・用	補動・四・体	格助	動・下二・用	接助	係助	名	格助	名	副助	動・四・未

しまう。「二千里の外の故人の心」と吟誦なさった

れ	給ふ。	「二千里	の	外	の	故人	の	心」	と	誦じ
助動・自・用	補動・四・終	名	格助	名	格助	名	格助	名	格助	動・サ変・用

ところ、（それを聞く供人たちは）いつものように涙を抑えることもできない。入道の宮（藤

給へ	る、	例	の	涙	も	とどめ	られ	ず。	入道の宮
補動・四・命	助動・完・体	名	格助	名	係助	動・下二・未	助動・可・未	助動・消・終	名

壺の宮）が「霧や隔つる」とお詠みになった折のことが、言いようもなく恋し

の	「霧	や	隔つる」	と	のたまはせ	し	ほど、	いは	む
格助	名	係助	動・下二・体	格助	動・下二・用	助動・過・体	名	動・四・未	助動・婉・体

く、その折あの折のことを思い出しなさると、

方	なく	恋しく、	折々	の	こと	思ひ出で	給ふ	に、
名	形・ク・用	形・シク・用	名	格助	名	動・下二・用	補動・四・体	接助

思わず声をあげて泣いてしまわれる。「夜が更けてしまいました。」と

よよと	泣か	れ	給ふ。	「夜	更け	侍り	ぬ。」	と
副	動・四・未	助動・自・用	補動・四・終	名	動・下二・用	補動・ラ変・用	助動・完・終	格助

語釈・文法

十五夜《じゅうごや》なりけり　「十五夜」は、陰暦で毎月十五日の夜をいうが、ここでは八月十五日夜の中秋の名月をいう。

殿上《てんじょう》の御遊《おおんあそ》び　清涼殿の殿上の間で十五夜の月の宴に行われる詩歌管弦の催し。「遊び」は、詩歌・管弦・舞などを楽しむこと。

ながめ給《たま》ふらむかし　（月を）眺めて物思いにふけっていらっしゃることであろうよ。「かし」は、念を押し、強める終助詞。

まもられ給《たま》ふ　自然とお見つめになってしまう。「まもる」は、見つめる、の意。

二千里《じせんり》の外《ほか》の故人《こじん》の心《こころ》　『和漢朗詠集』に見える句で、白居易《はくきょい》の漢詩の一節。詩の主旨は、「陰暦八月十五日の夜中、満月の光が鮮やかに照らし始め、都から二千里も離れたかなたにいる旧友の心を思いやる」というもの。「故人」は古くからの友人、の意。

例《れい》の　いつものように。後の「とどめられず」にかかる。

霧《きり》や隔《へだ》つる　（歌）　歌意は、「幾重《いくえ》にも霧が間を隔てているためか、見ることのできない雲の

（供人が）申し上げるけれど、やはり奥にお入りにならない。

聞こゆれ　ど、　なほ　入り　給は　ず。
動・下二・已　接助　副　動・四・用　補動・四・未　助動・消・終

月を見ている間だけは、しばらく心が安らぐ。月の都がはるかかなたにあるように、（恋しい人々のいる）京の都は遠く、再び巡り会える日は、はるかに先のことであるけれども。

見る　ほど　ぞ　しばし　慰む　めぐりあは　む　月
動・上一・体　名　係助　副　動・四・体　動・四・未　助動・婉・体　名

の　都　は　遥かなれ　ども
格助　名　係助　形動・ナリ・已　接助

上の月を遠くからただ想像しているだけであるよ。」である。雲の上（宮中）の月（我が子の東宮《とうぐう》）を見たいが、差し支えがあって自由に会うこともできない、と嘆く気持ちを表す。

よよと　しゃくりあげ、声をあげて泣くさま。

見《み》るほどぞ…（歌）　「めぐりあふ」は、月が一定周期で巡る、の意と、再び会う、の意、「月」は、空の月と歳月、「都」は、月の都と京の都、「遥《はる》かなり」は、距離が遠い、の意と、時間が長い、の意、それぞれ二つの意が掛けられている。「月」と「めぐり」は縁語。

■第五段落（一八四・2〜終わり）

段意

光源氏は、藤壺の宮と歌を唱和した同じ夜に、帝（兄の朱雀帝）と親しく語り合ったこと、その時の姿が父の桐《きり》壺《つぼ》の院《いん》に似ていたことを恋しく思い出して、「恩賜の御衣は今此に在り」と菅原道真の詩句を口ずさんでしのぶ。

現代語訳・品詞分解

（藤壺の宮から「霧や隔つる」の歌を贈られた）その夜、帝（兄の朱雀帝）がとても親しみ深く昔の思い出話などをしなさったお姿が、

そ　の　夜、　上　の　いと　なつかしう　昔物語　など　し
代　格助　名　名　格助　副　形・シク・用　名　副　動・サ変・用

給ひ　し　御さま　の、
補動・四・用　助動・過・体　名　格助

院（故桐壺の院）に似申していらっしゃったことも、

院　に　似　奉り　給へ
名　格助　動・上一・用　補動・四・用　補動・四・命

り　し　も、
助動・存・用　助動・過・体　係助

恋しく思い出し申し上げなさって、

恋しく　思ひ出で　聞こえ　給ひ　て、
形・シク・用　動・下二・用　補動・下二・用　補動・四・用　接助

「恩賜の御衣は今ここに在り」と吟誦しながら奥にお入り

「恩賜　の　御衣　は　今　此　に　在り」　と　誦じ　つつ
名　格助　名　係助　名　代　格助　動・ラ変・終　格助　動・サ変・用　接助

語釈・文法

なつかしう《シュウ》　「なつかしく」のウ音便。「なつかし」は、①心ひかれる、親しみやすい、②魅力的だ、いとしい、③昔のことがしのばれて慕わしい、などの意を表す。ここは①の意。

昔物語《むかしものがたり》　昔の思い出話。

似奉《にたてまつ》り給《たま》へ《エ》りしも　似申していらっしゃったことも。「奉る」は謙譲の補助動詞で、作者の故桐壺の院に対する敬意を表す。「給ふ」は尊敬の補助動詞で、作者の朱雀帝に対する敬

になった。

入り　給ひ　ぬ。　御衣　は　まことに　身　放た　ず、
動・四・用　補動・四・用　助動・完・終　名　係助　副　名　動・四・未　助動・消・用

（帝から拝領した）御衣は（道真の詩にあるとおり）本当に身辺から離さず、おそばに置いていらっしゃる。

傍ら　に　置き　給へ　り。
名　格助　動・四・用　補動・四・命　助動・存・終

憂し　と　のみ　ひとへに　もの　は　思ほえ　で
形・ク・終　格助　副助　副　名　係助　動・下二・未　接助

ひだりみぎ　に　も　ぬるる　袖　かな
名　格助　係助　動・下二・体　名　終助

帝をいちずに恨めしいとばかりも思うことができず、（帝の恩寵を懐かしくしのぶ気持ちもあって、）左も右もそれぞれの涙でぬれる袖であることよ。

意を表す。

思《おも》ひ《イ》出《い》で聞《き》こえ給《たま》ひ《イ》て　思い出し申し上げなさって。「聞こゆ」は謙譲の補助動詞で、作者の朱雀帝に対する敬意を表す。「給ふ」は尊敬の補助動詞で、作者の光源氏に対する敬意を表す。

恩《おん》賜《し》の御衣《ぎょい》は今此《いまここ》に在《あ》り　左遷前の菅原道真が「秋思」の題で献詩し、醍醐《だいご》天皇から御衣を賜ったことを、翌年、大宰府《だざいふ》で詠じたもの。

まことに　道真の詩にあるとおり、本当に、の意。

憂《う》し　ここでは、憎らしい、恨めしい、の意。

鑑賞

勢いに任せ人生を送ってきた光源氏が、都から離れた地で自己を顧みながら過ごした須磨での日々を描いた巻である。全体に漂うもの悲しさは、須磨という地がうらさびれた場所であることに加え、古来より流罪を受けた者たちの配所であったことに由来する。光源氏が居を構えたのは、現実に須磨に流された在原行平が暮らした辺りで、海岸から少し奥へ入った寂しい山中であった。わびしい住まいではあったが、手を入れて風情を出し、土地の人たちや、京より付き従ってきた供人たちに慕われながら、光源氏は静かな日々を送っていた。

そんな須磨にも秋風が吹く季節となり、もの悲しさを増す情景に、光源氏の抑えていた情も込み上げ、郷愁の思いや懐かしい人々への恋しさが募って涙にくれるようになる。その光源氏の姿は美しく清らかで、辺りの情景と一体となって悲哀に満ちた情趣を生み出すさまが、流麗な文章によって描き出されている。

この「須磨」の一節は、そうした情景描写の巧みさが光る一節でもある。中でも印象深いのが、「前栽の花いろいろ咲き乱れ、おもしろき夕暮れ」〔二八二・7〕の場面の描写である。色とりどりの花が咲き乱れる幻想的な夕景に、海が見える廊にて、白く柔らかな綾織物の単、紫苑《しおん》色の指貫《さしぬき》、濃い縹《はなだ》色（藍染めの色）の直衣《のうし》を身にまとい、しどけなく帯を巻いた姿の光源氏がゆっくりと経を読んでいるさまは、辺りの情景に調

和し、須磨という場所柄、浮世離れした趣をたたえて、見る者たち（読者も含めて）の感慨を誘う。さらにここでは、海を行く舟人の歌声、空を飛ぶ初雁の声といった、漂泊の境涯を思わせる聴覚的描写も加わり、いっそうの悲傷感をあおり立てるのである。これらは単なる情景描写ではなく、自然の風物に人物の心情が投影された景情一致の表現といえる。
　これらの描写をさらに効果的にしているのが、古歌や古詩の引用と、和歌の存在である。古歌や古詩を引用し、その背景にある情趣を下敷きにすることで、「心づくしの秋風」や「浦波」の音に、漂泊・配流の運命を嘆く宮廷人の吐息を感じさせるなど、表現に奥行きと深みが加わっている。また、白居易や菅原道真といった同じように左遷された実在の人物の詩歌を引用し、その情を重ね合わせることで、光源氏の心中を去来する感傷が真実味を帯び、読者に訴えかけてくる。そして、その思いは和歌によって改めて表出されることで浮き彫りになり、さらなる余韻を生み出しているのである。

教科書の問題（解答・解説）

教科書本文下に示された問題

「かかる所」とはどのような所か。（p.一八一）

解答　在原行平が流罪になった地で、都から離れたわびしい配所。

［解説］　荒涼たる海辺の須磨は、歴史的にも多くの勅勘（帝からのとがめ）を被った人たちが流されてきた所である。

■学習の手引き

❶光源氏の三首の歌（一八二・2、一八四・1、一八四・5）に込められたそれぞれの思いについて、まとめよう。

解答　・「恋ひわびて…」＝都で自分のことを恋しがっているであろう人々（自分が恋い慕う都の人々）のことを考え、悲しくなる思い。

教科書 一八四ページ

・「見るほどぞ…」＝都での日々やそこにいる人々を恋しく思いつつ、同じ月を眺めることで心安まる思い。
・「憂しとのみ…」＝朱雀帝への恨めしさと懐かしさの入り交じった思い。

［解説］　一首目は、都にいる人々を思い、悲しさや寂しさを感じて詠んだもの、二首目は、都と同じ月を眺めることで少し心が晴れた思いを詠んだもの、三首目は、兄朱雀帝との思い出を振り返って詠んだものである。朱雀帝は敵対勢力の中にいたため光源氏を擁護してくれず、光源氏は都から追われるような結果となったということもあり、その恨めしさと、それでもやはり込み上げる慕わしさや、その恩寵《おんちょう》を懐かしくしのぶ気持ちとで揺れる思

いが吐露されている。

❷四首の唱和の歌〔一八三・1、3、5、7〕に、四人は、それぞれどのような心情を詠み込んでいるか。

解答 ・光源氏＝都で暮らす恋人たちを恋慕する気持ち。
・良清《よしきよ》＝都にいた過去のよき時代を懐かしく振り返る気持ち。
・民部大輔《みんぶのたいふ》（惟光《これみつ》）＝現在の境遇は、以前には予想もしなかったものだと感慨深く思う気持ち。
・前右近将監《さきのうこんのぞう》＝都を離れて異郷をさすらう心細さを、仲間の存在によって慰める気持ち。

■語句と表現

①和歌や漢詩が引用されることにより、どのような効果が生まれているか。

解答 ・物語の情景に、詩歌に詠まれた古《いにしえ》の情景を重ね合わせ、奥深い表現を生み出す効果。
・光源氏の心情を、現実に同じような境遇にあった人のものと重ね合わせ、より強く読者に訴えかける効果。

[解説] 主な和歌・漢詩とその効果は次のとおりである。
・「心づくしの秋風」＝『古今《こきん》和歌集』中の表現を踏まえた語。秋のもの寂しい風情をかもし出している。
・「関吹き越ゆる」＝実際に須磨に流された在原行平の和歌より引用。光源氏の置かれた境遇を描き出している。
・「枕をそばだてて」＝左遷の身であった白居易の漢詩より引用。光源氏の置かれた境遇を描き出している。
・「枕浮くばかり」＝『古今和歌六帖《ろくじょう》』中の表現を踏まえた語。高まる悲哀の情を誇張的に盛り上げている。
・「雁の連ねて鳴く声、楫の音にまがへる」＝白居易の漢詩を踏まえて、情景を描き出している。
・「二千里の外の故人の心」＝白居易の漢詩より引用。遠く離れた旧友を思う心情を描き出している。
・「恩賜の御衣は今此に在り」＝左遷の身であった菅原道真の漢詩より引用。帝を慕う思いを表している。

このように実在の人物の言葉と重ね合わせることで、物語の表現に奥深さと現実味を加えているのである。

②次の傍線部の違いを文法的に説明しよう。

解答 (1) げにいと近く聞こえて＝本動詞「聞こゆ」の連用形。
(2) 恋しく思ひ出で聞こえ給ひて＝謙譲の補助動詞「聞こゆ」の連用形。

[解説] 活用の種類はヤ行下二段活用で同じ。「聞こゆ」は、本動詞として、①聞こえる、②評判になる、知られる、③理解できる、④（「言ふ」の謙譲語）申し上げる、などの意を表すほか、謙譲の補助動詞として、…申し上げる、の意を表す。

夜《よ》深《ぶか》き鶏《とり》の声

〔若菜《わかな》上〕

教科書 一八五～一八八ページ

大意

女三《おんなさん》の宮《みや》が六条院に降嫁してきた。新婚三日間は毎夜欠かさず通うのがしきたりである。夜離《よが》れの経験のない紫の上は、悲しく物思いに沈んでおり、光源氏《ひかるげんじ》は今さらのように女三の宮との結婚を後悔するのだった。自分の立場を弁明して理解を求めたり、変わらぬ愛を歌で誓ったりして、なかなか出かけようとしない光源氏を、紫の上は、世間体もあるからとせき立てて女三の宮のもとに向かわせるが、見送る心中は穏やかではなかった。夜が更け、しばらくは寝ずに起きていた紫の上は、あまり遅くまで夜更かしするのも侍女たちが怪しむだろうと考えて、寝所に入る。しかし、寂しさに平静ではいられず、光源氏が須磨《すま》に退去した折のことなどを思い返したりしながら、眠られぬままに一番鶏の声を聞いていた。そんな紫の上の思いが通じたのか、女三の宮の所にいた光源氏の夢に紫の上が現れる。光源氏は紫の上が気にかかり、一番鶏が鳴くやいなや、まだ暗いうちに女三の宮のもとを出て、紫の上のもとに帰ってきた。光源氏が紫の上の夜着を引きのけると、紫の上は涙に濡《ぬ》れた袖を隠して、優しく気高い振る舞いを見せる。その姿に心打たれた光源氏は、改めて紫の上ほどすばらしい女性はめったにいないと思うのだった。

第一段落（初め～一八六・13）

段意

光源氏が女三の宮のもとに通い始めて三日目の夜、長年こういう夜離れの経験のない紫の上は、悲しみをこらえようとするが、やはり物思いに沈んでいる。その可憐《かれん》な様子を見るにつけ、光源氏は今さらのように女三の宮との結婚を後悔するのであった。光源氏は自分の立場を弁明し、紫の上に理解を求めるが、紫の上は古歌に紛れこませてそっと心中を歌に詠むと、変わらぬ愛を歌うなどしてなかなか出かけようとしない光源氏を、世間体もあるからとせき立て、女三の宮のもとに向かわせる。しかし、その心中は穏やかではなかった。

現代語訳・品詞分解

三日間は毎夜欠かすことなく(光源氏が女三の宮のもとに)お通いになるので、長年の間
三日 が ほど は 夜離れ なく 渡り 給ふ を、年ごろ
名 格助 名 係助 名 形・ク・用 動・四・用 補動・四・体 接助 名

そのようなことにもお慣れでない(紫の上の)気持ちでは、こらえはするが、やはり
さ も ならひ 給は ぬ 心地 に、忍ぶれ ど、なほ
副 係助 動・四・用 補動・四・未 助動・消・体 名 格助 動・上二・已 接助 副

なんとなくしみじみと悲しい。(光源氏の)お召し物などに、いっそう念入りに香を薫き染めさせなさるけ
ものあはれなり。御衣ども など、いよいよ 薫き染め させ 給ふ
形動・ナリ・終 名 副助 副 動・下二・未 助動・使・用 補動・四・体

れども、物思いにふけっていらっしゃる(紫の上の)様子は、たいそう可憐
ものから、うちながめ て ものし 給ふ 気色、いみじく
接助 動・下二・用 接助 動・サ変・用 補動・四・体 名 形・シク・用

で美しい。(光源氏は)どうして、いろいろな事情があるにしても、(紫の上が
らうたげに をかし。などて、よろづ の こと あり とも、また人
形動・ナリ・用 形・シク・終 副 名 格助 名 動・ラ変・終 接助 名

いるのに、)またほかの人を妻にして並び立たせねばならないのか、浮気っぽく情にもろくなってし
を ば 並べ て 見る べき ぞ、あだあだしく 心弱く
格助 係助 動・下二・用 接助 動・上一・終 助動・当・体 終助 形・シク・用 形・ク・用

まった自分の心の緩みから、このようなことも起
なりおき に ける わ が 怠り に、かかる こと
動・四・用 助動・完・用 助動・過・体 代 格助 名 格助 動・ラ変・体 名

こるのだよ、(朱雀院は女三の宮を託すにあたって)若いけれど、中納言(の夕霧
も 出で来る ぞ かし、若けれ ど、中納言 を ば え 思しかけ
係助 動・カ変・体 終助 終助 形・ク・已 接助 名 格助 係助 副 動・下二・未

を候補としてお考えになることができずに終わったようだなあ、と我ながら情けなく(ついあれこれと)
ず なり ぬ めり し を、と 我 ながら つらく
助動・消・用 動・四・用 助動・完・終 助動・定・用 助動・過・体 間助 格助 代 接助 形・ク・用

お思い続けなさっていると、自然に涙が浮かんできて、「(結婚三日目の)今夜だけは
思し続け らるる に、涙ぐま れ て、「今宵 ばかり は
動・下二・未 助動・自・体 接助 動・四・未 助動・自・用 接助 名 副助 係助

語釈・文法

夜離れ　夜、女のもとへ男が通ってこなくなること。男女の仲が離れること。

年《とし》ごろ　①長年の間。②年格好。ここは①の意。

さもならひ《イ》給《たま》は《ワ》ぬ　「さ」は「夜離れ」を指す。「ならふ」は「慣らふ」「馴らふ」と書き、慣れる、習慣となる、の意を表す。

忍《しの》ぶれど　こらえはするが。

薫《た》き染《し》む　香を薫き、匂いを物に染み込ませる。

ものし給《たま》ふ《ウ》気色《けしき》　「ものす」は、さまざまな動詞の代わりに用いられ、貴人の動作や存在を婉曲《えんきょく》に表す語。「気色」は、様子、情景、の意。

などて　どうして。以下、「…思《おぼ》しかけずなりぬめりしを」まで、光源氏の心内語。

あだあだし　誠実でない。浮気っぽい。

怠《おこた》り　過失。過ち。ここは光源氏が自己を省み、心の緩みがあったといっているもの。

中納言《ちゅうなごん》をばえ思《おぼ》しかけず　光源氏の息子夕霧《ゆうぎり》が、初恋を貫いて妻とした雲居雁《くもいのかり》以外の女には心を分けまいと考えられたために、女三の宮の婿候補者から外れた事情をいっている。

今宵《こよい》ばかりは　(結婚三日目の)今夜だけは、の意。通例、三日目の夜に「所顕《ところあらわ》し」という結婚披露があり、「三日夜《みかよ》の餅《もち》」という祝いの餅を食べる。ともに婚儀の重要な一環。

いたしかたないこととお許しくださるでしょうね。これから後(あなたから)離れる

理 と 許し 給ひ て む な。 これ より 後 の

名 格助 動・四・用 補動・四・用 助動・強・未 助動・推・終 終助 代 格助 名 格助

ことがあったら、(その時には)自分のことながら愛想も尽きること

途絶え あら む こそ、 身 ながら も 心づきなかる

名 動・ラ変・未 助動・仮・体 係助 名 接助 係助 形・ク・体

でしょう。一方でそうかといって、(女三の宮をおろそかにしたら)あの院(朱雀院)がお聞き入れに

べけれ。 また さりとて、 か の 院 に 聞こし召さ む こと

助動・推・已 接 接 代 格助 名 格助 動・四・未 助動・推・体 名

なるであろうこと(が気がかりです)よ。」と(あれこれ)思い乱れていらっしゃるお心のうちは苦しそうであ

よ。」 と 思ひ乱れ 給へ る 御心 の うち 苦しげなり。

間助 格助 動・下二・用 補動・四・命 助動・存・体 名 格助 名 形動・ナリ・終

る。(紫の上は)少しほほ笑んで、「ご自分のお心なのにそれさえ、決めかねていら

少し ほほ笑み て、 「自ら の 御心 ながら だに、 え 定め

副 動・四・用 接助 名 格助 名 接助 副助 副 動・下二・用

っしゃるようですのに、(他人の自分には)なおさら「理」かどうか(分

給ふ まじか なる を、 まして 理 も 何 も。

補動・四・終 助動・消推・体 助動・定・体 接助 副 名 係助 代 係助

かりようもありません)。結局どうなりますことか。」と、とりつくしまもないよ

いづこ に 留まる べき に か。」 と、 いふかひなげに

代 格助 動・四・終 助動・推・体 助動・断・用 係助 格助 形動・ナリ・用

うにおあしらいになるので、(光源氏は)きまり悪くさえお思いになって、頰づえ

とりなし 給へ ば、 恥づかしう さへ おぼえ 給ひ て、 頰杖

動・四・用 補動・四・已 接助 形・シク・用 副助 動・下二・用 補動・四・用 接助 名

をおつきになって横になっていらっしゃるので、(紫の上は)

を つき 給ひ て 寄り臥し 給へ れ ば、 硯 を

格助 動・四・用 補動・四・用 接助 動・四・用 補動・四・命 助動・存・已 接助 名 格助

硯を引き寄せて、

引き寄せ て、

動・下二・用 接助

すぐ目の前で変われば変わるようなはかないあなたとの仲を(愚かにも)行く末長く続くものと

目 に 近く 移れ ば 変はる 世の中 を 行く末 遠く

名 格助 形・ク・用 動・四・已 接助 動・四・体 名 格助 名 形・ク・用

許《ゆる》し給《たま》ひ《イ》てむな　お許しくださるでしょうね。「てむ」は強意の助動詞「つ」の未然形＋推量の助動詞「む」から成り、きっと…だろう、…にちがいない、の意。「な」は念押しの終助詞。

心《こころ》づきなし　気にくわない。愛想が尽きる。

御心《みこころ》ながらだに　ご自分のお心なのにそれさえ、ということ。「ながら」は逆接の確定条件を表す接続助詞。…が、…のに、などの意。

え定《さだ》め給《たま》ふまじかなるを　「え…まじ」で不可能を表す。「まじかなる」は「まじかるなる」の撥《はつ》音便「まじかんなる」の撥音無表記の形。

まして理《ことわり》も何《なに》も　後に「いかでかえ知り侍らむ」などの語句が省略されている。

いづ《ズ》こに留《と》まるべきにか　どこに決着するのでしょうか。「か」の後に「あらむ」「侍《はべ》らむ」などの結びの語句が省略されている。

いふ《ウ》かひ《イ》なげなり　形容詞「いふかひなし」(どうしようもない、の意)に接尾語「げ」が付いて形容動詞化した語。ここでは、とりつくしまもない、の意。

恥《は》づ《ズ》かしう《シュウ》　「恥づかしく」のウ音便。「恥づかし」は、相手がりっぱすぎて気後れする、きまりが悪い、の意。

頰杖《つらづえ》　頰《ほお》づえ。思案する時のしぐさ。ここでは、光源氏が困ってみせて紫の上に甘えている。

頼りにしておりましたこと。

頼み ける かな
動・四・用 助動・嘆・体 終助

古歌などをまぜてお書きになっていらっしゃるのを、(光源氏は)手に取ってご覧になって、

古言 など 書きまぜ 給ふ を、取り て 見 給ひ て、
名 副助 動・下二・用 補動・四・体 格助 動・四・用 接助 動・上一・用 補動・四・用 接助

何ということもない歌ではあるけれど、なるほど(この歌のとおり)もっともなことだと思われて、

はかなき 言 なれ ど、げに と 理に て、
形・ク・体 名 助動・断・已 接助 副 格助 形動・ナリ・用 接助

人の命は絶える時は絶えてしまうものでしょうが、そんな無常の世の中の世間並みではない、(いつまでも変わらない固い絆で結ばれた)私たちの夫婦仲なのですよ。

命 こそ 絶ゆ と も 絶え め 定めなき 世 の
名 係助 動・下二・終 格助 係助 動・下二・未 助動・推・已 形・ク・体 名 格助

常 なら ぬ 仲 の 契り を
名 助動・断・未 助動・消・体 名 格助 名 間助

すぐにも(女三の宮のもとへ)お出かけになれないでいるのを、(紫の上が)「とてもみっともないことですよ。」と(早く行くように)お勧め申し上げなさるので、(光源氏が)しなやかで風情のあるお召し物で何とも言えないほどよい匂いをさせてお出かけになるのを、

とみに も え 渡り 給は ぬ を、「いと かたはらいたき
副 係助 副 動・四・用 補動・四・未 助動・消・体 格助 副 形・ク・体

わざ かな。」 と そそのかし 聞こえ 給へ ば、なよよかに
名 終助 格助 動・四・用 補動・下二・用 補動・四・已 接助 形動・ナリ・用

をかしき ほど に え なら ず にほひ て 渡り
形・シク・体 名 格助 副 動・四・未 助動・消・用 動・四・用 接助 動・四・用

お見送りなさるにつけても、(紫の上の心中は)とても穏やかなものではあるまいよ。

給ふ を、見出だし 給ふ も、いと ただに は あら
補動・四・体 格助 動・四・用 補動・四・体 係助 副 形動・ナリ・用 係助 補動・ラ変・未

ず かし。
助動・消・終 終助

世《よ》の中《なか》 男女の間柄。夫婦仲。

古言《ふるごと》など書《か》きまぜ給《たま》ふを 自分の心を託す古歌を思いつくままに書く、いわゆる手習いである。ここでは、紫の上が古歌の類いとともに自作の「目に近く…」の歌をさりげなく書き込んで心の内をそっと示したのである。

はかなし ここでは、何ということもない、の意。

命《いのち》こそ絶《た》ゆとも絶《た》えめ 「とも」は格助詞「と」＋係助詞「も」から成り、同じ動詞の間に入って、その動作を強調する。「こそ―め」は係り結び。

定《さだ》めなき世《よ》の常《つね》ならぬ 無常の世の中の世間並みではない。つまり、無常ではない、ということ。「世」は上下の語句にかかる。「定めなき世」は、無常の世の中、「世の常」は、世間並み、の意。

かたは《ワ》らいたし ①（はたで見ていて）みっともない、気の毒だ、②（はたから見られて）恥ずかしい、きまりが悪い、などの意。ここは、光源氏がすぐに出かけようとしないことを受け、「遅くなっては女三の宮に気の毒だ」の意とも、「自分が光源氏を引き止めているようできまりが悪い」の意ともとれる。

なよよかにを《オ》かしきほどに 適当に糊気《のりけ》が落ち、優美な感じを与える装束のさま。紫の上は夫を美しく飾って送り出したのである。

えならず 何とも言えないほどすばらしい。

第二段落（一八七・1～9）

段意

光源氏が女三の宮のもとに行っているからといって、あまり遅くまで夜更かししているのも人が変に思うだろうと、紫の上は寝所に入るが、独り寝の寂しさに平静ではいられなかった。光源氏が須磨に退去した折、自分のことはさておいて相手の身を惜しみ悲しんだことなどを思い出す。風の吹く冷え冷えとした夜、侍女たちの手前をはばかって、まんじりともせず寝たふりを続けていたが、とうとう一晩中眠れず、一番鶏の声を聞くのであった。

現代語訳・品詞分解

（紫の上は）あまり遅くまで夜更かしするのもふだんにないことで、人が変に思うだろうかと
あまり 久しき 宵居 も 例 なら ず、 人 や 咎め
副 形・シク・体 名 係助 名 助動・断・未 助動・消・用 名 係助 動・下二・未

気がとがめることだとお思いになって（寝所に）お入りになったので、
む と 心 の 鬼 に 思し て 入り 給ひ ぬれ
助動・推・体 格助 名 格助 名 格助 動・四・用 接助 動・四・用 補動・四・用 助動・完・已

（侍女が）御夜具をお掛けしたが、いかにも独り寝の寂しい幾夜かを過ごしてきたにつ
ば、 御衾 参り ぬれ ど、 げに 傍ら さびしき 夜な夜な
接助 名 動・四・用 助動・完・已 接助 副 名 形・シク・体 名

けても、やはり平静でいられない気持ちがするけれども、
経 に ける も、 なほ ただなら ぬ 心地 すれ
動・下二・用 助動・完・用 助動・過・体 係助 副 形動・ナリ・未 助動・消・体 名 動・サ変・已

あの須磨のお別れの時のことなどを思い出しなさると、
ど、 か の 須磨 の 御別れ の 折 など を 思し出づれ ば、
接助 代 格助 名 格助 名 格助 名 副助 格助 動・下二・已 接助

もうこれまでと遠く離れておしまいになっても、ただ同じこの世のうちに（無事でい
今 は と かけ離れ 給ひ て も、 ただ 同じ 世 の
名 係助 格助 動・下二・用 補動・四・用 接助 係助 副 形・シク・終 名 格助

らっしゃると）お聞き申し上げるならば（うれしいだろうに）と、我が身までのことはさておき、
うち に 聞き 奉ら ましか ば と、 わ が 身 まで
名 格助 動・四・用 補動・四・未 助動・反仮・未 接助 格助 代 格助 名 副助

（光源氏の御身を）惜しく悲しいと思ったことだよ、
の こと は うち置き、 あたらしく 悲しかり し ありさま
格助 名 係助 動・四・用 形・シク・用 形・シク・用 助動・過・体 名

語釈・文法

久《ひさ》しき宵居《よいい》 「久し」は、時間が長い、の意。「宵居」は、夜遅くまで起きていること。

心《こころ》の鬼《おに》 自分の心をとがめるもの、良心の呵責《かしゃく》、また、心をよぎる不安や恐れ、疑心暗鬼をいう語。ここでは、自分の夜更かしが光源氏の夜離れと結び付けられて当て推量の材料にされるのではないかと恐れる紫の上の不安を表す。紫の上は、女三の宮の降嫁について、女房たちやほかの女君たちがあれこれ取り沙汰することに神経をすり減らしていた。

御衾《おおんふすま》 「衾」は、寝る時に上から掛ける夜具。

傍《かたわ》らさびしき夜《よ》な夜《よ》な 「傍らさびし」は、ともに寝る相手がいなくて寂しい、の意。紫の上にとっては、三日間の夜離れが続いている。

今《いま》は 「今は限り」の略。以下、「いふかひあらまし世かは」まで、紫の上の心内語。

聞《き》き奉《たてまつ》らましかば 「ましかば」は反実仮想を表し、後に「うれしからまし」などの語句が

そのままその騒ぎの時に、自分も殿（光源氏）も命がもたなくなって

ぞかし、さてその紛れに、我も人も命堪へ

（終助　終助　副　代　格助　名　格助　代　係助　名　係助　名　動・下二・未）

（死んでしまって）いたならば、話しがいのある二人の仲であっただろうか、

ずなりなましかば、いふかひあらまし

（助動・消・用　動・四・用　助動・強・未　助動・反仮・未　接助　動・四・体　名　動・ラ変・未　助動・反仮・体）

（いや、そうではなかっただろう。）と気を取り直しなさる。風が吹いている夜の雰囲気が冷え冷えとして、

世かは、と思しなほす。風うち吹きたる夜のけはひ

（名　係助　格助　動・四・終　名　動・四・用　助動・存・体　名　格助　名）

（紫の上は）すぐにも寝つくことができずにいらっしゃるのを、

冷ややかにて、ふとも寝入られ給はぬを、

（形動・ナリ・用　接助　副　係助　動・四・未　助動・可・用　補動・四・未　助動・消・体　格助）

身近にお仕えする侍女たちが不審に思うのではなかろうかと、（衣ず

近く候ふ人々あやしとや聞かむと、うち

（形・ク・用　動・四・体　名　形・シク・終　格助　係助　動・四・未　助動・推・体　格助　（接頭））

れの音さえたてないように）身動きもせずにいらっしゃるのも、やはりとてもつらそうである。

も身じろき給はぬも、なほいと苦しげなり。

（係助　動・四・用　補動・四・未　助動・消・体　係助　副　副　形動・ナリ・終）

夜がまだ明けきらない時に鳴く鶏の声が聞こえてきたのもなんとなくしみじみと心を動かされる。

夜深き鶏の声の聞こえたるもものあはれなり。

（形・ク・体　名　格助　名　格助　動・下二・用　助動・完・体　係助　形動・ナリ・終）

省略されている。

あたらし　「惜し」と書き、本来の価値が十分に示されないことを残念に思う気持ちを表す。①惜しい、②りっぱだ、すばらしい、の意を表し、ここは①の意。

その紛《まぎ》れ　光源氏が須磨へ退去した時の騒ぎを指す。

命《いのち》堪《た》へずなりなましかば、いふ《ウ》かひ《イ》あらまし世《よ》かは　「ましかば…まし」で反実仮想を表す。「いふかひ」は、言うだけの価値、話しがい、の意。「かは」は反語の係助詞。

ふと　①たやすく。②すばやく。③不意に。ここは②の意。

うちも身《み》じろき　「うち身じろく」で、身動きする、の意の一語の動詞である。これは間に強意の係助詞「も」が入ったもの。「うち」は接頭語。

夜深《よぶか》き鶏《とり》の声《こゑ》の聞《き》こえたるも　一番鶏が鳴くまで紫の上が眠れずに過ごしたことを意味する。

■第三段落（一八七・10〜15）

段意

紫の上は、光源氏を恨めしいと思うわけではなかったが、思い悩んでいたせいか、女三の宮の所にいた光源氏の夢にその姿が現れた。胸騒ぎを覚えた光源氏は、心待ちにしていた一番鶏が鳴くや、まだ暗いうちに急いで帰ろうとする。幼い女三の宮のために近くに控えていた乳母たちが光源氏を見送った。夜明け前の薄暗い空に、雪明かりがぼんやり光っている。光源氏の帰った後まで匂う香に、乳母は「闇はあやなし」と独りごとをもらすのだった。

現代語訳・品詞分解

(紫の上が光源氏を)ことさら恨めしいと(思っていらっしゃると)いうわけではないが、こんなふう
わざと つらし と に は あら ね ど、 かやうに
副 形・ク・終 格助 助動・断・用 係助 補動・ラ変・未 助動・消・已 接助 形動・ナリ・用

に思い悩んでいらっしゃるせいであろうか、 あちらの(女三の宮の所にいる光源氏の)御夢
思ひ乱れ 給ふ け に や、 か の 御夢 に 見え
動・下二・用 補動・四・体 名 助動・断・用 係助 代 格助 名 格助 動・下二・用

に(紫の上が)現れなさったので、 (光源氏は)ふと目をお覚ましになって、 どうしたことかと
給ひ けれ ば、 うちおどろき 給ひ て、 いかに と
補動・四・用 助動・過・已 接助 動・四・用 補動・四・用 接助 副 格助

胸騒ぎがしなさるので、 (早く帰ろうと)鶏の鳴き声をお待ちかねになっていたので、
心 騒がし 給ふ に、 鶏 の 音 待ち出で 給へ れ
名 動・四・用 補動・四・体 接助 名 格助 名 動・下二・用 補動・四・命 助動・存・已

(一番鶏が鳴くとすぐ)まだ夜明け前なのも気づかぬふりをして急いでお出ましになる。(女三
ば、 夜深き も 知らず顔に 急ぎ出で 給ふ。 いと いはけなき
接助 形・ク・体 係助 形動・ナリ・用 動・下二・用 補動・四・終 副 形・ク・体

の宮は)とても幼いご様子なので、 乳母たちがおそば近くにお控えしていた。 (光源
御ありさま なれ ば、 乳母たち 近く 候ひ けり。 妻戸
名 助動・断・已 接助 名 形・ク・用 動・四・用 助動・過・終 名

氏が)妻戸を押し開けてお出ましになるのを、 (乳母たちは)見送り申し上げる。
押し開け て 出で 給ふ を、 見 奉り 送る。
動・下二・用 接助 動・下二・用 補動・四・体 格助 動・上一・用 補動・四・用 動・四・終

夜が明けきる前の薄暗い空に、 雪明かりが(白く)見えてぼんやりしている。
明けぐれ の 空 に、 雪 の 光 見え て おぼつかなし。
名 格助 名 格助 名 格助 名 動・下二・用 接助 形・ク・終

(お帰りになった)後まで残っている御匂いに、 「闇はあやなし」
名残 まで 留まれ る 御にほひ、 「闇 は あやなし」
名 副助 動・四・命 助動・存・体 名 名 係助 形・ク・終

と(乳母はつい)独りごとをもらす。
と 独りごた る。
格助 動・四・未 助動・自・終

語釈・文法

かやう《ヨウ》に　直前の段落で述べられた、眠れぬ紫の上の心情を指す。

けにや　「け」は「故《け》」と書き、原因・理由を表す。ため、せい、ゆえ、の意。「や」の後に「あらむ」などの結びの語句が省略されている。

かの御夢《おんゆめ》に見《み》え給《たま》ひ《イ》ければ　当時、恋人が自分のことを思って悩んでいる時は、その魂が身を離れて夢の中に現れるという俗信があった。「かの」は、あちらの、すなわち女三の宮の所にいる光源氏の、という意。

うちおどろき給《たま》ひ《イ》て　ふと目をお覚ましになって。「うち」は、ふと、の意を表す接頭語。「おどろく」は、ここでは、目を覚ます、の意。

鶏《とり》の音《ね》待《ま》ち出《い》で給《たま》へ《エ》れば　「待ち出づ」は、出てくるのを待つ、待ち受ける、の意。女のもとに泊まった男は、一番鶏が鳴いてから夜が明ける前に帰るのが礼儀であった。早く紫の上のもとに帰りたい光源氏は、一番鶏が鳴いたら、それにかこつけてすぐさま帰るつもりで、「鶏の音」を待っていたのである。

いは《ワ》けなし　幼い。子どもっぽい。

明《あ》けぐれ　夜が明けきる前の薄暗い時。

おぼつかなし　ぼんやりしている。

名残《なごり》まで留《と》まれる御《おん》にほ《オ》ひ《イ》　昨日、紫の上が

■第四段落（一八七・16～終わり）

段意

消え残った雪と白い庭とが区別のつかない中、光源氏は「なほ残れる雪」と口ずさんで格子をたたいた。久しく朝帰りするようなことがなかったので、侍女たちも光源氏をしばらく待たせた。光源氏が「ずいぶん待ったので、体もすっかり冷えてしまったよ。あなたを恐れはばかる気持ちはひととおりでないが、私に罪はない。」と言って、紫の上の夜着を引きのけると、紫の上は涙で濡れた袖を隠して優しく振る舞うが、仲直りする気配は見せない。その紫の上の様子に、光源氏は、これほどの人はいないと、つい女三の宮と比べてしまう。

現代語訳・品詞分解

雪は、ところどころ消え残っているのが、（砂を敷き詰めた）たいそう白

雪　は　ところどころ　消え残り　たる　が、　いと　白き　庭　の、
名　係助　名　動・四・用　助動・存・体　格助　副　形・ク・体　名　格助

い庭では、すぐには見分けがつかない（薄暗い）時分なので、（光源氏

ふと　けぢめ　見えわか　れ　ぬ　ほど　なる　に、　「なほ
副　名　動・四・未　助動・可・未　助動・消・体　名　助動・断・体　接助　副

は）「なほ残れる雪」と（白易居の詩の一節を）ひそやかに口ずさみなさりながら、御格子を

残れ　る　雪」　と　忍びやかに　口ずさび　給ひ　つつ、　御格子
動・四・命　助動・存・体　名　格助　形動・ナリ・用　動・四・用　補動・四・用　接助　名

「いよいよ薫き染めさせ」たもの。「名残」は、後に残る気配、余情、などの意。

闇《やみ》はあやなし　「あやなし」は、わけが分からない、筋が通らない、の意。凡河内躬恒《おおしこうちのみつね》の歌を引いて、光源氏が夜が明けないうちに帰ってしまうことの残念さを表している。歌意は、「春の夜の闇はわけの分からないものだよ。暗闇に咲く梅の花は、確かにその色は見えないけれど、香りは隠れていないではないか。」である。

独《ひと》りごつ　独りごとを言う。

語釈・文法

白《しろ》き庭《にわ》　寝殿造りの庭は、白砂を敷き詰める。

見《み》えわかれぬ　「見えわく」は、見分けがつく、区別して見える、の意。

そら寝《ね》をしつつ　侍女たちが、紫の上の心中を思いやり、光源氏を懲らしめようとしている。

おろかならぬにこそあめれ　並々でないからであろう。「おろかなり」は、粗略だ、いいか

おたたきになるのも、　長い間このような（夜外出なさって朝お帰りになる）ことがな
うちたたき 給ふ も、 久しく かかる こと なかり つる
動・四・用 補動・四・体 係助 形・シク・用 動・ラ変・体 名 形・ク・用 助動・完・体

かった習慣から、　侍女たちも寝たふりをし続けて、　しばらくお待たせ
ならひ に、 人々 も そら寝 を し つつ、 やや 待た
名 格助 名 係助 名 格助 動・サ変・用 接助 副 動・四・未

申し上げて（から格子を）引き上げた。　（光源氏は）「（格子が上がるまで）
せ 奉り て 引き上げ たり。 「こよなく 久しかり
助動・使・用 補動・四・用 接助 動・下二・用 助動・完・終 形・ク・用 形・シク・用

このうえなく長かったので、体も（すっかり）冷えてしまったよ。　（こうして
つる に、 身 も 冷え に ける は。 怖ぢ
助動・完・体 接助 名 係助 動・下二・用 助動・完・用 助動・嘆・体 終助 動・上二・用

暗くて寒い中を帰ってくるのも、私があなたを）恐れはばかり申し上げる気持ちが並々でないからであろう。
聞こゆる 心 の おろかなら ぬ に こそ あ めれ。
補動・下二・体 名 格助 形動・ナリ・未 助動・消・体 助動・断・用 係助 補動・ラ変・体 助動・定・已

そうは言っても（私には、あなたを恐れなければならないような）罪もないがね。」とおっしゃって、（紫の
さるは 罪 も なし や。」 とて、 御衣 引きやり など
接 名 係助 形・ク・終 間助 格助 名 動・四・用 副助

上の）御夜着を引きのけなどしなさると、（紫の上は涙で）わずかに濡れている御単の袖を隠して、
し 給ふ に、 少し 濡れ たる 御単 の 袖 を
動・サ変・用 補動・四・体 接助 副 動・下二・用 助動・存・体 名 格助 名 格助

心隔てもなく優しく振る舞っていたが、　一方ではすっ
ひき隠し て、 うら も なく なつかしき ものから、 うちとけ
動・四・用 接助 名 係助 形・ク・用 形・シク・体 接助 動・下二・用

かり許してしまおうとはなさらないお心配りなど、　本当にこちらがきまり悪くなる
て はた あら ぬ 御用意 など、 いと 恥づかしげに
接助 副 動・ラ変・未 助動・消・体 名 副助 副 形動・ナリ・用

ほどすばらしく風情がある。このうえない高貴な身分の人と申し上げても、（紫の上ほど優れた女性は）
をかし。 限りなき 人 と 聞こゆれ ど、 難か める 世 を
形・シク・終 形・ク・体 名 格助 動・下二・已 接助 形・ク・体 助動・婉・体 名 間助

めったにいない世の中であるよと、（光源氏は紫の上と女三の宮を）つい比べておしまいになる。
と 思しくらべ らる。
格助 動・下二・未 助動・自・終

げんだ、の意。打消の語を伴って用いられることも多く、「おろかならず」で、並々でない、の意になる。「あめれ」は「あるめれ」の撥《はつ》音便「あんめれ」の撥音無表記の形。「こそ—めれ」は係り結び。

さるは 前の叙述の内容を取り上げて、その隠れた実情・実態、またはほかの一面を説明・強調する際に用いられる。①実は、というのは、②そうではあるが、そうはいうものの、③そのうえ、の意を表し、ここは②の意。

御単《おおんひとえ》の袖《そで》 「単」は「単衣《ひとえぎぬ》」の略。肌に最も近く着用し、袖が上着より長く出る。

うらもなくなつかしきものから 「うら」は、心、の意。「うらもなし」で、隔てたり疑ったりする心がない、の意。「うらなし」で一語の形容詞とし、間に強意の係助詞「も」が入ったものとする説もある。「なつかし」は、ここでは、優しい、親しみやすい、の意。

難《かた》かめる 「難かるめる」の撥音便「難かんめる」の撥音無表記の形。「難し」は、めったにない、の意。

思《おぼ》しくらべらる 「思しくらぶ」は、「思ひくらぶ」の尊敬語。「思ひくらべ給ふ」とほぼ同義。「らる」は自発の助動詞。

鑑　賞

光源氏は、病に苦しみ出家することになった兄の朱雀院《すざくいん》に頼まれ、朱雀院の娘である女三の宮と結婚することになり、自邸の六条院に迎え入れる。ほかならぬ兄の頼みであり、かねてからの想《おも》い人の藤壺《ふじつぼ》の宮の姪《めい》にあたる皇女である女三の宮への興味もあって引き受けたのだが、まだ幼く子どもっぽい女三の宮は、光源氏の期待にはそぐわず、光源氏は自身の紫の上への愛情が揺らぐことはないと考えるのであった。一方、紫の上はこの女三の宮の降嫁に大きな衝撃を受ける。光源氏の正妻として自他ともに認められてきたところに、その立場をも揺るがしかねない事態である。しかし、周囲の侍女たちの動揺を招かぬよう、紫の上は努めて平静を保とうとする。後ろ盾がなく、光源氏の加護のみが頼みであるという自らの立場をわきまえてのことであろう。

そうして、光源氏と女三の宮の結婚三日目の夜を迎える。ここではまず、女三の宮のもとへ行こうとする光源氏と、見送る紫の上のやり取りが描かれている。光源氏の外出の支度を念入りにしながら、悲しさを抑えきれない紫の上の様子に、光源氏は女三の宮との結婚を痛切に後悔する。当時のしきたり上、また、朱雀院の手前もあって、今夜一晩だけはどうしても女三の宮のもとへ行かなくてはならない光源氏は、「理と許し給ひてむな。」と理解を求めるが、紫の上は少しほほ笑んで、私には分かりません、と、とりつくしまも与えない。思案する姿を見せる光源氏をよそに、紫の上は、さりげなく心中を詠んだ歌を古歌に交えて書き、なおも慰めの言葉をかけようとする光源氏を、自分が引き止めていると言われては困ると、せき立てて送り出す。そっけない態度や、歌に込めた嘆きに、光源氏への恨みをのぞかせるものの、総じて事態を受け入れ、冷静に振る舞おうとする紫の上の姿は、痛ましくいじらしい。

光源氏を送り出した後、紫の上は慣れない独り寝の寂しさにますます心細さを募らせる。しかし、二度と会えないのではないかと考えていた須磨退去の折のことを思い返して、現状で十分ではないかと気を取り直そうとする。眠れない夜となるが、ここでも侍女たちに気を遣いながら、じっと身動きもせず朝を迎えるのである。表面上はさりげなく振る舞っている紫の上が、いかに傷つき、思い悩んでいたか、その心労が思いやられる場面である。この紫の上の苦悩は光源氏に夢を介して伝わり、光源氏は急いで紫の上のもとへと帰ってくる。そしてそこで紫の上の優しくも凛《りん》とした態度に接し、改めてこれほどすばらしい女性は世の中にはいないと思い知るのである。

光源氏は、自らが招いた事態によって、紫の上の存在のかけがえのなさを再認識することになったが、その最愛の紫の上にとっては試練以外の何ものでもなく、実際に紫の上は、この時に受けた心の傷によるものと考えられる病によって、後に倒れる。光源氏に特別な愛情を寄せられ、一見幸せそうな紫の上の生涯であるが、そのもろさと、それを支え続ける紫の上の類い稀《まれ》なる純真さ、すなわち、光源氏の理想の女性として求められるものをみごとに察知し、自らの苦悩を隠して、可憐でありながらも聡明《そうめい》なところを見せる姿に、読者は感慨を覚えるのである。

教科書の問題（解答・解説）

教科書　一八八ページ

◆教科書本文下に示された問題

◆「渡り給ふ」とは、誰がどこへ渡るのか。（p.一八五）

解答　光源氏が女三の宮の所へ渡る。

[解説]　結婚後、三日続けて通うことで、光源氏は女三の宮との婚儀を全うしたことになる。

◆「急ぎ出で給ふ。」は、誰の、どのような思いから起こった行動か。（p.一八七）

解答　光源氏の、（夢にまで現れた）紫の上を心配し、早くそのもとに戻りたい、という思い。

[解説]　直前の「かの御夢に見え給ひければ」（紫の上が、女三の宮の所にいる光源氏の御夢に現れなさったので）に着目する。夢に現れるということは、魂が身を離れて相手の夢の中に行ってしまうほど、恋に思い悩んでいる証《あかし》とされる。この夢は、紫の上が光源氏との仲に苦悩していることを表している。そのため、光源氏は紫の上のことが心配になったのである。

■学習の手引き

❶女三の宮のもとに行く光源氏を見送る紫の上の思いは、どのようなものか。

解答　平静を装わねばと気負いつつ、光源氏が女三の宮と結婚したことを悲しくつらく思っている。

[解説]　紫の上は、周囲の思惑を気にして表面上はさりげなく振る舞ってはいるが、実際には「いとただにはあらずかし。」（一八六・13）とあるように、心中穏やかではいられないことが分かる。実際、光源氏を送り出した後、光源氏の夢に現れるほど思いつめていたのである。

❷光源氏と紫の上の歌に込められたそれぞれの思いを、両者の立場を踏まえてまとめよう。

解答　・紫の上＝強力な後ろ盾もなく光源氏の愛情が唯一の頼みであるのに、それが移り変わりかねない事態を目の当たりにして、すっかり絶望した思い。

・光源氏＝女三の宮のもとへ行かねばならない身ではあるものの、最愛の紫の上を何とかして安心させ、自分の愛情を信じてもらいたいという思い。

［解説］　紫の上の歌は、光源氏に向かって詠みかけたものではなく、手習いの中に紛れて書かれたものであり、素直な心情が表されている。

❸「鶏の声」（一八七・9）、「鶏の音」（一八七・11）を、光源氏と紫の上はそれぞれどのような気持ちで聞いたか。

解答　・紫の上＝光源氏のいない独り寝の夜の寂しさが募り、現状で十分ではないかと気を取り直そうとするものの、やはりつらいと実感する気持ち。

・光源氏＝一刻も早く女三の宮のもとから立ち去り、紫の上のもとへ帰りたいという気持ち。

［解説］　いろいろと思い巡らせ、眠れずに朝を迎えようとしている紫の上が聞いた「鶏の声」と、紫の上のもとへ帰りたいと夜明けを待っていた光源氏の聞いた「鶏の音」は、同じものである。それぞれの場面を同時刻で結ぶとともに、互いを思う気持ちがいっそう深まるさまを表している。

■ 語句と表現

①「え思しかけずなりぬめりしを」（一八五・14）を品詞分解し、そのうちの助動詞について文法的に説明しよう。

解答　え／思しかけ／ず／なり／ぬ／めり／し／を

・「ず」＝打消の助動詞「ず」の連用形。

・「ぬ」＝完了の助動詞「ぬ」の終止形。

・「めり」＝推定の助動詞「めり」の連用形。

・「し」＝過去の助動詞「き」の連体形。

②「なつかしきものから」（一八八・6）の傍線部「ものから」の意味・用法を説明しよう。

解答　逆接の確定条件を表す接続助詞。…が、…のに、…ものの、…けれども、の意。

③「命こそ絶ゆとも絶えめ」（一八六・10）を、傍線部に注意して現代語訳しよう。

解答　人の命は絶える時は絶えてしまうものでしょうが

［解説］　「こそ」は強意の係助詞。「こそ―め」で係り結びとなっているが、文が終止せず、逆接の意を表して後に続いている。「命こそ（人の命は）」と強調し、後に続く「仲の契り（私たちの夫婦仲）」は、それとは違うのだという思いを込めている。

唐猫《からねこ》の綱

〔若菜《わかな》上〕

教科書 一八九～一九二ページ

大意

六条院で若い君達《きんだち》が蹴鞠《けまり》に興じているのを、女三《おんなさん》の宮《みや》方の女房たちが御簾《みす》越しに見物していた。そこへ小さな唐猫が大きな猫に追われて逃げ込んできたが、偶然、唐猫に付いていた綱が絡まって御簾の端が引き上げられてしまう。そのため、階段に座っていた夕霧《ゆうぎり》と柏木《かしわぎ》から、部屋の端に立っていた女三の宮の姿が丸見えになった。宮は華やかな着物を着て髪はふさふさとしており、とても上品で、柏木はかわいらしい方だと感じる。見かねた夕霧がそれとなく気づかせたので、女三の宮は奥へ入った。夕霧は、宮への思いをいっそう募らせている様子の柏木を見て、宮を気の毒に思う。一方、柏木はどうしようもない気持ちをなぐさめるため、唐猫を抱き寄せて宮に思いなぞらえてしまうのだった。

■第一段落（初め～一八九・16）

段意

御几帳《みきちょう》などがだらしなく引きのけてあり、世慣れた感じのする部屋に、小さなかわいらしい唐猫が大きな猫に追われて走り出てきた。女房たちが恐れ騒いで動き回る中を、唐猫が逃げまどう。ふとしたはずみで唐猫に付けてあった長い綱が絡まり、御簾の端が引き上げられてしまったが、女房たちは引き直すこともできず怖がっている。

現代語訳・品詞分解

御几帳などがだらしなく（部屋の隅に）引きのけてあって、女房たちのいる気配が近くに

御几帳ども（名） しどけなく（形・ク・用） 引きやり（動・四・用） つつ、（接助） 人げ（名） 近く（形・ク・用） 世づき（動・四・用）

感じられて世慣れて見えるが、唐猫でたいそう小さくかわいらしいのを、

て（接助） ぞ（係助） 見ゆる（動・下二・体） に、（接助） 唐猫（名） の（格助） いと（副） 小さく（形・ク・用） をかしげなる（形動・ナリ・体） を、（格助）

少し大きな猫が追いかけて、急に御簾の端から走り出たので、

少し（副） 大きなる（形動・ナリ・体） 猫（名） 追ひ続き（動・四・用） て、（接助） にはかに（形動・ナリ・用） 御簾（名） の（格助） つま（名）

語釈・文法

しどけなく　「しどけなし」は、①秩序がない、だらしない、②無造作だ、③頼りない、考えが幼い、の意を表す。ここは①の意。

世《よ》づきて　「世づく」は、世間のこと、特に男女の情愛に通じることをいう。女房たちが外の男性たちに関心を持ち、気を引くような様子を見せているのである。

女房たちが恐れ騒いで、ざわざわと身動
より　走り出づる　に、　人々　おびえ騒ぎ　て、　そよそよと
格助　動・下二・体　接助　名　動・四・用　接助　副

きしたり動き回ったりする様子や、衣ずれの音が、耳にやかましい感じ
身じろき　さまよふ　けはひども、　衣　の　音なひ、　耳かしがましき
動・四・用　動・四・体　名　名　格助　名　形・シク・体

がする。猫は、まだよく人にもなついていないのだろうか、
心地　す。　猫　は、　まだ　よく　人　に　も　なつか　ぬ
名　動・サ変・終　名　係助　副　副　名　格助　係助　動・四・未　助動・消・体

綱がとても長く付いていたのを、物に引っ
に　や、　綱　いと　長く　付き　たり　ける　を、　物　に
助動・断・用　係助　名　副　形・ク・用　動・四・用　助動・存・用　助動・過・体　格助　名　格助

掛けて（体に）絡みついてしまったので、逃げようとして強く引っ張る
引き掛け　まつはれ　に　ける　を、　逃げ　む　と
動・下二・用　動・下二・用　助動・完・用　助動・過・体　接助　動・下二・未　助動・意・終　格助

うちに、御簾の端が（部屋の中が）すっかり丸見えになるほど引き上げられ
ひこじろふ　ほどに、　御簾　の　そば　いと　あらはに　引き上げ
動・四・体　接助　名　格助　名　副　形動・ナリ・用　動・下二・未

たのを、すぐに引き直す人もいない。この柱の傍らに
られ　たる　を、　とみに　引き直す　人　も　なし。　こ　の　柱
助動・受・用　助動・完・体　格助　副　動・四・体　名　係助　形・ク・終　代　格助　名

いた女房たちも心が落ち着かないようで、
の　もと　に　あり　つる　人々　も　心あわたたしげに　て、
格助　名　格助　動・ラ変・用　助動・完・体　名　係助　形動・ナリ・用　接助

怖がっている様子である。
もの怖ぢ　し　たる　けはひども　なり。
名　動・サ変・用　助動・存・体　名　助動・断・終

をかしげなるを　（唐猫で）かわいらしいのを。

にはかに　急に。

身《み》じろき　「身じろく」は、身動きする、の意。

けは《ワ》ひ《イ》ども　夕霧と柏木から見た女房たちの様子。「ども」は複数いることを表している。

音《おと》なひ《イ》　「音なひ」は、動詞「音なふ」の連用形が名詞化したもの。①物音、②気配、③訪問、④評判、の意を表す。ここは①の意。

なつかぬにや　なついていないのだろうか。「や」は疑問の係助詞。後に「あらむ」などが省略されている。

物《もの》に引《ひ》き掛《か》けまつは《ワ》れにける　唐猫が走り回るうちに、綱を物に引っ掛けて、その綱が唐猫の体にも絡みついた様子を指している。「にける」の「に」は完了の助動詞「ぬ」の連用形。

いとあらは《ワ》に引《ひ》き上《あ》げられたる　唐猫が綱を強く引っ張ったため、御簾が引き上げられて部屋の中がすっかり丸見えになったのである。

とみに引《ひ》き直《なお》す人《ひと》もなし　すぐに引き直す人もいない。「とみに」は、下に打消の表現を伴って、急には…ない、すぐには…ない、の意で用いることが多い。

この柱《はしら》　唐猫によって御簾が引き上げられた所にある柱を指す。

ありつる人々《ひとびと》　（柱の傍らに）いた女房たち。

第二段落（一九一・1〜12）

段意

几帳の奥に立っている女三の宮の姿が、階段にいる柏木と夕霧から見える。華やかな着物、ふさふさした髪や小柄な体つき、横顔などが上品である。女房たちは外を見るのに夢中で、宮が丸見えになっているのに気づいていない。女三の宮が猫に振り向いた表情はおっとりしていて、柏木には若くかわいらしい方だと感じられた。

現代語訳・品詞分解

几帳のそばから少し奥まった所に、袿姿で立っていらっしゃる方がいる。

几帳（名）の（格助）際（名）少し（副）入り（動・四・用）たる（助動・完・体）ほど（名）に、（格助）袿姿（名）にて（格助）立ち（動・四・用）給へ（補動・四・命）る（助動・存・体）人（名）あり。（動・ラ変・終）

階段から西へ二つ目の柱間の東の端なので、隠れようもなくはっきりと（柏木と夕霧が宮の姿を）のぞくことができる。

階（名）より（格助）西（名）の（格助）二の間（名）の（格助）東（名）の（格助）そば（名）なれ（助動・断・已）ば、（接助）まぎれどころ（名）も（係助）なく（形・ク・用）あらはに（形動・ナリ・用）見入れ（動・下二・未）らる。（助動・可・終）

紅梅襲だろうか、濃いものや薄いものが次々に数多く重なっている（袖口や裾の）色の移り変わりが華やかで、冊子の小口のように見えて、（上に着ているのは）桜襲の織物の細長なのだろう。

紅梅（名）に（助動・断・用）や（係助）あら（補動・ラ変・未）む、（助動・推・体）濃き（形・ク・体）薄き（形・ク・体）すぎすぎに（副）あまた（副）重なり（動・四・用）たる（助動・存・体）けぢめ（名）はなやかに、（形動・ナリ・用）草子（名）の（格助）つま（名）の（格助）やうに（助動・比・用）見え（動・下二・用）て、（接助）桜（名）の（格助）織物（名）の（格助）細長（名）なる（助動・断・体）べし。（助動・推・終）

御髪の先まではっきりと見えるのが、糸をよりかけているようになびいていて、先がふさふさと切りそろえら

御髪（名）の（格助）裾（名）まで（副助）けざやかに（形動・ナリ・用）見ゆる（動・下二・体）は、（係助）糸（名）を（格助）よりかけ（動・下二・用）たる（助動・存・体）やうに（助動・比・用）なびき（動・四・用）て、（接助）裾（名）の（格助）ふさやかに（形動・ナリ・用）

語釈・文法

袿姿《うちきすがた》にて立ち《た》給へ《たまエ》る人《ひと》　袿は貴族の普段着であることや、尊敬の補助動詞「給ふ」が用いられていることから、主語は女三の宮であることが分かる。また、当時の高貴な女性にとって、立つことは慎みのない行為とされていた。

まぎれどころもなく　隠れようもなく。「まぎるるところもなく」に同じ。「まぎる」は、①入りまじって区別できなくなる、②隠れる、などの意を表す。ここは②の意。

草子《そうし》のつま　冊子の小口。袖口や裾の布の重なりを、冊子の端の紙の重なりにたとえている。

けざやかに　はっきりと。鮮やかに。

裾《すそ》のふさやかに　髪の先がふさふさしているのは、当時の美しさの基準の一つである。

うつくしげにて　「うつくしげなり」は、見るからにかわいらしい様子を表す。

あまり給へ《たまエ》る　女三の宮は小柄なため、髪が身の丈よりも長く余っている。

そばめ　①横から見ること、②横顔、の意を表す。ここは②の意。

れている様子は、　たいそうかわいらしくて、　(身長より)七、八寸ばか
そが れ たる、 いと うつくしげに て、 七、八寸 ばかり
動・四・未　助動・受・用　助動・存・体　副　形動・ナリ・用　接助　名　副助

り余っていらっしゃる。　お召し物の裾が余っている様子で、とても細く小柄
ぞ あまり 給へ る。 御衣 の 裾がちに、 いと 細く
係助　動・四・用　補動・四・命　助動・存・体　名　格助　形動・ナリ・用　副　形・ク・用

で、　体つきや、　髪がかかっていらっしゃる横顔は、
ささやかに て、 姿つき、 髪 の かかり 給へ る そばめ、
形動・ナリ・用　接助　名　名　格助　動・四・用　補動・四・命　助動・存・体　名

言いようがなく上品でかわいらしい感じである。　夕暮れの光なので、
いひ知ら ず あてに らうたげなり。 夕影 なれ ば、
動・四・未　助動・消・用　形動・ナリ・用　形動・ナリ・終　名　助動・断・已　接助

はっきり見えず奥が暗い感じがするのも、　(柏木には)たいそ
さやかなら ず 奥 暗き 心地 する も、 いと 飽か
形動・ナリ・未　助動・消・用　名　形・ク・体　名　動・サ変・体　係助　副　動・四・未

う物足りなく残念である。　蹴鞠に夢中になっている若君達が、　(鞠が桜の
ず 口惜し。 鞠 に 身 を 投ぐる 若君達 の、 花 の
助動・消・用　形・シク・終　名　格助　名　格助　動・下二・体　名　格助　名　格助

枝に当たって)花が散るのを惜しむ暇もないといった様子を見ようとして、
散る を 惜しみ も あへ ぬ 気色ども を 見る
動・四・体　格助　動・四・用　係助　補動・下二・未　助動・消・体　名　格助　動・上一・終

女房たちは、(女三の宮が)丸見えになっているのにすぐに気づくことができないのだろう。
とて、 人々、 あらは を ふと も え 見つけ ぬ なる
格助　名　名　格助　副　係助　副　動・下二・未　助動・消・体　助動・断・体

猫がたいそう鳴いているので、　(その方を)振り向かれた表情や、
べし。 猫 の いたく 鳴け ば、 見返り 給へ る
助動・推・終　名　格助　副　動・四・已　接助　動・四・用　補動・四・命　助動・完・体

振る舞いなどは、　とてもおっとりしていて、　若くかわいらしい方だ
面持ち、 もてなし など、 いと おいらかに て、 若く うつくし
名　名　副助　副　形動・ナリ・用　接助　形・ク・用　形・シク・終

なあと、　(柏木には)ふと感じられた。
の 人 や と、 ふと 見え たり。
格助　名　間助　格助　副　動・下二・用　助動・完・終

いひ《イ》知《し》らず　言いようがなく。

あてに　上品で。「あてなり」は、①身分が高い、②上品だ、の意を表す。ここは②の意。

らう《ロウ》たげなり　かわいらしい感じである。

夕影《ゆうかげ》なれば、さやかならず　夕暮れの淡い光なので、はっきり見えないのである。

いと飽《あ》かず口惜《くちお》し　たいそう物足りなく残念だ。主語が省略されているが、女三の宮がはっきりと見えなくて残念がっていることから、女三の宮に思いを寄せている柏木の気持ちであると推測できる。

花《はな》の散《ち》るを惜《お》しみもあへ《エ》ぬ気色《けしき》ども　桜の散るのを惜しむ暇もないといった様子。「…あへず」は、…しきれない、…できない、の意。男性たちは蹴鞠に夢中で花には関心がない。

ふともえ見《み》つけぬ　「も」は強意の係助詞。女房たちは外の男性たちを見るのに夢中で、女三宮が丸見えである状況にすぐには気づくことができないのである。

見返《みかえ》り給《たま》へ《エ》る面持《おもも》ち、もてなし　(猫の方を)振り向かれた表情や、振る舞い。敬語が用いられているので、主語は女三の宮と分かる。

おいらかにて　おっとりしていて。「おいらかなり」は、①穏やかだ、おっとりしている、②率直だ、の意を表す。ここは①の意。

若《わか》くうつくしの人《ひと》や　若くかわいらしい方だなあ。柏木が心に感じたことが表現されている。「や」は詠嘆を表す。

■第三段落（一九一・13～終わり）

段意

夕霧が心配し、せき払いをして気づかせたので、女三の宮は部屋の奥へ入った。女房が唐猫の綱をゆるめて御簾が下りてしまったので、夕霧は残念に思う。宮に心ひかれている柏木は、他の人と見間違いようもない宮の姿を見て、胸がいっぱいになった様子である。柏木は何でもない顔をしていたが、夕霧は柏木が宮を見たと確信し、宮の身を案じて気の毒に思う。柏木は気持ちを慰めるため、女三の宮の香りが残る唐猫を抱きしめ、宮に思いなぞらえる。

現代語訳・品詞分解

大将（夕霧）は、たいそうはらはらするが、（御簾を直すために）はい寄るよう
大将、 いと かたはらいたけれ ど、 はひ寄ら む も
名 副 形・ク・已 接助 動・四・未 助動・婉・体 係助

なこともかえってとても軽率なので、ただ気づかせようと、
なかなか いと 軽々しけれ ば、 ただ 心 を 得 させ
副 副 形・シク・已 接助 副 名 格助 動・下二・未 助動・使・用

せき払いをなさったことで、（女三の宮は）そっとお入り
て、 うちしはぶき 給へ る に ぞ、 やをら 引き入り
接助 動・四・用 補動・四・命 助動・完・体 格助 係助 副 動・四・用

になった。そうはさせたものの、自分の気持ちにも、たいそう物足りなくお思いになるが、
給ふ。 さるは、 わ が 心地 に も、 いと 飽か ぬ 心地
補動・四・体 接 代 格助 名 格助 係助 副 動・四・未 助動・消・体 名

（女房が）猫の綱をゆるめてしまったので、（御簾が下りて）
し 給へ ど、 猫 の 綱 ゆるし つれ ば、 心 に
動・サ変・用 補動・四・已 接助 名 格助 名 動・四・用 助動・完・已 接助 名 助動・断・用

思わずため息がもれる。まして、あれほど（女三の宮
も あら ず うち嘆か る。 まして、 さばかり 心
係助 補動・ラ変・未 助動・消・用 動・四・未 助動・自・終 副 副 名

語釈・文法

かたは《ワ》らいたけれど　はらはらするが。夕霧は継母《ままはは》である女三の宮を心配している。

なかなかいと軽々《かるがる》しければ　自分が近寄って御簾を直そうとするのは、大将という身分からすると軽率だと考えたのである。

やを《オ》ら　そっと。おもむろに。

さるは　そうはいうものの。逆接の意を表す。

わが心地《ここち》　女三の宮を奥へ入らせた後の、夕霧の気持ちである。

心《こころ》にもあらずうち嘆《なげ》かる　思わずため息がもれる。夕霧は女三の宮を奥に入らせる一方で、その姿が見えなくなると残念に感じたので「心にもあらず」と表現している。

誰《たれ》ばかりにかはあらむ　誰ほどの人であろうか。「かは」は反語を表し、他の誰かではなく女

に)心をひかれている衛門督(柏木)は、胸が急にいっぱいになって、(あ

を　染め　たる　衛門督　は、胸　ふと　ふたがり　て、誰

格助　動・下二・用　助動・存・体　名　係助　名　副　動・四・用　接助　代

れは)誰ほどの人だろうか(いや、他の誰でもなく、女三の宮にちがいない)、大勢の中ではっきりと

ばかり　に　か　は　あら　む、ここら　の　中　に

副助　助動・断・用　係助　係助　補動・ラ変・未　助動・推・体　副　格助　名　格助

分かる袿姿から見ても、他の人と見間違いようもなかったご様子など、

しるき　袿姿　より　も、人　に　まぎる　べく　も　あら

形・ク・体　名　格助　係助　名　格助　動・下二・終　助動・当・用　係助　補動・ラ変・未

心にかかって思い出される。

ざり　つる　御けはひ　など、心　に　かかり　て　おぼゆ。

助動・消・用　助動・完・体　名　副助　名　格助　動・四・用　接助　動・下二・終

(柏木は)何でもない顔をよそおっていたが、どうして見なかったことがあろうか(いや、

さらぬ顔に　もてなし　たれ　ど、まさに　目　とどめ　じ

形動・ナリ・用　動・四・用　助動・存・已　接助　副　名　動・下二・未　助動・消推・終

見たにちがいない)と、大将は(女三の宮のことを)自然と気の毒にお思いになる。(柏木は)耐えがた

や　と、大将　は　いとほしく　思さ　る。わりなき　心地　の

係助　格助　名　係助　形・シク・用　動・四・未　助動・自・終　形・ク・体　名　格助

い気持ちの慰めに、猫を招き寄せて抱きしめたところ、とても

慰め　に、猫　を　招き寄せ　て　かき抱き　たれ　ば、いと

名　格助　名　格助　動・下二・用　接助　動・四・用　助動・完・已　接助　副

よい香りがして、かわいらしげに鳴くのにも心がひかれ(女三の宮に)思いなぞらえて

かうばしく　て、らうたげに　うち鳴く　も　なつかしく

形・シク・用　接助　形動・ナリ・用　動・四・体　係助　形・シク・用

しまうことは、好色めいたことであるよ。

思ひよそへ　らるる　ぞ、すきずきしき　や。

動・下二・未　助動・自・体　係助　形・シク・体　間助

三の宮にちがいないという意を込める。

ここら　大勢。ここでは、女房たちを指す。

しるき袿姿《うちきすがた》　はっきり分かる袿姿。「しるし」は、①際立っている、②予想どおりだ、の意を表す形容詞。ここは①の意。

人《ひと》にまぎるべくもあらざりつる　他の人と見間違いようもなかった。

さらぬ顔《がお》に　柏木が、女三の宮を見たのに何事もなかったような顔つきだったことを指す。

まさに目《め》とどめじや　「まさに」は、下に反語の表現を伴って、どうして…か、いや、…ない、の意を表す。「や」は反語の係助詞。

いとほしく《オ》思《おぼ》さる　気の毒にお思いになる。夕霧は、今回の件で柏木の執心がさらに深まるだろうと予想し、女三の宮を心配している。

わりなき心地《ここち》　「わりなし」は、①道理に合わない、②耐えがたい、③しかたがない、④はなはだしい、などの意を表す。ここは②の意。

思《おも》ひ《イ》よそへ《エ》らるる　唐猫の香りが女三の宮の移り香のように感じられ、柏木は猫を宮の身代わりのように思ってしまったのである。

すきずきしきや　「すきずきし」は、①好色だ、②風流だ、の意を表す。ここは①の意。女三の宮の代わりに猫を抱きしめた柏木を、作者が「好色めいたことだ」と評している。

鑑賞

柏木が女三の宮への執着を深める契機となった出来事である。当時、高貴な女性の姿を外から見るなど、通常は考えられないことだった。その不可能を、作者は、女三の宮方の女房たちのだらしなさ、宮自身の慎みのなさの描写と、猫の乱入という偶然の出来事によって成立させている。

女三の宮の容姿は、主に柏木の視点から表現されている。まず、目を引く衣装の華やかさやたっぷりとした髪の美しさ、小柄な体つきなどの容姿を、続いておっとりとした動作への印象を、柏木の心情を交えて描写している。走り回る猫と騒ぐ女房たちという慌ただしい動きから、女三の宮一人へ焦点が絞られていく様子は映画の一場面のようにも感じられる。

夕霧と柏木の対比にも注目したい。夕霧は、突然の騒ぎにも冷静で、立場をわきまえつつ女三の宮への配慮も見せている。一方の柏木は、女三の宮に心を奪われ、思わず猫を身代わりにするほどである。この柏木の執心ぶりは、後に起こる密通という重大な事件への伏線となっている。

教科書の問題（解答・解説）

教科書 一九二ページ

❓教科書本文下に示された問題

❓「あらは」とはどのような状態か。（p.一九一）

解答 女三の宮の姿が、外から丸見えになっている状態。

[解説] 第二段落冒頭の「几帳の際少し…まぎれどころもなくあらはに見入れらる。」（一九一・1）を指す。

❓どのようなことに「心を得させ」ようとしたか。（p.一九二）

解答 御簾が上がって、女三の宮の姿が外から見えていること。

[解説] 夕霧は女三の宮を心配し、柏木から見られていることに気づかせようとして、せき払いをしたのである。

■学習の手引き

❶「あらは」（一九一・10）になった女三の宮を見た夕霧と柏木の心理の違いを説明しよう。

解答 ・夕霧＝はらはらして女三の宮にそれとなく気づかせるが、その姿が見えなくなると物足りなく感じる。一方で、柏木に見られた女三の宮を気の毒に思う。

・柏木＝以前から執心していたので、姿を見て胸がいっぱいになる。やるせない気持ちを慰めるため、女三の宮の香りが移った猫を抱きしめ、恋しさを募らせる。

[解説] 二人の立場や性格の対比をおさえる。夕霧にとって女三の宮は継母にあたるので、姿が見えなくなって残

念に思うものの、冷静になり、宮の身を心配している。それに対して柏木は、いっそう女三の宮への思いを募らせ、猫を宮の身代わりと思うほど心を奪われている。

❷「すきずきしきや。」〔一九二・5〕とは、誰のどのような気持ちか。

解答　作者（語り手）の、柏木が女三の宮にひどく執心している様子にあきれるような気持ち。

［解説］　作者である紫式部の気持ちが表れている。『源氏物語』では、このように作者が感想を述べている部分がある。ここでは、柏木が猫を女三の宮の身代わりのように感じて抱きしめた行為を、好色めいたことだだと、からかうように見ていることが分かる。

■語句と表現

①本文中から助動詞「る」「らる」を抜き出し、それぞれの意味を確認したうえで、それに注意して現代語訳しよう。

解答　①「引き上げられたるを、」〔一八九・14〕
→受身・引き上げられたのを、
②「見入れらる。」〔一九一・2〕
→可能・（外から中を）のぞくことができる。
③「そがれたる、」〔一九一・5〕
→受身・切りそろえられている様子は、
④「うち嘆かる。」〔一九一・16〕
→自発・思わずため息がもれる。
⑤「いとほしく思さる。」〔一九二・3〕
→自発・自然と気の毒にお思いになる。
⑥「なつかしく思ひよそへらるるぞ、」〔一九二・5〕
→自発・心がひかれ思いなぞらえてしまうことは、

［解説］　助動詞「る」「らる」の四つの意味、「受身・可能・尊敬・自発」のどれにあたるか、主語との関係や状況から判断する。

①　猫の綱によって、「御簾のそば（端）」が引き上げられた、という意味。
②　「見入る」は「外から中を見る」の意で、柏木と夕霧が女三の宮の姿を見ることができる、という意味。
③　「御髪《みぐし》の裾」が人の手で切りそろえられている、という意味。
④　夕霧が思わずため息をもらしているので、自発。「嘆く」「思ふ」「知る」「泣く」など心の動きを表す動詞に付く場合は、自発の意となることが多い。
⑤　夕霧が女三の宮を自然と気の毒に思ったという状況。
⑥　柏木が、猫の香りやかわいらしい様子から、つい女三の宮になぞらえてしまうという状況なので、自発。「らるる」は連体形で、体言に準じて用いられる。ここでは「…こと」と体言を補って訳すとよい。

萩《はぎ》の上露《うわつゆ》〔御法《みのり》〕

教科書 一九三〜一九五ページ

大意

女三《おんなさん》の宮《みや》の降嫁から十余年後、紫の上の病状はいよいよ重くなり、光源氏《ひかるげんじ》の嘆きはこのうえもない。風がもの寂しく吹き始めた秋の夕暮れ、紫の上は娘（養女）である明石《あかし》の中宮が見舞う中、起きて庭先を眺めていた。その姿を見て、光源氏はつかの間の小康状態を喜ぶ。そんな光源氏を気の毒に思った紫の上は、萩の枝の上の露に託して自らの命のはかなさを歌に詠む。それに対して光源氏は、死ぬ時はいっしょでありたいと詠み、中宮は、はかないのは誰も同じだと詠んで慰める。ほどなく紫の上は容態が急変し、几帳《きちょう》を引き寄せて横になった。中宮が手を取ると、もはや臨終の様子である。光源氏は一晩中、さまざまな加持祈禱《かじきとう》をさせるが、そのかいもなく、紫の上は明け方に息を引き取った。

第一段落（初め〜一九四・7）

段意

風がもの寂しく吹き始めた秋の夕暮れ、明石の中宮が見舞いに訪れて、紫の上は脇息《きょうそく》に寄りかかって庭先を眺めていた。そこへ来合わせた光源氏は、紫の上の様子を見て、つかの間の小康状態を喜ぶ。紫の上はそんな光源氏を気の毒に思い、自分が死んだらこのお方はどんなに思い乱れるだろうとしみじみ悲しくなり、萩の枝の上の露に託して自らの命のはかなさを歌に詠む。それに対して光源氏は、死ぬ時はいっしょでありたいと涙ながらに詠み、中宮は、はかないのは誰も同じことです、と詠んで慰める。

現代語訳・品詞分解

風がもの寂しく吹き始めた夕暮れに、（紫の上が）庭先の植え込みをご覧になろうとして、脇息に寄りかかって座っていらっしゃるのを、院（光源氏）がお越しに

風	すごく	吹き出で	たる	夕暮れ	に、	前栽	見	給ふ
名	形・ク・用	動・下二・用	助動・完・体	名	格助	名	動・上一・用	補動・四・終

とて、	脇息	に	寄りゐ	給へ	る	を、	院	渡り	て
格助	名	格助	動・上一・用	補動・四・命	助動・存・体	格助	名	動・四・用	接助

語釈・文法

すごし　恐ろしいほどにもの寂しい。

脇息《きょうそく》　ひじかけ。座った時、前や横に置いてひじをかけ、体を寄りかからせる道具。

いとよく起《お》きゐ《イ》給ふ《たまウ》めるは　本当に快く起きて

なって見申し上げなさって、「今日は、本当に快く起きていらっしゃる
見　奉り　給ひ　て、「今日　は、いと　よく　起きゐる
動・上一・用　補動・四・用　補動・四・用　接助　名　係助　副　形・ク・用　動・上一・用
ようだなあ。この(明石の中宮の)御前では、このうえなくご気分も晴れ晴
給ふ　める　は。こ　の　御前　にて　は、こよなく　御心　も
補動・四・終　助動・婉・体　終助　代　格助　名　格助　係助　形・ク・用　名　係助
れなさるように見えるよ。」と申し上げなさる。(紫の上は)これくら
はればれしげな　めり　かし。」と　聞こえ　給ふ。かばかり　の
形動・ナリ・体　助動・定・終　終助　格助　動・下二・用　補動・四・終　副　格助
いの小康状態があるのをもとてもうれしいとお思い申し上げなさっている(光源氏の)ご様子をご覧に
隙　ある　を　も　いと　うれし　と　思ひ　聞こえ　給へ
名　動・ラ変・体　格助　係助　副　形・シク・終　格助　動・四・用　補動・下二・用　補動・四・命
なるのも痛々しく、(自分が)いよいよ臨終
る　御気色　を　見　給ふ　も　心苦しく、つひに　いかに
助動・存・体　名　格助　動・上一・用　補動・四・体　係助　形・シク・用　副　副
という時には(このお方は)どんなにお心を乱されるだろうと思うと、しみじみと悲しいので、
思し騒が　む　と　思ふ　に、あはれなれ　ば、
動・四・未　助動・推・体　格助　動・四・体　接助　形動・ナリ・已　接助
私が起きているとご覧になってもそれはほんのわずかの間のこと、ややもするとあっという間
おく　と　見る　ほど　ぞ　はかなき　ともすれば　風
動・上二(四)・終　格助　動・上一・体　名　係助　形・ク・体　副　名
に風に乱れて散ってしまう、萩の枝に置いた露のような、はかない命なのです。
に　乱るる　萩　の　上露
格助　動・下二・体　名　格助　名
なるほど(歌のとおり)、(萩の枝は)折れ曲がり、(露も)留まっていられそうもない様子で、それが(紫
げに　ぞ、折れ返り　留まる　べう　も　あら　ぬ、よそへ
副　係助　動・四・用　動・四・終　助動・可・用　係助　補動・ラ変・未　助動・消・体　動・下二・未
の上のはかない命に)たとえられている時であることまでもが耐えがたく悲しいので、(光源氏は庭の
られ　たる　折　さへ　忍び難き　を、見出だし　給ひ　て
助動・受・用　助動・存・体　名　副助　形・ク・体　接助　動・四・用　補動・四・用　接助
方を)ご覧になるにつけても、
も、
係助

いらっしゃるようだなあ。「は」は詠嘆の終助詞。係助詞とする説もある。

はればれしげなめり　「はればれしげなるめり」の撥《はつ》音便「はればれしげなんめり」の撥音無表記の形。

隙《ひま》　病気の「隙」、すなわち小康状態をいう。

心苦《こころぐる》し　気の毒だ。痛々しい。

思《おぼ》し騒《さわ》ぐ　「思ひ騒ぐ」の尊敬語。冷静さを失う、思い乱れる、の意。

おくと見《み》る…（歌）　冒頭に「前栽《せんざい》見給ふとて」とあった、その眼前の光景に託して、自らの命のはかなさを詠む。「おく」は、「起く（上二段活用動詞）」と「置く（四段活用動詞）」の掛詞《かけことば》。「置く」は、「露」の縁語。

げにぞ…あらぬ　光源氏が自分も庭の光景に目をやり、「風に乱るる萩の上露」のはかなさを詠んだ紫の上の歌を、なるほどそのとおりだ、と感じている。

よそへ《ヱ》られたる折《おり》　紫の上の命が露のように消えてしまいそうな時であるということ。

ややもせば…（歌）　紫の上の歌を受けて、死ぬ時はいっしょでありたいという気持ちを詠む。「消え」は「露」の縁語。

おくれ先立《さきだ》つ　先立たれたり先立ったりする。「おくる」は「後る」「遅る」と書き、①遅れ

どうかすると先を争って消えていく露のようなはかない世に、私たちは先立たれたり先立ったり

ややもせば 消え を あらそふ 露 の 世 に おくれ先立つ

副 名 格助 動・四・体 名 格助 名 格助 動・四・体

しないでいっしょに死んでいきたいものです。

ほど 経 ず もがな

名 動・下二・未 助動・消・用 終助

と詠んで、御涙を払いきれずにいらっしゃる。 中宮は、

とて、 御涙 を 払ひあへ 給は ず。 宮、

格助 名 格助 動・下二・用 補動・四・未 助動・消・終 名

秋風に吹かれてわずかな間も留まることなく散りこぼれてしまう露、その露のようにはかないこの世を、

秋風 に しばし 留まら ぬ 露 の 世 を 誰 か

名 格助 副 動・四・未 助動・消・体 名 格助 名 格助 代 係助

いったい誰が草葉の上のことだけだと(他人事のように)見ることができましょうか。(いや、できません。)

草葉 の 上 と のみ 見 む

名 格助 名 格助 副助 動・上一・未 助動・推・体

と(歌を)詠み交わし申し上げなさる(紫の上と中宮の)お顔立ちは好ましく、 見るかいのある(お

と 聞こえかはし 給ふ 御かたちども あらまほしく、 見る かひ

格助 動・四・用 補動・四・体 名 形・シク・用 動・上一・体 名

美しさである)ことにつけても、 (光源氏は)このまま千年を過ごす方法があればよい

ある に つけ て も、 かくて 千年 を 過ぐす わざ

動・ラ変・体 格助 動・下二・用 接助 係助 副 名 格助 動・四・体 名

のになあと自然にお思いになるが、 (人の生死は)思うに任せぬことなので、

もがな と 思さ るれ ど、 心 に かなは ぬ こと

終助 格助 動・四・未 助動・自・已 接助 名 格助 動・四・未 助動・消・体 名

(紫の上の命を)引き止めようがないのは悲しいことだった。

なれ ば、 かけ止め む 方 なき ぞ 悲しかり ける。

助動・断・已 接助 動・下二・未 助動・婉・体 名 形・ク・体 係助 形・シク・用 助動・嘆・体

る、②後に残る、③先立たれる、の意を表す。ここは③の意。「先立つ」は、先に死ぬ、の意。

払《はら》ひ《イ》あへ給《たま》は《ワ》ず　払いきれずにいらっしゃる。「あふ」は「敢ふ」と書き、動詞の連用形の下に付いて、完全に…し遂げる、の意を表す。

秋風《あきかぜ》に…（歌）　命のはかなさは紫の上一人だけのことではないと慰める気持ちを詠む。

聞《き》こえかは《ワ》す　「言ひかはす」の謙譲語。

御《おおん》かたちども　ここでは紫の上と明石の中宮のお顔立ちを指す。「ども」は複数を表す接尾語。

あらまほし　理想的だ。好ましい。「あら」（動詞「あり」の未然形）＋「まほし」（希望の助動詞）から成り、一語の形容詞となったもの。

かくて　紫の上と中宮が向かい合っている、その美しい光景のままに、の意。

心《こころ》にかなは《ワ》ぬこと　思うに任せぬこと。人の生死が、ということ。

かけ止《と》めむ方《かた》　「かけ止む」は、死んでいこうとする人の命をこの世に引き止める、の意。「かけとどむ」と同義。「方」は、方法、手段、の意。

■第二段落（一九四・8～終わり）

段意　ほどなく紫の上は容態が急変し、几帳を引き寄せて横になった。中宮が手を取ると、もはや臨終の様子で、祈禱を依頼する使者が多数差し向けられる。かつて紫の上がこういう状態で蘇生《そせい》した時の経験から、光源氏は物《もの》の怪《け》のしわざを疑って、一晩中、あらん限りの手を尽くしたが、そのかいもなく、紫の上は明け方に息を引き取った。

現代語訳・品詞分解

（紫の上は）「今はもう（あちらへ）お帰りになってくださいませ。気分の悪さがとてもつらくなりました。どうしようもないほど病み衰えてしまった時だとはいうものの、（これでは）本当に無礼でございますことよ。」とおっしゃって、御几帳を引き寄せて横におなりになっている様子が、いつもよりも本当にいかにも頼りなさそうにお見えになるので、「どのようなご気分でしょうか。」とおっしゃって、中宮は（紫の上の）お手をお取り申し上げて泣く泣く（ご容態を）見申し上げなさると、（歌のとおり）本当に消えてゆく露そのままの感じがしてご臨終とお見えになるので、僧侶に病気治癒の祈禱を依頼しにいく使者たちが数えきれないほど（差し向けられ）大騒ぎしている。以前にも（紫の上は）こうして（一度息絶えた後に）蘇生なさったが（光源氏は）その折にお慣れになっていて、

「今（名） は（係助） 渡ら（動・四・未） せ（助動・尊・用） 給ひ（補動・四・用） ね。（助動・強・命） 乱り心地（名） いと（副） 苦しく（形・シク・用） なり（動・四・用） 侍り（補動・ラ変・用） ぬ。（助動・完・終） いふかひなく（形・ク・用） なり（動・四・用） に（助動・完・用） ける（助動・過・体） ほど（名） と（格助） 言ひ（動・四・用） ながら、（接助） いと（副） なめげに（形動・ナリ・用） 侍り（補動・ラ変・終） や。」（間助） とて、（格助） 御几帳（名） 引き寄せ（動・下二・用） て（接助） 臥し（動・四・用） 給へ（補動・四・命） る（助動・存・体） さま（名） の、（格助） 常（名） より（格助） も（係助） いと（副） 頼もしげなく（形・ク・用） 見え（動・下二・用） 給へ（補動・四・已） ば、（接助） 「いかに（副） 思さ（動・四・未） るる（助動・自・体） に（助動・断・用） か。」（係助） とて、（格助） 宮（名） は（係助） 御手（名） を（格助） とらへ（動・下二・用） 奉り（補動・四・用） て（接助） 泣く泣く（副） 見（動・上一・用） 奉り（補動・四・用） 給ふ（補動・四・体） に、（接助） まことに（副） 消えゆく（動・四・体） 露（名） の（格助） 心地（名） し（動・サ変・用） て（接助） 限り（名） に（格助） 見え（動・下二・用） 給へ（補動・四・已） ば、（接助） 御誦経（名） の（格助） 使ひども（名） 数（名） も（係助） 知ら（動・四・未） ず（助動・消・用） たち騒ぎ（動・四・用） たり。（助動・存・終） さきざき（名） も（係助） かくて（副） 生き出で（動・下二・用） 給ふ（補動・四・体） 折（名） に（格助） ならひ（動・四・用） 給ひ（補動・四・用） て、（接助）

語釈・文法

乱《みだ》り心地《ごこち》　もともとは、取り乱した心のこと。転じて、気分の悪いこと、病気。

なめげなり　無礼だ。無作法だ。形容詞「なめし」に接尾語「げ」が付いて形容動詞化した語。

いかに思《おぼ》さるるにか　どのようなご気分でしょうか。「か」の後に「あらむ（侍《はべ》らむ）」などの結びの語句が省略されている。

まことに消《き》えゆく露《つゆ》の心地《ここち》して　「まことに」は、歌のとおり本当に、の意。先ほどの「露」に寄せた最後の唱和が思い起こされている。

限《かぎ》り　「今は限り」の略。臨終、の意。

たち騒《さわ》ぎたり　急な事態に慌ただしく大勢の使いが出された様子を表す。

かくて生《い》き出《い》で給《たまウ》ふ　「かく」は「限りに見え給へ」を指す。以前もこうして一度は息絶えながら「生《い》き出で」た、という意。紫の上は以前、六条の御息所《みやすどころ》の死霊《しりょう》に取りつかれて危篤状態になったが、祈禱によって蘇生したことがあった。

ならひ《イ》給《たまイ》ひて　お慣れになって。主語は光源氏。

物《もの》の怪《け》　人に取りついて、病気や死に至らせる死霊・生霊《いきりょう》などのこと。

し尽《つ》くさせ給《たまエ》へど　考えうる限りのことを全てさせたけれども、という意。

（今回も）物の怪（のしわざか）とお疑いになって、一晩中、さまざまなこと（加持祈禱）をおさせになったが、（その）かいもなく、夜がすっかり明ける頃に（紫の上は）お亡くなりになってしまった。

御物の怪 と 疑ひ 給ひ て、夜一夜 さまざま の こと を し尽くさ せ 給へ ど、かひ も なく、明け果つる ほど に 消え果て 給ひ ぬ。

名 格助 動・四・用 補動・四・用 接助 副 名 格助 名 格助 動・四・未 助動・使・用 補動・四・已 接助 名 係助 形・ク・用 動・下二・体 名 格助 動・下二・用 補動・四・用 助動・完・終

明《あ》け果《は》つるほど　夜がすっかり明ける頃。「明く」は、夜が明ける、の意。「果つ」は動詞の連用形の下に付いて、すっかり…する、…し終わる、の意を表す。

消《き》え果《は》て給《たま》ひ《イ》ぬ　「消えゆく露の心地して」に対応した表現。「消え果つ」は、①すっかり消える、②息絶える、死ぬ、亡くなる、の意を表す。ここは②の意。

鑑賞

女三の宮の降嫁以後、絶えず不安と緊張を強いられて心の安まる時のなかった紫の上は、とうとう病床に臥《ふ》してしまう。季節は秋になり、紫の上の容態は一進一退を続けながら、日増しに衰弱の度を深めていった。

もの寂しい風が吹き始めた夕暮れ、紫の上が脇息にもたれかかって庭を見ていると、光源氏が見舞いにやって来る。紫の上は、はかない小康状態を喜ぶ光源氏を見て、臨終の時にはどれほど悲しむだろうかと思いやり、その悲哀感がそのまま紫の上、光源氏、明石の中宮の和歌へとつながっていく。紫の上の「おくと見る…」の歌は、庭の萩の枝が風に吹かれて、上に置いた露を今にも落とさんばかりという情景を前に、その萩の上露に我が身をなぞらえたものである。光源氏は、改めて眼前の萩の上露に目をやり、それになぞらえられる紫の上の命のはかなさを実感してたまらない気持ちになり、「ややもせば…」と詠む。最愛の紫の上の死が避けられないものならば、せめていっしょに死にたいと願うほかない。また、養母の紫の上を実母の明石の君以上に慕っている中宮も、死を覚悟した紫の上を、「秋風に…」と慰める。世の定めとはいえ、死にゆく人の命を引き止められない悲しみが漂う。

ほどなく容態が急変した紫の上は、光源氏や中宮に見苦しいところを見せまいとして、「今は渡らせ給ひね。」と、几帳を引き寄せて横になった。最期までこまやかな心遣いを忘れない紫の上はまさに理想の女性といえよう。光源氏は、蘇生を願って一晩中加持祈禱をさせたが、そのかいもなく、紫の上は、光源氏と中宮に見守られながら、明け方に露が消えるように息を引き取ったのであった。

この紫の上の臨終の場面は、「露」によってはかない命を象徴する方法で描かれている。庭の萩の上露を眼前の景として、紫の上に「風に乱るる萩の上露」、光源氏に「消えをあらそふ露の世」、中宮に「しばし留まらぬ露の世」と詠ませたうえで、紫の上の死にゆくありさまを「まことに消えゆく露の心地して」と描き、それらに対応する形で臨終を「消え果て給ひぬ。」と表現する。「露」に形象された紫の上の死は、実に美しく、しかし哀切きわまりないものとして、本文が収められている「御法《みのり》」の巻の頂点をなしている。

教科書の問題（解答・解説）

教科書　一九五ページ

? 教科書本文下に示された問題

? 「いかに思し騒がむ」の主語は誰か。（p.一九三）

解答　院（光源氏）

[解説]　「つひにいかに思し騒がむ」は、紫の上の心内語。自分が死ぬ際の光源氏の様子を推し量っている。

? なぜ、「御《み》几《き》帳《ちょう》引き寄せて臥し」たのか。（p.一九四）

解答　死を前にした自分の見苦しい寝姿を夫（光源氏）や娘（明石の中宮）に見せないようにするため。

[解説]　分け隔てのない仲でありながら、死にゆく姿を見せる無礼を慎もうとする。辞世の歌を詠んだ後での、実にりっぱな最期である。

■学習の手引き

❶ここに登場する三人の人物が詠んだ歌について、それぞれの立場を考えながら、その内容をまとめよう。

解答　・紫の上＝夫の光源氏に妻である自分の死が間近に迫っていることを伝え、覚悟を促そうとしている。

・光源氏＝最愛の妻である紫の上の死を間近にして、悲しみに耐えられず、夫として死ぬ時もいっしょでありたいと願っている。

・明石の中宮＝育ての母である紫の上の死を間近にして、死にゆくはかない命なのは誰も同じだと言って、紫の上と父光源氏を慰めようとしている。

❷光源氏と紫の上とが互いにどのような心遣いをしているか、指摘しよう。

解答　光源氏は、紫の上の少しの小康状態も喜んでみせ、明るくしようと努めている。紫の上は、そんな光源氏が、自分の臨終の時にはどんなに取り乱すだろうかといたわり、今の状態が長くは続かないことを歌に詠んで、それとなく覚悟を促そうとしている。

❸光源氏と紫の上の出会いから死別までの物語について、感じたことを話し合おう。

[解説]　光源氏は、北山《きたやま》に出かけた時、恋慕する藤壺《ふじつぼ》の宮

によく似た幼い若紫（後の紫の上）を見初め、若紫が祖母に死別すると、自邸に引き取って養育することにした。若紫は、美しく聡明《そうめい》で反応が鋭く、あらゆる面で理想的な女性に成長し、やがて光源氏の妻となった。光源氏が須磨《すま》で謹慎生活を送った間も、紫の上は、留守をりっぱに守り、頻繁な文通によって夫を慰めた。そして、光源氏が都に戻り、政界に復帰した後は、光源氏と明石の君の娘（後の明石の中宮）を養女として迎え、光源氏の最愛の妻として幸福な日々を送ったのだが、その社会的立場は安定したものとはいえなかった。光源氏との結婚は親の定めたものではなく、実子もいなかったからである。帝《みかど》を後ろ盾に持つ女三の宮の降嫁は、光源氏の愛情だけが妻たることの保証であった紫の上に大きな衝撃を与え、以後は深い不安と絶望に神経をすり減らすようになる。その心労が積もってか、病を得て、床がちの数年を過ごした後、露のようにはかなく他界するのである。紫の上を失った光源氏は悲嘆にくれて抜け殻のようになり、ついには出家を志すのであった。

以上のような点を踏まえて、二人の出会いから死別までの関係や心の動きなどについて感じたことを話し合おう。

■語句と表現

① 「渡らせ給ひね。」（一九四・8）の傍線部「ね」を文法的に説明しよう。また、ここで使われている敬語の種類と敬意の対象を指摘しよう。

解答 ・「ね」＝強意の助動詞「ぬ」の命令形。

・敬語の種類＝「せ給ひ」は、尊敬の助動詞「す」と尊敬の補助動詞「給ふ」を重ねて用いた二重敬語（最高敬語）。

・敬意の対象＝光源氏と明石の中宮。

［解説］「（あちらへ）お帰りになってくださいませ。」の意で、紫の上が、見舞いに来ている光源氏と明石の中宮にかけた言葉。

② 次の傍線部の敬語の違いを説明しよう。

解答 (1) 聞こえ給ふ。＝本動詞で、「言ふ」の謙譲語。申し上げる、の意。

(2) 思ひ聞こえ給へる＝謙譲の補助動詞。上の動詞「思ふ」に、…申し上げる、の意を添える。

［解説］(1)(2)とも、地の文なので作者からの敬意を表す。敬意の対象は、(1)は「言ふ」という動作の受け手である紫の上、(2)は「思ふ」という動作の対象である紫の上。なお、「給ふ」の敬意の対象は、どちらも光源氏。

宇治《うじ》の姫君たち 〔橋姫〕

教科書 一九八〜二〇二ページ

大意 秋の末頃、宇治の八の宮が寺に籠もっているので、姫君たちは所在なく過ごしていた。薫《かおる》は久しぶりに宇治を訪問しようと思い立ち、夜半に目立たぬように出かける。山中の荒々しい自然の中を、薫は感傷的な気分に浸りながら馬で進んでいく。お忍びの道中でも、薫の芳香は隠れようもなく漂うのだった。八の宮邸に近づくと、もの寂しい楽器の音が聞こえてきた。邸内に入ると琵琶《びわ》と琴《こと》の合奏だと分かったが、よくある楽曲も場所のせいか優雅に感じられる。薫が姫君たちの部屋をのぞくと、質素な身なりの女房たちが月を眺めていた。姫君の一人はかわいらしく、もう一人は落ち着きがあって奥ゆかしい。二人が機知に富んだ会話を交わしているのを聞き、薫は思いがけない場所で美しい女性に会ったと感慨深く感じる。来客の知らせを聞いた姫君たちは室内にそっと入るが、その穏やかで上品な物腰に薫は心を奪われる。

第一段落（初め〜一九八・15）

段意 秋の末、八の宮が寺に移って念仏三昧をしているので、姫君たちは所在なさをつのらせていた。薫はしばらく宇治を訪れていないことを思い出し、夜半にお供もあまりつけず、目立たないようにして出かけた。

現代語訳・品詞分解

秋の末頃、（八の宮は）季節に合わせてなさるお念仏を、
秋 の 末つ方、四季 に あて て し 給ふ 御念仏
名 格助 名 名 格助 動・下二・用 接助 動・サ変・用 補動・四・体 名

この宇治川のほとりでは、網代の波もこの頃はたいそう耳にやかましく静かでないから
を、こ の 川づら は、網代 の 波 も このごろ は いとど
格助 代 格助 名 係助 名 格助 名 係助 名 係助 副

とおっしゃって、例の阿闍梨の住む寺の堂にお
耳かしがましく 静かなら ぬ を とて、か の 阿闍梨 の
形・シク・用 形動・ナリ・未 助動・消・体 接助 格助 代 格助 名 格助

語釈・文法

秋《あき》の末《すえ》つ方《かた》 秋の末頃。後に「有明《ありあけ》の月」とあり陰暦十六日以後と分かるので、現在の九月下旬と考えられる。

四季《しき》にあてて 季節に合わせて。

耳《みみ》かしがましく静《しず》かならぬをとて 八の宮は網《あ》代《じろ》の漁による波音が耳にうるさいので、勤行に支障があるというのである。

移りになって、　七日の間お勤めをなさる。
住む　寺　の　堂　に　移ろひ　給ひ　て、　七日　の　ほど
動・四・体　名　格助　名　格助　動・四・用　補動・四・用　接助　名　格助　名

姫君たちは、　とても心細く所在なさがつのって物思いにふけってい
行ひ　給ふ。　姫君たち　は、　いと　心細く　つれづれ　まさり　て
動・四・用　補動・四・終　名　係助　副　形・ク・用　名　動・四・用　接助

らっしゃった折、　中将の君（薫）が、しばらく（八の宮邸に）参上してい
ながめ　給ひ　ける　ころ、　中将の君、　久しく　参ら　ぬ
動・下二・用　補動・四・用　助動・過・体　名　名　形・シク・用　動・四・未　助動・消・体

なかったなあと思い出し申し上げなさったので、　有明の月が
かな　と　思ひ出で　聞こえ　給ひ　ける　まま　に、　有明の月
終助　格助　動・下二・用　補動・下二・用　補動・四・用　助動・過・体　名　格助　名

まだ夜深いうちにさし出る時に出発して、　たいそ
の　まだ　夜深く　さし出づる　ほど　に　出で立ち　て、　いと
格助　副　形・ク・用　動・下二・体　名　格助　動・四・用　接助　副

う人目につかないようにして、お供に人なども（ほとんど）なく、　目立たない身なりをしておい
忍び　て、　御供　に　人　など　も　なく、　やつれ　て　おはし
動・上二・用　接助　名　格助　名　副助　係助　形・ク・用　動・下二・用　接助　動・サ変・用

でになった。
けり。
助動・過・終

■第二段落（一九九・1～10）

段意

霧が立ち込める中、薫は馬で山中を進んでいく。激しい風に舞い落ちる木《こ》の葉の露に濡《ぬ》れながら、夜歩きに慣れていない薫は心細くも趣深く感じる。人目を忍んでいても、薫の芳香は隠しようがなく辺りに漂うのだった。

現代語訳・品詞分解

（八の宮邸は）宇治川の京都側にあるので、　舟などの面倒もなく、　お馬で
川　の　こなた　なれ　ば、　舟　など　も　わづらは　で、　御馬
名　格助　代　助動・在・已　接助　名　副助　係助　動・四・未　接助　名

おいでになった。　（山間に）だんだんと入って行くにつれて霧が立ち込めて、
にて　なり　けり。　入りもて行く　まま　に　霧りふたがり　て、
格助　動・四・用　助動・過・終　動・四・体　名　格助　動・四・用　接助

久《ひさ》しく参《まい》らぬかな　薫の心内語。八の宮邸を長く訪問しなかったことを思い出している。「参る」は「行く」の謙譲語で、薫から八の宮への敬意を表す。

思《おも》ひ《イ》出《い》で聞《き》こえ給《たま》ひ《イ》ける　思い出し申し上げなさった。「聞こえ」は謙譲の補助動詞「聞こゆ」の連用形で、作者から八の宮への敬意を表す。「給ひ」は尊敬の補助動詞「給ふ」の連用形。作者から薫への敬意を表す。

有明《ありあけ》の月《つき》　陰暦の毎月十六日以後の、夜明け頃まで空に残る月。月が昇るのは深夜となる。

御供《おおんとも》に人《ひと》などもなく　お供の者の数が少なかったことを指す。

やつれておは《ワ》しけり　目立たない身なりをしておいでになった。「やつる」は質素で地味な身なりになること。「おはす」は「行く」の尊敬語。

語釈・文法

舟《ふね》などもわづ《ズ》らは《ワ》で　舟などの面倒もなく。八の宮邸が宇治川の京都側にあるので、薫は舟に乗らずに行くことができるのである。

御馬《おおんうま》にてなりけり　お馬でおいでになった。「な

道も見えないほど茂る木々の中を分けていらっしゃると、
道 も 見え ぬ 茂木 の 中 を 分け 給ふ に、
名 係助 動・下二・未 助動・消・体 名 格助 名 格助 動・下二・用 補動・四・体 接助

ひどく荒々しい風の勢いに、 はらはらと散り落ちて乱れる木の葉
いと 荒ましき 風 の 競ひ に、 ほろほろと 落ち乱るる
副 形・シク・体 名 格助 名 格助 副 動・下二・体

の露が散りかかるのも、 とても冷ややかで、 ご自分の
木の葉 の 露 の 散りかかる も、 いと 冷ややかに、 人やり
名 格助 名 格助 動・四・体 係助 副 形動・ナリ・用 名

心(で来ると決めたこと)ながらたいそう濡れてしまわれた。 このような夜歩きな
なら ず いたく 濡れ 給ひ ぬ。 かかる 歩き
助動・断・未 助動・消・用 副 動・下二・用 補動・四・用 助動・完・終 動・ラ変・体 名

ども、 ほとんど慣れていらっしゃらないお心では、 心細くも
など も、 をさをさ ならひ 給は ぬ 心地 に、 心細く
副助 係助 副 動・四・用 補動・四・未 助動・消・体 名 格助 形・ク・用

趣があると自然とお思いになった。
をかしく 思さ れ けり。
形・シク・用 動・四・未 助動・自・用 助動・過・終

山おろしの風に堪えず落ちてくる木の葉の露よりも、わけも分からずもろくこぼれ落ちる私の
山おろし に 堪へ ぬ 木の葉 の 露 より も
名 格助 動・下二・未 助動・消・体 名 格助 名 格助 係助

涙であることよ。
あやなく もろき わ が 涙 かな
形・ク・用 形・ク・体 代 格助 名 終助

山里に住む者が目を覚ますのも煩わしいと、 随身の先払いの声も上げさせ
山賤 の おどろく も うるさし とて、 随身 の 音 も
名 格助 動・四・体 係助 形・ク・終 格助 名 格助 名 係助

なさらず、 柴の垣根を何度もかき分けて、
せ させ 給は ず、 柴 の 籬 を 分け つつ、
動・サ変・未 助動・使・用 補動・四・未 助動・消・用 名 格助 名 格助 動・下二・用 接助

(どこがそうだとも)はっきりしない水の流れが幾筋もあるのを踏みしだく馬の足音も、
そこはかと なき 水 の 流れども を 踏みしだく 駒 の
副 形・ク・体 名 格助 名 格助 動・四・体 名 格助

る」は、身分の高い人の動作を表す場合は、おいでになる、おなりになる、の意。

霧《き》りふたがりて 霧が立ち込めて。

競《きお》ひ《イ》 ①競うこと、②激しい勢い、はずみ、の意を表す。ここは②の意。

人《ひと》やりならず 他人のせいではなく、自分の心から。人から強制されず、自分の意志ですることを表す。ここでは、薫が自分で深夜に八の宮邸へ向かうと決めたことを指す。

かかる歩《あり》き このような夜歩き。女性を訪ねるために夜中に出歩くこと。

を《オ》さを《オ》さ 下に打消の語を伴って、ほとんど…ない、めったに…ない、の意を表す。

ならひ《イ》給《たま》は《ワ》ぬ 慣れていらっしゃらない。「ならふ《オ》」は、慣れる、の意。

心細《こころぼそ》くを《オ》かしく 慣れぬ山の夜歩きに、薫は心細くも趣があると感じているのである。

山《やま》おろしに…(歌) 「あやなし」は、道理に合わない、の意。木の葉の露と自分の涙を対比させ、涙が出る理由をはかりかねている。晩秋の自然の中で感じる悲哀を詠んだ歌。

山賤《やまがつ》 木こりや猟師など、山里に住む者。

おどろく ①目が覚める、②びっくりする、③はっと気づく、の意を表す。ここは①の意。

うるさし 煩わしい。やっかいだ。現代語の「やかましい」の意と異なることに注意。

やはり人に気づかれないようにと用心していらっしゃるのに、
足音 も、 なほ 忍び て と 用意し 給へ る に、
名 係助 副 動・上二・用 接助 格助 動・サ変・用 補動・四・命 助動・存・体 接助

(薫の身体から発する)隠れようのないご芳香が風に乗って(ただよい)、誰のものとも分からない香り(がする)と驚いて目を覚ます(人がいる)家々があった。
隠れなき 御にほひ ぞ 風 に 従ひ て、 主 知ら ぬ
形・ク・体 名 係助 名 格助 動・四・用 接助 名 動・四・未 助動・消・体
香 と おどろく 寝覚め の 家々 あり ける。
名 格助 動・四・体 名 格助 名 動・ラ変・用 助動・過・体

■第三段落(一九九・11〜16)

段意

薫が八の宮邸に近づくと、もの寂しい音色が聞こえてくる。名高い八の宮の演奏を聴くよい機会だと思い、邸内に入ると、琵琶と琴の合奏だった。ありふれた曲も、場所柄なのか、どこか清らかで趣があるように感じられる。

現代語訳・品詞分解

(八の宮邸に)近くなるうちに、はっきりと何の琴の音だとも聞き分けられない楽器のいろいろな音が、
近く なる ほどに、 その 琴 と も 聞き分か れ
形・ク・用 動・四・体 接助 代 格助 名 格助 係助 動・四・未 助動・可・未
たいそうもの寂しく聞こえる。いつもこのように
ぬ 物 の 音ども、 いと すごげに 聞こゆ。 常に かく
助動・消・体 名 格助 名 副 形動・ナリ・用 動・下二・終 副 副
に演奏なさると聞くが、機会がなくて、親王(八の宮)の御琴の
遊び 給ふ と 聞く を、 ついで なく て、 親王 の 御琴
動・四・用 補動・四・終 格助 動・四・体 接助 名 形・ク・用 接助 名 格助 名
音の名高いのも聞くことができずにいたよ、(今夜は)よい
の 音 の 名高き も え 聞か ぬ ぞ かし、 よき 折
格助 名 格助 形・ク・体 係助 副 動・四・未 助動・消・体 終助 終助 形・ク・体 名

随身《ずいじん》の音《おと》もせさせ給《たま》は《ワ》ず 随身に先払いの声も上げさせなさらず。「給ふ」が用いられていることから薫の動作と分かる。声を上げるのは随身であり、薫はそれを命じる立場なので、「させ」は使役の意。

籬《まがき》 目を粗く編んで作った垣根。

用《よう》意《い》し給《たま》へ《エ》る 「用意」は、注意、用心、の意。

おどろく 後に「寝覚め」とあることから、ここは、目が覚める意ではなく、驚く、びっくりする、の意。

語釈・文法

近《ちか》くなるほどに 八の宮邸に近くなるうちに。

すごげに もの寂しく。「すごげなり」は「すごし」同様に、自然現象や風景の寒々としたもの寂しさから受ける、ぞっとするような感じを表す。

常《つね》にかく遊《あそ》び給《たま》ふ《ウ》と聞《き》く ここから「よき折なるべし」までが薫の心内語。「かく遊び」は、八の宮が姫君たちと演奏することを指す。

ついで 機会。折。場合。

え聞《き》かぬぞかし 聞くことができずにいたよ。

機会であろう、と思いながら(邸内に)お入りになると、琵琶の音の響きで
なる　べし、　と　思ひ　つつ　入り　給へ　ば、　琵琶　の　声
助動・断・体　助動・推・終　格助　動・四・用　接助　動・四・用　補動・四・已　接助　名　格助　名

あった。黄鐘調に調子を整えて、世間でよくある
の　響き　なり　けり。　黄鐘調　に　調べ　て、　世　の　常
格助　名　助動・断・用　助動・嘆・終　名　格助　動・下二・用　接助　名　格助　名

試し弾き(の曲)であるが、(宇治という)場所柄のせいか聞き慣れない感じがして、
の　掻き合はせ　なれ　ど、　所から　に　や　耳なれ　ぬ
格助　名　助動・断・已　接助　名　助動・断・用　係助　動・下二・未　助動・消・体

かき返す撥の音も、どこか清らかで趣
心地　し　て、　掻き返す　撥　の　音　も、　ものきよげに
名　動・サ変・用　接助　動・四・体　名　格助　名　係助　形動・ナリ・用

がある。箏の琴が、しみじみと優雅な音を響かせて、
おもしろし。　箏の琴、　あはれに　なまめい　たる　声　し
形・ク・終　名　形動・ナリ・用　動・四・用　助動・存・体　名　動・サ変・用

途切れ途切れに聞こえる。
て、　絶え絶え　聞こゆ。
接助　副　動・下二・終

「ぞ」「かし」はいずれも念を押す終助詞。
響《ひび》きなりけり　過去の助動詞「けり」が「なり」の後に付く場合は詠嘆の意を表すことが多い。ここで琵琶の音だと分かったのである。
世《よ》の常《つね》　よくあること。ありふれたこと。
所《とこ》からにや耳《みみ》なれぬ心地《ここち》して　よくある曲が、宇治という場所柄のせいか、聞き慣れない感じがするのである。
ものきよげに　どこか清らかで。外からはもの寂しく聞こえた音が、邸内に入り楽器と曲が分かった後は清らかに聞こえたのである。
おもしろし　「をかし」が知的に客観的に捉えた趣を表すのに対し、「おもしろし」は心が晴れやかになるような感興を表す。

■第四段落（二〇〇・4〜二〇一・7）

段意

薫が姫君たちの部屋を垣間見《かいま》ると、霧が立ち込める中、質素な身なりの女房たちが美しい月を眺めていた。姫君たちの一人は琵琶の撥《ばち》をもてあそんでおり、とても愛らしい。もう一人は落ち着いて奥ゆかしい風情である。二人が月と楽器について機知に富んだ会話を交わす様子を見て、薫は、思いもよらぬ所で佳人を発見したと心奪われる。

現代語訳・品詞分解

あちら(姫君のお居間の方)に通じているらしい透垣の戸を、(薫が)
あなた　に　通ふ　べか　める　透垣　の　戸　を、　少し
代　格助　動・四・終　助動・推・体　助動・定・体　名　格助　名　格助　副

少し押し開けて(中を)ご覧になると、月が風情よく見えるくらいに霧が立ち込
押し開け　て　見　給へ　ば、　月　をかしき　ほど　に
動・下二・用　接助　動・上一・用　補動・四・已　接助　名　形・シク・体　名　格助

語釈・文法

あなた　あちら。向こう。
霧《き》りわたれるを　霧が立ち込めているのを。第二段落の「霧りふたがる」は「霧りわたる」よりも視界が遮られるさまをいう。
人々《ひとびと》　女房たちを指す。

めている様子を眺めて、　簾を高く巻き上げて、
霧りわたれ　る　を　ながめ　て、簾　を　短く　巻き上げ　て、
動・四・命　助動・存・体　格助　動・下二・用　接助　名　格助　形・ク・用　動・下二・用　接助

女房たちが座っている。　簀子に、　たいそう寒そうに、　(十分に重ね着
人々　ゐ　たり。　簀子　に、　いと　寒げに、　身　細く
名　動・上一・用　助動・存・終　名　格助　副　形動・ナリ・用　名　形・ク・用

していないので)ほっそりとして糊気の落ちた衣装の女童が一人、同じような様子である年配の女房
萎えばめ　る　童　一人、　同じ　さま　なる　大人　など
動・四・命　助動・存・体　名　名　形・シク・終　名　助動・断・体　名　副助

などが座っている。　中にいる姫君の(内の)、　一人は柱に少し隠れて座って、
ゐ　たり。　内　なる　人、　一人　は　柱　に　少し　ゐ隠れ
動・上一・用　助動・存・終　名　助動・在・体　名　名　係助　名　格助　副　動・下二・用

琵琶を前に置いて、　撥を手でもてあそびながら座っていると、
て、　琵琶　を　前　に　置き　て、　撥　を　手まさぐり　に　し
接助　名　格助　名　格助　動・四・用　接助　名　格助　名　格助　動・サ変・用

雲に隠れていた月が、
つつ　ゐ　たる　に、　雲隠れ　たり　つる　月　の、
接助　動・上一・用　助動・存・体　接助　動・下二・用　助動・存・用　助動・完・体　名　格助

急にたいそう明るくさし出たので、　「扇でなくて、
にはかに　いと　明かく　さし出で　たれ　ば、　「扇　なら　で、
形動・ナリ・用　副　形・ク・用　動・下二・用　助動・完・已　接助　名　助動・断・未　接助

これ(撥)でも月は招くことができましたよ。」　と言っ
これ　して　も　月　は　招き　つ　べかり　けり。」　とて、
代　格助　係助　名　係助　動・四・用　助動・強・終　助動・可・用　助動・嘆・終　格助

て、(月を)うかがい見ている顔は、　とてもかわいらしく、　つややかに美しいよう
さしのぞき　たる　顔、　いみじく　らうたげに、　にほひやかなる
動・四・用　助動・存・体　名　形・シク・用　形動・ナリ・用　形動・ナリ・体

だ。　物に寄りかかって横になっている(もう一人の)姫君は、琴の上に前かがみになって、
べし。　添ひ臥し　たる　人　は、　琴　の　上　に　かたぶきかかり
助動・推・終　動・四・用　助動・存・体　名　係助　名　格助　名　格助　動・四・用

「沈む太陽を呼び返す撥はあるそうですが、　変わったふ
て、　「入る　日　を　返す　撥　こそ　あり　けれ、　さま異に
接助　動・四・体　名　格助　動・四・体　名　係助　動・ラ変・用　助動・過・已　形動・ナリ・用

いと寒《さむ》げに　姫君の女房たちの寒々しい様子を指している。八の宮は裕福ではないため、使用人の数も少なく、衣装も質素である。

同《おな》じさまなる　童《わらわ》と同じように、質素な服装で寒々しい様子なのである。

大人《おとな》　経験のある、年配の女房のこと。

手《て》まさぐり　手でもてあそぶこと。

には《ワ》かに　急に。

さしのぞきたる顔《かお》　月をうかがい見ている顔。「さし」は接頭語で、動詞に付いて意味を強めたり、調子を整えたりする。

ら《ロ》う《ウ》たげに　かわいらしく。本文以外の部分でも、姫君たちのうち、妹である中の君を表す言葉として用いられている。

にほ《オ》ひ《イ》やかなるべし　つややかに美しいようだ。助動詞「べし」は、月の光のもと、姫君を垣間見ている薫による推量である。

添《そ》ひ《ィ》臥《ふ》したる人《ひと》　「添ひ臥す」は、①寄り添って寝る、②物に寄りかかって楽な姿勢を取る、の意を表す。ここは②の意。

かたぶきかかりて　前かがみになって。

さま異《こと》にも　「さま異なり」は、普通と様子が異なっている、風変わりだ、の意。「扇ならで、…招きつべかりけり」の発言を受けて、変わったふうに考えるものだと答えている。

うに思いつきなさるお心ですね。」と言って、ほほえんでいる様子は、
も　思ひ及び　給ふ　御心　かな。」　とて、　うち笑ひ　たる
係助　動・四・用　補動・四・体　名　終助　格助　動・四・用　助動・存・体

もう少し落ち着きがあって奥ゆかしい風情がある。「違っているとしても、
けはひ、　いま　少し　重りかに　よしづき　たり。　「及ば　ず
名　副　副　形動・ナリ・用　動・四・用　助動・存・終　動・四・未　助動・消・用

この撥も月に縁のないものでしょうか。（いや、縁があるものです。）」などと、たわいのな
とも、　これ　も　月　に　離るる　もの　かは。」　など、　はかなき
接助　代　係助　名　格助　動・下二・体　名　係助　副助　形・ク・体

いことを打ち解けて話し合っていらっしゃる様子は、全くよそ
こと　を　うちとけ　のたまひ交はし　たる　けはひども、　さらに
名　格助　動・下二・用　動・四・用　助動・存・体　名　副

ながら想像していたのとは違って、たいそ
よそ　に　思ひやり　し　に　は　似　ず、　いと
名　格助　動・四・用　助動・過・体　格助　係助　動・上一・未　助動・消・用　副

うしみじみと身にしみて親しみやすく趣がある。昔物語などに語り伝えて、
あはれに　なつかしう　をかし。　昔物語　など　に　語り伝へ　て、
形動・ナリ・用　形・シク・用　形・シク・終　名　副助　格助　動・下二・用　接助

若い女房などが読むのを聞くと、必ずこのようなことを
若き　女房　など　の　読む　を　も　聞く　に、　必ず　かやう
形・ク・体　名　副助　格助　動・四・体　格助　係助　動・四・体　接助　副　形動・ナリ・語幹

言っているが、そうでもなかったのだろうと腹立たしく想像で判断し
の　こと　を　言ひ　たる、　さしも　あら　ざり　けむ　と
格助　名　格助　動・四・用　助動・存・体　副　動・ラ変・未　助動・消・用　助動・過推・終　格助

ていたけれど、なるほど、しみじみと趣深い、人に知られていない所
憎く　推し量ら　るる　を、　げに、　あはれなる　ものの隈　あり
形・ク・用　動・四・未　助動・自・体　接助　副　形動・ナリ・体　名　動・ラ変・用

もありそうな世の中であったなあ、と（薫の）心は（姫君たちに）引きつけら
ぬ　べき　世　なり　けり、　と　心　移り　ぬ
助動・強・終　助動・推・体　名　助動・断・用　助動・嘆・終　格助　名　動・四・用　助動・強・終

れてしまいそうである。
べし。
助動・推・終

よしづきたり　「よしづく」は、奥ゆかしい風情がある、風雅のたしなみがある、の意。

はかなきこと　たわいのないこと。

さらに　下に打消の語を伴い、全く…ない、決して…ない、の意を表す。

よそに思《おも》ひ《ィ》やりしには似《に》ず　よそながら想像していたのとは違って。「よそ」は、自分とはかけ離れた所、関係のない人などを指す。薫は本文以前の部分で、山里である宇治に住む姫君たちのことを、世間並みのしとやかな女性からはかけ離れているのではないかと想像していた。しかし、実際に姫君たちの姿を見て、想像していたのとは違い、美しく品があると感じたのである。

なつかしう《シュウ》　想像と違って都の女性のようだったので、薫は親しみやすく感じたのである。

若《わか》き女房《にょうぼう》などの読《よ》むをも聞《き》くに　当時、書物は絵などを見ながら、女房などに朗読させて聞いていたと考えられる。

かやう《ヨウ》のこと　思いもよらない場所で、すばらしい女性を見つけることを指す。

あらざりけむ　なかったのだろう。「けむ」は過去の推量を表す助動詞。

心移《こころうつ》りぬべし　薫が姫君たちに心を奪われてしまいそうである、という作者による推量。

■第五段落（二〇一・8～終わり）

段意

姫君たちが霧ではっきり見えないので、薫はまた月が出てほしいと願う。来客を告げる者がいたのか、簾《すだれ》を下ろし、姫君たちは慌てることなくそっと室内に入ってしまった。その柔らかで上品な物腰に、薫は心ひかれる。

現代語訳・品詞分解

霧が深いので、（姫君たちを）はっきりと見ることもできない。

霧	の	深けれ	ば、	さやかに	見ゆ	べく	も	あら	ず。
名	格助	形・ク・已	接助	形動・ナリ・用	動・下二・終	助動・可・用	係助	補動・ラ変・未	助動・消・終

また月が輝き出てほしいと（薫が）お思いになっているうちに、奥の方から、

また	月	さし出で	なむ	と	思す	ほどに、	奥	の	方	より、
副	名	動・下二・未	終助	格助	動・四・体	接助	名	格助	名	格助

「どなたかお越しです。」とお知らせ申し上げる人がいるのだろうか、

「人	おはす。」	と	告げ	聞こゆる	人	や	あら	む、
名	動・サ変・終	格助	動・下二・用	補動・下二・体	名	係助	動・ラ変・未	助動・推・体

簾を下ろして皆入ってしまった。（姫君たちが）慌てた様子ではなく、

簾	下ろし	て	みな	入り	ぬ。	おどろき顔	に	は
名	動・四・用	接助	名	動・四・用	助動・完・終	名	助動・断・用	係助

穏やかに振る舞って、そっと隠れてしまった

あら	ず、	なごやかに	もてなし	て、	やをら	隠れ	ぬる
補動・ラ変・未	助動・消・用	形動・ナリ・用	動・四・用	接助	副	動・下二・用	助動・完・体

様子は、衣ずれの音もせずたいそうもの柔らかないたわしい感じで、

けはひども、	衣	の	音	も	せ	ず	いと	なよよかに
名	名	格助	名	係助	動・サ変・未	助動・消・用	副	形動・ナリ・用

とても上品で優雅なのを、

心苦しう	て、	いみじう	あてに	みやびかなる	を、
形・シク・用	接助	形・シク・用	形動・ナリ・用	形動・ナリ・体	格助

（薫は）しみじみすばらしいとお思いになる。

あはれ	と	思ひ	給ふ。
形動・ナリ・語幹	格助	動・四・用	補動・四・終

語釈・文法

さやかに　はっきりと。

見《み》ゆべくもあらず　「べく」は可能の助動詞「べし」の連用形。「も」は強意の係助詞。

また月《つき》さし出《い》でなむ　「なむ」は、願望の終助詞。よって、その上の動詞「さし出で」は未然形である。姫君たちを見たいので、薫はまた月が出てほしいと願っている。

人《ひと》おは《ワ》す　どなたかお越しです。「おはす」は「来」の尊敬語。八の宮邸に仕えている者が、薫が来ていると姫君たちに告げたのである。

おどろき顔《がお》には…隠《かく》れぬるけは《ワ》ひども　姫君たちは突然の来客の知らせにも慌てることなく、上品に振る舞っている。

やを《オ》ら　そっと。おもむろに。

衣《きぬ》の音《おと》もせず　姫君たちの柔らかな振る舞いの描写だが、後の「心苦しうて」を踏まえると、着古した衣装なので衣ずれの音がしなかったとも考えられる。

あてに　「あてなり」は、上品だ、高貴だ、の意。

みやびかなる　上品で優雅な。風流な。

鑑賞

本文が収められた「橋姫」は宇治十帖《うじじゅうじょう》の最初に置かれ、薫の垣間見によって姫君たちとの物語が展開していく。垣間見は当時の貴族にとって日常的な習俗であり、王朝文学にも多く見られるが、『源氏物語』においては語りの手法として重要な役割を果たしている。垣間見によって語り手と登場人物の視線が同化し、読者は、まるでその場に居合わせているかのように物語の空間に引き込まれていくのである。

本文では垣間見の場面の敬語表現にも着目したい。第四段落の冒頭では薫の行動は「見給へば」〔二〇〇・5〕と尊敬語が用いられ、三人称的に描写されている。しかし、視線が室内の人々に移り、その様子が描写されると敬語が失われる。「にほひやかなるべし」〔二〇〇・14〕では、薫の主観が地の文で表現されているのである。さらに「推し量らるるを」〔二〇一・6〕、「心移りぬべし」〔二〇一・7〕でも薫の行為が敬語を用いることなく描写され、まるで一人称であるかのように読み取ることができる。そして第五段落に入ると、薫の行為は「思す」〔二〇一・8〕と再び尊敬語が用いられ、視点は語り手に戻る。こうした表現によって、読者は登場人物と一体化して簾の内の女性たちをのぞき見ているかのように、物語の世界に没入することになるのである。

教科書の問題（解答・解説）

教科書本文下に示された問題

❓「つれづれまさりて」とあるが、なぜか。（p.一九八）

解答　父親である八の宮が念仏三昧のために寺に移ったので、姫君たちは二人だけになってしまったから。

［解説］「つれづれ」は所在ないこと。父親が不在で、姫君たちはすることもなく所在なかったのである。

❓「よき折」とは、どういうことか。（p.一九九）

解答　琴の名手である八の宮の演奏を聴く、よい機会であるということ。

［解説］直前に「常にかく遊び給ふと聞くを、ついでなくて」とあることから考える。「ついで」は、機会、の意。

❓「さ」とは、どのようなことか。（p.二〇一）

解答　思いもよらない場所で、偶然、すばらしい女性を発見するようなこと。

［解説］直前の「かやうのこと」と同じ内容を指していることから考える。昔物語には思いもよらない場所で佳人を発見する話が出てくるが、そんなことは現実には起こらないだろうと薫は考えていたのである。

教科書　二〇二ページ

■学習の手引き

❶前半部（一〜三段落）から、都とは異なる様子を挙げよう。

解答 ・宇治川の網代のやかましさ。
・馬での外出。深い霧。茂った木々の中の道。
・荒々しい風。舞い落ちる木の葉の露。
・随身に先払いをさせない。
・柴の垣根。幾筋もの水の流れを馬で踏みしだく。
・自然の中で、楽器の音がもの寂しく聞こえる。よくある曲も聞き慣れない感じがして、清らかで趣深い。

[解説] 山里の景色や事物だけでなく、それらに触れた薫の心情や行動が都とは異なっていることも捉えよう。

❷姫君たちのどのような様子が、薫の心を捉えたのか。

解答 ・機知に富んだ会話を楽しむ、親しみやすい様子。
・突然の来客の知らせにも慌てず穏やかに振る舞う、上品で優雅な様子。

[解説] 姫君たちは美しいうえに教養も感じさせ、物腰の柔らかさや品格もあった。外見だけでなく、内面も含めた姉妹の様子に薫は心ひかれたのである。

■語句と表現

①「通ふべかめる」〔二〇〇・4〕、「招きつべかりけり。」〔二〇〇・12〕、「ものの隈《くま》ありぬべき世」〔二〇一・6〕の傍線部を文法的に説明しよう。

解答 ・べかめる＝推量の助動詞「べし」の連体形「べかる」の撥《はつ》音便無表記＋推定の助動詞「めり」の連体形。
・つべかりけり＝強意の助動詞「つ」の終止形＋可能の助動詞「べし」の連用形＋詠嘆の助動詞「けり」の終止形。
・ぬべき＝強意の助動詞「ぬ」の終止形＋推量の助動詞「べし」の連体形。

言語活動

1 これまでに学習した垣間見の場面を挙げたうえで比較し、気づいたことを話し合おう。

[解説] 『源氏物語』の場面としては次のような例がある。
・「若紫《わかむらさき》」…光源氏《ひかるげんじ》が少女（若紫）を垣間見て、その愛らしさに目を奪われる。
・「唐猫《からねこ》の綱」…夕霧《ゆうぎり》と柏木《かしわぎ》が、女三《おんなさん》の宮《みや》を偶然に垣間見る。夕霧は宮を心配するが、柏木は思いをつのらせる。
・「宇治の姫君たち」…薫が姫君たち（大君《おおいぎみ》、中の君）を垣間見て、姉妹の美しさや品格に心ひかれる。

「垣間見」が恋愛の始まりとなることは多い。さらに右に挙げた場面は、物語上の重要な出来事の契機にもなっている。光源氏はこの少女（若紫＝紫の上）を引き取って養育し、やがて結婚する。柏木は女三の宮に執心して密通事件を起こしてしまう。薫は大君・中の君との関わりを通じて、浮舟《うきふね》に出会うことになる。

橘《たちばな》の小島 〔浮舟《うきふね》〕

教科書 二〇三〜二〇六ページ

大意

匂宮《におうみや》は浮舟に会うため、無理な算段をして宇治《うじ》へ出かけるが、雪深い道にお供の者たちは難儀する。浮舟邸では侍女たちがくつろいでいたが、匂宮が訪れたので慌てる。悪路を押しての訪問に浮舟と右近《うこん》は感動を覚える。右近たちは事情を知らない他の者たちに知られぬよう、匂宮を部屋に迎え入れた。匂宮は気がねなく二人で過ごすため、浮舟を対岸の家に連れて行くことを計画し、従者の時方《ときかた》に準備させていた。その成り行きに慌てふためく右近の制止の言葉も聞かず、匂宮は浮舟を連れて出かける。小舟で対岸へ渡る途中、歌枕にもなっている橘の小島を眺める。匂宮は常緑樹の橘にたとえて不変の愛を誓うが、浮舟は先行きへの不安を歌に詠む。対岸に着き、匂宮が自ら浮舟を抱いて舟から下りたので、お供の者たちは見苦しく思う。着いた先は時方の叔父が所有する簡素な家で、屏風《びょうぶ》などの調度品も粗末だった。

第一段落（初め〜二〇四・3）

段意

薫《かおる》の浮舟への思いに気づいた匂宮は、無理な算段をして雪の降り積もる中、宇治へ出かける。人影もなく雪深い道にお供の者たちは難儀する。道案内役の内記《ないき》はいつもの重々しい様子と異なり、雪に備えた服装で風情があった。

現代語訳・品詞分解

(匂宮は)あの方のご様子(薫が浮舟を思っている様子)にも、いよいよ自然とお気づきになられて

か	の	人	の	御気色	に	も、	いとど	おどろか	れ
代	格助	名	格助	名	格助	係助	副	動・四・未	助動・自・用

きたので、あきれるような算段をして(宇治へ)いらっしゃった。

給ひ	けれ	ば、	あさましう	たばかり	て	おはしまし	たり。
補動・四・用	助動・過・已	接助	形・シク・用	動・四・用	接助	動・四・用	助動・完・終

京では、まるで友(後から降る雪)を待つように消え残っている雪が、山深く入って

京	に	は、	友	待つ	ばかり	消え残り	たる	雪、	山	深く
名	格助	係助	名	動・四・終	副助	動・四・用	助動・存・体	名	名	形・ク・用

語釈・文法

おどろかれ 「おどろく」は、①目が覚める、②びっくりする、③はっと気づく、の意を表す。ここは③の意。本文の直前で、薫が浮舟への歌を口ずさむ様子が描かれている。

あさましう《シュウ》たばかりて 匂宮は公務などで多忙なのに、浮舟に会うためにあきれるほどに無理な算段をして宇治へ出かけたのである。

行くにつれて、だんだん深く降り積もっている。いつもより難儀な人通りのほとんど

入る	まま	に、	やや	降り埋み	たり。	常	より	も	わりなき
動・四・体	名	格助	副	動・四・用	助動・存・終	名	格助	係助	形・ク・体

ない細道を分け入っておいでになると、お供の人も、

まれ	の	細道	を	分け	給ふ	ほど、	御供	の	人
形動・ナリ・語幹	格助	名	格助	動・下二・用	補動・四・体	名	名	格助	名

泣き出したいほど恐ろしく厄介な事態(が起こること)まで心配する。

も、	泣き	ぬ	ばかり	恐ろしう	わづらはしき	こと	を
係助	動・四・用	助動・強・終	副助	形・シク・用	形・シク・体	名	格助

(宇治への)道案内役の内記は、式部少輔を兼ねていた人で、

さへ	思ふ。	しるべ	の	内記	は、	式部少輔	なむ	かけ
副助	動・四・終	名	格助	名	係助	名	係助	動・下二・用

どちらも重々しく振る舞わなければならない官職であるが、

たり	ける、	いづ方	も	いづ方	も	ことごとしかる	べき
助動・存・用	助動・過・体	代	係助	代	係助	形・シク・体	助動・当・体

とてもふさわしく指貫の裾を引き上げたりしている姿も、

官	ながら、	いと	つきづきしく	引き上げ	など	し	たる
名	接助	副	形・シク・用	動・下二・用	副助	動・サ変・用	助動・存・体

風情があった。

姿	も、	をかしかり	けり。
名	係助	形・シク・用	助動・過・終

やや　だんだん。

常《つね》よりもわりなき　雪が降り積もっているので、いつもよりも通行に難儀しているのである。

まれの細道《ほそみち》　人通りのほとんどない細道。

恐《おそ》ろしう《シュウ》わづ《ズ》らは《ワ》しきこと　夜中の雪道が恐ろしいのに加え、従者たちは宇治訪問の秘密を知っているため、厄介事に巻き込まれることを懸念している。

かけたりける　内記は式部少輔《しきぶのしょう》も兼任している。

ことごとしかるべき官《つかさ》　重々しく振る舞わなければならない官職。内記は正六位相当、式部少輔は従五位下相当で、いずれも重要な役職である。

つきづきしく　ふさわしく。似つかわしく。

をかしかりけり《オ》　内記が雪道にふさわしく裾を上げるのを見て、いつもの重々しい役職との違いを語り手がおもしろく感じている。

■第二段落（二〇四・4〜11）

段意

浮舟邸では侍女たちが、雪のため匂宮が来るのは無理だろうと考えてくつろいでいた。しかし匂宮が訪れたので、浮舟は心動かされ、右近も心配しながらもうれしく感じる。事情を知らない他の者たちに気づかれないように右近は若い侍女と協力して匂宮を部屋に入れるが、衣服の香りが漂ったため、薫の様子に似せてごまかした。

現代語訳・品詞分解

あちら(宇治)では、(匂宮から)いらっしゃるつもりだという知らせはあったが、

かしこ	に	は、	おはせ	む	と	あり	つれ	ど、
代	格助	係助	動・サ変・未	助動・意・終	格助	動・ラ変・用	助動・完・已	接助

語釈・文法

おは《ワ》せむ　「おはす」は「行く」「来《く》」の尊敬語。匂宮が浮舟のもとへ来るということ。

このような雪では（まさかおいでになるまい）、と気を許していたところ、夜が更けて右近に（内
かかる 雪 に は、と うちとけ たる に、 夜 更け て
動・ラ変・体 名 格助 係助 格助 動・下二・用 助動・存・体 接助 名 動・下二・用 接助

記が匂宮の）来意を告げた。 思いがけない、ありがたいことよと女君（浮舟）も
右近 に 消息し たり。 あさましう、 あはれ と 君 も
名 格助 動・サ変・用 助動・完・終 形・シク・用 形動・ナリ・語幹 格助 名 係助

思っている。 右近は、 しまいにはどのようにおなりになるお身の上であろう
思へ り。 右近 は、 いかに なり果て 給ふ べき
動・四・命 助動・存・終 名 係助 副 動・下二・用 補動・四・終 助動・推・体

かと一方では苦しい思いだが、 今夜は気がね
御ありさま に か と かつは 苦しけれ ど、 今宵 は
名 助動・断・用 係助 格助 副 形・シク・已 接助 名 係助

も忘れてしまうのだろう、 （いけませんと）言って追い返すような
つつましさ も 忘れ ぬ べし、 言ひ返さ む 方 も
名 係助 動・下二・用 助動・強・終 助動・推・終 動・四・未 助動・婉・体 名 係助

すべもないので、 （浮舟が）右近同様に気の置けない者だとお思いの若い侍女で、
なけれ ば、 同じ やうに むつましく 思い たる 若き 人
形・ク・已 接助 形・シク・終 助動・比・用 形・シク・用 動・四・用 助動・存・体 形・ク・体 名

思慮も浅はかでない者を誘い入れて、 「たいへん困
の、 心ざま も 奥なから ぬ を 語らひ て、 「いみじく
格助 名 係助 形・ク・未 助動・消・体 格助 動・四・用 接助 形・シク・用

ったこと（になりました）。 （私と）同じ気持ちで、 秘密にしてください。」 と言ってしまっ
わりなき こと。 同じ 心 に、 もて隠し 給へ。」 と 言ひ
形・ク・体 名 形・シク・終 名 格助 動・四・用 補動・四・命 格助 動・四・用

た。 （右近と若い侍女の）二人で（匂宮を）お入れ申し上げる。 道中でお濡れにな
て けり。 もろともに 入れ 奉る。 道 の ほど に
助動・完・用 助動・過・終 副 動・下二・用 補動・四・終 名 格助 名 格助

った（お召し物の）香りが辺りいっぱいに匂うのも、 困ってしまったに
濡れ 給へ る 香 の 所狭う にほふ も、 もてわづらひ
動・下二・用 補動・四・命 助動・存・体 名 格助 形・ク・用 動・四・体 係助 動・四・用

ちがいないが、 あの方（薫）のご様子に似せて、
ぬ べけれ ど、 かの 人 の 御けはひ に 似せ て
助動・強・終 助動・推・已 接助 代 格助 名 格助 名 格助 動・下二・用 接助

うちとけたる　気を許していた。雪が深いので女房たちは匂宮が来るとは思わず、準備もせずにくつろいでいたのである。

消息《しょうそこ》したり　来意を告げた。敬語がないことから従者が右近に来意を伝えたと考えられる。

あさましう《シュウ》、あはれ《ワ》と君《きみ》も思《おも》へ《エ》り　「あさまし」は、驚きあきれる、の意。匂宮が雪の中を夜更けに訪問してくれたことに対して、浮舟は驚きあきれながらも感動している。

かつは苦《くる》しけれど　一方では苦しい思いだが。右近には浮舟の今後について心配する気持ちと、匂宮の訪問を喜ぶ気持ちがある。

つつましさも忘《わす》れぬべし　右近は本来、匂宮を薫と偽るため用心しなければならないが、今夜の訪問はその用心も忘れるほどうれしいのだろうと語り手が推測している。

方《かた》　すべ。方法。

いみじくわりなきこと　右近は匂宮が強引に浮舟のもとへ通ってくることに困っている。

同《おな》じ心《こころ》に、もて隠《かく》し給《たま》へ《エ》　自分と同じ気持ちになって匂宮の来訪を隠すように、右近が同僚に頼んでいる。

香《か》の所狭《ところせ》うにほふ《オウ》　匂宮が衣装にたきしめている香が、雪の道中で濡《ぬ》れて香りたち、辺りいっぱいに匂ったのである。

ごまかしたのであった。
なむ、 もてまぎらはし ける。
係助 動・四・用 助動・過・体

もてわづ《ズ》らひ《イ》ぬべけれど　匂宮の来訪はお忍びであり、隠れなければならないのに、香りで存在が知られてしまうので困るのである。

■第三段落（二〇四・12〜二〇五・3）

段意

夜明けに帰るのでは物足りず、また浮舟邸では気がねもあるので、匂宮は浮舟を川向こうの家に連れて行こうと計画していた。時方が準備を万事整えたと報告したので、右近は驚き、震え上がる。右近の制止も聞かず、匂宮は浮舟を自ら抱き上げて出かける。右近は留守番に残ることにして、若い侍女を浮舟のお供に付ける。

現代語訳・品詞分解

（匂宮は）夜のうちにお帰りになるのも、　かえって思いが
夜 の ほど にて たち帰り 給は む も、 なかなかな
名 格助 名 格助 動・四・用 補動・四・未 助動・婉・体 係助 形動・ナリ・体

募るだろうから、　ここの人目もたいそう気が引けるので、　時方に工夫
べけれ ば、 ここ の 人目 も いと つつましさ に、 時方 に
助動・推・已 接助 代 格助 名 係助 副 名 格助 名 格助

させなさって、　（宇治川の）川向こうの、ある人の家に（浮舟を）連れ
たばから せ 給ひ て、 川 より をち なる 人 の
動・四・未 助動・使・用 補動・四・用 接助 名 格助 名 助動・在・体 名 格助

ておいでになろうと準備していたので、
家 に 率 て おはせ む と 構へ たり けれ
名 格助 動・上一・用 接助 動・サ変・未 助動・意・終 格助 動・下二・用 助動・存・用 助動・過・已

先立って（その家に）行かせておいた者が、　夜の更ける頃に参上した。
ば、 先立て て 遣はし たり ける、 夜 更くる ほど に
接助 動・下二・用 接助 動・四・用 助動・存・用 助動・過・体 名 動・下二・体 名 格助

「とてもよく準備が整ってございます。」　と（時方が匂宮への報告を
参れ り。 「いと よく 用意し て 候ふ。」 と 申さ す。
動・四・命 助動・完・終 副 副 動・サ変・用 接助 補動・四・終 格助 動・四・未 助動・使・終

侍女に）申し上げさせる。　これはどうなさるおつもりかと、　右近もたいそ
こ は いかに し 給ふ こと に か と、 右近 も
代 係助 副 動・サ変・用 補動・四・体 名 助動・断・用 係助 格助 名 係助

語釈・文法

夜《よ》のほどにて　夜のうちに。当時、男性は夜明け前に帰るのが礼儀であった。匂宮の到着は夜更けだったため、滞在できる時間は短い。

なかなかな　「なかなかなる」の撥《はつ》音便「なかなかなん」の撥音無表記の形。

つつましさに　気が引けるので。

時方《ときかた》にたばからせ給《たま》ひ《イ》て　「せ給ひて」の「せ」は使役の助動詞「す」の連用形。匂宮が浮舟と離れがたいので、さらに時間を過ごせるように時方に工夫するよう命じたのである。

率《い》ておは《ワ》せむ　「率る」は、引き連れる、の意。匂宮が、浮舟を連れて行こうと考えている。

構《かま》へ《エ》たりければ　準備していたので。

先立《さきだ》てて遣《つか》は《ワ》したりける　匂宮たちが移動するのに先立って、準備のために時方を川向こうの家に行かせていたということ。

う気が気でないので、　寝ぼけて起きてきた心持ちにもわなわなと震えてきて、
いと 心あわたたしけれ ば、 寝おびれ て 起き たる 心地
副 形・シク・已 接助 動・下二・用 接助 動・上二・用 助動・完・体 名

尋常ではない。子どもが雪遊びをした様子のように、
も わななか れ て、 あやし。 童べ の 雪遊び し
係助 動・四・未 助動・自・用 接助 形・シク・終 名 格助 名 動・サ変・用

震え上がってしまった。
たる けはひ の やうに ぞ、 震ひあがり に ける。
助動・完・体 名 格助 助動・比・用 係助 動・四・用 助動・完・用 助動・過・体

「どうして(そのようなことができましょうか、いや、できません)。」などと(右近に)最後までは言わ
「いかで か。」 など も 言ひあへ させ 給は ず、
副 係助 副助 係助 動・下二・未 助動・使・用 補動・四・未 助動・消・用

せなさらず、(匂宮は浮舟を)抱いて出ておしまいになった。　右近はこちらの留守居役として残って、
かき抱き て 出で 給ひ ぬ。 右近 は ここ の 後見
動・四・用 接助 動・下二・用 補動・四・用 助動・完・終 名 係助 代 格助 名

侍従(若い侍女)をお供にお付けする。
に とどまり て、 侍従 を ぞ 奉る。
格助 動・四・用 接助 名 格助 係助 動・四・体

申《もう》さす　「す」は使役の助動詞。匂宮への報告を、時方が侍女に伝えて申し上げさせている。

こはいかにし給《たま》ふ《ウ》ことにか　「こ」は匂宮が浮舟を連れて出ようとしていることを指す。

寝《ね》おびれて　寝ぼけて。

わななかれて　「れ」は自発の助動詞「る」の連用形。右近は匂宮の行動にうろたえ、自然に体が震えてきている。

いかでか　後に「すべき」などが省略されている。「か」は反語の係助詞。

言《い》ひ《イ》あへ《エ》させ給《たま》は《ワ》ず　「言ひあふ」は、最後まで言い終える、の意。匂宮が、右近の制止の言葉を最後まで言わせず強行したのである。

後見《うしろみ》　留守居役。右近は浮舟の不在を取り繕い、不慮の事態などに対応するために浮舟の邸宅に残ったのである。

■第四段落(二〇五・4〜15)

段意

匂宮と浮舟が小舟に乗り対岸へ渡ろうとするが、浮舟は心細く感じる。有明《ありあけ》の月が川面《かわも》を照らし、二人は川中に浮かぶ橘の小島を眺める。匂宮は常緑樹にたとえて不変の愛を誓うが、浮舟は先行きへの不安を歌に詠む。

現代語訳・品詞分解

実に頼りないものと、　毎日(浮舟が)眺めている小さい舟に(匂宮は浮舟
いと はかなげなる もの と、 明け暮れ 見出だす 小さき 舟
副 形動・ナリ・体 名 格助 副 動・四・体 形・ク・体 名

とともに)お乗りになって、　川をお渡りになる間、　(浮舟が)はるか遠い岸に
に 乗り 給ひ て、 さし渡り 給ふ ほど、 遥かなら む
格助 動・四・用 補動・四・用 接助 動・四・用 補動・四・体 名 形動・ナリ・未 助動・婉・体

語釈・文法

いとはかなげなるものと　浮舟は宇治川の小舟を毎日眺め、頼りないものだと感じていた。

明《あ》け暮《く》れ　朝と夕の意から転じて、毎日、日常の意を表す。

さし渡《わた》る　棹《さお》をさして舟で渡る。

向かって漕ぎ離れていくかのように心細く感じ、
岸にしも漕ぎ離れたらむやうに心細くおぼえ
名　格助　副助　動・下二・用　助動・存・未　助動・婉・体　助動・比・用　形・ク・用　動・下二・用

（匂宮に）ひたと体を寄せて抱かれているのを、とてもいじらしいとお
て、つとつきて抱かれたるも、いとらうたし
接助　副　動・四・用　接助　動・四・未　助動・受・用　助動・存・体　係助　副　形・ク・終

思いになる。有明の月が澄んだ姿で空に昇って、川面も曇りなく明るいので、
と思す。有明の月澄みのぼりて、水の面も曇りなき
格助　動・四・終　名　動・四・用　接助　名　格助　名　係助　形・ク・体

「これが橘の小島。」と（船頭が）申し上げて、お舟をしばらく棹で
に、「これなむ橘の小島。」と申して、御舟しばし
接助　代　係助　名　格助　動・四・用　接助　名　副

止めているので（島を）ご覧になると、大きな岩のような形をして、
さしとどめたるを見給へば、大きやかなる岩の
動・下二・用　助動・存・体　接助　動・上一・用　補動・四・已　接助　形動・ナリ・体　名　格助

風情のある常緑樹の姿が茂っている。
さまして、されたる常磐木の影茂れり。
名　動・サ変・用　接助　動・下二・用　助動・存・体　名　格助　名　動・四・命　助動・存・終

「あれをご覧なさい。実に取るに足りない（ものだ）が、千年も生き延びそうな緑の
「かれ見給へ。いとはかなけれど、千年も経
代　動・上一・用　補動・四・命　副　形・ク・已　接助　名　係助　動・下二・終

深さであるよ。」とおっしゃって、
べき緑の深さを。」とのたまひて、
助動・推・体　名　格助　名　間助　格助　動・四・用　接助

長い年月がたとうとも変わることがあろうか。（いや、変わりはしない。）橘の小島の崎で約束
年経とも変はらむものか橘の小島の崎に
動・下二・終　接助　動・四・未　助動・推・体　終助　名　格助　名　格助

する私の気持ちは。
契る心は
動・四・体　名　係助

女も、めったにない道行きのように思われて、
女も、めづらしからむ道のやうにおぼえて、
名　係助　形・シク・未　助動・婉・体　名　格助　助動・比・用　動・下二・用　接助

遥《はる》かならむ岸《きし》にしも漕《こ》ぎ離《はな》れたらむ　自分の先行きに不安を覚える浮舟にとっては、見慣れた宇治川も広く、遥か遠い岸に向かって漕ぎ離れていくように感じたのである。

つとつきて　ひたと体を寄せて。

らう《ロウ》たし　いじらしい。弱い者をいたわってやりたい気持ちを伴う、主観的な愛らしさをいう。浮舟が心細さゆえに自分に寄り添っているのを、匂宮はいとおしく感じている。

これなむ橘《たちばな》の小島《こじま》　歌枕である「橘の小島」を匂宮と浮舟に見せるための、船頭の発言。

されたる　風情のある。しゃれている。

常磐木《ときわぎ》　常緑樹のこと。ここでは、島の名のとおり、橘の木と考えられる。橘は『古事記』にある伝承から不老不死の果実と考えられ、縁起の良い植物とされている。

かれ見給《みたま》へ《エ》　あれをご覧なさい。匂宮から浮舟にかけた言葉。

はかなけれど　「はかなし」は、取るに足りない、の意。あくまで植物であり重みのあるものでもないが、と前置きしている。

千年《ちとせ》も経《ふ》べき緑《みどり》の深《ふか》さ　橘の葉の緑の深さは千年を経ても変わらないだろうと、やや大げさに表現している。自分の心もこれと同じだと次の和歌で詠むことを意識したものである。

橘の小島の色（にたとえられた宮様のお気持ち）は変わらないでしょうが、この浮舟のような

橘の小島（名）　の（格助）　色（名）　は（係助）　変はら（動・四・未）　じ（助動・消推・体）　を（接助）　こ（代）　の（格助）　うき舟（名）

つらい身の私は、（この先どうなっていくのか）前途を知ることができません。

ぞ（係助）　行方（名）　知ら（動・四・未）　れ（助動・可・未）　ぬ（助動・消・体）

折も折であり、浮舟の（美しい）ありさまによって、（匂宮は）ただすばらしいとばかり、何事につけてもお思いになる。

折から、（副）　人（名）　の（格助）　さま（名）　に、（格助）　をかしく（形・シク・用）　のみ、（副助）　何ごと（名）　も（係助）　思しなす。（動・四・終）

第五段落（二〇五・16～終わり）

段意

対岸に着き、匂宮が自ら浮舟を抱いて舟を降りたので、お供の者たちは見苦しく思う。着いた先は、時方の叔父が所有する土地に、簡素に建てられた家だった。造りはまだとても荒く、屏風などの調度品も粗末である。

現代語訳・品詞分解

向こう岸に漕ぎ着いて（匂宮が）お降りになる時に、（浮舟を）

か（代）　の（格助）　岸（名）　に（格助）　さし着き（動・四・用）　て（接助）　下り（動・上二・用）　給ふ（補動・四・体）　に、（格助）　人（名）　に（格助）

供人に抱かせたりなさるのはとてもいたわしいので、（ご自

抱か（動・四・未）　せ（助動・使・用）　給は（補動・四・未）　む（助動・婉・体）　は（係助）　いと（副）　心苦しけれ（形・シク・已）　ば、（接助）　抱き（動・四・用）

分で）お抱きになって、（供人に）助けられながら（用意した家に）お入りになるのを、（供人

給ひ（補動・四・用）　て、（接助）　助け（動・下二・未）　られ（助動・受・用）　つつ（接助）　入り（動・四・用）　給ふ（補動・四・体）　を、（格助）　いと（副）

たちは）たいそう見苦しく、どのような人をこのように大切になさっているのだろうと見申し上げる。

見苦しく、（形・シク・用）　何人（名）　を（格助）　かく（副）　もて騒ぎ（動・四・用）　給ふ（補動・四・終）　らむ（助動・原推・体）　と（格助）　見（動・上一・用）

女《おんな》　浮舟のこと。恋愛の場面なので、名前や地位を取り払い、「女」とのみ表している。

めづ《ズ》らしからむ道《みち》のやう《ヨウ》におぼえて　朝夕に見慣れた宇治川を渡っているが、実際に舟で渡るのは初めてなので、珍しい道中のように感じている。

うき舟《ふね》　「うき」は「浮き」と「憂き」との掛詞《かけことば》。不安定な「浮舟」に我が身をたとえている。

を《オ》かしくのみ、何《なに》ごとも思《おぼ》しなす　浮舟はこの状況に不安を覚えているが、匂宮はただ全てが趣深いと感じているのである。

語釈・文法

かの岸《きし》　向こう岸。「か」は比較的遠くにあるものを指す代名詞。

人《ひと》に抱《いだ》かせ給《たま》は《ワ》むはいと心苦《こころぐる》しければ　当時、高貴な女性は野外を歩くことはなく人に運んでもらうしかなかったが、匂宮は浮舟を供人に抱かせたくないと思ったのである。

何人《なにびと》をかくもて騒《さわ》ぎ給《たま》ふ《ウ》らむ　匂宮が異様に大切に扱っている相手は誰なのだろうと周囲の人々が推測している。

奉る。 補動・四・終

（入った先は）時方の叔父で因幡守である人が所領する荘園に、

時方 名　が 格助　叔父 名　の 格助　因幡守 名　なる 助動・断・体　が 格助　領ずる 動・サ変・体　庄 名　に、 格助

簡素に造ってある家なのであった。まだとても粗い造りであるうえ

はかなう 形・ク・用　造り 動・四・用　たる 助動・存・体　家 名　なり 助動・断・用　けり。 助動・過・終　まだ 副　いと 副　粗々しき 形・シク・体

に、 接助

網代屛風など、（匂宮が）ご覧になったこともない設備であるので、

網代屛風 名　など、 副助　御覧じ 動・サ変・用　も 係助　知ら 動・四・未　ぬ 助動・消・体　しつらひ 名　に 助動・断・用

て、 接助

風も十分に妨げられず、垣根のそばに雪がまだらに消えなが

風 名　も 係助　ことに 副　障ら 動・四・未　ず、 助動・消・用　垣 名　の 格助　もと 名　に 格助　雪 名

ら、

今も急に曇って（雪が）降る。

むら消え 動・下二・用　つつ、 接助　今 名　も 係助　かき曇り 動・四・用　て 接助　降る。 動・四・終

領《ろう》ずる庄《そう》　所領する荘園。

はかなう《ノウ》造《つく》りたる家《いえ》　簡素に造った家。

粗々《あらあら》しきに　粗い造りであるうえに。

御覧《ごらん》じも知《し》らぬしつらひ《イ》　匂宮がご覧になったこともない設備。「御覧ず」は「見る」の尊敬語で、「見給ふ」よりも高い敬意を表す。

ことに　特に。格別に。

雪《ゆき》むら消《ぎ》えつつ…降《ふ》る　「むら消ゆ」は、雪が跡を残してまだらに消えること。「つつ」は同時進行を表す。雪がまだらに消えながら、一方では急に雪が降るという状態である。

鑑賞

宇治十帖《じゅうじょう》の中心人物である薫と匂宮は叔父・甥の関係である。薫は光源氏《ひかるげんじ》の息子（実際には柏木《かしわぎ》の子）であり、匂宮は光源氏の孫にあたる。薫の身体には生来備わった芳しい香りがあり、匂宮はこれに対抗して衣服に香をたきしめている。明かりの乏しい当時において、薄暗がりでも感じられる香りは人となりを知るための重要な要素であり、匂宮が薫に嫉妬を覚えるのも無理はなかった。本文でも、匂宮の衣服の香りが辺りに広がった際、右近たちが薫に見せかけてごまかすという場面がある。

本文の冒頭では、薫の浮舟への思いに気づいたことから嫉妬心に火が着いた匂宮が、万難を排して宇治に向かっている。浮舟は誠実な薫に対して罪悪感を覚えながらも、情熱的な匂宮に心ひかれてゆく。二人の恋の逃避行は、この橘の小島で頂点を迎えるのである。

有明の月が水面《みなも》を明るく照らし、小舟に乗った二人の前に橘の小島が現れる。降り積もった白い雪に常緑樹の緑がいっそう際立つ様子はさながら一枚の絵画のようである。また、ここで詠まれた「橘の小島の色は…このうき舟ぞ行方知られぬ」からこの女性は「浮舟」と呼ばれることになり、この巻の名の由来ともなっている。ただ情熱に酔いしれる匂宮に対し、浮舟は自分の運命に不安を覚えているが、後にその不安が的中し、入水《じゅすい》することになるのである。

教科書の問題（解答・解説）

教科書本文下に示された問題

❓「かかる雪には」の後には、どういう内容が省略されているか。（p.二〇四）

解答　いらっしゃることはないだろう。

[解説]　匂宮は来訪の予定を伝えていたが、女房たちは、雪が深いので来られないだろうと考えていた。

❓「かの人」とは、誰か。（p.二〇四）

解答　薫

[解説]　教科書の脚注11にあるように、匂宮は薫と偽って浮舟のもとに通っている。薫には生来の香りがあり、匂宮は対抗心から自分の衣服に香りをたきしめている。ここでは、匂宮の香りが辺りいっぱいに広がったのを、右近たちが薫の様子に似せてごまかしたのである。

❓「参れり。」とあるが、誰がどこに参上したのか。（p.二〇五）

解答　時方が匂宮のいる浮舟邸に参上した。

[解説]　「参る」が「来」の謙譲語であることと、直前の「時方にたばからせ給ひて…先立てて遣はしたりける」から考える。浮舟を別の家へ連れ出す準備のため、先にその家に時方を行かせておいたところ、準備を終えた時方が浮舟邸に戻ってきて匂宮に報告したのである。

■学習の手引き　教科書　二〇六ページ

❶匂宮と浮舟の歌に込められた心情を、修辞に留意しながら説明しよう。

解答　・匂宮の歌＝色の変わらぬ橘の小島で約束するあなたへの気持ちは、長い年月がたっても決して変わらない。浮舟に対する愛情を常緑樹である橘の木にたとえ、「変はらむものか」という反語表現と倒置を用いて、決して変わらないという思いを強調している。

・浮舟の歌＝橘の小島の色のようにあなたの私へのお気持ちは変わらなくても、この浮舟のようなつらい身の私はどこへ行ってしまうのか、不安です。「うき舟」の「うき」に「浮き」と「憂き」を掛け、自分のつらい気持ちを表している。二人の男性の間で揺れ動く自分自身を水に浮かぶ小舟にたとえ、水の流れに漂うことしかできないという不安を表現している。

[解説]　歌の前の匂宮の言動もあわせて考えるとよい。匂宮は橘の小島を目にし、その変わらぬ緑色から連想して自分の思いを歌に詠んだ。一方で浮舟は匂宮の愛情の不変は信じているものの、自分の将来に対する不安を、「うき舟」の掛詞を用いて歌に詠んでいるのである。

❷匂宮の、浮舟への愛情が感じられる部分を指摘しよう。

解答 ・宮中の仕事などがあるのに無理な算段をして、雪深い夜に宇治を訪問する。
・明け方に帰るのでは物足りないと、別の家に浮舟を連れて行ってともに過ごせるように計画し、実行する。
・自分で浮舟を抱き上げて別邸へ向かう。
・自分にしっかりと体を寄せる浮舟をいじらしいと思う。
・変わらぬ愛情を歌に詠む。

[解説] 匂宮の言動を順に追っていこう。無理な算段をしたこと、夜が明けても帰りたくないと思っていること、自ら浮舟を抱き上げて運んだことなど、貴族にふさわしくない行動をとってしまうほど浮舟への愛情が強いことが読み取れる。

■語句と表現

①「入れ奉る。」〔二〇四・9〕、**「侍従をぞ奉る。」**〔二〇五・3〕**の敬語について説明しよう。**

解答 ・入れ奉る。＝（右近と若い侍女が匂宮を）お入れ申し上げる。「奉る」は、動詞「入れ」に続いていることから、謙譲の補助動詞である。作者から匂宮への敬意を表している。
・侍従をぞ奉る。＝（右近が浮舟に）侍従をお付けする。「奉る」は本動詞として用いられている。右近が浮舟に、付き添いとして自分ではなく別の侍従をお付けするという文脈であり、「奉る」は「遣《や》る」の謙譲語。作者から浮舟への敬意を表している。

[解説] 「奉る」には、謙譲の本動詞、尊敬の本動詞、謙譲の補助動詞の用法がある。
地の文は作者から、会話文は会話主からの敬意を表す。敬意の対象は、敬語の種類から判断する。尊敬語は動作主、謙譲語は動作を受ける対象、丁寧語は読者や会話の聞き手である。

出典・作者

出典 『源氏《げんじ》物語』 作り物語。十一世紀初め頃の成立。五十四帖から成り、光源氏を中心とした正編（「桐壺《きりつぼ》」〜「幻《まぼろし》」）と、その子孫の薫と匂宮を中心とした続編（「匂宮」〜「夢《ゆめの》浮橋《うきはし》」）とに分けて捉えられている。壮大な構想のもと、主人公と多くの女性たちとの恋物語を通して、人間の愛と苦悩を深く追究した作品で、後世の文学・文芸などに多大な影響を与え、今日なお多くの人々に読み継がれている。

作者 紫式部《むらさきしきぶ》 本書四三ページ参照。

4 歴史物語2

●歴史物語を背景に注意しながら読み、作品についての理解を深める。
●複数の作品を読み比べ、それぞれの特徴を的確に捉える。

大鏡《おおかがみ》㈡

三船の才

〔太政大臣《だいじょうだいじん》　頼忠《よりただ》〕

教科書　二〇八～二〇九ページ

大意

藤原道長《ふじわらのみちなが》が大井《おおい》川で船遊びをした時、漢詩・管弦・和歌に船を分け、それぞれの芸道に優れている人々を乗せた。藤原公任《きんとう》が参上したので、道長が「どの船に乗るのだろうか。」と言うと、公任は和歌の船に乗り、小倉《おぐら》山の歌をみごとに詠んだ。公任は「このくらいの出来映えの漢詩を作っていれば名声がもっと上がったのに。」と言った。公任のように、どの芸道にも抜きん出ているのは珍しいことである。

現代語訳・品詞分解

ある年、入道殿（道長）が大井川で船遊びをなさった時に、

一年（名）、入道殿（名）の（格助）大井川（名）に（格助）逍遥せ（動・サ変・未）させ（助動・尊・用）給ひ（補動・四・用）し（助動・過・体）

漢詩の船、管弦の船、和歌の船とお分けになって、

に（格助）、作文（名）の（格助）船（名）、管絃（名）の（格助）船（名）、和歌（名）の（格助）船（名）と（格助）分かた（動・四・未）

それぞれの芸道に優れている人々をお乗せになったところ、

せ（助動・尊・用）給ひ（補動・四・用）て（接助）、そ（代）の（格助）道（名）に（格助）たへ（動・下二・用）たる（助動・存・体）人々（名）を（格助）

語釈・文法

一年《ひととせ》　①一年間。②（過去の）ある年。ここは②の意。

逍遥《しょうよう》せさせ給《たま》ひ《イ》しに　船遊びをなさった時に。「逍遥す」は、本来、気ままにあちこちへ出かけることをいう。「させ給ひ」は尊敬の助動詞「さす」の連用形＋尊敬の補助動詞「給ふ」の連用形で、二重敬語（最高敬語）。道長への高い敬意を表している。

乗せ させ 給ひ し に、この 大納言殿 の 参り
動・下二・未 助動・尊・用 補動・四・用 助動・過・体 接助 代 格助 名 格助 動・四・用
この大納言殿(公任)が参上なさったので、

給へ る を、入道殿、「か の 大納言、いづれ の 船
補動・四・命 助動・完・体 接助 名 代 格助 名 代 格助 名
入道殿が、「あの大納言は、どの船に乗りなさるの

に か 乗ら る べき。」と のたまはすれ ば、「和歌 の
格助 係助 動・四・未 助動・尊・終 助動・推・体 格助 動・下二・已 接助 名 格助
だろうか。」とおっしゃったところ、(それを人づて

船 に 乗り 侍ら む。」と のたまひ て、詠み 給へ
名 格助 動・四・用 補動・ラ変・未 助動・意・終 格助 動・四・用 接助 動・四・用 補動・四・命
に聞いた大納言殿は)「和歌の船に乗りましょう。」とおっしゃって、(次の歌を)お詠みに

る ぞ かし。
助動・完・体 終助 終助
なったのですよ。

小倉山 嵐 の 風 の 寒けれ ば 紅葉 の 錦 着
名 名 格助 名 格助 形・ク・已 接助 名 格助 名 動・上一・未
小倉山や嵐山から吹き下ろす強い山風が寒いので、(紅葉が散りかかって)紅葉の錦の衣を着な

ぬ 人 ぞ なき
助動・消・体 名 係助 形・ク・体
い人はいないことだ。

申し受け 給へ る かひ あり て、あそばし たり な。
動・下二・用 補動・四・命 助動・完・体 名 動・ラ変・用 接助 動・四・用 助動・完・終 終助
(和歌の船に乗ることをご自分から)お願いしてお引き受けになっただけあって、(みごとに)お詠みになりましたなあ。ご自分でもおっしゃったとかいうことには、「漢詩の船に乗ればよかったなあ。

御自ら も のたまふ なる は、「作文 の に ぞ 乗る
名 係助 動・四・終 助動・伝・体 係助 名 格助 格助 係助 動・四・終
そうしてこのくらいの(今詠んだ和歌に匹敵する)詩を作ったとしたら、

べかり ける。さて かばかり の 詩 を 作り たら ましか
助動・適・用 助動・嘆・体 副 副 格助 名 格助 動・四・用 助動・完・未 助動・反仮・未
名声が上がるようなこともきっと強まったであろうに。

ば、名 の 上がら む こと も まさり な まし。
接助 名 格助 動・四・未 助動・婉・体 名 係助 動・四・用 助動・強・未 助動・反仮・終

作文《さくもん》 漢詩を作ること。
その道《みち》 漢詩、音楽、和歌のそれぞれの芸道を指す。当時は、漢詩や和歌を作ること、音楽を演奏することなどが貴族の教養とされていた。
たへ《え》たる 「たふ」は、①たえる、②もちこたえる、③能力を持つ、優れる。ここは③の意。
参《まい》り給《たま》へ《え》るを 参上なさったので。「参る」は、ここでは「来る」の謙譲語。
乗《の》り侍《はべ》らむ 「侍り」は丁寧の補助動詞。
詠《よ》み給《たま》へ《え》るぞかし 「ぞかし」は、文末に用いて、強く指示して念を押す意を表す。
小《お》倉《ぐら》山《やま》…(歌) 「錦」は美しい絹織物。大井川で船遊びをしている人々に散りかかる紅葉を、美しい衣服に見立てている。「嵐」は小倉山の対岸にある「嵐山」と、山から吹き下ろす強い山風とを掛けている。「風の」の「の」は主語を表す格助詞。
あそばしたりな みごとにお詠みになりましたなあ。「あそばす」は、①(詩文を)お作りになる、(楽器を)演奏なさる、(遊宴などを)なさる、②なさる、の意。ここは①の意で、文脈から「みごとに」などを補って訳す。
御自《おんみずか》ら 歌を詠んだ本人である公任を指す。
作文《さくもん》のにぞ乗《の》るべかりける 漢詩の船に乗ればよかったなあ。「の」は準体法の用法。

残念だったことだなあ。

口惜しかり ける わざ かな。

形・シク・用 助動・過・体 名 終助

それにしても、入道殿が、『(大納言殿は)どの船に(乗ろう)と思うのか。』とおっしゃったのには、

さても、殿 の、『いづれ に か と 思ふ。』 と のたまはせ し に なむ、

接 名 格助 代 格助 係助 格助 動・四・終 格助 動・下二・用 助動・過・体 格助 係助

我ながら得意にならずにいられなかったよ。」

我 ながら 心おごり せ られ し。」

代 接助 名 動・サ変・未 助動・自・用 助動・過・体

とおっしゃったそうです。

と のたまふ なる。

格助 動・四・終 助動・伝・体

一つの才能が優れていることさえ珍しいのに、

一事 の すぐるる だに ある に、

名 格助 動・下二・体 副助 動・ラ変・体 接助

このようにどの芸道にも抜きん出ていらっしゃったとかいうことは、

かく いづれ の 道 も 抜け出で 給ひ けむ は、

副 代 格助 名 係助 動・下二・用 補動・四・用 助動・過伝・体 係助

昔にもございませんことです。

いにしへ も 侍ら ぬ こと なり。

名 係助 動・ラ変・未 助動・消・体 名 助動・断・終

作《つく》りたらましかば、…まさりなまし もし作ったとしたら、…強まったであろうに。「…ましかば、…まし」で反実仮想を表し、「もし…だったら、…だろうに」と、実際には起こっていないことを仮定して述べている。

口惜《くちお》し ①残念だ、②不本意だ、つまらない、③物足りない、の意を表す。ここは①の意。

わざ ①行い、②事態、③仏事、④仕事、などの意を表す。ここは②の意。

一事《いちじ》のすぐるるだにあるに 一つの才能が優れていることさえ珍しいのに。「だにあり」は、…でさえ…だが、…だけでも…だ、の意。「だに」と「あり」の間に適切な形容詞などを補って訳す必要がある。ここでは、「珍しく」などを補って訳す。

侍《はべ》らぬことなり ございませんことです。この「侍り」は本動詞で、「あり」の丁寧語。

鑑賞

「三船の才」は「三舟の才」とも表し、漢詩・管弦・和歌に才能があることをいう。藤原公任は平安時代中期の歌人で、有職《ゆうそく》故実に明るく、書にも通じていた。朗詠に適した和歌や漢詩文を集めた『和漢朗詠集《わかんろうえいしゅう》』の編者としても知られる。

公任は、当時の権力者、藤原道長とも親しく交流し、道長の主宰する催しで和歌を披露することも多かった。本文の「いづれの船にか乗らるべき」という言葉は、道長が公任の多才ぶりを高く評価していたことの証《あかし》といえる。

公任は期待どおりみごとな歌を詠んだ。人々から絶賛される様子が想像できるが、当の本人は「漢詩の船に乗ればよかったなあ」と残念がる。これは、当時の男性社会では、和歌よりも漢詩や漢文の素養が重視されていたためである。

教科書の問題（解答・解説）　教科書 二〇九ページ

❓教科書本文下に示された問題

❓「かばかりの詩」とは、どのような詩か。（p.二〇八）

解答　公任が和歌の船で詠んだみごとな和歌に匹敵するほどの漢詩。

■学習の手引き

❶公任が「口惜しかりけるわざかな。」〔二〇八・9〕と思ったのはなぜか。

解答　漢詩を作っていれば、和歌を詠んだ時よりさらに名声が高まったであろうと考えたから。

[解説]　当時、政治に携わる人々や地位の高い人々には、漢詩・故事など中国の文化の教養が必要であった。教養としては、和歌よりも漢詩のほうが格上と見られていたため、漢詩で評価されたほうが価値が高いと考えた。

❷公任が「我ながら心おごりせられし。」〔二〇八・10〕と言ったのはなぜか。

解答　道長に、公任は漢詩・音楽・和歌のいずれにも才能があると認められたから。

[解説]　「心おごり」は、得意になること。道長が「あの大納言は、どの船に乗りなさるのだろうか」と言ったのは、公任がどの分野においても群を抜いていると分かっていたからである。この言葉を聞き、公任は道長から高く評価されていることを感じて、誇らしく思ったのである。

■語句と表現

①次の傍線部を文法的に説明しよう。

解答　(1)　いづれの船にか乗らるべき。＝尊敬の助動詞「る」の終止形。

(2)　御自らものたまふなるは＝伝聞の助動詞「なり」の連体形。

(3)　かばかりの詩を作りたらましかば、名の上がらむこともまさりなまし。＝①反実仮想の助動詞「まし」の未然形＋順接の仮定条件を表す接続助詞「ば」。②反実仮想の助動詞「まし」の終止形。

(4)　かくいづれの道も抜け出《い》で給ひけむは＝過去の伝聞の助動詞「けむ」の連体形。

[解説]　(2)は断定の助動詞「なり」との区別に注意する。

②傍線部に注意して現代語訳しよう。

解答　(1)　詠み給へるぞかし。＝お詠みになったのですよ。

(2)　あそばしたりな。＝お詠みになりましたなあ。

(3)　口惜しかりけるわざかな。＝残念だったことだなあ。

[解説]　「かし」は念押し、「な」「かな」は詠嘆を表す。

肝試し

〔太政大臣《だいじょうだいじん》 道長《みちなが》〕

教科書 二一〇〜二一四ページ

大意

藤原《ふじわらの》道長の若い頃、父の兼家《かねいえ》が公任《きんとう》の才能をうらやみ、道隆《みちたか》・道兼《みちかね》・道長の三兄弟は公任より劣っていると嘆いた。兄たちは黙っていたが、道長だけは「公任の顔を踏んでやる。」と言い、後に公任よりも出世した。成功する人物は、若い時から豪胆で、神仏の加護も厚いようである。ある夜、花山《かざん》天皇が肝試しを提案した時も、兄たちは顔色を変えて怖がったのに、道長は平気で、どこにでも行くと言った。天皇が三兄弟に行き先と道筋を命じ、おのおの出発したが、兄たちは途中で引き返してきた。道長は平然と戻り、証拠として大極殿《だいこくでん》の柱の削り屑《くず》を持ち帰ったので、人々が驚嘆した。翌日、天皇が削り屑をあてがわせると、確かに柱の削り跡と一致した。今もその削り跡ははっきりと残っているそうだ。

第一段落（初め〜二一〇・9）

段意

藤原兼家が、公任の才能を褒めたたえ、道隆・道兼・道長に「私の息子たちは公任に並ぶどころか、影さえ踏めない。」と嘆いた。道隆や道兼は恥ずかしそうに黙っていたが、道長は、「公任の影どころか、顔を踏んでやる。」と言ってのけた。今では本当に公任の上に立っており、公任は道長の子で娘婿である教通《のりみち》にさえ遠慮している。

現代語訳・品詞分解

四条大納言（公任）がこのように何事にも優れ、ごりっぱでいらっしゃるのを、

四条大納言	の	かく	何事	も	すぐれ、	めでたく	おはします
名	格助	副	名	係助	動・下二・用	形・ク・用	補動・四・体

大入道殿（兼家）が、「どうしてこうである（諸芸に通じている）のだろうか。うらやましいことだなあ。

を、	大入道殿、	「いかで	か	かから	む。	うらやましく	も
格助	名	副	係助	動・ラ変・未	助動・推・体	形・シク・用	係助

私の子たちが、（肩を並べるどころか、公任卿の）影法師さ

ある	かな。	わ	が	子ども	の、	影	だに	踏む	べく	も
補動・ラ変・体	終助	代	格助	名	格助	名	副助	動・四・終	助動・可・用	係助

語釈・文法

かく　具体的に指示する内容はなく、世間に知られた公任の多才ぶりを指して述べたもの。

めでたく　ごりっぱで。「めでたし」は、①すばらしい、②喜ばしい。ここは①の意。

かからむ　こうであるのだろう。「かかり」は「かくあり」が変化したラ変動詞。

わが子《こ》ども　道隆、道兼、道長の兄弟を指す。

え踏めそうもないのは残念だ。」と申し上げなさったところ、
あらぬこそ口惜しけれ。」と申させ給ひ
補動・ラ変・未 助動・消・体 係助 形・シク・已 格助 動・四・未 助動・尊・用 補動・四・用

中関白殿（道隆）、粟田殿（道兼）などは、なるほど本当に（父上は）そう
ければ、中関白殿、粟田殿などは、げにさもとや
助動・過・已 接助 名 名 副助 係助 副 副 格助 係助

思っていらっしゃるのだろうと、恥ずかしそうなお顔つきで、ものも
思すらむと、恥づかしげなる御気色にて、もの
動・四・終 助動・現推・体 格助 形動・ナリ・体 名 助動・断・用 接助 名

おっしゃらないのに、この入道殿（道長）は、（この当時まだ）た
ものたまはぬに、この入道殿は、いと若く
係助 動・四・未 助動・消・体 接助 代 格助 名 係助 副 形・ク・用

いそうお若くいらっしゃる御身で、「（公任の）影法師など踏まないで、顔を踏ま
おはします御身にて、「影をば踏まで、面を
補動・四・体 名 助動・断・用 接助 名 格助 係助 動・四・未 接助 名 格助

ずにおくものか。（いや、きっと踏んでやる。）」とおっしゃいました。（今では）本当
や踏まぬ。」とこそ仰せられけれ。まことに
係助 動・四・未 助動・消・体 格助 係助 動・下二・未 助動・尊・用 助動・過・已 副

にそうで（公任卿の上に立って）いらっしゃるようです。（公任卿は）内大臣殿（道長の子で、公任の娘婿
こそさおはしますめれ。内大臣殿をだに、近くて
係助 副 動・四・終 助動・定・已 名 格助 副助 形・ク・用 接助

である教通）をさえ、おそば近くで見申し上げることがおできにならないのですよ。
え見奉り給はぬよ。
副 動・上一・用 補動・四・用 補動・四・未 助動・消・体 間助

■第二段落（二一〇・10〜11）

段意 道長のように出世栄達する人物は、若い時から胆力が強く、神仏のご加護も厚いようである。

現代語訳・品詞分解

（入道殿のような、）そうなる（出世栄達なさる）運命の人は、若いうちからご胆力が強く、神仏のご
さるべき人は、疾うより御心魂の猛く、御まもりも
連 名 係助 形・ク・用 格助 名 格助 形・ク・用 名 係助

影《かげ》だに踏《ふ》むべくもあらぬこそ 「影だに」は影さえ、の意。自分の子たちが、前を行く公任の影さえ踏めない、ましてや肩を並べることなどとうていできそうにないと嘆いている。

げにさもとや思《おぼ》すらむ 道隆と道兼の心内語。父（兼家）の嘆きはもっともだと認めている。「や」は疑問の係助詞だが、意味としては弱い。

面《つら》をや踏《ふ》まぬ 顔を踏まないものか。（いや、踏んでやる。）「や」は反語の係助詞。公任を必ず見返してやると道長は豪語したのである。

さおは《ワ》しますめれ 「さ」は「影をば踏まで、面をや踏まぬ」を指す。道長が本当に公任の上に立ったということ。

内大臣殿《ないだいじんどの》をだに 道長の息子の内大臣（教通）は公任にとって娘婿であり、目下の存在である。今では、公任がその内大臣にさえ遠慮するほど、道長のほうが上位になったのである。

え見奉《みたてまつ》り給《たま》は《ワ》ぬよ 見申し上げることがおできにならないのですよ。「え…ず」は不可能を表す。

語釈・文法

猛《たけ》し 勇ましい。強い。

こは《ワ》きなめり 「こはし」は、強く堅固である

加護もしっかりしているようだと思われますよ。
こはき（形・ク・体） な（助動・断・体） めり（助動・定・終） と（格助） おぼえ（動・下二・用） 侍る（補動・ラ変・体） は。（終助）

■第三段落（二一〇・12〜二一二・6）

段意

花山天皇の御代、ある五月の不気味な夜に、天皇が退屈に感じて肝試しを提案した。貴族たちが行きたがらない中、道長は「どこへでも参りましょう。」と言う。天皇はおもしろがり、「道隆は豊楽院《ぶらくいん》、道兼は仁寿殿《じじゅうでん》の塗籠《ぬりごめ》、道長は大極殿へ行け。」と命じる。道隆と道兼は顔色を変えて困っていたが、道長は平然として、「昭慶門《しょうけいもん》からは一人で入りましょう。」と言い、証拠を持ち帰るために小刀《こがたな》を借りて出発する。道隆・道兼もしぶしぶ出かけた。

現代語訳・品詞分解

花山院のご在位の御代に、
花山院（名） の（格助） 御時（名） に、（格助）
陰暦五月下旬の闇の頃、
五月（名） 下つ闇（名） に、（格助）
梅雨の長雨にしてもひどく、
五月雨（名） も（係助） 過ぎ（動・上二・用）

たいそう不気味に激しい雨が降る夜、
て、（接助） いと（副） おどろおどろしく（形・シク・用） かきたれ雨（名） の（格助） 降る（動・四・体） 夜、（名）
帝は、
帝、（名）

物足りないとお思いになったのでしょうか、
さうざうし（形・シク・終） と（格助） や（係助） 思し召し（動・四・用） けむ、（助動・過原推・体）
清涼殿の殿上の間にお出ましになって
殿上（名） に（格助） 出で（動・下二・未） させ（助動・尊・用）

（殿上人たちと）管弦の遊びをしていらっしゃったところ、
おはしまし（補動・四・用） て（接助） 遊び（動・四・用） おはしまし（補動・四・用） ける（助動・過・体） に、（接助）
人々が、
人々、（名）
（さまざまな）お
物語（名） 申し（動・四・用）

話を申し上げなどなさって、
など（副助） し（動・サ変・用） 給う（補動・四・用） て、（接助）
昔（見聞きして）恐ろしかったことなどを申し上げなさるよ
昔（名） 恐ろしかり（形・シク・用） ける（助動・過・体） ことども（名） など（副助）

うになった時に、
に（格助） 申しなり（動・四・用） 給へ（補動・四・命） る（助動・完・体） に、（格助）
（帝が）「今宵はひどく気味の悪い
「今宵（名） こそ（係助） いと（副）

さまを表す。「なめり」は、「なるめり」の撥《はつ》音便「なんめり」の撥音無表記の形。

おぼえ侍《はべ》るは　思われますよ。「は」は詠嘆の終助詞で、…なあ、…よ、の意。

語釈・文法

五月雨《さみだれ》も過《す》ぎて　梅雨の長雨にしてもひどく。梅雨の時期も過ぎて、と解釈する説もある。

おどろおどろし　①おおげさだ。②気味が悪い。③騒がしい。④ひどい。ここは②の意。

かきたれ雨《あめ》　激しく降る雨。

さうざう《ソウゾウ》し　物足りない。心寂しい。

物語《ものがたり》　会話。雑談。

し給《たも》うて　なさって。「給う」は尊敬の補助動詞「給ふ」の連用形「給ひ」のウ音便。

申《もう》しなり給《たま》へ《エ》るに　申し上げなさるうち、話題がそうなっていったということ。

むつかしげなり　①不快そうだ、②煩わしそうだ、③気味が悪そうだ、④むさくるしそうだ、の意を表す。ここは③の意。

感じのする夜であるようだ。　このように人が大勢いる所でさえ、
むつかしげなる　夜　な　めれ。　かく　人がちなる　だに、
形動・ナリ・体　名　助動・断・体　助動・定・已　副　形動・ナリ・体　副助

気味が悪く感じられる。まして、　遠く離れている（人気のない）所などはどんな（に不気味）であ
気色　おぼゆ。　まして、　もの離れ　たる　所　など　いかなら
名　動・下二・終　副　動・下二・用　助動・存・体　名　副助　形動・ナリ・未

ろう。　そのような所に一人で行けるだろうか。」　と
む。　さ　あら　む　所　に　一人　いな　む　や。」　と
助動・推・体　副　動・ラ変・未　助動・婉・体　名　格助　名　動・ナ変・未　助動・推・終　係助　格助

おっしゃったところ、　（誰もが）「とても参れますまい。」　とばかり申し上げなさっ
仰せ　られ　ける　に、「え　まから　じ。」　と　のみ　申し
動・下二・未　助動・尊・用　助動・過・体　接助　副　動・四・未　助動・消推・終　格助　副助　動・四・用

たのに、　入道殿は、　「どこへでもきっと参りましょう。」
給ひ　ける　を、　入道殿　は、「いづく　なり　とも　まかり
補動・四・用　助動・過・体　接助　名　係助　代　助動・断・終　接助　動・四・用

と申し上げなさったので、　そういう（変わったこ
な　む。」　と　申し　給ひ　けれ　ば、　さる　ところ
助動・強・未　助動・意・終　格助　動・四・用　補動・四・用　助動・過・已　接助　動・ラ変・体　名

とがお好きな）ところがおありになる帝でしたから、「たいそうおもしろいことだ。
おはします　帝　に　て、「いと　興　ある　こと　なり。
動・四・体　名　助動・断・用　接助　副　名　動・ラ変・体　名　助動・断・終

それならば行け。　道隆は豊楽院、　道兼は仁寿殿の塗籠、
さらば　行け。　道隆　は　豊楽院、　道兼　は　仁寿殿　の　塗籠、
接　動・四・命　名　係助　名　名　係助　名　格助　名

道長は大極殿へ行け。」　とお命じになったので、
道長　は　大極殿　へ　行け。」　と　仰せ　られ　けれ　ば、
名　係助　名　格助　動・四・命　格助　動・下二・未　助動・尊・用　助動・過・已　接助

ほかの公達たちは、　（入道殿は）不都合なことを奏上してしまったものだなあと思
よそ　の　君たち　は、　便なき　こと　を　も　奏し　て
名　格助　名　係助　形・ク・体　名　格助　係助　動・サ変・用　助動・完・用

う（のでした）。　一方で、　（勅命を）承りなさった殿たち（中関白殿・粟田
ける　かな　と　思ふ。　また、　承ら　せ　給へ　る
助動・嘆・体　終助　格助　動・四・終　接　動・四・未　助動・尊・用　補動・四・命　助動・完・体

人《ひと》がちなり　人が多い。

気色《けしき》おぼゆ　①趣が感じられる。②気味の悪い感じがする。ここは②の意。

もの離《はな》れたる所《ところ》　遠く離れた、人気《ひとけ》のない所。「もの」は接頭語で、なんとなく…、の意。

いかならむ　どんなであろう。

さあらむ所《ところ》　そのような所。「さ」は前の「もの離れたる」を指す。「む」は婉曲《えんきょく》。

いなむや　行けるだろうか。「いぬ」は「往ぬ・去ぬ」と書き、行く、立ち去る、の意。「や」は疑問の係助詞。

えまからじ　参ることはできますまい。「まかる」は、ここでは「行く」の謙譲語。天皇のいる場所からほかへ行くことを意識した敬語。

さるところ　道長がどんな不気味な所でも行くと言ったことで肝試しをする流れとなるが、そのように変わったことをおもしろがる、花山天皇のもの好きなところを指している。

さらば　それならば。それでは。

よその君《きみ》たち　指名された道隆・道兼・道長以外の公達《きんだち》たちを指す。

便《びん》なきこと　不都合なこと。「便なし」は、具合の悪い状態や、それに伴う気持ちを表す形容詞。道長の「どこへでも参りましょう」という言葉によって肝試しが決まったので、ほ

殿)は、　お顔色が変わって、　困ったことだと思っていらっしゃるのに、
殿ばら　は、　御気色　変はり　て、　益なし　と　思し　たる　に、
名　係助　名　動・四・用　接助　形・ク・終　格助　動・四・用　助動・存・体　接助

入道殿は、　少しもそのようなご様子もなくて、　「私の従者は連れて行
入道殿　は、　つゆ　さる　御気色　も　なく　て、　「私　の　従者
名　係助　副　動・ラ変・体　名　係助　形・ク・用　接助　名　格助　名

きますまい。　この(近衛の)陣の役人であれ、
を　ば　具し　候は　じ。　この　陣　の　吉上　まれ、
格助　係助　動・サ変・用　補動・四・未　助動・消意・終　代　格助　名　格助　名　(連語)

武士であれ、　(誰か)一人に、　『昭慶門まで送れ。』　とご命令をお下しください。
滝口　まれ、　一人　を、　『昭慶門　まで　送れ。』　と　仰せ言　賜べ。
名　(連語)　名　格助　名　副助　動・四・命　格助　名　動・四・命

そこから内には(私)一人で入りましょう。」　と申し上げな
それ　より　内　に　は　一人　入り　侍ら　む。」　と　申し
代　格助　名　格助　係助　名　動・四・用　補動・ラ変・未　助動・意・終　格助　動・四・用

さると、　(帝が)「(一人では)証拠がないことだ。」とおっしゃるので、　(入道殿は)
給へ　ば、　「証　なき　こと。」　と　仰せ　らるる　に、　「げに。」
補動・四・已　接助　名　形・ク・体　名　格助　動・下二・未　助動・尊・体　接助　副

「ごもっとも。」と言って、(帝が)御手箱に置いていらっしゃった小刀を申し受けてお出かけになりま
とて、　御手箱　に　置か　せ　給へ　る　小刀　申し　て
格助　名　格助　動・四・未　助動・尊・用　補動・四・命　助動・存・体　名　動・四・用　接助

した。　もうお二方も、　しぶしぶ、　それぞれに
立ち　給ひ　ぬ。　いま　二所　も、　苦む苦む、　おのおの
動・四・用　補動・四・用　助動・完・終　副　名　係助　副　副

(命じられた場所に)お出かけになりました。
おはさうじ　ぬ。
動・サ変・用　助動・完・終

かの公達は不都合だと思ったのである。

奏《そう》す　奏上する。「言ふ」の謙譲語。対象が天皇・上皇・法皇に限定される絶対敬語。

殿《との》ばら　殿たち。「ばら」は複数を表す接尾語。

益《やく》なし　①無駄だ。②困ったことだ。ここは②の意。

つゆさる御気色《みけしき》もなくて　少しもそのようなご様子もなくて。「つゆ」は打消の表現を伴って、少しも(…ない)、決して(…ない)の意を表す。「さる」は「御気色変はりて、益なしと思したる」という道隆・道兼の様子を指す。

具《ぐ》し候《さぶら》は《ワ》じ　連れて行きますまい。「具す」は①備える。②伴う。③持って行く。ここは②の意。「じ」は打消意志を表す助動詞。

賜《た》べ　ください。「賜ぶ・給ぶ」は「与ふ」「授く」の尊敬語。

証《そう》　ここでは、肝試しに行ったという証拠。

げに　なるほど。そのとおり。

小刀《こがたな》申《ま》して　この「申す」は、(花山天皇に)お願いしてもらい受ける、の意。

いま二所《ふたところ》　道隆と道兼を指す。

苦《にが》む苦《にが》む　いやな顔をしながら。しぶしぶ。

おは《ワ》さう《ソウ》じぬ　お出かけになった。「おはさうず」は、ここでは「行く」の尊敬語で、いらっしゃる、お出かけになる、の意。

■第四段落（二一二・7～二一三・11）

段意

深夜、花山天皇が道隆・道兼・道長に肝試しの行き先と、道筋を命じた。道隆と道兼が途中で帰ってきたので、天皇は扇をたたいて笑った。道長の戻りが遅く、どうしたのかと天皇が思っていると、道長は平然として戻ってきた。道長は、大極殿まで行った証拠に、小刀で柱の一部を削り取ってきたと言う。天皇をはじめ、人々は道長の落ち着いた態度に驚いて感心し、褒めたたえた。道隆・道兼はものも言えなかった。

現代語訳・品詞分解

(宿直の役人が)「子四つ。」と奏上してから、(帝が)このようにおっしゃって相談しているうちに、(お三方のご出発は)丑の刻にもなってしまったでしょう。(帝が)「道隆は右衛門の陣(宜秋門)から出よ。道長は承明門から出よ。」と、その道筋までもお分けになったので、(お三方は)そのように(勅命のとおり分かれて)同時にお出かけになったところ、中関白殿は、(右衛門の)陣まで我慢しておいでになったのですが、宴の松原の辺りで、何とも得体の知れない声々が聞こえたので、どうにもしようがなくてお帰りになりました。粟田殿は、露台の外まで、ぶるぶる震えながらおいでになったのですが、仁寿殿の東側の

「子四つ。」〔名〕と〔格助〕奏し〔動・サ変・用〕て、〔接助〕かく〔副〕仰せ〔動・下二・未〕られ〔助動・尊・用〕議する〔動・サ変・体〕ほどに、〔接助〕丑〔名〕に〔格助〕も〔係助〕なり〔動・四・用〕に〔助動・完・用〕けむ。〔助動・過推・終〕「道隆〔名〕は〔係助〕右衛門の陣〔名〕より〔格助〕出でよ。〔動・下二・命〕道長〔名〕は〔係助〕承明門〔名〕より〔格助〕出でよ。」〔動・下二・命〕と、〔格助〕それ〔代〕を〔格助〕さへ《エ》〔副助〕分《わ》かた〔動・四・未〕せ〔助動・尊・用〕給《たま》へ《エ》〔補動・四・已〕ば、〔接助〕しか〔副〕おはしましあへ《エ》〔動・四・命〕る〔助動・完・体〕に、〔接助〕中関白殿、〔名〕陣〔名〕まで〔副助〕念じ〔動・サ変・用〕て〔接助〕おはしまし〔動・四・用〕たる〔助動・完・体〕に、〔接助〕宴の松原〔名〕の〔格助〕ほど〔名〕に、〔格助〕その〔代〕の〔格助〕もの〔名〕と〔格助〕も〔係助〕なき〔形・ク・体〕声ども〔名〕の〔格助〕聞こゆる〔動・下二・体〕に、〔接助〕術なく〔形・ク・用〕て〔接助〕帰り〔動・四・用〕給ふ。〔補動・四・終〕粟田殿〔名〕は、〔係助〕露台〔名〕の〔格助〕外〔名〕まで、〔副助〕わななくわななく〔副〕おはし〔動・サ変・用〕たる〔助動・完・体〕に、〔接助〕仁寿殿〔名〕の〔格助〕

語釈・文法

子《ね》四《よ》つ　現在の午前零時半から午前一時。当時、夜間は宿直の役人が時刻を奏上していた。

丑《うし》　現在の午前二時を中心とした二時間。

それをさへ《エ》分《わ》かたせ給《たま》へ《エ》ば　「それ」は出ていく道筋を指す。肝試しに行く場所だけでなく、道筋まで分けて指示したということ。

しか　天皇の命じた道筋で、ということ。

おはしましあへ《エ》るに　同時にお出かけになったところ。「おはしましあふ」は「おはします」に「あふ」が付いたもの。

念《ねん》ず　我慢する。じっとこらえる。

そのものともなき声《こえ》ども　「そのものともなし」は、はっきりそれだと言い切ることができない、の意。ここでは、不気味なことを表している。「ども」は複数の意。

術《ずち》なし　とるべき手段・方法がない。どうしようもない。

わななくわななく　動詞「わななく」を重ねて

石畳の辺りに、(背丈が)軒と同じくらいの人間がいるようにお見え
東面 の 砌 の ほど に、軒 と 等しき 人 の ある
名 格助 名 格助 名 格助 名 格助 形・シク・体 名 格助 動・ラ変・体

になったので、どうしたらよいか分からなくて、「命
やうに 見え 給ひ けれ ば、もの も おぼえ で、「身
助動・比・用 動・下二・用 補動・四・用 助動・過・已 接助 名 係助 動・下二・未 接助 名

がありましてこそ、(帝の)ご命令もお受けすることができよう。」と言って、それぞれ
の 候は ば こそ、仰せ言 も 承ら め。」とて、おのおの
格助 動・四・未 接助 係助 名 係助 動・四・未 助動・推・已 格助 副

(途中で)引き返して参上なさったので、(帝は)御扇をたたいてお笑いになりました
立ち帰り 参り 給へ れ ば、御扇 を たたき て 笑は
動・四・用 動・四・用 補動・四・命 助動・完・已 接助 名 格助 動・四・用 接助 動・四・未

が、入道殿はたいそう長い間お姿をお見せにならないので、
せ 給ふ に、入道殿 は いと 久しく 見え させ
助動・尊・用 補動・四・体 接助 名 係助 副 形・シク・用 動・下二・未 助動・尊・用

どうしたのだろうと(帝が)思っていらっしゃる時に、まこと
給は ぬ を、いかが と 思し召す ほど に ぞ、いと
補動・四・未 助動・消・体 接助 副 格助 動・四・体 名 格助 係助 副

に平然として、たいしたことではないというご様子で(御前に)参上なさいました。
さりげなく、ことにもあらずげに て 参ら せ 給へ る。
形・ク・用 形動・ナリ・用 接助 動・四・未 助動・尊・用 補動・四・命 助動・完・体

(帝が)「どうだった、どうだった。」とお尋ねになると、(入道
「いかに いかに。」と 問は せ 給へ ば、いと
副 副 格助 動・四・未 助動・尊・用 補動・四・已 接助 副

殿は)たいそう落ち着いたご様子で、お刀に、何か削り取りなさったものを取り添えて差し上げなさる
のどやかに、御刀 に、削ら れ たる 物 を 取り具し
形動・ナリ・用 名 格助 動・四・未 助動・尊・用 助動・完・体 名 格助 動・サ変・用

ので、(帝が)「これは何か。」とおっしゃると、
て 奉ら せ 給ふ に、「こ は 何 ぞ。」と 仰せ
接助 動・四・未 助動・尊・用 補動・四・体 接助 代 係助 代 終助 格助 動・下二・未

「手ぶらで帰って参りましたら、証拠
らるれ ば、「ただにて 帰り参り て 侍ら む は、証
助動・尊・已 接助 形動・ナリ・用 接助 動・四・用 接助 補動・ラ変・未 助動・仮・体 係助 名

副詞として用いている。

身《み》の候《さぶら》は《ワ》ばこそ、仰《おお》せ言《ごと》も承《うけたまわ》らめ　命がありましてこそ、(帝の)ご命令もお受けできよう。裏を返せば「死んでしまっては帝にご奉仕できない」ということ。道兼は、引き返す口実に、天皇への忠誠を持ち出したのである。

おのおの　道隆と道兼を指す。

立《た》ち帰《かえ》り参《まい》り給《たま》へ《エ》れば　「参り」は天皇への敬意、「給へ」は道隆と道兼への敬意を表す。

笑《わら》は《ワ》せ給《たま》ふ《ウ》に　「せ給ふ」は、尊敬語を重ねて高い敬意を表す二重敬語(最高敬語)。

見《み》えさせ給《たま》は《ワ》ぬを　現れなさらないので。「を」は接続助詞で、順接の確定条件を表す。

いかが　(道長は)どうしたのだろう。下に「したるならむ」などが省略されている。

ことにもあらずげに　たいしたことではなさそうに。何ほどのこともなさそうに。

いかにいかに　「いかに」の下に「ありしぞ」などが省略されている。

のどやかなり　①穏やかだ。②平然としている。③時間にゆとりがある。ここは②の意。

取《と》り具《ぐ》して　取り添えて。備えて。

ただにて　手ぶらで。証拠を持たずに。「ただなり」は、①変わったところがない。平凡だ。②何もない。むなしい。ここは②の意。

がございますまいから、

候ふ まじき に より、高御座 の 南面 の 柱 の もと を

動・四・終 助動・消推・体 格助 動・四・用 名 格助 名 格助 名 格助 名 格助

高御座の南側の柱の下のほうを削って参ったのでございます。」

削り て 候ふ なり。」と、つれなく 申し 給ふ に、いと

動・四・用 接助 補動・四・体 助動・断・終 格助 形・ク・用 動・四・用 補動・四・体 接助 副

と、平然と申し上げなさるので、(帝は)たいそう驚きあきれることと自然とお思いになってきます。ほかの殿たち(道隆・道兼)のお顔色は、

あさましく 思し召さ る。異殿たち の 御気色 は、いかに

形・シク・用 動・四・未 助動・自・終 名 格助 名 係助 副

どうしてもまだ(元のように)直らないで、この殿(道長)がこうして参上なさったのを、

も なほ 直ら で、この 殿 の かくて 参り 給へ る

係助 副 動・四・未 接助 代 名 格助 副 動・四・用 補動・四・命 助動・完・体

帝をはじめとして(人々が)自然と感心して褒めたたえなさいますけれども、

を、帝 より はじめ 感じののしら れ 給へ ど、

格助 名 格助 動・下二・用 動・四・未 助動・自・用 補動・四・已 接助

(お二方は)うらやましいのでしょうか、あるいはどういうお気持ちなのでしょうか、ものも言わないで控えていらっしゃいました。

うらやましき に や、また いかなる に か、もの も

形・シク・体 助動・断・用 係助 接 形動・ナリ・体 助動・断・用 係助 名 係助

言は で ぞ 候ひ 給ひ ける。

動・四・未 接助 係助 動・四・用 補動・四・用 助動・過・体

証候《そうさぶら》ふ《ウ》まじきにより　何も持たずに帰ると、大極殿まで行った証拠がないだろうから、ということ。「候ふ」は本動詞で、「あり」の丁寧語。

つれなく　平然と。「つれなし」は、①平然としている、②薄情だ、③思うにまかせない、④変化がない。ここは①の意。

あさましく思《おぼ》し召《め》さる　驚きあきれることと自然とお思いになってくる。「あさまし」はいい意味でも悪い意味でも用いられる。「る」は「思し召す」という敬語の下にあるので自発の意で解釈したが、尊敬の意とする説もある。

異殿《ことどの》たち　「異」は、ほかの、の意。道長以外の、道隆・道兼を指す。

いかにもなほ《オ》直《なお》らで　「いかにも」は、下の打消の接続助詞「で」と呼応して、「どうしても…ないで」の意となる。

感《かん》じののしられ給《たま》へ《エ》ど　自然と感心して褒めたたえなさるけれども。「れ」は自発。受身とする説もあり、その場合は主語が道長となる。

うらやましきにや、またいかなるにか　「や」「か」の後に「あらむ」などが省略されている。

ものも言《い》は《ワ》でぞ候《さぶら》ひ《イ》給《たま》ひ《イ》ける　「候ふ」は高貴な人のおそばにお仕え申し上げる、の意。人々が道長を褒めたたえる一方で、道隆と道兼は、何も言わずに控えていたのである。

■第五段落（二一三・12～終わり）

段意

花山天皇は、道長が本当に大極殿まで行ったのか疑わしく思い、翌朝、蔵人《くろうど》に削り屑をあてがって確かめるよう命じる。蔵人が大極殿の柱の削り跡に削り屑をあててみると、少しも違わない。その削り跡は今もはっきりと残っており、後の世でも、見る人々が驚きあきれるということである。

現代語訳・品詞分解

（帝は）それでもやはり疑わしいとお思いになってきたので、翌朝、「蔵人に
なほ　疑はしく　思し召さ　れ　けれ　ば、　つとめて、「蔵人
副　形・シク・用　動・四・未　助動・自・用　助動・過・已　接助　名　名

命じて、削り屑を（柱の削り跡に）あてがわせてみよ。」というご命令がありましたの
して、　削り屑　を　つがはし　て　みよ。」　と　仰せ言　あり
格助　名　格助　動・四・用　接助　動・上一・命　格助　名　動・ラ変・用

で、（蔵人が削り屑を）持っていって（柱の削り跡に）押しつけてご覧になったところ、
けれ　ば、　持て行き　て　押し付け　て　見　給び　ける
助動・過・已　接助　動・四・用　接助　動・下二・用　接助　動・上一・用　補動・四・用　助動・過・体

少しも違わなかったということです。その削り跡は、（今で
に、　つゆ　違は　ざり　けり。　そ　の　削り跡　は、　いと
接助　副　動・四・未　助動・消・用　助動・過・終　代　格助　名　係助　副

も）たいそうはっきりと残っているようです。後の世にも、（それを）
けざやかに　て　侍　めり。　末　の　世　に　も、　見る
形動・ナリ・用　接助　補動・ラ変・体　助動・定・終　名　格助　名　格助　係助　動・上一・体

見る人はやはり驚きあきれることだと申したものですよ。
人　は　なほ　あさましき　こと　に　ぞ　申し　し　かし。
名　係助　副　形・シク・体　名　格助　係助　動・四・用　助動・過・体　終助

語釈・文法

疑《うたが》は《ワ》しく思《おぼ》し召《め》されければ　花山天皇が、道長が本当に大極殿まで行ってきたのか疑わしいとお思いになったということ。

つとめて　①早朝、②翌朝、の意があるが、ここは②の意。

蔵人《くろうど》して　蔵人に命じて。蔵人を使って。「して」は使役の対象を示す格助詞。

削《けず》り屑《くず》をつがは《ワ》してみよ　大極殿の柱の削り跡に、削り屑をあてて確かめよということ。

見《み》給《とう》びけるに　ご覧になったところ。「給び」は尊敬の補助動詞「給ぶ」の連用形。「たうぶ・たぶ」は「たまふ」と同じ意に用いられる。

つゆ違《たが》は《ワ》ざりけり　少しも違わなかった。「つゆ」の下に打消の語がある時は、「少しも（…ない）」、「全然（…ない）」、の意を表す。

けざやかに　はっきりと。鮮やかに。

侍《はべ》めり　「侍るめり」の撥音便「侍んめり」の撥音無表記の形。

申《もう》ししかし　申したものですよ。「かし」は念を押す意。

鑑賞

(1) 父兼家への返答

若き日の道長が、父兼家に「公任の顔を踏んでやる」と豪語した場面。「三船の才」で見たように、後に道長は出世し、実際に公任の上に立っている。「内大臣殿をだに…」の一文は、道長が権勢を握った後の状況を述べており、公任が、道長の息子で自分にとっては娘婿である教通にさえ遠慮していたことが分かる。道長は、藤原一族の長い歴史の中でも、最も栄華を極めた人物といえる。それは彼が年若い頃から豪胆で自負もあり、何事にも積極的に行動してきたからであろう。語り手は、そのような人物には特に神仏の加護も厚いのだろうと述べて、この段を結ぶ。道長の剛毅《ごうき》を賞賛する一節である。

(2) 花山天皇の肝試し

こちらも、道長の豪胆さや颯爽《さっそう》とした様子を、いきいきと伝える逸話である。突然命じられた肝試しにも動じず、証拠まで持ち帰る姿には、胆力や周到さが感じられる。ほかの貴族や道隆・道兼が臆病すぎるようだが、道長の度胸を際立たせるための誇張もあると思われる。しかし、平安時代の夜は暗く、「百鬼夜行」という言葉どおり鬼や妖怪など得体の知れないものが横行しているとされていたことを考えれば、人々が暗闇を恐れるのは無理もないことだろう。

また、この当時、花山天皇は十七歳と年若く、「花山天皇の出家《すけ》」(教科書一〇六ページ)の逸話とは異なる快活な一面が描かれている。不気味な夜に退屈しのぎの肝試しを思いつき、道長の申し出と調子を合わせて道筋までも指示したところや、道隆・道兼の恐れるさまをおもしろがる様子に、好奇心が旺盛で、茶目っ気のある性格がうかがえる。道長が涼しい顔で戻ってきたことに驚きあきれ、証拠を確かめさせたことからは、道長への対抗意識をも感じることができる。

教科書の問題(解答・解説)　教科書 二一四ページ

教科書本文下に示された問題

「さるべき人」とは、どのような人か。(p.二一〇)

解答 藤原道長のように、出世する運命の人。

「気色おぼゆ。」とは、どういうことか。(p.二一一)

解答 気味が悪く感じられる、ということ。

[解説] 「気色」とは、「いとおどろおどろしく」〔二一〇・12〕、「いとむつかしげなる」〔二一一・1〕と表現されているような、この日の夜の恐ろしい雰囲気をいう。

「身の候はばこそ…承らめ。」は、誰が、どのような気持ちから発した言葉か。(p.二一三)

解答　道兼が、命を落としたくないと恐れる気持ちから発した。

[解説]　道兼は、軒の高さほどの人がいるように見えて身の危険を感じ、とにかく引き返したいと思った。そこで、命あってこそ天皇にお仕えできるのだと考え、天皇への忠誠を口実としたのである。

?「いとあさましく思し召さる。」とあるが、なぜそう思ったのか。(p.二一三)

解答　道長が肝試しから平然として戻っただけでなく、証拠として大極殿の柱の一部を削って持ち帰るという用意周到なところを見せたから。

■学習の手引き

❶「いかでかかからむ。」(二一〇・2)という兼家の言葉に対し、道隆・道兼と道長は、それぞれどのような反応をしたか。

解答　・道隆・道兼＝恥ずかしそうな顔つきでものも言えずにいた。

・道長＝「(公任の)影法師など踏まないで、顔を踏んでやる」と言って、対抗心をむき出しにした。

[解説]　道隆と道兼は自分たちが公任に劣ることを認めて恥じたが、道長はきっと公任を見返してやると豪語した。道長の自信と剛毅な性格が表れた言葉である。

❷花山天皇の言動を順を追って整理し、どのような人物として描かれているか考えよう。

解答　(1)花山天皇の言動

・激しい雨の夜、管弦の遊びをしていたが、人々の雑談が恐ろしい話になったのを受けて、肝試しを提案する。

・誰もが怖がって行きたがらない中、道長だけが平然としているので、おもしろがる。

・一人で行くと言う道長に、それでは証拠がないと言う。

・三兄弟それぞれに、肝試しの行き先と道筋を指示する。

・道隆と道兼が逃げ帰ったので、扇をたたいて笑う。

・道長が長い間戻らなかったので、不審に思う。

・道長が平然と帰ってきたので、たいそう驚き、感心して褒めたたえる。

・道長の持ち帰った証拠を疑わしく思い、確認する。

(2)どのような人物として描かれているか

・もの好きなところがあり、好奇心も強い。

[解説]　道長の言動のような、ほかと異なる、変わったことを好む性格の人物として描かれている。また、肝試しの行き先や道筋まで指定した行為からは、聡明《そうめい》で好奇心が強く、未知のものを楽しもうとする傾向があることがうかがえる。

❸花山天皇の命令に対する登場人物それぞれの反応や行動を比較し、道長の人物像をまとめよう。

解答 (1)天皇の命令に対する反応

・道隆・道兼＝顔色が変わり、困ったことだと思っている。

・道長＝平気な顔で、自分の従者は連れず昭慶門からは一人で行くと言い、証拠を持ち帰るために小刀を借りる。

(2)道長の人物像

・大胆で度胸があり、周到さも兼ね備えている。

[解説] 道長は、肝試しに行けという命令にも動じていない。一人で行くという言葉からは、度胸のよさや、正々堂々と肝試しに挑む姿勢が感じられる。また、先々のことまで考えて証拠を持ち帰るための小刀を準備するといった、周到さも持ち合わせている。

■語句と表現

①次の傍線部を文法的に説明しよう。

解答 (1) げにさもとや思すらむと＝現在推量の助動詞「らむ」の連体形。

(2) さうざうしとや思し召しけむ＝過去の原因推量の助動詞「けむ」の連体形。

(3) いかならむ。＝推量の助動詞「む」の連体形。

(4) えまからじ。＝打消推量の助動詞「じ」の終止形。

(5) 証候ふまじきにより＝打消推量の助動詞「まじ」の連体形。

[解説] (1)・(2)は疑問の係助詞「や」の結びで連体形。ただし、(1)の疑問の意は薄い。(3)は疑問の意を含む形容動詞「いかなり」を受けるので連体形。

②次の傍線部の「候ふ」の違いを文法的に説明しよう。

解答 (1) 私の従者をば具し候はじ。＝丁寧の補助動詞で、「…ます・…でございます」の意。

(2) 身の候はばこそ、仰せ言も承らめ。＝本動詞で、「あり」の丁寧語。ここでは「生きています」の意。

(3) ものも言はでぞ候ひ給ひける。＝本動詞で、「仕ふ」(または「あり」)の謙譲語。「(高貴な人のおそばに)お仕え申し上げる・伺候する」の意。

[解説] 補助動詞の場合は丁寧の意を表す。本動詞は丁寧語か謙譲語か、文脈を踏まえて判断しよう。

③次の傍線部を文法的に説明しよう。

解答 (1) 御まもりもこはきなめり＝断定の助動詞「なり」の連体形＋推定の助動詞「めり」の終止形。「なるめり」の撥音便「なんめり」の「ん」が表記されない形。

(2) いとけざやかにて侍めり。＝丁寧の補助動詞「侍り」の連体形＋推定の助動詞「めり」の終止形。「侍るめり」の撥音便「侍んめり」の「ん」が表記されない形。

[解説] 推定の助動詞「なり」の場合も同様に、上に付く語が音変化することがある。「あなり(＝あるなり)」「ななり(＝なるなり)」などの形に注意しよう。

道《みち》長《なが》、伊《これ》周《ちか》の競射

〔太政大臣《だいじょうだいじん》　道長〕

教科書　二一五〜二一七ページ

大意

関白道隆《みちたか》の子伊周が自邸で弓の競射を催していた時に、叔父道長が思いがけず訪れた。伊周と道長の競射で伊周が負けたため、道隆たちは、勝負を強引に二度延長させた。不快に思った道長が、「我が家から帝《みかど》、后《きさき》が立つなら当たれ。」と言って射たところ、みごとに的の中心に当たった。伊周は、道長に圧倒されて全く見当違いの所を射てしまい、道隆も顔面蒼白《そうはく》となる。さらに道長が「自分が摂政《せっしょう》、関白《かんぱく》になるなら当たれ。」と言って射ると、また的の中心に当たり、気まずい雰囲気になった。道隆は、伊周が射るのを制して、座はすっかりしらけてしまったのだった。

現代語訳・品詞分解

帥殿(伊周)が、南院で人々を集めて弓の競射をなさった時に、

帥殿（名）の（格助）、南院（名）にて（格助）人々（名）集め（動・下二・用）て（接助）弓（名）あそばし（動・四・用）し（助動・過・体）

この殿(道長)がおいでになったので、思いもかけな

に（格助）、こ（代）の（格助）殿（名）渡ら（動・四・未）せ（助動・尊・用）給へ（補動・四・命）れ（助動・完・已）ば（接助）、思ひかけ（動・下二・未）

い不思議なことだと、中関白殿(道隆)はお驚きになって、たいそうご機嫌をおとり

ず（助動・消・用）あやし（形・シク・終）と（格助）、中関白殿（名）思しおどろき（動・四・用）て（接助）、いみじう（形・シク・用）饗応し（動・サ変・用）

申し上げなさって、(道長公は伊周公より)地位が低くていらっしゃったの

申さ（補動・四・未）せ（助動・尊・用）給う（補動・四・用）て（接助）、下臈（名）に（助動・断・用）おはしませ（補動・四・已）ど（接助）、前（名）

に、(競射の順番を)前にお立て申し上げて、先に射させ申し上げなさったところ、

に（格助）立て（動・下二・用）奉り（補動・四・用）て（接助）、まづ（副）射（動・上一・未）させ（助動・使・用）奉ら（補動・四・未）せ（助動・尊・用）

語釈・文法

弓《ゆみ》あそばししに　弓の競射をなさった時に。「あそばす」は、「あそぶ」の尊敬語。後世には、広く「す」の尊敬語として用いられるが、中古では、音楽・射芸・詩歌などの遊芸に関する事柄にのみ用いられた。

思《おも》ひ《イ》かけずあやし　思いもかけない不思議なことだ。この当時、既に道長と伊周はライバル関係にあったため、道長と道隆・伊周父子との私的な交流はほとんどなかった。道隆にとって、道長の不意の訪問は全く予想外のことだったのである。

思《おぼ》しおどろきて　お驚きになって。「思しおど

給ひ ける に、帥殿 の 矢数 いま 二つ 劣り 給ひ
補動・四・用 助動・過・体 接助 名 格助 名 副 名 動・四・用 補動・四・用
帥殿の的中した矢の数がもう二本負けておしまいになりました。

ぬ。中関白殿、また 御前 に 候ふ 人々 も、「いま 二度
助動・完・終 名 接 名 格助 動・四・体 名 係助 副 名
中関白殿も、また御前にお仕えしている人々も、「もう二度(勝負を)

延べ させ 給へ。」と 申し て、延べ させ 給ひ
動・下二・未 助動・尊・用 補動・四・命 格助 動・四・用 接助 動・下二・未 助動・尊・用 補動・四・用
延長なさいませ。」と申し上げて、延長なさったので、

ける を、やすから ず 思しなり て、「さらば、延べ
助動・過・体 接助 形・ク・未 助動・消・用 動・四・用 接助 接 動・下二・未
(道長公は)不愉快にお思いになって、「それならば、延長なさ

させ 給へ。」と 仰せ られ て、また 射 させ
助動・尊・用 補動・四・命 格助 動・下二・未 助動・尊・用 接助 副 動・上一・未 助動・尊・用
いませ。」とおっしゃって、また射なさろうとしておっしゃる

給ふ とて 仰せ らるる やう、「道長 が 家 より 帝、
補動・四・終 格助 動・下二・未 助動・尊・体 名 名 格助 名 格助 名
には、「この道長の家から帝や、

后 立ち 給ふ べき もの なら ば、こ の 矢
名 動・四・用 補動・四・終 助動・当・体 名 助動・断・未 接助 代 格助 名
后がお立ちなさるはずのものならば、この矢当たれ。」

当たれ。」と 仰せ らるる に、同じ もの を 中心 に
動・四・命 格助 動・下二・未 助動・尊・体 接助 形・シク・終 名 格助 名 格助
とおっしゃ(って矢を放たれ)ると、同じ当たるといってもなんと的の真ん中に当

は 当たる ものかは。次 に 帥殿 射 給ふ に、
係助 動・四・体 終助 名 格助 名 動・上一・用 補動・四・体 接助
たったではありませんか。次に帥殿が射なさったところ、

いみじう 臆し 給ひ て、御手 も わななく け に
形・シク・用 動・サ変・用 補動・四・用 接助 名 係助 動・四・体 名 助動・断・用
たいそう気後れなさって、御手も震えるためでしょうか、

や、的 の あたり に だに 近く 寄ら ず、無辺世界
係助 名 格助 名 格助 副助 形・ク・用 動・四・未 助動・消・用 名
(矢は)的のそばにさえ近く寄らず、全く見当違い

ろく」は、「思ひおどろく」の尊敬語。

饗応《きょうおう》 ①相手に調子を合わせて機嫌をとること。②酒食でもてなすこと。ここは①の意。

下臈《げろう》 ①修行年数が少なく地位の低い僧。②官位の低い者。③身分の卑しい者。ここは②の意。伊周は、正暦《しょうりゃく》五年〔九九四〕、権大納言《ごんだいなごん》だった道長を抜いて、内大臣になった。

前《まえ》に立《た》て奉《たてまつ》りて 道隆が、道長の競射の順番を伊周より前にして、ということ。

いま二《ふた》つ もう二本。あと二本。

いま二度《にど》 競射の一手は矢二本である。「二度」つまり矢四本の延長を提案し、先の二本の負けを取り返し、勝つか引き分けにするか、いずれにしても伊周を負けたままにはさせず、道長が勝ちを譲ることを期待したのである。

やすからず思《おぼ》しなりて (道長公は)不愉快にお思いになって。当然自分が勝って、勝負がついたはずなのに、一座の人々が伊周にひいきして延長戦に持ちこんだからである。「やすし」は、心安らかなさまを表し、心のどかだ、平穏だ、の意。

帝《みかど》、后立《きさきた》ち給《たまう》ふべきものならば 道長の娘が后となって、生まれた皇子が天皇になることをいう。

当《あ》たるものかは 当たったではないか。「もの

の方向を射なさったので、関白殿は、顔色が青くなってしまいま
を 射 給へ る に、関白殿、色 青く なり
格助 動・上一・用 補動・四・命 助動・完・体 接助 名 名 形・ク・用 動・四・用

した。さらにまた、入道殿(道長)が射なさろうとして、「(自分が)摂政、関白
ぬ。また、入道殿 射 給ふ とて、「摂政、関白
助動・完・終 接 名 動・上一・用 補動・四・終 格助 名 名

になるはずのものならば、この矢当たれ。」と
す べき もの なら ば、この 矢 当たれ。」と
動・サ変・終 助動・当・体 名 助動・断・未 接助 代 格助 名 動・四・命 格助

おっしゃ(って矢を放たれ)ると、前と同じように、的が割れるほど、
仰せ らるる に、初め の 同じ やうに、的 の 破る
動・下二・未 助動・尊・体 接助 名 格助 形・シク・終 助動・比・用 名 格助 動・下二・終

同じ所に射当てなさいました。(こうなる
ばかり、同じ 所 に 射 させ 給ひ つ。饗応し、
副助 形・シク・終 名 格助 動・上一・未 助動・尊・用 補動・四・用 助動・完・終 動・サ変・用

と、初めに道隆公が道長公の)ご機嫌をとり、おもてなし申し上げなさった興もさめて、
もてはやし 聞こえ させ 給ひ つる 興 も さめ て、
動・四・用 補動・下二・未 助動・尊・用 補動・四・用 助動・完・体 名 係助 動・下二・用 接助

気まずくなってしまいました。父大臣(道隆)は、帥殿に、「どうして射るのか。
こと苦う なり ぬ。父大臣、帥殿 に、「何 か 射る。
形・ク・用 動・四・用 助動・完・終 名 名 格助 副 係助 動・上一・体

射るな、射るな。」とお止めになって、(すっかり座
な 射 そ、な 射 そ。」と 制し 給ひ て、ことさめ
副 動・上一・用 終助 副 動・上一・用 終助 格助 動・サ変・用 補動・四・用 接助 動・下二・用

が)しらけてしまいました。
に けり。
助動・完・用 助動・過・終

かは」は、意外なことに驚き、感動する意を表す終助詞。

けにや …のせいか。…のためであろうか。下に「ありけむ」などが省略されている。

色青《いろあお》くなりぬ 道長の大胆な放言を聞かされ、しかも道長の言葉どおりに矢が的中する。そこに道隆は、道長の圧倒的な力と、自身の一門の不安とを見たのであろう。

摂政《せっしょう》、関白《かんぱく》すべきものならば 自分の娘が后となって生まれた皇子が帝位につけば、その幼少の時は摂政として、成人後は関白として補佐し、政権を手中にすることができる。

もてはやし聞《き》こえさせ給《たま》ひ《い》つる 道隆が、道長をおもてなし申し上げなさった。「もてはやす」は、歓待する、もてなす、の意。

な射《い》そ 射るな。「な…そ」は、懇願的禁止を表す。間に入る「そ」の前の語の活用形は、カ変・サ変動詞は未然形で、そのほかの動詞・助動詞は連用形である。

鑑賞

短いエピソードであるが、弓の競射という勝負のはっきりした場面を捉えて、ライバルの伊周を圧倒する道長の豪胆な姿を簡潔に描き出している。

何とか伊周を勝たせようとする道隆側の卑劣なやり方に不快になりながらも、道長は堂々と受けて立ち、しかも、傍若無人にも「道長が家より帝、后立ち給ふべきものならば」「摂

政、関白すべきものならば」と、真っ向から挑戦的言辞を吐いて相手を威圧してしまう。加えて、そういう言辞が自分自身に与えるプレッシャーにも耐えて、次々に矢を的中させる力量と度胸も並々ではない。道隆・伊周父子の邸《やしき》に出かけたのも、当初から心に期するところがあったのであろう。

この逸話は、正暦《しょうりゃく》五年〔九九四〕の頃のこととされるが、この頃、道隆は、正暦元年〔九九〇〕一条《いちじょう》天皇に入内《じゅだい》させた娘の定子《ていし》に、全く懐妊の兆しがないのに焦燥感を抱いていたと見られるので、道長の放言には肝のつぶれる思いがしたものと思われる。このように考えると、本文は、中関白家の栄華の絶頂期を舞台としつつ、その崩壊の運命と、それを実現させていく人間の強烈な力を描き出したものといえよう。

教科書の問題（解答・解説）

教科書 二一七ページ

❓ 教科書本文下に示された問題

❓「やすからず思しなりて」の主語は誰か。（p.二一五）

解答 入道殿（藤原道長）

［解説］ 道隆側の人々に、伊周に勝ちを譲るよう仕向けられたことを、不愉快に思ったのである。

❓なぜ、「何か射る。な射そ、な射そ。」と言ったのか。（p.二一六）

解答 道長の二本目の矢が的中した時点で勝負はついており、これ以上射ても伊周の勝ちはないし、道長との胆力の差をさらにあらわにするだけだと思ったから。

■学習の手引き

❶道長と伊周の言動を表している部分を指摘し、それぞれの人物像をまとめよう。

解答 ・道長＝道隆らによるルールを無視した延長の要求を、「さらば、延べさせ給へ。」と受けて立ち、心中の不快さを振り払うように「道長が家より帝、后立ち給ふべきものならば…」「摂政、関白すべきものならば…」と言い放って的を射当てる。逆境を乗り切る豪放大胆な気迫の持ち主で、大器としての片鱗《へんりん》をしのばせる。

・伊周＝最初の競射では、道長に二本負けたとはいえ、それほどぶざまな負け方ではなかったと思われるが、延長戦では、道長の予言的高言に威圧され、「無辺世界《むへんせかい》」を射るという醜態をさらしてしまう。「御手もわななくけにや」に、意志や性格の弱さが感じられる。

❷この場面における、道隆の気持ちの変化をまとめよう。

解答 ・道長が競射に現れた時＝予想外のことに驚きつつも、歓待して道長の機嫌をとろうとした。競射の順も、官位は下だった道長を先にすることで、道長を持ち上げていた。
・伊周が道長に二本負けた時＝子の伊周を勝たせたい気持ちが強くなり、二度の延長を道長に受け入れさせた。
・延長戦の一本目の後＝伊周の負けは決定的だと思い、青ざめる。道長の機嫌を損ねてまで延長させたことを後悔しはじめる。
・延長戦の二本目で、道長がまたもや的の中心を射当てた時＝道長を歓待していた興もさめ、すっかり気まずくなってしまう。伊周に勝負を放棄させることで、負けを決定づけることだけは回避しようとした。
[解説] 我が子かわいさから権力者の傲慢さが出てしまい、それがかえって我が子を追い詰める結果となってしまったのは、何とも皮肉なことである。

■語句と表現

①傍線部に注意して現代語訳しよう。

解答 (1) 中心には当たるものかは。＝なんと的の真ん中に当たったではありませんか。
(2) 的のあたりにだに近く寄らず＝的のそばにさえ近く寄らず

[解説] (1)の「ものかは」は、強い詠嘆を表す終助詞で、「なんと…ではないか」のように訳す。(2)の「だに」は、程度の軽いものを示して重要なことを類推させる副助詞。この場合は、「的の中心にはもちろん当たるはずがない」という意を込める。

②次の傍線部の「に」を文法的に説明しよう。

解答 (1) 御手もわななくけにや＝断定の助動詞「なり」の連用形。
(2) 無辺世界を射給へるに＝順接の確定条件を表す接続助詞。
(3) 父大臣、帥殿に＝動作の対象を表す格助詞。
(4) ことさめにけり。＝完了の助動詞「ぬ」の連用形。

[解説] (1)「にや」の後には「ありけむ」などの語が省略されている。(2)接続助詞の「に」は、順接だけでなく、逆接や添加などの意味を表す場合もある。

③次の傍線部の「させ」の違いを説明しよう。

解答 (1)「まづ射させ奉らせ給ひけるに」と、(2)「また射させ給ふとて」は、どちらも助動詞「さす」の連用形だが、(1)は使役、(2)は尊敬の意を表している。

[解説] (1)の前後の文脈を敬語のない表現で整理すると、「中関白は驚いて、(道長を) もてなして、(道長の) 地位は低いけれども、(その道長を) 前に立てて、(道長に) 先に射させたところ」となる。全体の主語は「中関白」だが、「射る」主体は道長なので、「させ」は使役の意である。

言語活動 伊周《これちか》の人物像を読み比べる

教科書 二二八〜二二九ページ

大納言殿参り給《たま》ひて

（『枕草子《まくらのそうし》』第二百九十三段） 清少納言《せいしょうなごん》

大意

藤原《ふじわらの》伊周が一条《いちじょう》天皇のもとに参上しているうちに夜が更けた。伊周は寝るつもりもなさそうで、天皇が柱に寄りかかって眠る姿を、中宮定子《ていし》と見守っていた。そこに突然、鶏が乱入して鳴き騒ぎ、皆起きてしまった。伊周が「声、明王《めいおう》の眠《ねぶ》りを驚かす」と吟じたので、天皇も中宮も感心した。また別の夜には、局《つぼね》に下がろうとする清少納言を送っていき、月明かりの中で「遊子《ゆうし》なほ残りの月に行く」と吟じた。こうした振る舞いを清少納言は称賛せずにはいられない。

現代語訳

大納言殿　参り給ひて、文《ふみ》のことなど　奏し給ふに、例の、夜《よ》　いたく　更けぬれば、御前《おまえ》なる人々、一人二人づつ　失《う》せて、御屏風《おおんびょうぶ》、御几帳《みきちょう》の　後ろなどに、みな　隠れ臥《ふ》しぬれば、ただ一人、ねぶたきを　念じて　候《さぶら》ふに、「丑四《うしよ》つ。」と奏すなり。「明け侍《はべ》りぬなり。」と　独りごつを、大納言殿、「今さらに、な大殿籠《おおとのごも》りおはしましそ。」とて、寝《ぬ》べきものとも　思《おぼ》いたらぬを、うたて、何しに　さ　申しつらむと　思へど、また、人のあらばこそはまぎれも　臥さめ。

大納言様（伊周）が参上なさって、漢籍のお話などを（一条天皇に）申し上げなさるうちに、いつものように、夜がたいそう更けたので、御前に仕えている女房たちが、一人二人と（次々に）姿を消して、御屏風、御几帳の後ろなどに、皆隠れて横になってしまったので、（私が）ただ一人、眠たいのを我慢してお仕えしていると、「丑四つ。」と奏上するのが聞こえる。「夜が明けたようです。」と独りごとを言うのを、大納言様は、「今さら、お眠りなさいますな。」と言って、寝るべきものともお思いになっていらっしゃらないので、（私は）いやだ、どうしてあんなことを申し上げたのだろうと思うけれども、自分以外に、人がいればまぎれて横になることもできように。

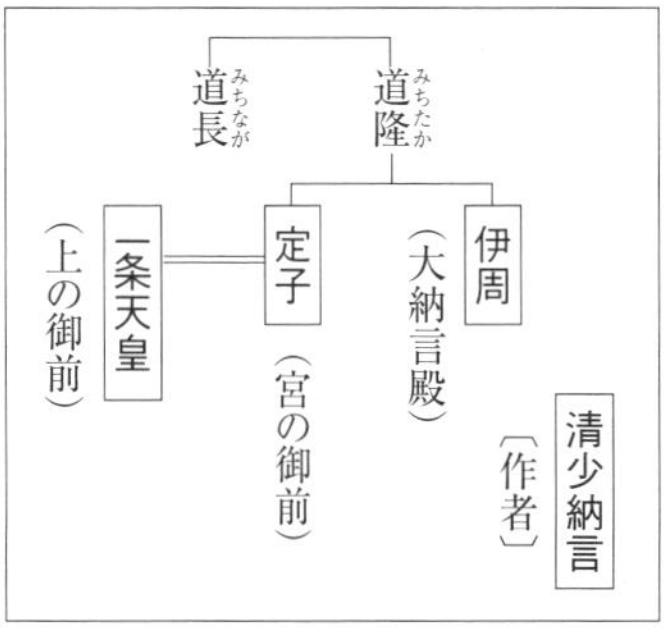

が（自分一人なのでそれもできない）。帝（一条天皇）が、柱に寄りかかりなさって、少しお眠りになるのを、「あ
上の御前の、柱に 寄りかからせ給ひて、少し ねぶらせ給ふを、「かれ 見
れをお見申し上げなさい。今はもう夜が明けたのに、このようにお眠りになってよいものでしょうか。」と（大納
奉らせ給へ。今は 明けぬるに、かう大殿籠るべきかは。」と申させ給へば、
言様が）申し上げなさると、「本当に。」などと、中宮様（定子）もお笑い申し上げなさるのも（帝は）ご存じな
「げに。」など、宮の御前にも 笑ひ聞こえさせ給ふも 知らせ給はぬほどに、
いうちに、長女が召し使っている童が、鶏を捕らえて持ってきて、「明日の朝に里へ持っていこう。」と言って隠
長女《おさめ》が童《わらわ》の、鶏を とらへ持て来て、「朝《あした》に 里へ 持て行かむ。」と言ひて
して置いていたのを、どうしたのであろうか、犬が見つけて追いかけたので、（鶏は）廊の間木に逃げ込んで、
隠し置きたりける、いかがしけむ、犬 見つけて 追ひければ、廊の 間木《まぎ》に
とてつもなく鳴き騒ぐので、女房たちは皆起きたりしてしまったようだ。帝も
逃げ入りて、恐ろしう 鳴きののしるに、みな人 起きなどしぬなり。上も
ふとお目覚めなさって、「どういうわけで（ここに）いた鶏なのか。」などとお尋ねなさると、
うちおどろかせ給ひて、「いかで ありつる 鶏《とり》ぞ。」など 尋ねさせ給ふに、
大納言様が、「声、明王の眠りを驚かす」という詩句を、声高く吟じなさった（その様子）が、
大納言殿の、「声、明王の眠りを 驚かす」といふことを、高う うち出《い》だし
すばらしくおもしろいので、（明王などではない）一般人（の私）の眠たかった目も（覚めて）たいそ
給へる、めでたう をかしきに、ただ人《びと》の ねぶたかりつる 目も いと大きに
う大きくなった。「たいへん折に合ったことであるなあ。」と、帝も中宮様もおもしろがりなさる。やはり、こう
なりぬ。「いみじき 折のことかな。」と、上も 宮も 興ぜさせ給ふ。なほ、
したことこそすばらしいことよ。
かかることこそ めでたけれ。
次の夜は、（中宮様は）帝のご寝所に参上なさった。夜中くらいに、（私が）廊に出て（自分の局に
またの夜は、夜《よる》の御殿《おとど》に 参らせ給ひぬ。夜中ばかりに、廊に出でて 人

語釈・文法

丑四《うしよ》つ 午前三時頃。
大殿籠《おおとのごも》る お眠りになる。「寝」「寝る」の尊敬語。
さ申《もう》しつらむ 「さ」は「明け侍りぬなり。」という独りごとを指す。
長女《おさめ》 下級女官の長。
童《わらわ》 子どもの召し使い。
廊《ろう》 建物の間の渡り廊下。
間木《まぎ》 長押《なげし》の上などに設けた棚。
上《うえ》 「上の御前」に同じ。帝を指す。
声《こえ》、明王《めいおう》の眠《ねぶ》りを驚《おどろ》かす 漢詩の一節。時刻を告げる役人である「鶏人」が夜明けを告げると、その声が聡明な君主を眠りから目覚めさせた、という意味。ここでは「鶏人」ではなく、「鶏」が帝を目覚めさせた。
夜《よる》の御殿《おとど》 清涼殿の天皇の寝所。

下がるために）召し使いを呼ぶと、（大納言様が）「下がるのか。では、送ろう。」とおっしゃるので、裳、唐衣は
呼べば、「下《お》るるか。いで、送らむ。」と のたまへば、裳《も》、唐衣《からぎぬ》は 屏風に
屏風にちょっと掛けて（おいて）行くと、月がとても明るく、（大納言様の）御直衣がたいそう白く見えるうえに、
うち掛けて 行くに、月の いみじう 明かく、御直衣《おおんのうし》の いと 白う 見ゆる
指貫を（裾でくくらずに）長くしたまま踏みつけて、（私の）袖をつかんで、「転ぶな。」と 言って送ってくだ
に、指貫《さしぬき》を 長う 踏みしだきて、袖を ひかへて、「倒るな。」と 言ひて
さる間に、「遊子なほ残りの月に行く」と朗詠なさったのも、またたいそうすば
おはするままに、「遊子 なほ残りの月に行く」と 誦《ず》し給へる、またいみじう
らしい。
めでたし。
（大納言様は）「このようなことを、お褒めなさる。」と言ってお笑いになるけれど、どうして、やはりすばら
「かやうのこと、めで給ふ。」とては 笑ひ給へど、いかでか、なほ をかしき
しいものを（褒めずにいられようか、いや、いられない）。
ものをば。

裳《も》、唐衣《からぎぬ》 どちらも、平安時代の女性の正装に用いる衣服。ここでは、自分の局《つぼね》に下がるので、それらを置いて身軽な服装で出て行ったということ。

直衣《のうし》 天皇や高位の貴族の平服。

指貫《さしぬき》 袴《はかま》の一種。裾に通した紐《ひも》を足首に結んで着用する。

長《なご》う踏《ふ》みしだきて 裾の紐をくくらずに着崩しているということ。

遊子《ゆうし》なほ《オ》残《のこ》りの月《つき》に行《ゆ》く 漢詩の一節。旅人が、空に月が残る夜明けに旅を続ける、という意味。

課題

❶ **『大鏡』「道長、伊周の競射」と『枕草子』「大納言殿参り給ひて」で描かれた伊周の人物像をそれぞれ整理し、比較しよう。**

解答 ・「道長、伊周の競射」…道長の威勢に気後れして、弓を引く手も震えるほど緊張するなど、小心な人物。

・「大納言殿参り給ひて」…天皇のそば近くに夜通し伺候して漢籍の話をし、突然の騒ぎにも動じずに詩を吟じるなど風流心もあり、女官にもさりげない気遣いを見せるという、教養があり紳士的な人物。

[解説] 『大鏡』での伊周は、道長の引き立て役となっている感がある。道長が話の中心に据えられ、後に絶大な権力を握る人物にふさわしい自信や胆力のある人物として描かれており、伊周は道長と対照的な人物として描かれている。一方、『枕草子』では、伊周は朝廷の中枢にいる人物として申し分のない能力・人柄を兼ね備えた人物として描かれている。

❷ ❶を踏まえて、伊周が『大鏡』ではなぜそのように描かれたのか、考えたことを発表しよう。

［解説］『大鏡』は、道長や伊周が生きた時代を、後世の人物の視点から描いている。「道長、伊周の競射」のエピソードは、道長の兄道隆が権力を握っている頃、伊周のほうが出世していた時期のことだが、その後の歴史を知る者からすれば、道長のほうを大人物として描いたほうが説得力が増す。一方の『枕草子』は、道長や伊周と同時代を生きた清少納言の随筆である。しかも伊周は、作者の仕える中宮定子の兄にあたる。その関係性からすれば、作者にとって伊周は尊敬できる人物であり親しみも感じられる相手であっただろう。

❸このほかにも、時代を超えた複数の古典作品の中で、同じ人物について語られる例がある。どのような例があるか調べ、読み比べよう。

［解説］教科書に掲載されている文章を見ると、『枕草子』の「中納言参り給ひて」（p.二四）と、『大鏡』の「隆家《たかいえ》と道長」（p.二二〇）に藤原隆家が登場。また、『枕草子』「二月つごもりごろに」（p.二六八）と、『大鏡』「三船の才」（p.二〇八）に藤原公任《きんとう》が登場している。

実在する人物について語った作品ということになるので、歴史物語、日記、随筆、評論などから探してみるとよい。以下にいくつか例を挙げる。

・紀貫之《きのつらゆき》…平安時代前期の歌人。『土佐《とさ》日記』の作者。平安時代後期の歴史物語『大鏡』『栄花《えいが》物語』や、鎌倉時代の説話集『十訓抄《じっきんしょう》』に貫之に関する記述がある。また、鎌倉時代の説話集『宇治拾遺《うじしゅうい》物語』や『今昔《こんじゃく》物語集』には、土佐で幼子を亡くしたエピソードが載る。

・清少納言…平安時代中期の人物で、『枕草子』の作者。同時代の『紫式部日記』に人物評が語られている。鎌倉時代前期の『無名草子《むみょうぞうし》』にも人物論がある。（↓教科書二三二ページ参照）

・源義経《みなもとのよしつね》…鎌倉幕府を開いた源頼朝《よりとも》の弟。源平の合戦を描いた『平家物語』『源平盛衰記』に登場する。室町時代前期の軍記物語『義経記《ぎけいき》』は義経の一代記。江戸時代の俳人・松尾芭蕉《まつおばしょう》は『奥の細道』の旅の中で義経の最期に思いをはせている。

・藤原定家《さだいえ》…鎌倉時代前期の歌人。『新古今《しんこきん》和歌集』や『小倉《おぐら》百人一首』の撰者《せんじゃ》。後世の歌論書の中で語られることが多い。

隆家《たかいえ》と道長《みちなが》

〔内大臣《ないだいじん》 道隆《みちたか》〕

教科書 二二〇〜二二一ページ

大意

藤原《ふじわらの》隆家は、左遷される前のようには人と交際することがなくなっていたが、藤原道長が遊宴を催した際、「このような場に権《ごん》中納言がいないのは物足りない。」と言って特別に招待したため、その宴に参上した。人々が直衣《のうし》の紐《ひも》を解いて酔い乱れていたところに隆家が現れた。道長が「早く紐を解いてくつろがれよ。」と言ったのを受けて、藤原公信《きんのぶ》が後ろから隆家の紐を解こうとしたところ、隆家は軽々しく扱われたことに機嫌を悪くして声を荒らげた。人々の間に緊張が走ったが、道長が穏やかに事を収め、自ら隆家の紐を解いてやったところ、隆家の機嫌も直り、杯を重ねて宴を楽しんだ。道長もたいそう歓待したのだった。

現代語訳・品詞分解

この中納言は、かやうにえ避り難きことの折々
代 格助 名 係助 形動・ナリ・用 副 形・ク・体 名 格助 名
この中納言（隆家）は、このようにやむをえないことの（ある）折々だけ出歩きなさって、

ばかり歩き給ひて、いといにしへのやうに、交じろひ
副助 動・四・用 補動・四・用 接助 副 名 格助 助動・比・用 動・四・用
あまり以前（左遷される前）のように、人と交際な

給ふことはなかりけるに、入道殿の土御門殿
補動・四・体 名 係助 形・ク・用 助動・過・体 接助 名 格助 名
さることはなかったけれど、入道殿（道長）の土御門殿でご遊宴

にて御遊びあるに、「かやうのことに、権中納言の
格助 名 動・ラ変・体 格助 形動・ナリ・語幹 格助 名 格助 名 格助
が催された時に、「このようなこと（宴の催し）に、権中納言（隆家）が

なきこそ、なほさうざうしけれ。」とのたまはせて、わざと
形・ク・体 係助 副 形・シク・已 格助 動・下二・用 接助 副
いないのは、やはり物足りないことだ。」と（入道殿が）おっしゃって、わざわざ

語釈・文法

かやう《ヨウ》にえ避《さ》り難《がた》きこと　このようにやむをえないこと。本文の場面の直前には、隆家が道長の賀茂詣《かももう》での供をしたことが述べられており、そのことを指している。本文でも、隆家は道長からの招待を受けたため、やむなく出かけたのである。副詞「え」は、下に打消の語を伴って不可能（…できない）の意を表すが、ここでは「難し」と呼応するかたちで、避けることが難しく、できない、ということ。

いにしへ《エ》　①遠い昔。②過去。以前。ここは②の意で、隆家が左遷される前を指す。

（お招きの）お手紙を差し上げなさる間に、杯（を重ねること）が何回にもなって、
御消息　聞こえ　させ　給ふ　ほど、　杯　あまた度　に　なり
名　動・下二・未　助動・尊・用　補動・四・体　名　名　副　格助　動・四・用

人々は酔い乱れなさって、（直衣の）紐を解いてくつろいで陪席していらっしゃる
て、　人々　乱れ　給ひ　て、　紐　おしやり　て　候は　るる　に、
接助　名　動・下二・用　補動・四・用　接助　名　動・四・用　接助　動・四・未　助動・尊・体　格助

時に、この中納言が参上なさったので、（人々は）きちんとした態度になっ
こ　の　中納言　参り　給へ　れ　ば、　うるはしく　なり　て
代　格助　名　動・四・用　補動・四・命　助動・完・已　接助　形・シク・用　動・四・用　接助

て座り直したりなさったので、入道殿が、「早くお紐をお解きくだ
居直り　など　せ　られ　けれ　ば、　殿、　「疾く　御紐　解か
動・四・用　副助　動・サ変・未　助動・尊・用　助動・過・已　接助　名　副　名　動・四・未

さい。（堅苦しくなさると）興がさめてしまいましょう。」とおっしゃった
せ　給へ。　こと　破れ　侍り　ぬ　べし。」　と　仰せ
助動・尊・用　補動・四・命　名　動・下二・用　補動・ラ変・用　助動・強・終　助動・推・終　格助　動・下二・未

ので、（中納言が）恐縮してためらっていらっしゃるのを、公信卿が、
られ　けれ　ば、　かしこまり　て　逗留し　給ふ　を、　公信卿、
助動・尊・用　助動・過・已　接助　動・四・用　接助　動・サ変・用　補動・四・体　格助　名

後ろから、「（私が）お解き申し上げましょう。」と言ってお寄りなさると、
後ろ　より、　「解き　奉ら　む。」　とて　寄り　給ふ　に、
名　格助　動・四・用　補動・四・未　助動・意・終　格助　動・四・用　補動・四・体　接助

中納言はご機嫌が悪くなって、「隆家は不運なことがあったとはいえ、
中納言　御気色　悪しく　なり　て、　「隆家　は　不運なる　こと
名　名　形・シク・用　動・四・用　接助　名　係助　形動・ナリ・体　名

そなたたちにこのように（軽く）扱われるべき身ではない。」
こそ　あれ、　そこたち　に　かやうに　せ　らる　べき　身
係助　動・ラ変・已　代　格助　形動・ナリ・用　動・サ変・未　助動・受・終　助動・当・体　名

と、荒々しくおっしゃるので、人々は
に　も　あら　ず。」　と、　荒らかに　のたまふ　に、　人々
助動・断・用　係助　補動・ラ変・未　助動・消・終　格助　形動・ナリ・用　動・四・体　接助　名

お顔の色が変わりなさいました（が、その）中でも、今の民部卿殿（源俊賢）は上
御気色　変はり　給へ　る　中　に　も、　今　の　民部卿殿
名　動・四・用　補動・四・命　助動・完・体　名　格助　係助　名　格助　名

交《ま》じろひ《イ》給《たま》ふ《ウ》　人と交際なさる。「交じろふ」は「交じらふ」に同じで、交際する、宮仕えする、の意。

御遊《おんあそ》び　ご遊宴。「遊び」は、詩歌・管弦・舞などを楽しむこと。

さう《ソウ》ざう《ゾウ》しけれ　「さうざうし」は、物足りない、心寂しい、の意。係助詞「こそ」の結びで已《い》然《ぜん》形。

わざと　わざわざ。

御消息《おんしょうそく》　お手紙。お便り。「消息」は、①手紙を書くこと。手紙。②訪問すること、来意を告げること。ここは①の意。

あまた度《たび》　何回も。たびたび。

候《さぶら》は《ワ》るるに　「候ふ」は「あり」「をり」の謙譲語で、陪席（身分の高い人と同席）する、の意。

うるは《ワ》しくなりて　きちんとした態度になって。隆家が入ってきたことで、人々が恐縮している様子が分かる。

疾《と》く御紐《おんひも》解かせ給《たま》へ《エ》　早くお紐をお解きください。道長は、隆家にほかの人々と同じように直衣を着崩してくつろぐよう促している。宴の主催者として場を和ませようとしている。

不運《ふうん》なることこそあれ　不運なことはあったけれども。「こそ―已然形」で文が終止せずに後に続く場合は、逆接の意を含む。

気して、　人々のお顔をあれこれと見まわしなさりながら、
は　うはぐみ　て、　人々　の　御顔　を　とかく　見　給ひ
係助　動・四・用　接助　名　格助　名　格助　副　動・上一・用　補動・四・用

きっと騒動が起きるにちがいない、　とんでもないことだなあとお思いになっ
つつ、　事　出で来　な　むず、　いみじき　わざ　かな　と
接助　名　動・カ変・用　助動・強・未　助動・推・終　形・シク・体　名　終助　格助

ていらっしゃいました。入道殿は、　ちょっとお笑いになって、　「今日は、
思し　たり。　入道殿、　うち笑は　せ　給う　て、　「今日　は、
動・四・用　助動・存・終　名　動・四・未　助動・尊・用　補動・四・用　接助　名　係助

このような冗談はなしにいたしましょう。　この道
かやう　の　戯れごと　侍ら　で　あり　な　む。　道長
形動・ナリ・語幹　格助　名　動・ラ変・未　接助　補動・ラ変・用　助動・強・未　助動・勧・終　名

長がお解き申し上げましょう。」　とおっしゃって、(中納言に)お近づきになって、　はらはらと(直
解き　奉ら　む。」　とて、　寄ら　せ　給ひ　て、　はらはらと
動・四・用　補動・四・未　助動・意・終　格助　動・四・未　助動・尊・用　補動・四・用　接助　副

衣の紐を)お解き申し上げなさると、　(中納言は)「こういう扱いこそふさわしいこ
解き　奉ら　せ　給ふ　に、　「これら　こそ　ある　べき
動・四・用　補動・四・未　助動・尊・用　補動・四・体　接助　代　係助　動・ラ変・体　助動・適・体

とですよ。」　とおっしゃって、ご機嫌がお直りになって、　置いたままになさってい
こと　よ。」　とて、　御気色　直り　給う　て、　さし置か　れ
名　間助　格助　名　動・四・用　補動・四・用　接助　動・四・未　助動・尊・用

た杯をお取りになって何回も(杯の酒を)召し上がり、　ふだんよりもうちと
つる　杯　取り　給ひ　て　あまた度　召し、　常　より　も
助動・完・体　名　動・四・用　補動・四・用　接助　副　動・四・用　名　格助　係助

けて(詩歌・管弦などを)楽しみなさったさまなど、　好ましくていらっ
乱れ遊ば　せ　給う　ける　さま　など、　あらまほしく
動・四・未　助動・尊・用　補動・四・用　助動・過・体　名　副助　形・シク・用

しゃいました。　入道殿も、　たいへん歓待し申し上げなさいました。
おはし　けり。　殿　も、　いみじう　ぞ　もてはやし　聞こえ
補動・サ変・用　助動・過・終　名　係助　形・シク・用　係助　動・四・用　補動・下二・未

させ　給う　ける。
助動・尊・用　補動・四・用　助動・過・体

事《こと》出《い》で来《き》なむず　きっと騒動が起きるにちがいない。「なむず」は、強意の助動詞「ぬ」の未然形＋推量の助動詞「むず」の終止形で、確信を持って推量する意を表す。

いみじきわざかな　「いみじ」は、よくも悪くも程度がはなはだしい意を表す。ここでは隆家と公信が険悪な様子になったのを見て、やっかいなことだなと思っている。

うち笑《わら》は《ワ》せ給《たも》うて　ちょっとお笑いになって。「うち」は接頭語で、ちょっと、少し、の意。「給う」は「給ひ」のウ音便。

かやう《ヨウ》の戯《たわぶ》れごと　このような冗談。隆家の機嫌が悪くなり、ほかの人々を見下すような発言をして一触即発の事態となっていることを、あえて「戯れごと（冗談）」と言いなして、その場を穏便に収めようとしている。

解《と》き奉《たてまつ》らせ給《たま》ふ《ウ》　お解き申し上げなさる。謙譲の補助動詞「奉る」で中納言（隆家）への敬意を表し、尊敬の助動詞「す」＋補助動詞「給ふ」で入道殿（道長）への敬意を表す。二方面への敬語。

あらまほしく　ここの「あらまほし」は形容詞で、理想的だ、好ましい、の意。もともとは動詞「あり」に希望の助動詞「まほし」が付いた連語。

もてはやし聞《き》こえさせ給《たも》うける　歓待し申し上げなさった。これも二方面への敬語で、謙譲の補助動詞「聞こゆ」で中納言（隆家）への敬意を表し、尊敬の助動詞「さす」＋補助動詞「給ふ」で入道殿（道長）への敬意を表す。

鑑賞

教科書二二〇ページの系図に示されているとおり、隆家と道長は甥《おい》と叔父の関係にある。年齢の差は十三。道長の兄、道隆が摂政・関白として政権を握っていた頃には、その息子である伊周《これちか》や隆家のほうが高い地位にあった。特に隆家は、十七歳という異例の若さで中納言に昇進している。

しかし、長徳《ちょうとく》元年〔九九五〕に道隆が亡くなり、政治の実権は道長へと移った。さらに、その翌年には花山《かさん》院への不敬事件（花山院が藤原為光《ためみつ》の四女のもとへ通っていたところ、伊周は自分の思い人〈為光の三女〉のもとへ通っていると誤解し、従者に命じて矢を射かけさせた）が起こり、隆家は兄とともに流罪となった。翌年には召還の宣旨《せんじ》が下って帰京し、長保《ちょうほう》四年〔一〇〇二〕に権中納言に任じられたが、もとの中納言に復帰したのは寛弘《かんこう》六年〔一〇〇九〕のことであった。

本文中では道長が隆家のことを「権中納言」と呼んでいることから、このエピソードは、その頃のものと分かる。当時の隆家は二十代半ば、道長は三十代後半である。

この頃の隆家は、兄の騒動に巻き込まれて左遷され、その後は出世競争にも後れをとり、おもしろくない日々を送っていた。そんな隆家を、道長は捨てがたい人物として目をかけていたようである。『大鏡』では隆家のことを「世の中のさがな者といはれ給ひし殿」（天下のやんちゃ坊主といわれなさった殿）と記しており、型にはまらない行動力の持ち主だったようだ。才知に優れた人物として世間にも認められており、道長はどこか自分と通じるものを感じていたのだろう。

その後、隆家は目の病気を患い、治療も兼ねて都を離れることを決意する。空席となった大宰大弐《だざいだいに》への任官を願い出て、大宰権帥《ごんのそち》に任じられ筑紫《つくし》に赴任した〔一〇一五〕。在任中は中国から襲来した賊徒を撃退するなど政治的手腕を発揮し、『大鏡』でもその功績がたたえられている。しかし、帰京後は特に昇進することもなかったようである。

才能には恵まれていたが、道長ほどの運勢には恵まれなかった人物といえるかもしれない。

教科書の問題（解答・解説）

教科書 二二二ページ

◆教科書本文下に示された問題

◆「かやうの戯れごと」とは、どのようなことを指すか。 （p.二二二）

解答 隆家が不機嫌になり、自分はほかの人々から軽々しく扱われるべき身ではないと、人々に対して声を荒らげたこと。

[解説] その場を凍りつかせた隆家の態度を、道長は「戯れごと」だと言って、「まあまあ、そんな冗談はやめにして」と、大ごとにせずに水に流そうとしたのである。

■学習の手引き

❶隆家の言動から、その人柄はどのようなものであったかをまとめよう。

解答 ・道長に紐を解いてくつろぐよう促されても、ためらっていた。→他人に気を許せない性格。

・公信が紐を解こうとすると不機嫌になり声を荒らげる一方、道長が紐を解くと機嫌が直った。→感情が表に出やすい。プライドが高く地位の序列を強く意識している。

[解説] 宴席に隆家が現れた際の人々の反応からは、隆家がやや距離を置かれている様子がうかがえる。隆家を怒らせた公信は、当時はまだ公卿ではなく隆家よりずっと地位が低いうえ、配流の原因となった伊周の愛人（為光の三女）の兄弟という因縁のある人物でもあった。

❷語り手は、道長をどのような人物として捉えているか、話し合おう。

[解説] 本文での道長は、人との交際を避けている隆家にわざわざ手紙を送って遊宴に招待したり、機嫌が悪くなった隆家を目上の立場にある自分が丁重にもてなすことでなだめたりするなど、人の気持ちをよく察して、場をうまくまとめている。語り手は、道長を人の上に立つにふさわしい人物であると捉えているようである。

■語句と表現

①次の傍線部を文法的に説明しよう。

解答 (1) 紐おしやりて候はるるに＝尊敬の助動詞「る」の連体形。

(2) そこたちにかやうにせらるべき身にもあらず。＝受身の助動詞「らる」の終止形。

(3) 人々御気色変はり給へる中にも＝完了の助動詞「り」の連体形。

[解説] (1)(2)は未然形に接続、(3)は四段動詞の命令形（已然形）に接続している。

東《とう》三《さん》条《じょう》院《いん》と道《みち》長《なが》

〔太政大臣《だいじょうだいじん》　道長〕

教科書　二二二〜二二四ページ

大意

詮子《せんし》は弟の道長を特に気に入りかわいがっていたが、甥《おい》の伊周《これちか》との関係は良くなかった。一方、一条《いちじょう》天皇は皇后定子《ていし》を寵愛《ちょうあい》していた関係で、伊周と親しかった。そのため、天皇は道長を関白とする宣旨《せんじ》を渋っていた。かつて皇后の父道隆《みちたか》が亡くなった際も、その弟道兼《みちかね》をすぐには関白に任命されなかった。そんな天皇に対し、詮子は、兄弟の順に次は道長が政権を担当すべきであることや、大臣就任で道長は伊周に追い越されたことなどを挙げて、道長への宣旨を下すべきであると、説得を重ねた。天皇が詮子を避けるようになると、詮子は天皇の寝所にまで押しかけて泣いて訴えた。そうしてようやく宣旨が下ったのであった。道長は詮子に対して大いに恩義を感じたはずである。道長の政権はその後長く続くことになる。こうした道長の強い運におされて、兄たちは相次いで亡くなってしまったようだ。

第一段落（初め〜二二二・11）

段意

詮子は道長を特別扱いしていて、伊周との関係は良くなかった。一条天皇は皇后定子を寵愛していたので伊周をそばに置き、伊周から道長や詮子のよからぬ話を聞かされていたため、道長を関白にすることを渋っていた。

現代語訳・品詞分解

女院（詮子）は、入道殿（道長）を特別扱いし申し上げなさって、

女院	は、	入道殿	を	取り分き	奉ら	せ	給ひ	て、
名	係助	名	格助	動・四・用	補動・四・未	助動・尊・用	補動・四・用	接助

たいそう愛し申し上げていらっしゃったので、帥殿

いみじう	思ひ	申さ	せ	給へ	り	しか	ば、	帥殿
形・シク・用	動・四・用	補動・四・未	助動・尊・用	補動・四・命	助動・存・用	助動・過・已	接助	名

（伊周）は、（女院に対して）よそよそしくお振る舞いになっていらっしゃいました。帝

は、	うとうとしく	もてなさ	せ	給へ	り	けり。	帝、
係助	形・シク・用	動・四・未	助動・尊・用	補動・四・命	助動・存・用	助動・過・終	名

語釈・文法

取《と》り分《わ》き奉《たてまつ》らせ給《たま》ひて　特別扱いし申し上げなさって。「取り分く」は、他と区別する、特別扱いする。「奉る」で入道殿への敬意を、「せ給ふ」で女院《にょういん》への敬意を表す。本文の登場人物は、帝《みかど》をはじめとして身分の高い人ばかりなので、「せ給ふ」「させ給ふ」の二重敬語（最高敬語）が多く用いられている。

（一条天皇）が、皇后宮（定子）を心からご寵愛なさる関係から、
皇后宮 を ねんごろに 時めかさ せ 給ふ ゆかり に、
名 格助 形動・ナリ・用 動・四・未 助動・尊・用 補動・四・体 名 格助

（皇后の兄の）帥殿は朝に夕に帝の御前に伺候なさって、入道殿は
帥殿 は 明け暮れ 御前 に 候は せ 給ひ て、 入道殿
名 係助 副 名 格助 動・四・未 助動・尊・用 補動・四・用 接助 名

申すまでもなく、女院をもよくないように、
を ば さらに も 申さ ず、 女院 を も よから ず、
格助 係助 副 係助 動・四・未 助動・消・用 名 格助 係助 形・ク・未 助動・消・用

何かにつけて（帝に）申し上げなさるのを、（女院も）自然と
こと に 触れ て 申さ せ 給ふ を、 おのづから
名 格助 動・下二・用 接助 動・四・未 助動・尊・用 補動・四・体 格助 副

分かっていらっしゃったのでしょうか、たいそう不本意なこととお思い
心得 や せ させ 給ひ けむ、 いと 本意なき こと
動・下二・用 係助 動・サ変・未 助動・尊・用 補動・四・用 助動・過推・体 副 形・ク・体 名

になられたのは、もっともなことですよ。入道殿が（関白として）国を治めなさる
に 思し召し ける、 理なり な。 入道殿 の 世 を しら
格助 動・四・用 助動・過・体 形動・ナリ・終 終助 名 格助 名 格助 動・四・未

ようなことを、帝はたいそうお渋りなさいました。
せ 給は む こと を、 帝 いみじう しぶら せ
助動・尊・用 補動・四・未 助動・婉・体 名 格助 名 形・シク・用 動・四・未 助動・尊・用

給ひ けり。
補動・四・用 助動・過・終

■第二段落（二二二・12～二二三・16）

段意　天皇は皇后の立場を心配し、道隆の死後、道兼を関白とする時にもためらっていた。それで道長の件も渋っていたのだが、詮子は、道隆・道兼の次は弟の道長とするのが道理と考えた。大臣就任で道長が伊周に追い越された理不尽にも触れながら、天皇を説得する。最後は天皇の寝所にまで押しかけて泣いて訴え、ついに宣旨が下る。

うとうとしく　よそよそしく。「うとうとし」は、形容詞「うとし（疎し）」を重ねて形容詞化した語。

ねんごろに　心を込めて。熱心に。

時《とき》めかさせ給《たまウ》ふ　ご寵愛なさる。「時めかす」は寵愛する、の意。

ゆかり　関係。縁。

明《あ》け暮《く》れ　明けても暮れても。朝に夕に。いつも。

候《さぶらワ》はせ給《たまイ》ひて　伺候なさって。「候ふ」は、ここでは「仕《つか》ふ」「居《を》り」「あり」などの謙譲語で、伺候する、おそばにお仕え申し上げる、の意。

おのづ《ズ》から心得《こころえ》やせさせ給《たまイ》ひけむ　自然と分かっていらっしゃったのでしょうか。語り手が女院の心中を推し量って述べた挿入句。

本《ほん》意《い》なきこと　「本意なし」は、残念だ、不本意だ、の意。仮名で「ほいなし」とも書く。

理《ことわり》なりな　もっともであるよ。語り手の感想。

世《よ》をしらせ給《たまワ》はむこと　「しる（領る・治る）」は、統治する意。

現代語訳・品詞分解

皇后宮は、父大臣（道隆）がいらっしゃらなくて、（皇后宮にとっての）世の中の情勢が
皇后宮、父大臣 おはしまさ で、世の中 を ひき変はら
名　名　動・四・未　接助　名　格助　動・四・未

すっかり変わられるようなことを、（帝は）たいそう気の毒にお思いになって、
せ 給は む こと を、いと 心苦しう 思し召し て、
助動・尊・用　補動・四・未　助動・婉・体　名　格助　副　形・シク・用　動・四・用　接助

粟田殿（道兼）にも、すぐに（関白の）宣旨をお下しなさったでしょうか。（いや、なさいませ
粟田殿 に も、とみに やは 宣旨 下さ せ 給ひ
名　格助　係助　副　係助　名　動・四・未　助動・尊・用　補動・四・用

んでした。）しかし、女院は（兄弟の年齢順に任命するという）道理にかなったご処置をお考え
し。されど、女院 の 道理 の まま の 御こと を
助動・過・体　接　名　格助　名　格助　名　格助　名　格助

になり、さらに帥殿を好ましくなくお思い申し上げていらっしゃったので、
思し召し、また 帥殿 を ば よから ず 思ひ 聞こえ
動・四・用　接　名　格助　係助　形・ク・未　助動・消・用　動・四・用　補動・下二・未

（帝は）入道殿のご処置（関白宣旨）を、たいそうお
させ 給う けれ ば、入道殿 の 御こと を、いみじう
助動・尊・用　補動・四・用　助動・過・已　接助　名　格助　名　格助　形・シク・用

渋りなさいましたけれど、（女院は）「どうしてこのようにお思いになり
しぶら せ 給ひ けれ ど、「いかで かく は 思し召し
動・四・未　助動・尊・用　補動・四・用　助動・過・已　接助　副　副　係助　動・四・用

お言いつけになるのですか。大臣就任を（伊周に）追い越されたことさえ、
仰せ らるる ぞ。大臣 越え られ たる こと だに、
動・下二・未　助動・尊・体　終助　名　動・下二・未　助動・受・用　助動・完・体　名　副助

たいそう気の毒でございましたのに、（それは）父大臣が強引にしましたこ
いと いとほしく 侍り し に、父大臣 の あながちに
副　形・シク・用　補動・ラ変・用　助動・過・体　接助　名　格助　形動・ナリ・用

とですから、（帝も）お断りになれずにそうなっ
し 侍り し こと なれ ば、否び させ 給は
動・サ変・用　補動・ラ変・用　助動・過・体　名　助動・断・已　接助　動・上二・未　助動・尊・用　補動・四・未

語釈・文法

世《よ》の中《なか》をひき変《か》は《ワ》らせ給《たま》は《ワ》むこと　（皇后宮にとっての）世の中の情勢がすっかり変わられるようなこと。父道隆が亡くなったことで後ろ盾を失い、定子の立場が弱くなることをいう。「世の中」は世間での評判や権勢などを表し、ここは皇后宮にとっての世の中であることから、「せ給ふ」という敬語が用いられている。格助詞「を」はここでは主体を表す。

心苦《こころぐる》しう《シュウ》　「心苦し」は、①（自分が）心が苦しい、つらい、②気がかりである、③（相手が）気の毒だ、の意があるが、ここは帝の定子に対する心情なので、③の意。

粟田殿《あわたどの》　藤原道兼。関白に任じられるも、数日後に死去し、「七日関白」とあだ名された。

とみにやは宣旨《せんじ》下《くだ》させ給《たま》ひ《イ》し　「やは」は反語を表す。道隆の死後、その弟道兼を関白とする宣旨が下されたが、すぐにではなく十七日後であった。帝は定子を寵愛していたため、定子の叔父よりも、兄に跡を継がせたいという思いがあったのであろう。

入道殿《にゅうどうどの》の御《おん》ことを、いみじう《ジュウ》しぶらせ給《たま》ひ《イ》けれど　「入道殿の…しぶらせ給ひけり」〔二二二・10〕と同じことを述べている。文脈的には、「されど」〔二二二・13〕の直前に入るべき内容。

てしまったのでございます。 栗田の大臣には(関白宣旨を)
ずなりにしこそ侍れ。栗田の大臣には
助動・消・用 動・四・用 助動・完・用 助動・過・体 係助 補動・ラ変・已 名 格助 係助

お下しになって、 これ(道長)にはございませんならば、
せさせ給ひて、これにしも侍らざらむ
動・サ変・未 助動・尊・用 補動・四・用 接助 代 格助 副助 動・ラ変・未 助動・消・未 助動・仮・体

(道長の)気の毒さよりも、 (帝の)御ためにこそ、 たいへん不都合であると、世の人
は、いとほしさよりも、御ためなむ、いと便なく、世の
係助 名 格助 係助 名 係助 副 形・ク・用 名 格助

も言い立てるでしょう。」 などと、 たいそう熱心に奏上なさっ
人も言ひなし侍らむ。」など、いみじう奏せ
名 係助 動・四・用 補動・ラ変・未 助動・推・体 副助 形・シク・用 動・サ変・未

たので、 (帝は)煩わしいとお思いになったのでしょうか、
させ給ひければ、むつかしうや思し召しけむ、
助動・尊・用 補動・四・用 助動・過・已 接助 形・シク・用 係助 動・四・用 助動・過原推・体

その後は(女院の所に)おいでになりませんでした。 そこで、
後には渡らせ給はざりけり。されば、
名 格助 係助 動・四・未 助動・尊・用 補動・四・未 助動・消・用 助動・過・終 接

(女院は)上の御局にお上りになって、 (帝に)こちらへとは申し上げな
上の御局に上らせ給ひて、こなたへとは
名 格助 動・四・未 助動・尊・用 補動・四・用 接助 代 格助 格助 係助

さらないで、 ご自身が、帝のご寝所にお入りになって、
申させ給はで、我、夜の御殿に入らせ
動・四・未 助動・尊・用 補動・四・未 接助 代 名 格助 動・四・未 助動・尊・用

泣く泣く(関白宣旨の件を)申し上げなさいます。 その日は、
給ひて、泣く泣く申させ給ふ。その日は、
補動・四・用 接助 副 動・四・未 助動・尊・用 補動・四・終 代 格助 名 係助

入道殿は上の御局に伺候していらっしゃいます。 (女院が)たいそう
入道殿は上の御局に候はせ給ふ。いと久しく
名 係助 名 格助 動・四・未 助動・尊・用 補動・四・終 副 形・シク・用

長い間お出になりませんので、 (入道殿が)胸をどきどきさせていらっしゃる
出でさせ給はねば、御胸つぶれさせ給ひ
動・下二・未 助動・尊・用 補動・四・未 助動・消・已 接助 名 動・下二・未 助動・尊・用 補動・四・用

帝は道長への関白任命を渋ったけれど、女院は任命するのが道理だと考えて「いかでかくは…言ひなし侍らむ。」〔二二三・1〕と、帝を説得するのである。

いかでかくは思《おぼ》し召《め》し　どうしてこのようにお思いになり。ここは女院が帝を問い詰めているので、「かく」は帝の考え、つまり道長への関白宣旨を承諾しないことを指す。

大臣《だいじん》越《こ》えられたることだに　出世の順番からすると道長が先に大臣になるはずだったが、伊周に先を越されたことをいう。道隆が亡くなる前年のことであった。「だに」は、程度の軽いものを挙げてより程度の重いものを類推させる用法。内大臣の件は軽いものであり、より重いものは関白の件である。

いとほ《オ》しく　気の毒で。

あながちに　「あながちなり」は、①無理やりだ、強引だ、②ひたむきだ、の意があるが、ここは①の意。

いとほ《オ》しさよりも、御《おん》ためなむ、いと便《びん》なく　これより前では道長に対する気の毒さを訴えていた女院だが、帝の身が心配だという方向に切り口をかえている。

奏《そう》せさせ給《たま》ひ《イ》ければ　「奏す」は帝に申し上げる場合にのみ用いる絶対敬語。

うちに、　しばらくたって、　戸を押し開けて出ていらっしゃった
ける　ほどに、　とばかり　あり　て、　戸　を　押し開け　て
助動・過・体　接助　副　動・ラ変・用　接助　名　格助　動・下二・用　接助

(女院の)お顔は、　赤らみ(涙に)ぬれてつやつやとし
出で　させ　給ひ　ける　御顔　は、　赤み　濡れ　つやめか
動・下二・未　助動・尊・用　補動・四・用　助動・過・体　名　係助　動・四・用　動・下二・用　動・四・未

ていらっしゃりながらも、　お口元は気持ちよくほほ笑みなさって、
せ　給ひ　ながら、　御口　は　こころよく　笑ま　せ
助動・尊・用　補動・四・用　接助　名　係助　形・ク・用　動・四・未　助動・尊・用

「ああ、　宣旨が下りました。」　と申し上げなさいました。
給ひ　て、「あはや、　宣旨　下り　ぬ。」　と　こそ　申さ　せ
補動・四・用　接助　感　名　動・四・用　助動・完・終　格助　係助　動・四・未　助動・尊・用

ほんのささいなことでさえ、　現世のことではなく前世からの縁
給ひ　けれ。　いささか　の　こと　だに、　この世　なら　ず
補動・四・用　助動・過・已　副　格助　名　副助　名　助動・断・未　助動・消・用

で決まるそうでございますから、　まして、　これほどの(重大な)ご境遇は、
侍る　なれ　ば、　いはむや、　かばかり　の　御ありさま　は、
補動・ラ変・体　助動・伝・已　接助　副　副　格助　名　係助

人が、　どのようにと前もって心にお決めになったことによってお決まりになるはずのものでも
人　の、　ともかくも　思し置か　む　に　よら　せ　給ふ
名　格助　副　動・四・未　助動・婉・体　格助　動・四・未　助動・尊・用　補動・四・終

ありませんけれども、　(入道殿は)どうして女院をおろ
べき　に　も　あら　ね　ども、　いかで　かは　院　を
助動・当・体　助動・断・用　係助　補動・ラ変・未　助動・消・已　接助　副　係助　名　格助

そかに思い申し上げなさいましょうか。(いや、大切に思い申し上げなさいました。)その中でも、
おろかに　思ひ　申さ　せ　給は　まし。　その　中　に
形動・ナリ・用　動・四・用　補動・四・未　助動・尊・用　補動・四・未　助動・推・体　代　格助　名　格助

当然そうあること以上に(女院の御恩に)報い申し上げお仕えなさいました。
も、　道理　過ぎ　て　こそ　は　報じ　奉り　つかうまつら
係助　名　動・上二・用　接助　係助　係助　動・サ変・用　補動・四・用　動・四・未

(女院の葬儀の際には)ご遺骨まで(ご自分の首に)お懸けになり
せ　給ひ　しか。　御骨　を　さへ　こそ　は　懸け　させ
助動・尊・用　補動・四・用　助動・過・已　名　格助　副助　係助　係助　動・下二・未　助動・尊・用

むつかしう《シュウ》や思《おぼ》し召《め》しけむ　「むつかし」は、煩わしい、面倒だ、の意。「むつかしう」は連用形のウ音便。「けむ」は過去の原因推量を表す。帝が女院のもとを訪れなくなったのは、女院を煩わしく思われたからだろうか、と語り手が推量している。

御胸《おんむね》つぶれさせ給《たま》ひける　「胸つぶる」は、不安、驚き、悲しみなどで胸が苦しくなること。ここは、自分の命運がかかった事の成り行きを心配する道長の様子を表す。

とばかり　ちょっとの間。しばらく。

いは《ワ》むや　言うまでもなく。まして。前に述べた「いささかのことだに…」を受けて、後の「かばかりの御ありさまは…」は当然のことであるという気持ちを表す。

かばかりの御《おん》ありさま　これほどのご境遇。道長が関白に任ぜられたことを指す。

人《ひと》の　「人」は、暗に女院を指している。物事は前世からの縁で決まるのであり、人の思惑どおりにはならないものだが、という文脈。

思《おぼ》し置《お》かむ　「思し置く」は「思ひ置く」(前もって考えておく、心に決める)の尊敬語。

いかでかは　下に推量表現(ここでは「まし」)を伴って、「どうして…だろうか、いや…ない。」という反語を表す。

ました。

給へ　り　しか。
補動・四・命　助動・完・用　助動・過・已

■第三段落（二二四・1〜終わり）

段意

道隆、道兼が相次いで亡くなり、道長に政権が移った際には、こんなことがあるのかとたいそう驚いた。近年では十年にわたり政務を執る人はめったになかったので、道長もどうだろうかと思っていたが、政権は長く続いた。こうしたことは、道長の強運によるものなのであろう。

現代語訳・品詞分解

中関白殿（道隆）、粟田殿（道兼）が続いてお亡くなりになって、

中関白殿、　粟田殿　うち続き　失せ　させ　給ひ　て、
名　名　動・四・用　動・下二・未　助動・尊・用　補動・四・用　接助

入道殿に世の実権が移った時は、本当に驚いて、

入道殿　に　世　の　移り　し　ほど　は、　さも　胸　つぶれ
名　格助　名　格助　動・四・用　助動・過・体　名　係助　副　名　動・下二・用

ぎょっと感じたことでしたよ。ずっと

て、　きよきよと　おぼえ　侍り　し　わざ　かな。　いと
接助　副　動・下二・用　補動・ラ変・用　助動・過・体　名　終助　副

古い時代は知りませんが、この翁が物心ついてか

上がり　て　の　世　は　知り　侍ら　ず、　翁　ものおぼえ
動・四・用　接助　格助　名　係助　動・四・用　補動・ラ変・未　助動・消・用　名　動・下二・用

ら後は、このようなことはございませんのになあ。今の時代

て　の　後　は、　かかる　こと　候は　ぬ　ものを　や。　今　の
接助　格助　名　係助　動・ラ変・体　名　動・四・未　助動・消・体　終助　間助　名　格助

となってからは、摂政・関白の、貞信公（藤原忠平）、小野宮殿（藤原実頼）を

世　と　なり　て　は、　一の人　の、　貞信公、　小野宮殿　を　放ち
名　格助　動・四・用　接助　係助　名　格助　名　名　格助　動・四・用

除き申し上げて、（摂政・関白として）十年にわたり政務をお執りになることは、最近はございま

奉り　て、　十年　と　おはする　こと　の、　近く　は　侍ら
補動・四・用　接助　名　格助　動・サ変・体　名　格助　名　係助　動・ラ変・未

報《ほう》じ奉《たてまつ》りつかう《コウ》まつらせ給《たま》ひ《イ》しか　「報ず」は恩に報いる意。「つかうまつる」は「仕ふ」の謙譲語で、女院への敬意を表す。

語釈・文法

さも　①そのように、②本当に、まったく、③（打消の語を伴って）たいして（…ない）、の意があるが、ここは②の意。

きよきよと　ぎょっと。驚く様子を表す。兄の道隆と道兼が相次いで早死にして、道長にチャンスが巡ってくるという思いがけない成り行きに対する驚き。

かかること候《さぶら》は《ワ》ぬものをや　「かかること」は兄たちの相次ぐ死去で弟が権力の座に就くという事態を指す。「候ふ」は「あり」の丁寧語。「ものを」は終助詞で、…のになあ、という詠嘆を表す。

今《いま》の世《よ》　今の時代。語り手の翁《おきな》が生きている時代ということ。前文の「いと上がりての世」と対比されている。

一《いち》の人《ひと》　摂政・関白の異称。

せんので、　この入道殿も（政権を長く維持できるか）どうかと思い申し上げましたところ（その権勢は長く続きました）、

ね　ば、　こ　の　入道殿　も　いかが　と　思ひ　申し
助動・消・已　接助　代　格助　名　係助　副　格助　動・四・用　補動・四・用

本当にこのような（入道殿の強い）運勢に圧倒されて、

侍り　し　に、　いと　かかる　運　に　おさ　れ　て、
補動・ラ変・用　助動・過・体　接助　副　動・ラ変・体　名　格助　動・四・未　助動・受・用　接助

兄君たちはすぐにお亡くなりになってしまったということでいらっしゃるようです。

御兄たち　は　とりもあへず　滅び　給ひ　に　し
名　係助　副　動・上二・用　補動・四・用　助動・完・用　助動・過・体

に　こそ　おはす　めれ。
助動・断・用　係助　補動・サ変・終　助動・定・已

かかる運《うん》　詮子の支援を得て関白に上り詰めた道長の強運。

御兄《おんあに》たち　兄君たち。兄上方。道長の兄、道隆、道兼を指す。「御兄」は「ごけい」「おんせう《ショウ》と」とも読める。「たち」は敬意を含んだ複数を表し、「ども」より敬意が高い。

とりもあへ《エ》ず　すぐに。急に。「取り」+「敢《あ》へ」+「ず」から成る副詞「とりあへず」に、係助詞「も」が加わって強調されている。

滅《ほろ》び給《たま》ひ《イ》にし　第三段落冒頭の「中関白殿《なかのかんぱくどの》、粟田殿うち続き失《う》せさせ給ひて」と同内容を述べている。

鑑賞

本文は、道長が関白に任じられた際のエピソードを語ったものである。「隆家《たかいえ》と道長」（教科書二二〇ページ）の場面から、時代は少し遡る。前後の経緯を補足しておこう。

花山《かさん》天皇の突然の出家（教科書一〇六ページ）により、一条天皇がわずか七歳で即位した。詮子は天皇の母として少なからぬ影響力を持つ。政治面では、詮子の父・兼家《かねいえ》が摂政、関白となって実権を握っていた。しかし兼家は、一条天皇が元服した年に死去。政治の実権は、道隆へと移る。

詮子は兄道隆とはあまり仲が良くなかったようである。弟道長を引き立てたいと思っていた。一方、道隆は娘の定子を一条天皇に入内《じゅだい》させ、天皇を味方につける。定子を寵愛する天皇は、道隆の息子伊周を優遇するようになり、母の言いなりにはならない。時勢は道隆側に傾いていたかと思われた。

ところが、わずか五年で道隆は死去、続いて道兼まで急死してしまう。ならば次は道長が引き継ぐのが筋だとして、詮子が熱心に天皇に働きかけて、道長の関白就任が実現したのだった。運を味方につけた詮子・道長陣営が、みごと巻き返しに成功したわけである。その後、道長の娘彰子《しょうし》が一条天皇の女御《にょうご》として入内。ほどなくして定子は亡くなったため、後宮においても、道長勢が力を増していくことになる。

教科書の問題（解答・解説）

❓教科書本文下に示された問題

❓「これにしも侍らざらむ」とは、具体的にどういうことか。（p.二二三）

解答　道長には関白の宣旨を下さないということ。

［解説］直前の「粟田の大臣にはせさせ給ひて」と対になっている。

❓どういうことを「いかが」と思っているのか。（p.二二四）

解答　道長が政権を長く維持することができるかどうかということ。

■学習の手引き

❶道長に宣旨がおりるまでの女院の言動とその気持ちをまとめよう。

解答　・もともと弟の道長をかわいがっており、甥の伊周のことはよく思っていなかった。

・天皇が道長を関白とする宣旨をなかなか下さないことにしびれを切らし、大臣就任では伊周に先を越されて道長が気の毒であったし、道兼は関白にしたのに道長はしないのは道理が通らないなどと、理詰めで説得した。

・天皇が女院（詮子）を避けるようになると、ついには天皇の寝所に出向いて泣きながら訴えた。

教科書　二二四ページ

［解説］道長を関白に就けるために、あらゆる手段を講じている。それほど道長を大切に思い、引き立てたかったのであろう。願いがかない、宣旨が下った後の満足げな表情が印象的である。

❷語り手は、なぜ「入道殿に世の移りし」〔二二四・1〕と考えているのか。

解答　詮子の強い働きかけもあったが、道長自身の前世からの因縁や強運があったからこそ、出世競争に勝ち抜き、天下を取ることができたのだと考えている。

［解説］この設問は、「入道殿に政権が移るに至った理由を、語り手はどう捉えているのか」を問うている。語り手は客観的事実を語るだけでなく、ところどころに自身の考えを差し挟んでいる。「おのづから心得やせさせ給ひけむ」〔二二二・9〕などの挿入句がそうである。道長が関白に任じられた経緯については、「いささかのことだに、この世ならず侍るなれば…思ひ申させ給はまし。」〔二二三・12〕と評している。この部分で、この世の出来事は現世のことではなく、前世からの縁で決まるのであり、誰かの思いで決まるようなことではないという考えを示している。一方、道長本人が詮子に深い恩義を感じ

るのは当然だとも考えている。

■語句と表現

①次の部分を品詞分解し、文法的に説明しよう。

解答 (1) 心得①／や②／せ③／させ④／給ひ⑤／けむ⑥

①ア行下二段活用動詞「心得」の連用形 ②疑問の係助詞「や」 ③サ行変格活用動詞「す」の未然形 ④尊敬の助動詞「さす」の連用形 ⑤尊敬の補助動詞「給ふ」の連用形 ⑥過去推量の助動詞「けむ」の連体形（係助詞「や」の結び）

(2) 否び①／させ②／給は③／ず④／なり⑤／に⑥／し⑦／こそ⑧／侍れ⑨

①バ行上二段活用動詞「否ぶ」の未然形 ②尊敬の助動詞「さす」の連用形 ③尊敬の補助動詞「給ふ」の未然形 ④打消の助動詞「ず」の連用形 ⑤ラ行四段活用動詞「なる」の連用形 ⑥完了の助動詞「ぬ」の連用形 ⑦過去の助動詞「き」の連体形 ⑧強意の係助詞「こそ」 ⑨丁寧の補助動詞「侍り」の已然形《いぜん》（係助詞「こそ」の結び）

[解説] (1) 「心得《こころえ》す」という形で、動詞「心得《こころう》」と同様の意味を表す。その「心得」と「す」の間に係助詞「や」が挟まっている。

(2) 「否びさせ給はずなりにし」までで、文意は一応完結している。「こそ侍れ」は、「にこそ侍れ」の「に」（＝断定の助動詞「なり」の連用形）が省略された形で、文意を強調する表現。「侍り」は「あり」の丁寧語なので、敬語を含まない言い方にすると「…なりにしこそあれ」となる。本文末尾の「滅び給ひにしにこそおはすめれ」の「にこそおはす」もこれと同様の構造。「おはす」は「あり」の尊敬語である。「…させ給ふ（尊敬＋尊敬）」「…にし（完了＋過去）」「…にこそあれ」などは古文に頻出する言い回しなので、慣れておきたい。

出典・作者

出典 『大鏡《おおかがみ》』 平安時代後期（十二世紀初め頃）に成立した歴史物語。文徳《もんとく》天皇の嘉祥《かしょう》三年（八五〇）から後一条《ごいちじょう》天皇の万寿《まんじゅ》二年（一〇二五）までの十四代、百七十六年間の歴史を記述している。これは、藤原氏の興隆期から全盛期にあたり、同時代の『栄花《えいが》物語』とともに、藤原道長の栄華を述べることを目的とした作品であるといえる。中国の歴史書『史《し》記《き》』と同じ紀伝体を採用し、人物や事件を躍動的に描き出している。百九十歳ほどの大宅世継《おおやけのよつぎ》と百八十歳ほどの夏山繁樹《なつやまのしげき》という超人的な老人が登場し、彼らの対話・問答によって物語が進行する。『今鏡《いまかがみ》』『水鏡《みずかがみ》』『増鏡《ますかがみ》』と続く鏡物《かがみもの》の祖として、後世の歴史物語に多大な影響を与えた。

作者 未詳。諸説あるが、定説といえるものはない。

5 評論

●さまざまな評論を読み、論旨を的確に捉える。
●評論に表れているものの見方、感じ方、考え方を踏まえて、考えを深める。

俊頼髄脳《としよりずいのう》

源俊頼《みなもとのとしより》

鷹《たか》狩《が》りの歌

教科書 二二六〜二二七ページ

大意

「霰《あられ》降る…」という藤原長能《ふじわらのながとう》の歌と、「濡《ぬ》れ濡れも…」という源道済《みなもとのみちなり》の歌は、ともに鷹狩りを題材にし、世間の評判になっていた歌である。なかなか優劣がつかず、二人は今日こそ決着をつけようと四条大納言（藤原公任《きんとう》）のもとに参上し、判定を依頼した。公任は「本当に腹を立てたりしないか。」と念を押したうえで、「『霰降る…』の歌は、歌のさまや言葉の用い方など、ずっと優れているが、鷹狩りは雨が降るなら中止するだろうが、霰が降っても衣が濡れるほどではないから宿を借りるというのはおかしい。『濡れ濡れも…』の歌のほうが鷹狩り本来の興趣もあり、歌の格調も優美である。勅撰《ちょくせん》和歌集にも入る歌であろう。」と言ったので、道済は喜んで小躍りしながら退出した。

現代語訳・品詞分解

霰の降る交野の御野では、蓑の借り衣もなく狩衣が濡れてしまった。濡れないための宿を貸してくれる人もいないので。

霰	降る	交野	の	御野	の	狩衣	濡れ	ぬ
名	動・四・体	名	格助	名	格助	名	動・下二・用（未）	助動・完・終（消・体）

宿	貸す	人	し	なけれ	ば
名	動・四・体	名	副助	形・ク・已	接助

語釈・文法

霰降《あられふ》る…（歌）　「御野《みの》」に「蓑《みの》」を、「狩《かり》」に「借り」を掛けている。

宿貸《やどか》す人《ひと》しなければ　宿を貸してくれる人もいないので。「し」は強意の副助詞。「ば」は順接の確定条件を表す接続助詞。

なほ《オ》狩《か》り行《ゆ》かむ　やはり狩りを続けていこう。

濡れに濡れてもやはり狩りを続けていこう。はし鷹の上毛に降りかかる雪を何度も払いのけて。

濡れ 濡れ も なほ 狩り行か む はし鷹 の 上毛
動・下二・用 動・下二・用 係助 副 動・四・未 助動・意・終 名 格助 名

の 雪 を うち払ひ つつ
格助 名 格助 動・四・用 接助

これは、長能、道済と申し上げる歌詠みたちの、鷹狩りを題にして詠んだ歌である。

これ は、長能、道済 と 申す 歌詠みども の、鷹狩り を
代 係助 名 名 格助 動・四・体 名 格助 名 格助

題 に する 歌 なり。とも に よき 歌ども に て、
名 格助 動・サ変・体 名 助動・断・終 名 格助 形・ク・体 名 助動・断・用 接助

ともによい歌々であって、世間の評判になっていた。

人 の 口 に 乗れ り。か の 人々、我 も 我 も と
名 格助 名 格助 動・四・命 助動・存・終 代 格助 名 代 係助 代 係助 格助

その人々(長能と道済)は、我も我も(自分の歌のほうが優れている)と争って、日々を過ごしてきたのだが、

争ひ て、日ごろ 経 ける に、なほ こ の こと 今日
動・四・用 接助 名 動・下二・用 助動・過・体 接助 副 代 格助 名 名

やはりこのことは今日決着をつけようと思って、

切ら む とて、とも に 具し て 四条大納言 の もと に
動・四・未 助動・意・終 格助 名 格助 動・サ変・用 接助 名 格助 名 格助

いっしょに連れ立って四条大納言(藤原公任)のもとに参上して、

まうで て、「こ の 歌 二つ 互ひに 争ひ て、今に こと切れ
動・下二・用 接助 代 格助 名 名 副 動・四・用 接助 副 動・下二・未

「この歌二首(の優劣)について互いに争って、いまだに決着がつかない。

ず。いかに も いかに も 判ぜ させ 給へ とて、
助動・消・終 副 係助 副 係助 動・サ変・未 助動・尊・用 補動・四・命 格助

どのようにでもどのようにでも判定なさってくださいと思って、各自参上したのだ。」

おのおの 参り たる なり。」と 言へ ば、か の 大納言、
名 動・四・用 助動・完・体 助動・断・終 格助 動・四・已 接助 代 格助 名

と言うと、その大納言は、

こ の 歌ども を しきりに ながめ 案じ て、「まことに
代 格助 名 格助 副 動・下二・用 動・サ変・用 接助 副

この歌々を何度も口ずさみ考えて、「本当に(優劣

上毛《うわげ》　羽や外側の毛。

鷹狩《たかが》り　飼い慣らした鷹や隼《はやぶさ》を放って、野鳥やうさぎなどの小動物を捕らえる狩り。秋の「小鷹狩り」と冬の「大鷹狩り」がある。

人《ひと》の口《くち》に乗《の》れり　世間の評判になっていた。「人の口」は、世間の評判、うわさ、の意。

日《ひ》ごろ経《へ》けるに　日々を過ごしてきたのだが。「日ごろ」は、①数日、多くの日数、②近頃、③ふだん、などの意を表す。ここは①の意。

切《き》らむ　決着をつけよう。「切る」は他動詞で、①切断する、②決着をつける、③期限を定める、などの意を表す。ここは②の意。

具《ぐ》して　いっしょに連れ立って。「具す」は、①備わる、②連れ立って行く、③連れ添う、などの意を表す。ここは②の意。

今《いま》にこと切《き》れず　いまだに決着がつかない。「こと切る」は、①終わる、決着がつく、②死ぬ、の意を表す。ここは①の意。

判《はん》ぜさせ給《たま》へ《ェ》　判定なさってください。「させ」は尊敬の助動詞「さす」の連用形。「させ給へ」で二重敬語(最高敬語)。

しきりにながめ案《あん》じて　何度も口ずさみ考えて。「しきりに」は副詞で、①(繰り返し起こる様子)たびたび、②(程度の甚だしい様子)やたらに、の意を表す。ここは①の意。「な

を)申し上げたとしたら(その時は)、 あなた方は腹を立てなさらないだろうか。」
申し たら む に、 おのおの 腹立た れ じ や。」
動·四·用 助動·完·未 助動·仮·体 格助 代 動·四·未 助動·尊·未 助動·消推·終 係助

と申し上げなさったので、 (長能と道済は)「決して、どのようにおっしゃられたと
と 申さ れ けれ ば、「さらに、 ともかくも 仰せ られ
格助 動·四·未 助動·尊·用 助動·過·已 接助 副 副 動·下二·未 助動·尊·未

しても、 腹を立て申し上げるはずがない。 そのために参上したので、
む に、 腹立ち 申す べから ず。 そ の 料 に 参り
助動·仮·体 格助 動·四·用 補動·四·終 助動·当·未 助動·消·終 代 格助 名 格助 動·四·用

早々に承って、 退出いたそう。」 と
たれ ば、 すみやかに 承り て、 まかり出で な む。」 と
助動·完·已 接助 形動·ナリ·用 動·四·用 接助 動·下二·用 助動·強·未 助動·意·終 格助

申し上げたので、 それではといって(四条大納言が)申し上げなさったのは、 「『交野の
申し けれ ば、 さらば とて 申さ れ ける は、「『交野
動·四·用 助動·過·已 接助 接 格助 動·四·未 助動·尊·用 助動·過·体 係助 名

御野の』と詠んでいる歌は、 表現効果を意識して詠まれた歌のさ
の 御野 の』 と いへ る 歌 は、 振る舞へ る 姿 も
格助 名 格助 格助 動·四·命 助動·存·体 名 係助 動·四·命 助動·存·体 名 係助

まも言葉の用い方や続けぐあいなども、本当に趣があり、 ずっと優れていると理解できる。
文字遣ひ など も、 まことに おもしろく、 はるかに 勝り て
名 副助 係助 副 形·ク·用 形動·ナリ·用 動·四·用 接助

そうではあるけれども、 多くの間違い(があるの)である。
聞こゆ。 しか は あれ ど、 もろもろ の ひが事 なり。
動·下二·終 副 係助 動·ラ変·已 接助 名 格助 名 助動·断·終

鷹狩りは、 雨が降るくらい(の天気)には、 できなくて中止にな
鷹狩り は、 雨 の 降ら む ばかり に ぞ、 え せ で
名 係助 名 格助 動·四·未 助動·婉·体 副助 格助 係助 副 動·サ変·未 接助

るはずである。 (しかし)霞が降るようなことによって(鷹狩りを中止し)、 宿を借りて休
とどまる べき。 霞 の 降ら む に より て、 宿 借り
動·四·終 助動·当·体 名 格助 動·四·未 助動·婉·体 格助 動·四·用 接助 名 動·四·用

むようなことは、 おかしなことだ。 (また、)霞などは、
て とまら む は、 あやしき こと なり。 霞 など は、
接助 動·四·未 助動·婉·体 係助 形·シク·体 名 助動·断·終 名 副助 係助

がむ」は「詠む」と書き、声を長く引いて詩歌を吟じる、口ずさむ、の意。

申《もう》したらむに　申し上げたとしたら（その時は）。「む」は仮定の助動詞「む」の連体形。「に」は時間を表す格助詞。

さらに　（下に打消の語を伴って）全然（…ない）、決して（…ない）、の意を表す副詞。

ともかくも　①どのようにでも。とにかく。②（下に打消の語を伴って）どうとも（…ない）。ここは①の意。

腹立《はらだ》ち申《もう》すべからず　腹を立て申し上げるはずがない。「申す」は謙譲の補助動詞。「べから」は当然の助動詞「べし」の未然形。

まかり出《い》でなむ　退出いたそう。「まかり出づ」は、①（「出づ」の謙譲語）退出する、②（「出づ」の丁寧語）出て参ります、の意を表す。ここは①の意。「なむ」は、強意の助動詞「ぬ」の未然形＋意志の助動詞「む」。

まことにおもしろく　本当に趣があり。「おもしろし」は、趣がある、美しい、すばらしい、の意。

もろもろのひが事《こと》なり　多くの間違い（があるの）である。「もろもろ」は、多くのもの、の意。「ひが事」は、①間違い、②道理に外れた行為、不都合なこと、の意を表す。ここは①の意。

えせでとどまるべき　できなくて中止になるは

それほどまで狩衣などが濡れ通ってもったいないというほどではないだろう。
さ まで 狩衣 など の 濡れ通り て 惜しき ほど に は
副 副助 名 副助 格助 動・四・用 接助 形・シク・体 名 助動・断・用 係助

『なほ狩り行かむ』と詠んでいらっしゃるのは、
あら じ。 『なほ 狩り行か む』 と 詠ま れ たる
補動・ラ変・未 助動・消推・終 副 動・四・未 助動・意・終 格助 動・四・未 助動・尊・用 助動・存・体

鷹狩りの本来あるべき趣もあり、（鷹狩りの）実情としても楽しかったであろう
は、 鷹狩り の 本意 も あり、 まこと に も おもしろかり
係助 名 格助 名 係助 動・ラ変・用 名 格助 係助 形・ク・用

と思われる。 歌の格調も優美で風情がある。 勅撰和歌集など
けむ と おぼゆ。 歌がら も 優に て をかし。 撰集 など
助動・過推・終 格助 動・下二・終 名 係助 形動・ナリ・用 接助 形・シク・終 名 副助

にも、 これ（この歌）が入るのではないだろうか。」と申し上げなさったので、
に も、 これ や 入ら む。」 と 申さ れ けれ ば、
格助 係助 代 係助 動・四・未 助動・推・体 格助 動・四・未 助動・尊・用 助動・過・已 接助

道済は、 （喜んで）舞を舞って（小躍りして）退出した。
道済 は、 舞ひ奏で て 出で に けり。
名 係助 動・下二・用 接助 動・下二・用 助動・完・用 助動・過・終

ずである。「え」は下に打消の語を伴って不可能を表す副詞。「で」は打消接続の接続助詞。「とどまる」は、①同じ場所にいる、ある、②中止になる、③宿泊する、滞在する、④後に残る、などの意を表す。ここは②の意。

あやし 「怪し」「奇し」と書き、①不思議だ、②異様だ、③不審だ、④不都合だ、などの意を表す。ここは③の意。

まことにもおもしろかりけむと （鷹狩りの）実情としても楽しかったであろうと。この「まことに」は副詞ではなく、名詞「まこと」（事実、実情、の意）＋格助詞「に」。

優《いう》なり ①優れている。りっぱだ。②上品だ。優美だ。③優しい。けなげだ。ここは②の意。

撰集《せんじふ》 詩歌や文章などを選び出して編集すること、またその詩集・歌集・文集。ここでは勅撰和歌集のこと。

舞《ま》ひ《イ》奏《かな》でて 舞を舞って。「舞ひ奏づ」は、舞を舞う、の意を表す。うれしさのあまり跳びはねながら退出していった様子を表している。

鑑賞

ともに「鷹狩り」を題材にし、並び称されていた、「霰降る…」と「濡れ濡れも…」の二首の歌。その優劣をはっきりさせるべく、それぞれの歌の作者である長能と道済は当時の和歌の権威である四条大納言（藤原公任）のもとへと向かう。公任は、「霰降る…」の歌には実情と合わないという欠点があり、「濡れ濡れも…」の歌のほうが優れていると判定する。

長能と道済が、ともに自分の歌のほうが優れていると言って譲らないところや、公任が判定を下す前に二人に、腹を立てないかとわざわざ確認するところなど、当時の歌人がいかに歌に執着し、情熱を傾けていたかがうかがえる。自分の歌のほうが優れていると認められた道済が、小躍りしながら退出するところなどは、その有頂天ぶりが伝わり、おもしろい。

公任の判定は、歌全体の趣や言葉遣いといった「形式」の面と、歌の「内容」の面の双方について述べられており、「霰降る…」の歌は「形式」ではまさっているものの「内容」として鷹狩りの実情と合わないことを欠点だとしている。歌を詠む際には「形式」「内容」のいずれをも整える必要があることを示しているのである。歌を詠むにあたり注意すべき点を、説話を用いて分かりやすく解説しようとする『俊頼髄脳』の特徴が表れている章段である。

教科書の問題（解答・解説）

教科書 二二七ページ

◆教科書本文下に示された問題

◆「このこと今日切らむ」とは、どういうことか。（p.二二六）

解答　長能の「霰降る…」の歌と道済の「濡れ濡れも…」の歌のどちらが優れているか、今日決着をつけようということ。

[解説]　直前に「かの人々、我も我もと争ひて」（その人々は、自分の歌のほうが優れていると争って）とある。「その人々」すなわち長能と道済は、ともに自分の歌のほうが優れていると言って譲らず、らちがあかなかったため、「切らむ」（決着をつけよう）ということになったのである。

■学習の手引き

❶四条大納言はなぜ「まことに申したらむに、おのおの腹立たれじや。」（二二六・8）**と言ったのか、考えよう。**

[解説]　優劣を判定するということは、必ずどちらかが「劣っている」と言われて不愉快な思いをすることになる。自分こそが優れていると信じている者にとっては、なおさら受け入れがたいはずである。たとえそういう事態になっても、つまり、あなたのほうが劣っている、と言われることになったとしても、それでもなお真剣に優劣を知りたいのかと、四条大納言は確かめたかったのである。四条大納言が「おのおの腹立たれじや。」と言った時点では、まだどちらが劣っているとも言っていないので「おのおの」という表現をしているが、実際にはこれから劣っていると言われることになる長能に対して念を押したものであろう。

❷四条大納言はそれぞれの歌をどのように評価したのか、整

理して発表しよう。

解答　・「霞降る…」の歌＝表現効果を意識して詠まれた歌のさまも、言葉の用い方や続けぐあいなども趣があり、その点ではずっと優れているが、鷹狩りの実情と合わないところが多くあるのが欠点であるとした。

・「濡れ濡れも…」の歌＝鷹狩り本来の趣があり、歌の格調も優美で風情があると評価した。勅撰和歌集などにも入るだろうと言って褒めた。

■語句と表現

①「霞降る…」〔二二六・1〕の歌の第四句の「ぬ」は、上からの文脈と、下へ続く文脈とでは、それぞれ別の助動詞と解することができる。その違いを、文法的に説明しよう。

解答　・上からの文脈＝「濡れぬ」が「狩衣」を主語とする述語になり、「濡れぬ」でいったん歌の意味が切れる。「濡れ」はラ行下二段活用動詞の連用形、「ぬ」は完了の助動詞「ぬ」の終止形で、狩衣が濡れてしまった、の意になる。

・下へ続く文脈＝「濡れぬ」が「宿」にかかる修飾語になる。「濡れ」はラ行下二段活用動詞の未然形、「ぬ」は打消の助動詞「ず」の連体形で、濡れない宿、の意になる。

②次の傍線部の助動詞「む」の意味を説明しよう。

解答　(1)　今日切らむとて＝意志（…う・…よう）

(2)　撰集などにも、これや入らむ。＝推量（…う・…だろう）

出典・作者

出典　『俊頼髄脳《としよりずいのう》』　歌論書。二巻。平安時代後期の成立。『今鏡《いまかがみ》』によれば、藤原忠実《ただざね》の娘で後に鳥羽《とば》天皇の皇后となった泰子《たいし》のために作歌の手引き書として執筆されたものだという。内容は、和歌の種類や効用、歌題と詠み方、秀歌等の例、和歌の技法、歌語とその表現の実態など、和歌に関する論が総合的に記述されている。このうち最後の歌語に関する説明が全体の約三分の二を占め、実際に詠まれた和歌と、それにまつわる和歌説話も多く書かれている。

作者　源俊頼《みなもとのとしより》〔一〇五五？―一一二九？〕　父経信《つねのぶ》は正《しょう》二位大納言《にいのだいなごん》で、和漢の学、詩歌、管弦などに通じていたが、俊頼は従四位《じゅしいの》上木工頭《もくのかみ》までと官位に恵まれなかった。和歌と篳篥《ひちりき》の才は受け継いだようで、特に和歌においては多くの歌《うた》合《あわせ》で判者を務めるなど、当時の歌壇の権威であり、白河《しらかわ》院の院宣により『金葉《きんよう》和歌集』を撰進した。子に、鴨長明《かものちょうめい》の和歌の師匠として有名な俊恵《しゅんえ》がいる。家集に『散木奇歌《さんぼくきか》集』がある。

無《む》名《みょう》抄《しょう》

鴨長明《かものちょうめい》

おもて歌のこと

教科書 二二八〜二二九ページ

大意

和歌の師の俊恵《しゅんえ》が、私（鴨長明）にこんな話をした。「五条三位《ごじょうのさんみ》入道（藤原俊成《ふじわらのとしなり》）に、『あなたの歌の中から代表的な秀歌を選ぶとしたら、何を選ばれるか、明確にうかがいたい。』と問うたところ、入道は『夕されば…』の歌だと断言した。重ねて、世間では『面影に…』の歌を評価しているようだが、と問うたところ、入道は『自分としてはこの歌を前の歌と同等に論ずることはできない。』と答えられた。」と。さらに、「実は、入道の『夕されば…』の歌は、第三句に難がある。『身にしみて』の一句が主観的に表現されすぎていて、そのために歌が情趣の浅いものになってしまった。何気なくさらりと詠んだほうがよかった。」という批判を語った。その話のついでに、俊恵は「自分の代表歌は『み吉野《よしの》の…』としたい。後世、私の代表歌について疑問があったら、『本人がこのように言っていた。』と伝えてほしい。」と語った。

現代語訳・品詞分解

俊恵が言うことには、

俊恵	言は	く、
名	動・四・未	（接尾）

「五条三位入道（藤原俊成）の御もとに参上した折に、

「五条三位入道	の	みもと	に	まうで	たり	し	ついで	に、
名	格助	名	格助	動・下二・用	助動・完・用	助動・過・体	名	格助

『あなたのお詠みになった歌の中では、どれ（どの歌）を優れているとお思いか。

『御詠	の	中	に	は、	いづれ	を	か	優れ	たり	と	思ほす。
名	格助	名	格助	係助	代	格助	係助	動・下二・用	助動・存・終	格助	動・四・体

（世間の）人々はほかでさまざまに評定しておりますが、

人	は	よそ	にて	やうやうに	定め	侍れ	ど、
名	係助	名	格助	形動・ナリ・用	動・下二・用	補動・ラ変・已	接助

それを（そのまま）受け入れることはできません（ので）、

それ	を	ば	用ゐ	侍る	べから
代	格助	係助	動・上一・用	補動・ラ変・体	助動・可・未

語釈・文法

言《い》は《ワ》く　言うことには。「言は」は動詞「言ふ」の未然形。「く」は主に活用語の未然形に付いて、その語を名詞化し、…こと、の意を表したり、会話・引用文などを下に続けて、…ことには、の意を表したりする接尾語。

ま《モ》う《ウ》でたりしついでに　参上した折に。「まうづ」は「行く」の謙譲語。

御詠《ごえい》　御歌。あなたのお詠みになった歌、の意。

人《ひと》はよそにて　（世間の）人々はほかで。

（あなたから）確かに承ろう（と思います）。』と申し上げたところ、

ず、まさしく承らむ。』と聞こえしかば、

助動・消・用　形・シク・用　動・四・未　助動・意・終　格助　動・下二・用　助動・過・已　接助

『夕方になると野原の秋風が身にしみて感じられ、うずらが心細げに鳴いているのが聞こえる。

『夕されば野辺の秋風身にしみてうづら

動・四・已　接助　名　格助　名　名　格助　動・四・用　接助　名

この深草の里では。

鳴くなり深草の里

動・四・終　助動・定・終　名　格助　名

これ（この歌）を、　私にとっておもて歌（代表的な秀歌）と思っております。』

これをなむ、身にとりておもて歌と思ひ

代　格助　係助　名　格助　動・四・用　接助　名　格助　動・四・用

と（入道が）おっしゃったので、　俊恵がまた言うことには、

給ふる。』と言はれしを、俊恵また言は

補動・下二・体　格助　動・四・未　助動・尊・用　助動・過・体　接助　名　副　動・四・未

『世間で広く人々が申しておりますのには、

く、『世あまねく人の申し侍るには、

（接尾）　名　形・ク・用　名　格助　動・四・用　補動・ラ変・体　格助　係助

遠山の峰にかかる白雲を（桜の）花と見まごうて、その幻影にひかれていくつもの峰々を越えてきてしまったことよ。

面影に花の姿を先立てて幾重越え来ぬ

名　格助　名　格助　名　格助　動・下二・用　接助　名　動・カ変・用　助動・完・終

峰の白雲

名　格助　名

これ（この歌）を優れているように申しておりますのはどのように（思われるでしょうか）。』

これを優れたるやうに申し侍るはいかに。』

代　格助　動・下二・用　助動・存・体　助動・比・用　動・四・用　補動・ラ変・体　係助　副

と申し上げる。　（入道は）『さあどうだか、ほかの所ではそのようにも定めているのでしょうか、

と聞こゆ。『いさ、よそにはさもや定め侍る

格助　動・下二・終　副　名　格助　係助　副　係助　係助　動・下二・用　補動・ラ変・体

（私は）存じません。　やはり私自身は、　（この「面影に…」

らむ、知り給へず。なほ自らは、先の歌

助動・現推・体　動・四・用　補動・下二・未　助動・消・終　副　代　係助　名　格助　名

それをば　「それ」は、世間の人が論じ決めていることを指す。「をば」は格助詞「を」＋係助詞「は」の濁音化。…を、の意を表す。

まさし　正しい。確かだ。

聞《き》こえしかば　申し上げたところ。「聞こゆ」は「言ふ」の謙譲語。「ば」は順接の確定条件を表す接続助詞。…と、…ところ、の意。

夕《ゆう》されば　夕方になると。「さる」は季節や時間を表す語に付いて、…が来る、…になる、の意を表す。

鳴《な》くなり　鳴いているようだ。鳴いているのが聞こえる。「なり」は推定の助動詞。

身《み》にとりて　私にとって。

あまねし　広く行きわたっている。

面影《おもかげ》に花《はな》の姿《すがた》を先立《さきだ》てて　「面影」は、幻影、の意。「先立つ」は、先行させる、の意。遠山の白雲を桜の花と見まがい、その幻影にひかれて、ということ。

幾重《いくえ》　いくつもの重なり。ここでは、峰々のこと。

いかに　どのように（思われるでしょうか）。後に「思《おぼ》す」などの語句が省略されている。

いさ　（下に「知らず」などを伴って）さあどうだか。ここは「知り給へず」と呼応している。

自《みずか》らは　私自身は。自分は。

先《さき》の歌《うた》　「夕されば…」の歌を指す。

の歌を）先にあげた（「夕されば…」の）歌とは比較して論ずることができない。』ということでした。」
に は 言ひくらぶ べから ず。』 と ぞ 侍り し。」
格助 係助 動・下二・終 助動・可・未 助動・消・終 格助 係助 動・ラ変・用 助動・過・体

と語って、 これ（この件）について（私に）内々に申しましたことには、 「あの
と 語り て、 これ を うちうちに 申し し は、「か
格助 動・四・用 接助 代 格助 副 動・四・用 助動・過・体 係助 代

（「夕されば…」の）歌は、『身にしみて』という第三句が、 たいそう残念
の 歌 は、『身 に しみ て』 と いふ 腰の句 の、 いみじう
格助 名 係助 名 格助 動・四・用 接助 格助 動・四・体 名 格助 形・シク・用

に思われるのだ。 これほど（深い境地）に達した歌は、
無念に おぼゆる なり。 これ ほど に なり ぬる 歌 は、
形動・ナリ・用 動・下二・体 助動・断・終 代 副助 格助 動・四・用 助動・完・体 名 係助

景色をさらりと表現して、 ただ自然に想像されるものとして、さぞ身にしみたであろう
景気 を 言ひ流し て、 ただ そらに、 身 に しみ けむ
名 格助 動・四・用 接助 副 形動・ナリ・用 名 格助 動・四・用 助動・過推・終

よと（人に）思わせてこそ、 奥ゆかしくもあり優美でもあるので
かし と 思は せ たる こそ、 心にくく も 優に
終助 格助 動・四・未 助動・使・用 助動・完・体 係助 形・ク・用 係助 形動・ナリ・用

す。 （この歌は何から何まで）あまりにも表現しすぎてしまって、歌の眼目とするべ
も 侍れ。 いみじく 言ひもてゆき て、 歌 の 詮 と
係助 補動・ラ変・已 形・シク・用 動・四・用 接助 名 格助 名 格助

き点をあらわに（「身にしみて」と）言い表しているので、
す べき ふし を さはさはと 言ひ表し たれ ば、
動・サ変・終 助動・当・体 名 格助 副 動・四・用 助動・存・已 接助

ひどく情趣が浅く（余情が乏しく）なってしまったのだ。」 と（いうことだ）。その（話を
むげに こと 浅く なり ぬる なり。」 と ぞ。 そ の
副 名 形・ク・用 動・四・用 助動・完・体 助動・断・終 格助 係助 代 格助

した）折に、 「私の歌の中で、
ついで に、「わ が 歌 の 中 に、
名 格助 代 格助 名 格助 名 格助

吉野山（の空）が一面に曇って雪が降ると、麓の里では、（しきりに）時雨が降ることだよ。
み吉野 の 山 かき曇り 雪 降れ ば 麓 の 里 は
名 格助 名 動・四・用 名 動・四・已 接助 名 格助 名 係助

言《い》ひ《ィ》くらぶべからず （「面影に…」の歌を「夕されば…」の歌と）比較して論ずることはできない。比べる対象にもならないということで、「夕されば…」の歌のほうが優れているという自負の気持ちを表している。

これほどになりぬる歌《うた》 これほど深い境地に達した歌。以下の批評は、「夕されば…」の歌のよさは認めたうえでのものである。内容がすばらしいからこそ、第三句の不用意さが惜しまれるというのである。

景気《けいき》 歌学用語で、一首の歌が喚起する視覚的映像や印象、そこから漂う情趣をいう。ここでは、視覚で捉えた景色・様子、の意を表す。

言《い》ひ《ィ》流《なが》して さらりと表現して。

身《み》にしみけむかし さぞ身にしみたであろうよ。

優《ゆう》なり 上品だ。優美だ。

いみじく言《い》ひ《ィ》もてゆきて （何から何まで）あまりにも表現しすぎてしまって。第二句までをさらりとすばらしく言い流していって、とする説もある。「言ひもてゆく」は、次々に話し続ける、話を詰める、の意を表す。ここでは、表現しすぎる、の意。

むげにこと浅《あさ》くなりぬるなり ひどく情趣が浅く（余情が乏しく）なってしまったのだ。「むげに」は、ひどく、などの意を表す。

うちしぐれ つつ
動・下二・用 接助

これ を なむ、か の 類ひ に せ む と 思ひ
代 格助 係助 代 格助 名 格助 動・サ変・未 助動・意・終 格助 動・四・用

これ(この歌)を、あの類い(おもて歌)にしようと思っております。

給ふる。 もし 世 の 末 に、 おぼつかなく 言ふ 人 も
補動・下二・体 副 名 格助 名 格助 形・ク・用 動・四・体 名 係助

もし後世に、(俊恵の代表作が)明らかでないと言う人でも

あら ば、『かく こそ 言ひ しか。』と 語り 給へ。」
動・ラ変・未 接助 副 係助 動・四・用 助動・過・已 格助 動・四・用 補動・四・命

いたら、『(俊恵は)このように言っていた。』とお話しください。」

と ぞ。
格助 係助

と(私に言ったのであった)。

かき曇《くも》る 一面に曇る。「かき」は動詞の上に付いて、意味を強めたり語調を整えたりする接頭語。

うちしぐれつつ 時雨《しぐれ》が降ることだよ。「うち」は接頭語。「しぐる」は、時雨が降る、の意。「つつ」は接続助詞で、余情を込めて詠嘆の気持ちを表す用法。反復・継続を表す用法とする説もある。

かくこそ言《い》ひしか このように言っていた。「こそ―しか」は係り結び。

鑑賞

この文章は、作者鴨長明が、和歌の師である俊恵から聞いた話を記したものである。話の内容は、藤原俊成の自賛歌のエピソードと、俊恵自身の自賛歌についてである。

「おもて歌」ということを中心にして、俊成と俊恵との和歌観の違いと、俊成の和歌の方法に対する当時の人々の理解の程度と質とが、おのずから読み取れるようになっている。

俊成と俊恵とは、ほぼ同年代であるが、俊成が『新古今《こきん》和歌集』につながる新風の和歌を創造しつつあったのに対して、俊恵は当時のいわゆる旧派の中心的人物であった。「夕されば…」の歌は、俊成が『千載《せんざい》和歌集』(巻四・秋上)に自ら撰入《せんにゅう》しており、後に、その歌論書『古来風体抄《こらいふうていしょう》』に、『千載和歌集』の自詠の中から撰《えら》び出したただ一首の作であって、まさに自賛歌たるにふさわしい。これに対し、「面影に…」の歌は、『千載和歌集』には撰ばれず、『新勅撰和歌集』になってはじめて勅撰集に収められている。この二首に対する俊成と、ほかの歌人たちの評価の違いが表れている。

俊恵の理想とする歌は、「み吉野の…」の歌からも分かるように、情景をありのままにさらりと表現し、作者の感動は余情として読者に伝わるような歌であった。そういう俊恵の目から見ると、俊成の「夕されば…」の歌の第三句「身にしみて」は、作者自身の感動が直接表現されていて、奥ゆかしさや優美さを欠くということになるのであろう。

しかし、俊成もまた、このうえなく余情を重んじた歌人であった。実はこの「夕されば…」の歌も、その余情美を表現した歌なのである。この歌は、次の『伊勢《いせ》物語』（第百二十三段）の話を背景にして詠んだものである。

「昔、男ありけり。深草《ふかくさ》にすみける女を、やうやうあきがたにや思ひけむ、かかる歌をよみけり。

　年を経て住み来《こ》し里を出《い》でて往《い》なばいとど深草野とやなりなむ

女、返し、

　野とならば鶉《うずら》となりて鳴き居《お》らむかりにだにやは君は来《こ》ざらむ

とよめりけるにめでて、行かむと思ふ心なくなりにけり。」

（現代語訳）昔、ある男がいた。深草に住んでいた女の所に通い住んでいたが、次第に飽きかけてきて、女から遠ざかろうという気になったのか、こんな歌を女に与えた。

　年を経て……長い年月通い続けてきたこの深草の里を私が出ていってしまったなら、ここはますます草深い野原となってしまうことだろうな。

すると女は、

　野とならば……野原となったら、私は鶉となって鳴いておりましょう。そうすれば、あなたは、狩りのためにかりそめにでも来てくださるでしょうから。

と詠んだのに男は感じ入って、出ていこうと思う心がなくなってしまった。

　──つまり、「鶉」は、男に捨てられた女の象徴としての意味を持っているのであって、その鶉が鳴くのは、鶉に化身した自分を殺しに来る狩人であってもよいから、男にまた逢《あ》いたいという切ない望みを訴えているということになる。したがって、「鶉」は、夕方になって寒くなった秋風が「身にしみて」鳴くのであると同時に、来ない男を待って切なく泣いているのでもある。有名な古歌の表現を取り入れて歌を詠むことを本歌取りというが、これは俊成が提唱し、その子定《さだ》家《いえ》が確立した技法である。『伊勢物語』の「深草の女」の歌に想を得た「夕されば…」の歌は、平安時代の優美な物語の世界と結び付いて、より深い余情美・象徴美を生み出しているのである。

教科書の問題（解答・解説）　教科書 二二九ページ

? 教科書本文下に示された問題

? 「面影に花の姿を先立てて」とは、どういうことか。（p.二二八）

解答　山にかかる白雲を桜の花と見まがい、その幻影にひかれて、ということ。

[解説] 直訳すると、「幻影として花の姿を先の方に置いて」となるが、その「幻影」の実体が「峰の白雲」であることが歌を最後まで読むと分かるようになっている。

? 「かの類ひ」とは、どのようなことを指すか。(p.二二九)

解答 おもて歌。俊成の「夕されば…」の歌の同類という意味。俊恵自身の代表歌・自賛歌ということ。

■ 学習の手引き

❶「夕されば…」(二二八・4)の歌について、「景気」「歌の詮《せん》とすべきふし」をそれぞれ指摘しよう。

解答 ・「景気」＝「夕されば野辺の秋風」「うづら鳴くなり深草の里」に表現された景色。
・「歌の詮とすべきふし」＝「身にしみて」に表現された作者の心情。

❷俊恵は、どのような点から「み吉野の…」(二二九・5)の歌を代表作としたと思うか、話し合おう。

[解説] 俊恵が「歌の詮とすべきふしをさはさはと言ひ表す」と、「こと浅くな」ると考えていたことに注意しよう。

「み吉野の…」の歌は、一首全体が風景の描写であり、心情を表す言葉を用いず、平明に詠み流して、しみじみとした冬の情感を言外に感じさせる歌である。

■ 語句と表現

①次の傍線部の「給ふ」の違いを、文法的に説明しよう。

解答 (1) 身にとりておもて歌と思ひ給ふる。＝ハ行下二段活用の謙譲の補助動詞「給ふ」の連体形(係助詞「なむ」の結び)。
(2) 知り給へず。＝ハ行下二段活用の謙譲の補助動詞「給ふ」の未然形。
(3) と語り給へ。＝ハ行四段活用の尊敬の補助動詞「給ふ」の命令形。

[解説] 「給ふ」は、四段活用の場合は尊敬語、下二段活用の場合は謙譲語となる。ここはいずれも補助動詞としての用法。謙譲の補助動詞「給ふ」は、主に会話や手紙文の中で用いられ、「思ふ」「知る」「見る」「聞く」などの知覚動詞の下に付くことが多い。

出典・作者

出典 『無名抄《むみょうしょう》』 鎌倉時代初期の歌論書。建暦《けんりゃく》元年(一二一一)十月以降の成立か。内容は、和歌に関する故実、歌人の逸話、詠歌の心得など約八十章に及ぶ。特に「近代歌の体《てい》の事」の条は注目され、『万葉集』から『千載和歌集』までの歌風の変遷を述べるなど、当時の歌壇の動向を知る好資料となっている。

作者 鴨長明《かものちょうめい》 本書二九ページ参照。

正徹物語《しょうてつ》

ひとり雨聞く秋の夜すがら

正徹

教科書 二三〇〜二三一ページ

大意

冷泉為秀《れいぜいためひで》の「あはれ知る友こそ難き世なりけれひとり雨聞く秋の夜すがら」の歌は、下の句の「ひとり雨聞く秋の夜すがら」が上の句としての役割を果たしている。「秋の夜に一晩中思っていることは」という余情を残しているからこそ、趣があって優れた歌になっている。漢詩においても、従来は「雨と聞きて寒更尽き、門を開きて落葉深し」と訓読されていたものが、「雨を聞きて」と訓読し直されて、趣が全く違ったものとなった。だから和歌も同様に、たった一文字で全く異なるものに感じられるのである。

■第一段落（初め〜二三〇・3）

段意 為秀の「あはれ知る…」の歌を聞いて、了俊《りょうしゅん》は為秀の弟子となった。

現代語訳・品詞分解

為秀の、
為秀（名） の、（格助）

情趣を理解する友はめったにいない世の中であるなあ。独りで雨音を聞く秋の夜通し（思いを
あはれ（名） 知る（動・四・体） 友（名） こそ（係助） 難き（形・ク・体） 世（名） なり（助動・断・用） けれ（助動・嘆・已） ひとり（名）

めぐらせているとそのように感じられる）。
雨（名） 聞く（動・四・体） 秋（名） の（格助） 夜すがら（副）

の歌を聞いて、了俊は為秀の弟子になられたのである。
の（格助） 歌（名） を（格助） 聞き（動・四・用） て、（接助） 了俊（名） は（係助） 為秀（名） の（格助） 弟子（名） に（格助） なら（動・四・未）

語釈・文法

あは《ワ》れ知《し》る…（歌） 了俊の歌論書『落書露顕《らくしょろけん》』では、初句を「情《なさけ》ある」と記し、『正徹物語』とは異なるが、意味はほぼ同じである。

あは《ワ》れ ①しみじみとした情趣。風情。②悲しさ。③愛情。人情。ここは①の意。

難《かた》し ここでは「有り難し」の略で、めったにない、まれである、の意。

夜《よ》すがら 夜通し。一晩中。「夜もすがら」ともいう。

れ　たる　なり。
助動・尊・用　助動・完・体　助動・断・終

■第二段落（二三〇・4〜11）

段意

この歌は、意味的には「ひとり雨聞く秋の夜すがら」が上の句なのである。「ひとり雨聞く秋の夜半かな」などと詠んで意味を切らずに、「秋の夜通し思っていることは」という意味を込めているからこそ、趣があるのだ。

現代語訳・品詞分解

「ひとり雨聞く秋の夜すがら」が（文脈上は）上の句なのである。
「ひとり　雨　聞く　秋　の　夜すがら」　が　上の句　に　て　ある　なり。
名　名　動・四・体　名　格助　副　格助　名　助動・断・用　接助　補動・ラ変・体　助動・断・終

秋の夜に独りで雨音を聞いて、「あはれ知る友こそ難き世なりけれ」と思っているのである。
秋　の　夜　ひとり　雨　を　聞き　て、「あはれ　知る　友　こそ　難き　世　なり　けれ」　と　思ひ　たる　なり。
名　格助　名　名　名　格助　動・四・用　接助　名　動・四・体　名　係助　形・ク・体　名　助動・断・用　助動・嘆・已　格助　動・四・用　助動・存・体　助動・断・終

情趣を理解する友がいるならば、誘われて、
あはれ　知る　友　の　ある　なら　ば、誘は　れ
名　動・四・体　名　格助　動・ラ変・体　助動・断・未　接助　動・四・未　助動・受・用

どこへでも行って語り明かしでもするならば、
て、いづち　へ　も　行き　語り　も　明かさ　ば、
接助　代　格助　係助　動・四・用　動・四・用　係助　動・四・未　接助

このように（独りで）雨音を聞くはずがない。
かく　雨　を　聞く　べから　ず。
副　名　格助　動・四・終　助動・当・未　助動・消・終

どのようにもできない（という状況を詠んでいる）ところが格別に思われるのです。
いかん　と　も　せ　ぬ　ところ　が　殊勝に　おぼえ　侍る　なり。
副　格助　係助　動・サ変・未　助動・消・体　名　格助　形動・ナリ・用　動・下二・用　補動・ラ変・体　助動・断・終

（もし）「ひとり雨聞く秋の夜半かな」とでも（詠んで）あるならば、
「ひとり　雨　聞く　秋　の　夜半　かな」　と　も　あら　ば、
名　名　動・四・体　名　格助　名　終助　格助　係助　動・ラ変・未　接助

（そこで歌の）意味が
果つ　べき
動・下二・終　助動・当・体

了俊《りょうしゅん》は為秀《ためひで》の弟子《でし》に　了俊は正徹の師なので、為秀―了俊―正徹という師弟関係がある。

語釈・文法

友《とも》のあるならば　未然形＋「ば」で順接の仮定条件を表す。後の「語りも明かさば」も同様。

いかんともせぬところ　どうにもしようがないところ。心の通じ合う友と語り合ったりしたいという思いがありながら、実際は何もしようがないという、もどかしい状況を表す。

殊勝《しゅしょう》に　「殊勝なり」は、①特に優れている、格別だ、②厳かだ、③けなげだ、の意を表す。ここは①の意。

秋《あき》の夜半《よわ》かな　秋の夜更けだなあ。「かな」は詠嘆を表す終助詞。

言《い》ひ《イ》捨《す》て果《は》てざる　言い捨てて意味が切れない。歌の言葉としては終わっているが、意味が後に続く含みを持っていて、文意が完結していないさまをいう。

されば　そうだから。この直後に、第二段落冒頭と同じ一文が繰り返されている。繰り返されている文が作者の主張したいことであり、

切れるはずだが、「秋の夜すがら」と言い捨てて意味が切れないところが肝要である。

が(接助)、「秋(名) の(格助) 夜すがら(副)」 と(格助) 言ひ捨て(動・下二・用) て(接助) 果て(動・下二・未) ざる(助動・消・体)

「独りで雨音を聞く秋の夜通し思っていることは」

ところ(名) が(格助) 肝要なり(形動・ナリ・終)。「ひとり(名) 雨(名) 聞く(動・四・体) 秋(名) の(格助) 夜すがら(副)

という気持ちを残して詠んでいるのである。

思ひ(動・四・用) たる(助動・存・体) は(係助)」 と(格助) いふ(動・四・体) 心(名) を(格助) 残し(動・四・用) て(接助) 言へ(動・四・命) る(助動・存・体)

だから 「ひとり雨聞く秋の夜すがら」 が

なり(助動・断・終)。 されば(接) 「ひとり(名) 雨(名) 聞く(動・四・体) 秋(名) の(格助) 夜すがら(副)」 が(格助)

(文脈上は)上の句なのである。 下の句(として意味が切れる)ならば、さ

上の句(名) に(助動・断・用) て(接助) ある(補動・ラ変・体) なり(助動・断・終)。 下の句(名) なら(助動・断・未) ば(接助)、させる(連)

ほどの特に注目される優れた表現もない歌となっているはずである。

ふし(名) も(係助) なき(形・ク・体) 歌(名) に(助動・断・用) て(接助) ある(補動・ラ変・体) べき(助動・当・体) なり(助動・断・終)。

「秋の夜ひとり…言へるなり。」(二三〇・4〜10)の部分がその根拠という構造である。

させる さほどの。たいした。

■第三段落 (二三一・1〜終わり)

段意

杜甫《とほ》の詩句でも、「雨と聞きて」ではなく、「雨を聞きて」と読むことで、夜は雨だと思っていたものが、朝になって初めて落ち葉だったと気づくおもしろさがある。和歌もただ一文字で全く別のものに解されるのである。

現代語訳・品詞分解

杜甫の詩に 「聞レ雨寒更尽、 開レ門落葉深」

杜子美(名) が(格助) 詩(名) に(格助) 「聞レ雨 寒 更 尽、 開レ門 落 葉 深」

という詩句があるのを、 我々と同門で修行する仲間の老僧で以前いた人

と(格助) いふ(動・四・体) 詩(名) の(格助) ある(動・ラ変・体) を(格助)、 我ら(代) が(格助) 法眷(名) の(格助) 老僧(名) の(格助)

が、 訓読し直したのである。 昔から「雨と聞きて」と訓

あり(動・ラ変・用) し(助動・過・体) が(格助)、 点じ直し(動・四・用) たる(助動・完・体) なり(助動・断・終)。 昔(名) から(格助) 「雨(名) と(格助)

語釈・文法

杜子美《としび》が詩《し》 杜甫の詩として引用されているが、中唐の詩僧無可上人《むかしょうにん》の詩「秋寄二従兄賈島一」(秋に従兄の賈島《かとう》に寄す)の一節。「聞雨」は、『全唐詩』での表記は「聴雨」である。鎌倉末期に日本に伝えられた宋《そう》代の詩論書『詩人《しじん》玉屑《ぎょくせつ》』にも記載があり、この詩句は当時よく知られていたとみられる。

点が付けてあったのを見て、(その老僧は)「この
聞きて」と点じたるを見て、「この点
動・四・用 接助 格助 動・サ変・用 助動・存・体 格助 動・上一・用 接助 代 格助 名

訓点はよくない。」と言って、初めて「雨を聞きて」と直した。
わろし。」とて、初めて「雨を聞きて」と直したり。
形・ク・終 格助 副 名 格助 動・四・用 接助 格助 動・四・用 助動・完・終

ただ一文字の違いで、(歌の趣は)天と地のように異なっている。「雨と」
ただ一字の違ひにて、天地の別なり。「雨と」
副 名 格助 名 格助 名 格助 形動・ナリ・終 名 格助

と訓読したのでは、最初から落ち葉(の音)だと知っていたという意味になって、
と読みては、初めから落葉と知りたるに
格助 動・四・用 接助 係助 名 格助 名 格助 動・四・用 助動・存・体 助動・断・用

句の趣に広がりがない。「雨を」と訓読すると、夜にはひ
て、その心狭し。「雨を」と読みつれば、夜は
接助 代 格助 名 形・ク・終 名 格助 格助 動・四・用 助動・完・已 接助 名 係助

たすら本当の雨だと思って(音を)聞いていたところ、夜がすっかり明けて、
ただまことの雨と聞きつれば、五更すでに
副 名 格助 名 格助 動・四・用 助動・完・已 接助 名 副

早朝に門を開けて(外を)見ると、雨ではなく、
尽きて、朝に門を開きて見れば、雨に
動・上二・用 接助 名 格助 名 格助 動・四・用 接助 動・上一・已 接助 名 助動・断・用

落ち葉が深く砌(の上)に散り敷いていた。こ
はあらず、落葉深く砌に敷きたり。こ
係助 補動・ラ変・未 助動・消・用 名 形・ク・用 名 格助 動・四・用 助動・存・終 代

の時初めて(雨ではなく落ち葉の音だったのだと)気づいたところが趣深いのである。そうであ
の時初めておどろきたるこそおもしろけれ。されば
格助 名 副 動・四・用 助動・完・体 係助 形・ク・已 接

るから和歌もただ文字一つ(の違い)で全く異なったものに思われるのである。
歌もただ文字一つにてあらぬものに聞こゆる
名 係助 副 名 名 格助 連 名 格助 動・下二・体

なり。
助動・断・終

寒更《かんこう》　寒い夜。「更」は、日没から日の出までの一夜を五等分した時間の単位。初更、二更、三更、四更、五更を総称して「五更」ともいう。

我《われ》らが法眷《はっけん》の老僧《ろうそう》のありし　我々と同門で修行する仲間の老僧で以前いた人。助詞「の」は同格を表す。「我らが法眷」＝「老僧」＝「ありし（以前いた人）」という意味。

点《てん》じ直《なお》したるなり　訓読し直したのである。「点ず」は漢文に訓点を付けること。

その心狭《こころせば》し　句の趣に広がりがない。「心」は物事の趣、趣向。「心狭し」は「心浅し」とほぼ同義。反対に、情趣が深いことを「心深し」という。

五更《ごこう》すでに尽《つ》きて　夜がすっかり明けて。「五更」の時刻がすっかり過ぎたということで、夜明けを意味する。

門《もん》　ここでは、家の中と外を仕切る扉と解すべきであろう。

初《はじ》めておどろきたる　朝になって落ち葉を目にして初めて、夜中に聞いていた音の正体に気づいたということ。「おどろく」は、はっと気づく、の意。

あらぬもの　別のもの。「あらぬ」は、①別の、②不都合な、③意外な。ここは①の意。

鑑賞

最初に為秀の「あはれ知る…」の歌を提示しているが、そこに了俊のエピソードを添えることで、この歌への高い評価を印象づけている。冷泉為秀は南北朝時代の歌人。将軍足利《あしかが》義詮《よしあきら》の歌道の師となり、当時の歌壇の第一人者として活躍した。一方、了俊は作者正徹にとっては師にあたる。一流の歌人を感動させた超一流の歌人の秀歌、とでもいうべきか。

第二段落では、この歌の表現の優れた点を具体的に解説する。歌の下の句が「…秋の夜すがら」になっていることで、意味的には上の句として働き、余情を深めているというのが作者の意見である。秋の夜に独りで雨音を聞いているしかないやるせない状況があるからこそ、「あはれ知る友こそ難き世なりけれ」という感慨が、より実感のこもったものとなるというのだ。さらに、「…秋の夜半かな」という別の表現との比較によって、自身の考えの説得力を高めている。

第三段落では、有名な唐詩の句を引用し、「雨と聞きて」と訓読するか、「雨を聞きて」と訓読するかで、詩情に大きな差が生じることを示す。そして、和歌も同様にたった一文字で全く別物になるのだという結論を導く。

和歌は三十一文字の短い詩だ。それだけに、一字一句にこだわるべきだということであろう。ただ、そうなると、為秀の歌の第一句が、了俊の著書では「情ある」、本文では「あはれ知る」と、異なっていることも少し気になってくる。

「聴雨寒更尽　開門落葉深」（雨を聴きて寒更尽く　門を開きて落葉深し）は、現在では禅語として知られており、掛軸などに書かれることも多い。もとの詩は、作者の無可上人が、従兄《いとこ》である賈島の紆余《うよ》曲折の人生を詠んだ五言律詩で、この句はその頷聯《がんれん》（第三・四句）に当たる。晩秋のもの寂しい風情や閑居のわびしさ、人生の諸行無常までも感じさせるものとして、人口に膾炙《かいしゃ》していったようである。

一方で、和歌にも同じ趣を詠んだものがある。「秋の夜に雨と聞こえて降るものは風にしたがふ紅葉なりけり」（紀貫《きのつら》之《ゆき》『拾遺《しゅうい》和歌集』秋・208）は、先の詩句をもとに詠まれたともいわれる。ここでは、「雨と聞こえて」という表現によって、落葉の音が雨音のように聞こえたということが明確になっている。こうした和歌が念頭にあった場合、「雨と聞きて」という言い方が出てくることも十分考えられる。しかし、五言律詩の句としては、表記も「聞」ではなく「聴」であり、「雨を聴きて」と読むのが自然な読み方であるように思われる。

正徹によれば、「雨と聞きて」という従来の読み方を、ある老僧が「雨を聞きて」に直したのだというが、「雨と聞きて」という読み方は、この句が単独で語られるようになる中で生じていたものではないだろうか。

教科書の問題（解答・解説）

教科書 二三一ページ

❓教科書本文下に示された問題

❓「上の句にてあるなり。」とは、どういうことか。（p.二三〇）

解答　意味のつながりとしては、上の句として捉えるべきものであるということ。

[解説]　為秀の歌は、形のうえでは「あはれ知る友こそ難き世なりけれ」が上の句で、「ひとり雨聞く秋の夜すがら」が下の句である。しかし、「ひとり雨聞く秋の夜すがら」という状況がまずあって、「あはれ知る友こそ難き世なりけれ」という感慨が生まれたのであるから、意味的には「ひとり雨聞く…」のほうが先にくるべきで、上の句だというのである。

❓「この時」とは、いつのことか。（p.二三一）

解答　早朝、戸を開けて外を見て、落ち葉が散り敷いているのを見つけた時。

[解説]　夜はただ音だけを聞いていたため外の様子は定かではない。朝になり外の様子を目で見た時、初めて事実を認識したというわけである。

■学習の手引き

❶為秀の「あはれ知る…」（二三〇・2）の歌と、その下の句を「ひとり雨聞く秋の夜半かな」（二三〇・7）と変えた場合とを比較し、違いを説明しよう。

解答　・為秀の歌＝「ひとり雨聞く秋の夜すがら」が上の句として解釈されるため、秋の夜、一晩中、独りで雨音を聞きながら、この情趣を理解する友がいてほしいものだなあと願いながら、そういう友のいない現状を嘆いている様子が伝わってくる。

・下の句を変えた場合＝情趣を解する友はいないものだなあという心情と、秋の夜に独りで雨音を聞いているという情景とがそれぞれ独立している印象がある。

[解説]　上の句は、「～こそ…けれ」という係り結びによって詠嘆の意が強調されている。為秀の歌は、下の句を「秋の夜すがら」という副詞句で終わることで、上の句へと意味がつながっていくのに対し、下の句を「秋の夜半かな」といった詠嘆で終止させた場合には、二つの感慨が詠み込まれた歌ということになる。

❷「聞レ雨」（二三一・1）を、「雨と聞きて」と訓読した場合と、「雨を聞きて」と訓読した場合との違いを説明しよう。

解答　「雨と聞きて」の場合は、「雨と思って聞いて」の意となり、実際は雨が降っているのではないことを知りつつそのように聞いたという意になるのに対し、「雨を聞きて」の場合は、「雨音を聞いて」の意となり、聞いている時点では雨音であると認識していることになる。一方で、実際に雨が降っていた（雨によって落葉が進んだ）と解釈することも可能になる。

［解説］「雨と聞きて」では、結末を知ったうえでの状況説明のように感じられるが、「雨を聞きて」では、詩中の人物の実感に寄り添った描写となり、朝になって落葉を見た時の驚きが鮮明に感じられるというのが正徹の考えである。

■語句と表現

① 次の傍線部の「が」の違いを文法的に説明しよう。

解答 (1) 果つべきが＝逆接の確定条件を表す接続助詞。

(2) 果てざるところが肝要なり＝主格を表す格助詞。

(3) 杜子美が詩に＝連体修飾格を表す格助詞。

［解説］(1)接続助詞「が」の前後に、「果つべき」と「言ひ捨てて果てざる」という対照的な内容が述べられているので、逆接である。(2)(3)現代語では、格助詞「が」は主に主格を表し、連体修飾格を表すのは格助詞「の」というふうに分かれているが、古文では「が」と「の」はどちらの意味にも用いられる。

出典・作者

出典 『正徹《しょうてつ》物語』 室町時代の歌論書。上下巻に分かれるとみられ、上巻を『徹書記《てつしょき》物語』、下巻を『清巌茶話《せいがんさわ》』とする伝本もある。文安《ぶんあん》五年（一四四八）頃または宝徳《ほうとく》二年（一四五〇）頃の成立。明確な章段分けはないが、和歌の風体、評釈、歌人の逸話など、長短約二百十項目ほどをつづっている。冒頭には藤原定家《ふじわらのさだいえ》への崇拝を示す一文、「歌道において定家を難《なん》ぜむ輩《ともがら》は、冥《みょう》加《が》もあるべからず、罪をかうむるべきことなり。」（歌の道において定家を非難するような人々は、神仏のご加護もあるはずがなく、罰を受けるに決まっている。）がある。

作者 正徹《しょうてつ》（一三八一―一四五九） 室町時代の臨済宗《りんざいしゅう》の禅僧、歌人。法名は正徹、字《あざな》を清巌、庵号《あんごう》を招《しょう》（松）月《げつ》という。東福寺の書記を務めたことから徹書記とも称される。今川了俊に師事して和歌を学び、冷泉派の歌人として頭角を現す。多くの歌会に参加して実力を発揮するも、足利義教《よしのり》に忌避され、不遇の時期もあった。義教の死後、歌壇に復帰。藤原定家の「有心」の歌風に憧れ、和学を究め、旧来の派閥を超えたところに独自の境地を開拓した。家集に『草根《そうこん》集』、紀行に『なぐさめ草』がある。

無名草子《むみょうぞうし》

清少納言《せいしょうなごん》

教科書　二三一〜二三三ページ

大意

あまりにも度が過ぎてしまった人が、そのままでいる例はめったにない。清少納言は、一条院（一条天皇）の在位時で中関白《なかのかんぱく》（藤原道隆《ふじわらのみちたか》）の執政時に、皇太后宮《こうたいこうぐう》（道隆の娘で一条天皇の中宮定子《ていし》）に出仕して、その才能が高く評価されたが、それは自ら『枕草子《まくらのそうし》』に記している。名高い歌人の清原元輔《きよはらのもとすけ》の娘にしては歌才が乏しく、勅撰《ちょくせん》集への入集《にっしゅう》も少ない。『枕草子』には、定子が栄華の盛りにあり、天皇の寵愛《ちょうあい》を受けていたことばかりが書かれ、道隆没後の一族の衰退にはふれていない。そうした心配りをした清少納言が、晩年は頼りになる縁者もなく、田舎で零落した暮らしをしたのは気の毒である。

■第一段落（初め〜二三一・2）

段意

総じて、あまりにも度が過ぎてしまった人が、そのままの状態でいる例は、めったにないことのようだ。

現代語訳・品詞分解

「総じて、あまりにも度が過ぎてしまった人が、そのまま（の状態）でおります例は、めったにないことのようだ。

「すべて（副）、あまりに（形動・ナリ・用）なり（動・四・用）ぬる（助動・完・体）人（名）の（格助）、その（代）の（格助）まま（名）に（助動・断・用）て（接助）侍る（補動・ラ変・体）例（名）、ありがたき（形・ク・体）わざ（名）に（助動・断・用）こそ（係助）あ（補動・ラ変・体）めれ（助動・定・已）。

語釈・文法

すべて　総じて。およそ。だいたい。

例《ためし》　①例。②手本。③証拠。ここは①の意。

ありがたきわざにこそあめれ　「ありがたし」は、①めったにない、まれだ、②実現するのが難しい、などの意を表す。ここは①の意。「あめれ」は「あるめれ」の撥《はつ》音便「あんめれ」の撥音無表記の形。「こそ—めれ」は係り結び。

第二段落（二二二・3～6）

段意

清少納言は、一条院（一条天皇）の在位時、中関白（藤原道隆）が政治を執り、娘の定子が皇太后宮として全盛期だった頃に出仕して、その才能が高く評価された。それについては自ら『枕草子』に記しているので言及しない。

現代語訳・品詞分解

檜垣の子の、清少納言は、一条天皇が帝位についていらっしゃった時、

檜垣	の	子、	清少納言	は、	一条院	の	位	の	御時、
名	格助	名	名	係助	名	格助	名	格助	名

中関白が、世の政治をお執りになっていた当初に、皇太后宮（定

中関白、	世	を	しら	せ	給ひ	ける	初め、	皇太后宮
名	名	格助	動・四・未	助動・尊・用	補動・四・用	助動・過・体	名	名

子）が（一条天皇の）ご寵愛を受けていらっしゃる全盛期にお仕え申し上げなさって、（定

の	時めか	せ	給ふ	盛り	に	候ひ	給ひ	て、	人
格助	動・四・未	助動・尊・用	補動・四・体	名	格助	動・四・用	補動・四・用	接助	名

子が清少納言を）ほかの女房より優れた者とお思いになっていた時のことなどは、

より	優なる	者	と	思し召さ	れ	たり	ける	ほど
格助	形動・ナリ・体	名	格助	動・四・未	助動・尊・用	助動・存・用	助動・過・体	名

『枕草子』という作品に自分で書き表しておりますので、

の	ことども	は、	枕草子	と	いふ	もの	に	自ら	書き表し
格助	名	係助	名	格助	動・四・体	名	格助	副	動・四・用

（ここで私が）詳しく申すまでもない。

て	侍れ	ば、	細かに	申す	に	及ば	ず。
接助	補動・ラ変・已	接助	形動・ナリ・用	動・四・体	格助	動・四・未	助動・消・終

語釈・文法

世《よ》をしらせ給《たま》ひ《イ》ける 世の政治をお執りになっていた。「しる」は「領る」「治る」と書き、統治する、政治的に支配する、占有する、などの意を表す。「せ給ふ」は二重敬語（最高敬語）。

時《とき》めかせ給《たま》ふ《ウ》 「時めく」は、①時流に乗って栄える、②寵愛を受ける、などの意を表す。ここは②の意。

候《さぶら》ひ《イ》給《たま》ひ《イ》て お仕え申し上げなさって。「候ふ」は「仕ふ」の謙譲語。貴人のそばにお仕えする、の意。「給ふ」は尊敬の補助動詞。

人《ひと》 ここでは、ほかの女房たちのことを指す。

思《おぼ》し召《め》されたりける 「思し召す」は、「思ふ」の尊敬語。「れ」は助動詞「る」の連用形で、尊敬とすると主語は皇太后宮（定子）、受身とすると主語は清少納言となる。ここでは、前者で解釈している。

第三段落（二二二・7～10）

段意

清少納言は、名高い歌人の清原元輔の娘にしては歌才が乏しかったのか、『後拾遺《ごしゅうい》和歌集』などの入集歌はひどく少ない。本人も歌才の乏しいのを自覚していて、歌を詠む場には加わらないようにしていたのだろうか。そうでなければ、入集歌が極端に少ないように思われる。

現代語訳・品詞分解

歌を詠むという方面では、（清原）元輔の娘で、それほど（名

歌詠み　の　方　こそ、元輔　が　女　に　て、さばかり
名　格助　名　係助　名　格助　名　助動・断・用　接助　副

高い歌人の娘）であったわりには、優れていなかったのかなあと思われる。

なり　ける　ほど　より　は、優れ　ざり　ける　と　か
助動・断・用　助動・過・体　名　格助　係助　動・下二・未　助動・消・用　助動・過・体　格助　係助

『後拾遺和歌集』などにも、ひどく少なく入っているようです。

や　と　おぼゆる。後拾遺　など　に　も、むげに　少なう　入り
間助　格助　動・下二・体　名　副助　格助　係助　副　形・ク・用　動・四・用

（清少納言は）自分でも（歌才の乏しいのを）よく分かっていて、（定

て　侍る　めり。自ら　も　思ひ知り　て、申し請ひ　て、
接助　補動・ラ変・体　助動・定・終　名　係助　動・四・用　接助　動・四・用　接助

子に）お願い申し上げて、そのようなこと（歌を詠むような場）には、加わらなかったのでしょうか。

さやう　の　こと　に　は、交じり　侍ら　ざり　ける
名　格助　名　格助　係助　動・四・用　補動・ラ変・未　助動・消・用　助動・過・体

そうでなくては、（『後拾遺和歌集』などへの入集が）極端に少ないように思われます。

に　や。さら　で　は、いと　いみじかり　ける　もの
助動・断・用　係助　動・ラ変・未　接助　係助　副　形・シク・用　助動・過・体　名

に　こそ　あ　めれ。
助動・断・用　係助　補動・ラ変・体　助動・定・已

語釈・文法

元輔《もとすけ》が女《むすめ》にて　（清原）元輔の娘で。「元輔」は歌人として名高い清原元輔のこと。「女」は、ここでは、娘、の意。

さばかりなりけるほどよりは　それほどであったわりには。「さばかり」は、副詞「さ」に副助詞「ばかり」が付いて、一語の副詞になったもの。それほど、あれほど、の意。ここでは、名高い歌人の娘であることを指す。

むげに　むやみに、ひどく、などの意を表す。

さやう《ヨウ》のこと　そのようなこと。ここでは、歌を詠むような場を指す。

交《ま》じり侍《はべ》らざりけるにや　後に「ありけむ」などの結びの語句が省略されている。

さらでは　そうでなくては。そうでなければ。清少納言が、自分から歌を詠む場に加わらないようにしていたのでなければ、ということ。

いといみじかりける　極端に少ない。「いみじ」は、ここでは、ひどく少ない、といった意。

■第四段落（二三二・11～終わり）

段意

『枕草子』には、清少納言の心構えが表れていて興味深い。宮廷生活を記した中に、定子が栄華の盛りにあって一条天皇の寵愛を受けていたことだけを書き、定子の父の関白殿（道隆）が亡くなり、兄の内大臣（藤原伊周《これちか》）が左遷されるなどした頃の一族の衰退についてはふれていない。そういう行き届いた心配りをした人が、晩年は頼りになる縁者もなく、乳母《めのと》の子を頼って田舎に下り住み、華やかな宮廷生活を懐かしがったというのは気の毒なことである。

現代語訳・品詞分解

その『枕草子』こそ、(清少納言の)心構えが表れていて、とても
そ の 枕草子 こそ、 心 の ほど 見え て、 いと
代 格助 名 係助 名 格助 名 動・下二・用 接助 副

興味深くございます。 あれほど、 興味深くも、 趣深くも、
をかしう 侍れ。 さばかり、 をかしく も、 あはれに も、
形・シク・用 補動・ラ変・已 副 形・シク・用 係助 形動・ナリ・用 係助

すばらしくも、 りっぱでもある(宮廷生活における)ことの数々を、 残らず書き記してあ
いみじく も、 めでたく も ある ことども、 残ら ず
形・シク・用 係助 形・ク・用 係助 補動・ラ変・体 名 動・四・未 助動・消・用

る中に、 皇太后宮(定子)がすばらしく(栄華の)盛りにあって、(一
書き記し たる 中 に、 宮 の めでたく 盛りに、 時めか
動・四・用 助動・存・体 名 格助 名 格助 形・ク・用 形動・ナリ・用 動・四・未

条天皇の)ご寵愛を受けていらっしゃったことだけを、 恐ろしいほどにまざまざと書き表
せ 給ひ し こと ばかり を、 身 の 毛 も 立つ
助動・尊・用 補動・四・用 助動・過・体 名 副助 格助 名 格助 名 係助 動・四・体

して、 (定子の父の)関白殿がお亡くなりになり、 (定子の
ばかり 書き出で て、 関白殿 失せ させ 給ひ、 内大臣
副助 動・下二・用 接助 名 動・下二・未 助動・尊・用 補動・四・用 名

兄の)内大臣が流されなさるなどした頃の(一族の)衰退(のさま)を、
流さ れ 給ひ など せ し ほど の 衰へ を
動・四・未 助動・受・用 補動・四・用 副助 動・サ変・未 助動・過・体 名 格助 名 格助

少しも口に出さないほどの、 すばらしい(行き届いた)心
ば、 かけても 言ひ出で ぬ ほど の、 いみじき 心ばせ
係助 副 動・下二・未 助動・消・体 名 格助 形・シク・体 名

配りをしたような人が、 (晩年は)しっかりした縁者などもいなかったのであろうか、
なり けむ 人 の、 はかばかしき よすが など も なかり
助動・断・用 助動・過婉・体 名 格助 形・シク・体 名 副助 係助 形・ク・用

乳母の子であった者に連れ立って行って、
ける に や、 乳母 の 子 なり ける 者 に
助動・過・体 助動・断・用 係助 名 格助 名 助動・断・用 助動・過・体 名 格助

語釈・文法

心《こころ》のほど　心構え。心の在り方。心の様子。

いとを《オ》かしう《シュウ》侍《はべ》れ　とても興味深くございます。「をかしう」は「をかしく」のウ音便。「侍れ」は丁寧の補助動詞。

を《オ》かしくも…めでたくもあることども　「をかしくも」「あはれにも」「いみじくも」「めでたくも」は並立の関係で、下の「ある」にかかる。いずれも「ことども」(宮廷生活におけることの数々)を形容した言葉。「めでたし」は、すばらしい、りっぱだ、優れている、の意。

宮《みや》　「皇太后宮」(定子)のこと。

失《う》せさせ給《たま》ひ《イ》　お亡くなりになり。「失す」は、①なくなる、消える、②姿を消す、③死ぬ、亡くなる、の意を表す。ここは③の意。「させ給ひ」は二重敬語(最高敬語)。話し手の、関白殿(道隆)に対する敬意を表す。

内大臣《うちのおとど》流《なが》され給《たま》ひ《イ》　定子の兄、藤原伊周は、花《か》山《さん》院に矢を射かけたなどの罪で、大宰権帥《だざいのごんのそち》に左遷されて筑紫《つくし》に流された。父道隆が亡くなり、政権が道長に移った翌年のことである。これにより、道隆一族の衰退は決定的なものとなった。

かけても　(下に打消の語を伴って)少しも(…ない)、全然(…ない)、の意を表す副詞。

具して、遥かなる田舎にまかりて住みける
（動・サ変・用／接助／形動・ナリ・体／名／格助／動・四・用／接助／動・四・用／助動・過・体）
遠い田舎に下って住んでいたが、

に、襖などいふ物、干しに外に出づとて、
（接助／名／副助／動・四・体／名／動・四・用／格助／名／格助／動・下二・終／格助）
襖などというものを、干すために外に出ようとして、

『昔の直衣姿こそ忘られね。』と独りごち
（名／格助／名／係助／動・四・未／助動・可・未／助動・消・已／格助／動・四・用）
『昔の（宮廷生活で見た）直衣姿が忘れられない。』と独りごとを言った

けるを、見侍りければ、あやしの衣着
（助動・過・体／格助／動・上一・用／補動・ラ変・用／助動・過・已／接助／形・シク・終／格助／名／動・上一・用）
のを、（ある人が）見ましたところ、粗末な衣服を着て、

て、つづりといふ物、帽子にして侍り
（接助／名／格助／動・四・体／名／名／格助／動・サ変・用／接助／補動・ラ変・用）
つづりという（布切れを継ぎ合わせた）ものを、帽子にしておりましたのは、

けるこそ、いとあはれなれ。まことに、いかに昔恋しかり
（助動・過・体／係助／副／形動・ナリ・已／副／副／名／形・シク・用）
とても気の毒だった。本当に、（清少納言は）どんなにか昔が恋

けむ。」
（助動・過推・体）
しかったことだろう。」

いみじき心《こころ》ばせなりけむ人《ひと》　すばらしい（行き届いた）心配りをしたような人。「いみじ」は、ここでは、すばらしい、行き届いている、などの意。「心ばせ」は、①気立て、性格、②心配り、配慮、③心構え、分別、などの意を表す。ここは②の意。

はかばかしきよすが　しっかりした縁者。「はかばかし」は、しっかりしている、頼もしい、などの意を表す。「よすが」は、もともと身や心を寄せるよりどころを表す語で、ここでは、頼りとする縁者、身より、の意。

昔《むかし》の直衣姿《のうしすがた》　昔、宮廷生活を送っていた頃に見た貴族たちの直衣姿をいう。

独《ひと》りごちけるを　独りごとを言ったのを。「独りごつ」は、独りごとを言う、の意。

あやしの衣《きぬ》　粗末な衣服。「あやし」は「賤し」と書き、①身分が低い、卑しい、②粗末だ、見苦しい、の意を表す。ここは②の意。「あやしの」は形容詞の語幹用法で、語幹（シク活用は終止形）に格助詞「の」が付いて連体修飾語となったもの。

鑑賞

『無名草子』は、京都東山《ひがしやま》辺りの奥ゆかしい邸《やしき》に紛れ入った八十三歳の尼が、そこに仕える女房たちの対話を聞き書きしたという体裁をとっており、「清少納言」「紫式部」は、実在した王朝女性を取り上げた人物評のうちの一編である。

冒頭の「すべて、あまりになりぬる人の、そのままにて侍る例、ありがたきわざにこそあめれ。」という一文が本文の主題であり、第二段落以降は、その「あまりになりぬる人」である清少納言について具体的に述べて批評するという構成になっている。

清少納言は、中関白（藤原道隆）の執政時に、道隆の娘で皇后（当初は中宮）である定子のもとに出仕し、その才知によって、定子に「人より優なる者」と評されていたという。そのあたりのことは、清少納言が自ら『枕草子』に書いているとあるが、実際、『枕草子』には自賛ともとれる記事が少なくない。教科書のⅠ部に採録された「中納言参り給ひて」「雪のいと高う降りたるを」の章段もこれにあたる。

一方、歌の才能については、名高い歌人である清原元輔の娘にしては乏しく、それを当人も自覚して歌を詠む場には加わらずにいたらしいことが述べられる。不得手な分野に関わらなかったのは、才女としてのプライドゆえであろうか。

そんな清少納言が抱いていた心構えが、『枕草子』に見られるという。『枕草子』には、清少納言が体験したり見聞きしたりした宮廷生活の数々が記されているが、自身の仕えた定子が、栄華の盛りにあり、一条天皇の寵愛を一身に集めていた様子をさまざまと描く一方で、定子の父道隆が没し、兄伊周が左遷させられた頃の一族の衰退については一切ふれていない。清少納言の主君家への忠誠、とりわけ定子に対する深い賛美と敬愛の念がうかがえる。清少納言は、美しく聡明《そうめい》で幸せな定子の姿だけを後世にとどめようとしたのであろう。

このように行き届いた心配りまで見せた清少納言だが、晩年は頼りになる縁者もなく、乳母の子に連れ立って田舎に下り住み、零落した暮らしの中で華やかな宮廷生活を懐かしがっていたという。何ともあわれなことだと、話し手の女房はその境遇に同情を寄せる。「あまりになりぬる人」であった清少納言は、「そのまま」で生涯を終えることはできなかったのである。

教科書の問題（解答・解説）

教科書 二二三ページ

❓教科書本文下に示された問題

❓「さばかりなりけるほど」とは、具体的にどういうことか。 （p.二二三）

解答 清少納言が、名高い歌人の清原元輔の娘であったということ。

[解説]「さばかり」は、前の「元輔が女にて」を受けて、それほど（名高い歌人の娘）、という意味を表す。または、清少納言の才媛ぶりを指して、あれほど（才知あふれる

女性）、とする説もある。

❓「いといみじかりける」とは、どういうことか。（p.二三三）

解答　『後拾遺和歌集』などに入集している清少納言の歌の数が、極端に少ないということ。

［解説］「後拾遺などにも、むげに少なう入りて侍るめり」（二三一・8）とあるのを受け、その数の少なさが甚だしいということを述べている。

■学習の手引き

❶清少納言は、歌人として、『枕草子』の作者として、それぞれどのように評されているか。

解答　・歌人として＝名高い歌人の清原元輔の娘にしては優れていなかったようで、本人もそれを自覚して歌を詠む場に加わらないようにしていたためか、勅撰和歌集への入集歌も少ない。

・『枕草子』の作者として＝自身が見聞きした宮廷生活のことの数々の中でも、定子が栄華の盛りにあり、一条天皇の寵愛を受けていた様子をまざまざと書き表す一方で、定子の父の中関白（藤原道隆）が亡くなり、兄の内大臣（藤原伊周）が左遷されるなどした頃の一族の衰退については少しもふれないという心配りを見せている。

❷冒頭の「すべて、あまりになりぬる人の、そのままにて侍る例、ありがたきわざにこそあめれ。」（二三一・1）とは、どのようなことを指していっているのか。

解答　清少納言が華やかな宮廷生活から一転して晩年は田舎で落ちぶれた生活を送ったことを指して、あまりにも度が過ぎた人が、一生そのままの状態でいるわけではないということをいっている。

■語句と表現

①次の傍線部の敬語は、それぞれ誰に対する敬意を表しているか。

(1) 中関白、世をしらせ①給ひける初め、皇太后宮の時めかせ②給ふ盛りに③候ひ④給ひて

解答　①中関白（道隆）　②皇太后宮（定子）　③皇太后宮（定子）　④清少納言

［解説］「せ給ふ」は、ここでは尊敬の助動詞「す」＋尊敬の補助動詞「給ふ」で、高い敬意を表す二重敬語（最高敬語）。「候ひ給ふ」は、ここでは「仕ふ」の謙譲語「候ふ」＋尊敬の補助動詞「給ふ」で、動作を受ける人と動作をする人の両方に敬語を用いて同時に敬う二方面への敬語。二方面への敬語は、謙譲語＋尊敬語の形が多い。

なお、「候ひ給ひて」の主語は清少納言として解釈しているが、清少納言に対しては、この箇所以外では敬語が用いられていないことから、この「給ひ」の用法にはやや不自然な感がある。

紫《むらさき》式《しき》部《ぶ》

教科書 二三四〜二三五ページ

大意

『源《げん》氏《じ》物語』は、大斎院《おおさいいん》（選子《せんし》内親王）の所望で、上東門院（一条天皇の中宮彰子《しょうし》）の命により紫式部が書いたという説と、紫式部が宮仕え以前に書いたという説があるが、どちらが本当だろうか。『紫式部日記』には、「出仕当初、私は周囲から気が置かれて付き合いにくい人だろうと思われていたが、実際はぼんやりした未熟者だったので、意外だったと驚かれた」などと書いてある。また、その日記に、紫式部が主君の藤原道長《ふじわらのみちなが》をすばらしいと思いながらも、なれなれしく書いていないのもよい。彰子も道長も親しみやすくりっぱだったと書いているのは、彼女の控えめさには似つかわしくないが、彼らの性格によるものなのだろう。

第一段落（初め〜二三四・10）

段意

『源氏物語』は、大斎院から物語を所望された上東門院（彰子）の命により紫式部が新たに書いたという説と、紫式部が宮仕え以前に書いたもので、それによって出仕するよう召し出されたという説があるが、どちらが本当なのだろうか。

現代語訳・品詞分解

「同じことを繰り返して言うようではありますが、尽きることもなく、

「繰り言（名） の（格助） やうに（助動・比・用） は（係助） 侍れ（補動・ラ変・已） ど、（接助） 尽き（動・上二・用） も（係助） せ（動・サ変・未）ず、（助動・消・用） うらやましく、（形・シク・用） めでたく（形・ク・用） 侍る（補動・ラ変・体） は、（係助） 大斎院（名） より（格助）
うらやましく、すばらしゅうございますことは、大斎院（選子内親王）

上東門院（名） へ、（格助） 『つれづれ（名） 慰み（動・四・用） ぬ（助動・強・終） べき（助動・可・体） 物語（名） や（係助）
から上東門院（彰子）に、『退屈をきっと慰めることができる物語はありますか。』

語釈・文法

繰《く》り言《こと》　同じことを繰り返し、くどくどと言うこと。

尽《つ》きもせず　尽きることもなく。いくら言ってもきりがないくらい、ということ。

つれづれ慰《なぐさ》みぬべき物語《ものがたり》や候《さぶら》ふ《ウ》　退屈をきっと慰めることができる物語はありますか。「つれづれ」は、①することがなく退屈な気持ち、

とお尋ね申し上げなさった時に、
候ふ。』と尋ね参らせさせ給へりける
動・四・体　格助　動・下二・用　補動・下二・未　助動・尊・用　補動・四・命　助動・完・用　助動・過・体

（彰子が）紫式部をお呼びになって、『何を差し上げたらよいかしら。』と
に、紫式部を召して、『何をか参らすべき。』と
格助　名　格助　動・四・用　接助　代　格助　係助　動・下二・終　助動・適・体　格助

おっしゃったので、（紫式部が）『目新しいものは、何がござい
仰せられければ、『めづらしきものは、何か
動・下二・未　助動・尊・用　助動・過・已　接助　形・シク・体　名　係助　代　係助

ましょうか。（いや、何もございません。）新しく作って差し上げなさいませ。』と
侍るべき。新しく作りて参らせ給へかし。』と
動・ラ変・体　助動・推・体　形・シク・用　動・四・用　接助　動・下二・用　補動・四・命　終助　格助

申し上げたところ、（彰子が）『（それでは、あなたが）作りなさい。』とお命じになったのをお
申しければ、『作れ。』と仰せられけるを承り
動・四・用　助動・過・已　接助　動・四・命　格助　動・下二・未　助動・尊・用　助動・過・体　格助　動・四・用

引き受け申し上げて、『源氏物語』を作ったというのは、とてもすばら
て、源氏を作りたりけるとこそ、いみじく
接助　名　格助　動・四・用　助動・完・用　助動・過・体　格助　係助　形・シク・用

しいことでございます。」
めでたく侍れ。」
形・ク・用　補動・ラ変・已

と言う人がいますと、一方で、
と言ふ人侍れば、また、
格助　動・四・体　名　動・ラ変・已　接助　接

「（紫式部が）まだ宮仕えもしないで自宅におりました時、
「いまだ宮仕へもせで里に侍りける
副　名　係助　動・サ変・未　接助　名　格助　動・ラ変・用　助動・過・体

このようなもの（『源氏物語』）を作り出したことによって、
折、かかるもの作り出でたりけるによりて、
名　動・ラ変・体　名　動・下二・用　助動・完・用　助動・過・体　格助　動・四・用　接助

（彰子のもとに出仕するよう）召し出されて、そのために（『源氏物語』の登場人物にちなんで）紫式部と
召し出でられて、それゆゑ紫式部といふ名は
動・下二・未　助動・受・用　接助　代　名　名　格助　動・四・体　名　係助

---

②孤独でもの寂しい気持ち、の意を表す。ここは①の意。「ぬ」は強意の助動詞。「べき」は可能の助動詞「べし」の連体形。「や」は疑問の係助詞。「候ふ」は「あり」の丁寧語で、係助詞「や」の結び。

仰《おお》せられければ　おっしゃったので。「仰す」は、①命じる、②（「言ふ」の尊敬語）おっしゃる、の意を表す。ここは②の意。

何《なに》か侍《はべ》るべき　何がございましょうか。（いや、何もございません。）「か」は反語の係助詞。「べき」は推量の助動詞「べし」の連体形で、係助詞「か」の結び。「侍り」は「あり」の丁寧語。

「作《つく》れ。」と仰《おお》せられけるを　「作りなさい。」とお命じになったのを。「仰す」は、ここでは、命じる、の意。上東門院（彰子）が紫式部に、ということ。

承《うけたまわ》る　①（「受く」の謙譲語）いただく。お受けする。②お引き受け申し上げる。③（「聞く」の謙譲語）お聞きする。ここは②の意。

いまだ宮仕《みやづか》へ《エ》もせで　まだ宮仕えもしないで。「で」は打消接続の接続助詞。…ないで、…なくて、の意。

里《さと》　宮中に対して、宮仕えの者の自宅をいう。

いう名を付けた、とも申しますのは、どちらが本当のことなのでしょうか。
付け たり、と も 申す は、いづれ か まこと に
動・下二・用 助動・完・終 格助 係助 動・四・体 係助 代 係助 名 助動・断・用

て 侍ら む。
接助 補動・ラ変・未 助動・推・体

かかるもの 『源氏物語』を指す。

■第二段落（二二四・11〜14）

段意

紫式部は、自らの日記に「出仕当初は気が置かれて付き合いにくいと周囲から見られていたが、実際はぼんやりした未熟者で、一という字さえ書かないようなので意外だと思われた」などと書いている。

現代語訳・品詞分解

その人の日記（『紫式部日記』）というものがありましたのにも、
そ の 人 の 日記 と いふ もの 侍り し に
代 格助 名 格助 名 格助 動・四・体 名 動・ラ変・用 助動・過・体 格助

『参内した初めの頃は、（私のことを）気後れするほど（りっぱ）にも、
も、『参り ける 初め ばかり、恥づかしう も、心にくく も、
係助 動・四・用 助動・過・体 名 副助 形・シク・用 係助 形・ク・用 係助

奥ゆかしくも、そして付き合いにくくもあろうと、（周囲の女房
また 添ひ苦しう も あら むず らむ と、おのおの
接 形・シク・用 係助 補動・ラ変・未 助動・推・終 助動・現推・終 格助 副

たちは）めいめい思っていたところ、（実際の私は）全く意外にもぼんやりしてい
思へ り ける ほどに、いと 思はずに ほけづき、
動・四・命 助動・存・用 助動・過・体 接助 副 形動・ナリ・用 動・四・用

て、未熟者で、一という文字さえ書かない様子だったので、
かたほに て、一文字 を だに 引か ぬ さま なり
形動・ナリ・用 接助 名 格助 副助 動・四・未 助動・消・体 名 助動・断・用

こうとは思わなかったと、友人（の女房）たちは思っておられる。』
けれ ば、かく 思は ず と、友だちども 思は る。』
助動・過・已 接助 副 動・四・未 助動・消・終 格助 名 動・四・未 助動・尊・終

などと見えて（書かれて）おります。
など こそ 見え て 侍れ。
副助 係助 動・下二・用 接助 補動・ラ変・已

語釈・文法

恥《は》づ《ズ》かしう《シュウ》 「恥づかしく」のウ音便。「恥づかし」は、①相手がりっぱすぎて気後れする、きまりが悪い、②こちらが気後れするほどりっぱだ、の意を表す。ここは②の意。

心《こころ》にくし 奥ゆかしい、心がひかれる。

思《おも》へ《エ》りけるほどに 思っていたところ。主語は、紫式部の周囲の女房たち。

ほけづく 「ほく」は「惚く」「呆く」と書き、ぼんやりする、の意。「づく」は、そういう状態になる、の意を表す接尾語。

かたほにて 未熟者で。「かたほなり」は、「片秀なり」「偏なり」と書き、不完全だ、未熟だ、の意を表す。対義語は「まほなり」（「真秀なり」）。

一文字《いちもんじ》をだに引《ひ》かぬさま 紫式部は漢詩文・漢籍に通じていたが、周囲に気を遣って、意識的に漢学の才を隠そうとしたのである。

■第三段落（二三五・1〜終わり）

段意

紫式部が主君（藤原道長）のことを、気のある様子でなれなれしく書き記していないのもよい。一方で、皇太后宮（彰子）も、道長も、親しみやすくりっぱだったと書いているのは、お二人のご性格によるものなのだろう。

現代語訳・品詞分解

主君（道長）のご様子などを、とてもすばらしいとお思い申し上げなが
君　の　御ありさま　など　を　ば、　いみじく　めでたく　思ひ
名　格助　名　副助　格助　係助　形・シク・用　形・ク・用　動・四・用

らも、少しもいかにも気のある様子でなれなれしく書き表し申し上げていない
聞こえ　ながら、　つゆ　ばかり　も　かけかけしく　ならし顔に
補動・下二・用　接助　副　副助　係助　形・シク・用　形動・ナリ・用

点もりっぱで（ございます）、一方、皇太后宮（彰子）の御
聞こえ出で　ぬ　ほど　も　いみじく、　また、　皇太后宮　の
動・下二・未　助動・消・体　名　係助　形・シク・用　接　名　格助

事を、このうえなくすばらしいものと書き申し上げるにつけても、
御事　を、　限りなく　めでたく　聞こゆる　に　つけ　て　も、
名　格助　形・ク・用　形・ク・用　動・下二・体　格助　動・下二・用　接助　係助

（紫式部が）愛らしく親しくお仕えしていた当時の（彰子の）ご様子も、
愛敬づき　なつかしく　候ひ　ける　ほど　の　こと　も、
動・四・用　形・シク・用　動・四・用　助動・過・体　名　格助　名　係助

主君（道長）のご様子も、親しみやすくりっぱでいらっしゃった、
君　の　御ありさま　も、　なつかしく　いみじく　おはしまし
名　格助　名　係助　形・シク・用　形・シク・用　補動・四・用

などと書き表し申し上げているのも、（紫式部の控えめな）心に似つかわしく
し、　など　聞こえ表し　たる　も、　心　に　似　ぬ
助動・過・体　副助　動・四・用　助動・存・体　係助　名　格助　動・上一・未　助動・消・体

ないことであるようだ。（これは）一つには、（道長や彰子の）ご性格（にも
体　に　て　あ　める。　かつは　また、　御心柄　なる
名　助動・断・用　接助　補動・ラ変・体　助動・定・体　副　副　名　助動・断・体

よるもの）なのだろう。」
べし。」
助動・推・終

語釈・文法

君《きみ》　①君主。天皇。②主人。主君。ここは②の意で、藤原道長のこと。

つゆばかりも　（下に打消の語を伴って）少しも（…ない）。全然（…ない）。

ならし顔《がお》なり　動詞「ならす」の連用形に、いかにも…の様子をしている、の意を表す接尾語「顔」が付いて形容動詞化した語。いかにもなれなれしい態度、様子を表す。

聞《き》こえ出《い》でぬ　言葉に出して申し上げない。ここでは、日記に書き表さないことをいう。

愛敬《あいぎょう》づきなつかしく候《さぶら》ひ《イ》ける　愛らしく親しくお仕えしていた。紫式部が皇太后宮（彰子）に、ということ。「愛敬づく」は、表情や態度などに愛らしさが備わる、魅力がある、の意を表す。「なつかし」は、ここでは、心ひかれる、親しみやすい、の意。

心《こころ》に似《に》ぬ体《てい》にてあめる　心に似つかわしくないことであるようだ。「あめる」は「あるめる」の撥《はつ》音便「あんめる」の撥音無表記の形。

かつはまた　一方では。一つには。

鑑賞

本文は、紫式部という実在の王朝女性についての人物評である。ここでは、二人の女房が、紫式部の出仕と『源氏物語』の成立に関する二つの説を紹介し、次いで『紫式部日記』を引きながら彼女の性格を語る。

『源氏物語』の成立に関する二つの説とは、①紫式部が宮仕えをしていた時に、上東門院（彰子）から命じられて、大斎院に差し上げる物語として作った、②紫式部が宮仕え以前、里（自宅）にいた時に作った、というものである。「紫式部」という女房名が、彼女の執筆した『源氏物語』に由来することは確かだが、その執筆は宮仕え以後なのか、以前なのか。『無名草子』成立当時、既にこうした二つの説があったことが分かって興味深い。ちなみに、現在では、宮仕え以前から以後までの長期間にわたる執筆と考えられている。

②の説を述べた女房は、それに続けて、紫式部自身が残した日記の記述について語り始める。紫式部は出仕当初、周囲の女房たちにとけこめるよう気を遣い、その学才を隠していたという。紫式部は少女時代から聡明《そうめい》で、漢籍にも通じていたが、宮中では、ぼんやりした未熟者で「一」という文字さえ書かない人のように振る舞って、周囲を安心させようとしたのである。このあたりのことは教科書一六〇〜一六一ページ『紫式部日記』（「日本紀《にほんぎ》の御局《みつぼね》」）で学習したとおりである。また、彰子の父藤原道長について、なれなれしく日記に書いたりはしなかった。つまり、紫式部は、才女でありながら、あくまでも思慮深く控えめな女性だったというのである。

教科書の問題（解答・解説）

教科書 二三五ページ

❓教科書本文下に示された問題

❓「かく思はず」の「かく」は、具体的にどういうことを指しているか。（p.二三四）

解答　紫式部がぼんやりした未熟者で、一という文字さえ書かないような様子だったこと。

［解説］「かく思はず」の主語は「友だちども」（紫式部の友人の女房たち）である。紫式部に対するイメージが、当初予想していたものとは違ったので、「こうとは思わなかった」と述べている。よって「かく」は、紫式部の実際の様子「いと思はずにほけづき、かたほにて、一文字をだに引かぬさまなり」を指す。

❓「心に似ぬ体」とは、誰のどのような「心」か。（p.二三五）

解答　紫式部の控えめな心。

［解説］彰子や道長について、親しみやすくりっぱだった、

などと書いていることがあるのは、そうした心に似つかわしくないといっている。

■学習の手引き

❶本文中の『　』の部分は、それぞれ誰の言葉か。

解答　・『つれづれ慰みぬべき…。』（二三四・2）＝大斎院
・『何をか参らすべき。』（二三四・3）＝上東門院（彰子）
・『めづらしきものは…。』（二三四・4）＝紫式部
・『作れ。』（二三四・5）＝上東門院（彰子）
・『参りける初めばかり…友だちども思はる。』（二三四・11）＝話し手の女房が、『紫式部日記』に書かれていることとして語ったもの。したがって、紫式部の言葉ともいえる。ただし、日記の文章の正確な引用ではない。

❷本文には『源氏物語』の成立について、二つの説が述べられている。それぞれの説を要約しよう。

解答　①紫式部が宮仕え時に、上東門院（彰子）から命じられて、大斎院に差し上げる物語として作った、という説。
②紫式部が宮仕え以前、里（自宅）にいた時に作ったという説。

［解説］　第一段落の前半と後半で述べられていることを、それぞれまとめる。

❸「いまだ宮仕へもせで…御心柄なるべし。」（二三四・8～二三五・6）の話し手は、紫式部をどのような人物と捉えているか。

解答　思慮深く控えめで、節度のある人物。

［解説］　話し手は、紫式部が周囲の女房たちに気を遣って振る舞ったことや、主君道長の様子をすばらしいと思いながらも、少しも気のあるふうに日記に書き表すことをしなかったことを高く評価している。それゆえ、日記に彰子や道長のことを親しみやすいなどと書いている点については、人柄に似つかわしくないと感じている。

■語句と表現

①次の傍線部の語の違いを、文法的に説明しよう。

(1)　尋ね①参らせさせ給へりけるに／何をか②参らすべき。新しく作りて③参らせ給へかし。／④参りける初めばかり

解答　①謙譲の補助動詞「参らす」の未然形。
②動詞「参らす」の終止形。「与ふ」「遣る」の謙譲語。
③動詞「参らす」の連用形。「与ふ」「遣る」の謙譲語。
④動詞「参る」の連用形。「行く」の謙譲語。

(2)　いみじくめでたく思ひ①聞こえながら／限りなくめでたく②聞こゆるにつけても／③聞こえ表したるも

解答　①謙譲の補助動詞「聞こゆ」の連用形。
②動詞「聞こゆ」の連体形。「言ふ」（ここでは、文章に

書く、の意）の謙譲語。

③動詞「聞こゆ」の連用形。「言ふ」（ここでは、文章に書く、の意）の謙譲語。「聞こえ表す」で、「言ひ表す」の謙譲語ということになる。

［解説］⑴の「参らす」はサ行下二段活用、「参る」はラ行四段活用、⑵の「聞こゆ」はヤ行下二段活用。本動詞か補助動詞かを見分けて、意味を判断する。「参る」には補助動詞の用法はないが、「飲む」「食ふ」の尊敬語としての用法もあるので注意したい。

出典・作者

出典　『無名草子《むみょうぞうし》』　鎌倉《かまくら》時代前期の文芸評論書。建仁《けんにん》二年〔一二〇二〕までに成立。『大鏡《おおかがみ》』の対話形式にならい、八十三歳の尼がたまたま紛れ入った邸《やしき》で女房たちの話を聞き、それを書きとめたという構成をとる。内容は、現世で捨てがたいものは何かという話に始まり、『源氏《げんじ》物語』をはじめとする多くの物語の批評、また、『万葉集』や『古今《こきん》和歌集』などの勅撰《ちょくせん》集および私撰集の批評、あるいは小野小町《おののこまち》や清少納言《せいしょうなごん》、紫式部《むらさきしきぶ》などの王朝女性の人物論を展開する。特に『源氏物語』についての記述は、批評や成立論など、示唆に富むものが多い。現存最古の文芸評論として、この時代の文学の好みを伝えるとともに、散逸した物語を知るうえで貴重な資料となっている。

作者　未詳だが、藤原俊成女《ふじわらのとしなりのむすめ》〔一一七一？—一二五二？〕とする説が有力である。

源《げん》氏《じ》物語玉の小《お》櫛《ぐし》

もののあはれの論

本居宣長《もとおりのりなが》

教科書　二三六～二三八ページ

大意

物語は「もののあはれ」を味わい知るために書かれたものである。儒教や仏教の教えに反する内容も多いのは、人には道理に反すると知りつつも心動かされることがあるからである。『源氏物語』では、光《ひかる》源氏は不義の恋をするも、そこに立ち上る「もののあはれ」によって、「よき人」とされる。物語は儒教や仏教の善悪の論議を離れ、「もののあはれ」を「よしあし」の基準としているのだ。物語に不義の恋を描くのは「もののあはれ」の花を咲かせるためなのである。

■第一段落（初め～二三六・5）

段意

物語は「もののあはれ」を味わい知ることを主題としていて、儒教や仏教の教えに反することが描かれることも少なくない。人は道理に反することだと分かっていても、そうしたことに心を動かされてしまうことがあるからである。

現代語訳・品詞分解

さて、物語は「もののあはれ」を味わい知ることを主題とはしているが、

さて、（接）物語（名）は（係助）もののあはれ（名）を（格助）知る（動・四・体）を（格助）宗（名）と（格助）は（係助）

その（物語の）筋立てに至っては、儒教や仏教の

し（動・サ変・用）たる（助動・存・体）に、（接助）その（代）筋（名）に（格助）至り（動・四・用）て（接助）は、（係助）儒仏（名）の（格助）

教えには反していることも多いものであるよ。そ

教へ（名）に（格助）は（係助）背け（動・四・命）る（助動・存・体）こと（名）も（係助）多き（形・ク・体）ぞ（終助）かし。（終助）そ（代）

れは、まず人の感情が（何かの）物事に動かされることとしては、

れは、（係助）まづ（副）人（名）の（格助）情（名）の（格助）もの（名）に（格助）感ずる（動・サ変・体）こと（名）に（格助）は、（係助）

語釈・文法

さて　さて。前の文を受けて次の文に続けたり、話題を変えたりする時に用いる。

もののあは《ワ》れ　物事が持つ本質であり、うれしい時、悲しい時、そのほかさまざまな時に、それにふれることで、人の心に深い感動やしみじみとした情趣をもたらすもののこと。

知《し》る　①理解する。②経験する。③世話をする。ここは①②の意で、味わい知る、といった意。

宗《むね》　中心とすること。主要なこと。

善悪邪正（など）さまざまなものがある（が、その）中で、道理に反していることに
善悪（名）邪正（名）さまざま（名）ある（動・ラ変・体）中（名）に、（格助）理（名）に（格助）違へ（動・四・命）

は感動してはいけないものだけれども、感
る（助動・存・体）こと（名）に（格助）は（係助）感ず（動・サ変・終）まじき（助動・禁・体）わざ（名）なれ（助動・断・已）ども、（接助）情（名）

情というものは自分でも自分の意（理性）のままにならないことがあって、（人の道に
は（係助）我（代）ながら（接助）わ（代）が（格助）心（名）に（格助）も（係助）任せ（動・下二・未）ぬ（助動・消・体）こと（名）

自然と抑えがたい時があって、
あり（動・ラ変・用）て、（接助）おのづから（副）忍び難き（形・ク・体）ふし（名）あり（動・ラ変・用）て、（接助）感ずる（動・サ変・体）

背くようなことにも）心動かされることがあるもの（だから）である。
こと（名）ある（動・ラ変・体）もの（名）なり。（助動・断・終）

その筋《すじ》に至《いた》りては　（物語の）筋立てに至っては。「そ」は物語を指す。
儒仏《じゅぶつ》の教《おし》へ《エ》　儒教や仏教の教え。儒教は、仁を根本とする政治や道徳を説く。仏教は、悟りを得て現世の苦しみから解脱することを説く。
多《おお》きぞかし　多いものであるよ。「ぞ」「かし」は、ともに念押しの終助詞。
そは　それは。「そ」は「儒仏の教へには背けることも多き」を指す。
善悪邪正《ぜんあくじゃせい》　善と悪、邪（よこしまなこと）と正（正しいこと）。
理《ことわり》　道理。筋道。
我《われ》ながら　自分のことではあるが。自分でも。

■第二段落（二三六・6～二三七・2）

段意

源氏の君（光源氏）の、一部の女性たちとの恋愛は、儒仏の道義で論じたら不義悪行《あくぎょう》だが、物語では、その「もののあはれ」を描くことで光源氏を「よき人」の手本としている。物語の「よしあし」は儒仏の善悪とは異なるのだ。

現代語訳・品詞分解

源氏の君のことについて言うならば、空蝉の君、朧月夜の君、
源氏の君（名）の（格助）上（名）にて（格助）言は（動・四・未）ば、（接助）空蝉の君、（名）朧月夜の君、（名）

藤壺の中宮などに思いをかけて契りを結びなさったのは、
藤壺の中宮（名）など（副助）に（格助）心（名）を（格助）かけ（動・下二・用）て（接助）あひ（動・四・用）給へ（補動・四・命）

儒教や仏教などの道義で論ずるとしたら、
る（助動・完・体）は、（係助）儒仏（名）など（副助）の（格助）道（名）にて（格助）言は（動・四・未）ん（助動・仮・体）に（格助）は、（係助）

語釈・文法

源氏《げんじ》の君《きみ》の上《うえ》にて言《い》は《ワ》ば　源氏の君のことについて言うならば。「上」は、その人や物事についてのこと、身の上、の意。
心《こころ》をかけて　思いをかけて。「かく」は「掛く」「懸く」と書き、情愛を注ぐ、思いをかける、の意。
あひ《イ》給《たま》へ《エ》るは　契りを結びなさったのは。「あふ」は「逢ふ」と書き、ここでは、契りを結ぶ、の意。

全くこのうえもない、ひどい不義悪行であるから、ほかにどれほどのよいことがあろうとも、

よに　上　も　なき、　いみじき　不義　悪行　なれ　ば、　ほか　に
副　名　係助　形・ク・体　形・シク・体　名　名　助動・断・已　接助　名　格助

いかばかり　の　よき　こと　あら　ん　に　て　も、
副　格助　形・ク・体　名　動・ラ変・未　助動・仮・体　助動・断・用　接助　係助

(源氏の君を)「よき人」(倫理道徳を備えた人)とは言いがたいはずであるが、それが不義悪行であることを、

よき　人　と　は　言ひ難かる　べき　に、　その　不義　悪行
形・ク・体　名　格助　係助　形・ク・体　助動・当・体　接助　代　格助　名　名

それほど取り立てては言わないで、

なる　よし　を　ば、　さしも　立てて　は　言は　ず
助動・断・体　名　格助　係助　副　副　係助　動・四・未　助動・消・用

ただその間の「もののあはれ」の深い方面を繰り返し書き連ねて、

して、　ただ　その　間　の　もののあはれ　の　深き　方
接助　副　代　格助　名　格助　名　格助　形・ク・体　名

源氏の君をもっぱら「よき人」(「もののあはれ」をよく理解している人)の手本として、

を　かへすがへす　書き述べ　て、　源氏の君　を　ば　宗と　よき
格助　副　動・下二・用　接助　名　格助　係助　副　形・ク・体

よいことの全てをこの(源氏の)君の身の上に取り集めて(書いて)あるのは、

人　の　本　と　し　て、　よき　こと　の　限り　を　こ　の
名　格助　名　格助　動・サ変・用　接助　形・ク・体　名　格助　名　格助　代　格助

これが物語の本旨であって、

君　の　上　に　取り集め　たる、　これ　物語　の　大旨　に
名　格助　名　格助　動・下二・用　助動・存・体　代　名　格助　名　助動・断・用

その(物語での)「よしあし」は儒教や仏教などの書物(で)の善悪とは違いのある区別である。

して、　その　よき　あしき　は　儒仏　など　の　書　の　善悪
接助　代　格助　形・ク・体　形・シク・体　係助　名　副助　格助　名　格助　名

(違う種類のものである。)

と　変はり　ある　けぢめ　なり。
格助　名　動・ラ変・体　名　助動・断・終

■第三段落（二三七・3〜5）

段意　源氏の君の犯した不義が悪いことであるのは明白だが、そうした罪を論ずることは物語に求めるべきではない。

よに上《うへ》もなき　全くこのうえもない。「よに」は、①(下に打消の語を伴って)決して(…ない)、②非常に、たいそう、の意を表す副詞。ここは①の意。

いみじき不義《ふぎ》悪行《あくぎょう》　ひどい不義悪行。「いみじ」は、ここでは、ひどい、の意。「不義」は、人の道に外れたことや、男女間の密通をいう。

あらんにても　あろうとも。「ん」は仮定の助動詞「ん(む)」の連体形。

よしをば　「よし」は「由」と書き、ここでは形式名詞として用いて、…こと、…様子、といった意。「をば」は、格助詞「を」+係助詞「は」の濁音化で、強調表現となる。

さしも　①そんなにも。あんなにも。②(下に打消・反語の語を伴って)たいして(…ない)。それほどでも(…ない)。ここは②の意。

立《た》てて　取り立てて。特に。

宗《むね》とよき人《ひと》の本《ほん》として　もっぱら「よき人」(「もののあはれ」をよく理解している人)の手本として。「宗と」は、もっぱら、主として、の意。「本」は、手本、規範、の意。

そのよきあしきは　物語での「よしあし」は、の意。

けぢ《ジ》め　相違。区別。

現代語訳・品詞分解

そうだからといって、あの（源氏の君が犯したような）種類の不義をよいとするのではない。

さりとて（接）、か（代）の（格助）類ひ（名）の（格助）不義（名）を（格助）よし（形・ク・終）と（格助）する（動・サ変・体）

に（助動・断・用）は（係助）あら（補動・ラ変・未）ず（助動・消・終）。

それ（不義）が悪いことは、今さら言わなくても明白で、

そ（代）の（格助）あしき（形・シク・体）こと（名）は（係助）、今さら（副）言は（動・四・未）で（接助）も（係助）しるく（形・ク・用）、

そのような種類の罪を論ずることは、

さる（動・ラ変・体）類ひ（名）の（格助）罪（名）を（格助）論ずる（動・サ変・体）こと（名）は（係助）、

自然とその方面の書物が世の中にたくさんあるので、

おのづから（副）そ（代）の（格助）方（名）の（格助）書ども（名）の（格助）世（名）に（格助）ここら（副）あれ（動・ラ変・已）ば（接助）、

（善悪邪正を論じることには）縁遠い物語に期待するべきではない。

もの遠き（形・ク・体）物語（名）を（格助）まつ（動・四・終）べき（助動・当・体）に（助動・断・用）あら（補動・ラ変・未）ず（助動・消・終）。

語釈・文法

さりとて　そうだからといって。

かの類《たぐ》ひ《イ》の不義《ふぎ》　「かの」は、あの、その、例の、の意。「類ひ」は、同類、種類、の意。源氏の君が犯したような種類の不義（悪行）を指す。

言《い》は《ワ》でもしるく　言わなくても明白で。「しるし」は「著し」と書き、はっきりしている、の意。

さる類《たぐ》ひ《イ》の罪《つみ》　そのような種類の罪。不義の罪。

世《よ》にここらあれば　世の中にたくさんあるので。「ここら」は、たくさん、数多く、非常に、の意。

もの遠《どお》し　縁遠い。あまり関係がない。距離のあるさま、疎遠なさまをいう。「もの」は接頭語。

まつ　ここでは、期待する、頼りにする、の意。

■第四段落（二二七・6〜10）

段意

物語は儒仏の教えを示すものではなく、ただ世間のさまを描いたものであるから、儒仏における善悪の論議はひとまず置いておき、「もののあはれ」を理解しているという方面で優れていることを「よし」としているのである。

現代語訳・品詞分解

物語は、儒教や仏教などの厳格な道理のように、迷いを

物語（名）は（係助）、儒仏（名）など（副助）の（格助）したたかなる（形動・ナリ・体）道（名）の（格助）やうに（助動・比・用）、迷ひ（名）

離れて悟りに入らねばならない（という）教えでもなく、

を（格助）離れ（動・下二・用）て（接助）悟り（名）に（格助）入る（動・四・終）べき（助動・当・体）法（名）に（助動・断・用）も（係助）あら（補動・ラ変・未）

あるいは国をも家をも自分自身をもおさめねばならない（という）教えでもない。

ず（助動・消・用）、また（接）国（名）を（格助）も（係助）家（名）を（格助）も（係助）身（名）を（格助）も（係助）をさむ（動・下二・終）

語釈・文法

したたかなり　①しっかりしている。確かだ。②頑丈だ。屈強だ。③激しい。大げさだ。ここは①②の意で、厳格である、といった意。

迷《まよ》ひ《イ》を離《はな》れて悟《さと》りに入《い》るべき法《のり》　迷いを離れて悟りに入らねばならない（という）教え。仏教の教えを指す。

国《くに》をも家《いえ》をも身《み》をもをさ《オ》むべき教《おし》へ《エ》　国家や家

ただ世間の（人々のありさま

べき　教へ　に　も　あら　ず。　ただ　世の中　の

助動・当・体　名　助動・断・用　係助　補動・ラ変・未　助動・消・終　副　名　格助

や出来事を描いた）物語であるのだから、　そのような（儒教や仏教の）方面（で）の善悪の論議は少

物語　なる　が　ゆゑ　に、　さる　筋　の　善悪　の　論　は

名　助動・断・体　格助　名　格助　動・ラ変・体　名　格助　名　格助　名　係助

し置いておいて、　それほどこだわらず、　ただ

しばらく　さしおき　て、　さしも　かかはら　ず、　ただ

副　動・四・用　接助　副　動・四・未　助動・消・用　副

「もののあはれ」を理解している方面が優れていることを、　特に取り上げ

もののあはれ　を　知れ　る　方　の　よき　を、　取り立て

名　格助　動・四・命　助動・存・体　名　格助　形・ク・体　格助　動・下二・用

て「よし」としているのである。

て　よし　と　は　し　たる　なり。

接助　形・ク・終　格助　係助　動・サ変・用　助動・存・体　助動・断・終

■第五段落（二三七・11～終わり）

段意

蓮《はちす》を観賞する人が美しい花を咲かせるために泥水を蓄えておくように、物語に不義の恋を描くのは、「もののあはれ」の花を咲かせるための材料なのである。

現代語訳・品詞分解

この趣意を（分かりやすく説明するために）ものにたとえて言うならば、　蓮を植えて

こ　の　心ばへ　を　もの　に　たとへ　て　言は　ば、　蓮　を

代　格助　名　格助　名　格助　動・下二・用　接助　動・四・未　接助　名　格助

愛でようとする人が、　濁って汚くはあ

植ゑ　て　愛で　ん　と　する　人　の、　濁り　て

動・下二・用　接助　動・下二・未　助動・意・終　格助　動・サ変・体　名　格助　動・四・用　接助

るが、　泥水を蓄えるようなものである。　物語に

汚く　は　あれ　ども、　泥水　を　蓄ふる　が　ごとし。　物語

形・ク・用　係助　補動・ラ変・已　接助　名　格助　動・下二・体　格助　助動・比・終　名

不義の恋を書いているのも、　その濁っている泥を愛

に　不義　なる　恋　を　書け　る　も、　そ　の　濁れ

格助　名　助動・断・体　名　格助　動・四・命　助動・存・体　係助　代　格助　動・四・命

庭や自分自身をおさめねばならない（という）教え。儒教の教えを指す。

さしおきて　置いておいて。「さし」は接頭語。

さしもかかは《ワ》らず　それほどこだわらず。「かかは《ワ》る」は、関係する、こだわる、の意。

もののあは《ワ》れを…よしとはしたるなり　物語においては、宗教的にまた倫理的に正しいかどうかではなく、「もののあはれ」を理解しているかどうかを、人物の「よしあし」の判断基準としていることをいう。

語釈・文法

心《こころ》ばへ《エ》　趣意。意味。

ものにたとへ《エ》て言《い》は《ワ》ば　ものにたとえて言うならば。

蓮《はちす》を植《う》ゑ《エ》て…泥水《ひじみず》を蓄《たくわ》ふ《ウ》るがごとし　「ごとし」は比況を表し、…のようだ、…と似ている、の意。「蓮」は、物語の主題である「もののあはれ」のたとえ。「泥水」は、主題を表現するための材料・手段である「不義なる恋」などの倫理道徳に反する行為のたとえ。

でようとしてではなく、

る（助動・存・体）泥（名）を（格助）愛で（動・下二・用）て（接助）に（助動・断・用）は（係助）あら（補動・ラ変・未）ず、（助動・消・用）

「もののあはれ」の花を咲かせようとするための材料なのだよ。

もののあはれ（名）の（格助）花（名）を（格助）咲か（動・四・未）せ（助動・使・未）ん（助動・意・体）料（名）ぞ（終助）かし。（終助）

愛《め》でんとする　ここでは、蓮の花の美しさをほめ味わおうとすることをいう。

料《りょう》ぞかし　材料なのだよ。「料」は、材料、の意。

鑑賞

本文は『源氏物語玉の小櫛』一巻の最後の「源氏物語大《おお》概《むね》」という章に収められている。本文の前には、『源氏物語』の「蛍《ほたる》」の巻で、紫式部《むらさきしきぶ》がこの物語を書いた本意を光源氏の言葉を借りて述べているとし、解説している。いわく、物語は実際に見聞きしたことの中で深く心に刻まれ後世まで伝えたいと思ったものを、登場人物に仮託して表現したものであり、作り事ではあるが、「もののあはれ」を知らせるための方便（空言ではなく人のためになること）ともいえるものだという。また、物語は、「もののあはれ」が味わえ、風情があって世の人の心にかなうものをよしとし、その逆をあしとしていて、これは儒仏の書にいう善悪とは同じではないともいう。

これを受けて本文では、『源氏物語』に光源氏の不義が描かれていることを例に、改めて物語の特性を示し、儒仏と離して考えるべきだと主張している。作者は、物語を宗教的、倫理的な観点から解放し、「もののあはれ」という人間の純粋な感動を味わうものとして捉えようとしたのである。

教科書の問題（解答・解説）

教科書　二三七～二三八ページ

❓教科書本文下に示された問題

❓「かの類ひ」とは、何を指すか。（p.二三七）

解答　『源氏物語』において、源氏の君（光源氏）が犯したような種類の不義（悪行）。道ならぬ恋をして契りを結んだこと。

❓「さる筋」とは、何を指すか。（p.二三七）

解答　儒教や仏教の方面。儒教や仏教の教え、道理。

❓「蓮」と「泥水」は、それぞれどのようなことをたとえているか。（p.二三七）

解答　「蓮」は「もののあはれ」を、「泥水」は「不義なる恋」「不義悪行」をたとえている。

■学習の手引き

❶作者は、物語における「よき」「あしき」と儒仏の道における「善」「悪」とは、どのように異なると考えているか。

解答　物語における「よき」「あしき」は、「もののあはれ」を味わい知ることにつながるかどうかによる。一方、儒仏の道における「善」「悪」とは、人が本来守るべき道理に基づいているかどうかによる。

［解説］　物語では、人の心を動かすものを「よき」とし、感動のないものを「あしき」とする。このため、登場人物が不義悪行をはたらこうとも、それが是認されることがある。これに対して儒仏の道においては、国家や自身をおさめるための教え、また、迷いを離れて悟りに入らねばならないという教えにのっとったことを「善」とし、それらの教えに背くことを「悪」とする。

❷作者は物語をどのようなものと捉えているか整理しよう。

解答　作者の考えは次のように整理できる。

①「もののあはれ」を知り、感動を生み出すことが物語の主題である。

②物語の中で不義悪行を描くことがあっても、それは主題を伝えるための手段にすぎない。

③物語では、儒教や仏教の価値基準ではなく、人の心を動かすかどうかで物事のよしあしが評価される。

■語句と表現

①次の傍線部の「ん」を文法的に説明しよう。

解答　(1)　儒仏などの道にて言はんには＝仮定の助動詞「ん」の連体形。(2)　よきことあらんにても＝仮定の助動詞「ん」の連体形。(3)　蓮を植ゑて愛でんとする人＝意志の助動詞「ん」の終止形。(4)　もののあはれの花を咲かせん料＝意志の助動詞「ん」の連体形。

［解説］　助動詞「ん」は、助動詞「む」が撥《はつ》音化して、平安後期以降「ん」と表記されるようになったもの。

②次の傍線部の助動詞について、意味・用法を説明しよう。

解答　(1)　感ずまじきわざなれども＝禁止（…てはいけない）の意を表す。

(2)　泥水を蓄ふるがごとし。＝比況（…ようだ）の意を表す。

出典・作者

出典　『源《げん》氏《じ》物語《ものがたり》玉《たま》の小櫛《おぐし》』　『源氏物語』の注釈書。九巻。寛政《かんせい》十一年〔一七九九〕刊行。作者が、自著『紫文要領《しぶんようりょう》』『源氏物語年紀考《ねんきこう》』に、伊勢《いせ》松坂《まつさか》で約四十年にわたり門人に講義した内容を加えてまとめたもの。一・二巻は総論、三巻は年《とし》立《だて》（年表）、四巻は本文校異、五～九巻は注釈になっている。

作者　本居宣長《もとおりのりなが》〔一七三〇―一八〇一〕　江戸時代後期の国学者。初め医学を志すが、契沖《けいちゅう》に啓発されて国学の道に進み、『源氏物語』などを研究した。賀茂真淵《かものまぶち》の門下となり『古事記《こじき》』の研究に着手し、注釈書『古事記伝』を完成させた。随筆『玉勝間《たまかつま》』、歌論書『石上私淑言《いそのかみのささめごと》』などがある。

花鏡《かきょう》

初心《しょしん》を忘るべからず

世阿弥《ぜあみ》

〔奥段《おくのだん》〕

教科書 二三九〜二四〇ページ

大意 初心の未熟な芸を忘れずに身につけておかなければならない。初心を忘れると、現在の芸についても認識できなくなり、能の上達していった過程も忘れることになり、それでは芸が初心に後戻りしてしまうことになる。初心を忘れないことによって、上達した後の芸を正しく認識することができ、能は上達していくのである。

第一段落（初め〜二三九・10）

段意 初心の未熟な芸を忘れてはならない。ことわざにも「先人の失敗を後人の教訓とする」と言う。初心を忘れると、後心も忘れることになり、上達していった過程を忘れるということは、能の芸位が退歩することになる。だから、現在の芸位を正しく認識するために、初心を忘れないようにするのである。

現代語訳・品詞分解

善悪を問わず(とにかく)初心(若い頃の未熟な芸)を忘れてはならないというのは、若い頃の初心

是非 初心 を 忘る べから ず と は、 若年 の

副 名 格助 動・下二・終 助動・命・未 助動・消・終 格助 係助 名 格助

を忘れずに身につけていると、

初心 を 忘れ ず して 身 に 持ち て あれ ば、

名 格助 動・下二・未 助動・消・用 接助 名 格助 動・四・用 接助 補動・ラ変・已 接助

老後にさまざまな得るものがある(からである)。「前々の非を知るを、

老後 に さまざま の 徳 あり。 「前々 の 非 を 知る

名 格助 名 格助 名 動・ラ変・終 名 格助 名 格助 動・四・体

後々の是とす」と(ことわざに)言っている。「先車のくつが

を、 後々 の 是 と す」 と 言へ り。 「先車 の

格助 名 格助 名 格助 動・サ変・終 格助 動・四・命 助動・存・終 名 格助

語釈・文法

徳《とく》あり　得るものがある。「徳」は、ここでは恩恵、めぐみ、といった意味。

前々《ぜんぜん》の非《ひ》を知《し》るを、後々《ごご》の是《ぜ》とす　当時のことわざとみられ、「以前の欠点を認識することが、将来の正しい行いとなる」の意。すぐ後の「先車の…」と同様の趣旨。「非」は、正しくないこと、誤り、欠点、失敗。「是」は、正しいこと、良いこと。

先車《せんしゃ》のくつがへ《エ》すところ、後車《ごしゃ》の戒《いまし》め　『漢書《かんじょ》』

えすところ、 後車の戒め」 ということである。初心を忘れる
くつがへす ところ、 後車 の 戒め」 と 云々。 初心 を
動・四・体 名 名 格助 名 格助 名 名 格助

のは、 後心(現在の芸についての認識)も忘れるということではないか。
忘るる は、 後心 を も 忘るる に て あら ず
動・下二・体 係助 名 格助 係助 動・下二・体 助動・断・用 接助 補動・ラ変・未 助動・消・終

芸が完成し名声を得ることは、 能が上達する結果である。
や。 功 成り 名 遂ぐる ところ は、 能 の 上がる 果
係助 名 動・四・用 名 動・下二・体 名 係助 名 格助 動・四・体 名

上達する過程を忘れるということは、 (自分の芸が)初心に戻るという道
なり。 上がる ところ を 忘るる は、 初心 へ かへる 心
助動・断・終 動・四・体 名 格助 動・下二・体 係助 名 格助 動・四・体 名

理も知らない(ということである)。 初心に戻るとは、 能が退歩するというこ
を も 知ら ず。 初心 へ かへる は、 能 の 下がる
格助 係助 動・四・未 助動・消・終 名 格助 動・四・体 係助 名 格助 動・四・体

とであるはずだ。 そうであるから、 現在の芸位(到達度)を忘れないようにす
ところ なる べし。 しかれば、 今 の 位 を 忘れ
名 助動・断・体 助動・当・終 接 名 格助 名 格助 動・下二・未

るために、 初心を忘れまいと努力して考えるのである。
じ が ため に、 初心 を 忘れ じ と 工夫する
助動・消意・体 格助 名 格助 名 格助 動・下二・未 助動・消意・終 格助 動・サ変・体

重ね重ね、 初心を忘れると(能の芸位そのものが)初心に戻るという道理を、
なり。 かへすがへす、 初心 を 忘るれ ば 初心 へ かへる
助動・断・終 副 名 格助 動・下二・已 接助 名 格助 動・四・体

よくよく考えなければならない。 初心を忘れなければ、
理 を、 よくよく 工夫す べし。 初心 を 忘れ ず は、
名 格助 副 動・サ変・終 助動・当・終 名 格助 動・下二・未 助動・消・用 係助

後心は正しいはずだ。 後心が正しければ、 芸は上達して退歩する
後心 は 正しかる べし。 後心 正しく は、 上がる ところ
名 係助 形・シク・体 助動・当・終 名 形・シク・用 係助 動・四・体 名

ことはないはずだ。 これがつまりは、
の 態 は 下がる こと ある べから ず。 これ すなはち、
格助 名 係助 動・四・体 名 動・ラ変・体 助動・当・未 助動・消・終 代 接

に、鄙諺《ひげん》(世間で言われていることわざ)として「前車覆、後車戒」(前車の覆るは、後車の戒め)と記されている。直訳すると「先に行く車が転覆したら、それは後から行く車への警告である」となり、「先人の失敗が、後人の教訓となる」ということのたとえ。

と云々《うんぬん》 …ということである。…という話である。文末を間接話法で結ぶ場合に用いる言葉。慣用的に「…といへり」と読むこともある。

忘《わす》るるにてあらずや 忘れるということではないか。「や」は反語で、断定せずに相手に問いかける形で判断を促している。意味的には「忘るるなるべし」とほぼ同じである。

名《な》遂《と》ぐる 名声を得ることを果たす。「遂ぐ」は、果たす、やり遂げる。

初心《しょしん》へかへ《エ》る 初心(の状態)に戻る。「かへる」は、元の位置や状態に戻ることをいう。

しかれば そうであるから。順接を表す。動詞「しかり」の已然《いぜん》形+接続助詞「ば」から成る。漢文訓読体に多く用いられ、和文体では「されば」が用いられることが多い。

初心《しょしん》を忘《わす》れずは 初心を忘れなければ。順接の仮定条件を表す。ここでは活用語の連用形+係助詞「は」としたが、未然形+接続助詞「は」とみる説もある。「後心正しくは」も同様。

（芸の）善し悪しを分ける道理である。

是非 を 分かつ 道理 なり。
名 格助 動・四・体 名 助動・断・終

これすなは《ワ》ち　これがつまりは。「これ」はこの段落で述べてきたことを指す。

■第二段落（二四〇・1～終わり）

段意　若い人は、現在の芸位をしっかり自覚し、これから上達していくために今の初心を忘れまいと思いをめぐらすべきである。今の初心を忘れてしまうと、能は上達しないのだ。

現代語訳・品詞分解

また、若い人は、現在の芸の到達度を十分に自覚して、
また、 若き 人 は、 当時 の 芸曲 の 位 を よくよく
接 形・ク・体 名 係助 名 格助 名 格助 名 格助 副

これは初心（の未熟な芸）の境地である、さらにいっそう上達して
覚え て、 これ は 初心 の 分 なり、 なほなほ 上がる
動・下二・用 接助 代 係助 名 格助 名 助動・断・終 副 動・四・体

いく各段階の芸位を知ろうとするために、今の初心を忘れないようにしようと思
重曲 を 知ら ん が ため に、 今 の 初心 を 忘れ
名 格助 動・四・未 助動・意・体 格助 名 格助 名 格助 名 格助 動・下二・未

いをめぐらさなければならない。現在の初心を忘れると、
じ と 拈弄す べし。 今 の 初心 を 忘るれ ば、
助動・消意・終 格助 動・サ変・終 助動・当・終 名 格助 名 格助 動・下二・已 接助

上達していく過程も分からないために、能は上達しないのであ
上がる 際 を も 知ら ぬ に よつ て、 能 は 上がら
動・四・体 名 格助 係助 動・四・未 助動・消・体 格助 動・四・用 接助 名 係助 動・四・未

る。そういうことだから、若い人は、現在の初心を忘れてはなら
ぬ なり。 さるほどに、 若き 人 は、 今 の 初心 を
助動・消・体 助動・断・終 接 形・ク・体 名 係助 名 格助 名 格助

ない。
忘る べから ず。
動・下二・終 助動・命・未 助動・消・終

語釈・文法

よくよく覚《おぼ》えて　十分に自覚して。「覚ゆ」は、ここでは、しっかり認識するという意味。

初心《しょしん》の分《ぶん》　初心の未熟な芸の境地。「分」は、身の程、分際、の意だが、ここでは境地と解しておく。

拈弄《ねんろう》すべし　思いをめぐらさなければならない。直前の「これは初心の分なり、…今の初心を忘れじ」の部分が、思いめぐらすべき内容。

今《いま》の初心《しょしん》を忘《わす》るれば　現在の初心を忘れると。已然形＋「ば」で、順接の確定条件を表す。さらに細かくみると、①原因・理由（…ので・…から）、②偶然条件（…と・…たところ）、③恒時（恒常）条件（…と・…といつも）に分けられるが、ここは③の意。

さるほどに　そういうことだから。動詞「さり」の連体形＋名詞「ほど」＋格助詞「に」が一語化した接続詞。前に述べたことを受けながら、結論を導き出している。

鑑賞

現代語で「初心を忘れない」という場合、一般的には「その道に入った当初の決心や、初々しい謙虚な気持ちを忘れない」といった意味で使われていることが多い。一方、世阿弥の言う「初心」とは、「自分の芸の未熟さの認識」といった意味である。必ずしも芸の道に入ったばかりの頃の心境に限ったものではない。

『花鏡』奥段では、「万能一徳《まんのういっとく》の一句」（あらゆる芸能がこの一句から生じるほど徳のある金言）として「初心忘るべからず」を提示する。さらに付随する口伝として、「是非初心忘るべからず。時々初心忘るべからず。老後初心忘るべからず。」の三か条を挙げる。このうちの、「是非初心忘るべからず」について述べたのが、教科書の本文である。これは若い頃の初心といえるが、それ以外に、芸が上達していく各段階での初心、老境に至ってからの初心もあるのである。

「初心」とは、端的に言えば「未熟さ」である。人は経験を積み、未熟だからこそ上を目指すし、伸びしろもある。能が上達してくると、慢心してしまいがちだ。そうなると思わぬ失敗をしたり、手を抜いたりすることもあるだろう。当初の未熟さを忘れず、今の自分を冷静に見つめ直し、向上心を持ち続けよと世阿弥は言っているのである。

教科書の問題（解答・解説）

教科書 二四〇ページ

◆教科書本文下に示された問題

？「初心へかへる」とは、どういうことか。（p.二三九）

解答 自分の芸が、初心の未熟な芸に戻ってしまうこと。

？「これは初心の分なり」とは、どういうことか。（p.二四〇）

解答 現在の自分の芸位（到達度）を自覚して、初心の未熟な芸の境地であると認識するということ。

■学習の手引き

❶作者が、「初心を忘るべからず」といっているのはなぜか。

解答 能が上達していくには、その過程ごとの芸位を正しく認識する必要があるが、初心を忘れてしまうと、現在の芸位を正しく認識することができないから。

[解説] 初心を忘れずにいることで、それと比較して後心（現在の芸）を正しく認識する。それを常に繰り返しながら、徐々に芸位を上げていく——というのが作者の考え。初心を忘れないことが大前提なのである。

■語句と表現

①本文の表現上の特色とその効果を考えよう。

[解説] 表現上の特色、工夫として次のような点に着目で

きよう。①冒頭と末尾で「初心を忘るべからず」という主張を繰り返して、強調している。②自分の主張と同趣旨のことわざを引用して、説得力を高めている。③「…は、…なり。」「…は、…べし。」「…べからず。」といった断定的な短い文で構成され、力強さがある。④同じ内容を表現を少し変えながら繰り返すことで強調している。例えば「初心を忘れずは、…下がることあるべからず。」〔二三九・8〕と、「今の初心を忘るれば、…能は上がらぬなり。」〔二四〇・2〕は表裏の関係にあり、両方から表現することで、強く印象づけている。

言語活動

1 「初心を忘るべからず」という作者の考えに対して、自分はどのように考えるか。自分の体験なども踏まえて発表しよう。

[解説] 芸術、スポーツなどで腕を磨き上達しようとする時に当てはめて考えてみるとよい。世阿弥の言うような「初心」を意識したことはあるか、どのような心構えで臨めば上達していけると思うかなど、考えてみよう。

2 「秘すれば花なり」など、世阿弥が残した他の言葉を調べよう。

[解説] よく知られた言葉を簡単に紹介しておく。詳しい意味や、これ以外の言葉も調べてみよう。

・「秘すれば花なり」(『風姿花伝《ふうしかでん》』第七「別紙口伝」)…隠しておくところに魅力が生まれる。
・「上手は下手の手本、下手は上手の手本」(『風姿花伝』第三「問答条々」)…他人の芸には学ぶところがある。
・「離見《りけん》の見《けん》」(『花鏡』)…自分の姿を前後左右から俯瞰《ふかん》して見ること。

出典・作者

出典 『花鏡《かきょう》』 室町時代の能楽論書。応永《おうえい》三十一年〔一四二四〕までに段階的に執筆され成立したとみられる。奥書には、世阿弥が晩年に知り得た芸道上の悟りを子孫に伝えるために記した旨が記されている。内容は、題目六か条、事書《ことがき》十二か条から成る。本書の最終章にあたる「奥段」は、初心を忘れることなく生涯を通して芸の上達に励むべきであることを説いた、世阿弥の能芸論の真髄とされる。

作者 世阿弥《ぜあみ》〔一三六三?―一四四三?〕 室町時代の能役者。本名、元清《もときよ》。大和猿楽結崎座《さるがくゆうざきざ》の観阿弥《かんあみ》(観世清次《かんぜきよつぐ》)の長男として生まれ、足利義満《あしかがよしみつ》の庇護《ひご》のもと、父の跡を継いで能を大成した。能楽論書として『風姿花伝』『中楽談儀《さるがくだんぎ》』などがある。能の作者としても活躍し、「高砂《たかさご》」「井筒《いづつ》」「西行桜《さいぎょうざくら》」など数多くの謡曲を残している。

虚実皮膜《ひにく》論

穂積以貫《ほづみいかん》

（『難波《なにわ》土産』）

教科書　二四一～二四二ページ

大意　芸道において写実的であることが尊重される傾向があるが、本物の芸とは事実と虚構の微妙な境目に成立するものであり、写実的である中に大ざっぱなところがあるものが観客に本物の満足を与えるのである。

■第一段落（初め～二四一・5）

段意　ある人が言うには、「最近は論理的で事実らしいことでないと認められない傾向にあり、歌舞伎の役者なども、演じる対象の実際の在り方に似ていることを上手とし、いかに似せるかということを第一とする。」という。

現代語訳・品詞分解

ある人が言うことには、「この頃の人は、十分に論理的でいかにも

ある（連）　人（名）　の（格助）　言は（動・四・未）　く（接尾）、「今時（名）　の（格助）　人（名）　は（係助）、よくよく（副）　理詰め（名）

事実らしいことでないと納得しない世の中（であるので）、

の（格助）　実らしき（形・シク・体）　事（名）　に（助動・断・用）　あら（補動・ラ変・未）　ざれ（助動・消・已）　ば（接助）　合点せ（動・サ変・未）　ぬ（助動・消・体）

昔話にあることにも、今の世では承知しないことが多い。

世の中（名）、昔語り（名）　に（格助）　ある（動・ラ変・体）　事（名）　に（格助）、当世（名）　受け取ら（動・四・未）　ぬ（助動・消・体）　事（名）

だからこそ歌舞伎の役者なども、とにかくその演

多し（形・ク・終）。されば（接）　こそ（係助）　歌舞伎（名）　の（格助）　役者（名）　など（副助）　も（係助）、とかく（副）　そ（代）

技が実際の在り方に似ているのを上手（な役者）とする。立役（善人の

の（格助）　所作（名）　が（格助）　実事（名）　に（格助）　似る（動・上一・体）　を（格助）　上手（名）　と（格助）　す（動・サ変・終）。立役（名）　の（格助）

語釈・文法

言《いわ》はく　言うことには。

今時《いまどき》　この頃。近頃。「今」は、新しい、現在の、今度の、などの意を表す接頭語。

よくよく　①念には念を入れて。十分に注意して。②十分に。非常に。ここは②の意。

理詰《りづ》め　理屈が通っていること。論理的であること。

実《じつ》らしき事《こと》　いかにも事実らしいこと。「実」は、①真実。事実。現実。②実体。ここは①の意で、後の「虚《うそ》」（虚構）の対概念として用いられている。「らし」は、名詞などに付いて形容詞をつくる接尾語。

男の役）の家老職（を演じる役者）は本物の家老に似せ、

家老職（名）は（係助）本（名）の（格助）家老（名）に（格助）似せ、（動・下二・用）

大名（を演じる役者）は（本物の）大名に似るようにすること）をもって第一とする。

大名（名）は（係助）大名（名）に（格助）似る（動・上一・体）を（格助）もつて（連語）第一（名）と（格助）す。（動・サ変・終）

（この頃の人は）昔のような子どもだましのふざけたこと（演技）は認めない。」（と。）

昔（名）の（格助）やうなる（助動・比・体）子どもだまし（名）の（格助）あじやらけ（動・下二・用）たる（助動・存・体）事（名）は（係助）取ら（動・四・未）ず。」（助動・消・終）

■第二段落（二四一・6〜二四二・1）

段意

近松門左衛門《ちかまつもんざえもん》が答えて言うには、「この論は間違いで、本物の芸とは事実と虚構の微妙な境目に成立するものである。役者は演じる対象の実際の在り方をまねるとはいえ、紅《べに》脂や白粉《おしろい》で顔を飾り、髭《ひげ》や頭を整えて舞台に出る。この事実でも虚構でもない世界に観客は満足するのである。」という。

現代語訳・品詞分解

近松が答えて言うことには、

近松（名）答へ（動・下二・用）て（接助）言は（動・四・未）く、（接尾）

「この論はもっとものようだが、

「こ（代）の（格助）論（名）もつとも（形動・ナリ・語幹）の（格助）やうなれ（助動・比・已）ども、（接助）

芸というものの本当の在り方を知らない説である。

芸（名）と（格助）いふ（動・四・体）もの（名）の（格助）真実（名）の（格助）行き方（名）を（格助）知ら（動・四・未）

合点《がてん》せぬ　納得しない。「合点す」は「がってんす」ともいう。

受《う》け取《と》らぬ　承知しない。受け入れない。

さればこそ　①思ったとおりだ。②だからこそ。ここは②の意。係助詞「こそ」の結びは文末の「す」（終止形）だが、本来は「すれ」（已《い》然《ぜん》形）となるべきところ。

とかく　①あれやこれやと。②とにかく。③ともすれば。ここは②の意。

実事《じつじ》　実際の在り方。実際の事柄。

もつて　…でもって、…によって。「もちて」の促音便。

あじやらけたる　ふざけた。「あじやらく」は「戯《ジャ》く」と書き、ふざける、おどける、の意。

取《と》らず　認めない。承知しない。

語釈・文法

この論《ろん》　前の段落で「ある人」が指摘した、この頃の人は「よくよく理詰めの実らしき事」でないと納得しないため、歌舞伎役者の演技も「実事に似る」ことを重要とするという論。

芸というものは事実と虚構との、皮膜の間（皮と肉との境目のような

ぬ　説　なり。　芸　と　いふ　もの　は　実　と　虚　と　の

助動・消・体　名　助動・断・終　名　格助　動・四・体　名　係助　名　格助　名　格助　格助

微妙なところ）にあるものである。　なるほど今の世は、　（歌舞

皮膜　の　間　に　ある　もの　なり。　なるほど　今　の　世、　実事

名　格助　名　格助　動・ラ変・体　名　助動・断・終　副　名　格助　名　名

伎の役者なども）実際の在り方を念入りにまねることを好むので、家老（役）が本物の家老の身ぶり話し

に　よく　写す　を　好む　ゆゑ、　家老　は　真　の　家老　の

格助　副　動・四・体　格助　動・四・体　名　名　係助　名　格助　名　格助

ぶりをまねるとはいっても、　だからといって、　本物

身ぶり　口上　を　写す　と　は　いへ　ども、　さらば　とて、　真

名　名　格助　動・四・終　格助　係助　動・四・已　接助　接　格助　名

の大名の家老などが立役のように顔に紅脂、

の　大名　の　家老　など　が　立役　の　ごとく　顔　に　紅脂、

格助　名　格助　名　副助　格助　名　格助　助動・比・用　名　格助　名

白粉を塗ることがあるだろうか。（いや、ない。）　あるいは、本物の家老は顔を飾らない（から

白粉　を　塗る　事　あり　や。　また、　真　の　家老　は　顔

名　格助　動・四・体　名　動・ラ変・終　係助　接　名　格助　名　係助　名

といって、　立役が、　もじゃもじゃと髭は生えたまま、

を　飾ら　ぬ　とて、　立役　が、　むしやむしやと　髭　は

格助　動・四・未　助動・消・体　格助　名　格助　副　名　係助

頭ははげたままで舞台へ出て芸をするならば、

生えなり、　頭　は　はげなり　に　舞台　へ　出　て　芸　を

名　名　係助　名　格助　名　格助　動・下二・用　接助　名　格助

（観客の）満足となるだろうか。（いや、ならない。）皮膜の間というのはこの点で

せ　ば、　慰み　に　なる　べき　や。　皮膜　の　間　と　言ふ

動・サ変・未　接助　名　格助　動・四・終　助動・推・体　係助　名　格助　名　格助　動・四・体

ある。　虚構にして虚構でない、

が　ここ　なり。　虚　に　して　虚　に　あら　ず、

格助　代　助動・断・終　名　助動・断・用　接助　名　助動・断・用　補動・ラ変・未　助動・消・終

事実にして事実でない、　この間に（観客の）満足が

実　に　して　実　に　あら　ず、　この　間　に

名　助動・断・用　接助　名　助動・断・用　補動・ラ変・未　助動・消・終　代　格助　名　格助

もつとものやう《ヨウ》なれども　もっとものようだが。「もつともの」は形容動詞の語幹用法で、語幹に格助詞「の」が付いて連体修飾語となったもの。

真実《しんじつ》の行《い》き方《かた》　本当の在り方。本当の方法。

虚《うそ》　虚構。作り事。

皮膜《ひにく》の間《あいだ》　皮と肉との境目。事実と虚構の間の、どちらともいえない微妙なところをたとえている。

写《うつ》す　①書き写す。②まねて作る。③まねる。ここは③の意。

顔《かお》に紅脂《べに》、白粉《おしろい》を塗《ぬ》る事《こと》ありや　顔に紅脂、白粉を塗ることがあるだろうか。（いや、ない。）「や」は反語の係助詞。

むしや《シャ》むしや《シャ》と　髭の生えている様子を表す擬態語。もじゃもじゃと、などの意。

舞台《ぶたい》へ出《で》て　「出」は、下二段活用の「出《づ》」（「出《い》づ」の変化した語）の連用形。

慰《なぐさ》み　楽しみ。気晴らし。ここでは、観客の満足のこと。

慰《なぐさ》みがあつたものなり　（観客の）満足があったものである。「あつた」は「ありた」の促音便。「た」は、完了の助動詞「たり」の変化した助動詞。中世以降に用いられ、現代語になっている。

あったものである。
慰み が あつ た もの なり。
名 格助 動・ラ変・用 助動・完・体 名 助動・断・終

■第三段落（二四二・2〜終わり）

段意　さらに近松は、「写実的な中に大ざっぱなところもあるのが本物の芸である。それは、絵、彫刻であっても、演技であっても、浄瑠璃《じょうるり》の中の会話の言葉であっても同じことである。」という。

現代語訳・品詞分解

絵空事といって、その姿を（絵に）描くにしても、あるいは木に彫るに
絵空事 とて、 その 姿 を 描く に も、 また 木 に
名 格助 代 格助 名 格助 動・四・体 格助 係助 接 名 格助

しても、実物そのままの形に似せる中に、一方で
刻む に も、 正真 の 形 を 似する うち に、 また
動・四・体 格助 係助 名 格助 名 格助 動・下二・体 名 格助 副

は大ざっぱなところもあるのが、結局人の愛するもととなるのである。
大まかなる ところ ある が、 結句 人 の 愛する 種 と
形動・ナリ・体 名 動・ラ変・体 格助 副 名 格助 動・サ変・体 名 格助

芸の工夫もこのように、実際のことに似る中に
は なる なり。 趣向 も この ごとく、 本 の 事 に
係助 動・四・体 助動・断・終 名 係助 代 格助 助動・比・用 名 格助 名 格助

一方では大ざっぱなところもあるのが、結局（本物の）
似る 内 に また 大まかなる ところ ある が、 結句 芸
動・上一・体 名 格助 副 形動・ナリ・体 名 動・ラ変・体 格助 副 名

芸になって人の心の満足となる。（浄瑠璃の中
に なり て 人 の 心 の 慰み と なる。 文句 の
格助 動・四・用 接助 名 格助 名 格助 名 格助 動・四・終 名 格助

の）会話の言葉なども、この心構えで見なければならないことが多い。」（と。）
せりふ など も、 この 心入れ にて 見る べき 事 多し。」
名 副助 係助 代 格助 名 格助 動・上一・終 助動・当・体 名 形・ク・終

語釈・文法

絵空事《えそらごと》　絵は実際とは異なり誇張されて描かれることから、実際にはありえないこと、虚構を意味する。

正真《しょうじん》の形《かたち》　実物そのままの形。「正真」は、偽りのないこと、真実、の意。

大《おお》まかなるところ　大ざっぱなところ。大体のところ。

種《たね》　物事の起こるもと、の意。

この心入《こころい》れ　この心構え。「正真の形を…種とはなるなり。」「本の事に…慰みとなる。」を指し、写実的でありながら、その中に大ざっぱなところがあるのが、人々に満足を与える芸だと心得ることをいう。

鑑賞

本文は、近松門左衛門が語った浄瑠璃技芸論を記したものである。浄瑠璃が観客に感動と楽しさを与えるためには、どのようなことが必要かを考察した中で、ここでは歌舞伎を例に、芸における事実と虚構のバランスについて論じている。いわく、芸は事実と虚構の微妙な境目に成立するものだという。役者がいかに本物らしく振る舞っていたとしても、厳密にはその姿は舞台用にしつらえられたものであり、虚構が混じったものである。しかし、それが芸の真実の在り方なのだというのである。確かに、事実だけを描いたとしたら（実際には何かしら作者の視点が入るため不可能だが）、それは事実もどきであって、そもそも芸術ではない。逆に虚構だけで作品を構成したら、観客は自分の身に置き換えて想像することができず、登場人物に感情移入することもできずに、作品に対する感動が薄くなってしまうだろう。事実と虚構をうまく混ぜ合わせることによってこそ、事実に立脚した感動を観客に与えることができるのである。

このように、観客の「慰み」すなわち満足を第一に考えている点から、近松は娯楽性を何より文芸の本質として重要視していたことが分かる。そうした意味で、近松を近代の大衆文芸の先駆者と位置づけることもできるだろう。

教科書の問題（解答・解説）

教科書 二四二ページ

❓教科書本文下に示された問題

❓「実事によく写す」とは、どういうことか。（p.二四一）

解答 演技において、演じる対象の実際の在り方を念入りにまねること。

[解説] 第一段落の「所作《しょさ》が実事に似るを上手とす。」（二四一・3）を受けている。歌舞伎役者などが役の本物の姿に似せて演じることをいう。

■学習の手引き

❶ここでいう「実」と「虚」とは、それぞれどのようなことを指しているか。

解答 ・「実」＝事実。実際のこと。具体的には、歌舞伎役者が、演じる対象の実際の在り方をまねること。

・「虚」＝虚構。作り事。具体的には、役者が、化粧で顔を飾ったり、髭や髪を整えたりして、演じる対象の実際の在り方とは異なる姿になること。

[解説] 第二段落で語られている、「家老」の具体例をもとに、「虚」と「実」の意味するところを捉えよう。

❷「芸といふものは実と虚との皮膜の間にあるものなり。」（二

四一・7〕とは、どのようなことをいうのか。

解答　本物の芸は、事実と虚構の間の微妙な境目に成立するということ。事実に似せつつも、虚構を含み、虚と実のバランスの取れたものが、本物の芸だということ。

［解説］　同様の内容が、第二段落末尾の「虚にして虚にあらず、……〔二四一・12〕、第三段落の「本の事に似る内に……〔二四二・4〕でも述べられている。「実」だけでも「虚」だけでも「芸」にはならず、その微妙な間に「芸」があるというのである。

❸広く現代の芸術において、「実と虚との皮膜の間」に成立している例を挙げて、説明しよう。

［解説］　ドキュメンタリー、ルポルタージュなど、実際の出来事をもとにした、いわゆるノンフィクションと呼ばれる文学・演劇・映像作品、また、風景画、静物画、肖像画、人物像など、実在のものをもとにした絵画・彫刻作品、といった芸術作品を挙げ、事実そのままである点を「実」、誇張や変形を加えている点を「虚」として説明するとよい。完全に「実」のみで作りあげることは不可能で、何かしらの「虚」があるといえる。その絶妙なバランスにより人々に感動を与えているのである。

■語句と表現

①次の傍線部を文法的に説明しよう。

解答　(1)　慰みになるべきや。＝ラ行四段活用動詞「なる」の終止形。

(2)　慰みがあつたものなり。＝断定の助動詞「なり」の終止形。

(3)　大まかなるところあるが＝ナリ活用形容動詞「大まかなり」の連体形活用語尾。

出典・作者

出典　『難波土産《なにわみやげ》』江戸時代中期の浄瑠璃注釈書。元文《げんぶん》三年〔一七三八〕刊行。全五巻五冊から成る。「発端」に近松門左衛門からの聞き書きを載録し、以降、九編の浄瑠璃を原文に注釈を付して取り上げ、観客の立場から批評をしている。近松を賞賛し、彼の論を受けて浄瑠璃を「慰み」と捉えたうえで、浄瑠璃に文学的な批評を施した点で、新たな浄瑠璃の鑑賞の仕方を提示したものとして評価されている。また、近松の浄瑠璃技芸論について知りうる貴重な書物でもある。

作者　穂積以貫《ほづみいかん》〔一六九二―一七六九〕儒学者であったが、当時盛んであった浄瑠璃に関心を持ち、制作にも関わったとされる。晩年の近松門左衛門と親交を持ち、近松の浄瑠璃技芸論を書き留めた。なお、『難波土産』の作者は三木貞《みきさだ》成《なり》であり、穂積以貫はそのうちの、「虚実皮膜論」として知られる近松の発言を聞き書きした部分の筆録者とされる。

たはれ草《ぐさ》

訳語《やくご》といふこと

雨森芳洲《あめのもりほうしゅう》

教科書　二四三〜二四四ページ

大意　私が中国語や朝鮮語で会話をする時、全ての言葉を理解しているわけではなく、前後の文脈から意味を判断している。中国の書物を読む場合も同様で、特に読み慣れたものは概要が分かっているのですらすらと読める。しかし、言葉の詳しい意味は明確でないことも多い。意味が明らかでない言葉は、記憶したり、文章を書くのに役立てたりもしにくい。そこで語を訳すということを思いつき、手近な書物から翻訳して若い人に教えている。

第一段落（初め〜二四三・4）

段意　私が、中国や朝鮮の言葉で会話をする時、はたから見ると、日本語での会話と同じと思うかもしれないが、そうではない。会話中に分からない言葉はいくらでもあるが、前後のつながりから意味を判断しているのだ。

現代語訳・品詞分解

私が、
それがし、唐土、韓の言葉にて長きことなど物語
代　名　名　格助　名　格助　形・ク・体　名　副助　名

中国や、朝鮮の言葉を使って長い話など会話をするのを、
するを、わきより見たらんは、この国
動・サ変・体　格助　名　格助　動・上一・用　助動・存・未　助動・婉・体　係助　代　格助　名

はたから見ているような人は、
この国の言葉で
の言葉にてこの国の人と物語するに違ひ
格助　名　格助　代　格助　名　格助　名　格助　名　動・サ変・体　格助　名

この国の人と話をするのと違いはないだろうと思うようだが、
はなからんと思ふなめれど、さに
係助　形・ク・未　助動・推・終　格助　動・四・体　助動・断・体　助動・定・已　接助　副　助動・断・用

そうではない。

語釈・文法

それがし　わたくし。男性が対等の相手に対して用いる自称。

唐土《もろこし》、韓《から》　現在の中国、朝鮮半島のこと。

思《おも》ふなめれど　思うようだが。「なめれ」は、「なるめれ」の撥《はつ》音便「なんめれ」の撥音無表記の形。「思ふ」の主語は「わきより見たらん（人）」であり、人々が思うであろうことを作者が推定して述べているので、「思ふなめれど」となっている。

その（話の）中には全く（意味が）分からない言葉があるが、
はあらず。そのうちにはいかほども知ら
係助 補動・ラ変・未 助動・消・終 代 格助 名 格助 係助 副 係助 動・四・未

前後の（意味の）つながりによって、こういう
ざる言葉あれど、後先のつりあひにて、かかる
助動・消・体 名 動・ラ変・已 接助 名 格助 名 格助 動・ラ変・体

ことを言っているようだと分かって、受け答えするのである。
ことを言へるなりと知りて、受け答へする
名 格助 動・四・命 助動・存・体 助動・定・終 格助 動・四・用 接助 名 動・サ変・体

なり。
助動・断・終

■第二段落（二四三・5～終わり）

段意

中国の書物を読む場合も同じで、『史記』や『漢書』などは日々読み慣れていて、おおよそのことが理解できているが、詳しく見れば分からない言葉も多い。意味が分からない言葉は記憶にとどめたり文章に使ったりできないので、翻訳ということを思いついた。安直かもしれないが、若い人にはこれを教えている。手近な書物から翻訳していけば、多少は役に立つであろう。

現代語訳・品詞分解

中国の文章を読むことも、やはりそうである。『史記』、『漢書』
唐土の文読むことも、またしかなり。史記、漢書
名 格助 名 動・四・体 名 係助 副 副 助動・断・終 名 名

などというものは、いつも読み慣れて、その内容もおおよそ知って
などいへるもの、朝夕手なれて、そのことも
副助 動・四・命 助動・存・体 名 副 動・下二・用 接助 代 格助 名 係助

いることなので、これを読むのに何の支障もなく、
おほかた知りたることなれば、これを読むに
副 動・四・用 助動・存・体 名 助動・断・已 接助 代 格助 動・四・体 格助

全て納得しているように思われるけれど、
何のつかへもなく、みなみな合点したるやうに
代 格助 名 係助 形・ク・用 副 動・サ変・用 助動・存・体 助動・比・用

いかほども知《し》らざる言葉《ことば》あれど　全く（意味が）分からない言葉があるが。「いかほども」は、①どれほども、いくらでも、②打消の語と呼応して、全く（…ない）、少しも（…ない）、などの意を表すが、ここは②の意に解した。

後先《あとさき》のつりあひ《イ》　前後の（意味の）つながり。文脈。次の段落の「上下《うえした》のつりあひ」も同じ意。

かかること　こういうこと。特定の内容を指しているわけではない。

語釈・文法

文《ふみ》　文書・書物など、文字で書き記したもの。

またしかなり　やはりそうである。「しか」は指示語で、第一段落の最終文の内容を指す。

合点《がてん》したる　納得している。承知している。

近《ちか》き言葉《ことば》　身近な言葉。ここでは、漢籍の中でよく見慣れている言葉のこと。

その明《あき》らかならざるよりして　その（言葉の意味が）明白でないことによって。「して」は副助詞で、格助詞「より」の意味を強めている。

これも前後の（意味の）つながりで、　こういうことであ
おぼゆれ ど、これ も 上下 の つりあひ にて、かかる こと
動・下二・已　接助　代　係助　名　格助　名　格助　動・ラ変・体　名

るとは分かるけれど、　詳しく見ると身近な言葉と思うものの中に、
なり と は 知れ ど、くはしく 見れ ば 近き 言葉
助動・断・終　格助　係助　動・四・已　接助　形・シク・用　動・上一・已　接助　形・ク・体　名

少しも（意味が）明瞭でない言葉が多い。
と 思ふ うち に、いかほど も 明らかなら ぬ こと
格助　動・四・体　名　格助　副　係助　形動・ナリ・未　助動・消・体　名

その（言葉の意味が）明瞭でないことによって、　記憶することもよく分
多し。その 明らかなら ざる より して、記憶する こと
形・ク・終　代　格助　形動・ナリ・未　助動・消・体　格助　副助　動・サ変・体　名

からず、　文章を書く参考にもなりにくいので、　語を訳すと
も うとく、文 書く 助け と も なり難き ゆゑ、訳語 と
係助　形・ク・用　名　動・四・体　名　格助　係助　形・ク・体　名　名　格助

いうことを思いつき、　火付け竹と同じ（ような働きをする）だろうかと、　心配がな
いふ こと 心づき、付竹 に 同じから ん や と、おそれ
動・四・体　名　動・四・用　名　格助　形・シク・未　助動・推・体　係助　格助　名

いわけではないけれど、　破れほうきのように捨てがたく、
なき に しも あら ね ど、破れ箒 の 捨て難く、
形・ク・体　助動・断・用　副助　補動・ラ変・未　助動・消・已　接助　名　格助　形・ク・用

若い人には（翻訳した語を）教えました。　覚えなければならない
若き 人 に は 教へ 侍り き。おぼゆ べき
形・ク・体　名　格助　係助　動・下二・用　補動・ラ変・用　助動・過・終　動・下二・終　助動・当・体

書物は、　どのくらいという限りはないので、　全てこのように（翻訳）す
文ども、いかほど と いふ 限り なけれ ば、ことごとく かく
名　副　格助　動・四・体　名　形・ク・已　接助　副　副

ることができるわけではないけれど、　まずそのうちの身近
す べき に は あら ね ど、まづ そ の
動・サ変・終　助動・可・体　助動・断・用　係助　補動・ラ変・未　助動・消・已　接助　副　代　格助

なものを優先的に取り上げていけば、　役に立たないこともないだろう。
近き を 取り て 先 と せ ば、益 なき に は
形・ク・体　格助　動・四・用　接助　名　格助　動・サ変・未　接助　名　形・ク・体　助動・断・用　係助

うとく　「うとし」は、①親密でない、疎遠だ、②煩わしい、③よく知らない、④無関心だ、などの意味がある。ここは③の意。

付竹《つけだけ》に同《おな》じからんや　火付け竹で火を移すように、漢文の意味をうまく日本語に言い換えられるだろうか、ということ。そう簡単にはいかないかもしれないという思いを含む。

おそれなきにしもあらねど　心配がないわけではないけれど。

破《やぶ》れ箒《ははき》の捨《す》て難《がた》く　「破れ箒」は、壊れたほうきの意。「付竹」の縁語であり、「捨て難く」を導く枕詞《まくらことば》のようなものとして用いられている。「弊帚千金《へいそうせんきん》」という言葉があり、破れたほうきを千金の価値があると考えること、自分のつまらない持ち物や才能に価値があると思っていることをいう。「破れ箒」は「弊帚」を言い換えたもの。漢籍に造詣の深い作者ならではの表現。自分が思いついた翻訳という妙案を捨てるのは惜しいという気持ちを表す。

おぼゆべき文《ふみ》ども　「おぼゆ」は、自動詞としては①自然に思われる、②思い出される、③似る、などの意味があるが、ここは他動詞で、現代語と同様に、覚える、記憶する、の意。

近《ちか》きを取《と》りて先《さき》とせば　身近なものを優先的に取り上げていけば。

ある（補動・ラ変・体） まじ。（助動・消推・終） されど（接） すぐれて（副） かしこき（形・ク・体） 人（名） は、（係助） をかし（形・シク・終） と（格助） 思ふ（動・四・体） なる（助動・断・体） べし。（助動・推・終）

そうではあるが特に聡明な人は、（翻訳した語を）奇妙だと思うのであろう。

をかし《オ》と思《おも》ふ《ウ》なるべし　奇妙だと思うのであろう。翻訳した言葉は、初心者には役に立つものであろうが、漢文に詳しい「すぐれてかしこき人」から見れば、違和感を覚えることもあるだろうということ。

鑑賞

雨森芳洲は江戸時代中期の儒学者である。同門の新井白石《あらいはくせき》や、荻生徂徠《おぎゅうそらい》とも交流があったが、彼らほど名が知られていないのは、対馬《つしま》藩に仕えて長く地方にいたからであろう。当時、鎖国下の日本が正式な国交を継続していたのが朝鮮である。対馬藩はその外交窓口であり、芳洲は対朝鮮外交の専門家として活躍した。儒学者としての漢文の知識だけでなく、中国語・朝鮮語の会話にも長《た》けていた芳洲は、朝鮮通信使からも高く評価されている。芳洲は早くから中国語会話の必要性に気づき、二十三歳頃から本格的に学んでいる。とはいえ、通訳を生業《なりわい》とする人はいても外国語を教える人はいなかった時代、中国人が多く住む長崎に留学したり、口語で書かれた小説を読んだりして、自らの努力と工夫で身につけたのである。対馬に赴任してからは朝鮮語の口語の習得にも励んだ。

三か国語に通じていた芳洲は、それぞれの言語の特徴や相違について深く考察している。日本人は漢文に訓点を付け、日本語に直して読んできたが、訓読文というのは、音で読む語なども交じり、言葉の続き具合や調子がぎこちない。そのため、覚えにくく読みにくく、内容を理解するのも難しい。一方、朝鮮にも、漢文を自国語に訳したものがあるが、日常使われている口語とあまり差がないために人々は内容を容易に理解できるのだという。

『たはれ草』に、こんな例が挙げてある。『論語』の巻頭の一節「学而時習レ之」は、「学びてよりより習ふ」などと訓読するが、これを口語の感覚で捉えると、「学ぶ」は稽古すること、「よりより」は時たま、「習ふ」は人から初めて教わる、という意味になり、この句の本来の意味「学問をして、適当な時に復習する」とは違ったものになってしまう。そのため、訓読するだけでは内容の正しい理解に至るのは難しいのだと。

現在では漢文を読解する際には、まず訓読し、それから現代語訳するのが一般的だが、当時は訓読文だけを読んで理解することが求められていたわけである。芳洲が「訳語」の必要性を思い立ったのには、こうした背景がある。

教科書の問題（解答・解説）

❓ **教科書本文下に示された問題**

❓ **「この国」とは、どこを指すか。**（p.二四三）

解答　日本

［解説］　冒頭の「唐土、韓」に対するものとして、自国を指している。

❓ **「後先のつりあひ」とは、どのような意味か。**（p.二四三）

解答　前後の意味のつながり。文脈。

［解説］　第二段落の「上下のつりあひ」（二四三・7）も同じ意味。

■学習の手引き

❶ **第一段落の要旨をまとめ、第二段落とのつながりについて考えよう。**

解答　・第一段落の要旨＝中国や朝鮮の言葉で会話する際は、分からない言葉があっても前後の文脈から意味を判断しているのである。

・第二段落とのつながり＝第一段落では「会話」について述べているが、第二段落では「読書」の場合も同じであると、同様の趣旨を繰り返している。そのうえで、言葉一つ一つの意味が分からないことが内容を記憶したり文章を書いたりするうえでは支障になっていることもある

教科書 二四四ページ

として、翻訳することの必要性へと話を展開している。

❷ **作者は「訳語」の必要性についてどのように考えているか。**

解答　一語一語の意味が分からないと、内容を記憶しにくいし、文章を書く時にその言葉を使うようなこともしにくいため、一語一語に対応した訳語を示すことで、若い人たちが漢籍を学ぶうえで役立つものになるのではないかと考えている。

［解説］　作者自身は長年中国語を学び漢籍も読み慣れているため、文脈で理解することができているが、これから漢籍を学ぼうという若い人たちにとっては、一語一語の意味が分かることが必要ではないかと考えたのである。

■語句と表現

① **次の傍線部は何を指しているか。**

解答　(1)　さにはあらず。＝中国語や朝鮮語で話す時も、日本語で日本人と話をするのと違いはないだろうということ。

(2)　またしかなり。＝分からない言葉があっても、前後の文脈から内容を判断しているということ。

(3)　ことごとくかくすべき＝漢文を日本語に訳して教えること。

［解説］ (1)「さ」は、はたで見ている人が思うであろうこと、つまり「この国の言葉にてこの国の人と物語するに違ひはなからん」を指す。 (2)「しか」は、前段落の最後の一文を指す。ただし、「受け答へするなり」は会話においての対応であり、「文読む」時にも共通するのは、「そのうちにはいかほども知らざる言葉あれど、後先のつりあひにて、かかることを言へるなりと知り」までの内容となる。 (3)「かく」は、「訳語といふこと心づき、若き人には教へ侍りき」という内容を指す。「付竹に…捨て難く」の部分は挿入句なので省く。

② 次の傍線部を文法的に説明しよう。

解答 (1) 思ふなめれど＝断定の助動詞「なり」の連体形「なる」の撥音便「なん」の撥音が表記されない形。
(2) 言へるなり＝推定の助動詞「なり」の終止形。
(3) 明らかならぬこと＝形容動詞「明らかなり」の未然形活用語尾。

［解説］ (1) 断定の助動詞「なり」や動詞「あり」の後に推定の助動詞「めり」が続く時は、「なるめり」が「なんめり」、「あるめり」が「あんめり」と撥音便になり、「ん」は表記されず「なめり」「あめり」のようになる。
(2) 傍線部の直前の「る」は存続の助動詞「り」の連体形。接続から考えると、「なり」は断定の助動詞とも、推定の助動詞ともとれる。ここは、相手の話すことを聞いて意味の分からない言葉があっても、文脈から推し量って「相手はこう言っているようだ」と理解するということなので、推定の助動詞といえる。

出典・作者

出典 『たはれ草《ぐさ》（多波礼草《たはれぐさ》）』 江戸時代中期の随筆。寛《かん》政《せい》元年〔一七八九〕刊行。芳洲が六十五歳の頃に書かれたとみられ、日本・中国・朝鮮の言語、文化、政治、経済などについての考えが和文で記されている。中国の文化を最高のものと尊ぶ傾向が強かった当時において、芳洲は民族固有の文化を等しく尊重する立場をとっている。

作者 雨森芳洲《あめのもりほうしゅう》〔一六六八―一七五五〕 儒学者。近江《おうみの》国（今の滋賀県）の町医者の家に生まれ、幼い頃から漢籍を学ぶ。十七歳の頃に江戸に下り、木下順庵《きのしたじゅんあん》に師事。元禄《げんろく》二年〔一六八九〕、順庵の推挙で対馬藩に仕え、対朝鮮外交を長く担当することとなる。この時期に中国語の会話も学び始めた。元禄六年〔一六九三〕対馬に赴任。釜山《プサン》にも何度か渡航・滞在している。五十四歳で朝鮮方佐役は辞任し、晩年は主に著作の執筆や若者の教育に力を注いだ。著書に、漢文による随筆『橘窓茶話《きっそうさわ》』、漢文集『橘窓文集』、対馬藩主に対朝鮮外交の心得を説いた『交隣提醒《こうりんていせい》』などがある。

北辺《きたのべ》随筆

読書の心得

富士谷御杖《ふじたにみつえ》

教科書 二四五～二四六ページ

大意

歌合《うたあわせ》の判定で顕昭《けんしょう》は、「歌合では、物語の歌を用いてはならないとされるが、物語も歌詠みが読むべき書だ。」と述べている。後世風の和歌を詠む人が、近い時代の歌集だけを読んで古いものは読まないというのは、使えないものを読んでも無駄だと思うからだろうが、そういう考えは間違っている。本で知った言葉というのは、そのまま用いるのではなく、自分のものとして用いるべきである。そのためには、本を読む時に、しっかりと理解しておくことが大切である。

■第一段落（初め～二四五・3）

段意

千五百番歌合の判定で、顕昭は「歌合では、物語の歌は本歌や証歌に用いてはならないと言われてきたが、物語も歌詠みが読むべき書物ではある。」と述べている。

現代語訳・品詞分解

千五百番歌合（において）、顕昭法橋が判定の言葉として言うことには、「歌合の歌には、物語の歌は、本歌として出したりも、証歌として用いたりもしてはならないと（従来は）申しましたが、『源氏物語』、『世継物語』、『伊勢物語』、『大和物語』なども、歌詠みが見るべき書物と聞いております云々。」（とのこと）

千五百番歌合、	顕昭法橋	が	判	の	詞	に	言は	く、	「歌合
名	名	格助	名	格助	名	格助	動・四・未	（接尾）	名

の	歌	に	は、	物語	の	歌	は、	本歌	に	も	出だし、	証歌
格助	名	格助	係助	名	格助	名	係助	名	格助	係助	動・四・用	名

に	も	用ふ	まじ	と	申し	けれ	ど、	源氏、	世継、
格助	係助	動・上二・終	助動・禁・終	格助	動・四・用	助動・過・已	接助	名	名

伊勢、	大和	とて、	歌詠み	の	見る	べき	書	と	承る
名	名	格助	名	格助	動・上一・終	助動・当・体	名	格助	動・四・終

語釈・文法

顕昭《けんしょう》 歌人、歌学者。二十余りの歌合に出詠し、判者も五度務めている。

判《はん》の詞《ことば》 歌合において優劣の判定を述べる言葉。

本歌《ほんか》 先人が詠んだ有名な古歌の表現や趣向を取り入れて歌を詠む技法を「本歌取り」という。そのもとになった古歌を本歌という。「もとうた」ともいう。

世継《よつぎ》 「世継」とは、歴代の天皇の治世を順に語っていくこと、また、それを記した書物の

である。）

云々。」
名

■第二段落（二四五・4～終わり）

段意

確かに、読んだ本の言葉は、そのまま使うことはなくても、自然と自分の力になっているはずだ。後世風の和歌を詠むために、近い時代の歌集だけを読むというのは、間違っている。また、本で知った言葉をそのまま用いるべきではない。たとえそのまま使うとしても、自分のものとして使うのと、言葉に使われているのとでは大違いである。自分のものとして使うためには、読書をする時点で、しっかりと理解しておくことが大切である。

現代語訳・品詞分解

なるほど、目にした書物の言葉は、そのままは用いなくても、
げに、見 たる 書ども の 言葉、さながら は 用ひ
副 動・上一・用 助動・完・体 名 格助 名 副 係助 動・上二・未

自然と（歌を詠むうえでの）底力とはなるにちがいない。
ず とも、おのづから 底力 と は なり ぬ べし。
助動・消・用 接助 副 名 格助 係助 動・四・用 助動・強・終 助動・推・終

後世風の和歌を詠む人は、近い時代の歌集などだけを見て、
後世ぶり を 詠む 人 は、近き 世 の 歌集 など を のみ
名 格助 動・四・体 名 係助 形・ク・体 名 格助 名 副助 格助 副助

古いものは手すら触れないというのは、
見 て、古き もの は 手 だに 触れ ぬ は、
動・上一・用 接助 形・ク・体 名 係助 名 副助 動・下二・未 助動・消・体 係助

用いることのできないものを見るのは、無駄なことだ
用ひ られ ぬ もの を 見 ん は、無益 の
動・上二・未 助動・可・未 助動・消・体 名 格助 動・上一・未 助動・婉・体 係助 名 格助

と考えているからであろう。
わざ なり と 心得 たる が ゆゑ なる べし。
名 助動・断・終 格助 動・下二・用 助動・存・体 格助 名 助動・断・体 助動・推・終

こと。平安時代後期の歴史物語『栄花《えいが》物語』は『世継物語』とも呼ばれた。また、平安時代末期の歴史物語『大鏡』も、古くは『世継が物語』『世継の翁《おきな》の物語』と呼ばれていた。

語釈・文法

げに　なるほど。本当に。他人の意見に賛同する意を表す。

さながら　そのまま。

おのづ《ず》から　①自然に。ひとりでに。②偶然に。まれに。③（下に仮定表現を伴って）もしかすると。ここは①の意。

後世《こうせい》ぶり　後世風の和歌。古今風や、新古今風のこと。これに対比されるのが万葉風。作者の御杖は万葉風を詠む歌人であった。

無益《むやく》のわざなり　無駄なことである。「無益」は、利益がないこと、役に立たないこと、の意。

さるは　そういうのは。前文の「用ひられぬものを見んは、無益のわざなり」という考えを指す。

そういうのは、その見たものを、　そのまま用
さるは、その見たらんものを、さながら
接　代　格助　動・上一・用　助動・完・未　助動・婉・体　名　格助　副

いるならばよいだろうけれども、　(やはり)間違っているというべきである。
用ひばこそあらめ、ひがみたりといふ
動・上二・未　接助　係助　補動・ラ変・未　助動・推・已　動・四・用　助動・存・終　格助　動・四・終

我が国の書物は言うまでもないし、　漢籍であっても、
べし。わが御国のものはさらなり、漢籍とても、
助動・当・終　代　格助　名　格助　名　係助　形動・ナリ・用　名　格助　係助

見て悪いだろうか。(いや、悪くない。)　一般に書物を見るような時には、
見て悪しからんやは。おほかた書見
動・上一・用　接助　形・シク・未　助動・推・終　係助　副　名　動・上一・未

考えであれ、　言葉であれ、
んには、ものにまれ、言葉にまれ、
助動・婉・体　格助　係助　名　助動・断・用　(連語)　名　助動・断・用　(連語)

そのまま用いるようなことは感心しない行いである。　たとえ
さながら用ひんは口惜しきわざなり。たとひ
副　動・上二・未　助動・婉・体　係助　形・シク・体　名　助動・断・終　副

そのまま用いるとしても、　自分のものとして用いているのと、
さながら用ふとも、おのがものとして用ひ
副　動・上二・終　接助　代　格助　名　格助　動・サ変・用　接助　動・上二・用

その言葉に使われているのとでは、
たると、その言葉に役せられたるとは、
助動・存・体　格助　代　格助　名　格助　動・サ変・未　助動・受・用　助動・存・体　格助　係助

自然とその差が生じるにちがいない。　だから、　今
おのづからそのけぢめぞあるべき。されば、今
副　代　格助　名　係助　動・ラ変・体　助動・推・体　接　名

用いようとする時よりも、　書物を見る時に、　まず
用ひんとする時よりも、書見る時、まづ
動・上二・未　助動・意・終　格助　動・サ変・体　名　格助　係助　名　動・上一・体　名　副

自分のものとして(しっかりと理解して)おくことが肝要であって、　書
わがものとしおかんこと肝要にて、書
代　格助　名　格助　動・四・未　助動・婉・体　名　形動・ナリ・用　接助　名

用《もち》ひ《イ》ばこそあらめ　用いるならばよいだろうけれども。「…ばこそあらめ」は、「こそ」の後に「よく」「悪く」などを補って解釈する。この場合は「よく」が補える。

ひがみたり　間違っている。「ひがむ」は、間違う、ひねくれる、正常でなくなる、の意。

さらなり　言うまでもない。もちろんだ。「言ふもさらなり」の「言ふも」を省略した形。

悪《あ》しからんやは　悪いだろうか、いや、悪くない。「やは」は反語を表す。

おほ《オ》かた　一般に。

ものにまれ、言葉《ことば》にまれ　考えであれ、言葉であれ。「まれ」は、「もあれ」(係助詞「も」+補助動詞「あり」の命令形)が変化した形。

口惜《くちお》しきわざ　感心しない行い。「口惜し」は、①残念だ、②不本意だ、③情けない、感心しない、などの意があり、ここは③の意。

たとひ《イ》さながら用《もち》ふ《ウ》とも　「とも」は、逆接の仮定条件を表す接続助詞。

その言葉《ことば》に役《えき》せられたる　その言葉に使われている。人が言葉を使うというのが本来の在り方だが、主客が逆転している状態。つまり、言葉を使いこなせていないということ。

けぢ《ジ》め　①差。区別。②仕切り。③変化。ここは①の意。

物を見る心得(としては)、これに及ぶことはあるはずがないのである。

見	ん	心得、	これ	に	しく	こと	ある	まじき	なり。
動・上一・未	助動・婉・体	名	代	格助	動・四・体	名	動・ラ変・体	助動・消当・体	助動・断・終

されば　そうであるから。

これにしくことあるまじきなり　これに及ぶことはあるはずがないのである。「しく(及く・如く・若く)」は、及ぶ、匹敵する、の意。打消や反語の表現を伴って、及ばない、かなわない、の意で用いられることが多い。「百聞は一見に如《し》かず」もその一例。

鑑賞

歌合とは、左右二組に分かれて和歌の優劣を競う遊びで、平安時代初期から鎌倉時代にかけて流行した。特に平安時代後期からは和歌の巧拙を真剣に競い合うものへと本格化し、本文に出てくる千五百番歌合は、その究極ともいうべきものである。実はこうした歌合について、作者は批判的な立場をとっている。『北辺随筆』の別の条では、「後世の歌詠みは、もはら歌の巧拙をあらそふことを旨とす。（中略）歌はもと巧拙にとどまるべきものにはあらず。ただ彼我《ひが》の情をかよはすを要とす。」などと述べている。

それはさておき、本文では判者顕昭の言葉を引用し、その意見に賛同する。「歌詠みとしては物語は読んでおくべきだ」という主張は、和歌は互いの情を通わせることに主眼があるという御杖の考えに添うものといえる。物語には登場人物の心情が細やかに描写され、作中で詠み交わされる和歌は重要な役割を果たしている。物語を読むことで人情の機微に触れて心を豊かにすることができ、それが和歌を詠む力にもなる。

ところが「後世ぶりを詠む人」は、手本としたい和歌が載っている後世の歌集だけを読み、古いもの（例えば『万葉集』など）は読もうとしない。使えないなら読んでも無駄だと考えるのは、読書を表面的な手段としてしか捉えていないからであろう。本当に和歌の力をつけたいなら、ジャンルや時代を超えて幅広く本を読むべきなのである。「わが御国《みくに》のものはさらなり、漢籍《からぶみ》とても、見て悪しからんやは。」という言葉には、国学者であり、歌人であり、漢学も学んできた作者自身の経験に基づく実感がこもっていよう。

さらに、作者は「本で見た言葉をそのまま使う」ことにも警鐘を鳴らす。本を読んで語彙や知識を増やし、考えを深めることと、本に書いてあったことを安易に借用することとは違う。本を読み、そこに書かれた内容をよく理解して自らの血肉としていくことが大切だと説いている。

教科書の問題（解答・解説）

❓教科書本文下に示された問題

❓「さるは」は、どこを受けているか。（p.二四五）

解答 「用ひられぬものを見んは、無益のわざなり」〔二四五・6〕

［解説］「さるは」は、「後世ぶりを詠む人」の、「近き世の歌集などをのみ見て、古きものは手だに触れぬ」という読書の仕方の根拠となっている考えを指す。作者はそういう考えは間違っていると非難している。「さるは、ひがみたりといふべし。」がこの文の骨格であり、「その見たらんものを…こそあらめ」の部分は挿入句である。

❓「その言葉に役せられたる」とは、どのようなことをいっているのか。（p.二四六）

解答 人が言葉を使うのではなく、人が言葉に使われているような状態のこと。言葉の意味や使い方を十分に理解しておらず、言葉を使いこなせていないということ。

■学習の手引き

❶作者は、「後世ぶりを詠む人」〔二四五・5〕のどのような点を批判しているか、まとめよう。

解答 後世風の和歌を詠むのだからと、近い時代の歌集だけを見て、古いものは見ようとしない点。また、書物で見たことをそのまま使おうとしている点。

［解説］直接参考になりそうな書物だけを見て、それ以外には視野を広げようとしないところを批判している。さらに、その根底には、書物で見た言葉をそのまま使おうとする考えがあるのだろうと推測したうえで、それは間違いだと指摘する。「さるは、…さながら用ひばこそあらめ、ひがみたりといふべし。」〔二四五・7〕、「さながら用ひんは口惜しきわざなり。」〔二四五・9〕に批判の気持ちが表れている。

❷作者は、読書の心得としてどのようなことが大事だと述べているか。

解答 書物を読む時には、その内容や言葉を自分のものとしてしっかりと理解しておくことが大切である。

［解説］作者の考えは最後の一文に端的に述べられている。第二段落の前半では、目的や用途によって読むべき本を絞り込むのではなく、視野を広げてさまざまな本を読み、自分の力にしていくべきだという考えも示されている。

■語句と表現

①次の部分を品詞分解し、そのうちの助動詞、助詞について文法的に説明しよう。

解答 (1) 用ひ／ば／こそ／あら／め、
・「ば」＝順接の仮定条件を表す接続助詞。
・「こそ」＝強意を表す係助詞。
・「め」＝推量の助動詞「ん(む)」の已然《いぜん》形(「こそ」の結び)。
(2) 悪しから／ん／やは。
・「ん」＝推量の助動詞「ん（む）」の終止形。
・「やは」＝反語を表す係助詞。

[解説] (2)助動詞「む」は平安時代後期以降「ん」と表記されるようになった。文末にある「やは」は終助詞とする説もある。

②次の傍線部を文法的に説明しよう。

解答 (1) 手だに触れぬ＝副助詞「だに」。程度の軽いものをあげて、より程度の重いものを類推させる。
(2) 用ひられぬものを見んは＝助動詞「ん（む）」の連体形。ここでは「…ような」という婉曲《えんきょく》の意を表す。
(3) あるまじきなり。＝助動詞「まじ」の連体形。ここでは「…はずがない」という打消当然の意を表す。

[解説] (1)は、手に取ることすらしない、ましてじっくり読むことはない、という意を込めている。

言語活動

1 読書についての作者の考えに対して、自分はどのように考えるか。自分の読書体験なども踏まえて発表しよう。

[解説] 本を読んで知識を得たり考えを広げたりすることは多いだろう。例えば何かを学ぼうとする時、どのような観点で読む本を選んでいるだろうか。また、本で調べたことをもとに文章にまとめた経験もあるはずだ。その時、本で読んだことをどのように生かしてきただろうか。振り返って考えてみよう。

出典・作者

出典 『北辺《きたのべ》随筆』 随筆。文化十三年〔一八一六〕三月の長歌を序の代わりに載せており、この年に成立したとみられる。四巻、百五十八条から成り、国語学や古典和歌に関する考えがつづられている。文政二年〔一八一九〕刊行。「読書の心得」は巻之一所収。

作者 富士谷御杖《ふじたにみつえ》〔一七六八―一八二三〕 国学者、歌人。国学者、富士谷成章《なりあきら》の長男。初名は成寿《なりのぶ》、後に成元《なりはる》、御杖と改名。北辺の号を父から継いだ。十二歳で父と死別するが、その後は漢学者の伯父皆川淇園《みながわきえん》らから教えを受ける。父の学問を継承しつつ、歌学・解釈学において「言霊《ことだま》倒語説」と呼ばれる独自の説を展開した。歌人としての著作も多い。また、箏《そう》の名手で作曲もするなど多才な人物であった。注釈書『古事記灯《ともしび》』『万葉集灯』、歌論書『北辺髄脳《ずいのう》』『真言弁《まことのべん》』などがある。

6 作り物語3

●設定や構成などに着目しながら、作り物語の内容を的確に捉える。
●さまざまな作り物語を読み、考えを広げる。

落《おち》窪《くぼ》物語

姫君の苦難 〔第一〕

教科書 二四八～二五〇ページ

大意

姫君は、北の方に言いつけられた縫い物を終わらせることができず、腹を立てた北の方はわざと大声で文句を言い、姫君の父である中納言にも姫君を叱るよう訴える。その場には少将もいたため、「落窪の君」などという不名誉な名前が自分に付けられていることを最愛の人に知られてしまい、姫君のつらい気持ちはついに極まる。一方、少将は、自分が無神経にも「落窪の君」という名のことを姫君本人に問いただしてしまったことに後になって気づき、姫君に心から同情し、自分が彼女の立場をよいものにしていってやろうと決意を固める。

■第一段落（初め～二四九・6）

段意

姫君が縫い物をしているかどうかを見に来た北の方は、していないと分かると、姫君に聞こえるように文句を言い、姫君を叱るように中納言をせき立てる。「落窪の君」という名を聞いたことがなかった少将は、本人にその名のことを尋ね、さらにその「落窪の君」なる人の悪口を口走ってしまう。

現代語訳・品詞分解

（日が暮れて）暗くなったので、（姫君はあこきに）格子を下ろさせて、灯台に火をつ

暗う	なり	ぬれ	ば、	格子	下ろさ	せ	て、	灯台	に
形・ク・用	動・四・用	助動・完・已	接助	名	動・四・未	助動・使・用	接助	名	格助

語釈・文法

格子《こうし》…ともさせて　格子を下ろさせて、灯台に火をつけさせて。姫君があこきに命じてさせた。

けさせて、何とかして縫い上げようと思っているうちに、
火 ともさ せ て、 いかで 縫ひ出で む と 思ふ
名 動・四・未 助動・使・用 接助 副 動・下二・未 助動・意・終 格助 動・四・体

北の方が、縫っているかと見に、ひそかにいらっしゃった。
ほどに、 北の方、 縫ふ や と 見 に、 みそかに いまし
接助 名 動・四・終 係助 格助 動・上一・用 格助 形動・ナリ・用 動・サ変・用

ご覧になると、縫い物は散らかして、
に けり。 見 給へ ば、 縫ひ物 は うち散らし て、
助動・完・用 助動・過・終 動・上一・用 補動・四・已 接助 名 係助 動・四・用 接助

灯火はともしてあるが誰もいない。(几帳の中に)入って寝てしまったのだと思
火 は ともし て 人 も なし。 入り臥し に けり と
名 係助 動・四・用 接助 名 係助 形・ク・終 動・四・用 助動・完・用 助動・嘆・終 格助

うと、ひどく腹が立って、「お殿様(中納言殿)。この落窪の君は、
思ふ に、 大きに 腹立ち て、 「おとどこそ。 この 落窪の君、
動・四・体 接助 形動・ナリ・用 動・四・用 接助 名 代 格助 名

心のかわいげがなく、世話をしきれないよ。ここへいらっしゃってお
心 の 愛敬 なく、 見わづらひ ぬれ。 これ いまし て
名 格助 名 形・ク・用 動・四・用 助動・完・已 代 動・サ変・用 接助

しゃってください。これほど急いでいるのに(縫い上げていない)。どこにあった几帳であろうか。
のたまへ。 かく ばかり 急ぐ ものを。 いづこ なり し
動・四・命 副 副助 動・四・体 接助 代 動・在・用 助動・過・体

(ふだんは)持っていないようなものを
几帳 に か あら む。 持ち知ら ぬ もの
名 助動・断・用 係助 補動・ラ変・未 助動・推・体 動・四・未 助動・消・体 名

用意してさっと立てて、(その中に)入っては寝、入っては寝していることよ。」
設け て つい立て て、 入り臥し 入り臥し する こと
動・下二・用 接助 動・下二・用 接助 動・四・用 動・四・用 動・サ変・体 名

とおっしゃると、殿様は、「(大声を出すのはやめて)近くにいらしてお話
よ。」 と のたまへ ば、 おとど は、 「近く おはし て のたまへ。」
間助 格助 動・四・已 接助 名 係助 形・ク・用 動・サ変・用 接助 動・四・命

しなさい。」とおっしゃるので、(北の方は中納言のほうへ行き)返事(の声)が遠くなったので、終わりのほ
と のたまへ ば、 いらへ 遠く なり ぬれ ば、 果て の 言葉
格助 動・四・已 接助 名 形・ク・用 動・四・用 助動・完・已 接助 名 格助 名

いかで縫《ぬ》ひ《イ》出《い》でむ　何とかして縫い上げよう。「いかで」は、何とかして、の意。「縫ひ出づ」は、縫って着物に仕上げる、の意。少将は縫い物をやめさせようとしているが、姫君は北の方の命令に応えようとしているのである。

みそかなり　ひそかにする。こっそりする。

います　①「あり」「居《を》り」の尊敬語。②「行く」「来《く》」の尊敬語。ここは②の意で「来」の尊敬語。

おとどこそ　お殿様。中納言への呼びかけを表す。「こそ」は人を表す語の下に付いて、親しみを込める接尾語。係助詞、間投助詞との説も。

心《こころ》の愛敬《あいぎょう》なく　心のかわいげがなく。「愛敬」は、①敬愛、②(容姿の)愛らしさ、③(性格などの)魅力、優しさ、などの意を表す。ここは③の意。

見《み》わづ《ズ》らひ《イ》ぬれ　「見わづらふ」は、世話がしにくくて困る、扱いに困る、の意。「ぬれ」は完了の助動詞「ぬ」の已然《いぜん》形で、後に接続助詞「ば」が省略されているとする説が有力。完了の助動詞が使われているのは、もう世話をしたくないという北の方の気持ちの表れと考えられる。

几帳《きちょう》にかあらむ　几帳であろうか。「にかあらむ」は上に疑問の語を伴って、…であろうか、の意を表す。

いらへ《エ》遠《とお》くなりぬれば　返事（の声）が遠くなったので。北の方が中納言のほうへ行ったため。

うの言葉は聞こえない。
は　聞こえ　ず。
係助　動・下二・未　助動・消・終

少将は、（姫君の名を）「落窪の君」とは聞いていなかったので、
少将、落窪の君　と　は　聞か　ざり　けれ
名　名　格助　係助　動・四・未　助動・消・用　助動・過・已

「何の名前なのか、落窪とは。」と言うと、姫君はとても恥ず
ば、「何　の　名　ぞ、落窪　は。」と　言へ　ば、女　いみじく
接助　代　格助　名　終助　名　係助　格助　動・四・已　接助　名　形・シク・用

かしくて、「さあ。」と答える。「人の名前にどうして付けたのか。
恥づかしく　て、「いさ。」と　いらふ。「人　の　名　に　いかに
形・シク・用　接助　感　格助　動・下二・終　名　格助　名　格助　副

言うまでもなく卑屈である人の名前だろう。
付け　たる　ぞ。論なう　屈し　たる　人　の　名　なら
動・下二・用　助動・完・体　終助　形・ク・用　動・サ変・用　助動・存・体　名　格助　名　助動・断・未

きらびやかでない人の名前だ。北の方が、
む。きらきらしから　ぬ　人　の　名　なり。北の方、
助動・推・終　形・シク・未　助動・消・体　名　格助　名　助動・断・終　名

いじめているようだ。（その人は）きっと性質の悪い方でいらっしゃるのだ
さいなみだち　に　たり。さがなく　ぞ　おはします　べき。」
動・四・用　助動・強・用　助動・存・終　形・ク・用　係助　補動・四・終　助動・推・体

ろう。」と言って（姫君とともに）床につきなさった。
と　言ひ　臥し　給ひ　けり。
格助　動・四・用　動・四・用　補動・四・用　助動・過・終

■第二段落（二四九・7〜14）

段意

北の方にせき立てられた中納言が、姫君の所へ来て、北の方の言うことを聞かないとは何事だと叱る。さらに、夜の間に縫い物を終わらせなければ、我が子とも思えまい、などとひどい言葉を吐き捨てる。それを聞いた姫君はただただ泣くばかりである。

現代語訳・品詞分解

（北の方は）袍（を縫うための生地）を裁って送ってきた。また縫うのが遅いと困るとお思いになって、
上の衣　裁ち　て　おこせ　たり。また　遅く　も　ぞ　縫ふ
名　動・四・用　接助　動・下二・用　助動・完・終　副　形・ク・用　係助　係助　動・四・体

少将《しょうしょう》　右近衛《うこんえの》少将。この少将の乳母子《めのとご》と結婚したあこきを通して、少将は姫君を知った。

いさ　さあ。ええと。

論《ろん》なう《ノウ》　言うまでもなく。「論なく」のウ音便。「論《ろ》なう」ともいう。

きらきらしからぬ　「きらきらし」は、①きらきらと光り輝いている、②美しい、③りっぱだ、などの意。ここはいずれにもとれる。「ぬ」は打消の助動詞「ず」の連体形。

さいなみだちにたり　いじめているようだ。「さいなむ」は、責める、いじめる、の意。「だつ」は、…のように見える、の意を表す接尾語。

さがなくぞおは《ワ》しますべき　「さがなし」は、性質が良くない、手に負えない、などの意。「落窪の君」と呼ばれた人について少将が推量している。北の方についての推量とする説もある。

語釈・文法

上《うえ》の衣《きぬ》裁《た》ちておこせたり　袍《ほう》（を縫うための生地）を裁って送ってきた。北の方が姫君に、ということ。「おこす」は、送ってくる、の意。

(姫君について)いろいろなことを殿様に申し上げて、「(姫君の部屋に)
と 思し て、よろづ の 事 おとど に 聞こえ て、「行き て
格助 動・四・用 接助 名 格助 名 名 格助 動・下二・用 接助 動・四・用 接助

行っておっしゃってください、おっしゃってください。」と(中納言は)せき立てられて、(姫君の部屋に)いらっ
のたまへ、のたまへ。」と 責め られ て、おはし て、遣り戸
動・四・命 動・四・命 格助 動・下二・未 助動・受・用 接助 動・サ変・用 接助 名

しゃって、引き戸を引き開けなさるとすぐにおっしゃることには、「いやはや、この落窪の君は、
を 引き開け 給ふ より のたまふ やう、「いなや、こ の 落窪の君
格助 動・下二・用 補動・四・体 格助 動・四・体 名 感 代 格助 名

あの方(北の方)がおっしゃることに従わず、けしからんと
の、あなた に のたまふ こと に 従は ず、悪しかん
格助 代 格助 動・四・体 名 格助 動・四・未 助動・消・用 形・シク・体

聞いているがどうしたことだ。(おまえは)母親がいないようなものだから、何とかして(北の方に)
なる は な ぞ。親 なかん めれ ば、いかで よろしく
助動・伝・体 係助 代 終助 名 形・ク・体 助動・婉・已 接助 副 形・シク・用

好ましく思われたいと考えるのがよい。これほど急い
思は れ にしがな と こそ 思は め。かばかり
動・四・未 助動・受・用 終助 格助 係助 動・四・未 助動・適・已 副

でいるのに、他人の物を縫って、この家の(縫い)物に手も触れな
急ぐ に、ほか の 物 を 縫ひ て、ここ の もの に
動・四・体 接助 名 格助 名 格助 動・四・用 接助 代 格助 名 格助

いというのはどういうつもりなのか。」と言って、「夜の間に
手 触れ ざら む や 何 の 心 ぞ。」とて、「夜 の
名 動・下二・未 助動・消・未 助動・婉・体 係助 代 格助 名 終助 格助 名 格助

縫い上げないならば、(私はおまえを我が)子だとも思えまい。」
うち に 縫ひ出ださ ず は、子 と も 見え じ。」
名 格助 動・四・未 助動・消・用 係助 名 格助 係助 動・下二・未 助動・消推・終

とおっしゃるので、姫君は、返事もしないで、ぼろぼろと泣いた。
と のたまへ ば、女、いらへ も せ で、つぶつぶと 泣き
格助 動・四・已 接助 名 動・下二・用 係助 動・サ変・未 接助 副 動・四・用

殿様は、そう言葉をかけてお帰りになった。
ぬ。おとど、さ 言ひかけ て 帰り 給ひ ぬ。
助動・完・終 名 副 動・下二・用 接助 動・四・用 補動・四・用 助動・完・終

また遅《おそ》くもぞ縫《ぬ》ふ《ウ》　また縫うのが遅いと困る。「もぞ」は係助詞「も」+係助詞「ぞ」から成り、…たら困る、…たら大変だ、の意。

聞《き》こゆ　申し上げる。「言ふ」の謙譲語。

責《せ》められて　せき立てられて。「られ」は受身の助動詞の連用形。中納言が北の方に、ということ。

引《ひ》き開《あ》け給《たま》ふより　引き開けなさるとすぐに。

いなや　おやまあ。いやはや。驚きあきれる気持ちを表す感動詞。

悪《あ》しかんなるはなぞ　「悪しかん」は「悪し」のカリ活用連体形「悪しかる」の撥《はつ》音便。「なぞ」は「なんぞ」の撥音を表記しない語で、疑問や非難の意を表す。副詞とする説もある。

親《おや》なかんめれば　母親がいないようなものだから。「なかん」は「なかる」の撥音便。

いかでよろしく思《おも》は《ワ》れにしがな　何とかして好ましく思われたい。「よろし」は、①好ましい、すばらしい、②悪くない、まずまずだ、などの意を表す。ここは①の意。「にしがな」は願望を表す一語の終助詞。「いかで…にしがな」で願望表現を形成している。

ほかの物《もの》を縫《ぬ》ひ《イ》て　以前、姫君の所に来ていた少将の直衣《のうし》を北の方に見られた際、あこきが、姫君はほかの方に頼まれた縫い物もしているとごまかしたことを受けている。

縫《ぬ》ひ《イ》出《い》ださずは　縫い上げないならば。「出だす」は「出づ」と同義。「は」は、順接の仮定条件を表す係助詞（接続助詞とする説もある）。取り立てて示す意ともとれる。

第三段落（二四九・15～終わり）

段意

「落窪の君」という名が自分のものであることを少将に知られた姫君は恥ずかしくて死にたいと思う。少将は、姫君を気の毒がり、自分が姫君の立場をよくしていってやろうと決意する。

現代語訳・品詞分解

(姫君は)少将が聞いているので恥ずかしく、恥の全てを言われ、
人 の 聞く に 恥づかしく、 恥 の 限り 言は れ、
名 格助 動・四・体 接助 形・シク・用 名 格助 名 動・四・未 助動・受・用

(先ほど)言っていた(落窪の君という)名前を自分のものとして聞かれてしまったことよと思うと、
言ひ つる 名 を 我 と 聞か れ ぬる こと と
動・四・用 助動・完・体 名 格助 代 格助 動・四・未 助動・受・用 助動・完・体 名 格助

今すぐ死ぬものでありたい(死んでしまいたい)と(思い)、縫い物はしばらく
思ふ に、 ただ今 死ぬる もの に もがな と、 縫ひ物 は
動・四・体 接助 副 動・ナ変・体 名 助動・断・用 終助 格助 名 係助

(向こう側に)押しやって、灯火の暗いほうに向いてひどく泣くので、
しばし 押しやり て、 火 の 暗き 方 に 向き て いみじう
副 動・四・用 接助 名 格助 形・ク・体 名 格助 動・四・用 接助 形・シク・用

少将は気の毒で、(泣くのも)もっともだと(思って)、どんなにか本当に恥ずかしいと
泣け ば、 少将 あはれに 理に て、 いかに げに 恥づかし
動・四・已 接助 名 形動・ナリ・用 形動・ナリ・用 接助 副 副 形・シク・終

思っているだろうと、自分も泣いて、「しばらく(几帳の中
と 思ふ らむ と、 我 も うち泣き て、 「しばし 入り
格助 動・四・終 助動・現推・体 格助 代 係助 動・四・用 接助 副 動・四・用

に)入って寝ていらっしゃってください。」と言って、無理に(几帳に)引き入れなさって、
て 臥し 給へ れ。」 とて、 せめて 引き入れ 給ひ て、
接助 動・四・用 補動・四・命 助動・存・命 格助 副 動・下二・用 補動・四・用 接助

語釈・文法

言《い》ひ《イ》つる名《な》　（先ほど）言っていた名前。「落窪の君」という名前のこと。

ただ今《いま》死《し》ぬるものにもがな　今すぐ死ぬものでありたい（死んでしまいたい）。「ただ今」は、今すぐ、の意。「もがな」は願望の終助詞。

あはれ《ワ》に理《ことわり》にて　「あはれなり」は、ここでは、気の毒だ、の意。「理なり」は、もっともだ、当然だ、の意。泣くのは当然だということ。

我《われ》も　自分も。ここでは少将のこと。「我」は、一人称代名詞以外にも、その人自身、の意で用いられることがある。

せめて　①無理に。②なおも。続けて。③非常に。④少なくとも。ここは①の意。

いとほ《オ》し　①かわいそうだ。②いじらしい。いとしい。③いやだ。ここは①の意。

継母《ままはは》こそあらめ　「こそあらめ」は、…（は）

いろいろと言って慰めなさる。

よろづに 言ひ慰め 給ふ。
副 動・下二・用 補動・四・終

落窪の君とはこの人の名前を言っていたのだなあ、私が（先ほど）言ったことでどんなにか恥ずかしいと思っているだろう、とかわいそうに思う。

落窪の君 と は こ の 人 の 名 を 言ひ ける なり けり、 わ が 言ひ つる こと いかに 恥づかし と 思ふ らむ、 と いとほし。
名 格助 係助 代 格助 名 格助 名 格助 動・四・用 助動・過・体 助動・断・用 助動・嘆・終 代 格助 動・四・用 助動・完・体 名 副 形・シク・終 格助 動・四・終 助動・現推・体 格助 形・シク・終

継母は（意地悪をすることが）あるだろうが（それは仕方ないとして）、（実父の）中納言までもが（姫君を）憎らしく言ったものだな、（中納言は姫君を）本当にひどく悪く思っているようだが、

継母 こそ あら め、 中納言 さへ にくく 言ひ つる かな、 いと いみじう 思ひ たる に こそ あ めれ、
名 係助 動・ラ変・未 助動・推・已 名 副助 形・ク・用 動・四・用 助動・完・体 終助 副 形・シク・用 動・四・用 助動・存・体 助動・断・用 係助 補動・ラ変・体 助動・定・已

何とかして（姫君を）りっぱにして（中納言たちに）見せてやりたい、と心の中でお思いになる。

いかで よく て 見せ てしがな、 と 心 の うち に 思ほす。
副 形・ク・用 接助 動・下二・用 終助 格助 名 格助 名 格助 動・四・終

いいだろうが、の意で、逆接で後の文に続く。ここでは、継母が意地悪をすることはあるだろうが（それは仕方ないとして）、といった意。

いみじう《ジュウ》思《おも》ひ《イ》たる　ひどく悪く思っている。「いみじう」は「いみじく」のウ音便。「いみじ」は、良くも悪くも程度の甚だしいさまを表す。ここでは、姫君のことを憎らしく言っていた中納言の発言から、姫君に対する感情を推測しているので、ひどく悪く、の意。

いかでよくて見《み》せてしがな　何とかして（姫君を）りっぱにして見せてやりたい。「いかで…てしがな」で願望表現を形成。「よくて」の「て」は単純接続の接続助詞。…の状態で、の意。「見す」は、見せる、の意。

鑑賞

タイトル通り、姫君の苦難が描かれた場面であるが、それを劇的に見せる作者の仕掛けが随所に散りばめられている。

まず、姫君が「落窪の君」と呼ばれていることに、少将が気づくまでの過程の描き方に注目したい。「落窪の君」という名を耳にした少将が、何も知らず当の姫君に向かって「落窪の君」とは誰かと尋ね、「落窪の君」なる人物の悪口を言うという場面を配している。これによって少将は、故意ではないにせよ、姫君に恥ずかしい思いをさせてしまうことになり、申し訳ないという思いから償いの意識を抱くのである。

次に、中納言が姫君に対して実の親とは思えないような冷酷なセリフを吐く場面に注目する。これによって、姫君（あるいは感情移入している読者）はさらにいたたまれない気持ちになり、同時にまた、少将は中納言家に対する怒りと姫君を哀れに思う気持ちが高まり、姫君救出へと向かうのである。

ヒーローがヒロインを助け出す、というのはこの種の物語の定型ではあるが、そこに至るまでの過程で、いかに読者が共感・納得できるかが重要である。そのための因果関係を作り出すなどして、創意工夫を凝らしているといえよう。

教科書の問題（解答・解説）

教科書　二五〇ページ

❓教科書本文下に示された問題

❓「これいましてのたまへ。」とは、誰がどうすることか。（p.二四八）

解答　中納言が、落窪の君の所へ行き、縫い物を早く仕上げるよう命じること。

［解説］北の方の、中納言への言葉であることに着目。北の方が中納言に、娘に説教をするようお願いしている。「これ」は、ここ、の意で、落窪の君のいる部屋を指す。

❓「あなた」とは、誰のことか。（p.二四九）

解答　北の方

［解説］「あなた」は、空間的・時間的に遠いものを指し、あちら、以前、将来などの意を表す。ここでは第三者を指し、あの方、の意。中納言が北の方を敬意を込めて呼んだもの。直後の格助詞「に」は、間接的に主語を示す用法。

❓「人」とは、誰のことか。（p.二四九）

解答　少将

［解説］「恥づかしく」思っているのは姫君である。「落窪」という名を誰に聞かれると恥ずかしいのかと考える。

■学習の手引き

❶北の方の言葉を聞いた時の、少将と落窪の君の心情を、それぞれまとめよう。

解答　・少将＝「落窪の君」などというひどい名前を不審に思い、そんな名前を付けられるのは、性格が悪い人間だろうと不快に思っている。

・落窪の君＝自分が「落窪の君」などという名前で呼ばれていることを少将に知られるのを恐れており、少将に「落窪の君」の名について尋ねられ、また、悪く言われて恥ずかしさと悲しみにうちひしがれている。

［解説］第一段落の後半から読み取る。この時点では、少将は「落窪の君」が誰の名前かは理解しておらず、落窪の君もそれが自分であることを知られまいとして、少将の問いかけに「いさ（さあ。）」と答えてごまかしている。

❷おとどの言動に対する少将と落窪の君の心情を、それぞれまとめよう。

解答　・少将＝「落窪の君」が、目の前の姫君に付けられた名前であることに気づき、また自分が先刻、無神経に「落窪の君」について尋ねたこともどんなにか姫君に恥ずかしい思いをさせたかと思い、同情を寄せ、いとしく思っている。さらに、実の親であるにもかかわらず、姫君に冷淡な態度を取る中納言を憎らしく思い、何とかして姫君の状況を改善させてやりたいと決意を固めている。

・落窪の君＝実の親としてあまりに冷淡な中納言の言葉を聞き、悲嘆にくれている。また、「落窪の君」が自分に付けられた名前であることを少将に知られてしまい、恥ずかしさのあまり死にたく思っている。

[解説] 第三段落から読み取る。少将は、ここでようやく落窪の君の境遇を把握し、同情するとともに、彼女を虐げている中納言に対して怒りを抱くのである。

■語句と表現

① 「いらへ遠くなりぬれば、果ての言葉は聞こえず。」（二四九・1）**から、どのような状況が想像されるか。**

解答 落窪の君の住まわされている部屋が、家の中心部からかなり離れた所にあることが想像される。

[解説] 北の方は落窪の君の部屋へ様子を見にやって来て、その場から中納言に向かって「おとどこそ。…これいましてのたまへ。」と呼びかけた。しかし、中納言から「近くおはしてのたまへ。」と言われて、中納言のいる母屋のほうへ戻っていったため、その声が遠のいていく。母屋と落窪の君の部屋との距離が感じられる。

② 「中納言さへにくく言ひつるかな」（二五〇・5）**の部分には敬語が用いられていない。なぜそのような表現になっているのか考えよう。**

[解説] 「落窪の君とは…見せてしがな」（二五〇・3〜6）の部分は少将の心内語である。中納言が実の娘に冷淡な態度をとるのを目の当たりにした少将は、姫君への同情もあいまって、中納言への憎しみを募らせる。憎むべき相手のことを心中で思う際に、敬語を用いるはずもなく、少将の心情がよく伝わる表現になっているといえる。

出典・作者

出典 『落窪物語《おちくぼ》』 作り物語。四巻。平安時代中期（十世紀末頃）に成立したとされる。中納言忠頼《ただより》なる人物の娘である主人公の姫君が、継母に「落窪の君」と屈辱的な名を付けられ、いじめられるという「継子いじめ物語」である。右近少将道頼《みちより》（実在の藤原道頼がモデルとされる）に救い出された後は、少将による中納言家への復讐《ふくしゅう》へと展開し、やがて和解へと収束する筋書きとなっている。主人公が少女から大人の女性になる際に通過する儀礼を写実的に描いており、当時のしきたりを知る有職《ゆうそく》故実の資料としても価値が高い。

作者 未詳。

堤中《つつみちゅう》納《な》言《ごん》物語

このついで

教科書　二五一～二五四ページ

大意　中宮を慰めようと、お側《そば》にいた人々が話をしていく。宰相中将《さいしょうのちゅうじょう》は、ある姫君が、子どもまでなす仲ながら訪れが途絶えがちだった男を、歌を詠むことで引き止めたという話をする。少将の君は、東山《ひがしやま》辺りの寺で、美しい女が尼になろうとしているところに居合わせ、心打たれて扇に歌を書いて贈ったが、女の妹の返歌がみごとで、自分の平凡な歌が悔やまれたという話をする。

■第一段落（初め～二五二・5）

段意　中宮の兄弟の宰相中将が話す。「ある姫君に忍んで通う男がいて、かわいい子どもまでいたが、厳しい本妻のせいか訪れは途絶えがちだった。それでも子どもは男を慕い、時々男が子どもを連れて帰るが、姫君は『返して』とも言わない。しばらく後、男がまた子どもを連れ出そうとすると、姫君は見送ってから一人残されたつらさを歌に詠む。男は屏風《びょうぶ》の後ろでその歌を聞いて感動し、子どもも返してそのまま姫君のもとにとどまった。」

現代語訳・品詞分解

「ある姫君に、こっそり通う男がいたのだろうか、とても
「ある（連）君達（名）に（格助）、忍び（動・四・用）て（接助）通ふ（動・四・体）人（名）や（係助）あり（動・ラ変・用）けむ（助動・過原推・体）、いと（副）

かわいらしい子どもまでできたので、（男は姫君を）いとし
うつくしき（形・シク・体）児（名）さへ（副助）出で来（動・カ変・用）に（助動・完・用）けれ（助動・過・已）ば（接助）、あはれ（形動・ナリ・語幹）と（格助）

いとはお思い申し上げながら、手厳しい本妻がいたのであろうか、
は（係助）思ひ（動・四・用）聞こえ（補動・下二・用）ながら（接助）、きびしき（形・シク・体）片つ方（名）や（係助）あり（動・ラ変・用）けむ（助動・過原推・体）、

語釈・文法

忍《しの》びて通《かよ》ふ《ウ》人《ひと》やありけむ　こっそり通う男がいたのだろうか。「忍ぶ」は、①人目につかないようにする、②我慢する、などの意を表す。ここは①の意。「けむ」は過去の原因推量の助動詞の連体形。係助詞「や」の結び。

児《ちご》さへ《エ》　子どもまで。「さへ」は添加の副助詞。仲が良いうえに子どもまで生まれた、の意。

（姫君のもとへの訪れが）途絶えがちであるうちに、 （子どもが父を）忘れもせず、
絶え間がちに て ある ほどに、 思ひ も 忘れ ず、
形動・ナリ・用 接助 補動・ラ変・体 接助 動・四・用 係助 動・下二・未 助動・消・用

たいそう慕うのが（男には）かわいく、 時々は、 （男の）住む家に連れ帰りなどす
いみじう 慕ふ が うつくしう、 時々 は、 ある 所 に 渡し
形・シク・用 動・四・体 格助 形・シク・用 名 係助 動・ラ変・体 名 格助 動・四・用

るのも、 （姫君は）『（子どもを）すぐに（返してほしい）。』などとも言わ
など する を も、 『今。』 など も 言は で あり
副助 動・サ変・体 格助 係助 副 副助 係助 動・四・未 接助 補動・ラ変・用

ないでいたが、 しばらくたって（男が姫君のもとへ）立ち寄ったところ、
し を、 ほど 経 て 立ち寄り たり しか ば、
助動・過・体 接助 名 動・下二・用 接助 動・四・用 助動・完・用 助動・過・已 接助

（子どもは）とても寂しそうで、 （久しぶりに会った父を）珍しく思ったのであろうか、（男は子ど
いと さびしげに て、 めづらしく や 思ひ けむ、 かき撫で
副 形動・ナリ・用 接助 形・シク・用 係助 動・四・用 助動・過原推・体 動・下二・用

もを）撫でながらずっと見ていたが、 （男は姫君のもとに）居続けることができない
つつ 見ゐ たり し を、 え 立ちとまら ぬ こと
接助 動・上一・用 助動・存・用 助動・過・体 接助 副 動・四・未 助動・消・体 名

事情があって出（ようとす）ると、 （男の家に連れて行ってもらうのが）習慣になっていたので、（子
あり て 出づる を、 ならひ に けれ ば、 例 の
動・ラ変・用 接助 動・下二・体 接助 動・四・用 助動・完・用 助動・過・已 接助 名 格助

どもが）いつものようにたいそう慕って後を追うのが（男は）かわいそうに思われて、しばらく立ち止まって、
いたう 慕ふ が あはれに おぼえ て、 しばし 立ちとまり て、
副 動・四・体 格助 形動・ナリ・用 動・下二・用 接助 副 動・四・用 接助

『それでは、 さあ（来なさい）。』 と言って、 （子どもを）抱きかかえて出ていったのを、
『さらば、 いざ よ。』 とて、 かき抱き て 出で ける を、
接 感 間助 格助 動・四・用 接助 動・下二・用 助動・過・体 格助

（姫君は）とてもつらそうに見送って、 前にある火取りを手先でもてあそんで、
いと 心苦しげに 見送り て、 前 なる 火取り を 手まさぐり
副 形動・ナリ・用 動・四・用 接助 名 助動・在・体 名 格助 名

に し て、
格助 動・サ変・用 接助

あは《ワ》れとは思《おも》ひ《イ》聞《き》こえながら （男は姫君を）いとしいとはお思い申し上げながら。「あはれなり」は、ここでは、いとしい、の意。「聞こゆ」は謙譲の補助動詞。

慕《した》ふ《ウ》 ①（慕って）後を追う、②恋しく思う、③師事する、の意を表す。ここは①の意。

ある所《とこ》に渡《わた》しなどする 「ある所」は、男の住む家。この「ある」は連体詞ではなく動詞で、いる、の意。「渡す」は、連れ帰る、の意。

ほど経《へ》て しばらくたって。「ほど」は、時間、空間、物事、人物の身分や年齢などに関して、おおよその程度を表す。

めづ《ズ》らしくや思《おも》ひ《イ》けむ （久しぶりに会った父を）珍しく思ったのであろうか。男が子どもの成長を珍しく思った、とする説もある。

え立《た》ちとまらぬこと （姫君のもとに）居続けることができない事情。「え」は下に打消・反語の語を伴って不可能を表す副詞。

ならひ《イ》にければ （男の家に連れて行ってもらうのが）習慣になっていたので。「ならふ」は「慣らふ」「馴らふ」と書き、①慣れる、習慣となる、②なじむ、③見習う、などの意を表す。ここは①の意。

例《れい》の いつものように。後の「慕ふ」にかかる。

さらば それならば。それでは。

(この火取りの籠ではないが)子どもまでもこのように離れて出ていくのならば、(残された私は)
こ だに かく あくがれ出で ば 薫き物 の ひとり や
名 副助 副 動・下二・未 接助 名 格助 名 係助

薫き物の火取りという言葉どおり一人ぼっちでいっそう(人恋しい)思い(の火)に胸を焦がれるのでしょうか。
いとど 思ひこがれ む
副 動・下二・未 助動・推・体

と、 ひそやかに言うのを、 (男は)屏風の後ろで聞いて、
と、 忍びやかに 言ふ を、 屏風 の 後ろ にて 聞き て、
格助 形動・ナリ・用 動・四・体 格助 名 格助 名 格助 動・四・用 接助

とてもかわいそうだと思われたので、 子どもも返して、
いみじう あはれに おぼえ けれ ば、 児 も 返し て、
形・シク・用 形動・ナリ・用 動・下二・用 助動・過・已 接助 名 係助 動・四・用 接助

(男も)そのまま(姫君のもとに)おとどまりになった、 と(いうことだ)。」
そ の まま に なむ ゐ られ に し、 と。」
代 格助 名 格助 係助 動・上一・未 助動・尊・用 助動・完・用 助動・過・体 格助

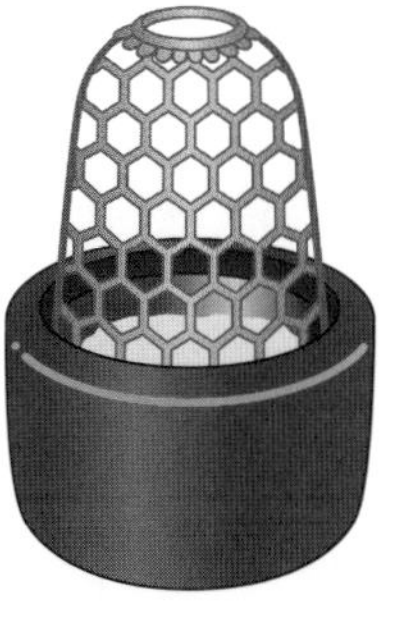

いざよ 「いざ」は相手を誘う時などに使う語。

前《まへ》なる 前にある。「なる」は存在の助動詞「なり」の連体形。

手《て》まさぐり 手先でもてあそぶこと。手すさび。

こだにかく… (歌)「こ」は「子」と「籠《こ》(火取りの籠)」、「ひとり」は「一人」と「火取り」、「思ひ」の「ひ」は「火」との掛詞《かけことば》。「籠」「火取り」「火」「こがれ」は「薫《た》き物《もの》」の縁語。

こだに 子どもまでも。「だに」は、本来、①[類推]…さえ、②[限定]せめて…だけでも、の意を表すが、ここでは③[添加]…までも、の意に解釈する。③は「さへ」との混同によるものと考えられ、平安末期以降にみられる。ここでは、「あなただけでなく子どもまでも」の意を込める。また、「火取り(香炉)」との関連でいえば、香炉から出ていくのは香であるはずなのに、「籠《こ》」までもが離れていくならば、「火取り」だけが後に残されてしまう、ということになる。

あくがれ出《い》づ 本来の場所を離れてさまよい出る。ここでは、子どもが男の後を追って自分のもとから出ていってしまうことをいう。

いとど いっそう。「いといと」の転。

第二段落（二五二・8～終わり）

段意

女房の少将の君が話す。「東山辺りの寺で仏道修行をしていた時、別の部屋にりっぱな人々がおり、高貴な様子なので気になって、障子に穴を開けてのぞいたところ、一人の美しい女が尼になろうとしている様子で、ためらう僧との問答の末、髪を几帳《きちょう》の隙間から押し出した。女の妹らしき少女をはじめ、周りは皆涙をこらえきれない様子である。しみじみ心打たれたので歌を贈ると、女の妹が返歌を寄越した。その書きぶりがみごとで悔やまれて。」などと言っている時に、帝《みかど》のお越しの騒ぎに紛れて少将の君も隠れてしまった。

現代語訳・品詞分解

「（私の）おばである人が、東山辺り（の寺）で仏道修行をしておりました時に、

「をば（名） なる（助動・断・体） 人（名） の（格助）、 東山（名） わたり（名） に（格助） 行ひ（動・四・用） て（接助） 侍り（補動・ラ変・用）

（私も）しばらく後を追って（その寺に）おりましたところ、主人である尼君

し（助動・過・体） に（格助）、 しばし（副） 慕ひ（動・四・用） て（接助） 侍り（動・ラ変・用） しか（助動・過・已） ば（接助）、 あるじ（名） の（格助）

の部屋で、たいそうりっぱな人々の気配が、

尼君（名） の（格助） 方（名） に（格助）、 いたう（副） 口惜しから（形・シク・未） ぬ（助動・消・体） 人々（名） の（格助） けはひ（名）、

たくさんしておりましたが、（誰かを大勢に）紛らわせて、人目につ

あまた（副） し（動・サ変・用） 侍り（補動・ラ変・用） し（助動・過・体） を（接助）、 まぎらはし（動・四・用） て（接助）、 人（名） に（格助）

かないようにしているのだろうかと見えましたけれども、（物を）隔てての（そち

忍ぶ（動・四・体） に（助動・断・用） や（係助） と（格助） 見え（動・下二・用） 侍り（補動・ラ変・用） し（助動・過・体） も（接助）、 隔て（動・下二・用） て（接助） の（格助）

らのほうの）様子がとても気品があって、普通の身分の人とは思われませんでしたので、

けはひ（名） の（格助） いと（副） 気高う（形・ク・用）、 ただ人（名） と（格助） は（係助） おぼえ（動・下二・用） 侍ら（補動・ラ変・未）

（どんな方なのか）知りたくて、ちょっとした障子の紙の穴を作り出

ざり（助動・消・用） し（助動・過・体） に（接助）、 ゆかしう（形・シク・用） て（接助）、 ものはかなき（形・ク・体） 障子（名） の（格助） 紙（名）

語釈・文法

わたり　「辺り」と書き、①辺り、②（間接的な言い方で）人、の意を表す。ここは①の意。

行《おこな》ひ《イ》て　仏道修行をして。「行ふ」は、仏道修行をする、勤行《ごんぎょう》する、の意。

口《くち》惜《お》しからぬ人々《ひとびと》　りっぱな人々。「口惜し」は、残念だ、つまらない、劣っている、などの意を表す。

ただ人《びと》　①（神仏などに対して）臣下、②（帝《みかど》や皇族に対して）普通の人、③官位の低い人、普通の身分の人、の意を表す。ここは③の意。

ゆかしう《シュウ》て　知りたくて。「ゆかしう」は「ゆかしく」のウ音便。「ゆかし」は、何かに向かって強く心がひかれる状態で、文脈によって、見たい、聞きたい、知りたい、などと訳す。

ものはかなし　①どことなく頼りない。②とりとめもない。③たいしたことがない。ここは③の意。「もの」は接頭語。

かまへ《エ》出《い》でて　作り出して。「かまへ出づ」は、

して、

のぞきましたところ、　簾(のそば)

の 穴 かまへ出で て、 のぞき 侍り しか ば、 簾 に

格助 名 動・下二・用 接助 動・四・用 補動・ラ変・用 助動・過・已 接助 名 格助

に几帳を添えて(立てて)、 清浄な感じの僧を二、三人ほど座らせて、

几帳 添へ て、 清げなる 法師 二、三人 ばかり すゑ

名 動・下二・用 接助 形動・ナリ・体 名 名 副助 動・下二・用

たいそう美しい感じがした(女の)人が、 几帳のそばで物に寄りかかって

て、 いみじく をかしげなり し 人、 几帳 の つら に

接助 形・シク・用 形動・ナリ・用 助動・過・体 名 名 格助 名 格助

楽な姿勢をとって、 そこにいる僧を近くに呼んで、

添ひ臥し て、 こ の ゐ たる 法師 近く 呼び て、

動・四・用 接助 代 格助 動・上一・用 助動・存・体 名 形・ク・用 動・四・用 接助

何か言っている。 何事であろうと聞き分けられるほど(の距離)でもないけれど、

もの 言ふ。 何ごと なら む と 聞き分く べき ほど

名 動・四・終 名 助動・断・未 助動・推・終 格助 動・四・終 助動・可・体 名

(その女の人は)尼になろうと(僧に)相談している

に も あら ね ど、 尼 に なら む と 語らふ

助動・断・用 係助 補動・ラ変・未 助動・消・已 接助 名 格助 動・四・未 助動・意・終 格助 動・四・体

様子であろうかと見えるが、 僧はためらう様子であるけれど、

気色 に や と 見ゆる に、 法師 やすらふ 気色 なれ

名 助動・断・用 係助 格助 動・下二・体 接助 名 動・四・体 名 助動・断・已

(女が)やはりなおしきりに言うようなので、 (僧も)『それでは。』と言っ

ど、 なほなほ せちに 言ふ めれ ば、 『さらば。』 とて、

接助 副 形動・ナリ・用 動・四・終 助動・定・已 接助 接 格助

て、(女は)几帳の隙間から、 櫛の箱の蓋に、 身長より一尺

几帳 の ほころび より、 櫛 の 箱 の 蓋 に、 たけ に

名 格助 名 格助 名 格助 名 格助 名 格助 名 格助

ほど余っているのであろうかと見える髪で、

一尺 ばかり あまり たる に や と 見ゆる 髪 の、

名 副助 動・四・用 助動・存・体 助動・断・用 係助 格助 動・下二・体 名 格助

毛筋、 毛先の形など、 たいそう美しいのを、 曲げ入れて押し出す。

筋、 裾つき、 いみじう うつくしき を、 わげ入れ て 押し出だす。

名 名 形・シク・用 形・シク・体 格助 動・下二・用 接助 動・四・終

何かを考えて実行する、作り出す、の意。

清《きよ》げなり　①美しい。②整っている。③りっぱだ。ここでは、けがれのない清浄な様子をいう。

つら　①顔、頬、②ものの表面、③そば、ほとり、などの意を表す。ここは③の意。

添《そ》ひ《イ》臥《ふ》す　人や物に寄りかかる。楽な姿勢をとる。

聞《き》き分《わ》くべきほど　聞き分けられるほど（の距離）。「べき」は可能の助動詞「べし」の連体形。

語《かた》らふ《ウ》　①相談する、語り合う、繰り返し語る、②親しく交際する、③契りを結ぶ、④説得して味方につける、などの意を表す。ここは①の意。

やすらふ《ウ》　①たたずむ、②ためらう、などの意を表す。ここは②の意。尼になろうとする女がたいそう美しく、また、若くもあったのだろう。そのため、僧も惜しく思われて決断できないのである。

なほ《オ》なほ《オ》　やはりなお。ますます。副詞「なほ」を重ねて意味を強めた語。

せちなり　「切なり」と書く。連用形「せちに」は、しきりに、ひたすら、などの意を表す。

言《い》ふ《ウ》めれば　言うようなので。「めり」は目で見た事柄に基づく視覚的推定を表す。声は聞こえないので、身振りなどから判断しているのである。

（その女の人の）そばに、もう少し若い人で、十四、五歳ぐらいであろう
傍ら に、いま 少し 若やかなる 人 の、十四、五 ばかり
名 格助 副 副 形動・ナリ・体 名 格助 名 副助

かと見える（人で）、髪が、身長に四、五寸ほど余っていると見える人
に や と ぞ 見ゆる、髪、たけ に 四、五寸 ばかり
助動・断・用 係助 格助 係助 動・下二・体 名 名 格助 名 副助

が、薄紫色の上品な衣に、練り絹の衣な
あまり て 見ゆる、薄色 の こまやかなる 一襲、掻い練り
動・四・用 接助 動・下二・体 名 格助 形動・ナリ・体 名 名

どを重ねて着て、顔に袖を押し当てて、ひどく泣く。
など 引き重ね て、顔 に 袖 を 押し当て て、いみじう
副助 動・下二・用 接助 名 格助 名 格助 動・下二・用 接助 形・シク・用

（女の人の）妹であろうと（自然に）推測されました。
泣く。おとと なる べし と ぞ 推し量ら れ 侍り
動・四・終 名 助動・断・体 助動・推・終 格助 係助 動・四・未 助動・自・用 補動・ラ変・用

さらに、若い女房たちが二、三人ほど、薄紫色の裳を引き掛け
し。また、若き 人々 二、三人 ばかり、薄色 の 裳
助動・過・体 接 形・ク・体 名 名 副助 名 格助 名

（て着）ながら座っているのも、ひどく（涙を）こらえきれない様子である。
引き掛け つつ ゐ たる も、いみじう せきあへ ぬ
動・下二・用 接助 動・上一・用 助動・存・体 係助 形・シク・用 動・下二・未 助動・消・体

乳母のような人などはいないのだろうかと、
気色 なり。乳母だつ 人 など は なき に や と、
名 助動・断・終 動・四・体 名 副助 係助 形・ク・体 助動・断・用 係助 格助

しみじみ気の毒に思われまして、（私は）扇の端にとても小さく、
あはれに おぼえ 侍り て、扇 の つま に いと
形動・ナリ・用 動・下二・用 補動・ラ変・用 接助 名 格助 名 格助 副

小さく、
形・ク・用

気がかりなことです。つらい世を背いて出家するのは誰かということさえ（私には）分からない
おぼつかな 憂き世 背く は 誰 と だに 知ら
形・ク・語幹 名 動・四・体 係助 代 格助 副助 動・四・未

たけ ①身長、②高さ、長さ、深さ、程度、③勢い、などの意を表す。ここは①の意。

一尺《いっしゃく》 曲尺《かねじゃく》では約三〇・三センチメートル、鯨《くじら》尺《じゃく》では約三七・九センチメートル。

一襲《ひとかさね》 「単襲《ひとえがさね》」のことだと考えられる。「単襲」は、女性が上着の下に、単衣《ひとえぎぬ》を二枚重ねて着たもの。

おとと 妹または弟。男女にかかわらず、年下のきょうだいをいう。「おとうと」も同義。

せきあへぬ こらえきれない。「せきあふ」は、（涙などを）せき止めてこらえる、我慢する、の意。

乳母《めのと》だつ人《ひと》 乳母のような人。「だつ」は、…のようになる、…らしく見える、などの意を表す接尾語。

つま ①端。②軒端。③きっかけ。ここは①の意。

おぼつかな 形容詞「おぼつかなし」の語幹用法。感動表現となる。「おぼつかなし」は、①ぼんやりしている、②疑わしい、③気がかりだ、心配だ、不安だ、などの意を表す。ここは③の意。

憂《う》き世《よ》背《そむ》く 「憂し」は、つらい、情けない、などの意。「憂き世」で、悲しみや苦しみに満ちたつらい世の中、の意になる。「背く」は、出家する、世を捨てる、の意。

幼《おさな》き人《ひと》の侍《はべ》るして 女童《めのわらわ》で（そばに）いました

ながらも、（もらい泣きの涙で）袖がぬれることです。

ずながらも濡るる袖かな

ず 助動・消・用／ながら 接助／も 係助／濡るる 動・下二・体／袖 名／かな 終助

と書いて、　女童で（そばに）いましたのに命じて（歌を）贈りましたところ、

と書きて、幼き人の侍るしてやりて侍り

と 格助／書き 動・四・用／て 接助／幼き 形・ク・体／人 名／の 格助／侍る 動・ラ変・体／して 格助／やり 動・四・用／て 接助／侍り 補動・ラ変・用

この妹であろうかと思われた人が（返歌を）書くようである。

しかば、このおとと にやと見えつる人

しか 助動・過・已／ば 接助／こ 代／の 格助／おとと 名／に 助動・断・用／や 係助／と 格助／見え 動・下二・用／つる 助動・完・体／人 名

そして（女童に）与えたので、　（女童が私の所へ）持ってきた。

ぞ書くめる。さて取らせたれば、持て来たり。

ぞ 係助／書く 動・四・終／める 助動・定・体／さて 接／取らせ 動・下二・用／たれ 助動・完・已／ば 接助／持て来 動・カ変・用／たり 助動・完・終

（その返歌の）書きぶりが風格があり、趣があったのを見たことで、

書きざまゆゑゆゑしう、をかしかりしを見し

書きざま 名／ゆゑゆゑしう 形・シク・用／をかしかり 形・シク・用／し 助動・過・体／を 格助／見 動・上一・用／し 助動・過・体

（自分が平凡な歌を贈ったことが）悔やまれて。」

にこそ、くやしうなりて。」

に 格助／こそ 係助／くやしう 形・シク・用／なり 動・四・用／て 接助

などと言っているうちに、　帝が、　（こちらのほうに）いらっしゃるご様子なので、

など言ふほどに、上、渡らせ給ふ御気色なれ

など 副助／言ふ 動・四・体／ほどに 接助／上 名／渡ら 動・四・未／せ 助動・尊・用／給ふ 補動・四・体／御気色 名／なれ 助動・断・已

（その騒ぎに）紛れて、　少将の君も（その場から）いなくなってしまったということだ。

ば、まぎれて、少将の君も隠れにけりとぞ。

ば 接助／まぎれ 動・下二・用／て 接助／少将の君 名／も 係助／隠れ 動・下二・用／に 助動・完・用／けり 助動・過・終／と 格助／ぞ 係助

のに命じて。「の」は同格の格助詞。「侍る」の下に「人」などの語句が省略されている。「して」は使役の対象を表す格助詞。「女童」は、召し使いの少女。

さて　①（接続詞）そして。ところで。②（副詞）そういう状態で。そのままで。ここは①の意。②の意とし、（返歌を書いた）その状態で、ととる説もある。

取《と》らせたれば　与えたので。「取らす」は、受け取らせる、与える、の意。

書《か》きざま　書きぶり。書風。

ゆゑ《エ》ゆゑしう《エシュウ》　風格があり。「ゆゑゆゑしく」のウ音便。「ゆゑゆゑし」は、由緒、風情、などの意を表す名詞「ゆゑ」を重ねて意味を強め、形容詞化した語で、いかにもいわれがありそうな感じを表す。

くやしう《シュウ》なりて　悔やまれて。「くやし」は、残念だ、悔やまれる、の意を表す。

上《うえ》　①天皇。帝。②身分や地位の高い人、またその人がいる場所。ここは①の意。

鑑賞

春雨の降るある日、中宮の所へ中宮の兄弟である宰相中将が薫き物（練り香）を持って訪れる。その薫き物を薫きながら、物憂《ものう》げに休まれている中宮の御前《おまえ》で、宰相中将と二人の女房（中納言の君、少将の君）が、心に残っている話をそれぞれ順番に語っていく。宰相中将は「この御火取りのついでに」（この火取りからの連想で）と言って、ある姫君が子を

なす仲ながら訪れが途絶えがちだった男の心を「火取り」と「一人」をかけた歌によってつなぎとめた、という話をする。（宰相中将の言葉は、「このついで」という題名の由来になっているとみられる。）続いて、中納言の君は清水寺《きよみず》で遭遇したはかなくあわれな女の話を、少将の君は東山の尼寺で、若く美しい女が出家しようとしているのを見て心を打たれ、歌を贈ったところ、女の妹の返歌がみごとだったという話をする。

教科書には載っていない中納言の君の話を合わせると、話の順に「歌によって恋愛が成就し幸福になる話」「世を厭《いと》う女が歌を詠む話」「出家しようとしている女を見て歌を贈る話」となり、それぞれの話が独立した「歌物語」となっており、それぞれの話は歌物語としての「あはれ」によって統一されている。また、三つの話に恋愛―厭世《えんせい》―出家、という女性の一生の様相を見ることもできる。

物憂い雨の日に語られた話は、帝のお越しにより完結せずに終わる。中宮の御前での物語り、という設定なので中断の理由も自然と納得がいくが、これは余情を持たせて終わるための作者の配慮によるものかもしれない。

教科書の問題（解答・解説）

教科書 二五四ページ

❓ 教科書本文下に示された問題

❓「ならひにければ」とは、どのようなことを指すか。（p.二五一）

解答　子どもは、男の家に連れて行ってもらうのが習慣になっていたので、ということ。

[解説]　「時々は、ある所に渡しなどするをも」（時々は、男の住む家に連れ帰りなどするのも）とあるように、子どもは時々男の家に連れて行ってもらっていたので、この時も、連れて行ってもらえると思ったのである。

❓「ゆかしうて」とは、誰のどのような心情か。（p.二五二）

解答　この話の語り手である少将の君の、山寺で同宿している高貴な様子の人がどのような人なのか知りたいという気持ち。

[解説]　形容詞「ゆかし」は動詞「行《ゆ》く」が形容詞化した語で、行ってみたくなるほど強く心がひかれる状態を表す。文脈によって、見たい、聞きたい、知りたい、などいろいろな訳し方がある。

❓「くやしうなりて。」とあるが、なぜか。（p.二五三）

解答　女の妹が詠んだ返歌とその筆跡がみごとだったので、なんの技巧もない平凡な歌を安易に贈ったことが恥ずかしくなったから。

[解説]　少将の君が詠んだ「おぼつかな…」の歌は、縁語や掛詞などの技巧もなく、相手への同情を率直に述べている。相手が若い女だったために、特に工夫を凝らすこともないだろうと思ったのかもしれない。しかし、返歌が意外にもすばらしいものだったため、感心する反面、無技巧で平凡な歌を贈ってしまった自分の軽率さを恥じて、「くやし」（残念だ、悔やまれる）と後悔の念が湧いたのである。

■学習の手引き

❶男が「児も返して、そのままになむゐられにし」〔二五二・5〕**という行動を取ったのはなぜか。**

解答　姫君がひそかに詠んだ歌を偶然聞いて、それまで子どもを連れ出しても何も言わなかった姫君の本当の気持ちを知り、その気持ちに応えようと思ったため。

[解説]　「『今。』なども言はでありしを」〔二五一・7〕とあるように、姫君はそれまで子どもを返してほしいとも言わなかった。一人残されるつらさを男に訴えるようなこともなかったと想像できる。誰にも聞かれていないと思って詠んだ歌により、姫君の本当の気持ちが吐露され、それを偶然耳にした男は姫君の慎ましさに感動するとともに、姫君の気持ちに応えようと思ったのである。

❷「おぼつかな」〔二五三・11〕**とあるが、なぜそのように思ったのか。**

解答　自分（少将の君）には、出家するのが誰かといった事情も分からず、気がかりであるから。

[解説]　「おぼつかなし」は、はっきりつかめない状態、またそのことからくる気がかりで心配な感情を表す。出家するのが誰であるのかもはっきり分からず、事情も知らないが、それだけに気になって仕方がない、という気持ちが表れているのである。

❸この二つの話で語られている女性について感じたことを話し合おう。

[解説]　本当の気持ちを込めた歌によって男と子どもをつなぎとめた姫君、高貴な身分であるようなのにどんな理由からか出家を望む女性、それぞれの境遇を考え、また当時の女性にとってどういうことが「幸せ」とされていたかを調べてみよう。

■語句と表現

①「こだにかく…」〔二五二・3〕**の歌に用いられている修辞について説明しよう。**

解答　掛詞が多用されており、「こ」に「子」と「籠（火取りの籠）」を、「ひとり」に「一人」と「火取り」を、「思ひ」の「ひ」に「火」を掛けている。また、「籠」「火取り」「火」「こがれ」は「薫き物」の縁語。

[解説]「こがる（焦がる）」には、①（火に）焼かれて黒くなる、②香がたきしめられる、③恋いこがれる、の意味があり、ここではそれらの意が全て重ねられているといえる。なお、薫きしめた香の匂いが漂っていくことから、「あくがれ」も「薫き物」の縁語のように考えることもできる。

②二つ目の話の中で、障子の穴からの垣間見《かいまみ》であることが分かる表現を指摘しよう。

解答 （「垣間見」を始めた「ものはかなき障子の紙の穴かまへ出でて、のぞき侍りしかば」（二五二・11）以降で、特徴的な箇所を取り上げる。）

・「尼にならむと語らふ気色にやと見ゆるに」（二五三・1）
・「法師やすらふ気色なれど」（二五三・1）
・「なほなほせちに言ふめれば」（二五三・2）
・「たけに一尺ばかりあまりたるにやと見ゆる」（二五三・3）
・「十四、五ばかりにやとぞ見ゆる」（二五三・5）
・「たけに四、五寸ばかりあまりて見ゆる」（二五三・5）
・「おとなるべしとぞ推し量られ侍りし。」（二五三・7）
・「いみじうせきあへぬ気色なり。」（二五三・8）
・「このおとにやと見えつる人ぞ書くめる。」（二五三・12）

[解説] 実際に見て分かる様子ではなく、見たことに加え、会話の内容などを推測で補って解釈している表現を探す。視覚的に捉えた様子、情景を表す「気色」や、目で見た事柄に基づく視覚的推定の助動詞「めり」、「見ゆる」「推し量る」といった語に注目するとよい。

出典・編者

出典 『堤中納言《つつみちゅうなごん》物語』 短編物語集。鎌倉時代初期までに編集されたと考えられる。書名の由来は明らかではない。「花桜折る少将」「このついで」「虫めづる姫君」「ほどほどの懸《け》想《そう》」「逢坂《おうさか》越えぬ権中納言《ごんちゅうなごん》」「貝合《かいあわせ》」「思はぬ方に泊《とま》りする少将」「はなだの女御《にょうご》」「はいずみ」「よしなしごと」の十編と、物語の冒頭と思われる断章からなる。

内容は、姫君を盗み出そうとして誤って祖母の尼君を連れ出してしまう「花桜折る少将」、虫、特に毛虫を愛好する風変わりな姫君を描く「虫めづる姫君」など、貴族生活や人生の断面を奇抜な構想で描いているものが多く、それまでの物語の中心となる「あはれ」や「みやび」の概念以外におかしみや異様さのある物語も加わって、斬新でユニークな短編集となっている。

編者 未詳。

とりかへばや物語

人知れぬもの思ひ　〔巻第一〕

教科書　二五五〜二五七ページ

大意　権《ごん》大納言は、容貌や才能など全てを持ち合わせ、世間から見れば不満などあるはずもないすばらしい人であったが、実は心に悩みを抱えていた。彼には二人の妻がおり、最初の妻には美しい男君が生まれ、もう一人の妻には愛らしい姫君が生まれ、権大納言はどちらも大切に守り育てた。若君と姫君の顔立ちは、取り違えてしまいそうなほどよく似ていた。若君は上品で気高く優美で、姫君は華やかで快活であった。成長するにつれ、若君はあきれるほど恥ずかしがり屋になり、父君に対しても恥ずかしがるばかりだった。御帳《みちょう》の中に入って絵を描いたり、雛《ひいな》遊びや貝覆いをしたりするのを好んだ。一方の姫君はやんちゃで、外に出ては若い下男や召し使いの少年たちと鞠《まり》や小弓などで遊んでいる。周囲の人々は、活発な姫君を男の子だと思い込んでかわいがっているので、権大納言は間違いを訂正せず、人々にそう思わせたままにしている。しかし、心の中では情けなく思い、つくづく、内気な若君と活発な姫君を取り替えたいと思った。

■第一段落（初め〜二五五・4）

段意　いつの頃であったか、権大納言で大将《だいしょう》も兼任する人がいて、容貌や才能など、全ての面において不満があるはずもないようなすばらしい方なのに、実は、心の中に人知れぬ心配ごとを抱えていた。

現代語訳・品詞分解

いつの頃であったか、権大納言で大将を兼任なさっている人が、

いつ（代）　の（格助）　ころ（名）　に（助動・断・用）　か（係助）、　権大納言（名）　に（助動・断・用）　て（接助）　大将（名）　かけ（動・下二・用）

お顔立ち、身に備えた才能、心づかいをはじめとし

給へ（補動・四・命）　る（助動・存・体）　人（名）、　御かたち（名）、　身（名）　の（格助）　才（名）、　心もちゐ（名）　より（格助）

語釈・文法

世《よ》のおぼえ　「おぼえ」は、大きく分けて、①人から思われること、②自分の心の内に思われること、の意がある。ここは①で、世間の人望、評判、の意。

なべてならず　「なべて」は、①一面に、②す

て、
はじめ（動・下二・用）　て、（接助）　人柄、（名）　世（名）　の（格助）　おぼえ（名）　も（係助）　なべて（副）　なら（助動・断・未）　ず（助動・消・用）
人柄、世の人望も並ひととおりでなくいらっしゃるので、

ものし（補動・サ変・用）　給へ（補動・四・已）　ば、（接助）　何ごと（名）　かは（係助）　飽か（動・四・未）　ぬ（助動・消・体）　こと（名）　ある（動・ラ変・体）
何事も十分に満足しないことがあるはずの御身ではないのに、

べき（助動・当・体）　御身（名）　なら（助動・断・未）　ぬ（助動・消・体）　に、（接助）　人（名）　知れ（動・下二・未）　ぬ（助動・消・体）　御心（名）　の（格助）
人に知られない御心の中の心配ごとは、

うち（名）　の（格助）　もの思はしさ（名）　ぞ、（係助）　いと（副）　尽きせ（動・サ変・未）　ざり（助動・消・用）　ける。（助動・過・体）
全く尽きることがなかったそうだ。

■第二段落（二五五・5〜10）

段意

権大納言には、二人の妻がいた。一人は最初の妻として、それほど深い愛情はないものの大切に思っていたが、美しい男君が生まれ愛情は強くなった。もう一人の妻には愛らしい姫君が生まれ、どちらも大切に育てた。

現代語訳・品詞分解

北の方はお二人いらっしゃる。一人は源の宰相と申し上げた方のご息女でいらっしゃる。
北の方（名）　二所（名）　ものし（動・サ変・用）　給ふ。（補動・四・終）　一人（名）　は（係助）　源の宰相（名）　と（格助）　聞こえ（動・下二・用）

し（助動・過・体）　が（格助）　御むすめ（名）　に（助動・断・用）　ものし（補動・サ変・用）　給ふ。（補動・四・終）　御心ざし（名）　は（係助）
（権大納言の）ご愛情はそれほどまさってはいなかったが、

いと（副）　しも（副助）　すぐれ（動・下二・未）　ね（助動・消・已）　ど、（接助）　人（名）　より（格助）　先（名）　に（格助）　見初め（動・下二・用）　給ひ（補動・四・用）
人より先に夫婦の契りをお結びになったので、

べて、③並ひととおり。ここは③の意。「ならず」と打ち消されているので、並ひととおりでない、格別である、ということ。

ものし給《たま》へば　「ものす」は、ある、いる、行く、来るなど他の動詞の代わりに用いて、貴人の動作を婉曲《えんきょく》的に表す。文脈に応じた意味で訳すとよい。平安時代の作品に多く見られる。

何《なに》ごとかは飽《あ》かぬことあるべき御身《おんみ》ならぬに　「飽く」は、①十分に満足する、②飽き飽きする、の意を表し、ここは①の意。「かは」は反語の係助詞で、結びは「べき」だが、連体修飾格として「御身」に続くため、結びは流れている。

語釈・文法

北《きた》の方二所《かたふたところ》　「北の方」は貴人の正妻。当時の貴族の正妻は一人であることが多い。「北の方二所」とは、若君と姫君を対等とするための物語の設定と考えられる。

人《ひと》より先《さき》に　権大納言には複数妻がいたが、源《げん》の宰相の娘が最初の妻であったことを表す。

見初《みそ》む　初めて契りを結ぶ。「見る」は、ここ

おろそかでなく思い申し上げていらっしゃったところ、

て　しか　ば、　おろかなら　ず　思ひ　聞こえ　給ふ

（品詞）助動・完・用　助動・過・已　接助　形動・ナリ・未　助動・消・用　動・四・用　補動・下二・用　補動・四・体

そのうえさらに世に比べるものがないくらい玉が光るように美しい男君までお生まれになったので、

に、　いとど　世　に　なく　玉　光る　男君　さへ　生まれ　給ひ

（品詞）接助　副　名　格助　形・ク・用　名　動・四・体　名　副助　動・下二・用　補動・四・用

またとなく離れがたい存在にお思い申し上げていらっしゃる。

に　しか　ば、　またなく　去り難き　もの　に　思ひ　聞こえ

（品詞）助動・完・用　助動・過・已　接助　形・ク・用　形・ク・体　名　格助　動・四・用　補動・下二・用

もうお一人は藤中納言とお呼びした方のご息女でいらっしゃるが（そのお方

給へ　り。　いま　一所　は　藤中納言　と　聞こえ　し　が

（品詞）補動・四・命　助動・存・終　副　名　係助　名　格助　動・下二・用　助動・過・体　格助

の）御腹にも、姫君でとても

御むすめ　に　ものし　給ふ　が　御腹　に　も、　姫君　の

（品詞）名　助動・断・用　補動・サ変・用　補動・四・体　格助　名　格助　係助　名　格助

愛らしい様子の（姫君）がお生まれになったので、それぞれに

いと　うつくしげなる　生まれ　給ひ　しか　ば、　さまざま

（品詞）副　形動・ナリ・体　動・下二・用　補動・四・用　助動・過・已　接助　副

すばらしいことだと（感じて）、思いどおりに大切に守りお育てになることこのうえない。

めづらしく、　思ふさまに　思しかしづく　こと　限りなし。

（品詞）形・シク・用　形動・ナリ・用　動・四・体　名　形・ク・終

■第三段落（二五六・1〜3）

段意

子どもたちの顔立ちはどちらもすばらしく、全く同じ顔に見えて、取り違えてしまいそうなほどであった。同じ所で育ったとしたら、困ったこともあったかもしれないが、別々の場所で育ったのは都合がよかった。

現代語訳・品詞分解

お子様たちのお顔立ちがどちらもすばらしくていらっしゃる様子は、

君たち　の　御かたち　の　いづれ　も　すぐれ　給へ　る

（品詞）名　格助　名　格助　代　係助　動・下二・用　補動・四・命　助動・存・体

ただもう同じお顔とばかり見えて、取り違えてし

さま、　ただ　同じ　もの　と　のみ　見え　て、　取り　も

（品詞）名　副　形・シク・終　名　格助　副助　動・下二・用　接助　動・四・用　係助

では、男女が関係を結ぶ意。

おろかならず　「おろかなり」の「おろか」は、すき間が多い意味の「疎《おろ》か」を語源とする。ここでの「おろかなり」は、なおざりだ、おろそかだ、いいかげんだ、の意を表す。

いとど　そのうえさらに。

玉光《たまひか》る男君《おとこぎみ》さへ《エ》　「玉」は、ここでは美しい石、宝石の意で、「玉光る」と用いると、美しさをほめる表現になる。「さへ」は、（…だけでなく）…まで、という添加の意を表す。最初の妻として大切にしていたことに加えて、美しい男君まで生まれたということ。

めづ《ズ》らしく　「めづらし」は、①すばらしい、②新鮮だ、③めったにない。ここは①の意。

思《おぼ》しかしづ《ズ》く　大切に守りお育てになる。「思ひかしづく」の尊敬語。

語釈・文法

取《と》り違《たが》へ《エ》つべう《ビョウ》　取り違えてしまいそうに。「つべう」は、強意の助動詞「つ」＋推量の助動詞「べし」の連用形「べく」のウ音便。

同《おな》じ所《ところ》ならましかば不用《ふよう》ならまし　「…ましかば…まし」は、反実仮想で、もし…としたら、

まいそうに似ていらっしゃるので、　同じ所で(お育ちで)あったと
違へ　つ　べう　ものし　給ふ　を、　同じ　所　なら
動・下二・用　助動・強・終　助動・推・用　動・サ変・用　補動・四・体　接助　形・シク・終　名　助動・断・未

したら具合が悪かったであろうが、　別々の場所でお育ちになるのは、
ましか　ば　不用なら　まし　を、　ところどころ　にて　生ひ出で
助動・反仮・未　接助　形動・ナリ・未　助動・反仮・体　接助　名　格助　動・下二・用

本当によかった。
給ふ　ぞ、　いと　よかり　ける。
補動・四・体　係助　副　形・ク・用　助動・過・体

■第四段落（二五六・4〜6）

段意

よく似て同じように見える顔立ちは、若君は上品でつややかな美しさで気高く、優美な面も備わっていた。姫君は華やかで快活で、見飽きないほどで、周囲に愛らしさをふりまく様子などは、似るものがないほどだった。

現代語訳・品詞分解

(よく似ていて)大部分は全く同じものに見えるお顔立ちは、
おほかた　は　ただ　同じ　もの　と　見ゆる　御かたち　の、
名　係助　副　形・シク・終　名　格助　動・下二・体　名　格助

若君は上品でつややかな美しさが気高く、　優美な面もさらに備わってお見えになり、
若君　は　あてに　かをり　気高く、　なまめかしき　方　添ひ　て
名　係助　形動・ナリ・用　名　形・ク・用　形・シク・体　名　動・四・用　接助

姫君は華やかで快活で、　(どれほど)見ても飽き
見え　給ひ、　姫君　は　華々と　ほこりかに、　見　て　も
動・下二・用　補動・四・用　名　係助　副　形動・ナリ・用　動・上一・用　接助　係助

ることなく、　辺りにこぼれ散る愛らしさなどは、　(ま
飽く　世　なく、　あたり　に　も　こぼれ散る　愛敬　など　ぞ、　今
動・四・体　名　形・ク・用　名　格助　係助　動・四・体　名　副　係助　名

だ幼い)今から似るものがないほど備わっていらっしゃった。
より　似る　もの　なく　ものし　給ひ　ける。
格助　動・上一・体　名　形・ク・用　動・サ変・用　補動・四・用　助動・過・体

…だろうに、という意味を表す。若君と姫君があまりにもそっくりなため、もし同じ所で育ったとしたら、取り違えなども起きて具合が悪かっただろうということ。

ところどころにて　二人の北の方が別々の住まいを持って、子育てをしていたことをいう。

語釈・文法

あてに　「あてなり」は、①身分が高い、②上品だ、優雅だ。ここは②の意。

かを《オ》り　①よいにおい。②つややかな美しさ。嗅覚についても、視覚的要素についても用いる語。ここは若君の容貌についての描写なので、②の意。

なまめかしき　「なまめかし」は、みずみずしく見える、若々しく美しい意の動詞「生めく」が形容詞化した語。若くて素のままの魅力をいうが、はつらつとしているというよりは、しっとりとしなやかで、優美である様子。

ほこりかに　「ほこりかなり」は、「誇る」から派生した、得意そうなさまを表す語。意気揚々としており、はつらつとして快活な様子。

■第五段落（二五六・7〜終わり）

段意

成長していくにつれて、若君は驚きあきれるほど恥ずかしがり屋になり、御帳の中に引きこもっては、絵を描き、雛遊び、貝覆いなどをしていた。一方で姫君は、外に出て蹴鞠の鞠や小弓で遊び、客間では人前で琴や笛を上手に吹いたり弾いたりした。人々は姫君のことを男の子だと思ってかわいがっているので、権大納言はそれを訂正せず、そのように思わせたままにしている。しかし、心の中では、若君と姫君を取り替えたいものだと思った。

現代語訳・品詞分解

二人とも徐々に成長していかれるにつれて、若君は驚きあ
いづれ（代）　も（係助）　やうやう（副）　大人び（動・上二・用）　給ふ（補動・四・体）　まま（名）　に、（格助）　若君（名）　は（係助）

きれるほど恥ずかしがるばかりでいらっしゃって、女房などにさえ、
あさましう（形・シク・用）　もの恥ぢ（名）　を（格助）　のみ（副助）　し（動・サ変・用）　給ひ（補動・四・用）　て、（接助）　女房（名）　など（副助）

少しおそば近くに仕えない女房には顔をお見せになることもなく、
に（格助）　だに、（副助）　少し（副）　御前（名）　遠き（形・ク・体）　に（格助）　は（係助）　見え（動・下二・用）　給ふ（補動・四・体）　こと（名）　も（係助）

父の殿に対しても親しめず恥ずかしいとお思いになるばかりで、
なく、（形・ク・用）　父殿（名）　を（格助）　も（係助）　うとく（形・ク・用）　恥づかしく（形・シク・用）　のみ（副助）　思し（動・四・用）　て、（接助）

（殿が）次第に漢籍を学ばせ、しかるべきこと（貴族の男子として必要な教養）なども
やうやう（副）　御文（名）　習はし、（動・四・用）　さるべき（連）　ことども（名）　など（副助）　教へ（動・下二・用）

教え申し上げなさるが、お気にかけなさらず、ただとても恥ず
聞こえ（補動・下二・用）　給へ（補動・四・已）　ど、（接助）　思し（動・四・用）　も（係助）　かけ（動・下二・未）　ず、（助動・消・用）　ただ（副）　いと（副）

かしいとばかりお思いになって、御帳の中にばかり引きこもっては、
恥づかし（形・シク・終）　と（格助）　のみ（副助）　思し（動・四・用）　て、（接助）　御帳（名）　の（格助）　うち（名）　に（格助）　のみ（副助）

絵を描くことや、雛遊び、貝覆いなどをなさるのを、
埋もれ入り（動・四・用）　つつ、（接助）　絵かき、（名）　雛遊び、（名）　貝覆ひ（名）　など（副助）　し（動・サ変・用）

語釈・文法

大人《おとな》び給《たま》ふ《ウ》　「大人ぶ」は、大人らしくなる、成長する、という意。本文の後に続く文章に、「やうやう十にも余り給へど」とあるので、この時は二人とも十歳に満たないということ。

あさましう《シュウ》　「あさまし」は、事の善悪にかかわらず、予期しないことへの驚きを表す語。

もの恥《は》ぢ《ジ》　恥ずかしがること、はにかみ、羞恥《しゅうち》心。「もの」は接頭語。

女房《にょうぼう》などにだに　「だに」は、ここでは、程度の軽いものや特殊なものを挙げて、より程度の重いものや一般的なものを類推させる用法で、…でさえ、…ですら、という意。

御文《おんふみ》　「文」は、①書物、②手紙、③学問、④漢文・漢詩、などの意があるが、ここは①または④で、特に漢籍を指す。朝廷の文書は漢文で書かれ、故事が盛り込まれることもあったので、貴族の男性にとって、漢籍を学ぶことは必須の教養であった。

（父の）殿はとてもあきれることだとお思いになりまた口に出してもおっしゃって、
給ふを、殿はいとあさましきことに思しのたまはせ
補動・四・体 格助 名 係助 副 形・シク・体 名 格助 動・下二・用

常にお叱りになるので、（若君は）あげくの果てには涙までこぼして、
て、常にさいなみ給へば、果て果ては涙をさへ
接助 副 動・四・用 補動・四・已 接助 名 係助 名 格助 副助

情けなくきまりが悪いとばかりお思いになったまま、ただ
こぼして、あさましうつつましとのみ思しつつ、ただ
動・四・用 接助 形・シク・用 形・シク・終 格助 副助 動・四・用 接助 副

母上や、御乳母、それ以外はとても小さい子どもなどにだけは（姿を）お見せになる。
母上、御乳母、さらぬはむげに小さき童など
名 名 動・ラ変・未 助動・消・体 係助 形動・ナリ・用 形・ク・体 名 副助

そうではない女房などが、御前に参上
にぞ見え給ふ。さらぬ女房などの、御前へ
格助 係助 動・下二・用 補動・四・体 動・ラ変・未 助動・消・体 名 副助 格助 名 格助

すると、御几帳にくるまって、恥ずかしい、たいへんだとば
も参れば、御几帳にまつはれて、恥づかし、いみじと
係助 動・四・已 接助 名 格助 動・下二・用 接助 形・シク・終 形・シク・終 格助

かりお思いになっているのを、（殿は）本当に珍妙なことと思い嘆いていらっしゃるが、
のみ思したるを、いとめづらかなることに思し嘆く
副助 動・四・用 助動・存・体 格助 副 形動・ナリ・体 名 格助 動・四・体

一方で姫君は、今からとてもやんちゃで、ほとんど室内には
に、また姫君は、今よりいとさがなくて、をさをさ内
接助 接 名 係助 名 格助 副 形・ク・用 接助 副 名

いらっしゃらず、外にばかりずっといらっしゃって、
にもものし給はず、外にのみつとおはして、
格助 係助 動・サ変・用 補動・四・未 助動・消・用 名 格助 副助 副 動・サ変・用 接助

若い下男たちや、召し使いの少年たちなどと、（蹴鞠の）鞠や、小弓などでばかり遊んでいらっ
若き男ども、童べなどと、鞠、小弓などをのみ
形・ク・体 名 名 副助 格助 名 名 副助 格助 副助

しゃる。お客間でも、人々が参上して漢詩を作ったり、笛
もて遊び給ふ。御出居にも、人々参りて文作り、笛
動・四・用 補動・四・終 名 格助 係助 名 動・四・用 接助 名 動・四・用 名

御帳《みちょう》　四本の柱を立てて天井を乗せ、周囲に帳《とばり》を巡らせた家具。室内に置き、貴人が寝所やくつろぐ場所として使う。

埋《うず》もれ入《い》りつつ　引きこもっては。接続助詞「つつ」は文脈によってさまざまな意味に解されるが、ここは反復の意で、同じ動作が何度も繰り返し行われることを表す。

絵《え》かき　絵を描くこと。主に女性の室内遊び。

雛遊《ひなあそ》び　人形ごっこ。紙でひな人形を作り、着せ替えなどをして遊んだ。

さいなむ　①叱る、責める。②いじめる。ここは①の意。

涙《なみだ》　女性的な印象を与えるものと思いがちだが、古典の物語では男性が泣く場面もよくある。しかし、多くの場合は感動や愛情によって泣くのであり、叱られて泣くというのは、若君の弱さを表すための描写と考えられる。

つつまし　遠慮する、気おくれする意の動詞「慎《つつ》む」が形容詞化したもの。①気がひける、気おくれする、②きまりが悪い、気恥ずかしい、③控えめである、遠慮している、などの意があるが、ここは②。父の期待に添えない若君の、自分自身をふがいないと思い、きまりが悪いと恥じ入る気持ちを表現している。

さらぬは　「さらず」は、そうではない、それ

を吹いたり、歌を歌ったりなどする時にも、(姫君は)走り出ていらっしゃって、
吹き、歌 うたひ など する に も、走り出で 給ひ て、
動・四・用 名 動・四・用 副助 動・サ変・体 格助 係助 動・下二・用 補動・四・用 接助

いっしょになって、誰も教え申し上げていない琴や、笛の音もすばらし
もろともに、人 も 教へ 聞こえ ぬ 琴、笛 の 音
副 名 係助 動・下二・用 補動・下二・未 助動・消・体 名 名 格助 名

く吹いたり弾き鳴らしたりなさる。(姫君が)詩を吟じ歌を歌うな
も いみじう 吹きたて 弾き鳴らし 給ふ。もの うち誦じ 歌
係助 形・シク・用 動・下二・用 動・四・用 補動・四・終 名 動・サ変・用 名

どなさるのを、参上なさっている殿上人、上達部な
うたひ など し 給ふ を、参り 給ふ 殿上人、上達部
動・四・用 副助 動・サ変・用 補動・四・体 格助 動・四・用 補動・四・体 名 名

どはほめてかわいがり申し上げながら、一方では(漢詩や歌を姫君に)
など は 愛で うつくしみ 聞こえ つつ、かたへ は 教へ
副助 係助 動・下二・用 動・四・用 補動・下二・用 接助 名 係助 動・下二・用

お教え申し上げて、この北の方のお子様を姫君とお呼びしていたのは間違いであったことよと、
奉り て、この 御腹 の を ば 姫君 と 聞こえ し
補動・四・用 接助 代 格助 名 格助 格助 係助 名 格助 動・下二・用 助動・過・体

皆で思い合っている。(父
は ひが事 なり けり など ぞ、みな 思ひ合へ る。殿
係助 名 助動・断・用 助動・嘆・終 副助 係助 名 動・四・命 助動・存・体 名

の)殿がご覧になっている時は取り押さえてでも(姫君を)お隠しになるが、
の 見合ひ 給へ る 折 こそ 取りとどめ て も 隠し
格助 動・四・用 補動・四・命 助動・存・体 名 係助 動・下二・用 接助 係助 動・四・用

人々が参上する時には、殿が御装束などを整えていらっしゃる間に、
給へ、人々 の 参る に は、殿 の 御装束 など し
補動・四・已 名 格助 動・四・体 格助 係助 名 格助 名 副助 動・サ変・用

(姫君は)真っ先に走り出ていらっしゃって、このようにうちとけてお遊びにな
給ふ ほど、まづ 走り出で 給ひ て、かく なれ遊び 給へ
補動・四・体 名 副 動・下二・用 補動・四・用 接助 副 動・四・用 補動・四・已

るので、(殿は)とうてい制止し申し上げることがおできにならないものだから、(人々
ば、なかなか え 制し 聞こえ 給は ね ば、ただ
接助 副 副 動・サ変・用 補動・下二・用 補動・四・未 助動・消・已 接助 副

以外、の意。ここでは、「母上、御乳母」以外の人、のことをいっている。

恥《は》づかし、いみじ　「いみじ」は、動詞「忌む」が形容詞となった語。もともとは、忌み避けたいほど程度がはなはだしい意を表し、望ましい場合にも、そうでない場合にも使われる。ここでは、たいへんだ、恐ろしい、といった意で、あまりなじみのない女房が参上した時の、若君の混乱した気持ちを表している。

さがなくて　「さがなし」は、悪い性質の状態を表す語。①性質がよくない、意地が悪い、②口が悪い、口やかましい、③やんちゃだ、いたずらである、という意味があるが、後の描写で姫君が大人たちにかわいがられていることから、ここは③の意。

を《オ》さを《オ》さ内《うち》にもものし給《たま》は《ワ》ず　ほとんど室内にはいらっしゃらず。ここでの「をさをさ」は、下に打消の語を伴って、少しも(…ない)、ほとんど(…ない)、なかなか(…ない)といった意を表す。姫君の活発さを伝える描写である。

文作《ふみつく》り　貴族の男性たちは最高の教養として私的にも公的にも作文《さくもん》(漢詩を作ること)の会を開いた。きわめて男性色の強い場といえる。

笛《ふえ》　雅楽の楽器で、弦楽器は男女ともに演奏す

若君（名） と（格助） のみ（副助） 思ひ（動・四・用） て（接助）、 もて興じ（動・サ変・用） うつくしみ（動・四・用） 聞こえ合へ（補動・四・命）
る（助動・存・体） を（接助）、 さ（副） 思は（動・四・未） せ（助動・使・用） て（接助） のみ（副助） ものし（動・サ変・用） 給ふ（補動・四・終）。 御心（名）
の（格助） うち（名） に（格助） ぞ（係助）、 いと（副） あさましく（形・シク・用）、 かへすがへす（副）、 とりかへ（動・下二・未）
ばや（終助） と（格助） 思さ（動・四・未） れ（助動・自・用） ける（助動・過・体）。

（姫君を）ひたすら若君とばかり思って、おもしろがりかわいがり申し上げているので、（殿も人々に）そのように思わせたままで過ごしていらっしゃる。御心の内では、とても情けなく、つくづく、（若君と姫君とを）取り替えたいものだとお思いになるのだった。

るが、笛は男性だけが演奏する。

愛《め》でうつくしみ　「愛づ」は、①かわいがる、②ほめる、③好む、などの意があるが、ここは②の意。姫君の楽器演奏や歌をほめている。「うつくしむ（慈しむ・愛しむ）」は、かわいがる、大切にする、の意。

とりかへ《エ》ばや　若君と姫君を取り替えて、活発な若君と内向的な姫君になってほしいという思い。

思《おぼ》されける　お思いになるのだった。助動詞「る」は、自発の意を表す。

鑑賞

権大納言は非の打ちどころのない人物だが、実は心に秘めた悩みがあった、という書きだしで読者の興味をかき立てるが、冒頭ではまだ悩みの内容は明かされていない。若君、姫君の誕生とその成長が語られていった後で、「御心のうちにぞ、いとあさましく、かへすがへす、とりかへばやと思されける。」と、権大納言の悩みに合点がゆく構成になっている。

「とりかへばや」という言葉には、女性的な若君と男性的な姫君を取り替えて、元気な若君と内気な姫君という規範どおりの子どもたちにしたいという、父親としての権大納言の価値観や気持ちが表れている。しかし、こうした規範や社会通念は、「ジェンダー」（生物学的な性差に付加された、社会的・文化的性差）という現代的な問題にも目を向けさせる要素ともなっている。

女性的な若君と男性的な姫君という設定は、古典としては斬新であるが、下地となるものがないわけではない。例えば、光源氏《ひかるげんじ》の美しさは、男性としてというより、むしろ女性的な美しさをもって描かれている。「須磨《すま》」の巻の「涙のこぼるるをかき払ひ給へる御手つき、黒き御数珠《ずず》に映え給へるは、ふるさとの女恋しき人々の、心みな慰みにけり。」〔教科書一八二ページ参照〕といった描写はまさにそれである。こうした点からも、本物語が『源氏物語』の影響を強く受けて作られた王朝文学の一つであることが分かる。

教科書の問題（解答・解説）

教科書本文下に示された問題

❓「御心ざし」とは、誰の誰に対する思いか。（p.二五五）

解答　権大納言の、源の宰相の娘に対する思い。

［解説］権大納言には二人の北の方がいたが、直前に「一人は源の宰相と聞こえしが御むすめにものし給ふ。」とあることから、ここでは、権大納言から源の宰相の娘に対する愛情を表していることが分かる。

❓「思し嘆く」の主語は誰か。（p.二五六）

解答　権大納言

［解説］文の前半部分の「さらぬ女房などの、…恥づかし、いみじとのみ思したる」の主語は、若君である。とにかく恥ずかしがり屋で内気な若君のことを思い嘆いているのは、父親である権大納言である。

❓「さ」は何を指すか。（p.二五七）

解答　姫君を男の子だと思っている、人々の誤解を指す。

［解説］前後の文脈を確認すると、活発な姫君を、周囲の人々は「ただ若君とのみ思ひて」かわいがり、その間違いを、父の権大納言は訂正することなく「さ思はせてのみものし給ふ」となっている。つまり「さ」とは、人々が姫君を「ただ若君と」思い込んでいることを指す。

学習の手引き　教科書　二五七ページ

❶若君と姫君はどのような関係にあるか。また、二人の容姿、好み、性格はそれぞれどのようなものか。

解答　・若君と姫君の関係＝異母兄妹。父親はともに権大納言だが、母親は異なる。

・容姿＝二人とも顔立ちがそっくりで美しい。若君は、上品で気高く、つややかで優美。姫君は、華やかで快活で、愛らしい。

・好み＝若君は、室内でお絵描きや雛遊びや貝覆いなどをすること。姫君は、外で鞠や小弓などで遊ぶこと。また、客人の前で琴や笛を演奏したり詩歌を吟じたりすること。

・性格＝若君は、恥ずかしがり屋、内気。姫君は、やんちゃ、活発、社交的。

［解説］若君と姫君はいわゆる異母兄妹である。二人の容姿の特徴は、第四段落に注目して捉える。若君は「あてにかをり気高く、なまめかしき方添ひて見え給ひ」、姫君は「華々とほこりかに」、「あたりにもこぼれ散る愛《あい》敬《ぎょう》」とある。好みや性格は、第五段落で語られている。恥ずかしがり屋で内向的な若君と、男の子に間違えられるほど活発で社交的な姫君の対比を読み取る。

❷「かへすがへす、とりかへばやと思されける」（二五七・1）とあるが、なぜそう思ったのか。

解答　社会通念的にイメージされるものとは反対に、若君は男の子なのに女の子らしく、姫君は女の子なのに男の子らしかったから。それに加えて、権大納言の価値観が、その社会通念にとらわれていたから。

［解説］　若君が女性的で、姫君が男性的であることは、❶で確認した、二人の対比的な描写から読み取れる。しかし、「とりかへばや」と思っているのは権大納言であり、男性とはこうあるべき、女性とはこうあるべき、といったように、彼が固定的な価値観にとらわれているからこそ、「とりかへばや」と思っていることを押さえておきたい。もし、彼がありのままの若君と姫君を受容する価値観を持っていれば、このように悩む必要もなかったのである。

■ 語句と表現

①「いとしも」（二五五・6）、「男君さへ」（二五五・7）、「同じものとのみ」（二五六・1）、「女房などにだに」（二五六・8）の傍線部を文法的に説明しよう。

解答　・「しも」＝強意を表す副助詞。
・「さへ」＝添加の意（…まで・そのうえ…までも）を表す副助詞。
・「のみ」＝強調の意（ただもう…ばかり）を表す副助詞。
・「だに」＝類推の意（…さえ・…でも）を表す副助詞。

［解説］　傍線部はいずれも副助詞。さまざまな意を添える働きをする。例文を通じて、訳し方を確認しておこう。「しも」は強意を表すものなので、特に訳出しなくてもよいが、「しも」を副助詞としてきちんと認識していないと、単語の切れ目が分からなくなるので注意したい。

出典・作者

出典　『とりかへばや物語』作り物語。成立時期は明らかではないが、鎌倉時代初め頃の成立と考えられている。平安時代には、『とりかへばや』という名前の物語は二作あり、古物語の『とりかへばや』と、それを改作した『今とりかへばや』と通称されていたものとがあった。現存する『とりかへばや物語』は改作版にあたる。古物語の『とりかへばや』は十三世紀以降散逸したために、残った『今とりかへばや』から「今」が取り外されて、現在の書名になった。女性的な兄は姫君として、男性的な妹は若君として育てられ、そのことを秘密にしたまま出仕することになるが、後に本来の性に戻った生き方をするという、数奇な運命の物語。

作者　不詳。

7 俳諧

●俳文や俳論を読み、内容を的確に捉える。
●俳諧を多面的・多角的な視点から捉え、言語文化についての理解を深める。

芭蕉《ばしょう》

富士川《ふじがわ》（『野ざらし紀行』）

教科書　二六〇ページ

大意　江戸から旅立って東海道を上り、富士川のほとりを行くと、三歳くらいの捨て子が悲しげに泣いていた。かわいそうに思ったが、どうしてやることもできず、食べ物を与えて断腸の思いで通り過ぎる。運を天に任せるよりほかないのだった。

■第一段落（初め～二六〇・8）

段意　富士川のほとりを行くと、三歳くらいの捨て子が悲しげに泣いていた。親が世の荒波に耐えられず捨て置いたものだろうが、はかない命は明日までもつだろうか、と哀れに思う。しかし、どうしてやることもできず、食べ物を与えて通り過ぎる。

現代語訳・品詞分解

富士川（名）　の（格助）　ほとり（名）　を（格助）　行く（動・四・体）　に、（接助）　三つ（名）　ばかり（副助）　なる（助動・断・体）

富士川のほとりを行くと、三歳くらいである捨て子で悲しそ

捨て子（名）　の（格助）　哀れげに（形動・ナリ・用）　泣く（動・四・体）　あり。（動・ラ変・終）　こ（代）　の（格助）　川（名）　の（格助）　早瀬（名）　に（格助）

うに泣いている子がいる。この川の（人目の多い渡し場の）流れの速

語釈・文法

この川《かわ》の早瀬《はやせ》に…捨《す》て置《お》きけん　「早瀬」は、流れの速い浅瀬、の意。捨て子について作者は、世の荒波をしのぐことに耐えられなくなった親が、子の命が尽きるまでに情け深い人に

い浅瀬に（子どもの身を）託して、（親は）このつらい世の荒波をしのいでいくことができず、露

かけ て、 うき世 の 波 を しのぐ に たへ ず、 露

動・下二・用 接助 名 格助 名 格助 動・四・体 格助 動・下二・未 助動・消・用 名

ほどの（はかない）命（が尽きるの）を待つ間（だけは）と（思って）捨て置いたのであろう。小萩（のような

ばかり の 命 待つ 間 と 捨て置き けん。 小萩 が

副助 格助 名 動・四・体 名 格助 動・四・用 助動・過原推・終 名 格助

幼子）の辺りに吹く秋風に、（か弱い命は）今宵のうちに散るだろうか、明日にはしお

もと の 秋 の 風、 今宵 や 散る らん、 明日 や

名 格助 名 格助 名 名 係助 動・四・終 助動・現推・体 名 係助

れるだろうかと（かわいそうに思って）、袂から食べ物を（取り出して）与えて通り過ぎる時に、

しをれ ん と、 袂 より 食ひ物 投げ て 通る に、

動・下二・未 助動・推・体 格助 名 格助 名 動・下二・用 接助 動・四・体 格助

猿の鳴く声を（悲しい思いをかき立てるものとして）聞いてきた詩人たちよ、（泣き叫ぶ）捨て子に吹く秋風をどのように（受け止めるのか）。

猿 を 聞く 人 捨て子 に 秋 の 風 いかに

名 格助 動・四・体 名 名 格助 名 格助 名 副

拾ってもらえることを期待して、運を天に任せるような思いで、人目の多い渡し場に捨て置いたのだろう、と推測している。ほかに、親が子を育てられなくなり、かといって急流に子を投げ込んで自分たちだけ世をしのぐのは耐えられず、子を渡し場に捨て置いた、とする説もある。「川」「早瀬」「波」は縁語。

露《つゆ》ばかりの命《いのち》　露ほどの（はかない）命。

小萩《こはぎ》がもと　小萩（のような幼子）の辺り。「もと」は、辺り、そば、の意。捨て子を秋風の前の小萩にたとえている。

今宵《こよい》や散《ち》るらん、明日《あす》やしを《オ》れん　捨て子のか弱い命を気にかけている。「散る」「しをる」は「萩」の縁語。

猿《さる》を聞《き》く人《ひと》…（句）　季語は「秋の風」で、秋。切れ字は「いかに」。秋風に叫ぶ猿の声を聞いて悲痛な思いを感じてきた詩人たちに、芭蕉が問いかけた句である。

■第二段落（二六〇・9〜終わり）

段意　捨て子に対して、「父母はおまえを憎み嫌っているのではない、これは天命であってどうしようもないことだから、自らの不運を泣きなさい。」と語りかけ、人間の無力さを嘆いた。

現代語訳・品詞分解

どういうわけか、おまえは、父に憎まれているのか、（そ

いかに ぞ や、 汝、 父 に 悪ま れ たる か、 母

副 終助 係助 代 名 格助 動・四・未 助動・受・用 助動・存・体 係助 名

語釈・文法

いかにぞや　疑問を表し、どんなようすか、どういうわけか、の意。

れとも)母に嫌われているのか。

に 疎ま れ たる か。
格助 動・四・未 助動・受・用 助動・存・体 係助

(いや、)父はおまえを憎むのではあるまい、

父 は 汝 を 悪む に あら じ、
名 係助 代 格助 動・四・体 助動・断・用 補動・ラ変・未 助動・消推・終

母はおまえを嫌うのではあるまい。

母 は 汝 を 疎む に あら じ。
名 係助 代 格助 動・四・体 助動・断・用 補動・ラ変・未 助動・消推・終

ただこれは天命であって(どうしようもないことなのだから)、おまえの生まれつきの運命が不運であるのを泣け。

唯 これ 天 に して、汝 が 性 の 拙き を 泣け。
副 代 名 助動・断・用 接助 代 格助 名 格助 形・ク・体 格助 動・四・命

汝《なんじ》 おまえ。

疎《うと》む 嫌って遠ざける。避ける。

汝《なんじ》が性《せい》の拙《つたな》きを泣《な》け おまえの生まれつきの運命が不運であるのを泣け、の意。「性」は、ここでは、生まれつきの運命。「拙し」は、①愚かだ、②未熟だ、③運が悪い、④見苦しい、の意を表す。ここは③の意。突き放した言い方の中に、芭蕉の深い悲しみが感じられる。

鑑賞

本文の前には、旅立ちの決意を述べた書き出しの部分があり、書名の「野ざらし」という語を詠んだ「野ざらしを心に風のしむ身かな」の句がある。李白《りはく》や杜甫《とほ》、西行《さいぎょう》ら漂泊の自然詩人に傾倒し、自らも旅に出ることにした作者の、現世的なものを一切放棄して旅立つ心構えが、「野ざらし」(風雨にさらされて白骨化した頭蓋骨)という語によって表されている。自分の運命を凝視する思いと、身にしみわたる秋風の季節感とが重なって、悲壮なまでの気魄《きはく》がみなぎっているのである。

こうした旅立ちの後、作者は東海道を進み、富士川のほとりへとたどり着く。そこで作者は渡し場に捨てられた幼い子が泣いているのを見る。哀切の情に堪えなかったが、彼自身、他人から施しを受けて旅をする一介の俳諧師にすぎず、救ってやることはできない。やるせない思いが残る。杜甫の詩を踏まえた「猿を聞く人…」の句での問いかけと破調(七・七・五)は、その思いの表れである。句の裏にひそむ作者の涙と、痛切な苦悶《くもん》の表情を読み取らねばならない。

旅の前半で目にした悲しい光景は、天命を前になすすべのない人間の無力さを露呈させ、また、作者に自らの無力さを痛感させるものだったと考えられる。

吉野《よしの》の花

（『笈《おい》の小文《こぶみ》』）

教科書 二六一～二六二ページ

大意 故郷で年を越した春三月に、以前から約束してあった杜国《とこく》といっしょに吉野山へと出かけた。旅の門出に、自らを万菊丸《まんぎくまる》と称した杜国と、ちょっとした趣向を凝らして楽しんだが、花の盛りの吉野山では、その絶景と古人の吟詠に心を奪われて、結局、作句できず残念であった。

■第一段落（初め～二六一・11）

段意 陰暦三月の半ば、以前から約束してあった杜国といっしょに、吉野山の花見に出発した。自分の身の回りの世話をする召し使い役を引き受けて、万菊丸と名乗った杜国と、門出に際してちょっとした遊びを楽しんだ。

現代語訳・品詞分解

陰暦三月半ばを過ぎる頃、わけもなく浮き立ってくる風雅を愛する心が、
弥生 半ば 過ぐる ほど、 そぞろに 浮き立つ 心 の 花 の、
名 名 動・上二・体 名 形動・ナリ・用 動・四・体 名 格助 名 格助

私を（旅に）誘い出す道案内となって、吉野山の花見に出かけようとす
我 を 導く 枝折 と なり て、 吉野 の 花 に
代 格助 動・四・体 名 格助 動・四・用 接助 名 格助 名 格助

る時に、あの伊良湖崎で（いっしょに花見をしよ
思ひ立た ん と する に、 か の 伊良湖崎 にて
動・四・未 助動・意・終 格助 動・サ変・体 格助 代 格助 名 格助

うと）約束しておいた人（杜国）が、伊勢で（私を）出迎え、いっしょに旅
契り置き し 人 の、 伊勢 にて 出で迎ひ、 とも に
動・四・用 助動・過・体 名 格助 名 格助 動・四・用 名 格助

情をも味わい、また一方では私のために（身の回りの世話
旅寝 の あはれ を も 見、 かつは わ が ため に
名 格助 名 格助 係助 動・上一・用 副 代 格助 名 格助

語釈・文法

弥生《やよい》 陰暦三月の異名。

そぞろなり 何ということもない。わけもない。「すずろなり」と同義。

心《こころ》の花《はな》 風雅（芸術、俳諧）を愛する心。

枝折《しおり》 道案内。道しるべ。山に入る時、道しるべとして、木の枝を折ることからこういう。

思《おも》ひ《イ》立《た》たん 出かけよう。「思ひ立つ」は、あることをしてみようという気を起こす、の意。

かの伊良湖崎《いらござき》にて契《ちぎ》り置《お》きし人《ひと》 芭蕉《ばしょう》はこの前年、三河国保美《みかわのくにほび》（今の愛知県田原市《たはらし》）に隠れ住んでいた門人の杜国を訪ね、伊良湖崎（保

をする）召し使いの少年役となって、道中の手助けにもなろうと、
童子 と なり て、道 の たより に も なら ん と、
名 格助 動・四・用 接助 名 格助 名 格助 係助 動・四・未 助動・意・終 格助

自分から万菊丸と（仮の）名前を付ける。　いかにも少年らしい（その）名の様子は、
自ら 万菊丸 と 名 を いふ。まことに 童らしき 名 の
副 名 格助 名 格助 動・四・終 副 形・シク・体 名 格助

とてもおもしろみがある。　さあ旅立ち（に際して）のちょっとした遊びをしようと、
さま、いと 興 あり。いでや 門出 の たはぶれごと せ
名 副 名 動・ラ変・終 感 名 格助 名 動・サ変・未

笠の内側に落書きをする。
ん と、笠 の 内 に 落書き す。
助動・意・終 格助 名 格助 名 格助 名 動・サ変・終

天地の間、一つ所にとどまることなく、仏とともに二人で修行を続ける
乾坤 無住、同行 二人
名 名 名 名

（花の名所の）吉野山で、桜を見せてやろうぞ、檜笠よ。
吉野 にて 桜 見せ う ぞ 檜の木笠
名 格助 名 動・下二・未 助動・意・体 終助 名

（花の名所の）吉野山で、私も（桜を）見せてやろうぞ、（私の）檜笠よ。
吉野 にて 我 も 見せ う ぞ 檜の木笠
名 格助 代 係助 動・下二・未 助動・意・体 終助 名
万菊丸

美の近くにある岬）を訪れている。そこで約束しておいた、ということ。

道《みち》のたより　道中の手助け。道中の便宜を図ること。「たより」は、頼れるもの、都合のよいこと、情報、配置、などの意を表す。

童《わらべ》らしき名《な》　少年らしい名。

いでや　さあ。感動詞「いで」＋間投助詞「や」から成り、一語の感動詞になったもので、「いで」を強めた語。ここでは、行動を起こしたり促したりする際に用いて、さあ、の意を表す。

たは《ワ》ぶれごと　ふざけてするちょっとした遊び。

吉野《よしの》にて桜《さくら》…（句）　季語は「桜」で、春。切れ字は「ぞ」。檜笠《ひのきがさ》にまで道連れであるかのように呼びかけているところに、芭蕉の浮き立つ気持ちが表れている。「う」は、意志の助動詞「む」が転じたもの。

吉野《よしの》にて我《われ》も…（句）　季語はないが、芭蕉の句に呼応した句として、「桜」を感じさせる。切れ字は「ぞ」。芭蕉の句の「桜」を「我も」に変えただけの即興の句で、芭蕉に同行する喜びが表れている。

■第二段落（二六一・12〜終わり）

段意

花の盛りの吉野山に三日滞在したが、朝夕の情景に見とれ、摂政公《せっしょうこう》（藤原良経《ふじわらのよしつね》）や西行《さいぎょう》の古歌をしのび、貞室《ていしつ》（安原《やすはら》貞室）の句に圧倒されるばかりで、結局、自分の句を作ることができず、残念であった。意気込みはりっぱだったが、興ざめな結果に終わってしまった。

現代語訳・品詞分解

吉野山の花盛りに三日滞在して、明け方や、夕方の情景に向き合

吉野の花に三日とどまりて、曙、黄昏の気色

名　格助　名　格助　名　動・四・用　接助　名　名　格助　名

い、有明の月のしみじみとして風情がある様子などが、心に迫り胸

に向かひ、有明の月のあはれなるさまなど、心に

格助　動・四・用　名　格助　形動・ナリ・体　名　副助　名　格助

にいっぱいになって、あるいは摂政公（藤原良経）の和歌に（心を）引きつけられ、

迫り胸に満ちて、あるは摂政公の詠めに奪は

動・四・用　名　格助　動・四・用　接助　接　名　格助　名　格助　動・四・未

（また）西行の「枝折」の和歌に（心が）迷い、（さらには）あの貞室が「これはこれは」と即興

れ、西行の枝折に迷ひ、かの貞室が「これは

助動・受・用　名　格助　名　格助　動・四・用　代　格助　名　格助　代　係助

的に詠んだ句に（圧倒されて）、私は言うような言葉（詠もうと

これは」とうちなぐりたるに、我言はん

代　係助　格助　動・四・用　助動・完・体　格助　代　動・四・未　助動・婉・体

する一句）もなくて、むなしく口を閉じて（言葉も出ず、一句も詠めずに）いたのは、とて

言葉もなくて、いたづらに口を閉ぢたる、いと

名　係助　形・ク・用　接助　形動・ナリ・用　名　格助　動・上二・用　助動・存・体　副

も残念である。（花の吉野で一句をと）決意した風流（の心）はりっぱでしたが、こうなっ

口惜し。思ひ立ちたる風流いかめしく侍れども、ここ

形・シク・終　動・四・用　助動・完・体　名　形・シク・用　補動・ラ変・已　接助　代

ては興ざめなことである。

に至りて無興のことなり。

格助　動・四・用　接助　名　格助　名　助動・断・終

語釈・文法

曙《あけぼの》　明け方。暁→曙→朝《あした》の順で推移する。

黄昏《たそかれ》　夕方。夕暮れ時。「黄昏時」の略。

気色《けしき》　様子。情景。

有明《ありあけ》の月《つき》　陰暦の毎月十六日以降の、夜が明けても空に残っている月。

あるは　あるいは。

詠《なが》め　詩歌。詩歌を吟じること。ここでは、良経の和歌を指す。

奪《うば》ふ《ウ》　関心や注目を引きつける。

うちなぐりたる　即興的に詠んだ。詠み捨てた。「うちなぐる」は、投げ捨てる、の意。「うち」は接頭語。

言《い》は《ワ》ん言葉《ことば》　言うような言葉。詠もうとする一句。

いたづ《ズ》らなり　むなしい。期待に見合った結果が得られないさまをいう。

口《くち》を閉《と》ぢ《ジ》たる　言葉も出ず、一句も詠めずにいる状態を表す。

思《おも》ひ《イ》立《た》ちたる風流《ふうりゅう》いかめしく侍《はべ》れども　決意した風流（の心）はりっぱでしたが。「風流」は、ここでは、吉野の花の趣を味わおうとする風流心、といった意。「いかめし」は、厳かだ、りっぱだ、の意。

ここに至《いた》りて　こうなっては。

無興《ぶきょう》　無風流。興ざめであること。

鑑賞

『野ざらし紀行』の書き出しの悲壮感にあふれた気分とは打って変わって、作者の旅立ちへの期待感が、句にも文にも強く感じ取れる。同行する杜国は、年若く才気に富み、芭蕉から特に愛されていた門人である。『嵯峨《さが》日記』には、杜国の死を悼んだ文があり、「夢に杜国が事を言ひ出《い》だして、涕《てい》泣《きゅう》して覚《さ》む。」とあるほどである。吉野へ向かう二人の唱和も親愛の情にあふれている。

吉野においては、作者は出発前から非常に期待していただけに、傑作を吟じようと思えば思うほど、天性の妙想は消え、古人の吟詠に心を奪われるばかりで、ついに一句も作句することができなかったことを残念がっている。しかし、この事実が、いっそう、吉野の桜の絶景を印象づける効果をあげているのである。なお、この紀行の後に成立した『奥の細道』でも、日本三景の一つである松島《まつしま》で、「造化《ぞうか》の天工、いづれの人か筆をふるひ、詞《ことば》を尽くさむ。」（神が造りあげた自然のみごとさを、人間の誰が絵筆を使い、言葉を尽くして表現できようか。）と、いかなる人の力をもってしても表現不可能と筆を投げて絶賛するばかりで、一句の吟詠もなかった。同じく、その前に通った白河《しらかわ》の関でも、「長途《ちょうど》の苦しみ、身心《しんじん》疲れ、かつは風景に魂《たましい》奪はれ、懐旧に腸《はらわた》を断ちて、はかばかしう思ひめぐらさず。」（長旅の苦しさで、身心が疲れ、そのうえ風景に心を奪われ、白河の関にゆかりのある故事や古歌を思うと悲痛な気持ちになり、思うように句を思案できなかった。）と、一句の吟詠もなかった理由を説明している。

教科書の問題（解答・解説）

教科書 二六二ページ

❓教科書本文下に示された問題

❓「小萩」は何をたとえているか。（p.二六〇）

解答 捨て子

❓「口を閉ぢたる」とは、どのようなことをいっているのか。（p.二六二）

解答 一句も詠むことができなかった、ということ。

［解説］ 直前に「我言はん言葉もなくて」とあるように、花盛りの吉野では、景物への感動があまりに大きく、また、先人の詠んだ歌や句に圧倒されるばかりであった。

■学習の手引き

❶「富士川」において、作者は「捨て子」に対してどう思ったのか。

解答 親がやむをえない事情で捨て置いたのだろう、と推察し、秋風の吹く中、か弱い命がいつまでもつだろうかと哀れに思った。また、わずかな食べ物を与えるくらいのことしかできない自身の無力さと、天命のいかんともしがたいことを痛感する。

［解説］誰もが天命を受け入れていくよりほかはないのだという、作者の人生観がうかがえる。

❷「吉野の花」における「思ひ立ちたる風流…無興のことなり。」〔二六二・2〕とは、どのようなことをいっているのか。

解答 出発の際、花の吉野で先人に劣らない秀句を詠もうと決意した風流心はりっぱなものだったが、実際に来てみると、眼前の絶景に圧倒され、さらには古今のすばらしい歌や句が次々に思い出され、自分では言葉を失って何も詠めなかったので、これでは興ざめであると残念に思っているということ。

■語句と表現

①「富士川」「吉野の花」の文章から対句を抜き出そう。

解答

(1)「富士川」

・今宵や散るらん、明日やしをれんと、〔二六〇・6〕
・父に悪《にく》まれたるか、母に疎まれたるか。〔二六〇・9〕
・父は汝を悪むにあらじ、母は汝を疎むにあらじ。〔二六〇・9〕

(2)「吉野の花」

・心に迫り胸に満ちて、〔二六一・13〕
・摂政公の詠めに奪はれ、西行の枝折に迷ひ、〔二六一・13〕

作者・出典

作者 松尾芭蕉《まつおばしょう》〔一六四四—一六九四〕 江戸時代前期の俳人。本名は宗房《むねふさ》。伊賀《いが》国上野《うえの》（今の三重県伊賀市）の生まれ。藤堂良忠《とうどうよしただ》に仕えて貞門《ていもん》俳諧を学んだ。二十代の終わりに江戸に行き、談林《だんりん》風の俳諧に傾倒。やがて宗匠として独立すると門人を増やしたが、三十七歳で深川に芭蕉庵《あん》を結んで隠《いん》棲《せい》した。四十一歳で『野ざらし紀行』の旅に出ると、以降も旅を重ね、門人たちと句集の編纂《へんさん》を行った。蕉風《しょうふう》と呼ばれる独自の俳風を確立し、「不易流行」といった俳諧理念や、「軽み」の俳諧などを提唱し、俳諧を卑俗趣味から芸術に高めた。

出典 『野ざらし紀行』 俳諧紀行。貞享《じょうきょう》元年〔一六八四〕に、門人の千里《ちり》とともに江戸を出発し、東海道から伊勢《いせ》へ赴き、故郷の伊賀上野に帰った後、近江《おうみ》、美濃《みの》などを巡り、翌年四月に甲斐《かい》を経て江戸へ帰る、九か月にわたる旅をつづる。『甲子吟行《かっしぎんこう》』とも呼ばれる。

『笈《おい》の小文《こぶみ》』 俳諧紀行。貞享四年〔一六八七〕に江戸を出発し、鳴海《なるみ》、熱田《あつた》などへ赴き、伊賀上野に帰った後、翌年に伊勢、吉野、高野山《こうやさん》、和歌《わか》の浦《うら》などを巡り、須磨《すま》、明石《あかし》に至るまでの旅をつづる。宝永《ほうえい》六年〔一七〇九〕刊。

蕪《ぶ》村《そん》

月《つく》夜《よ》の卯《う》兵《へ》衛《え》

教科書　二六三ページ

大意

出羽《でわ》の国から陸奥《みちのく》の方へ行った時、山中で日が暮れたので、九十九袋《やしゃぶくろ》という里で宿に着いた。夜通し響く物音を不思議に思い、外へ出ると、古寺の広い庭で年をとった男が麦をついている。自分も辺りを歩き回ると、月が美しく、風が心地よい夜の情景はすばらしい。男は昼間の暑さを避けてこのように夜中に働いているのだろう。名前を尋ねると、宇《う》兵《へ》衛《え》と答えた。涼しい月夜に麦をつく宇兵衛は、まるで月で餅《もち》をつくうさぎ（卯）の卯兵衛であるかのようだ。

現代語訳・品詞分解

出羽の国から陸奥の方へ行ったところ、

出羽の国（名）　より（格助）　陸奥（名）　の（格助）　方（名）　へ（格助）　通り（動・四・用）　ける（助動・過・体）　に、（接助）

山中で日が暮れたので、　やっとのことで九十九袋という里にたどり着いて、

山中（名）　にて（格助）　日（名）　暮れ（動・下二・用）　けれ（助動・過・已）　ば、（接助）　からうじて（副）　九十九袋（名）　と（格助）　いへ（動・四・命）　る（助動・存・体）　里（名）　に（格助）　辿り着き（動・四・用）　て、（接助）　宿り（名）　求め（動・下二・用）　ぬ。（助動・完・終）

宿を探し求めた。

夜通し、ごとごとと物が響く音がしたので、

夜すがら、（副）　ごとごとと（副）　物（名）　の（格助）　響く（動・四・体）　音（名）　し（動・サ変・用）　けれ（助動・過・已）　ば、（接助）

不思議に思って（外に）出ていって見ると、　古寺の広い庭で、　年をとっ

あやしく（形・シク・用）　て（接助）　立ち出で（動・下二・用）　見る（動・上一・体）　に、（接助）　古寺（名）　の（格助）　広庭（名）　に、（格助）　老い（動・上二・用）

語釈・文法

からう《ロウ》じて　やっとのことで。ようやく。

宿《やど》り求《もと》めぬ　宿を探し求めた。「宿り」は、①旅先で泊まること、泊まる宿、②住まい、の意を表す。ここは①の意。

夜《よ》すがら　夜通し。一晩中。

麦《むぎ》を舂《うすづ》くにてありけり　麦をついているのであった。「けり」は詠嘆の助動詞。今改めて気づいたという驚きや感動を表す。

予《よ》　私。自分。男性が用いる自称の人称代名詞。

月《つき》孤《こ》峰《ほう》の影《かげ》を倒《たお》し、風千竿《かぜせんかん》の竹《たけ》を吹《ふ》きて　「朗夜の気色」について述べた対句表現。

いふ《ウ》ばかりなし　言い尽くせない（ほどすばら

た男が麦をついて（脱穀して）いるのであった。私

たる 男 の 麦 を 舂く に て あり けり。予

助動・完・体 名 格助 名 格助 動・四・体 助動・断・用 接助 補動・ラ変・用 助動・嘆・終 代

もその辺りをぶらぶらと歩き回ったところ、月がただ一つそびえる峰の影をさかさまに映し、風

も そこら 徘徊し ける に、月 孤峰 の 影 を 倒し、風

係助 代 動・サ変・用 助動・過・体 接助 名 名 格助 名 格助 動・四・用 名

が生い茂っている竹林のたくさんの竹を吹き抜けて、よく晴れて明るい夜の情景は言い尽くせない（ほど

千竿 の 竹 を 吹き て、朗夜 の 気色 いふ ばかり なし。

名 格助 名 格助 動・四・用 接助 名 格助 名 動・四・体 副助 形・ク・終

すばらしい）。この男は昼間の暑さを避けて、このように（夜中に）仕事をしてい

この 男 昼 の 暑さ を いとひ て、かく いとなむ な

代 格助 名 名 格助 名 格助 動・四・用 接助 副 動・四・体 助動・断・体

るようだと（思った）。（私は）しばらくして（男に）近寄って、名前は何というのかと尋ねると、

めり と。やがて 立ち寄り て、名 は 何 と いふ ぞ

助動・定・終 格助 副 動・四・用 接助 名 係助 代 格助 動・四・体 終助

（男は）宇兵衛と答える。

と 問へ ば、宇兵衛 と 答ふ。

格助 動・四・已 接助 名 格助 動・下二・終

涼しい月夜に、宇兵衛という男が麦をついている。まるで月で餅をつくうさぎ（卯）のようだなあ。

涼しさ に 麦 を 月夜 の 卯兵衛 かな

名 格助 名 格助 名 格助 名 終助

しい）。

いとふ《ゥ》　「厭ふ」と書き、嫌う、避ける、などの意を表す。

かくいとなむなめりと　このように（夜中に）仕事をしているようだと（思った）。「かく」は、「夜すがら」に「麦を舂く」行為を指している。「なめり」は「なるめり」の撥《はつ》音便「なんめり」の撥音無表記の形。「と」の後には「思ひぬ」などの語句が省略されている。

やがて　①そのまま。②すぐに。③しばらくして。ここは③の意。

涼《すず》しさに…（句）　季語は「涼し（涼しさ）」「麦」で夏。切れ字は「かな」。「月夜」の「つく」は、「（麦を）つく」と「月（夜）」の掛詞《かけことば》。「卯兵衛」は、「宇兵衛」という名の「宇」から、月で餅をつくうさぎ（卯）を連想したもの。

鑑賞

本文は、作者が二十代後半の頃に行った東北行脚での体験をもとにしているとされる。作者は旅の途中、「九十九袋」という里で宿をとる。このいかにも珍しい地名が旅情の趣と相まって、幻想的な雰囲気をかもし出す。深夜、古寺の庭で年とった男が麦をつく場面はいかにも怪しげであるが、周囲の美しい風情に視線をそらすことで怪しげな空気はいったん影をひそめ、作者も冷静に「男」の正体を推測する。しかし、「宇兵衛」という名前を聞いたとたん、作者の興味と想像は一気にふくらむ。「宇」という音、そして月夜の晩に麦をつく姿に、月で餅をつくうさぎ（卯）を連想したのである。

蕪村は、浪漫的、幻想的な俳句を好み、怪奇的な題材も多く詠んでいた。そうした作風を味わえる俳文の一つであろう。

歳末弁《さいまつのべん》

教科書 二六四ページ

大意

名誉と利益を追い求める世の中で、限りある命を苦しみながら生きている。とりわけ大晦日《おおみそか》の夜はいやなものだが、こんな俗世間から逃れられそうもない。「年暮れぬ…」という芭蕉《ばしょう》の句を口ずさむと心も澄みわたる。この句はまさに私のための摩訶止観《まかしかん》ともいうべき教えである。芭蕉亡き後、芭蕉のような風雅人は誰もいない。世俗にとらわれたままの自分は、芭蕉のように世俗を超越した風雅人として年を送り迎えすることができずにいるのだ。

現代語訳・品詞分解

名誉と利益を追い求める世の中を走り回り、貪欲の海におぼれて、（命に）
名利 の 街 に はしり、 貪欲 の 海 に おぼれ て、 限り
名 格助 名 格助 動・四・用 名 格助 名 格助 動・下二・用 接助 名

限りある我が身を苦しめる。
とりわけ暮れ行く年の（大晦日の）夜の様子などは、
ある 身 を 苦しむ。 わきて 暮れ行く 年 の 夜 の
動・ラ変・体 名 格助 動・下二・終 副 動・四・体 名 格助 名 格助

言いようもなくとてもいやなものだが、
ありさま など は、 いふ べく も あら ず いと
名 副助 係助 動・四・終 助動・可・用 係助 補動・ラ変・未 助動・消・用 副

人の（家の）門をたたき歩いて、
おおげさに騒ぎ、
うたてき に、 人 の 門 たたき歩き て、 ことごとしく ののしり、
形・ク・体 接助 名 格助 名 動・四・用 接助 形・シク・用 動・四・用

足を浮かせて（落ち着きもなく）大声で騒ぎ続けるなど、
情けない行いで
足 を 空に し て ののしりもてゆく など、 あさましき
名 格助 形動・ナリ・用 動・サ変・用 接助 動・四・体 副助 形・シク・体

あるよ。
だからといって愚かな我が身は、
どのようにして（この）俗世間
わざ なれ。 さ とて おろかなる 身 は、 いかに し て
名 助動・断・已 副 格助 形動・ナリ・体 名 係助 副 動・サ変・用 接助

語釈・文法

貪欲《とんよく》　仏教では「とんよく」と清音で読む。

苦《くる》しむ　ここは下二段活用の他動詞で、苦しめる、の意。

わきて　とりわけ。特に。

いふ《ウ》べくもあらず　言いようもなく。「べく」は可能の助動詞「べし」の連用形。当然の意で、言うまでもなく、と解釈することもできる。

いとうたてきに　とてもいやなものだが。「うたてし」は、①いやだ、いとわしい、②気の毒だ、などの意を表す。ここは①の意。

ことごとしく　「ことごとし」は、おおげさだ、仰々しい、の意を表す。

足《あし》を空《そら》にして　足を浮かせて。足が地に着かないほど、落ち着かない様子を表す。

から逃れようか。（逃れられそうもないのだが。）

塵区 を のがれ ん。
名 格助 動・下二・未 助動・推・体

今年も暮れてしまった。笠をかぶり、わらじを履き続けて（旅を重ねて）いるうちに。

年 暮れ ぬ 笠 着 て わらぢ はき ながら
名 動・下二・用 助動・完・終 名 動・上一・用 接助 名 動・四・用 接助

片隅に寄って（芭蕉が詠んだ）この句を静かに口ずさみますと、心も澄みわたって、

片隅 に 寄り て こ の 句 を 沈吟し 侍れ ば、 心
名 格助 動・四・用 接助 代 格助 名 格助 動・サ変・用 補動・ラ変・已 接助 名

も すみわたり て、
係助 動・四・用 接助

（自分も）このような（俗世間の外で生きる）身であるならば（よいのに）とても尊く（思われ）、私のための「摩訶止観」ともいうべき（ありがたい教え）だ。

かかる 身 に し あら ば と
動・ラ変・体 名 助動・断・用 副助 補動・ラ変・未 接助 格助

いと 尊く、 わ が ため の 摩訶止観 と も いふ べし。
副 形・ク・用 代 格助 名 格助 名 格助 係助 動・四・終 助動・当・終

蕉翁が（この世を）去って（から）蕉翁（のように風雅を究めた人）はいない。（いまだ世俗にとらわれる私に）年は再び過ぎ去るのだろうか、（新しい年は）再びやって来るのだろうか。

蕉翁 去り て 蕉翁 なし。 年 また 去る や また 来たる
名 動・四・用 接助 名 形・ク・終 名 副 動・四・終 係助 副 動・四・終

や。
係助

芭蕉が（この世を）去ってその後、（芭蕉のような人は一人もいない。世俗にとらわれたままの自分もまた、）いまだ（芭蕉のように世俗を超越した風雅人として）「年暮れぬ」と言うことができないのだ。

芭蕉 去り て そ の 後 いまだ 年 暮れ ず
名 動・四・用 接助 代 格助 名 副 名 動・下二・未 助動・消・終

ののしりもてゆく　騒ぎ続ける。「もてゆく」は、次第に…ていく、…続ける、の意を表す。

あさましきわざなれ　「あさまし」は、①驚きあきれることだ、②興ざめだ、情けない、などの意を表す。ここは②の意。「わざ」は、ここでは、行い、の意。「なれ」は断定の助動詞「なり」の已然《いぜん》形。前に係助詞「こそ」が省略されているとする説や、後に間投助詞「や」が省略されているとする説がある。

年《とし》暮れぬ…（句）　季語は「年暮る」で、冬。切れ字は「ぬ」。芭蕉が『野ざらし紀行』の旅の途中で詠んだ句。

笠《かさ》着《き》てわらぢ《じ》はきながら　「笠」「わらぢ」は、当時の典型的な旅の装いである。「ながら」は動作・状態の継続を表す接続助詞。笠をかぶり、わらじを履き続けて、旅を重ねているうちに、ということ。

沈吟《ちんぎん》す　詩歌・俳句などを静かに口ずさむ。

かかる身《み》にしあらばと　このような身であるならば（よいのに）と。「し」は強意の副助詞。「ば」は順接の仮定条件を表す。「ば」の後に「よからんを」などの語句が省略されている。

芭蕉《ばしょう》去《さ》りて…（句）　季語は「年暮る」で、冬。「年暮れず」は、前出の芭蕉の句「年暮れぬ」を受けたもの。

鑑賞

芭蕉を崇拝しながらも、芭蕉のように風雅に徹して生きることができない自身の姿を嘆いた文章である。芭蕉への敬意とともに、作者の確立された人生観そのものもうかがうことができる。

作者は、慌ただしく欲深い俗世間を、ことに大晦日の夜に焦点を当てて描き出し、人々が浮かれ騒ぐ様子を「あさましきわざなれ」と非難する。しかし、自身もその「塵区《じんく》」から逃れられないことを自覚している作者は、芭蕉の「年暮れぬ笠着てわらぢはきながら」という句を口ずさむ。この句は、芭蕉が『野ざらし紀行』の旅の折に詠んだ句であり、前文には「ここに草鞋《わらじ》をとき、かしこに杖《つえ》を捨てて、旅寝ながらに年の暮れければ」（こちらで草鞋のひもを解き、あちらで杖を捨てて、旅寝を続けるうちに年が暮れたので）とある。世間が大騒ぎする大晦日にあっても、芭蕉は風雅を究めるべくひたすら旅を続け、気づけば年も暮れてしまったなあ、というのである。こうした風雅に生きる境地、俗世を超越した年の送り方に、作者は強く心を打たれたのであろう。この句を口ずさむ時、心が澄みわたる思いがし、この句は自身にとっての「摩訶止観」であるという。芭蕉のような風雅人は以後現れず、俗世にとらわれたままの自分も、その境地に至ることができそうにない。「いまだ年暮れず」という言葉には、そうした落胆や嘆きが込められているのである。

教科書の問題（解答・解説）

❓ 教科書本文下に示された問題

❓ **「月孤峰の影を倒し」とは、どのような情景をいっているか。**（p.二六二）

解答　月の光が、ただ一つそびえる峰を照らし、その影が地上にさかさまに映っている情景。

❓ **「かかる身」とは、どのようなことを指すか。**（p.二六四）

解答　「年暮れぬ…」の句を詠んだ芭蕉のような、俗世間の外で生きている身のこと。

教科書　二六四ページ

■学習の手引き

❶ **「涼しさに…」**（二六三・8）**の句の表現上のおもしろさを指摘しよう。**

解答　「月夜」の「つく」が、「（麦を）つく」と、「月（夜）」の掛詞になっている。また、「卯兵衛」は、男の名の「宇兵衛」を表すと同時に、「月夜の卯」で「月夜のうさぎ」という意味も含めている。

[解説]　「つく」と「う」の音に、それぞれ二つの意味を

重ねることで、少ない音数で豊かな内容を表現している。単に言葉の音が重ねられているだけなく、夜空に輝く「月」と「麦をつく」動作から「月のうさぎ」を連想するなど、さまざまなイメージが重なり合っている。

❷「歳末弁」には、作者のどのような思いが込められているか。

解答 芭蕉のように世俗を離れた風雅人として生きたいが、いまだ世俗にとらわれ、芭蕉に近づくことができない我が身を嘆く思い。

［解説］ 尊敬する芭蕉の後ろ姿を追い続けているものの、いまだ追いつけないまま我が身は老いていく。どこか諦めも感じられる。

作者・出典

作者 与謝蕪村《よさぶそん》〔一七一六—一七八三〕江戸時代中期の俳人、画家。本姓は谷口《たにぐち》、後に与謝。蕪村は俳号。別号は宰《さい》鳥《ちょう》、紫狐庵《しこあん》、落日庵など。摂津国《せっつのくに》（今の大阪府北西部と兵庫県南東部）の農家に生まれる。江戸に下って早野巴人《はやのはじん》に俳諧を学び、巴人が没すると、関東、東北を流浪の後、京に上り、そこで晩年まで過ごした。絵画・俳諧とも第一人者として活躍し、俳諧では独自の作風を開花させ、江戸中期における俳壇の中心的役割を果たした。俳諧句文集に『新花摘《しんはなつみ》』、門人几董《きとう》の編による『蕪村句集』などがある。絵画では、南画《なんが》家として池大雅《いけのたいが》と並び称されている。

出典 「月夜の卯兵衛」は、「自画賛」（自身の絵に「賛」としての俳句や詩文を添えたもの）による。うさぎが杵《きね》で臼《うす》をついている絵に添えられた俳文。

「歳末弁」は、晩年に書かれたものと推測されるが、詳細は不明。蕪村の遺草を書き写したものをもとに『蕪村全集』（一九二五　有朋堂）に収録されたという。

去来抄《きょらいしょう》

「行く春を…」の章段

向井去来《むかいきょらい》

〈先師評〉

教科書　二六五ページ

大意　師（芭蕉《ばしょう》）の「行く春を近江《おうみ》の人と惜しみけり」の句に対して、尚白《しょうはく》が、「近江」は「丹波《たんば》」に、「行く春」は「行く年」に置き換えられると非難した。これに対して、私（去来）は、琵琶《びわ》湖の実景は惜春の情を述べるのにふさわしく、しかも、この句は作者の実感に基づく句であると反論した。師は私の説に同感するとともに、さらにその実感が古人の伝統的詩情を踏まえたものであることを告げる。それを受けて私が、この句における惜春の情と、「近江」という土地との結び付きの必然性について語ると、師はその理解の深さを喜んだ。

現代語訳・品詞分解

行く　春　を　近江　の　人　と　惜しみ　けり　　芭蕉

動・四・体　名　格助　名　格助　名　格助　動・四・用　助動・嘆・終

過ぎゆく春を近江の国の人々とともに惜しみ合ったことだ。

先師　言は　く、「尚白　が　難　に、『近江　は　丹波　に　も、行く　春　は　行く　年　に　も　ふる　べし。』と　言へ　り。汝　いかが　聞き　侍る　や。」去来　言は　く、「尚白　が　難　あたら　ず。湖水　朦朧と　して　春　を　惜しむ

名　動・四・未　（接尾）　名　格助　名　格助　名　係助　名　格助　係助　動・四・体　名　係助　動・四・体　名　格助　係助　動・四・終　助動・可・終　格助　動・四・命　助動・完・終　代　副　動・四・用　補動・ラ変・体　係助　名　動・四・未　（接尾）　名　格助　名　動・四・未　助動・消・終　名　形動・タリ・用　接助　名　格助　動・四・体

師が言うことには、「（この句に対する）尚白の非難として、『近江は丹波にも、行く春は行く年にも置き換えることができる。』と言った。おまえはどのように（この句を）解しますか。」（と。）（私）去来が言うことには、「尚白の非難は当たっていない。（近江には）琵琶湖の水面がおぼろにかすんで（過ぎゆく

語釈・文法

行《ゆ》く春《はる》を…（句）　季語は「行く春」で、晩春。切れ字は「けり」。晩春の一日、琵琶湖畔にあって、近江の国の人々とともに、過ぎゆく春を惜しみ合った、という感慨を詠んだもの。『猿蓑《さるみの》』に「湖水ニ望ミテ春ヲ惜シム」の前書きがあり、下五が「惜しみける」となっている。

先師《せんし》　既に亡くなった先生や師匠。ここでは、芭蕉を指す。

難《なん》　非難。批判すること。

行《ゆ》く年《とし》　過ぎ去っていく年。年の暮れ。

ふるべし　「ふる」は「振る」と書き、割り当てる、

春を惜しむのにふさわしい情趣があるだろう。とりわけ（この句は）その場に臨んで得た実感（を

に　たより　ある　べし。　殊に　今日　の　上　に

格助　名　動・ラ変・体　助動・推・終　副　名　格助　名　助動・断・用

詠んだもの）です。」と申し上げる。師が言うことには、「そのとおりだ。古人もこの（近江の）

侍る。」と　申す。　先師　言は　く、　「しかり。　古人　も　こ

補動・ラ変・体　格助　動・四・終　名　動・四・未　（接尾）　動・ラ変・終　名　係助　代

国で春を愛惜したことは、少しも都（で春を惜しむこと）に劣らな

の　国　に　春　を　愛する　こと、　をさをさ　都　に　劣ら

格助　名　格助　名　格助　動・サ変・体　名　副　名　格助　動・四・未

いのになあ。」（と。）（私）去来が言うことには、「この（今の）一言は、心に深くし

ざる　ものを。」　去来　言は　く、　「こ　の　一言、　心　に

助動・消・体　終助　名　動・四・未　（接尾）　代　格助　名　名　格助

みる。（もし）年の暮れに近江にいらっしゃったならば、どうしてこのような感

徹す。　行く　年　近江　に　ゐ　給は　ば、　いかで　か　こ

動・サ変・終　動・四・体　名　名　格助　動・上一・用　補動・四・未　接助　副　係助　代

慨をお持ちになろうか。（いや、お持ちにならない。）（またもし）晩春に丹波にいらっしゃったならば、も

の　感　ましまさ　ん。　行く　春　丹波　に　いまさ　ば、　もとより

格助　名　動・四・未　助動・推・体　動・四・体　名　名　格助　動・四・未　接助　副

ちろんこのような（春を惜しむという）感情は浮かばないだろう。自然の美しい風景が人を感動させるこ

こ　の　情　浮かぶ　まじ。　風光　の　人　を　感動せ　しむる

代　格助　名　動・四・終　助動・消推・終　名　格助　名　格助　動・サ変・未　助動・使・体

とは、（古今を通じて変わらない）真実なのだなあ。」と申し上げる。師が言うことには、「去来よ、

こと、　まこと　なる　かな。」　と　申す。　先師　言は　く、　「去来、

名　名　助動・断・体　終助　格助　動・四・終　名　動・四・未　（接尾）　名

おまえはともに風雅（俳諧）を語ることのできる人物である。」と、

汝　は　とも　に　風雅　を　語る　べき　者　なり。」　と、

代　係助　名　格助　名　格助　動・四・終　助動・可・体　名　助動・断・終　格助

格別にお喜びになった。

ことさらに　喜び　給ひ　けり。

形動・ナリ・用　動・四・用　補動・四・用　助動・過・終

置き換える、の意。「べし」は可能の助動詞。

たより　頼れるもの、よりどころ、都合のよいこと、などの意を表す。ここでは、主題にふさわしい情趣、の意。

今日《こんにち》の上《うえ》に侍《はべ》る　想像ではなく、その場に臨んで得た実感を詠んだものである、という意。「侍る」は本来は「侍り」となるはずだが、俳諧独特の用法で、連体形で終止している。

しかり　副詞「しか」＋動詞「あり」の変化した語で、そうである、そのとおりである、の意。

を《オ》さを《オ》さ　（下に打消の語を伴って）少しも（…ない）、めったに（…ない）、の意を表す副詞。

この一言《いちごん》　「古人も…劣らざるものを。」を指す。

心《こころ》に徹《てつ》す　肝に銘じる。心に深くしみる。

いかでかこの感《かん》ましまさん　「いかでか」は、①（疑問）どうして…か、②（反語）どうして…か（いや、…ない）、③（希望）どうにかして、の意を表す。ここは②の意。「この感」とは、近江の人と行く春を惜しみ合うように、行く年を惜しみ合う感慨をいう。「まします」は「あり」の尊敬語。ここでは、（芭蕉が）感慨をお持ちになる、の意に解した。

もとより　①以前から。②初めから。③もちろん。言うまでもなく。ここは③の意。

この情《じょう》　春を惜しむ感情。

風光《ふうこう》の…まことなるかな　「風光」は、美しい風景、の意。ここでは、自然の美しい風景の中にある不変の生命が詩人の心を動かすことをいう。「まこと」は、真実、事実、古今不変の本質、の意。近江ならではの風景に心を動かされたのであって、美しい風景に備わる詩情が人を感動させるのは、古今不変の真実だ、ということ。

風雅《ふうが》　広義には芸術、狭義には俳諧を指す。

鑑賞

尚白の非難に対して、『去来抄』の作者去来は、第一に、近江の実景が惜春の情を述べるにふさわしいものであることを言い、第二に、この句が芭蕉の実感に基づくものであることを挙げて、近代の自然主義の態度にも通じる実景・実感絶対主義の立場をとっている。作者のそのような態度は、芭蕉も「しかり。」と肯定しているように、蕉風《しょうふう》俳諧の重要な一側面を代表するものといってよい。

さらに芭蕉は、自己のそのような実感が、同時に古人の伝統的詩情に通じるものでもあることを告げる。『新古今《しんこきん》和歌集』に「明日よりは志賀《しが》の花園まれにだに誰《たれ》かは訪《と》はむ春のふるさと」（夏になってしまう明日からは、この志賀の花園を、いったい誰がまれにだけでも訪れるであろうか、春の故郷となるこの古都の地を。）とあるように近江の国で春を惜しむという感情は、近江の土地にまつわる伝統的詩情と結び付いたものなのである。このことをもって芭蕉は、自身の句における惜春の情と「近江」との結び付きの必然性を支える根拠とした。

このように、詩歌の世界における伝統的詩情は、優れた古人たちが一瞬一瞬の感動を突き詰め、その対象とする自然の固有の生命を捉えることによって、形作られてきたものである。芭蕉が近江の風光にふれて、古人の伝統的詩情に通じる感動を捉えたことは、近江の古今不変の生命を捉えたことにほかならない。そこに到達した時、一瞬の実感が普遍性、永遠性を持つものに転化され、そうしてできた作品は詩としての絶対性を獲得する。そこにはもはや尚白の発したごとき非難の介入する余地はないのである。

「岩鼻や…」の章段

〔先師評〕

教科書 二六六ページ

大意

私（去来《きょらい》）の句に「岩鼻やここにもひとり月の客」がある。この句の下五について、洒堂《しゃどう》に「月の猿」のほうがよいと言われ、どちらがよいか、師（芭蕉《ばしょう》）に尋ねた。師は「月の客」のほうが優れているとしたうえで、「月の客」を自分と同じもう一人の風流人がいると詠んだ私の意図とは異なり、ここにも一人風流人がいると作者自身が名乗り出たものとするのがよいことも付け加えた。私は、師の解釈のほうが優れていることに気づき、作者といえども、その句の本意を知らないことを悟った。

現代語訳・品詞分解

（明月の夜、）岩の突端にも一人、自分と同じように月をめでる風流人がいる。
岩鼻 や ここ に も ひとり 月 の 客　去来
名 間助 代 格助 係助 名 名 格助 名

師が上京された時、（私）去来が言うことには、「洒堂はこの句（の下五）を『月の猿』と
先師 上洛 の 時、去来 言は く、「洒堂 は こ の 句 を
名 名 格助 名 名 動・四・未 （接尾） 名 係助 代 格助 名 格助

（するのがよいと）申しますが、私は『（月の）客』のほうが優れているだろ
『月 の 猿』 と 申し 侍れ ど、予 は 『客』 勝り な
名 格助 名 格助 動・四・用 補動・ラ変・已 接助 代 係助 名 動・四・用 助動・強・未

うと申します。いかがでしょうか。」（と。）師が言うことには、「『猿』とはどう
ん と 申す。いかが 侍る や。」先師 言は く、「『猿』 と
助動・推・終 格助 動・四・終 副 動・ラ変・体 係助 名 動・四・未 （接尾） 名 格助

いうことか。おまえは、この句をどのように考えて作ったのか。」（と。）
は 何ごと ぞ。汝、こ の 句 を いかに 思ひ て 作せ
係助 名 終助 代 代 格助 名 格助 副 動・四・用 接助 動・サ変・未

（私）去来が言うことには、「明るく澄んだ月に浮かれて山野を句を作りなが
る や。」去来 言は く、「明月 に 乗じ 山野 吟歩し
助動・完・体 係助 名 動・四・未 （接尾） 名 格助 動・サ変・用 名 動・サ変・用

語釈・文法

岩鼻《いわはな》や…（句）　季語は「月の客」で、秋。切れ字は「や」。月は古来、秋の風物詩として多く歌に詠まれてきた。この句では、月を見ることは「風流人」の証《あかし》であると捉えられている。

予《よ》　私。自分。男性が用いる自称の人称代名詞。

「客《きゃく》」勝《まさ》りなん　「（月の）客」のほうが優れているだろう。「な」は強意の助動詞「ぬ」の未然形。「ん」は推量の助動詞「ん（む）」。

明月《めいげつ》に乗《じょう》じ　明るく澄んだ月に浮かれて。「明月」は、明るく澄んだ月。「乗ず」は、状況を利用して事を運ぶ、乗じる、かこつける、の意。ここでは、月の興趣に浮かれて、といった意を表す。

ら歩いております時に、岩の突端にもう一人の(月をめでる)風流人を見つけた(という情景を詠んだもの

侍る　に、岩頭　また　一人　の　騒客　を　見つけ　たる。」と

補動・ラ変・体　格助　名　副　名　格助　名　格助　動・下二・用　助動・完・体　格助

です)。」と申し上げる。師が言うことには、「『ここにも一人月見をする人(としての私がおります)』と、

申す。先師　言は　く、「『ここ　に　も　ひとり　月　の　客』と、

動・四・終　名　動・四・未　(接尾)　代　格助　係助　名　名　格助　名　格助

自分から名乗り出たことにしたならば、どれほどの風流であろうか。

己と　名のり出で　たら　ん　こそ、いくばく　の　風流　なら

副　動・下二・用　助動・完・未　助動・仮・体　係助　副　格助　名　助動・断・未

ぜひ自称の句とするのがよい。この句は私も大切にして、

ん。ただ　自称　の　句　と　なす　べし。この　句　は　我

助動・推・体　副　名　格助　名　格助　動・四・終　助動・適・終　代　格助　名　係助　代

『笈の小文』に書き入れた。」と(いうことだ)。

も　珍重し　て、『笈の小文』に　書き入れ　ける。」と　なん。

係助　動・サ変・用　接助　名　格助　動・下二・用　助動・過・体　格助　係助

後になって考えると、自称の句として見ると、

退い　て　考ふる　に、自称　の　句　と　なし　て　見れ　ば、

動・四・用　接助　動・下二・体　接助　名　格助　名　格助　動・四・用　接助　動・上一・已　接助

風狂の人の様子も思い浮かんで、最初の句の趣向よりも優れていることは、

狂者　の　さま　も　浮かみ　て、初め　の　句　の　趣向　に

名　格助　名　係助　動・四・用　接助　名　格助　名　格助　名　格助

十倍になっている。本当に作者自身がその(句の)本意を知ら

勝れ　る　こと、十倍せ　り。まことに　作者　そ　の　心

動・四・命　助動・存・体　名　動・サ変・未　助動・存・終　副　名　代　格助　名

なかったことであるよ。

を　知ら　ざり　けり。

格助　動・四・未　助動・消・用　助動・嘆・終

己《おのれ》と　自分から。

名《な》のり出《い》でたらんこそ　名乗り出たことにしたならば。「ん」は仮定の助動詞「ん（む）」の連体形。

いくばくの風流《ふうりゅう》ならん　どれほどの風流であろうか。「いくばく」は、疑問・反語表現に用いて、どれほど、どのくらい、などの意を表す。

ただ　ここでは、ぜひ、の意。

…となん　…と（いうことだ）。「なん（なむ）」は係助詞。後に「言ふ」などの結びの語句が省略されている。

退《の》いて　後になって。

自称《じしょう》の句《く》　自ら名乗り出るさまを詠んだ句。「岩鼻や…」の句で、「月の客」が作者自身を表していると解釈した場合のことをいう。

浮《う》かみて　思い浮かんで。「浮かびて」と同義。

その心《こころ》　「そ」は「岩鼻や…」の句を指す。句の本意、真の趣、といった意。

鑑賞

「岩鼻や…」の句の解釈を巡っての問答である。まず、「月の客」を「月の猿」とする洒堂の案は、既存の「月下の猿」の構図に当てはめたにすぎず、底の浅い句となるため、問題外とされる。ここは「月の客」とし、それを作者以外の第三者と捉えるか、作者自身と捉えるかが、議論の焦点となっている。これについてこの句の作者去来は、「月の客」は第三

者であり、自らが月夜に吟歩《ぎんぽ》した際に遭遇した、岩鼻で月を賞《め》でているもう一人の風流人を発見した喜びを詠んだものとした。しかし、そこには〈自分自身が風流人である〉という作者の意識がはたらいているのを芭蕉は見逃さない。「月の客」は作者自身とし、月に向かい、あるいは古今の風流人に向かい、ここにも月に魅了されて吟歩する私という風流人がおりますと名乗り出たものとするのがよい、と提案するのである。作者がこの芭蕉の捉え方に感服したのは、自分自身に自己を風流人とする誇りが無意識にあったことに気づかされたからであろう。

句の姿からは、「月の客」がどのような意図を示しているかは分からない。俳句のように短い表現では、多くこのような曖昧さが生じる。これをどのように解釈するかによって、その句が凡庸なものか、至高のものかが変わってくる。作者も後に芭蕉の解釈を、自らの当初の趣向をはるかに超えていると感じている。句に限らず、作品が作者の手を離れ、読者によってさまざまに鑑賞されることで新たな価値を見いだされる場合があるということを示している章段である。

「腫物《はれもの》に…」の章段 〈同門評〉

教科書 二六六～二六七ページ

大意 芭蕉《ばしょう》の句「腫物に柳のさはるしなへかな」について、去来《きょらい》、支考《しこう》、丈草《じょうそう》、許六《きょりく》の四人が議論する。去来は、『浪化《ろうか》集』にある「さはる柳」は誤りで、『小文庫《こぶんこ》』で「柳のさはる」と改めたと説明する。これに対して、支考は、腫物に触るようだという比喩なのだから、「さはる柳」が正しいと主張する。すると去来は、柳が直接触るのだと反論する。丈草は支考の解釈に同意する。この二人の意見に対して去来は、比喩ではなく、直接触ると詠むからこそ格別な句なのだと言う。許六は、芭蕉の短冊に記されていることや、言葉の続き具合のよしあしから、「さはる柳」説をとる。これに対して去来は、芭蕉の手紙には「柳のさはる」と確かに書いてあったと反論する。結局、去来以外の三人はみな「さはる柳」の説をとった。

現代語訳・品詞分解

腫物に柳の枝がしなやかに揺れてそっと触ってきたことだよ。
腫物　に　柳　の　さはる　しなへ　かな　　芭蕉
名　格助　名　格助　動・四・体　名　終助

（浪化編の俳諧撰集）『浪化集』に、「さはる柳（の）」と出ている。　これは私が誤って伝えたのである。
『浪化集』　に、「さはる　柳」　と　出づ。　これ　は　予　が　誤り伝ふる　なり。
名　格助　動・四・体　名　格助　動・下二・終　代　係助　代　格助　動・下二・体　助動・断・終

重ねて史邦の（編集した俳諧撰集）『小文庫』に、「柳のさはる」と改めて出した。
重ね　て　史邦　が　『小文庫』　に、「柳　の　さはる」　と　改め出だす。
動・下二・用　接助　名　格助　名　格助　名　格助　動・四・体　格助　動・四・終

支考が言うことには、「『さはる柳』である。どうして改めたのですか。」（と。）
支考　言は　く、『さはる　柳』　なり。　いかで　改め　侍る　や。」
名　動・四・未　（接尾）　動・四・体　名　助動・断・終　副　動・下二・用　補動・ラ変・体　係助

（私）去来が言うことには、「『さはる柳』とはどういうことか。」（と。）
去来　言は　く、「『さはる　柳』　と　は　いかに。」
名　動・四・未　（接尾）　動・四・体　名　格助　係助　副

支考が言うことには、「柳の枝は腫物に触るようだと（いう意味で）、比喩である。」（と。）
考　言は　く、「柳　の　しなへ　は　腫物　に　さはる　ごとし　と、　比喩　なり。」
名　動・四・未　（接尾）　名　格助　名　係助　名　格助　動・四・体　助動・比・終　格助　名　助動・断・終

（私）去来が言うことには、「そうではない。柳が直接触ったのである。『さはる柳』といえば、二通りに解釈できますので、重ねて私の誤りを正したのである。」（と。）
来　言は　く、「しから　ず。　柳　の　直に　さはり　たる　なり。　『さはる　柳』　と　いへ　ば、　両様に　聞こえ　侍る　ゆゑ、　重ね　て　予　が　誤り　を　ただす。」
名　動・四・未　（接尾）　動・ラ変・未　助動・消・終　名　格助　形動・ナリ・用　動・四・用　助動・完・体　助動・断・終　動・四・体　名　格助　動・四・已　接助　形動・ナリ・用　動・下二・用　補動・ラ変・体　名　動・下二・用　接助　代　格助　名　格助　動・四・終

語釈・文法

しなへ《エ》　しなやかに曲がっている枝。「しなひ」に同じ。

『浪化集《ろうかしゅう》』　芭蕉の門人・浪化が編んだ俳諧撰《せん》集《しゅう》『有磯海《ありそうみ》・となみ山』の別称。元禄《げんろく》八年〔一六九五〕刊。

『小文庫《こぶんこ》』　芭蕉の門人・史邦《ふみくに》が編んだ俳諧撰集『芭蕉庵《あん》小文庫』。元禄九年〔一六九六〕刊。上下巻。芭蕉の句七十八句と門人たちの句を収める。

いかで改《あらた》め侍《はべ》るや　どうして改めたのですか。「いかで」は理由や方法を問う疑問詞。ここでは表現を改めた理由を問うている。

いかに　どういうことか。「いかにあらんや」「いかに聞こゆるや」のように言葉を補うことができる。「さはる柳」とした場合の解釈について尋ねている。

しからず　そうではない。直前の支考の解釈を否定している。

両様《りょうよう》に聞《き》こえ侍《はべ》るゆゑ《エ》　二通りに解釈できますので。「両様」とは、「腫物に触るように」という比喩とみる解釈と、柳が直接触った実景とみる解釈とを指す。「聞こゆ」は、理解される、の意。

支考が言うことには、「あなたの考えは行きすぎている。その
考言はく、「吾子の説は行き過ぎたり。ただ
名 動・四・未 (接尾) 代 格助 名 係助 動・上二・用 助動・存・終 副

まま『さはる柳』と受け取るのがよい。」(と。)
『さはる柳』と聞くべし。」
動・四・体 名 格助 動・四・終 助動・適・終

丈草が言うことには、「言葉の続き(のよしあし)は分からないが、(この句の)
丈草言はく、「言葉の続きは知らず、趣向は
名 動・四・未 (接尾) 名 格助 名 係助 動・四・未 助動・消・終 名 係助

趣向は支考が言っているとおりだろう。」(と。)(私)去来が言うことには、
考が言へるごとくならん。」来言はく、
名 格助 動・四・命 助動・存・体 助動・比・未 助動・推・終 名 動・四・未 (接尾)

「さすがのお二方も、ここを理解なさらないのは、残念だ。
「さすがの両士、ここを聞き給はざる、口惜し。
副 格助 名 代 格助 動・四・用 補動・四・未 助動・消・体 形・シク・終

比喩にするならば誰でも詠むだろう。(しかし、
比喩にしては誰々も言はん。直に
名 格助 動・サ変・用 接助 係助 代 係助 動・四・未 助動・推・終 形動・ナリ・用

柳の枝が腫物に)直接触るとは、どうして(詠むことが)できようか。(いや、できない。)句の格調、品
さはるとは、いかでか及ばん。格、位もまた
動・四・終 格助 係助 副 係助 動・四・未 助動・推・体 名 名 係助 副

位もまた格別である。」と論じる。
格別なり。」と論ず。
形動・ナリ・終 格助 動・サ変・終

許六が言うことには、「師の(直筆の)短冊に、『さはる柳』とある。
許六言はく、「先師の短尺に、『さはる柳』と
名 動・四・未 (接尾) 名 格助 名 格助 動・四・体 名 格助

そのうえ、『柳のさはる』とするのは、首切れである。」(と。)(私)
あり。そのうへ、『柳のさはる』とは、首切れなり。」来
動・ラ変・終 接 名 格助 動・四・体 格助 係助 名 助動・断・終 名

去来が言うことには、「首切れのことは、私が理解しているところとは違っている。
言はく、「首切れのことは、予が聞くところに
動・四・未 (接尾) 名 格助 名 係助 代 格助 動・四・体 名 格助

趣向《しゅこう》 句の趣旨。句が表現していること。

さすがの両士《りょうし》 さすがのお二方も。「さすが」は以前の事柄から予想されることと相反する事態が起こった時や、予想どおりであった場合に用いられる。ここは、同じ芭蕉の門人として理解し合えると期待した支考と丈草に異論を唱えられ、がっかりする去来の気持ちが表れている。

口惜《くちお》し ①残念だ。②不本意だ。③物足りない、情けない。ここは①の意。

比喩《ひゆ》にしては 比喩にするならば。接続助詞「て」+係助詞「は」で、仮定条件を表す。

いかでか及《およ》ばん どうして(詠むことが)できようか。(いや、できない。)「か」は反語を表す。「及ぶ」は、①至る、達する、②(ある状態に)なる、③匹敵する、④必要である、⑤できる、かなう、などの意があり、ここは⑤の意。

短尺《たんじゃく》 短冊。和歌や俳句などを書き記す細長い紙。

首切《くびき》れ この句の場合は、「腫物に」は「さはる」という動詞にかかるが、間に「柳の」があって続き具合が悪いので、首切れだといっている。語の続き具合という点では、「柳の」と「しなへ」との間に「さはる」があるところも、問題視されるところであろう。

今は(その点を)議論する必要はない。 師の手紙に、『柳のさはる』と(あるのは)、確かである。」(と。)許六が言うことには、「師は、後でお直しになる句が多い。 真跡でも、(それが正しいという)証拠とはしにくい。」とのことである。 三人はみな、「さはる柳」の説である。 後世の賢者は(両説の可否を)再度ご判断ください。

異なり。今 論 に 及ば ず。 先師 の 文 に、『柳 の さはる』と、確かなり。」 六 言は く、「先師、後 より 直し 給ふ 句 多し。 真跡、証 と なし難し。」と なり。 三子 みな、「さはる 柳」の 説 なり。 後賢 なほ 判じ 給へ。

形動・ナリ・終 名 名 格助 動・四・未 助動・消・終 名 格助 名 格助 名 格助 動・四・体 格助 形動・ナリ・終 名 動・四・未 (接尾) 名 名 格助 動・四・用 補動・四・体 名 形・ク・終 名 名 格助 形・ク・終 格助 助動・断・終 名 副 動・四・体 名 格助 名 助動・断・終 名 副 動・サ変・用 補動・四・命

論《ろん》に及《およ》ばず 議論する必要はない。
真跡《しんせき》 実際に本人が書いたと認められる筆跡。真筆。
…となり …ということだ。発言の引用であることを表す。
三子《さんし》 支考・丈草・許六の三人を指す。
後賢《こうけん》 後世の賢者。

鑑賞

芭蕉が句を何度も推敲《すいこう》し、書き換えていることはよく知られている。有名な「閑《しずか》さや岩にしみ入る蟬《せみ》の声」にも、「山寺や石にしみつく蟬の声」「寂しさや岩にしみ込む蟬の声」など、数回の推敲の跡が残されている。芭蕉本人が生前に完成形を明記していれば問題はないのだが、この章段で取り上げられた「腫物や…」の句は、芭蕉の死後、門人たちが遺稿などを集めて編んだ撰集に収録されたものであるため、議論はなかなか決着しない。

本文に続けて、去来は次のようなことも付記している。

「どういう理由かは分からないが、師が『この句はおまえに渡しておく。人に見せてはならない。』と江戸から手紙を送ってこられた。その後、『大切な柳を一本、去来に渡しておいたからな。』と、支考にも語られた。その頃『浪化集』や『続猿蓑《さるみの》』の両集にこの句は採られていなかったが、『浪化集』の編集途中に師が亡くなったので、この句が世に知られないのは残念に思って、『浪化集』には入れてもらったのだ。」

そして、本文冒頭にあるとおり、去来から浪化へ伝えられた際に誤って伝わってしまい、結果、二通りの形で世に出ることとなったわけである。

四人の議論では、三人に反論されてしまった去来だが、自分の考えを固く信じる気持ちが最後の一文に表れている。

教科書本文下に示された問題（解答・解説）

教科書 二六八ページ

◆ 教科書本文下に示された問題

◆ 「たよりあるべし。」とは、どのようなことをいっているか。（p.二六五）

解答　琵琶湖の水面がおぼろにかすむ近江の地の風景は、「春を惜しむ」のにふさわしい情趣があるということ。

◆ 「自称の句」とは、どのようなことをいっているのか。（p.二六六）

解答　月に向かって、私も月を賞でる風流人であると名乗り出る自分自身の姿を表した句ということ。作者自身を視覚的な対象として詠む句のこと。

◆ 「いかに」は、何を尋ねたのか。（p.二六七）

解答　「さはる柳」とした場合の句の解釈を尋ねた。

◆ 「両様」とは、何と何を指すか。（p.二六七）

解答　柳の枝が腫物に触るようであるという比喩として捉えることと、柳の枝が直接腫物に触っているという実景として捉えること。

[解説]　二通りの解釈、つまり支考の説と去来の説を指す。「腫物にさはる柳の」という語順だと、比喩にも実景にも解釈できてしまう、と去来は言う。「腫物に触るような」という慣用句が自然と連想されるためであろう。

■ 学習の手引き

❶ 「行く春を…」「岩鼻や…」「腫物に…」の三つの章段では、それぞれどのようなことが問題になっているのか。

解答　・「行く春を…」＝「行く春」「近江」を別の語句に置き換えることができるのかということ。

・「岩鼻や…」＝下五を「月の猿」「月の客」のいずれにすべきか、また、他称・自称のいずれで解釈すべきかということ。

・「腫物に…」＝腫物に柳が直接触れたと解して「腫物に柳のさはる」とすべきか、腫物に触れるようだという比喩だと解して「腫物にさはる柳」とすべきかということ。

❷ 「行く春を…」「岩鼻や…」の章段について、「先師」の発言の内容と、それに対する去来の感想をそれぞれまとめよう。

解答　・「行く春を…」　先師＝句の語句は置き換えることはできない。古人も「近江」で春を惜しみ、その気持ちは都での気持ちに劣らなかった。

去来＝その場に臨んで得た実感に基づく語句は置き換えられない。自然の美しい風景が人を感動させるのは、古今を通じて変わらない真実なのだ。

・「岩鼻や…」 先師＝「月の猿」は既存の趣向を用いたにすぎず問題外だ。「月の客」とし、自称の句としたほうが風流だ。

去来＝自称の句とすると作者の風狂さも想像でき、数段優れたものになる。作者の意図を超える句の解釈があるのだ。

[解説] 芭蕉とのやり取りから学んだこととして、「行く春を…」では、実景・実感に基づく句、伝統的詩情を踏まえた句の重要性を、「岩鼻や…」では、作者の意図を超える句の解釈があることを述べている。

❸「腫物に…」の句について、去来、支考の主張する解釈にしたがって、それぞれ現代語訳しよう。

解答 ・去来の解釈＝腫物に柳の枝がそっと触ってきたことだ。

・支考の解釈＝腫物に触るかのようにそっと揺れている柳の枝であるよ。

[解説] 去来は「腫物にさはる」を実景として捉え、支考はあくまで比喩として捉えている。

■語句と表現

①次の傍線部の係り受けを説明し、現代語訳しよう。

解答 (1) をさをさ都に劣らざるものを。＝「をさをさ」は、打消の助動詞「ず」（ここでは連体形「ざる」）と呼応して「少しも（…ない）」の意を表す。

[現代語訳] 少しも都に劣らないのになあ。

(2) もとよりこの情浮かぶまじ。＝「もとより」は、打消推量の助動詞「まじ」にかかり、叙述を強調する。

[現代語訳] もちろんこのような（春を惜しむという）感情は浮かばないだろう。

(3) いかが侍るや。＝「いかが」は「侍る」にかかり、「どのように」と様子や状態を問う意を表す。

[現代語訳] いかがでしょうか。（逐語訳すると「（あなたの考えは）どのようでしょうか。」となる。）

(4) いかで改め侍るや。＝「いかで」は疑問の係助詞「や」と呼応して、「どうして…か」と理由を問う意を表す。

[現代語訳] どうして改めるのですか。

(5) いかでか及ばん。＝「いかでか」は推量の助動詞「ん（む）」と呼応して、「どうして…か、いや…ない」という反語を表す。

[現代語訳] どうして（詠むことが）できようか。（いや、できない。）

[解説] (3)「いかが」は「いかに＋か」が変化した語。疑問詞を受ける語は、係り結びと同じように連体形となる。「や」は疑問の係助詞の文末用法。(5)「いかでか」という疑問詞を受けるので、「ん」は連体形。

言語活動

1 「腫物に…」の章段について、四人それぞれの意見と論拠を整理し、その可否について話し合おう。

解答 ・去来＝［意見］「柳のさはる」として、柳が直に触ったと解釈すべきである。

［根拠］①『浪化集』に「さはる柳」と出ているのは自分が誤って伝えたものである。②芭蕉の手紙に「柳のさはる」と確かに書いてあった。③比喩としての表現なら凡庸だが直接触るというからこそ句の格調や品位も格別なものとなる。④「さはる柳」では、実景とも比喩ともとれてしまうので「柳のさはる」のほうが適切である。

・支考＝［意見］「さはる柳の」として、柳の枝が腫物に触るかのようだという比喩として解釈すべきである。

［根拠］去来の説は考えすぎである。

・丈草＝［意見］支考と同じ。

［根拠］特になし。

・許六＝［意見］支考と同じ。

［根拠］①芭蕉の短冊には「さはる柳」と書かれている。②「柳のさはる」とすると、首切れで続き具合がよくない。③芭蕉の句は後で直されたものも多く、真跡が必ずしも正しいという証拠にはなりにくい。

［解説］去来が挙げる「先師の文」と、許六が挙げる「先師の短尺」は、客観的事実として本来なら重視されるべき根拠であるが、それが相反しているのでどちらも決め手になりにくい。さらに芭蕉が後で句を直すこともよくある。したがって、句の意味するところとしてどちらがより趣深いのか、表現として適切なのかを論じることになるだろう。

出典・作者

出典 『去来抄《きょらいしょう》』 江戸時代中期の俳論書。作者の没後、安《あん》永《えい》四年（一七七五）刊行。以下の四部から成る。(1)「先師評」…芭蕉や門人の句に対する芭蕉の言説。(2)「同門評」…芭蕉や門人の句に対する同門の人々による評。(3)「故実」…蕉風の法式の説明。(4)「修行」…俳諧の本質論。芭蕉自身の手による俳論書は一冊もないので、蕉風俳諧の本質を知るうえで、『三冊子《さんぞうし》』（服部土芳《はっとりどほう》作）とともに、最も重要な資料である。

作者 向井去来《むかいきょらい》（一六五一―一七〇四） 俳人。本名は向井兼時《かねとき》。京都に住み、落柿舎《らくししゃ》とも号した。高雅な句風で、最もよく蕉風の真実を伝えた門人といわれている。また、篤実な人柄で、芭蕉や門人たちから深い信頼を得ていた。芭蕉七部集のうち、『猿蓑《さるみの》』を野沢凡兆《のざわぼんちょう》と共編している。

三冊子《さんぞうし》

「詩歌連俳《しいかれんぱい》は…」の章段

服部土芳《はっとりどほう》

教科書 二六九ページ

大意

漢詩・和歌・連歌《れんが》・俳諧は対等な風雅である。俳諧の詩題は、漢詩・和歌・連歌が取り残す対象にも及ぶ。元来梅の花に鳴くとされていた「鶯《うぐいす》」や、伝統的に鳴き声が詠まれてきた「蛙《かわず》」においても、師（芭蕉《ばしょう》）は、日常的な情景の中で実際に見聞きした姿を捉え、そこに詩情を感じて句に詠んでいる。作者の感動がそのまま句として結実すること、それこそが俳諧の本質なのである。

現代語訳・品詞分解

漢詩・和歌・連歌・俳諧はいずれも風雅である。

詩歌連俳｜は｜とも｜に｜風雅｜なり。

名｜係助｜名｜格助｜名｜助動・断・終

上三つのもの（漢詩・和歌・連歌）では（詩題として）取り残す対象も、その取り残した対象まで俳諧は及ばないということはない。

上｜三つ｜の｜もの｜に｜は｜余す｜ところ｜も、｜そ｜の｜余す｜ところ｜まで｜俳｜は｜至ら｜ず｜と｜いふ｜ところ｜なし。

名｜名｜格助｜名｜格助｜係助｜動・四・体｜名｜係助｜代｜格助｜動・四・体｜名｜副助｜名｜係助｜動・四・未｜助動・消・終｜格助｜動・四・体｜名｜形・ク・終

（『古今和歌集』仮名序にいう）花に鳴く鶯も、（師は）「餅に糞する縁の先」と、
花｜に｜鳴く｜鶯｜も、｜「餅｜に｜糞する｜縁｜の｜先」｜と、
名｜格助｜動・四・体｜名｜係助｜名｜格助｜動・サ変・体｜名｜格助｜名｜格助

まだ正月の趣があるこの（早春の）頃（の季節感）を見て取り、さらに、水
まだ｜正月｜も｜をかしき｜こ｜の｜ころ｜を｜見とめ、｜また、｜水
副｜名｜係助｜形・シク・体｜代｜格助｜名｜格助｜動・下二・用｜接｜名

語釈・文法

風雅《ふうが》　蕉門においての「風雅」は俳諧を指すことが多いが、ここでは詩歌全般を指している。当時、俳諧は漢詩・和歌・連歌に比べて俗な文芸と考えられていたのに対し、対等だと主張しているのである。

余《あま》すところ　詩題として取り残す対象。卑俗さを嫌う漢詩・和歌・連歌では、対象となる題材や言葉に制限があった。

餅《もち》に糞《ふん》する縁《えん》の先《さき》（句）　芭蕉の句「鶯や餅に糞する縁の先」を指す。季語は「鶯」で、春。切れ字は「や」。縁先に干してある餅に、鶯が糞を落としていったことだ、の意。「鶯」は古来より、春の訪れを告げる鳥として、そ

にすむ蛙も（これまで鳴き声が詠まれてきたが）、（師は）古池に「飛び込む水の音」と言い切って、

にすむ蛙も、古池に「飛び込む水の音」と言ひ放し

格助 動・四・体 名 係助 名 格助 動・四・体 名 格助 名 格助 動・四・用

て、草に荒れたる中より蛙の入る響きに俳諧

接助 名 格助 動・下二・用 助動・存・体 名 格助 名 格助 動・四・体 名 格助 名

草で荒れている（庭の茂みの）中から蛙が（池に）入る（水の）響きに俳諧（としての詩情）を聞きつけている。

を聞きつけたり。

格助 動・下二・用 助動・存・終

（俳諧は）見るもの（全て）にあり、聞くもの（全て）にあり、作者が感動したことが（そのまま）

見るにあり、聞くにあり、作者感ずるや句

動・上一・体 格助 動・ラ変・用 動・四・体 格助 動・ラ変・用 名 動・サ変・体 間助 名

句となるところが、とりもなおさず俳諧の本質なのである。

となるところは、すなはち俳諧の誠なり。

格助 動・四・体 名 係助 接 名 格助 名 助動・断・終

の鳴き声が梅の花とともに詠まれてきた風物。芭蕉は俳諧らしい日常的な視点で「鶯」という風物を捉え、まだ正月の趣がある早春の頃の風情を詠んだ。

飛《と》び込《こ》む水《みず》の音《おと》（句） 芭蕉の句「古池や蛙飛び込む水の音」を指す。季語は「蛙」で、春。切れ字は「や」。「蛙」は伝統的にその鳴き声が詠まれてきた風物であったが、芭蕉は「飛び込む水の音」に俳諧としての詩情を感じている。

見《み》るにあり、聞《き》くにあり （俳諧は）見るもの（全て）にあり、聞くもの（全て）にある。見る、聞く、その全てから俳諧が生まれる、ということ。

鑑賞

この章段では、「古今《こきん》和歌集仮名序《かなじょ》」（教科書一二三ページ参照）に述べられた和歌の本質と効用を踏まえ、和歌と比較することによって俳諧の特性を明らかにしようとしている。

「花に鳴く鶯」「水にすむ蛙」は、仮名序の「花に鳴く鶯、水にすむ蛙の声を聞けば」を踏まえている。鶯・蛙ともに鳴き声を詠むものという伝統に従って風物を捉えるのが和歌であり、対して芭蕉の俳諧では、「餅に糞する」「飛び込む水の音」と、新たな見地で、自らが日常の情景の中で対象をよく観察することで得られる感動を、そのまま句に詠んでいる。つまり、「見るにあり、聞くにあり、作者感ずるや句となる」のである。これが、俳諧の大きな特性の一つといえよう。この部分は同じく、仮名序の「心に思ふことを、見るもの聞くものにつけて言ひ出《い》だせるなり。」と対比されている。

ここから分かるとおり、和歌は作者の「心に思ふこと」を見聞きした風物に託して表したもの、俳諧は作者の「感ずる」ことをそのまま表したもの、という違いがあるのである。

「師の風雅に…」の章段

教科書　二六九～二七〇ページ

大意

師の俳諧は「万代不易《ばんだいふえき》」と「一時の変化」の二つの理念に帰着するが、これらの理念の根本は「風雅の誠」である。「不易」とは、「風雅の誠」の上にしっかり立脚した俳諧のさまをいう。歴代の歌人の歌を見ると、作風は常に変化があるが、その歌が持つ趣、感動は今も昔も変わらない。これを「不易」と理解すべきである。一方でまた、万物は千《せん》変万化《べんばんか》するものであり、俳諧も変化していかなければ作風も新しくならない。変化していかないのは、「風雅の誠」を追究せず、ただ他人の作風に追随しているからであり、これを追究する者は、おのずから作風が前進していくのだ。これから先、俳風がいかに千変万化しても、「風雅の誠」の追究に基づく変化は全て、師の俳諧を継ぐものである。師も、この追究を怠って安易に古人に追随することを禁じ、俳風が移り変わるのは自然のこととおっしゃっていた。

現代語訳・品詞分解

師(である芭蕉)の俳諧には、「万代不易」(永遠に変わらないさま)がある。(また)「一時の変化」

師の風雅に、万代不易あり。一時の変化あり。

名　格助　名　格助　名　動・ラ変・終　名　格助　名　動・ラ変・終

(時とともに変化するさま)がある。(師の俳諧は)この二つ(の理念)に帰着し、それらの(理念の)根本は

この二つに極まり、その本一つなり。その

代　格助　名　格助　動・四・用　代　格助　名　名　助動・断・終　代　格助

一つである。その一つ(の根本)というのが「風雅の誠」(風雅の道における真実心)である。「不易」を

一つといふは風雅の誠なり。不易を知らざれ

名　格助　動・四・体　係助　名　格助　名　助動・断・終　名　格助　動・四・未　助動・消・已

理解しなければ、本当に(師の俳諧を)理解していることにならない。「不易」とい

ば、まことに知れるにあらず。不易と

接助　副　動・四・命　助動・存・体　助動・断・用　補動・ラ変・未　助動・消・終　名　格助

うのは、新しい古いにかかわらず、変化や流行にも影響を受けず、

いふは、新古によらず、変化流行にもかかはら

動・四・体　係助　名　格助　動・四・未　助動・消・用　名　名　格助　係助　動・四・未

語釈・文法

師《し》の風雅《ふうが》　「師」は芭蕉を指す。「風雅」は、ここでは俳諧のこと。

この二《ふた》つに極《きわ》まり　この二つ（の理念）に帰着し。「この二つ」は、前述の「万代不易」「一時の変化」を指す。「極まる」は、極限に達する、尽きる、決まる、などの意を表し、ここでは、帰着する、収束する、などの意となる。

知《し》らざれば　理解しなければ。「知る」は、①理解する、②経験する、③世話をする、などの意を表す。ここは①の意。「ば」は、已然《いぜん》形に接続しているが、順接の仮定条件を表す。

「風雅の誠」の上にしっかり立脚した（俳諧の）さま（をいうの）である。歴代の歌人の歌を見ると、時代時代によってその（作風の）変化がある。一方で、新しい古いにもかかわらず、今（我々が）読み味わうところが昔（の人々が）読んだ時と変わらず、しみじみと心を動かされる歌が多い。これをともかくも「不易」と理解するのがよい。

ず、誠 に よく 立ち たる 姿 なり。代々 の 歌人 の 歌 を 見る に、代々 その 変化 あり。また、新古 に も わたら ず、今 見る ところ 昔 見 し に 変はら ず、あはれなる 歌 多し。これ まづ 不易 と 心得 べし。

助動・消・用　名　格助　形・ク・用　動・四・用　助動・存・体　名　助動・断・終　名　格助　名　格助　名　格助　動・上一・体　接助　名　代　格助　名　動・ラ変・終　接　名　格助　係助　動・四・未　助動・消・用　名　動・上一・体　名　名　動・上一・用　助動・過・体　格助　動・四・未　助動・消・用　形動・ナリ・体　名　形・ク・終　代　副　名　格助　動・下二・終　助動・適・終

一方で、（万物が）さまざまに変化することは自然の道理である。（俳諧においても）変化に移らなければ、作風は新しくならない。これ（変化）に移っていかないということは、一時の流行（の作風）に（自分の）句の詠みぶりが（たまたま合致する）好機を得ているだけであって、その（風雅の）「誠」を追究しないためである。（「誠」を）追究せず、（追究することに）心を集中させない者は、「誠」の追究に基づく変化を理解するということがない。ただ他人の（作風の）まねをして追随していくだけであ

また、千変万化する もの は 自然 の 理 なり。変化 に 移ら ざれ ば、風 改まら ず。これ に おし移ら ず と いふ は、一旦 の 流行 に 口質 時 を 得 たる ばかり に て、その 誠 を 責め ざる ゆゑ なり。責め ず、心 を 凝らさ ざる 者、誠 の 変化 を 知る と いふ こと なし。ただ 人 に あやかり て ゆく

接　動・サ変・体　名　係助　名　格助　名　助動・断・終　名　格助　動・四・未　助動・消・已　接助　名　動・四・未　助動・消・終　代　格助　動・四・未　助動・消・終　格助　動・四・体　係助　名　格助　名　格助　名　名　格助　動・下二・用　助動・存・体　副助　助動・断・用　接助　代　格助　名　格助　動・下二・未　助動・消・体　名　助動・断・終　動・下二・未　助動・消・用　名　格助　動・四・未　助動・消・体　名　名　格助　名　格助　動・四・終　格助　動・四・体　名　形・ク・終　副　名　格助　動・四・用　接助　動・四・体

室町時代以降にみられる用法。

新古《しんこ》によらず　新しい古いにかかわらず。「よる」は「因る」「由る」「依る」と書き、基づく、影響を受ける、かかわる、などの意を表す。

誠《まこと》によく立《た》ちたる姿《すがた》　「風雅の誠」の上にしっかり立脚したさま。「誠」は、「風雅の誠」。「誠に」という副詞ではないので注意。「姿」は、ここでは、俳諧そのものの様相、の意。

新古《しんこ》にもわたらず　「新古によらず」とほぼ同義。

これまづ不易《ふえき》と心得《こころう》べし　「これ」は、「新古にもわたらず…歌多し。」を指す。「心得」は、①理解する、②用心する、③心得がある、④引き受ける、などの意を表す。ここは①の意。

千変万化《せんぺんばんか》　さまざまに変化すること。

自然《じねん》の理《ことわり》　自然の道理。「自然」は、おのずからそうなること、の意。「理」は、ここでは、道理、筋道、の意。

風改《ふうあらた》まらず　作風は新しくならない。「風」は、作風、「改まる」は、新しくなる、の意。

おし移《うつ》る　移っていく。移り変わる。

口質時《こうしつとき》を得《え》たるばかり　句の詠みぶりが（流行に合致する）好機を得ているだけ、の意。「口質」は、歌などの詠みぶり。「時」は、ここでは、好機、の意。「ばかり」は限定の副助詞。

心《こころ》を凝《こ》らさざる者《もの》　心を集中させない者。「凝

る。

のみ　なり。
副助　助動・断・終

(「誠」を)追究する者は、現在の境地に足をとめおくのは難しく、

責むる　者　は、　そ　の　地　に　足　を　すゑ難く、
動・下二・体　名　係助　代　格助　名　格助　名　格助　形・ク・用

(作風が)一歩おのずから前進する道理なのである。

一歩　自然に　進む　理　なり。
名　副　動・四・体　名　助動・断・終

これから先(俳風が)どれほどさまざまに変化するとしても、「誠」の追究に基づく変化は全て師の俳

行く末　幾千変万化する　とも、　誠　の　変化　は　みな　師　の
名　動・サ変・体　接助　名　格助　名　係助　副　名　格助

諧(を継ぐもの)である。「ほんの少しでも(安易に)古人の作風に追随することがあってはならない。

俳諧　なり。　「仮にも　古人　の　涎　を　なむる　こと　なかれ。
名　助動・断・終　副　名　格助　名　格助　動・下二・体　名　形・ク・命

四季が移り変わるように物事が新しくなるのは、みんなこのようなものだ。

四時　の　おし移る　ごとく　もの　改まる、　みな　かく　の
名　格助　動・四・体　助動・比・用　名　動・四・体　名　副　格助

(俳風もまた同じである。)」とも(師は)言った。

ごとし。」　と　も　言へ　り。
助動・比・終　格助　係助　動・四・命　助動・完・終

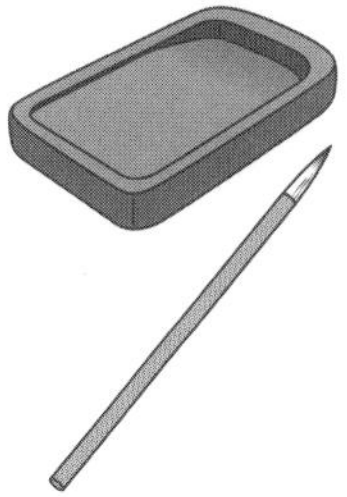

「らす」は、集中させる、の意。

人《ひと》にあやかりてゆくのみ　ただ他人の(作風の)まねをして追随していくだけ。「あやかる」は、あるものに影響を受けて、それに似ること。ここでは、まねをして追随していくことをいう。「のみ」は限定の副助詞。

足《あし》をすゑ《エ》難《がた》く　足をとめおくのは難しく。「すう」は「据う」と書き、置く、据える、止まらせる、などの意を表すワ行下二段活用動詞。「難し」は、…するのが難しい、の意を表す接尾語。

行《ゆ》く末《すえ》　①進んでいく先。②これから先。③余命。ここは②の意。

幾千変万化《いくせんぺんばんか》するとも　どれほどさまざまに変化するとしても。「幾」は数量や程度が不定であることを表して、どれほど、どのくらい、の意を表す接頭語。「とも」は逆接の仮定条件を表す接続助詞。(たとえ)…としても、の意。

仮《かり》にも　ほんの少しでも。一時的にも。

古人《こじん》の涎《よだれ》をなむることなかれ　「古人」は、昔の歌人、俳人を指す。「古人の涎をなむ(なめる)」は、ここでは、古人の作風に追随する、の意。「涎」を「唾《つばき》」「糟粕《そうはく》」に換えた言い回しもあり、意味は同じ。「…することなかれ」は、…してはならない、…するな、の意。

鑑賞

この章段は、蕉門俳諧の本質を示す理念「不易流行」について述べたものである。「不易」とは永遠に変わらない本質、「流行」とはとどまることのない変化（本文中の「一時の変化」「誠の変化」に同じ）をいう。芭蕉はこの一見矛盾する理念を、「風雅の誠」という風雅の道における真実心（天地の風物や人間の心情といった対象の本質を追究しようとする純粋な詩心）のもとで統一させようとした。「風雅の誠」を追究し続けていけば、不変的な感動、すなわち「不易」を捉えることができ、また、おのずと俳風は変化、すなわち「流行」に移りゆくのである。「不易」も「流行」も、その根底に「風雅の誠」があってこそ、俳諧理念として成立するのだとしている点を押さえておきたい。

教科書本文として取り上げた二つの章段はどちらも、芭蕉の俳諧を本質的に理解するうえで、非常に重要な概念、理念が述べられた箇所である。

教科書の問題（解答・解説）

教科書本文下に示された問題

「古人の涎をなむる」とはどのようなことか。（p.二七〇）

解答　「風雅の誠」の追究を怠り、昔の歌人、俳人の作風に追随すること。

［解説］　前段落の内容をもとに考える。「誠」を追究せず、「誠」に基づく変化を理解しないために、作風が前進することもなく、「ただ人にあやかりてゆく」ような者が、「古人の涎をなむる」者である。

■学習の手引き

❶「詩歌連俳は…」の章段で、作者は、どのような点に俳諧の特性があると述べているか。

教科書　二七〇ページ

解答　漢詩・和歌・連歌が取り残すような日常的で卑近な対象にまで詩題が及ぶ点。また、見るもの、聞くもの全てから作者が受けた感動が、そのまま句として結実する点。

［解説］　「上三《み》つのものには余すところも、その余すところまで俳は至らずといふところなし。」「作者感ずるや句となるところは、すなはち俳諧の誠なり。」に着目する。俳諧は、漢詩・和歌・連歌が範囲外とする日常的で卑近な対象をも詩題としうるのであり、作者が受けたあらゆる感動が句として結実する文芸なのである。

❷「師の風雅に…」の章段で、作者は、「不易」「変化」「風

雅の誠」の三者がどのような関係にあると述べているか。

解答 「不易」は、新しいか古いかや、作風の変化・流行にかかわらず、「風雅の誠」の上にしっかり立脚した俳諧のさま、そこに内在する不変的な感動をいい、「変化」は、「風雅の誠」の追究とともに作風が変化していくことをいうとして、いずれも「風雅の誠」をもとにした俳諧理念であると述べている。

［解説］ この章段の論は、蕉門俳諧における「不易流行」論と呼ばれる。「不易流行」の「流行」は、本文中の「一時の変化」、「誠の変化」を意味しており、「一日の流行」〔二七〇・4〕とは意味が異なるので注意したい。

■語句と表現

①次の傍線部について、本文中での意味を確認しよう。

解答 (1) 正月もをかしきこのころ＝趣がある。風情がある。 (2) あはれなる歌多し。＝しみじみと心を動かされる。

［解説］ (1)「をかし」は、客観的・理知的に対象を捉えた時の感興を表す。ほかに、興味深い、おもしろい、美しい、かわいい、滑稽だ、などの意味がある。

(2)「あはれなり」は、主観的・感情的に対象を捉えた時の感動や感情を表す。さまざまな感動から発する声としての「あはれ」が起源である。ほかに、情が深い、いとしい、悲しい、寂しい、気の毒だ、などの意味がある。

出典・作者

出典 『三冊子《さんぞうし》』 江戸時代中期の俳論書。元禄《げんろく》十五年〔一七〇二〕頃に成立、安永《あんえい》五年〔一七七六〕に刊行。向井去来《むかいきょらい》の『去来抄』とともに、芭蕉の俳諧観を知るうえでの重要な資料とされてきた。『去来抄』が芭蕉や門人たちの対話を中心として取り上げているのに対し、『三冊子』は俳諧論を体系的にまとめようとしている点に特徴がある。「白冊子」「赤冊子」「黒冊子（忘れ水）」の三部から成り、「白冊子」は俳諧の歴史や式目作法の記述、「赤冊子」は不易流行や風雅の誠などの俳諧理念、「黒冊子（忘れ水）」は芭蕉の遺語の雑録的な紹介を中心とする。「詩歌連俳は…」の章段は「白冊子」から、「師の風雅に…」の章段は「赤冊子」から採録されている。

作者 服部土芳《はっとりどほう》〔一六五七―一七三〇〕 俳人。本名は保英《やすひで》。通称は半左衛門《はんざえもん》。伊賀《いがの》国上野《うえの》（今の三重県伊賀市）に生まれる。藤堂藩の藩士であったが、三十二歳で退官し、「蓑虫庵《みのむしあん》」と呼ばれた庵《いおり》で隠棲《いんせい》、以降俳諧の道に専念した。芭蕉の門人で、伊賀蕉門の中心人物として活躍した。句集に『蓑虫庵集』、編著書には、『三冊子』のほかに、『蕉翁句集』『蕉翁文集』などがある。

8 上代の文学

●上代の文学に表れているものの見方、感じ方、考え方を踏まえて、考えを深める。
●他の時代との違いを考えながら、上代の文学の特色を知る。

古事記《こじき》

倭建命《やまとたけるのみこと》

教科書 二七四〜二七八ページ

大意　東国討伐を命じられた倭建命は、走水《はしりみず》の海では渡りの神に妨害されるが、后《きさき》の弟橘比売命《おとたちばなひめのみこと》が入水《じゅすい》して船を進ませた。こうして、東国の蝦夷《えみし》や神々を平定して帰途についた倭建命は、足柄《あしがら》峠の麓で坂の神を打ち殺し、その峠で亡き弟橘比売命をしのぶ。甲斐《かい》の酒折《さかおり》の宮では、御火焼《みひたき》の翁《おきな》と歌で問答して旅の日数を回顧した。信濃《しなの》国を平定後、尾張《おわり》国に戻って美夜受比売《みやずひめ》と結婚した倭建命は、素手で伊吹《いぶき》山の神に戦いを挑み、山の神の降らせた大雨で痛手を負う。そして、病んだ体で美濃《みの》国を経て伊勢の能煩野《のぼの》にたどり着き、望郷の歌を詠んでついに息絶えた。后たちや御子《みこ》たちが駆けつけ、御陵《みはか》を作って歌を詠むと、倭建命の魂は大きな白鳥となって空に飛び立った。

第一段落（初め〜二七五・6）

段意　走水の海で遭難しかかった時、后の弟橘比売命は、倭建命の危難を救うため、自ら進んで海峡の神への人身御供《ひとみごくう》となり、倭建命の愛に感謝する歌を詠みながら入水《じゅすい》する。その七日後、后の櫛《くし》が流れ着き、身代わりに葬られた。

現代語訳・品詞分解

そこから（さらに東方の辺境へと）お進みになって、走水の海を渡った時に、

そこ	より	入り出でまし	て、	走水の海	を	渡り	し
代	格助	動・四・用	接助	名	格助	動・四・用	助動・過・体

語釈・文法

入《い》り出《い》でまして　さらに東の辺境へと進入なさって、の意。「出でます」は、「出《い》づ」の連

その海峡の神が、　波を起こし、　船をぐるぐる回すので、
時に、その渡りの神、波を起こし、船を廻らせ
名 格助 代 格助 名 格助 名 名 格助 動・四・用 名 格助 動・四・已

(倭建命は)進み渡ることができない。　そこで、　その后、
ば、進み渡ること得ず。しかくして、その
接助 動・四・体 名 動・下二・未 助動・消・終 接 代 格助

名は弟橘比売命(という方)が申し上げたことには、　「私が、御子に代わっ
后、名は弟橘比売命白ししく、「吾、御子に
名 名 係助 名 動・四・用 助動・過・体 (接尾) 代 名 格助

て、　(人身御供として)海の中に入りましょう。　御子は、　(東征に)
代はりて、海の中に入らむ。御子は、遣はさ
動・四・用 接助 名 格助 名 格助 動・四・未 助動・意・終 名 係助 動・四・未

遣わされた政務を成し遂げ、　(天皇に)復命せねばなりません。」と申し上げ
えし政を遂げ、覆奏すべし。」と白し
助動・受・用 助動・過・体 名 格助 動・下二・用 名 動・四・終 助動・当・終 格助 動・四・用

た。　(弟橘比売命は)海に入ろうとする時に、　菅の敷物、皮の
き。海に入らむとする時に、菅畳八重、
助動・過・終 名 格助 動・四・未 助動・意・終 格助 動・サ変・体 名 格助 名 名

敷物、絹の敷物をそれぞれ幾枚も重ねて、　波の上に敷いて、
皮畳八重、絁畳八重をもちて、波の上に敷き
名 名 名 名 格助 動・四・用 接助 名 格助 名 格助 動・四・用

その上に下りていらっしゃった。　それで、　その荒波が
て、その上に下りましき。ここに、その
接助 代 格助 名 格助 動・上二・用 補動・四・用 助動・過・終 接 代 格助

自然と静まって、　御船は進むことができた。
荒波おのづからなぎて、御船進むこと得たり。
名 副 動・上二・用 接助 名 動・四・体 名 動・下二・用 助動・完・終

そのようにして、　その后が歌って言うことには、
しかくして、その后の歌ひて言はく、
接 代 格助 名 格助 動・四・用 接助 動・四・未 (接尾)

相模の野原で、燃える火の中に立って、(私の)安否を尋ねてくださった我が君よ。
さねさし相模の小野に燃ゆる火の火中に
(枕詞) 名 格助 名 格助 動・下二・体 名 格助 名 格助

用形に補助動詞「ます」が付いて一語になったもの。「行く」「来《く》」「あり」の尊敬語で、おいでになる、いらっしゃる、の意。

進《すす》み渡《わた》ること得《え》ず　進み渡ることができない。

后《きさき》　皇子の妻なのだから「妃」とあるべきだが、倭建命は天皇に準じた扱いをされているので、「后」としたと考えられる。

海《うみ》の中《なか》に入《い》らむ　波を穏やかにするため、身を捧《ささ》げて海神の妻となり、その怒りを鎮めよう、の意。なお、入水にあたって敷物を何枚も重ねたのは、海神の妻としての神聖な条件を整える神座《かみくら》とするためである。

政《まつりごと》　政務。政治上の任務。

覆奏《かえりごともう》すべし　(天皇に)復命せねばなりません。「覆」は、使者が帰ってする報告。「奏す」は、「言ふ」の謙譲語で、天皇に申し上げる意を表す。ここでいう「覆奏す」とは、天皇に命じられた東征を果たして、その結果を報告すること。

下《お》りましき　下りていらっしゃった。「ます」は、ここでは、尊敬の補助動詞。

なぐ　風波が静まる。天候が穏やかになる。

さねさし…（歌）　相模《さがみの》国で国造《くにのみやつこ》に欺かれ、野に入ったところで火をつけられて、危うく焼け死にそうになった時のことを詠んだもの。

立ち て 問ひ し 君 は も
動・四・用 接助 動・四・用 助動・過・体 代 終助 終助

それから、七日の後に、その后の御櫛が、海辺に流れ着いた。

かれ、七日 の 後 に、そ の 后 の 御櫛、海辺 に 寄り
接 名 格助 名 格助 代 格助 名 格助 名 名 格助 動・四・用

そこで、その櫛を拾い取り、御陵を作って、

き。すなはち、そ の 櫛 を 取り、御陵 を 作り て、
助動・過・終 接 代 格助 名 格助 動・四・用 名 格助 動・四・用 接助

(その中に)納め置いた。

治め置き き。
動・四・用 助動・過・終

問《と》ひ《イ》し君《きみ》はも　安否を気遣ってくださった我が君よ。火攻めの時に、身の危険も顧みず、まず私の身を気遣ってくれた倭建命の愛情に報いるため、今度は私が犠牲になるというのである。「はも」は、終助詞「は」＋終助詞「も」で、文末に用いて、詠嘆・感動を表す。…よ、…よなあ、の意。

御陵《みはか》　天皇や皇后などの墓所。

■第二段落（二七五・7〜13）

段意

東国の蝦夷たちや山河《やまかわ》の神々を平定して都へ帰る途中、足柄峠の麓で白い鹿に変身した坂の神と出会った倭建命は、蒜《ひる》で目を打ってこれを倒した後、峠に登り立ち、亡き弟橘比売命をしのんで「吾妻《あづま》はや。」と嘆いた。

現代語訳・品詞分解

そこから(さらに東方の辺境へと)お進みになって、残らず荒れすさぶ蝦夷どもを説得し服従させ、

そこ より 入り出でまし、ことごとく 荒ぶる 蝦夷ども を
代 格助 動・四・用 副 動・上二・体 名 格助

さらに、山や河の荒れすさぶ神たちを平定し服従させて、

言向け、また、山河 の 荒ぶる 神たち を 平らげ 和し て、
動・下二・用 接 名 格助 動・上二・体 名 格助 動・下二・用 動・四・用 接助

(都へ)帰り上っていらっしゃった時に、足柄峠の麓に着いて、

還り上り 出でまし し 時 に、足柄 の 坂本 に 到り
動・四・用 動・四・用 助動・過・体 名 格助 名 格助 名 格助 動・四・用

御乾飯を食べているところに、その峠の神が、白い鹿

て、御粮 を 食む ところ に、そ の 坂 の 神、白き
接助 名 格助 動・四・体 名 格助 代 格助 名 格助 名 形・ク・体

に化身して来てその場に立った。

鹿 と 化り て 来立ち き。
名 格助 動・四・用 接助 動・四・用 助動・過・終

そこで、すぐさま、

しかくして、すなはち、
接 副

語釈・文法

ことごとく　ことごとく。残らず。すっかり。

荒《あら》ぶる　荒れすさぶ。荒々しく乱暴する。暴れる意を表す動詞「荒ぶ」の連体形。ここでは、天皇・朝廷に服従しないことをいう。

言向《ことむ》く　言葉によって相手を従わせる。説得して服従させる。平定する。

食《は》む　食べる。飲む。

白《しろ》き鹿《か》　白は、古代では特に神聖な色であった。「白蛇《はくだ》」「白虎《びゃっこ》」など、そういう神の使者、あるいは神霊の憑依者《ひょういしゃ》として存在する例が多い。

来《き》立《た》ちき　「来立つ」は、来てその場所に立つ、

（倭建命は）その食べ残していた野蒜の片端でもって、待ち構えて
その 食ひ遣せ る 蒜 の 片端 を もち て、待ち打ち
代 格助 動・四・命 助動・存・体 名 格助 名 格助 動・四・用 接助 動・四・用

打ったところ、その目に命中させて、その場で打ち殺した。
しか ば、その 目 に 当て て、すなはち 打ち殺し
助動・過・已 接助 代 格助 名 格助 動・下二・用 接助 副 動・四・用

それから、（倭建命は）その峠に登り立って、幾度も嘆息して、
き。かれ、その 坂 に 登り立ち て、三たび 嘆き
助動・過・終 接 代 格助 名 格助 動・四・用 接助 名 動・四・用

おっしゃったことには、「我が妻よ、ああ。」と
て、詔り 給ひ て 言ひ し く、「吾妻 は や。」と
接助 動・四・用 補動・四・用 接助 動・四・用 助動・過・体 （接尾） 名 終助 間助 格助

言った。そこで、その国を名付けて、吾妻というの
言ひ き。かれ、その 国 を 名付け て、吾妻 と
動・四・用 助動・過・終 接 代 格助 名 格助 動・下二・用 接助 名 格助

である。
いふ。
動・四・終

■第三段落（二七五・14〜二七六・3）

段意

甲斐国に入った倭建命は、酒折の宮で歌を詠む。すると、夜警のためにかがり火をたく老人が、それに続く歌を即座に詠んだので、倭建命は老人の才を褒めて東《あずま》の国造《くにのみやつこ》に取り立ててやった。

現代語訳・品詞分解

それで、その国から甲斐に越えて出て、酒折の宮に
すなはち、その 国 より 甲斐 に 越え出で て、酒折の宮
接 代 格助 名 格助 名 格助 動・下二・用 接助 名

おいでになった時に、（倭建命が）歌って言うことには、
に 坐し し 時 に、歌ひ て 言は く、
格助 動・四・用 助動・過・体 名 格助 動・四・用 接助 動・四・未 （接尾）

新治や筑波の地を過ぎてから、今までに幾夜寝たことか。
新治 筑波 を 過ぎ て 幾夜 か 寝 つる
名 名 格助 動・上二・用 接助 名 係助 動・下二・用 助動・完・体

の意。

蒜《ひる》　蒜は、ネギ（葱）以上に強い臭気があり、その臭気が邪気を払うと信じられた。蒜で目を打たれた白鹿が死んだのもそのためである。

待《ま》ち打《う》ちしかば　待ち構えて打ったところ。「ば」は、已然形《いぜん》に接続して、順接の確定条件（偶然的条件）を示している。…と、…ところ、の意。

三《み》たび　幾度も。「三」は数の多いことを表す。

吾妻《あづま》はや　我が妻よ、ああ。「はや」は、終助詞「は」＋間投助詞「や」で、強い感動・詠嘆を表す。…よなあ、…よ、の意。

語釈・文法

坐《いま》しし時《とき》に　おいでになった時に。「坐《いま》す」は、ここでは「行く」「来《く》」の尊敬語。

新治《にいばり》　地名であるが、もともとは、新たに開墾した田、の意。

筑波《つくは》　古くは「つくは」と清音であった。

幾夜《いくよ》か寝《ね》つる　幾夜寝たことか。

御歌《みうた》に続《つ》ぎて　倭建命の歌を受けて御火焼の老

するとその宮の夜警のためにかがり火をたく役の老人が、（倭建命の）御歌に続けて、
しかくして、その御火焼の翁、御歌に続ぎて、
（接　代　格助　名　格助　名、名　格助　動・四・用　接助）

歌って言うことには、
歌ひて言はく、
（動・四・用　接助　動・四・未　（接尾））

日数を重ねて、夜では九夜、昼では十日になりますよ。
日々並べて夜には九夜日には十日を
（名　動・下二・用　接助　名　格助　係助　名　名　格助　係助　名　間助）

このことによって、その老人を褒めて、すぐに東の
ここをもちて、その翁を誉めて、すなはち
（代　格助　動・四・用　接助　代　格助　名　格助　動・下二・用　接助　副）

国造をお授けになった。
東の国造を賜ひき。
（名　格助　名　格助　動・四・用　助動・過・終）

人がすぐに続けて歌ったのである。倭建命の歌の四・七・七（片歌《かたうた》―定型は五・七・七）と、老人の歌の五・七・七（片歌）を合わせて、旋頭歌《せどうか》一首になる。

日《ひ》には十日《とおか》を　「を」は、詠嘆の意を表す間投助詞。

ここをもちて　このことによって。倭建命の歌に対して、即座にかつ的確に歌で応じた利発さによって、の意。

東《あずま》の国造《くにのみやつこ》　東国の首長としての姓《かばね》（称号）。

■第四段落（二七六・6〜14）

段意

尾張国で美夜受比売と再会して結婚した倭建命は、美夜受比売のもとに草なぎの剣を置いて、素手で伊吹山の神を退治に出かけるが、神の化身の白い猪《いのしし》を侮り、それを怒った神が降らせた大雨のために意識を失ってしまう。

現代語訳・品詞分解

さて、そのようにして、（倭建命は美夜受比売と）ご結婚なさって、その御刀の草なぎの
かれ、しかくして、御合して、その御刀の
（接　接　名　動・サ変・用　接助　代　格助　名　格助）

剣を、その美夜受比売のもとに置いて、
草なぎの剣をもちて、その美夜受比売のもと
（名　格助　動・四・用　接助　代　格助　名　格助　名）

伊吹山の神を討ち取りにお出かけになった。
に置きて、伊服岐の山の神を取りに出でまし
（格助　動・四・用　接助　名　格助　名　格助　動・四・用　格助　動・四・用）

そこで（倭建命が）おっしゃることには、「この山の神は、
き。ここに詔り給はく、「この山の神は、
（助動・過・終　接　動・四・用　補動・四・未　（接尾）　代　格助　名　格助　名　係助）

語釈・文法

御合《みあい》して　ご結婚なさって。「御合」は、結婚の敬称。

美夜受比売《みやずひめ》のもとに置《お》きて　美夜受比売のもとに預け置いて。東国平定を果たしたという安心感が、今まで倭建命を困難から守ってくれた神剣を手離すという油断を招いたのである。

徒手《むなで》に直《ただ》に取《と》らむ　「徒手」は、手に何も持たないこと。「直」は、直接であるさま。

牛《うし》のごとし　牛のようである。出現した猪の尋

素手で直接討ち取ろう。」とおっしゃって、その
徒手に直に取らむ。」と詔り給ひて、そ
名 格助 形動・ナリ・用 動・四・未 助動・意・終 格助 動・四・用 補動・四・用 接助 代

山に登った時に、白い猪が、山のほとりで(倭建命と)
の山に登りし時に、白き猪、山の辺に
格助 名 格助 動・四・用 助動・過・体 名 格助 形・ク・体 名 名 格助 名 格助

出会った。その(猪の)大きさは、牛のようである。そうして、
あひき。その大きさ、牛のごとし。しかくして、
動・四・用 助動・過・終 代 格助 名 名 格助 助動・比・終 接

(倭建命が)はばかりなく言い立てておっしゃることには、「この白い猪に化身しているのは、
言挙げして詔り給はく、「この白き猪
名 動・サ変・用 接助 動・四・用 補動・四・未 (接尾) 代 格助 形・ク・体 名

その神の使者である。今殺さなくて
と化れるは、その神の使者ぞ。今殺さ
格助 動・四・命 助動・存・体 係助 代 格助 名 格助 名 終助 名 動・四・未

も、(伊吹山の神を討ち取って山から)帰る時に殺そう。」とおっしゃって、
ずとも、還らむ時に殺さむ。」と詔り
助動・消・用 接助 動・四・未 助動・婉・体 名 格助 動・四・未 助動・意・終 格助 動・四・用

(山を)お登りになっていった。そこで、(伊吹山の神が)大雨を降らし
給ひて、登りましき。ここに、大氷雨を降らし
補動・四・用 接助 動・四・用 補動・四・用 助動・過・終 接 名 格助 動・四・用

て、倭建命を打ち惑わし(て前後不覚の状態に陥らせ)た。それで、(山を)下ってお帰りになって、
て、倭建命を打ち惑はしき。かれ、還り下りまして、
接助 名 格助 動・四・用 助動・過・終 接 動・四・用 補動・四・用 接助

玉倉部の清水に着いてお休みになった時に、御心が
玉倉部の清水に到りて息ひましし時に、御心
名 格助 動・四・用 接助 動・四・用 補動・四・用 助動・過・体 名 格助 名

次第に意識を回復した。それゆえ、その清水を名付けて、
やをやく寤めき。かれ、その清水を名付け
副 動・下二・用 助動・過・終 接 代 格助 名 格助 動・下二・用

居寤の清水という。
て、居寤の清水といふ。
接助 名 格助 動・四・終

言挙《ことあ》げ　はばかりなく言葉に出して言い立てること。古代には、言葉に「言霊《ことだま》」という霊力が宿っており、人の運命を左右すると信じられていた。それゆえ、不用意な「言挙げ」は危険とされ、神に対して「言挙げ」するのは禁忌と考えられていた。

その神《かみ》の使者《つかい》ぞ　伊吹山の神の使いである。「その神」は、伊吹山の神を指す。倭健命が「神の使者」だと言って侮った白い猪は、実は神そのものの化身であった。倭健命は、この誤った言挙げによって神を怒らせ、身の破滅を招くこととなる。

打《う》ち惑《まと》は《ワ》しき　打って正気を失わせた。「打ち」は、打つ意の動詞ではなく、接頭語とする説もある。「惑はす」は、正気を失わせること。

や《ヨ》を《ウ》やく寤《さ》めき　次第に正気を回復した。「やをやく」は、だんだん、次第に、の意を表す副詞。平安時代以降は「やうやく」。「寤む」は、夢や眠りから覚める、正気に返る、の意。

第五段落（二七七・1〜8）

段意 痛手を負って能煩野に着いた倭建命は、望郷の念にかられて、故郷の大和をしのぶ歌三首を詠んだ。

現代語訳・品詞分解

そこから（さらに都へ向かって）お進みになって、能煩野に着いた時に、

そこ（代） より（格助） 出でまし（動・四・用） て（接助）、能煩野（名） に（格助） 到り（動・四・用） し（助動・過・体） 時（名） に（格助）、

（倭建命が）故郷（の大和）を思い慕って、歌って言うことには、

国（名） を（格助） 思ひ（動・四・用） て（接助）、歌ひ（動・四・用） て（接助） 言は（動・四・未） く（接尾）、

大和は、国々の中で最も優れた所だ。幾重にも畳まり重なる青々とした生け垣のような周囲の山々、その山々に包み込まれている大和こそ、本当に美しい国だ。

倭（名） は（係助） 国（名） の（格助） まほろば（名） たたなづく（動・四・体） 青垣（名） 山籠もれ（動・四・命） る（助動・存・体）

倭（名） し（副助） うるはし（形・シク・終）

さらに、歌って言うことには、

また（接）、歌ひ（動・四・用） て（接助） 言は（動・四・未） く（接尾）、

命が完全（無事）であろう人は、平群の山に生えた大きい樫の葉をかんざしとして挿しなさい。おまえたちよ。

命（名） の（格助） 全け（形・ク・未） む（助動・推・体） 人（名） は（係助） たたみこも（枕詞） 平群の山（名） の（格助）

熊樫（名） が（格助） 葉（名） を（格助） 髻華（名） に（格助） 挿せ（動・四・命） そ（代） の（格助） 子（名）

この（二首の）歌は、「国思ひ歌」（故郷をしのび讃える歌）である。さらに、歌って言うことには、

こ（代） の（格助） 歌（名） は（係助）、思国歌（名） ぞ（終助）。また（接）、歌ひ（動・四・用） て（接助） 言は（動・四・未） く（接尾）、

懐かしいことよ。我が家の方から雲がこちらへ立ち上ってくるよ。

愛しけ（形・シク・体） やし（間助） 我家（名） の（格助） 方（名） よ（格助） 雲居（名） 立ち来（動・カ変・終） も（終助）

語釈・文法

思《しの》ひ《イ》て 思い慕って。賛美して。上代には、「思《しの》ふ」（思い慕う、懐かしむ）は清音で四段活用、「忍ぶ」（こらえる、人目を避ける）は上二段活用と明確に区分されていた。

倭《やまと》は…（歌） 病気が重くなって再び故郷の地を踏むことができないと考えた時の、痛切な望郷の念を詠んだもの。

たたなづ《ズ》く 「青垣」（青垣山）を導く枕詞《まくらことば》とする説もある。

倭《やまと》し 「し」は強意の副助詞。

うるは《ワ》し 端麗で美しい。りっぱだ。みごとだ。

命《いのち》の…（歌） 辛苦をともにした部下たち（「その子」）に対して、故郷に帰って、平群《へぐり》の山の熊樫《くまかし》の葉を髪飾りとして、いつまでも長寿を保ってくれと親しく呼びかけた歌。死を自覚した倭建命の痛ましい望郷歌といえる。

全《また》けむ 「全け」は、完全である、無事である、の意を表す形容詞「全《また》し」の上代の未然形。

愛《は》しけやし…（歌） 「雲」は、平和と繁栄の象徴である。明るい故郷と懐かしい家を賛美した歌で、倭建命の置かれている状況と重ね合わせると、これも痛ましい望郷歌である。

これは、片歌である。
これ（代）　は、（係助）　片歌（名）　ぞ。（終助）

我家《わぎえ》の方《かた》よ　我が家の方から。「よ」は、動作の起点を表す上代の格助詞。
片歌《かたうた》　五・七・七の歌。旋頭歌（五・七・七・五・七・七）の半分に相当する。

■**第六段落**（二七七・9〜13）

段意　病状が急変して危篤状態になった倭建命は、美夜受比売のもとに置いてきた草なぎの剣への心残りを歌に詠んで息を引き取った。

現代語訳・品詞分解

この時、（倭建命は）ご病状が、急変して危篤状態になった。そうして、御歌で
この（代）　時（名）　に、（格助）　御病、（名）　いと（副）　にはかなり。（形動・ナリ・終）　しかくして、（接）　御歌（名）

言ったことには、
に（格助）　言は（動・四・未）　く、（接尾）

乙女（美夜受比売）の床の辺りに私が置いてきた剣の大刀、その大刀よ。
をとめ（名）　の（格助）　床（名）　の（格助）　辺（名）　に（格助）　わ（代）　が（格助）　置き（動・四・用）　し（助動・過・体）　剣（名）　の（格助）
大刀（名）　そ（代）　の（格助）　大刀（名）　は（終助）　や（間助）

歌い終わって、すぐにお亡くなりになった。それで、
歌ひ終はり（動・四・用）　て、（接助）　すなはち（副）　崩り（動・四・用）　まし（補動・四・用）　き。（助動・過・終）　しかくして、（接）

（従者たちは、倭建命の死を報告するため）早馬使いを（朝廷に）伺わせた。
駅使（名）　を（格助）　奉り（動・四・用）　き。（助動・過・終）

語釈・文法

には《ワ》かなり　物事が急に起こるさま。事態が急変するさま。特に、病気が急変するさま。ふつう、「にはかになる」の形で危篤状態になることをいう。
剣《つるぎ》の大刀《たち》　草なぎの剣を指す。
崩《さ》りましき　お亡くなりになった。「崩る」は、死去する、の意。天皇や皇后の死を「崩御」というが、「崩」は天子の死を表す。原文の「崩」の字に「さる」の訓を当てたもの。
駅使《はゆまのつかい》を奉《たてまつ》りき　早馬使いを（朝廷に）伺わせた。「奉る」は、ここでは「遣《や》る」の謙譲語。急ぎの使者を朝廷に向かわせたということ。

■**第七段落**（二七七・14〜16）

段意　大和から后たちや御子たちが駆けつけ、倭建命の御陵を作って泣き悲しみ、歌を詠んだ。

現代語訳・品詞分解

そこで、大和にいらっしゃった后たちと御子たちとが、
ここに、倭に坐しし后たちと御子たちと、
接 名 格助 動・四・用 助動・過・体 名 格助 名 格助

皆（能煩野に）下向してきて、御陵を作り、そのまま、その地
もろもろ下り到りて、御陵を作りて、すなはち、そこ
名 動・四・用 接助 名 格助 動・四・用 接助 副 代

の水に漬かっている田を這い回って大声をあげて泣き、歌を詠んで言うことには、
のなづき田を腹這ひ廻りて哭き、歌詠みして
格助 名 格助 動・四・用 接助 動・四・用 名 動・サ変・用 接助

言はく、
動・四・未 （接尾）

水に漬かった田の稲の茎に這い回っている野老のつる（のように、私たちは悲嘆のあまり地を這い回る）よ。
なづきの田の稲幹に稲幹に這ひ廻ろふ野老蔓
名 格助 名 格助 名 格助 名 格助 動・四・体 名

■第八段落（二七八・1〜3）

段意 倭建命の魂は大きな白鳥になって空に飛び立った。后や御子たちはそれを懸命に追った。

現代語訳・品詞分解

そこで、（倭建命は）大きな白鳥に化身して、天空に舞い上がって、浜
ここに、八尋の白ち鳥と化り、天に翔りて、浜
接 名 格助 名 格助 動・四・用 名 格助 動・四・用 接助 名

辺に向かって飛んでいった。そこで、その后と御子たち
に向かひて飛び行きき。しかくして、その后
格助 動・四・用 接助 動・四・用 助動・過・終 接 代 格助 名

とは、そこの篠竹の切り株で、足を傷つけ
と御子たちと、その小竹の刈杙に、足を
格助 名 格助 代 格助 名 格助 名 格助 名 格助

たけれども、その痛みを忘れて、泣きながら（白鳥を）追いかけた。
切り破れども、その痛みを忘れて、哭き追ひき。
動・四・已 接助 代 格助 名 格助 動・下二・用 接助 動・四・用 助動・過・終

語釈・文法

もろもろ　全てのもの。全ての人。

なづ《ズ》き田《た》　水に漬かっている田。「なづき」は、水に浸る、の意の動詞「なづく」の連用形が名詞化したものといわれる。

腹《はら》這《ば》ひ《イ》廻《めぐ》りて　這い回って。悲しみが尋常なものではなかったことを示している。

稲幹《いながら》　稲の茎。

野老蔓《ところずら》　野老（ヤマノイモの一種）のつる。田を這い回って泣く后たちや御子たちの姿が重ねられている。

語釈・文法

八尋《やひろ》の白《しろ》ち鳥《とり》　大きな白鳥。「八尋」は非常に大きいことを表す。「尋」は、長さの単位。両手を左右に広げた長さで、ほぼ人の身長に相当する。「八」は、ここでは実数ではなく、多数、の意。

天《あめ》　天。空。古くは「あま」ともいう。

翔《かけ》る　空高く飛ぶ。

小《し》竹《の》の刈杙《かりくい》に　篠竹《しのだけ》の切り株で。

■第九段落（二七八・4〜終わり）

段意　空高く飛んでいった白鳥は河内国《かわちのくに》にとどまったので、また御陵を作ったが、白鳥は天高く飛び去っていった。

現代語訳・品詞分解

かれ、その国より飛び翔り行きて、河内国の志幾に留まりき。
（かれ　接／そ　代／の　格助／国　名／より　格助／飛び翔り行き　動・四・用／て　接助／河内国　名／の　格助／志幾　名／に　格助／留まり　動・四・用／き　助動・過・終）

それで、（白鳥は）その国から空高く飛んでいって、河内国の志幾にとどまった。

かれ、そこに御陵を作りて鎮め坐せき。
（かれ　接／そこ　代／に　格助／御陵　名／を　格助／作り　動・四・用／て　接助／鎮め坐せ　動・下二・用／き　助動・過・終）

それゆえ、そこに御陵を作って（倭建命の御霊に）鎮まっていらっしゃるように申し上げた。

すなはち、その御陵を名付けて白鳥の御陵といふ。
（すなはち　接／そ　代／の　格助／御陵　名／を　格助／名付け　動・下二・用／て　接助／白鳥の御陵　名／と　格助／いふ　動・四・終）

そこで、その御陵を名付けて白鳥の御陵という。

しかれども、また、そこより更に天に翔りて飛び行きき。
（しかれども　接／また　副／そこ　代／より　格助／さらに　副／天　名／に　格助／翔り　動・四・用／て　接助／飛び行き　動・四・用／き　助動・過・終）

ところが、（白鳥は）再び、そこからさらに天空に舞い上がって飛んでいってしまった。

語釈・文法

鎮《しず》め坐《いま》せき　（倭建命の御霊《みたま》に）鎮まっていらっしゃるように申し上げた。鎮座していただいた。「鎮む」は、神や霊魂を鎮座させる、の意。「坐す」は、下二段活用の他動詞。ここでは「あらす」の尊敬語で、いらっしゃるように申し上げる、の意。

しかれども　ところが。

鑑賞

倭健命に関する『古事記』（「記」）、『日本書紀』（「紀」）の伝承には相違点がある。この東征の物語も、「紀」では父天皇の信頼のもとに勇んで出発するさまが描かれているが、「記」では父に疎まれ絶望と悲嘆のうちに行動する姿が描かれている。「記」の倭健命は、自己の不運を自覚しながら、それを回避せずに生きようとする「悲劇の英雄」として造型されている。また、その悲しみを隠さずに、おばの倭《やまと》比売命《ひめのみこと》に哀訴する人間味豊かな人物としても描かれているのである。

教科書所収の部分は、いわば倭健命の「愛と死」の物語である。倭健命は知謀・剛勇の英雄としてではなく、むしろ人間的な温かさや弱さを持った人物、孤独と放浪の中に生涯を閉じる青年武人として描かれる。愛する弟橘比売命を失って浜辺に立ち尽くす姿や、足柄峠で「吾妻はや。」と何度も嘆く姿は涙を誘う。その後、草なぎの剣を美夜受比売のもとに置いてきたことで、神の加護を失った倭健命の運命は、破滅へと転落していく。死を覚悟した能煩野では、故郷の大和の美しさを思い、苦労をともにしてきた部下をねぎらい、我が家で待っているであろう愛する人々を懐かしみながら世を去るのである。故郷を目前にして、旅の空で病死する英雄の生涯は痛ましくも美しい。しかも、その魂は白鳥と化して天高く飛び去っていくという幕切れも、浪漫的・叙情的で、倭健命の死をさらに美しく彩り、余韻深いものにしている。

教科書の問題（解答・解説）

教科書 二七八ページ

❓教科書本文下に示された問題

❓「その翁を誉め」たのはなぜか。（p.二七六）

解答 倭建命の詠んだ歌の問いに対して、即興の歌で的確に応じたから。

❓「にはかなり。」とはどのようなことか。（p.二七七）

解答 倭建命の病状が急変して危篤状態に陥ったこと。

❓「這《は》ひ廻《もとほ》ろふ　野老蔓」には、誰のどのような心情が重ね合わされているか。（p.二七七）

解答 后たちと御子たちの、倭建命の死を激しく嘆き、どうしようもない深い悲しみにもだえる気持ち。

■学習の手引き

❶倭建命はどのような道筋をたどり、それぞれの地でどのような行動を取っているか、整理してまとめよう。

解答 ①走水の海＝渡りの神の妨害に遭う。后の弟橘比売命が入水したことで波が静まり船を進めることができた。漂着した后の櫛を身代わりに葬った。

②東国（新治・筑波）＝蝦夷や山河の神々を服従させる。

③足柄峠＝白い鹿に化身した坂の神を打ち殺し、坂の上に登って亡き妻をしのび幾度も嘆いた。

④甲斐国（酒折の宮）＝御火焼の老人と歌を詠み合い、老人の才を褒めて東の国造に取り立てた。

⑤信濃国＝その地の神を服従させた。

⑥尾張国＝美夜受比売と結婚し、草なぎの剣を置いて伊吹山に向かう。

⑦伊吹山＝神の化身の白猪を侮り「言挙げ」するが、神の降らせた大雨に打たれて意識が朦朧《もうろう》となり、山を下りる。

⑧玉倉部《たまくらべ》の清水＝休息をとり意識を回復する。

⑨美濃国→伊勢国（尾津《おつ》・三重）＝大和を目指して進む。

⑩伊勢国（能煩野）＝望郷の歌を詠んで危篤に陥り、ついに息絶える。后や御子たちが御陵を作って悲しみの歌を詠むと、その魂は大きな白鳥となって飛んでいく。

⑪河内国（志幾）＝いったんとどまるが、白鳥はさらに天へと飛んでいった。

❷能煩野の地で歌われた倭建命の四首の歌謡には、それぞれ

どのような心情が表れているか、考えよう。

解答　・「倭は…」＝故郷大和を懐かしんで賛美する。
・「命の…」＝故郷に帰る部下たちの無事と長寿を祈る。
・「愛しけやし…」＝故郷の我が家と家族を恋しく思う。
・「をとめの…」＝妻と草なぎの剣への未練と惜別。

❸倭建命が白鳥となり、飛んでいったという伝承には、古代の人々のどのような心情が表れているか、話し合おう。

［解説］　倭建命は父天皇から疎まれて各地の平定を命じられ、戦い続けた果てに命を落とす。しかし、その魂は白鳥に姿を変えて天高く飛び去っていく。空を飛ぶ鳥は自由の象徴であろう。その大きさには倭建命の偉大さが、白という色彩には純真さが託されている。人々は、悲劇的な死を遂げた英雄の霊魂が、運命の呪縛から解き放たれ、永遠の時の流れと限りない空間を飛翔する清浄な存在としてよみがえることを願ったのであろう。

■語句と表現

①次の傍線部の語について、古語辞典を使って本文中での意味を確かめよう。また、現代ではどのように用いられているか、短文を作って考えよう。

解答　(1)　倭しうるはし＝【本文中での意味】美しい。りっぱだ。きちんと整った、端正な美しさを表す。【現代での用例】①美しい。「見目うるわしいご婦人。」②気分が快い。「ご機嫌うるわしゅう。」③心が温まる。感動的だ。「うるわしい友情の物語。」

(2)　御病《みやまい》、いとにはかなり。＝【本文中での意味】病気が急変するさま。危篤である。【現代での用例】①急だ。突然だ。「にわかには信じがたい話だ。」②急いで間に合わせたさま。「にわか仕込みの芸を披露する。」

［解説］　(2)　古語でも「にはかなり」は、急だ、突然だ、の意で用いられることのほうが多い。

出典・編者

出典　『古事記《こじき》』　神話・伝説・歴史書。奈良時代初期、和《わ》銅《どう》五年〔七一二〕成立。天武《てんむ》天皇が稗田阿礼《ひえだのあれ》に誦《よ》み習わせていた所伝を、元明《げんめい》天皇の命により、太安万侶《おおのやすまろ》が記録したもの。上中下三巻。上巻は、神代の巻ともいわれ、いわゆる日本神話を収める。中・下巻は、初代神武《じんむ》天皇から推古《すいこ》天皇までの物語を収める。成立に政治的意図が見られるが、神話・伝説・史実を含む上代の国民生活を純粋に近い形で写しており、上代史研究上にも、文学史上、国語史上にも重要な史料である。

編者　太安万侶《おおのやすまろ》〔?—七二三〕　奈良時代初期の官僚。『古事記』を撰上《せんじょう》したほか、舎人《とねり》親王らと『日本書紀』三十巻を撰上した。なお、稗田阿礼〔生没年未詳〕は、七世紀後期から八世紀初期の語部《かたりべ》。記憶力抜群の聡明《そうめい》な人物であった。

万葉秀歌

（『万葉集』）

教科書 二七九〜二八二ページ

▼141「岩代の…」の歌　有間皇子　〔巻二〕

品詞分解

有間皇子《ありまのみこ》 名 ｜ の 格助 ｜ 自《みずか》ら 副 ｜ 傷《いた》み 動・四・用 ｜ て 接助 ｜ 松《まつ》 名 ｜ の 格助 ｜ 枝《えだ》 名 ｜ を 格助

結《むす》び 動・四・用 ｜ し 助動・過・体 ｜ 歌《うた》 名

岩代《いわしろ》 名 ｜ の 格助 ｜ 浜松《はままつ》 名 ｜ が 格助 ｜ 枝《え》 名 ｜ を 格助 ｜ 引《ひ》き結《むす》び 動・四・用 ｜ 真幸《まさき》く 副

あら 動・ラ変・未 ｜ ば 接助 ｜ また 副 ｜ 還《かえ》り 動・四・用 ｜ 見《み》 動・上一・未 ｜ む 助動・意・終

現代語訳

有間皇子が、自分から（我が身を）嘆き悲しんで松の枝を結んだ時の歌

岩代の浜辺に生えている松の枝を引き結んで（我が身の幸運を祈り）、もし幸いにも無事であったならば、もう一度ここに戻って（この枝を）見よう。（再び見ることはあるまいが…。）

語釈・文法

自《みずか》ら　自分から。

傷《いた》みて　嘆き悲しんで。処刑されることを予期していたことを意味する。

浜松《はままつ》が枝《え》　浜辺に生えている松の枝。「が」は「の」と同じ。

真幸《まさき》く　幸福で。無事に。「真」は、真実・純粋の意を添える接頭語。

あらば　もしもあるならば。「未然形＋ば」は順接の仮定条件。

鑑賞

有間皇子が反逆罪で捕らえられ、紀伊《きい》の牟婁温湯《むろのゆ》（白浜《しらはま》）まで連行される、その途次の歌である。自分の不幸な運命を悲しみ、万が一の無事を祈って、そのはかない望みを松の枝を結ぶ風習に託した。松を結んでもその報いがないことを知りつつ、祈ったのであろう。処刑を予期していた心情が言外に感じられて、哀切きわまりない。

▼45 「やすみしし…」の歌　柿本人麻呂　〔巻一〕

■品詞分解

軽皇子《かるのみこ》 の 安騎《あき》 の 野《の》 に 宿《やど》り し
名 格助 名 格助 名 格助 動・四・用 助動・過・体

時《とき》 に、 柿本朝臣人麻呂《かきのもとのあそみひとまろ》 の 作《つく》り し 歌《うた》
名 格助 名 格助 動・四・用 助動・過・体 名

やすみしし わ が 大王《おおきみ》 高照《たかて》らす 日《ひ》の皇子《みこ》
(枕詞) 代 格助 名 (枕詞) 名

神《かむ》ながら 神《かむ》さび せ す と 太敷《ふとし》か
副 名 動・サ変・未 助動・尊・終 格助 動・四・未

す 京《みやこ》 を 置《お》き て こもりくの 泊瀬《はつせ》 の
助動・尊・体 名 格助 動・四・用 接助 (枕詞) 名 格助

山《やま》 は 真木《まき》 立《た》つ 荒《あら》き 山道《やまじ》 を 岩《いわ》が根《ね》 禁樹《さえき》
名 係助 名 動・四・体 形・ク・体 名 格助 名 名

押《お》しなべ 坂鳥《さかどり》の 朝《あさ》 越《こ》え まし て 玉《たま》かぎる
動・下二・用 (枕詞) 名 動・下二・用 補動・四・用 接助 (枕詞)

夕《ゆう》さり 来《く》れ ば み雪《ゆき》 降《ふ》る 安騎《あき》 の 大野《おおの》
名 動・カ変・已 接助 名 動・四・体 名 格助 名

に はたすすき 篠《しの》 を 押《お》しなべ 草枕《くさまくら》 旅宿《たびやど》り
格助 名 名 格助 動・下二・用 (枕詞) 名

せ す いにしへ《エ》 思《おも》ひ《イ》 て
動・サ変・未 助動・尊・終 名 動・四・用 接助

■語釈・文法

やすみしし　「わが大王」を導く枕詞《まくらことば》。原文「八隅知之」の文字から、天下の隅々まであまねく治める気持ちを表す意と思われる。

わが大王《おおきみ》　天皇または皇子に対する敬称。ここは軽皇子を指す。下の「日の皇子」と同格。

神《かむ》ながら　神の本性のままに。神であるままに。「ながら」は、副詞を作る接尾語で、名詞に付いて、…の本性に従って、の意を表す。

神《かむ》さびせす　神としての振る舞いをなさる。「神さび」は、「神さぶ」（上二段動詞）の連用形が名詞に転成したもの。「せす」は、「す」（サ変動詞）の未然形に上代の尊敬の助動詞「す」（四段型活用）が付いたもの。

京《みやこ》を置《お》きて　都を後にして。

真木《まき》　建築材として優れている檜《ひのき》や杉の類い。「真」は美称。

荒《あら》き山道《やまじ》を　険しい山道なのだが、その山道を。「を」は格助詞であるが、逆接のニュアンスを含む。

岩《いわ》が根《ね》　大地に根をおろしたような大きな岩。「根」は、岩が地中に根を張っているものとしていう。

夕《ゆう》さり来《く》れば　夕方になると。「夕さり」は動詞「夕さる」（夕方になる）の連用形が名詞化したもので、夕方、の意。

篠《しの》　小さな竹。篠竹《しのだけ》の類い。

いにしへ《エ》　軽皇子の父草壁《くさかべの》皇子がこの野で狩りをした当時を指す。

現代語訳

軽皇子が安騎の野に泊まった時に、柿本朝臣人麻呂が作った歌

あまねく天下を支配なさっている我が大王、高く天下を照らし給《たも》う日の神の御子《みこ》軽皇子は、神であるままに神としての振る舞いをなさるというので、りっぱにお治めになっている都を後にして、泊瀬の山は真木の茂り立つ荒々しい山道なのだが、その山道を、大地に根をおろしたような大きな岩や、通行の妨げとなる樹木を押し伏せて、朝方お越えになり、夕方になると、雪の降る安騎の大野で、穂が旗のようになびいているススキや篠を押し伏せて、旅の宿りをなさる。その昔をしのんで。

鑑賞

この長歌は、後に続く短歌と一組になったもので、冬の作と思われる。軽皇子が冬の安騎の野を訪れたのは、亡き父君草壁皇子がかつて冬にこの野で猟を催したことがあったからで、軽皇子の遊猟は亡父草壁皇子への追慕の意味を持っている。

長歌は、全体が一文から成っている。大部分が、軽皇子が安騎の野に来て旅の宿りをするまでの経過を描いたものだが、結びの「いにしへ思ひて」という一句だけが、感慨を述べたものとなっている。しかも「いにしへ思ひて」を倒置構造にして、「草枕旅宿りせす」としているために、一首に力強い引き締まりを与えるとともに、深い余情を添える効果を生み出している。この感慨が、以下四首の短歌の底流をなすモチーフとなっている。

▼46 「安騎の野に…」の歌　柿本人麻呂　〔巻一〕

品詞分解

短歌《たんか》（名）

安騎《あき》（名）／の（格助）／野《の》（名）／に（格助）／宿《やど》る（動・四・体）／旅人《たびびと》（名）／うちなびき（動・四・用）／寝《い》（名）／も（係助）

寝《ぬ》（動・下二・終）／らめ（助動・現推・已）／やも（係助）／いにしへ《エ》（名）／思《おも》ふ《ウ》（動・四・体）／に（接助）

語釈・文法

短歌《たんか》　反歌よりも、長歌に対して独立性の強い歌。

寝《い》も寝《ぬ》らめやも　身をのびのびと横たえて安眠しているであろうか、いや、眠れはしないだろう。「寝《い》」は名詞で、眠りの意。「らめ」は現在推量の助動詞「らむ」の已然《いぜん》形。「やも」は反語を表す上代の係助詞。

■現代語訳

短歌

今宵、この安騎の野に野宿している旅人たちは、身をのびのびと横たえて心安らかに眠っていられようか、いや、眠ってはいられないだろう。(亡き草壁皇子が狩りにいらっしゃった)昔のことがいろいろ思われるから。

■鑑　賞

「やすみしし…」の長歌に対して、四首の短歌が添えられている。

一首目のこの歌は、長歌の末尾の「草枕旅宿りせすいにしへ思ひて」を直接受けて、長歌全体を総括している。また、「うちなびき」には、長歌で詠まれた「はたすすき」のイメージも重なる。反語表現(第四句)・倒置法(第四句と第五句)などを用いて、感慨を深め、追慕の念をいっそう強めている。

▼47「ま草刈る…」の歌　柿本人麻呂　(巻一)

■品詞分解

ま草《くさ》刈《か》る(枕詞)｜荒野《あらの》(名)｜に(助動・断・用)｜は(係助)｜あれ(補動・ラ変・已)｜ど(接助)｜もみち葉《ば》の(枕詞)

過《す》ぎ(動・上二・用)｜に(助動・完・用)｜し(助動・過・体)｜君《きみ》(名)｜が(格助)｜形見《かたみ》(名)｜と(格助)｜そ(係助)

来《こ》(動・カ変・未)｜し(助動・過・体)

■現代語訳

この安騎の野は荒涼とした原野ではあるが、はかなく亡くなられたお方(草壁皇子)の形見の地と思ってやって来たのだ。

■語釈・文法

もみち葉《ば》の　枕詞。もみじが散りやすく、色が変わりやすいことから、「過ぐ」「移る」などを導く。

過《す》ぎにし君《きみ》　軽皇子の亡くなった父草壁皇子を指す。「過ぐ」は、死ぬ、の意を表す。

形見《かたみ》　人をしのぶよすがとなるもの。

そ　上代の係助詞で、後に「ぞ」となった。

来《こ》し　やって来たのだ。「来《こ》」はカ変動詞「来《く》」の未然形。

■鑑　賞

前の歌を受けて、安騎の野にやって来た理由を「君が形見」と明らかにしている。

48 「東の…」の歌　柿本人麻呂　〔巻一〕

品詞分解

東《ひむがし》（名）／の（格助）／野《の》（名）／に（格助）／かぎろひ《イ》（名）／の（格助）／立《た》つ（動・四・体）／見《み》え（動・下二・用）／て（接助）

かへ《エ》り見《み》（名）／すれ（動・サ変・已）／ば（接助）／月《つき》（名）／傾《かたぶ》き（動・四・用）／ぬ（助動・完・終）

現代語訳

東の野にあけぼのの光がさしそめているのが見えて、振り返って見ると、月は西の地平近くの空に沈みかかっていた。

語釈・文法

かへ《エ》り見《み》すれば　後ろを振り返って見ると。「かへり見」は、動詞「かへり見る」の連用形から転じた名詞。

月傾《つきかたぶ》きぬ　西の地平に沈みかかる月は「有明《ありあけ》の月」である。

鑑賞

ここで詩想が転換し、叙景に徹している。亡き草壁皇子への追憶で眠れずに過ごした一夜は明けた。東と西に振り分けられた雄大な情景を、「かへり見すれば」の一句を軸にして構成している。

49 「日並の皇子の…」の歌　柿本人麻呂　〔巻一〕

品詞分解

日並《ひなみし》の皇子《みこ》の尊《みこと》（名）／の（格助）／馬《うま》（名）／並《な》め（動・下二・用）／て（接助）／み狩《か》り（名）／立《た》た（動・四・未）

し（助動・尊・用）／し（助動・過・体）／時《とき》（名）／は（係助）／来向《きむ》かふ《ウ》（動・四・終）

現代語訳

日並の皇子の尊（草壁皇子）がかつて馬を並べて狩りにお出かけになった、その（同じ）時刻が近づいてきた。

語釈・文法

馬並《うまな》めて　馬を並べて。馬を連ねて。

み狩《か》り立《た》たしし　狩りにお出かけになった。

時《とき》は来向《きむ》かふ《ウ》　かつて草壁皇子が狩りにお出かけになったのと同じ時刻が、今、軽皇子の一行の上にも近づいてきた。

鑑賞

一連の短歌をしめくくる歌である。古《いにしえ》と今、行為と心は、ここで完全に重なり、亡き皇子への追慕は果たされるのである。

ちなみに、短歌四首の構成は、漢詩（絶句）の起承転結の構成にならって配列されていると見ることができる。

▼270「旅にして…」の歌　高市黒人〔巻三〕

品詞分解

高市連黒人《たけちのむらじくろひと》	の	羇旅《きりょ》	の	歌《うた》
名	格助	名	格助	名

旅《たび》	に	し	て	もの恋《こい》しき	に	山下《やまもと》	の	赤《あけ》
名	格助	動・サ変・用	接助	形・シク・体	格助	名	格助	名

の	そほ《オ》船《ぶね》	沖《おき》	を	漕《こ》ぐ	見《み》ゆ
格助	名	名	格助	動・四・終	動・下二・終

現代語訳

高市連黒人の旅の歌

旅先にあって、なんとなく家郷が恋しく思われる時に、ふと見ると、先ほどまで山裾に停泊していた、赤く塗った船が、沖を漕ぎ進んでいくのが見える（ので、いっそう寂しさが募る）ことだ。

語釈・文法

羇旅《きりょ》　他郷に身を寄せること。旅の宿り。旅。「羇」は、寄留の意。

旅《たび》にして　旅先にあって。「し」は、サ変動詞「す」の連用形で、「あり」の代わりに用いられている。「して」を強意の副助詞とする説もある。

もの恋《こい》しきに　そぞろに都の人などが恋しく思われている時に。「もの」は、なんとなく、という意の接頭語。「に」は、奈良時代には逆接の接続助詞の例が見られないので、時を表す格助詞と解す。

山下《やまもと》の　山の下に先ほどまであった、の意。「赤」の枕詞とする説もある。

沖《おき》を漕《こ》ぐ見《み》ゆ　沖を漕ぎ進んでいくのが見える。「見ゆ」は、視覚によって存在を表現している、上代特有の語法であり、動詞の終止形を受ける。

鑑賞

広い海か湖に面した場所から、船が遠ざかり小さくなっていくのを見ている。「赤のそほ船」が都へ通う官船であるがゆえに、都を遠く離れている作者の旅愁を、いっそうかき立てているとの説もある。山の緑・船の赤・海の青・波の白などの、色彩豊かな絵画的描写が印象的である。

▼1424「春の野に…」の歌　山部赤人〔巻八〕

品詞分解

山部宿禰赤人《やまべのすくねあかひと》	の	歌《うた》
名	格助	名

春《はる》	の	野《の》	に	すみれ	摘《つ》み	に	と	来《こ》
名	格助	名	格助	名	動・四・用	格助	格助	動・カ変・未

し	我《われ》	そ	野《の》	を	なつかし	み	一夜《ひとよ》	寝《ね》
助動・過・体	代	係助	名	間助	形・シク・終	（接尾）	名	動・下二・用

に	ける
助動・完・用	助動・嘆・体

現代語訳

山部宿禰赤人の歌

春の野にすみれを摘もうとやって来た私は、野原が(私の)心をひきつけるので、そこで一晩寝てしまったことだ。

語釈・文法

摘《つ》みにと　摘みに。格助詞「に」は、体言または活用語の連体形に接続するが、動作の目的（…のために）を示す場合は、連用形に接続する。

野《の》をなつかしみ　野原が（私の）心をひきつけるので。「なつかし」は、心がひかれる、慕わしい、の意。「み」は、形容詞の語幹（シク活用の場合は終止形）に付いて、原因・理由を表す接尾語。「～を…み」で、～が…なので、の意になる。「を」を格助詞とする説もある。

鑑賞

『古今《こきん》和歌集』の仮名序や『源氏《げんじ》物語』にも引用されている歌である。春の野遊びをたたえた歌であるが、「野」は、美しい女性、の意にもとれる。

▼822「わが園に…」の歌　大伴旅人〔巻五〕

品詞分解

梅花《ばいか》	の	歌《うた》	大伴旅人《おおとものたびと》
名	格助	名	

わ	が	園《その》	に	梅《うめ》	の	花《はな》	散《ち》る	ひさかたの	天《あめ》
代	格助	名	格助	名	格助	名	動・四・終	（枕詞）	名

より	雪《ゆき》	の	流《なが》れ来《く》る	かも
格助	名	格助	動・カ変・体	終助

語釈・文法

雪《ゆき》の流《なが》れ来《く》るかも　雪が流れてくるのであろうか。「かも」は詠嘆を含んだ疑問を表す。梅の花の散るのを雪と見る趣向は、中国六朝《りくちょう》以来例が多く、漢詩にならった発想である。

鑑賞

天平《てんぴょう》二年〔七三〇〕正月十三日、旅人は自邸に大宰府《だざいふ》の官僚を集めて梅花の宴を催した。主催者である旅人を

現代語訳

梅の花の歌

この私の庭園に梅の花がしきりに散っている。（いや、これは）天から雪が流れてくるのであろうかなあ。

▼4291 「わが宿の…」の歌　大伴家持〔巻十九〕

品詞分解

二十三日《にじゅうさんにち》、	興《きょう》	に	依《よ》り	て	作《つく》り	し	歌《うた》
名	名	格助	動・四・用	接助	動・四・用	助動・過・体	名

大伴家持《おおとものやかもち》

わ	が	宿《やど》	の	いささ群竹《むらたけ》	吹《ふ》く	風《かぜ》	の	音《おと》
代	格助	名	格助	名	動・四・体	名	格助	名

の	かそけき	こ	の	夕《ゆう》へ	かも
格助	形・ク・体	代	格助	名	終助

現代語訳

二十三日に、感興を催して作った歌

私の家の庭のほんのわずかの竹の茂みに吹く風の音がかすかに聞こえてくる、この夕暮れ（のもの寂しさ）であることよ。

含めて三十二人が一首ずつ詠んだ。中国原産の梅の木は、大陸文化に憧れた上代人に特に愛好された。梅花の散る風情を雪に見立てた着想は、漢詩の発想を取り入れた斬新な表現であった。

語釈・文法

わが宿《やど》の　私の家の。「宿」は家屋も庭も含めていう。

風《かぜ》の音《おと》　風が竹を揺らし、葉のすれ合う音がするのである。

かそけき　かすかな。ほのかな。「かそけし」は、視覚および聴覚表現に用いられるが、全般的に聴覚表現そのものとしては独立していない。聴覚表現の中にも視覚表現を感じさせるというように、視覚表現が優位の形で存在する。

夕《ゆう》へ　上代では「ゆうへ」と清音。

鑑賞

「春愁」を主題とした一首で、春の夕暮れに感じるもの寂しさを聴覚的な面から捉えて詠んでいる。「かそけき」は、光・音などが知覚できるかできないか程度のはかないさまをいい、家持の独自の用語といわれる。あるかなきかの風にそよぐ葉ずれのかすかな音に、ひとり静かに聞き入る作者の聴覚は、薄暮の微光の中で、いっそう研ぎ澄まされている。

作者

有間皇子《ありまのみこ》〔六四〇―六五八〕　生来賢明な人柄であったが、父孝徳《こうとく》天皇が失意のうちに崩御した後、有力な皇位継承資格者として、斉明《さいめい》朝では微妙な立場に立たされ、狂気を装って時流から逃れようとした。斉明天皇四年〔六五八〕冬、天皇と皇太子（後の天智《てんじ》天皇）らが牟婁温湯に赴いた間に、蘇我赤兄《そがのあかえ》が、斉明朝の失政を挙げて謀反をそそのかした。その誘いに乗って盟約を交わしたが、その夜、当の赤兄に捕らえられて、十一月九日牟婁に連行された。皇太子の尋問に、皇子は「天《あめ》と赤兄と知らむ。吾《あれ》全《もは》ら解《し》らず。」と答えただけで、京への帰途の十一日、藤白坂《ふじしろのさか》で絞殺された。十九歳であった。

柿本人麻呂《かきのもとのひとまろ》〔生没年未詳〕『万葉集』第二期の歌人。持統《じとう》・文武《もんむ》の両朝に仕え、官位は低かったが、歌人として重んぜられた。晩年には石見《いわみの》国（島根県）の地方官として赴任し、七一〇年頃までにその地で没した。序詞《じょことば》・枕詞・対句・畳《じょう》句《く》・比喩などの修辞法を駆使し、古代的で素朴雄大、重厚な韻律でもって、飛鳥《あすか》・藤原《ふじわら》朝の賛美を主題とする叙事・叙情の作品を多く残した。長歌を整備し、反歌の数を増やし、要約・反復・添加の意を持たせるなど、『万葉集』中の最も代表的な国民的歌人である。後世、歌聖と仰がれ、現在も、益田《ますだ》市（島根県）に柿本神社があり、人麻呂をまつってある。

高市黒人《たけちのくろひと》〔生没年未詳〕　持統・文武両朝に仕えた、地方の下級官吏であったと思われる。柿本人麻呂とほぼ同時代の、『万葉集』第二期の歌人である。『万葉集』には十八首の短歌が収められている。作歌のほとんどは旅の歌で、「旅の詩人」と称される。いずれも旅の不安と孤愁が自然の景と融合した優れた叙景歌であり、単に旅の不安や孤愁にとどまらず、人生の孤愁を感じさせる表現にまで達しているといえる。

山部赤人《やまべのあかひと》〔生没年未詳〕『万葉集』第三期の歌人。聖武《しょうむ》朝〔七二四―七四九〕頃の宮廷歌人。史書に記載のないことから、下級官吏と推定される。柿本人麻呂と同様、宮廷での求めに応じて和歌を献呈する宮廷歌人として活躍した。宮廷儀礼歌については、人麻呂の継承者といわれるが、人麻呂ほどの迫力はない。赤人の本領は清澄な叙景歌にあり、自然の美しさを鮮明に絵画的に描写する技巧に優れている。人麻呂とともに歌聖と称された。

大伴旅人《おおとものたびと》〔六六五―七三一〕　古来より武をもって仕えた名門大伴氏の出で、家持《やかもち》の父である。『万葉集』第三期の歌人。山上憶良《やまのうえのおくら》とともに、筑紫《つくし》歌壇の中心的存在で、作品の大部分は大宰府在任中のものである。中国の詩文に通じた当時の知識人で、老荘的傾向のものや、夢幻的・浪漫的な作など、外来思想の影響下に作られたものが多いが、人事を題材にした無技巧の作も多く、情感の豊かさが特色となっている。

大伴家持《おおとものやかもち》〔七一八?―七八五〕『万葉集』第四期の歌人。大伴旅人の長男。武門の名家に生まれ、聖武天皇より厚い信任を得たが、天平勝宝《しょうほう》四年〔七五二〕、東大寺大仏開眼供養の翌年以降は、孝謙《こうけん》女帝の庇護《ひご》のもとに進出してきた藤原仲麻呂《なかまろ》に圧されて政争に巻き込まれ、家は次第に衰退していき、持節征東将軍に任じられ、陸奥《みちのく》で没した。家持は、父の旅人、叔母の坂上郎女《さかのうえのいらつめ》(『万葉集』中の代表的女流歌人)や周辺の人々から和漢の詩歌について薫陶を受け、当時は他に類を見ない繊細優美な歌風を開いていった。『万葉集』成立の最終段階に大きく関わり、その入集《にっしゅう》歌数も最多である。

教科書の問題（解答・解説）

教科書 二八二ページ

■学習の手引き

❶それぞれの歌を、句切れやリズムに注意して音読しよう。

［解説］ 長歌の朗読の仕方――「五七、五七、五七…五七七」の形式で朗読するとよい。結びの三句の部分に、主題を強調するために倒置法が用いられている場合が多い。短歌の朗読にあたっては、句切れに留意する。

❷それぞれの歌は、どのような情景や心情を歌ったものか。

解答 ・「岩代の…」＝死を予期しつつも万が一の無事を祈るという生への希求。

・「やすみしし…」＝軽皇子が、都から泊瀬の山を越えて安騎の猟場に着き、野に宿るまでのこと。

・「安騎の野に…」「ま草刈る…」＝軽皇子の亡父草壁皇子を追慕する思い。

・「東の…」＝東に昇る朝日、西に沈む月が見える早朝の猟場の情景。

・「日並の皇子の…」＝かつての草壁皇子の出猟の雄姿（その草壁皇子の再来である軽皇子の雄姿。

・「旅にして…」＝都から遠く離れた地で、赤い官船を見て感じた旅愁。

・「春の野に…」＝春の野遊びで感じた情趣と風流心。

・「わが園に…」＝梅花の散る様子を雪に見立てた風雅。

・「わが宿の…」＝春の夕暮れに感じるもの寂しさ。

❸柿本人麻呂の長歌について、題材や修辞の特徴を指摘しよう。

解答 全体が一文から成っており、その大部分は安騎の野を訪れて旅宿りするまでの経過を述べたものであり、結びの一句「いにしへ思ひて」だけが作者の感慨・心情を述べたものとなっている。きわめて息の太くて長い、雄大な詠み方といえる。枕詞が六つ、対句が一組（坂鳥の 朝越えまして←→玉かぎる 夕さり来れば）、倒置法が一か所（草枕 旅宿りせす いにしへ思ひて）用いられており、整然と構成されている。

❹最も印象に残った歌を挙げ、感想文を書こう。

［解説］ まずは感じたままを自由に箇条書きにして、それから参考書などを利用して不足している内容や項目を補うとよい。何よりも作品から受けた感動を確認することが重要である。その後で、どうしてそのような感動が生まれたのかを述べていけばよいだろう。

出典・編者

出典 『万葉集』 現存最古の歌集。歌数は約四千五百首。大部分は短歌であるが、長歌・旋頭歌《せどうか》も収めている。歌の制作年代は不明なものが多く、仁徳《にんとく》天皇の皇后である磐姫《いわのひめ》皇后の作と伝えられるものが最も古く、大伴家持の作（七五九）が最も新しい。しかし、仁徳天皇から推古《すいこ》天皇までの歌はきわめて少ないので、一般に万葉時代と称するのは、舒明《じょめい》朝（六二九—六四二）以後の約百三十年間であり、その間を四期に区分して、歌風の変遷を見るのがふつうである。

編者 未詳であるが、大伴家持（本書三三三ページ参照）が大きな役割を果たしたといわれる。

第一期〔六二九—六七二〕	第二期〔六七三—七〇九〕	第三期〔七一〇—七三三〕	第四期〔七三四—七五九〕
中大兄皇子《なかのおおえのおうじ》（天智天皇）と中臣《なかとみの》鎌足《かまたり》によって、蘇我《そが》氏が滅ぼされ、大化の改新によって、中央集権制確立に向かって激しく揺れ動いた時期。平明で素朴な歌が多い。［代表歌人］ 舒明天皇・天智天皇・有間皇子・額田王《ぬかたのおおきみ》など。	天武・持統・文武天皇の時代で、律令体制が整備され、宮廷を中心に和歌が盛んになった。長歌が発達し、枕詞・序詞・対句などが発達した。［代表歌人］ 柿本人麻呂・高市黒人・大津皇子・志貴皇子《しきのみこ》・大伯皇女《おおくのひめみこ》など。	平城京遷都からの約二十年間で、『古事記』『日本書紀』が完成した時期。仏教・儒教・老荘思想など、大陸の思想や文化の輸入とともに、知性的な個の自覚が深められ、隆盛期を迎えた。［代表歌人］ 山部赤人・山上憶良・大伴旅人など。	天平文化の華やかさの裏に権謀術数の政争が続き、社会不安が増大した。歌は力強さを失って、感傷的傾向が強くなり、万葉歌風の爛熟《らんじゅく》・退廃期を迎えた。［代表歌人］ 大伴家持・狭野弟上娘子《さののおとがみのおとめ》など。

9 近世小説2

●設定などに着目しながら、登場人物の行動や心情を的確に捉える。
●作品の背景や他の作品との関係を踏まえながら、近世小説についての理解を深める。

雨月《うげつ》物語

上田秋成《うえだあきなり》

教科書 二八四〜二九一ページ

浅茅《あさじ》が宿

大意

下総国葛飾郡真間《しもうさのくにかつしかのこおりまま》の郷《さと》の農民勝四郎《かつしろう》は、自分の代に傾けた家を絹の商いによって再興しようと思い立ち、田畑を売って絹を買い込み、美貌で賢い妻宮木《みやぎ》が止めるのも聞かず、親しくしていた絹商人の雀部《ささべ》の曽次《そうじ》を頼って上京する。それから間もなく関東は戦乱の巷《ちまた》になるが、宮木は家にとどまって夫の帰りを待ち続けた。都で利益を得た勝四郎は、関東戦乱のうわさを聞いてすぐに故郷へ向かうが、木曽路《きそじ》で山賊の略奪に遭って全てを失い、また里人に聞いた関東の様子から妻は死んだものと思い込み、帰郷を諦めて都に引き返す。その途中、近江《おうみ》で熱病に倒れて雀部の縁者の世話になり、快復後も引き止められるままそこに足掛け七年寄食していたが、やがて畿内《きない》でも戦乱が起こり、ようやく帰郷を決意する。夕闇の中、勝四郎は荒廃した真間に帰り着き、星明かりで見いだした我が家を訪れてみると、意外なことに、宮木はやつれきった姿ながら、なおも生きて自分を待っていてくれた。離れていた間のことを互いに語り合った後、二人はいっしょに床につくが、翌朝、勝四郎が目覚めると、傍らに妻の姿はなく、家も荒れ果てた破屋になっていた。やはり妻は死んでいて、その魂が現れたのかと悲しみながら辺りを調べてみると、妻の絶筆を墓標にした塚が見つかり、そこで初めて勝四郎は、妻の死が確かな事実であることを悟り、また自分を待ち続けて死んでいった妻の切ない思いを知って泣き崩れる。その後、勝四郎は、村の古老を訪ねて妻の死の経緯を詳しく聞き、改めて悲しみにくれるのだった。

■第一段落（初め〜二八四・11）

段意

下総国葛飾郡の真間の郷に、勝四郎という男がいた。祖父の代から豊かに暮らしていたが、家代々の農業が性《しょう》に合わないといって生業《なりわい》に専念しなかったので、家運は傾く一方であった。家の再興を願う勝四郎は、古くからの知り合いの雀部の曽次を頼って、田畑を売り払って絹を仕入れ、都に商いに上ることにした。

現代語訳・品詞分解

下総国葛飾郡真間の郷に、勝四郎という男がいた。

下総国 葛飾郡 真間の郷 に、 勝四郎 と いふ 男 あり
名 名 名 格助 名 格助 動・四・体 名 動・ラ変・用

けり。
助動・過・終

祖父（の代）から長らくこの地に住み、田畑をたくさん所有

祖父 より 旧しく ここ に 住み、 田畠 あまた
名 格助 形・シク・用 代 格助 動・四・用 名 副

して裕福に暮らしていたのだが、（勝四郎は）長ずるに従って

主づき て 家 豊かに 暮らし ける が、 生長り て もの
動・四・用 接助 名 形動・ナリ・用 動・四・用 助動・過・体 接助 動・四・用 接助 名

生来の物事にかまわない性質から、（家業の）農業を嫌なこととして嫌ったので、

に かかはら ぬ 性 より、 農作 を うたてき もの に
格助 動・四・未 助動・消・体 名 格助 名 格助 形・ク・体 名 格助

果たして家は貧しくなってしまった。

厭ひ ける まま に、 はた 家 貧しく なり に けり。
動・四・用 助動・過・体 名 格助 副 名 形・シク・用 動・四・用 助動・完・用 助動・過・終

そうこうしているうちに親戚の多くからもよそよそしくされたのを、

さるほどに 親族 多く に も 疎んじ られ ける を、
接 名 名 格助 係助 動・上一・未 助動・受・用 助動・過・体 格助

残念なことだと深く思い込んで、何とかして家を再興したいものだなあとあ

くちをしき こと に 思ひ染み て、 いかに も し て 家
形・シク・体 名 格助 動・四・用 接助 副 係助 動・サ変・用 接助 名

れこれと計画した。

を 興し な ん ものを と 左右に はかり ける。
格助 動・四・用 助動・強・未 助動・意・体 終助 格助 副 動・四・用 助動・過・体

語釈・文法

生長《ひととな》る　大人になる。成人する。名詞の「ひととなり」は生まれつきの性質のことだが、本文の「生長りて」は、その意味も兼ねたものと解される。つまり、生来、「ものにかかはらぬ性《さが》」で、長ずるに従って、ということ。

ものにかかは《ワ》らぬ性《さが》　物事にかまわない性質。

うたてし　心に染まないさまをいう語で、嫌だ、おもしろくない、の意。

ままに　…ので。連体形に付いて、順接の接続助詞のように用いられ、原因・理由を表す。

さるほどに　それで。そうこうしているうちに。

疎《うと》んじられけるを　「疎んぜられけるを」とあるべきところ。サ変の「疎んず」が変化して、上一段の「疎んじる」の形になった例。

思《おも》ひ《イ》染みて　深く思い込んで。

興《おこ》しなんものを　再興したいものだなあ。「ものを」は、…のになあ、の意を表す終助詞。

左右《とかく》にはかりける　あれこれと計画した。「はかる」は、企てる、計画する、の意。係助詞

その頃雀部の曽次という人が、　足利染めの絹を取り引きするために、
そのころ雀部の曽次といふ人、足利染めの絹を
代 格助 名 名 格助 動・四・体 名 名 格助 名 格助

毎年都から下ってきていたが、　この（真間
交易するために、年々京より下りけるが、この
動・サ変・体 名 格助 名 名 格助 動・四・用 助動・過・体 接助 代 格助

の）郷に親戚がいるのをしばしば訪ねてきていたので、
郷に氏族のありけるをしばしば来訪ひしか
名 格助 名 格助 動・ラ変・用 助動・過・体 格助 副 動・四・用 助動・過・已

（勝四郎も）前々から親しくしていたことから、　（自分も）商人となって都
ば、かねてより親しかりけるままに、商人となり
接助 副 格助 形・シク・用 助動・過・体 名 格助 名 格助 動・四・用

へ上りたいと頼んだところ、　雀部は
て京にまう上らんことを頼みしに、雀部
接助 名 格助 動・四・未 助動・意・体 名 格助 動・四・用 助動・過・体 接助 名

たいそう気安く引き受けて、　「いついつの頃に参りましょう。」
いとやすく肯ひて、「いつのころはまかるべし。」
副 形・ク・用 動・四・用 接助 代 格助 名 係助 動・四・終 助動・意・終

と言ってくれた。　（勝四郎は）雀部が頼みがいのあるのを喜んで、　残っている田
と聞こえける。他が頼もしきを喜びて、残る田
格助 動・下二・用 助動・過・体 代 格助 形・シク・体 格助 動・四・用 接助 動・四・体 名

も売り払って金に換え、　（それで）絹をたくさん買い込んで、
をも売り尽くして金に代へ、絹あまた買ひ積み
格助 係助 動・四・用 接助 名 格助 動・下二・用 名 副 動・四・用

上京する日を待ち受けていた。
て、京に行く日をもよほしける。
接助 名 格助 動・四・体 名 格助 動・四・用 助動・過・体

がないのに「ける」と連体形で結ばれているのは、近世に入って連体形止めが一般的になってきたことの現れである。

交易《こうえき》　取り引き。本来は物々交換の商行為。

氏族《やから》　親戚。「うから」（親族）に同じ。

来《き》訪《とぶら》ひ《イ》しかば　訪ねてきていたので。「訪ふ」は、①訪問する、訪れる、②調べる、求める、③見舞う、④面倒を見る、世話をする、などの意を表す。ここは①の意。

ま《モ》う《ウ》上《のぼ》らん　都へ上りたい。「まう上る」は、地方から都へ上る、の意。「ん」は、意志の助動詞「ん（む）」の連体形で、希望の意味を含む。

いつのころはまかるべし　いついつの頃に参りましょう。「いつのころ」は、日付を明記する必要がないので、ぼかして表現したもの。

聞《き》こえける　「聞こゆ」は「言ふ」の謙譲語だが、ここでは、丁寧な言い方の雅語として用いている。

他《かれ》　雀部の曽次を指す。

もよほ《オ》しける　待ち受けていた。この「もよほす」は、準備する、待ち受ける、の意。

■第二段落（二八五・1〜16）

段意　勝四郎の妻の宮木は、美貌の持ち主であったばかりでなく、気性のしっかりした賢い女性であった。宮木は、都へ行商に行くという夫を思いとどまらせようとするが、勝四郎はいっこうに聞き入れない。夫は妻の不安などかまわず、この秋には必ず帰ってくる、と言い残して旅立っていった。

現代語訳・品詞分解

勝四郎の妻の、宮木という者は、人が目をとめるほどの（美しい）
勝四郎 が 妻、 宮木 なる 者 は、 人 の 目 とむる
名 格助 名 名 助動・断・体 名 係助 名 格助 名 動・下二・体

容貌に加えて、気立てもしっかりしていて賢かった。
ばかり の かたち に、 心ばへ も おろかなら ず あり
副助 格助 名 格助 名 係助 形動・ナリ・未 助動・消・用 補動・ラ変・用

このたび勝四郎が商品を買い入れて都に行くというのを困ったことだと思い、
けり。 こ の たび 勝四郎 が 商物 買ひ て 京 に 行く
助動・過・終 代 格助 名 名 格助 名 動・四・用 接助 名 格助 動・四・終

言葉を尽くして（思いとどまるよ
と いふ を うたてき こと に 思ひ、 言葉 を 尽くし て
格助 動・四・体 格助 形・ク・体 名 格助 動・四・用 名 格助 動・四・用 接助

う）忠告するけれども、ふだんの（血気盛んな）心が（ひときわ）勇み立っているのでどうしようもなく、
諫むれ ども、 常 の 心 の はやり たる に せん方なく、
動・下二・已 接助 名 格助 名 格助 動・四・用 助動・存・体 接助 形・ク・用

今後の生計が心細い中にも、かいがいしく（夫の
梓弓 末 の たづき の 心細き に も、 かひがひしく
（枕詞） 名 格助 名 格助 形・ク・体 格助 係助 形・シク・用

旅支度を）調えて、その（出発の前の）夜は離れがたい別れ（のつらさ）を語り、
調へ て、 そ の 夜 は さり難き 別れ を 語り、
動・下二・用 接助 代 格助 名 係助 形・ク・体 名 格助 動・四・用

「このように（一人取り残される身に）なっては頼りない女心は、あてもなく野山をさまよう（ように全く
「かくて は 頼み なき 女心 の、 野 に も 山 に も
副 係助 名 形・ク・体 名 格助 名 格助 係助 名 格助 係助

途方に暮れる）ばかりで、このうえもなくつらいことでございます。朝に夕に（私のことを）
惑ふ ばかり、 もの憂き 限り に 侍り。 朝 に 夕べ
動・四・体 副助 形・ク・体 名 助動・断・用 補動・ラ変・終 名 格助 名

お忘れにならないで、早く帰ってきてください。せめて命だけでも（保てれば
に 忘れ 給は で、 早く 帰り 給へ。 命 だに と は
格助 動・下二・用 補動・四・未 接助 形・ク・用 動・四・用 補動・四・命 名 副助 格助 係助

語釈・文法

かたち　容貌。器量。

心《こころ》ばへ《エ》　気立て。気性。

おろかならず　しっかりしていて賢い。いいかげんではない。

うたてきこと　困ったこと。心に染まないこと。

常《つね》の心《こころ》のはやりたるに　ふだんから血気盛んなうえに、今度はひときわ思いつめて勇み立っているので、の意。

せん方《かた》なく　どうしようもなく。

末《すえ》のたづき《ズ》　今後の生計。「末」は、将来、今後、の意。「たづき」は、生活を支える手段のこと。

かひ《イ》がひ《イ》しく　けなげにも。まめまめしく。

さり難《がた》き別《わか》れを語《かた》り　離れがたい別れのつらさを語り。「さり難し」は、立ち去りにくい、の意。

頼《たの》みなき女心《おんなごころ》　頼りない女心。一人取り残されて、頼る者がいなくなり、心細い女の心、の意。

もの憂《う》き限《かぎ》りに侍《はべ》り　このうえもなくつらいことでございます。「侍り」は、丁寧の補助動詞。

命《いのち》だにとは思《おも》ふ《ウ》ものの　せめて命だけでも保てればとは思いますが。せめてこの命が思うにまかせて、あなたのお帰りになるまで保てるものならば、お別れしたとて別に悲しいとも

また会うこともできる）とは思いますが、明日をあてにできないこの世の定め（のはかなさ）は、
思ふ ものの、明日 を 頼ま れ ぬ 世 の 理
動・四・体 接助 名 格助 動・四・未 助動・可・未 助動・消・体 名 格助 名

気丈なお心にも哀れと思ってください。」と言うと、
は、武き 御心 に も あはれみ 給へ。」と 言ふ に、
係助 形・ク・体 名 格助 係助 動・四・用 補動・四・命 格助 動・四・体 接助

（勝四郎は）「どうして、浮木に乗るような不安定な生活をしながらも、知らぬ他国に長居をしようか。
「いかで、浮木 に 乗り つも、知ら ぬ 国 に
副 名 格助 動・四・用 接助 動・四・未 助動・消・体 名 格助

（いや、そんなことはしない。）帰ってくるのは、葛の葉が（風に吹かれて）裏返る今年の秋だろう。
長居 せ ん。葛 の 裏葉 の かへる は こ の
名 動・サ変・未 助動・意・体 名 格助 名 格助 動・四・体 係助 代 格助

気を強く持って待っていてください。」と言って（妻を）慰めて（いるう
秋 なる べし。心強く 待ち 給へ。」と 言ひ慰め て、
名 助動・断・体 助動・推・終 形・ク・用 動・四・用 補動・四・命 格助 動・下二・用 接助

ちに）、夜も明けたので、鶏が鳴く（早朝の）東国を出発して都の方へ（道を）急
夜 も 明け ぬる に、鳥 が 啼く 東 を 立ち出で
名 係助 動・下二・用 助動・完・体 接助 名 格助 動・四・体 名 格助 動・下二・用

いだ。
て 京 の 方 へ 急ぎ けり。
接助 名 格助 名 格助 動・四・用 助動・過・終

■第三段落（二八六・10～二八七・8）

段意　勝四郎が星明かりの下で自分の住んでいた家の辺りを見ると、驚いたことに、戦火にかかったと思っていた家は、昔のまま変わっていない。せきばらいをして帰宅を告げると、やつれ果てた妻の宮木が出迎えて、七年ぶりの再会にさめざめと泣き始めた。

現代語訳・品詞分解

この時、日は既に西に沈んで、雨雲は今にも
こ の 時、日 は はや 西 に 沈み て、雨雲 は
代 格助 名 名 係助 副 名 格助 動・四・用 接助 名 係助

思いますまいが、の意。命が思いのままにならないからこそ、別れが切なくつらいのだ、の意を込めている。

明《あ》日《す》を頼《たの》まれぬ世《よ》の理《ことわり》は　明日をあてにできないこの世の定めのはかなさは。ここで作者は、宮木の薄命を暗示し、この別離が永遠の別れとなることの伏線としている。

いかで　どうして。下の「長居せん」にかかる。ここは、反語の意。

浮木《うきぎ》に乗《の》りつも　浮木に乗るような不安定な生活をしながらも。「つも」は、…ながらも、…つつも、の意を表す。

語釈・文法

迷《まよ》ふ《ウ》べう《ビョウ》もあらじ　迷うはずもないだろう。「べう」は、「べし」の連用形「べく」のウ音便。

降ってきそうなほど（低く垂れ込めていて）暗かったけれども、（勝四郎は）長い間住み慣れた故郷であ
落ちかかる ばかり に 闇けれ ど、 旧しく 住みなれ し
動・四・体 副助 格助 形・ク・已 接助 形・シク・用 動・下二・用 助動・過・体

るから迷うはずもあるまいと、 夏草の
里 なれ ば 迷ふ べう も あら じ と、 夏野
名 助動・断・已 接助 動・四・終 助動・当・用 係助 補動・ラ変・未 助動・消推・終 格助 名

生い茂った野を分けて進んでいくと、昔（から有名な真間）の継橋も（朽ちて）川瀬に落ちているので、
分け行く に、 いにしへ の 継橋 も 川瀬 に 落ち たれ
動・四・体 接助 名 格助 名 係助 名 格助 動・上二・用 助動・存・已

本当に（古歌にあるように）馬の足音も聞こえないうえに、 田畑は荒れ放題に荒れ果
ば、 げに 駒 の 足音 も せ ぬ に、 田畑 は 荒れ
接助 副 名 格助 名 係助 動・サ変・未 助動・消・体 接助 名 係助 動・下二・用

てて昔の道も分からず、
たき まま に すさみ て 旧 の 道 も わから ず、
助動・希・体 名 格助 動・四・用 接助 名 格助 名 係助 動・四・未 助動・消・用

（昔）あった人家も見当たらない。 まれにあちらこちらに残る家に人が住んでいると見
あり つる 家居 も なし。 たまたま ここかしこ に 残る
動・ラ変・用 助動・完・体 名 係助 形・ク・終 副 代 格助 動・四・体

えるものもあるが、 （それも）昔
家 に 人 の 住む と は 見ゆる も あれ ど、 昔 に
名 格助 名 格助 動・四・終 格助 係助 動・下二・体 係助 動・ラ変・已 接助 名 格助

とは似ても似つかぬありさまなので、 （いったい）どれが自分の住んでいた家な
は 似 つつ も あら ね、 いづれ か わ が 住み
係助 動・上一・用 接助 係助 補動・ラ変・未 助動・消・已 代 係助 代 格助 動・四・用

のかと途方に暮れてたたずむと、 そこから二十歩ばかり（約三十六メートル）を隔て
し 家 ぞ と 立ち惑ふ に、 ここ 二十歩 ばかり を 去り
助動・過・体 名 終助 格助 動・四・体 接助 代 名 副助 格助 動・四・用

て、 雷に砕かれた松がそびえ立っているのが、
て、 雷 に 摧か れ し 松 の 聳え て 立て
接助 名 格助 動・四・未 助動・受・用 助動・過・体 名 格助 動・下二・用 接助 動・四・命

雲の間の星明かりに見えているのを、 確かに
る が、 雲間 の 星 の 光 に 見え たる を、 げに
助動・存・体 格助 名 格助 名 格助 名 格助 動・下二・用 助動・存・体 格助 副

夏野《なつの》 夏草の生い茂った野。

継橋《つぎはし》 柱を所々に立て、その上に橋板を何枚も継ぎ足しかけて造った橋。

げに 本当に。なるほどそのとおりに。

駒《こま》の足《あ》音《おと》もせぬに 馬の足音も聞こえないうえに。人の往来が途絶えていることを表す。

荒《あ》れたきままにすさみて 荒れ放題に荒れ果てて。「すさむ」は、もともと、甚だしくなる、また、気の向くままに行う、の意を表す語だが、ここでは、現代語に近く、荒れる、荒廃する、の意で用いられている。

ありつる 勝四郎が郷里を離れる以前にあったはずの、の意。

家居《いえい》 家。住まい。

たまたま まれに。

似《に》つつもあらね 似ても似つかぬありさまなので。

立《た》ち惑《まど》ふに 途方に暮れてたたずむと。

松《まつ》 この時代には、家の出入り口に印として松を植える風俗があった。

げにわが軒《のき》の標《しるし》こそ見《み》えつると 確かに我が家の軒の目印が見えたぞと。「見えつる」は、「こそ」の結びとして、「見えつれ」となるべきところ。近世、連体形止めが一般的になり、連体形が終止形に取って代わると、係り結び

我が家の軒の目印が見えたぞと、まずはうれしい気持ち
わが軒の標こそ見えつると、まづうれしき
代 格助 名 格助 名 係助 動・下二・用 助動・完・体 格助 副 形・シク・体

がして歩いていくと、家は以前と変わらないで（壊れずに）ある。
心地して歩むに、家はもとに変はらであり。
名 動・サ変・用 接助 動・四・体 接助 名 係助 名 格助 動・四・未 接助 動・ラ変・終

人も住んでいると見えて、古い戸の隙間から灯火の光が漏れてきらきらとし
人も住むと見えて、古戸の間より灯火の
名 係助 動・四・終 格助 動・下二・用 接助 名 格助 名 格助 名 格助

ているので、ほかの人が住んでいるのか、（それとも）も
影漏れて輝々とするに、他人や住む、もしそ
名 動・下二・用 接助 副 動・サ変・体 接助 名 係助 動・四・体 副 代

しかするとその人（妻の宮木）が生きておられるのかと胸がどきどきして、門口に立ち寄ってせきばら
の人やいますかと心さわがしく、門に立ち寄り
格助 名 係助 動・四・体 係助 格助 名 形・シク・用 名 格助 動・四・用

いをすると、（家の）中でも耳ざとく（それを）聞きつけて、「どなたですか。」と
て咳すれば、内にも早く聞き取りて、「誰そ。」と
接助 名 動・サ変・已 接助 名 格助 係助 形・ク・用 動・四・用 接助 代 終助 格助

問いただす。ひどく老けているけれども、間違いなく妻の声であるのを聞いて、
とがむ。いたうねびたれど、まさしく妻の声なる
動・下二・終 副 動・上二・用 助動・存・已 接助 形・シク・用 名 格助 名 助動・断・体

（勝四郎は）夢（ではなかろう）かと、ただもう自然と胸が高鳴って、「私
を聞きて、夢かと胸のみさわがれて、「我
格助 動・四・用 接助 名 係助 格助 名 副助 動・四・未 助動・自・用 接助 代

が帰ってきたのだよ。（昔と）変わらずにただ一人で（こんな）チガヤの生い茂っている
こそ帰り参りたり。変はらで独り浅茅が原に住み
係助 動・四・用 助動・完・終 動・四・未 接助 名 名 格助 動・四・用

荒れ果てた原に住んでいたとは（なんという）不思議なことよ。」と言う声を、（宮木は夫の声だと）聞い
つることの不思議さよ。」と言ふを、聞き知りたれ
助動・完・体 名 格助 名 間助 格助 動・四・体 格助 動・四・用 助動・完・已

て分かったので、すぐに戸を開けたが、（その宮木の姿は）たいそうひどく黒くあかにまみ
ば、やがて戸を開くるに、いといたう黒く垢づきて、
接助 副 名 格助 動・下二・体 接助 副 副 形・ク・用 動・四・用 接助

は衰えていく。

うれしき心地《ここち》して　多くの家が失われている中で、我が家が残っていたことを知って、ひとまず安堵《あんど》する気持ちを表す。

影《かげ》　光。

他人《ことひと》や住《す》む　ほかの人が住んでいるのか。「他人」は、ここでは妻以外の人を指す。

その人《ひと》やいますか　「その人」は、妻の宮木を指す。係助詞「や」があるので、「その人やいます」で係り結びとなり、「か」はなくてもよいところ。

心《こころ》さわがしく　胸がどきどきして。

早《はや》く聞《き》き取《と》りて　耳ざとくそれを聞きつけて。

とがむ　怪しんで尋ねる。問いただす。

ねびたれど　老けてはいるが。

まさしく　「まさし（正し）」は、間違いない、確実だ、の意。ここでは連用形を副詞的に用いている。

胸《むね》のみさわがれて　ただもう自然と胸が高鳴って。「れ」は自発の助動詞「る」の連用形。

帰《かえ》り参《まい》りたり　「我こそ」を受けて、「帰り参りたれ」となるべきところ。このように文法に即さない表現を破格という。

やがて　すぐに。ただちに。

れて、目は落ちくぼんでいるようで、結い上げている髪も（乱れて）背中に落

眼 は 落ち入り たる やうに、 結げ たる 髪 も
名 係助 動・四・用 助動・存・体 助動・比・用 動・下二・用 助動・存・体 名 係助

ちかかって、以前の（美しかった）妻とも思えないほど（の変わりよう）で、

背 に かかり て、 もと の 人 と も 思は れ ず、
名 格助 動・四・用 接助 名 格助 名 格助 係助 動・四・未 助動・可・未 助動・消・用

夫を見て口もきかずにさめざめと泣く。

夫 を 見 て もの を も 言は で 潸然と 泣く。
名 格助 動・上一・用 接助 名 格助 係助 動・四・未 接助 副 動・四・終

眼《まみ》　目つき。ここは、単に目の意。

結《あ》げたる髪《かみ》　結い上げた髪。

背《せ》にかかりて　結った髪がずり落ちているさま。

もとの人《ひと》とも思《おも》は《ワ》れず　七年前に別れた時の妻の姿とすっかり変わってしまっていて、同一人物とは思えないくらいである、ということ。

潸然《さめざめ》と　しきりに涙を流して静かに泣くさま。

■第四段落（二八七・9〜二八八・9）

段意

妻の姿を見た勝四郎は、驚きでしばらく口もきけなかったが、やがて、自分が七年間も帰郷できなかった事情を長々と語った。

現代語訳・品詞分解

勝四郎も（あまりのことに）気が動転してしばらくは口もきけなかったが、少したって言うには、「（あなたが）今までこのように（無事で）いらっしゃると思ったならば、どうして長い年月を（他国で）過ごそうか。（いや、過ごしはしない。）先年、都にいた頃、鎌倉の戦乱（のこと）を聞き、

勝四郎 も 心 くらみ て しばし もの を も 聞こえ ざり し が、 やや し て 言ふ は、 「今 まで かく おはす と 思ひ な ば、 など 年月 を 過ぐす べき。 いぬる 年、 京 に あり つる 日、 鎌倉 の 兵乱 を 聞き、
名 係助 名 動・四・用 接助 副 名 格助 係助 動・下二・未 助動・消・用 助動・過・体 接助 副 動・サ変・用 接助 動・四・体 係助 名 副助 副 動・サ変・終 格助 動・四・用 助動・完・未 接助 副 名 格助 動・四・終 助動・意・体 連 名 名 格助 動・ラ変・用 助動・完・体 名 名 格助 名 格助 動・四・用

御所方の軍勢が敗れたので、（御所方は）総州に逃げて防戦なさる。管領方がこれを追撃するのが差し迫っているという（話であった）。その（話を

御所 の 師 潰え しか ば、 総州 に 避け て ふせぎ 給ふ。 管領 これ を 責むる こと 急なり と いふ。 その
名 格助 名 動・下二・用 助動・過・已 接助 名 格助 動・下二・用 接助 動・四・用 補動・四・終 名 代 格助 動・下二・体 名 形動・ナリ・終 格助 動・四・終 代 格助

語釈・文法

心《こころ》くらみて　（あまりのことに）気が動転して。

ものをも聞《き》こえざりしが　口もきけなかったが。「聞こゆ」は、「言ふ」の雅語として用いられている。

ややして　少したって。しばらくして。「やや」は、少し、いくらか、の意。

かくおは《ワ》す　このように無事でいらっしゃる。「おはす」は「あり」の尊敬語。

いぬる年《とし》　先年。「いぬる」は、ナ変動詞「いぬ（往ぬ・去ぬ）」の連体形から転じた連体詞。過ぎ去った、去る、の意。

潰《つい》えしかば　敗れたので。

管領《かんれい》　室町幕府の職名。ここは、東国統治のた

聞いた)翌日、雀部と別れて、陰暦八月の初めに都を出発して、
明日 雀部 に 別れ て、 八月 の 初め 京 を 立ち て、
名 名 格助 動・下二・用 接助 名 格助 名 名 格助 動・四・用 接助

木曽路を(下って)来ると、(途中で)大勢の山賊に取り囲まれて、衣服も
木曽路 を 来る に、 山賊 あまた に 取りこめ られ、 衣服
名 格助 動・カ変・体 接助 名 副 格助 動・下二・未 助動・受・用 名

金銀も全て奪い取られ、命だけはやっと助かった。
金銀 残りなく 掠め られ、 命 ばかり を からうじて
名 形・ク・用 動・下二・未 助動・受・用 名 副助 格助 副

そのうえ里人の語るのを聞くと、東海道、東山道
助かり ぬ。 かつ 里人 の 語る を 聞け ば、 東海、 東山
動・四・用 助動・完・終 接 名 格助 動・四・体 格助 動・四・已 接助 名 名

は全て新しい関所を設けて人(の往来)を止めているとのこと。
の 道 は すべて 新関 を 据ゑ て 人 を とどむる よし。
格助 名 係助 副 名 格助 動・下二・用 接助 名 格助 動・下二・体 名

さらに、昨日は都から節度使もお下りになって、(管領の)上杉
また、 昨日 京 より 節刀使 も 下り 給ひ て、 上杉 に
接 名 名 格助 名 係助 動・四・用 補動・四・用 接助 名 格助

方に加勢し、総州の陣地にお向かいになった(という)。故郷の辺りは
与し、 総州 の 陣 に 向かは せ 給ふ。 本国 の
動・サ変・用 名 格助 名 格助 動・四・未 助動・尊・用 補動・四・終 名 格助

とっくに焼き払われ、(軍の)馬の蹄に踏みにじられない所
辺り は 疾くに 焼きはらは れ、 馬 の 蹄 尺地 も
名 係助 副 動・四・未 助動・受・用 名 格助 名 名 係助

は少しもないと(人が)語るので、もはや(あなたも戦火のために)灰になってし
間なし と 語る に より て、 今 は 灰塵 と や なり
形・ク・終 格助 動・四・体 格助 動・四・用 接助 名 係助 名 格助 係助 動・四・用

まわれただろうか、(あるいは)海に(飛び込んで)沈んでしまわれただろうかと、いちずに
給ひ けん、 海 に や 沈み 給ひ けん と
補動・四・用 助動・過推・体 名 格助 係助 動・四・用 補動・四・用 助動・過推・体 格助

(あなたは死んだものと)思い諦めて、再び都に上ってからは、
ひたすらに 思ひとどめ て、 また 京 に 上り ぬる より、
形動・ナリ・用 動・下二・用 接助 副 名 格助 動・四・用 助動・完・体 格助

めに設けた関東管領のこと。

急《きゅう》なり　差し迫っているさま。

木曽路《きそじ》　中山道の一部。木曽街道。

取《と》りこむ　取り囲む。包囲する。

掠《かす》められ　奪い取られ。

からう《ロウ》じて　やっとのことで。

かつ　添加の接続詞。そのうえ。それに加えて。「かつ」は、もともと二つのことが並行して起きたり、続けて起きたりする様子を表す副詞で、①一方では、②すぐに、③わずかに、④既に、前もって、などの意を表す。接続詞としての用法は近世に生じた。

新関《しんせき》　新たに造り構えた関所。各地の豪族が、自分の領土を確保するために造ったものか。

よし　「由」と書き、ここでは、趣旨、事の次第、などの意。

本国《ほんごく》　故郷。下総国葛飾郡の真間の郷。

灰塵《かいじん》　灰と燃えがら。物が滅び尽きたさまをいうが、ここでは戦火によって亡くなることをいう。

ひたすらに　いちずに。

思《おも》ひ《イ》とどめて　思い込んで。妻が死んだものと思い諦めて。

他人の家に身を寄せ、衣食の世話を受けて七年を過ごした。近頃むやみに(故郷が)懐かしくなったので、せめて(あなたの)亡き跡だけでも見たいと思って帰ってきたのだけれども、こうしてこの世に無事でいらっしゃるだろうとは全く思わなかったことだ。巫山の雲、漢宮の幻(の故事のように、夢か幻)ではなかろうか。」と同じことを繰り返す話は終わりがない。(いつまでも続く。)

人(名) に(格助) 餬口ひ(動・四・用) て(接助) 七年(名) は(係助) 過ぐし(動・四・用) けり(助動・過・終)。このごろ(名) すずろに(形動・ナリ・用) もの(名) の(格助) なつかしく(形・シク・用) あり(補動・ラ変・用) しか(助動・過・已) ば(接助)、せめて(副) その(代) 跡(名) を(格助) も(係助) 見(動・上一・用) たき(助動・希・体) まま(名) に(格助) 帰り(動・四・用) ぬれ(助動・完・已) ど(接助)、かくて(副) 世(名) に(格助) おはせ(動・サ変・未) ん(助動・推・終) と(格助) は(係助) ゆめゆめ(副) 思は(動・四・未) ざり(助動・消・用) し(助動・過・体) なり(助動・断・終)。巫山(名) の(格助) 雲(名)、漢宮(名) の(格助) 幻(名) に(助動・断・用) も(係助) あら(補動・ラ変・未) ざる(助動・消・体) や(係助)。」と(格助) 繰り言(名) 果て(名) し(副助) ぞ(係助) なき(形・ク・体)。

餬口《くちもら》ひ《ィ》て 「餬口ふ」は、寄食する、生活の面倒を見てもらう、の意。

すずろに わけもなく。むやみと。

せめてその跡《あと》をも見《み》たきままに せめてあなたの亡くなった跡だけでも見たいと思って。たとえ妻が亡くなったにしても、せめてその跡だけでも弔いたいという気持ち。

ゆめゆめ 下に打消の語を伴って、少しも(…ない)、全く(…ない)、の意を表す副詞。

漢宮《かんきゅう》の幻《まぼろし》にもあらざるや 漢宮の幻ではなかろうか。「や」は疑問の係助詞。宮木の無事を喜びつつも、あまりに意外で、現実の出来事だと信じきれずにいるのである。

繰《く》り言《こと》 同じことを繰り返してくどくど言うこと。めんめんとして尽きない話。

第五段落 (二八八・10〜二八九・6)

段意

勝四郎の繰り言が終わると、今度は妻宮木が涙を抑えて、この七年間、不義の生き恥だけはさらすまいと、幾度もつらく危険な目を耐え忍び、逃れてきたことを涙ながらに語る。勝四郎は、「夏の夜は短いから、積もる話はまた明日のことにして」と妻を慰め、その夜は二人抱き合って寝たのであった。

現代語訳・品詞分解

妻は、涙をおしとどめて、「いったんお別れ申し上げてより後は、(あなたとの再会を)頼みにしていた秋になる前に恐ろしい世の中となって、

妻(名)、涙(名) を(格助) とどめ(動・下二・用) て(接助)、「ひとたび(名) 別れ(動・下二・用) 参らせ(補動・下二・用) て(接助) 後(名)、たのむ(動・四・体) の(格助) 秋(名) より(格助) 前(名) に(格助) 恐ろしき(形・シク・体) 世の中(名) と(格助) なり(動・四・用) て(接助)、

語釈・文法

別《わか》れ参《まい》らせて後《のち》 お別れ申し上げてより後は。「参らす」は、謙譲の補助動詞。

虎狼《ころう》の心《こころ》 虎や狼《おおかみ》のような貪欲残忍な心。

寡《やもめ》 結婚していない人。また、配偶者を失った

里人は皆家を捨てて海に漂い逃れ、山に隠れ住んだので、
里人　は　みな　家　を　捨て　て　海　に　漂ひ　山　に　隠れ
名　係助　名　名　格助　動・下二・用　接助　名　格助　動・四・用　名　格助　動・四・已

まれに残っている人といえば、　多くは虎狼の（ような恐ろしい）心
ば、　たまたまに　残り　たる　人　は、　多く　虎狼　の　心
接助　副　動・四・用　助動・存・体　名　係助　形・ク・用　名　格助　名

があって、　（私が）このように寡婦になったのを好都合と思ったのか、
あり　て、　かく　寡　と　なり　し　を　たより　よし　と
動・ラ変・用　接助　副　名　格助　動・四・用　助動・過・体　格助　名　形・ク・終　格助

言葉を工夫して誘惑してきたけれども、　玉として砕け散る（＝貞操を守って
や、　言葉　を　巧み　て　いざなへ　ども、　玉　と　砕け　て　も
係助　名　格助　動・四・用　接助　動・四・已　接助　名　格助　動・下二・用　接助　係助

死ぬ）としても、瓦が完全である（＝不義をして醜く生き永らえる）ことは見習うまいと、幾度つらい目を
瓦　の　全き　に　は　ならは　じ　ものを　と、　いくたび　か
名　格助　形・ク・体　格助　係助　動・四・未　助動・消意・体　終助　格助　名　係助

耐え忍んできたことか。　天の川が（冴えわたって）秋の到来を知らせても、あなたは
辛苦　を　忍び　ぬる。　銀河　秋　を　告ぐれ　ども　君　は
名　格助　動・上二・用　助動・完・体　名　名　格助　動・下二・已　接助　代　係助

お帰りにならない。　冬を待ち、　春を迎えても（あなたからの）便りは
帰り　給は　ず。　冬　を　待ち、　春　を　迎へ　て　も
動・四・用　補動・四・未　助動・消・終　名　格助　動・四・用　名　格助　動・下二・用　接助　係助

ない。　このうえは都に上って（あなたを）お探し申し上げようと思いましたが、
消息　なし。　今　は　京　に　上り　て　尋ね　参らせ　ん
名　形・ク・終　名　係助　名　格助　動・四・用　接助　動・下二・用　補動・下二・未　助動・意・終

（大の）男でさえ通行を許さない（厳しい）関所の守りを、
と　思ひ　しか　ど、　丈夫　さへ　宥さ　ざる　関　の　鎖
格助　動・四・用　助動・過・已　接助　名　副助　動・四・未　助動・消・体　名　格助　名

どうして（か弱い）女の身で越えることができようか（いや、できない。そんな）道はあるまいと（思
を、　いかで　女　の　越ゆ　べき　道　も　あら　じ　と、
格助　副　名　格助　動・下二・終　助動・可・体　名　係助　動・ラ変・未　助動・消推・終　格助

い直して）、軒端の松を眺め、待つかいのないこの家で、　狐や、　ふくろうを友として今日まで過ごし
軒端　の　松　に　かひなき　宿　に、　狐、　梟　を　友　と　し
名　格助　名　格助　形・ク・体　名　格助　名　名　格助　名　格助　動・サ変・用

人。男性・女性ともにいう。

たよりよし　好都合だ。便宜がよい。

玉《たま》と砕《くだ》けても瓦《かわら》の全《また》きにはならは《ワ》じものを　「玉と砕く」とは、貞操を守るために潔く死ぬこと。「瓦の全し」とは、不義をして醜く生き永らえること。「瓦」は、「玉」との対比で、無価値なもののたとえ。不義をしてまで生き続けるくらいならば、貞操を守って死んだほうがよい、という考え方。「ならふ」は、見習う、まねる、の意。

銀河《ぎんが》秋《あき》を告《つ》ぐれども　天の川が冴《さ》えわたり、秋の到来を知らせても。天の川で牽牛《けんぎゅう》星と織女《しょくじょ》星の会う七夕《たなばた》の季節が近づいても、私はあなたと会えない、の意を含んでいる。

今《いま》は　このうえは。もう今となっては。

丈夫《ますらお》さへ宥《ゆる》さざる関《せき》の鎖《とざし》を　男でさえ通行を許さない厳しい関所の守りを。

いかで女《おんな》の越《こ》ゆべき道《みち》もあらじ　「いかで」は反語の副詞で、「越ゆべき」にかかり、普通はここで切れるところを、さらに下に続けたもの。

軒端《のきば》の松《まつ》にかひ《イ》なき宿《やど》に　軒端の松を相手にして、待つかいもないこの家で。「松」に「待つ」を掛けている。

てきました。（こうしてお目にかかれた）今は長年の恨

て今日までは過ぐしぬ。今は長き恨みも

接助 名 副助 係助 動・四・用 助動・完・終 名 係助 形・ク・体 名 係助

みも晴れ晴れとしたことがうれしゅうございます。（古歌に

はればれとなりぬることのうれしく侍り。あふ

副 動・四・用 助動・完・体 名 格助 形・シク・用 補動・ラ変・終 動・四・体

あるように再び）会う時を待つうちに焦がれ死んだならば、（その情けが）相手に知られず恨めしいこと

を待つ間に恋ひ死なんは人知らぬ恨み

格助 動・四・体 名 格助 動・ナ変・未 助動・仮・体 係助 名 動・四・未 助動・消・体 名

でしょう。」と（言って）、再び、声をあげて泣くのを、（勝四郎は）「（夏の）夜は短

なるべし。」と、また、よよと泣くを、「夜こそ短き

助動・断・体 助動・推・終 格助 副 副 動・四・体 格助 名 係助 形・ク・体

いから（また明日のことにしよう）。」と言って慰めて、いっしょに床についた。

に。」と言ひ慰めて、ともに臥しぬ。

接助 格助 動・下二・用 接助 名 格助 動・四・用 助動・完・終

あふを《ウ》待《ま》つ間《ま》に恋《こ》ひ《イ》死《し》なんは　（再び）会える時を待つうちに、焦がれ死にでもしてしまったならば。「恋ひ死ぬ」は、恋い焦がれて死ぬこと。

人《ひと》知《し》らぬ恨《うら》みなるべし　相手に自分の心を知ってもらえず恨めしいことでありましょう。

泣《な》くを　後の「言ひ慰めて」にかかる。

■第六段落（二八九・7〜14）

段意

翌朝、長い旅の疲れでぐっすりと寝ていた勝四郎が目覚めると、屋根は風に吹きめくられて、有明《ありあけ》の月さえも望めるのである。昨夜見た我が家は見る影もなく荒れ果て、家中がまるで草深い秋の荒野であった。

現代語訳・品詞分解

松風が（破れた）窓の障子紙をすすり泣くように吹き鳴らして夜通し涼しいうえに、長い旅に

窓の紙松風をすすりて夜もすがら涼しきに、道の

名 格助 名 名 格助 動・四・用 接助 副 形・シク・体 接助 名 格助

疲れ、（勝四郎は）ぐっすりと眠っていた。五更の空が（白々と）明けゆく頃、

長手につかれ、熟く寝ねたり。五更の天明けゆく

名 格助 動・下二・用 形・ク・用 動・下二・用 助動・存・終 名 格助 名 動・四・体

夢見心地にもなんとなく寒かったので、夜

ころ、現なき心にもすずろに寒かりければ、衾

名 形・ク・体 名 格助 係助 形動・ナリ・用 形・ク・用 助動・過・已 接助 名

具を掛けようと探る手先に、何であろうか、さらさら

被かんと探る手に、何物にや、籟々と

動・四・未 助動・意・終 格助 動・四・体 名 格助 名 助動・断・用 係助 副

語釈・文法

夜《よ》もすがら　夜通し。一晩中。「すがら」は、その間ずっと、の意を表す接尾語。

熟《うま》く寝《い》ねたり　ぐっすりと眠っていた。

現《うつつ》なき心《こころ》　夢見心地。

すずろに　なんとなく。

衾《ふすま》被《かず》かんと　夜具を掛けようと。「衾」は、夜具、掛け布団。「被く」は、頭からかぶる、の意。

何物《なにもの》にや　何だろうか。下に「あらん」などが省略されている。

と音がするので目が覚めた。顔にひんやりと(冷たく)何かがこぼれてく

音　する　に　目　覚め　ぬ。　顔　に　ひやひやと　物　の

名　動・サ変・体　接助　名　動・下二・用　助動・完・終　名　格助　副　名　格助

るのを、　雨が漏ったのかと見ると、　屋根は

こぼるる　を、　雨　や　漏り　ぬる　か　と　見れ　ば、　屋根

動・下二・体　格助　名　係助　動・四・用　助動・完・体　係助　格助　動・上一・已　接助　名

風に吹き払われているので、　有明の月がほの白く(空に)

は　風　に　まくら　れ　て　あれ　ば、　有明月　の　白み

係助　名　格助　動・四・未　助動・受・用　接助　補動・ラ変・已　接助　名　格助　動・四・用

残っているのも見える。　家は扉もあるかないか(分からないほど荒れ果てている)。

て　残り　たる　も　見ゆ。　家　は　扉　も　ある　や　なし。

接助　動・四・用　助動・存・体　係助　動・下二・終　名　係助　名　係助　動・ラ変・体　係助　形・ク・終

簀子の床が腐って崩れている隙間から、　荻や、薄が高く生え出ていて、

簀垣　朽ちくづれ　たる　間　より、　荻、　薄　高く　生ひ出で　て、

名　動・下二・用　助動・存・体　名　格助　名　名　形・ク・用　動・下二・用　接助

(それらから)朝露がこぼれ落ちるので、(勝四郎の)袖はびっしょり濡れて絞るほどであった。

朝露　うちこぼるる　に、　袖　湿ち　て　しぼる　ばかり　なり。

名　動・下二・体　接助　名　動・上二・用　接助　動・四・体　副助　助動・断・終

壁にはつたや、　葛がはいまつわり、　庭は雑草に埋もれて、　秋

壁　に　は　蔦、　葛　延ひかかり、　庭　は　葎　に　埋もれ　て、　秋

名　格助　係助　名　名　動・四・用　名　係助　名　格助　動・下二・用　接助　名

でもないのに(まるで古歌にある秋の)野原のような(荒れ果てた)家であったよ。

なら　ね　ども　野ら　なる　宿　なり　けり。

助動・断・未　助動・消・已　接助　名　助動・断・体　名　助動・断・用　助動・嘆・終

物《もの》のこぼるるを　何かがこぼれてくるのを。「物」は、それが何なのかがはっきりしないので、漠然とそう言ったのである。

雨《あめ》や漏《も》りぬるか　第三段落の「その人やいますか」と同様、破格の用法である。本来は「雨や漏りぬる」で係り結びとなり、「か」は必要ない。秋成《あきなり》がよく用いる表現である。

有明月《ありあけづき》　陰暦十六日以後の月で、夜が明けても空に残っている月。

扉《と》もあるやなし　扉もあるかないか分からないほど荒れ果てている。「あるやなし」は、ないに等しい、の意。

簀垣《すがき》　「簀掻《が》き」が正しい。簀子《すのこ》のように、竹や板を隙間を置いて張った床。

湿《ひ》つ　濡《ぬ》れる。水に漬かる。

葎《むぐら》　つる草の総称。ここは雑草一般を指す。

秋《あき》ならねども野《の》らなる宿《やど》なりけり　秋でもないのに、荒れ果てた秋の野原のように草深い住居であったよ。「けり」は、初めて気がついたという驚きを表す詠嘆の助動詞で、なんと…であったよ、の意。

■第七段落（二八九・15〜二九〇・12）

段意　気がつくと、昨夜いっしょに寝た妻の姿はない。やはり妻は死んでいて、妻の霊魂が現れたのかと悲しみながら辺りを調べると、昔の寝間の跡に築かれた塚の傍らに、妻が最期に記した歌を見いだした。

現代語訳・品詞分解

それにしても（いっしょに）寝ていた妻はどこに行ったのだろうか、
さて（副）　しも（副助）　臥し（動・四・用）　たる（助動・存・体）　妻（名）　は（係助）　いづち（代）　行き（動・四・用）　けん、（助動・過推・体）

（姿が）見えない。
見え（動・下二・未）　ず。（助動・消・終）

狐などのしわざであろうかと思って（辺りを見回すと）、
狐（名）　など（副助）　の（格助）　しわざ（名）　に（助動・断・用）　や（係助）　と（格助）　思へ（動・四・已）　ば、（接助）

こんなに荒れ果ててはいるが、
かく（副）　荒れ果て（動・下二・用）　ぬれ（助動・完・已）　ど、（接助）

以前住んでいた家に相違なく、
もと（名）　住み（動・四・用）　し（助動・過・体）　家（名）　に（格助）　違は（動・四・未）

で、（接助）

広々と造った奥の部屋の辺りから、
広く（形・ク・用）　造りなせ（動・四・已）　し（助動・過・体）　奥わたり（名）　より、（格助）

端の方の、
端（名）　の（格助）　方、（名）

稲倉まで（自分の）気に入っていたままの様子である。
稲倉（名）　まで（副助）　好み（動・四・用）　たる（助動・存・体）　まま（名）　の（格助）　さま（名）　なり。（助動・断・終）

（勝四郎は）途方に暮れて自分が立っている所さえ分からないようであったが、
呆れ（動・下二・用）　て（接助）　足（名）　の（格助）　踏所（名）　さへ（副助）　忘れ（動・下二・用）　たる（助動・存・体）　やうなり（助動・比・用）　し（助動・過・体）　が、（接助）

よくよく考えてみると、
つらつら（副）　思ふ（動・四・体）　に、（接助）

妻は既に死んで、
妻（名）　は（係助）　すでに（副）　死り（動・四・用）　て、（接助）

今では狐狸が住み替わって、
今（名）　は（係助）　狐狸（名）　の（格助）　すみかはり（動・四・用）　て、（接助）

このように野原同然の（荒れ果てた）家となっているため、
かく（副）　野ら（名）　なる（助動・断・体）　宿（名）　と（格助）　なり（動・四・用）　たれ（助動・存・已）　ば、（接助）

怪しいものが化けて、
あやしき（形・シク・体）　鬼（名）　の（格助）　化し（動・サ変・用）　て、（接助）

（妻の）生前の姿を見せたのであろう、
ありし（連）　形（名）　を（格助）　見せ（動・下二・用）　つる（助動・完・体）　に（助動・断・用）　て（接助）　ぞ（係助）　ある（補動・ラ変・体）　べき、（助動・推・体）

もしやまた、
もし（副）　また、（副）

自分を慕う妻の霊魂が（あの
我（代）　を（格助）　慕ふ（動・四・体）　魂（名）

語釈・文法

さてしも　それにしても。

しわざにや　下に「あらん」などが省略されている。

造《つく》りなせし　本来ならば、「造りなしし」とあるべきところ。過去の助動詞「き」は原則として連用形接続であるから、已然《いぜん》形に接続しているのは破格の用法である。

奥《おく》わたり　奥の辺り。

稲倉《いなぐら》　稲を収める倉庫。

呆《あき》れて足《あし》の踏所《ふみど》さへ《エ》忘《わす》れたるやう《ヨウ》なりしが　茫《ぼう》然《ぜん》として自分がどこに立っているのかも忘れたようであったが。「呆る」は、意外な事態に直面して、正常な判断力を失うこと。途方に暮れる。「踏所」は、足の踏み場、の意。

つらつら思《おも》ふ《ウ》に　よくよく考えてみると。「妻はすでに…つゆ違《たが》はざりしよ」が考えた内容。

死《まか》りて　「まかる」は「身罷《みまか》る」の「身」を省いた形で、死ぬ、の意。「死《まか》る」は当て字。

あやしき鬼《もの》の化《け》して　怪しいものが化けて。「鬼」は、人に取りつく死霊・生霊などをいう。

ありし形《かたち》　生前の妻の姿。

もしまた　もしやまた。「もし」を強めた言い方。第二、第三の想像を示すのにも用いる。

魂《たま》　亡妻の霊魂。

世から)帰ってきて夫婦の語らいをしたのであろうか、(いずれにせよ)予想
の　かへり来たり　て　語り　ぬる　もの　か、　思ひ　し
格助　動・四・用　接助　動・四・用　助動・完・体　名　係助　動・四・用　助動・過・体

していたことは少しも違わなかったよと(思って)、(あまりのことに)全く涙
こと　の　つゆ　違は　ざり　し　よ　と、　さらに　涙　さへ
名　格助　副　動・四・未　助動・消・用　助動・過・体　間助　格助　副　名　副助

さえ出ない。(昔のままなのは自分だけなのかと)「わが身ひとつはもとの身にして」と(いう
出で　ず。　わ　が　身　ひとつ　は　もと　の　身　に
動・下二・未　助動・消・終　代　格助　名　名　係助　名　格助　名　助動・断・用

古歌の気持ちをかみしめながら家の中を)歩き回っていると、昔は寝室であった所の床を取り払って、
して　と　歩みめぐる　に、　昔　閨房　に　て　あり　し
接助　格助　動・四・体　接助　名　名　助動・断・用　接助　補動・ラ変・用　助動・過・体

土を積んで塚としてあり、
所　の　簀子　を　はらひ、　土　を　積み　て　塚　と　し、
名　格助　名　格助　動・四・用　名　格助　動・四・用　接助　名　格助　動・サ変・用

(そこには)雨露を防ぐ設備もある。昨夜の亡霊はここから(現れたの)かと思う
雨露　を　防ぐ　設け　も　あり。　夜　の　霊　は　ここもと
名　格助　動・四・体　名　係助　動・ラ変・終　名　格助　名　係助　代

と恐ろしくもあり、また懐かしくもある。手向けの水を供える道具を設けた
より　や　と　恐ろしく　も　かつ　なつかし。　水向け　の　具　ものせ
格助　係助　格助　形・シク・用　係助　副　形・シク・終　名　格助　名　動・サ変・未

中に、(墓標代わりに)木片を削ったものに、那須野紙で、たいそ
し　中　に、　木　の　端　を　削り　たる　に、　那須野紙　の
助動・過・体　名　格助　名　格助　名　格助　動・四・用　助動・完・体　格助　名　格助

う古くなって、文字も所々消えて読み取りにくい紙(が貼り付けてある)、
いたう　古び　て、　文字　も　むら消え　し　て　ところどころ
副　動・上二・用　接助　名　係助　名　動・サ変・用　接助　名

(それをよくよく見れば)確かに妻の筆跡である。戒名というも
見定め難き、　まさしく　妻　の　筆　の　跡　なり。　法名　と
形・ク・体　形・シク・用　名　格助　名　格助　名　助動・断・終　名　格助

のも(死去の)年月も書き記さないで、一首の歌に末期の心境を哀れに
いふ　もの　も　年月　も　記さ　で、　三十一字　に　末期
動・四・体　名　係助　名　係助　動・四・未　接助　名　格助　名

語《かた》りぬるものか　夫婦の語らいをしたのであろうか。「語りぬる」は、単に「話した」という意ではなく、夫婦の情を交わしたことを指す。

さらに涙《なみだ》さへ《ェ》出《い》でず　あまりのことに全く涙さえ出ない。「さらに」は、下に打消の語を伴って、全く、決して、の意を表す副詞。

わが身《み》ひとつはもとの身《み》にして　戦乱で村は荒廃し、家は廃墟《はいきょ》と化し、愛する妻も死んでしまったのに、自分だけは昔のままだ、の意。

閨房《ふしど》　寝室。「閨」は夫人の居所、「房」は部屋、の意。

簀子《すのこ》をはらひ《イ》　床を取り払って。「簀子」は、ここでは、床板を指す。

雨露《あめつゆ》を防《ふせ》ぐ設《もう》け　雨露を防ぐ設備。

ここもとよりや　ここから現れたのか。下に「出でけん」などの語が省略されている。

ものせし中《なか》に　「ものす」は、いろいろな動詞の代わりに用いる語で、ここは、供える、設ける、などの意。

むら消《ぎ》えして　所々消えて。あちこち消えて。

見定《みさだ》め難《がた》き　この後に「を貼りたる」を補って解釈するとよい。木片に、読み取りにくい文字の書かれた紙が貼り付けてあるということ。

法名《ほうみょう》　戒名。死者につける諡《おくりな》。

年月《としつき》　死んだ年月。

も述べてある。

の 心 を あはれに も 述べ たり。
格助 名 格助 形動・ナリ・用 係助 動・下二・用 助動・存・終

あなたは約束の秋に帰ってこなかったが、それでもいつかは帰ってきてくれると思う心に欺かれて、よくもこの世に今日という日まで生き永らえてきたものよ。

さりとも と 思ふ 心 に はから れ て 世 に
接 格助 動・四・体 名 格助 動・四・未 助動・受・用 接助 名 格助

も 今日 まで 生け る 命 か
係助 名 副助 動・四・命 助動・存・体 名 終助

さりとも　副詞的に用いて、現状と違うことを希望している意を表す。今まではそうであってもこの次は…だろうと。これからは…だろうと。悲観的な状況にあって一縷《いちる》の望みを抱く気持ちを示す。

世《よ》にも　この世に、の意味のほかに、よくも、などの副詞的意味が加わっている。

命《いのち》か　「か」は詠嘆の終助詞。

■第八段落（二九〇・13～終わり）

段意

勝四郎は、妻の死を確かめると、泣き叫んで倒れ伏した。せめて妻の命日だけでも知りたくて外に出ると、日は高く昇っていた。

現代語訳・品詞分解

（勝四郎は）ここに至って初めて妻の死んだことを理解して、

ここ に 初めて 妻 の 死し たる を 覚り て、
代 格助 副 名 格助 動・サ変・用 助動・完・体 格助 動・四・用 接助

大声をあげて泣き伏す。そうかといって、何年何月何日に死んだのかさえ

大いに 叫び て 倒れ伏す。 さりとて 何 の 年 何 の
形動・ナリ・用 動・四・用 接助 動・四・終 接 代 格助 名 代 格助

分からない情けなさよ、

月日 に 終はり し さへ 知ら ぬ あさましさ よ、
名 格助 動・四・用 助動・過・体 副助 動・四・未 助動・消・体 名 間助

誰か知っているだろうかと（思って）、涙を抑えて（外に）出ると、

人 は 知り も や せ ん と、 涙 を とどめ
名 係助 動・四・用 係助 係助 動・サ変・未 助動・推・体 格助 名 格助 動・下二・用

日が高く昇っていた。

て 立ち出づれ ば、 日 高く さし昇り ぬ。
接助 動・下二・已 接助 名 形・ク・用 動・四・用 助動・完・終

語釈・文法

ここに初《はじ》めて　勝四郎は、それまで、夢かうつつかと事の実相が判断できない気持ちであったが、妻の遺筆を見て、ようやく現実としての妻の死を確認しえたのである。

さりとて　そうかといって。逆接を表す。妻の死を嘆き悲しむけれども、その死の詳細は分からない、ということ。「さりとて…知りもやせん」は、勝四郎の心内語。

あさましさよ　情けなさよ。「あさまし」は、事の意外さに、驚きあきれる気持ちを表す。「さ」は、程度や状態を表す名詞を作る接尾語。

人《ひと》は知《し》りもやせん　誰か知っているだろうか。

鑑賞

この作品は、一見、勝四郎が主人公のように見えるが、物語に占める位置からいえば、宮木こそが真の主人公であろう。美しく気立てもしっかりした女性であり、夫の軽はずみな決心を危ぶみ、引き止めようとする沈着な洞察力も持っている。そして、諫《いさ》めを振り切って旅立った夫の帰りを、貞節を守り待ち続ける。そこへ戦乱の重圧がのしかかり、ついには死んでしまうわけだが、幽鬼となってなお夫の帰りを待つのである。これを支えているのは、夫への強い愛情である。かくして、「浅茅が宿」は、単なる「怪異談」の域を超えて、いちずな愛を貫く純情の美しさと、「性《さが》」の引き起こす悲劇に翻弄される人間の哀《かな》しさを描き出した作品になっているといえよう。

作品の魅力をさらに引き立てるのが文章表現の巧みさである。二人が再会する場面は、中国の故事を引用し、古歌を踏まえて格調高い古典的文体で語られている。また、第六段落で眠りから覚めた勝四郎が目にした光景の描写は、『雨月物語』の中の圧巻とされるところである。

教科書の問題（解答・解説）

教科書 二九一ページ

❓教科書本文下に示された問題

❓**「その人」とは誰のことか。**（p.二八七）

解答　妻の宮木

❓**「思ひしこと」とは、どのようなことか。**（p.二九〇）

解答　家は荒れ果て、妻の宮木も既に死んでいること。

■学習の手引き

❶**勝四郎の「ものにかかはらぬ性」**（二八四・2）**とはどのような性格か。また、それは勝四郎のどのような行動に表れているか。**

解答　・性格＝物事に執着しない淡々とした性格。実生活においては有能といえず、思慮もやや不足している。

・行動＝①家業の農作を嫌う。（こつこつ積み上げていく農作業を面倒がる。）②家運の傾きを自覚してではなく、親戚に疎んじられたことによって発憤する。（自省や思慮に欠ける。）③田畑を売り払って、絹の商売につぎ込む。（失敗の危険を考えず、一攫千金《いっかくせんきん》を夢見る。）④妻の諫言《かんげん》を聞き入れず、また、留守中の妻の心細さも気にかけない。（妻の心情をくみとることができない。）⑤東国争乱のうわさを聞いて妻は死んだものと思い込み、帰郷しないまま他人に寄食して七年の歳月を過ごす。（帰郷に執着せず、状況に流される。）

❷**次の部分には、宮木のどのような心情が込められているか。**

解答 (1)「あふを待つ間に恋ひ死なんは人知らぬ恨みなるべし。」＝夫と生きて再会を果たし思いを伝えることができなかったことが残念であり、遅すぎる夫の帰郷を悲しく恨めしく思う心情。

(2)「さりともと思ふ心にはかられて世にも今日まで生ける命か」＝ただひたすらに夫の帰りを待ちわび、必ず帰ってくると信じながらも、ついに再会できずに死んでゆく自分の哀れさを自分でいとおしむ、わびしく切ない心情。

❸故郷に帰ってきてからの勝四郎の心情の変化をまとめよう。

解答 ①荒れ果てた村の様子に困惑するが、我が家の目印の松を見つけてうれしく思う。②家から漏れる光を見て、妻が健在で住んでいるのかもしれないと、期待と不安で胸をどきどきさせる。③その声を聞き姿を見て、思いもよらぬ妻の生存と変貌に驚き、気が動転して口もきけない。④互いの事情を話した後に共寝するが、翌朝目覚めると、家は荒れ果てて妻は消えているので、狐などに化かされたのかと思う。⑤自分を慕って妻の亡霊が現れたのかと恐ろしくも懐かしくも思う。⑥塚と辞世の和歌を発見し、妻の死を実感して嘆き悲しむ。⑦妻の死の経緯を知りたいと思って、事情を知る人を探す。

■語句と表現

①次の傍線部の後に省略されている言葉を、現代語で補おう。

解答 (1) 命だにとは思ふものの →保てればまた会うこともできる

(2) 夜こそ短きに。→話はまた明日にしよう

(3) さりともと思ふ心に →いつかは帰ってきてくれる

[解説] (3)「さりとも」は動詞「さり（然り）」＋接続助詞「とも」が一語化した接続詞。ここでの「さり」は、勝四郎が約束の秋になっても帰っていない現状を指し、その現状とは異なる未来を希望する意を言外に込める。

出典・作者

出典 『雨月《うげつ》物語』 江戸時代中期の読本《よみほん》。安永《あんえい》五年（一七七六）刊行。中国の白話《はくわ》（口語体）小説を題材に、日本の古典の要素も取り入れて創作した九編の怪異小説を収める。人間の精神の内面を深く掘り下げ、幽明の世界を舞台に抑圧された人間の情念を幻想的に描き出している。文体は、和漢の古典への深い造詣に基づいた格調高い美文で、話の内容や場面によって、漢文調・和文調が効果的に使い分けられている。

作者 上田《うえだ》秋成《あきなり》（一七三四—一八〇九） 江戸時代中期の国学者・歌人・俳人・読本作者。二十歳頃から俳諧を学び和歌にも親しむ。三十代で小説を書き始め、漢学や国学も学んだ。与謝蕪村《よさぶそん》ら多くの文人とも交流があった。読本『春雨《はるさめ》物語』、随筆『胆大小心録《たんだいしょうしんろく》』、歌文集『藤簍冊子《つづらぶみ》』などがある。

10 古典の注釈

●複数の注釈の内容を的確に捉え、古典を解釈するということについて考察を深める。
●古典がどのように受け継がれてきたのかを知り、古典に対する理解を深める。

『小倉《おぐら》百人一首』の注釈を読む

教科書 二九四～二九八ページ

課題1 「奥山に…」の歌に関する次のA～Cの文章を読み、後の問いに答えよう。

5 奥山に紅葉踏み分け鳴く鹿の声聞く時ぞ秋はかなしき　猿丸大夫《さるまるたいふ》

現代語訳

A　この「紅葉踏み分け」と詠んでいるのは、秋がすっかり深まってからの落ち葉ではない。木の葉は奥深い山からまず色づいて、人里に近い山は後から色づくものであることに加えて、山では秋が来るとすぐに（木の葉が）一枚ずつ散り始め、それが積もるのである。

『古今和歌集』に、鹿の歌が五首ある中に、この歌は第二にあって、後の三首は萩《はぎ》と詠み合わせてある歌である。萩は秋の中頃に花盛りになるものなので、秋が深まってからの歌ではないことは、これらのことから分かるはずだ。（契沖《けいちゅう》『百人一首改観抄《かいかんしょう》』）

B　「奥山」とあることによって、紅葉の早い遅いことまで言うのは、こだ

語釈・文法

秋更《あきふ》け果《は》てての　秋がすっかり深まってからの。「果つ」は、動詞の連用形に付いて、すっかり…する、の意を表す。

端山《はやま》　人里に近い山。対義語は、「奥山」「深山《みやま》」。

秋《あき》の来《く》るより　秋が来るとすぐに。格助詞「より」は、①動作の起点、②動作の通過点、③比較の基準、④手段・方法、⑤原因・理由、⑥即時（…とすぐに）などの意を表し、ここは⑥の意。

鹿《しか》の歌五首《うたごしゅ》　「奥山に…」以外の四首は、次のとおり。「214山里は秋こそことにわびしけれ鹿の鳴く音《ね》に目をさましつつ（壬生忠岑《みぶのただみね》）」「216秋萩にうらびれをればあしひきの山下と

わりすぎている。

この歌は、『古今和歌集』の秋《あきの》上の巻に入っているので、（秋の末の歌であることを）疑う人がいるが、鹿の歌の篇《へん》なので、秋の末の歌もそこに入っているのである。（このことは）同歌集において、この前の虫の篇でも、落ち葉を詠み合わせた歌があることによって理解できるはずだ。（賀茂真淵《かものまぶち》『宇比麻奈備《ういまなび》』）

C この「声聞く時ぞ」と詠んでいる「時」は、秋のうち、八月、九月、いつであっても、夕べならば夕べ、暁ならば暁、鹿の鳴き声が聞こえる時を指すのであって、おおよその時節を挙げて言っているのではない。「紅葉踏み分け」とあることについて、古来、時候の早晩を議論するのは、こだわりすぎているというべきである。（香川景樹《かがわかげき》『百首異見《いけん》』）

よみ鹿の鳴くらむ（詠み人知らず）」「217秋萩をしがらみふせて鳴く鹿の目には見えずて音《おと》のさやけさ（詠み人知らず）」「218秋萩の花咲きにけり高砂《たかさご》の尾上《おのえ》の鹿は今や鳴くらむ（藤《ふじ》原敏行《わらのとしゆき》）」

なづ《ズ》めり　こだわりすぎである。「なづむ」は、①行き悩む、②悩み苦しむ、③執着する、④ひたむきに思う、などの意があり、ここは③の意。細かいことに執着しすぎているということ。

暁《あかつき》　夜明け前。未明。

解答・解説

❶三つの文章に共通して問題点となっているのは、どのようなことか。

解答　この歌に詠まれている時節は、秋（陰暦八月〜十月）のいつ頃なのかということ。

❷その問題点について、それぞれの文章の筆者が主張していることを、分かりやすくまとめよう。

解答　A＝秋が深まった頃ではない。「奥山」の紅葉は早いので、初秋でも落ち葉は積もっている。

B＝「奥山」を根拠に、時節の早晩までは決められない。

C＝「声聞く時ぞ」の「時」は夕べや暁といった、鹿の声が聞こえる時を指しているのであり、「紅葉踏み分け」について時節の早晩を論じるのは考えすぎだ。

❸その問題点について、自分ならばどのように主張するか、考えよう。

［解説］この歌の情景を秋の初め頃と考えるか、終わり頃と考えるかで、歌の味わいはどう違ってくるだろうか。歌の中の言葉から想像を広げ考えてみよう。この歌は『古今和歌集』では秋歌上に収められており、その配列からは中秋の歌とみることができる。また、注釈書の中には晩秋の寂寥《せきりょう》感を詠んだ歌だとする説もある。

課題2 『小倉百人一首』の「忘れじの…」の歌に関する次の文章（香川景樹『百首異見』）を読み、後の問いに答えよう。

54 忘《わす》れじの行《ゆ》く末《すえ》までは難《かた》ければ今日《きょう》を限《かぎ》りの命《いのち》ともがな
儀同三司母《ぎどうさんしのはは》

現代語訳

(1) 『新古今和歌集』恋三、（詞書《ことばがき》に）「中関白《なかのかんぱく》（藤原道隆《ふじわらのみちたか》）が通い始めました頃」とある。

「忘れまい。」と言った約束が、遠い将来までも守りきれるであろうことは、たいへん難しいので、どうか今終わるような命の極限でもあってほしいよ、そうであるならば、今日の頼りがいのある仲を私の人生の思い出にして、やがて（あなたの心が）変わっていくつらさを経験しないですむだろうから、と詠んでいる。これは、初めての後朝《きぬぎぬ》などに詠んで贈ったものである。上の句は、（相手の）少しも薄情でない心づかいが、たいそううれしいのは心にとどめて（口に出さず）、むしろ行く末がはっきりしないように言い紛らし、下の句は、身を犠牲にしてもよいほどいちずに思い込んだ自分の変わらない心がこのうえないことを表しているのである。

(2) 『改観』に、「たった今、人の心の変わらないうちに死にたい、と詠んだのである。命ほど惜しいものはないけれど、人の心が変わる時を経験することがつらいのでこのように詠んでいる。」といっているのは誤りである。まだ（恋人の心が）変わりそうな予兆もないのに、もしかして変わるだろうかと考えすぎて、逢《あ》ってすぐに死にたいとまで思うものだろうか。（いや、

語釈・文法

今日《きょう》を限《かぎ》りの命《いのち》ともがな　今日が最後となる命であってほしいよ。「と」は格助詞、「もがな」は願望の終助詞。

中関白《なかのかんぱく》通《かよ》ひ《ィ》初《そ》め侍《はべ》りけるころ　この詞書から、結婚当初に詠まれた歌であることが分かる。

遂《と》げんずらん　動詞「遂ぐ」の未然形＋推量の助動詞「んず（むず）」の終止形＋推量の助動詞「らん（らむ）」の連体形。

願《ねが》は《ワ》くは　願うことには。どうか（…してほしい）。後の「今終はらん命の限りにもあれかし」が願う内容。「かし」は念押しの終助詞。

後朝《きぬぎぬ》　男女が一夜を過ごした翌朝。

本《もと》の句《く》　和歌の上の句。

いとも浅《あさ》からぬ心《こころ》ばせ　少しも薄情でない心づかい。つまり、とても深い愛情、の意。

押《お》し込《こ》めて　心にとどめて。口には出さないということ。

なかなか　かえって。むしろ。

末《すえ》の句《く》　和歌の下の句。

操《みさお》　心をかたく守って変えないこと。

『改観《かいかん》』　契沖の『百人一首改観抄』のこと。

死《し》なばや　死にたい。「ばや」は、自己の願望

思わない。）これは、あちら（恋の相手）に向かって言っているのであって、本当に死にたいといちずに思い込んだのではない。むしろうれしさあまった気持ちを詠んだというべきである。

(3) 『初学《ういまなび》』に、「たった今の心を（死んだ）後の思い出にして、命を終わりたいとまで思うということだ。」といっているのは誤りである。「まで思う」と解釈したのでは、かえって本当にそう思い嘆くように思われるのである。これは、歌の（言葉の）ままに死にたいと願うと解釈するべきである。言うまでもなくいちずに思い込んだ、本当でないことははっきりしているので、歌の言葉に表れているとおり（死にたいと）いちずに思っているという方向に解釈をとどめるべきである。これも、（恋人に）贈った歌ということを理解せず、独り真剣に嘆いていると思っているから、（死にたいと願うのは）度が過ぎていることだと思って「まで思う」と繕っているがそれでは、（解釈の方向として）どっちつかずだ。

を表す終助詞。

非《ひ》なり　誤りである。「非」は正しくないこと。

あひ《イ》もあへ《エ》ず　逢ってすぐに。「あひ」は「あふ（逢ふ）」の連用形。「…（も）敢《あ》へず」は、①…できない、②…し終わらない、③…するや否や、などの意があり、ここは③の意。

『初学《ういまなび》』　賀茂真淵の『宇比麻奈備』のこと。意味に応じた漢字で表記したもの。

歌《うた》の表《おもて》　歌の言葉に表れていること。

あまりなること　度を過ぎたこと。

なかなかなり　どっちつかずだ。形容動詞「なかなかなり」は中途半端な状態をいう。ここは、歌に込められた心情を、相手への強い愛情とみるか、相手の愛情に対する不安とみるか、どっちつかずだということ。

解答・解説

❶ (1)に従って「忘れじの…」の歌を解釈しよう。また、景樹はこの歌に込められた作者の心情をどう捉えているか指摘しよう。

解答　・歌の解釈＝あなたは「忘れまい」と約束してくださるが、その約束が遠い先まで守られることは難しいだろうから、今この時に死んでしまいたい。そうすれば、今日の頼りがいのある仲が人生の思い出になり、あなたの心が変わっていくつらさは知らずにすむだろうよ。

・作者の心情＝恋の相手が自分に対して深い愛情を持ってくれていることへのうれしさは心にとどめ、相手の気持ちがいずれ変わることへの不安を述べて、自分は命に代えても心変わりしないということを表そうとしている。

[解説]　歌の作者は高階貴子《たかしなのきし》（藤原伊周《ふじわらのこれちか》の母）で、恋の相手は藤原道隆《みちたか》である。共に一夜を過ごした翌朝、作者が道隆に贈った歌と推測される。道隆が通い始めた頃ということなので、二人は恋の絶頂にあるといえよう。歌を

直訳すると、「『忘れまい。』（という約束）の先々まで（守られること）は難しいので、今日で終わる命であってほしい。」となる。景樹の解釈は、「『忘れじ。』と言へる契りの…憂きをば見ざらんを」（二九七・4〜6）の部分に述べられている。歌の作者の心情としては、「いとうれしきをば押し込めて（表に出さず）」「行く末おぼつかなき方《かた》にいひかすめ（言い紛らし）」「おのが操の限りなきを表せる」と捉えている点を押さえたい。つまり、自らの愛の確かさを示すことに眼目があるというのである。

❷(2)、(3)において、景樹は『改観』、『初学』のどのような点を問題にし、それに対し、どのような意見を述べているか説明しよう。

解答　・『改観』の問題点＝歌の作者が「死にたい」というのは、「人の心の変はる世を見んことの憂き（相手の気持ちが変わる時がつらい）」からだと解釈している点。

・(2)の意見＝この歌は恋の相手に向かって詠んだものなのだから、本当に死にたいと思っているわけではなく、「うれしきあまりをうち出《い》でたり（うれしさの極まった気持ちを表している）」とみるべきである。

・『初学』の問題点＝歌の作者の心情について、今の心を後の思い出にして死んでしまいたいとまで思っている、と悲観的に解釈している点。

・(3)の意見＝「死にたいとまで思う」と解釈したのでは、本当にそう思い嘆いているように感じられる。歌の言葉に「死にたい」とあっても本気で死を願っているわけではないことは明らかである。恋人に贈った歌であることを考慮していないから、作者の心情を読み誤っている。

[解説]　問題点は、(2)・(3)の冒頭で「…に、…といへるは非なり。」という形でそれぞれ明記されている。

歌には、「約束が先々まで守られるのは難しいから、今日のうちに死んでしまいたい」と詠まれているが、「相手の心が変わる時がつらいので」という理由づけは『改観』の解釈である。景樹はそこを疑問視し、「後々のことを思うとつらいから今死にたい」ではなく、「今が幸せの絶頂だから今死にたい」のだと反論する。

『初学』に対する指摘も、おおむね同じである。「死にたいとまで思う」という解釈は、思い詰めた末に死を願っているという印象を与え、「愛されている今が幸せ」という作者の「今の心」とかみ合わないと批判している。

❸この文章を参考にしながら、自分では「忘れじの…」の歌をどのように解釈するか、発表し合おう。

[解説]　「死にたい」という言葉の裏にある作者の心情をどのように読み取るか、歌が詠まれた状況も踏まえつつ、考えてみたい。

課題3 『小倉百人一首』の中の次の歌には、解釈が分かれている部分がある。まずは自分で解釈してみたうえで、古語辞典や参考図書などを使って、解釈の違いについて調べよう。その後、自分の解釈を改めてまとめて発表しよう。

歌を解釈するには、言葉で表現されている内容を正確に捉えたうえで、情景や心情について想像を広げていく必要がある。作者の境遇や歌が詠まれた背景なども調べてみるとよい。

以下に、各歌の一般的な現代語訳と解釈上の留意点を示す。

（参考文献『百人一首 全訳注』講談社学術文庫）

2 春過《はるす》ぎて夏来《なつき》にけらし白妙《しろたえ》の衣《ころも》ほすてふ《チョウ》天《あま》の香具山《かぐやま》
持統天皇《じとうてんのう》

［現代語訳］ 春が過ぎて夏が来てしまったらしい。白妙の衣を干すという天の香具山に。

［語釈］ 白妙《しろたえ》＝白栲《しろたえ》。栲は楮《こうぞ》の繊維で織った布。 てふ《チョウ》＝「といふ」の変化した語。

［留意点］ 『万葉集』の原歌は「春過ぎて夏来たるらし白妙の衣ほしたり天《あめ》の香具山」だが、『百人一首』や『新古今和歌集』では異なる読み方が採られている。写実性や力強さが薄れ、「衣ほすてふ」という伝聞形によって天の香具山の伝説的な世界に思いをはせる趣となっている。「白妙の衣ほす」をあくまで実景として捉える解釈と、比喩表現とする解釈がある。比喩とみる場合にも、何をたとえているかについては、①春霞《はるがすみ》が消えて山がはっきり見える様子、②霞がかかっている様子、③白い卯《う》の花が咲いている様子などの説が提出されている。

17 ちはやぶる神代《かみよ》も聞《き》かず竜田川《たつたがわ》から紅《くれない》に水《みず》くくるとは
在原業平朝臣《ありわらのなりひらあそん》

［現代語訳］ （不思議なことがあったという）神代にも聞いたことがない。竜田川の水を真紅にくくり染めにしたとは。

［語釈］ ちはやぶる＝「神」を導く枕詞《まくらことば》。 から紅《くれない》＝中国や朝鮮半島から渡来した濃く鮮やかな紅色。その美しさを称賛していう語。 くくる＝くくり染め（絞り染め）にする。布の一部を糸でくくったうえで染料に浸し、染まらない部分を作ることで模様にする染め方。

［留意点］ 『古今和歌集』秋下の詞書によると、この歌は、竜田川に紅葉が流れているさまを描いた屏風《びょうぶ》絵を見て詠んだ歌であり、真紅に描かれた川を織物に見立て、竜田

川を擬人化して表現したものと解するのが一般的である。しかし、定家は「水括る《くく》」ではなく「水潜る《くぐ》」、つまり「紅葉が真っ赤に散り敷いた下を水がくぐって流れる」の意に解していたらしい。定家やその時代の人々は実物の紅葉の美しさを詠んだ歌と捉えていたようだ。「水括る」の説を唱えたのは江戸時代の賀茂真淵だが、近世の注釈書においては、業平が見た屏風絵がどのようなものだったかについても、さまざまに議論されている。

18
住《すみ》の江《え》の岸《きし》に寄《よ》る波《なみ》よるさへ《エ》や夢《ゆめ》の通《かよ》ひ《イ》路《じ》人目《ひとめ》よくらむ
藤原敏行朝臣《ふじわらのとしゆきあそん》

【現代語訳】住の江の岸に寄る波の「よる」ではないが、（昼はもちろん）夜までも夢の通い路で人目を避けるのだろうか。

【語釈】住《すみ》の江《え》の岸《きし》に寄《よ》る波《なみ》＝「よる」を導く序詞《じょことば》。よるさへ《エ》や＝「よる」に「夜」と「寄る」を掛ける。「さへ」は添加を表す。　よくらむ＝「避《よ》く」の終止形＋現在推量の助動詞「らむ」の連体形（係助詞「や」の結び）。

【留意点】「よくらむ」の主語を作者とみるか、恋の相手とみるかで二説ある。「夢の通ひ路」は夢の中で恋人のもとへ通う路の意で、当時の婚姻形態から考えると通うのは男性のほうである。したがって、主語を作者とみる場合、人目につくことを避けていて恋人に会いにいこうとしない自分の心をいぶかしんで詠んだ歌ということになる。一方、主語を恋の相手とみる場合、この歌は作者の実感ではなく、恋人の訪れがないことを嘆く女性の心情を想像して詠んだものということになる。

65
恨《うら》みわびほさぬ袖《そで》だにあるものを恋《こい》に朽《く》ちなむ名《な》こそ惜《お》しけれ
相模《さがみ》

【現代語訳】（恋人のつれなさを）恨み悲しんで（涙を流し）乾かす間もない袖でさえ朽ちそうなのに、（そのうえ）私の名がこの恋のために朽ちてしまうのは残念なことだ。

【語釈】だに＝程度の軽いものを挙げて、より程度の重いものの存在を暗示する、類推の副助詞。

【留意点】右の現代語訳は、「だに」によって「ほさぬ袖」から「朽ちなむ名」が類推されると捉え、「袖だにあるものを」を「袖だに朽ちなむものを」と解したもの。一方、「袖だにあるものを」を「袖だに朽ちずあるものを」の意に解し、「袖は朽ちないのに名が朽ちてしまうのは残念だ」と解釈する説もある。「…だにあり」という表現は、「だに」と「あり」の間に状況を表す何らかの言葉を補って訳す必要があるが、この歌では、正反対の意味を補っても、歌意が成立しうるのである。

77 瀬《せ》をはやみ岩《いわ》にせかるる滝川《たきがわ》のわれても末《すえ》にあはむ《ワ》とぞ思《おもウ》ふ　崇徳院《すとくいん》

〔現代語訳〕　川の瀬の流れが速いので、岩にせきとめられる滝川の水が、分かれても最後には一つになるように、あなたと（今は別れたとしても、いずれは）会いたいと思うことよ。

〔語釈〕　瀬《せ》をはやみ＝「AをB（形容詞の語幹）み」の形で、AがBなので、の意を表す。　せかるる＝四段動詞「堰《せ》く」の未然形＋受身の助動詞「る」の連体形。

〔留意点〕　右の現代語訳は、上の句を「われても」を導くための比喩的な序詞《じょことば》として解釈したものである。「われても」に「水が分かれても」と「恋人どうしが別れても」の意を掛け、滝川の急流に、障害にぶつかりながらも思いを貫こうとする激しい恋心のイメージを託している。一方、上の句を「われても」の音を導くためだけの序詞と捉え、「われても」には「水が分かれても」の意と「わりなくも（無理にでも）」の意を掛けているとする説もある。

80 長《なが》からむ心《こころ》も知《し》らず黒髪《くろかみ》の乱《みだ》れて今朝《けさ》はものをこそ思へ《エ》　待賢門院堀河《たいけんもんいんのほりかわ》

〔現代語訳〕　あなたの心が長く続くかどうか分からない。寝乱れた黒髪のように心も乱れて、今朝は物思いに沈むばかりだ。

〔語釈〕　長《なが》からむ＝形容詞「長し」の未然形＋推量の助動詞「む」の連体形。　乱《みだ》れて＝黒髪が乱れる意と、心が乱れる意を掛ける。　思《おも》へ《エ》＝「こそ」の結びで已然《いぜん》形。

〔留意点〕　第二句でいったん意味を切って解釈するのが一般的だが、「相手の心が分からない」ことと「心乱れて思い悩む」こととを、どのように結び付けるかで微妙に趣が違ってくる。相手の愛情が長く続くか疑わしい、だから思い悩むというのであれば、相手の心変わりを心配している印象になる。相手の愛情は長く続くのかもしれない、けれども自分は悩んでいるというのであれば、この恋には何か障害がある、あるいは他にも気になる相手がいて気持ちが揺れている、というふうにも想像できる。「今朝」は、恋人と一夜を共にした後の朝ということだが、恋人に逢えてうれしいというだけではない複雑な恋心が、妖艶な「黒髪の乱れ」に込められている。課題2で取り上げた「忘れじの…」の歌にも通じるところがある。